BECK'SCHE KOMMENTARE ZUM ARBEITSRECHT

HERAUSGEGEBEN VON
GÖTZ HUECK UND DIRK NEUMANN

BAND XXI

Entgeltfortzahlungsgesetz

KOMMENTAR

von

Dr. Jochem Schmitt
Professor an der Freien Universität Berlin

5., neubearbeitete Auflage

Verlag C. H. Beck München 2005

Verlag C. H. Beck im Internet:
beck.de

ISBN 3 406 52526 1

© 2005 Verlag C. H. Beck oHG
Wilhelmstraße 9, 80801 München
Druck und Bindung: fgb · freiburger graphische betriebe,
Bebelstr. 11, 79108 Freiburg

Satz: Druckerei C. H. Beck, Nördlingen
(Adresse wie Verlag)

Gedruckt auf säurefreiem, alterungsbeständigem Papier
(hergestellt aus chlorfrei gebleichtem Zellstoff)

Vorwort zur 5. Auflage

Das Recht der Entgeltfortzahlung im Krankheitsfall hat seit dem Erscheinen der 4. Auflage dieses Kommentars im Jahre 1999 zwar keine größeren Änderungen durch den Gesetzgeber erfahren, Rechtsprechung und Schrifttum hatten jedoch Gelegenheit, in einer Vielzahl von Entscheidungen und Publikationen zum damals noch relativ neuen bzw. erneut reformierten Entgeltfortzahlungsgesetz Stellung zu nehmen, was eine Neuauflage des Kommentars erforderlich gemacht hat.

Neuauflagen, die die Weiterentwicklung von Rechtsprechung und Schrifttum in die Kommentierung integrieren, haben in der Regel einen deutlich größeren Umfang als die Vorauflage. Um diesem Effekt entgegenzuwirken, habe ich mich zunächst dazu entschlossen, die Einleitung insofern zu kürzen, als nicht mehr detailliert auf jene Ungleichbehandlungen zwischen verschiedenen Arbeitnehmergruppen vor dem In-Kraft-Treten des Entgeltfortzahlungsgesetzes hingewiesen wird, die Auslöser für die Schaffung des EFZG waren; bei Interesse kann insoweit auf die 4. Auflage zurückgegriffen werden. Ähnliches gilt für die Erläuterungen zur Entgeltfortzahlung an Feiertagen und im Krankheitsfall nach dem Seemannsgesetz: Die Kommentierung wurde vollständig entnommen, da leider nur noch eine sehr geringe Zahl von Arbeitnehmern in den Anwendungsbereich des Seemannsgesetzes fällt; da sich kaum Änderungen ergeben haben, kann bei Bedarf ebenfalls die 4. Auflage herangezogen werden. Schließlich wurden in den Anhang alle die Regelungen nicht mehr aufgenommen, die auch in der dtv-Ausgabe 5006 (Arbeitsgesetze) enthalten sind, da ich davon ausgehe, dass die Benutzer dieses Kommentars über die genannte Textausgabe verfügen.

Die insoweit „verschlankte" 5. Auflage des Kommentars berücksichtigt stattdessen umfassend die seit dem Erscheinen der Vorauflage ergangenen Entscheidungen des Bundesarbeitsgerichts und des Bundesgerichtshofs sowie die neuen Publikationen zum EFZG, die bis zum Sommer 2004 erschienen sind, wobei den Neuerungen im Bereich der §§ 3 bis 5 EFZG besondere Beachtung gebührt.

Bei der Entstehung der 5. Auflage hat mir insbesondere Frau Dr. *Susanne Lenz* wertvolle Hilfe geleistet, der ich an dieser Stelle besonders danken möchte.

Berlin, im September 2004   Jochem Schmitt

Inhaltsverzeichnis

Abkürzungsverzeichnis ... IX
Literaturverzeichnis ... XIII

A. Einleitung

I. Entgeltzahlung an Feiertagen und Entgeltfortzahlung im Krankheitsfall im System des Leistungsstörungsrechts ... 1
II. Geschichtliche Entwicklung bis zum Inkrafttreten des Entgeltfortzahlungsgesetzes ... 3
  1. Geschichte der Entgeltzahlung an Feiertagen ... 3
  2. Geschichte der Entgeltfortzahlung im Krankheitsfall ... 4
III. Entstehungsgeschichte des Entgeltfortzahlungsgesetzes ... 13
IV. Änderungen des Entgeltfortzahlungsgesetzes ... 18
  1. Änderungen durch das Arbeitsrechtliche Beschäftigungsförderungsgesetz ... 18
  2. Änderungen durch das „Korrekturgesetz" ... 20
  3. Sonstige Änderungen ... 23
V. Gegenwärtig anwendbare Regelungen ... 24

B. Zahlung des Arbeitsentgelts an Feiertagen und im Krankheitsfall (EFZG)

I. Einleitung ... 27
II. Gesetzestext ... 29
III. Kommentar ... 36
  § 1 Anwendungsbereich ... 36
  § 2 Entgeltzahlung an Feiertagen ... 46
  § 3 Anspruch auf Entgeltfortzahlung im Krankheitsfall ... 73
  § 4 Höhe des fortzuzahlenden Arbeitsentgelts ... 135
  § 4a Kürzung von Sondervergütungen ... 167
  § 5 Anzeige- und Nachweispflichten ... 172
  § 6 Forderungsübergang bei Dritthaftung ... 210
  § 7 Leistungsverweigerungsrecht des Arbeitgebers ... 229
  § 8 Beendigung des Arbeitsverhältnisses ... 241
  § 9 Maßnahmen der medizinischen Vorsorge und Rehabilitation ... 254
  § 10 Wirtschaftliche Sicherung für den Krankheitsfall im Bereich der Heimarbeit ... 274
  § 11 Feiertagsbezahlung der in Heimarbeit Beschäftigten ... 284
  § 12 Unabdingbarkeit ... 295
  § 13 Übergangsvorschrift ... 305

C. Vergütungsfortzahlung im Krankheitsfall für Auszubildende

I. Einleitung ... 307
II. Gesetzestext – Berufsbildungsgesetz (Auszug) ... 309
III. Kommentar ... 311
  § 12 BBiG Fortzahlung der Vergütung ... 311
  § 18 BBiG Unabdingbarkeit ... 330
  § 19 BBiG Andere Vertragsverhältnisse ... 331

D. Ausgleich der Arbeitgeberaufwendungen (§§ 10 ff. LFZG)

I. Einleitung ... 333
II. Gesetzestext ... 335

Inhalt
Inhaltsverzeichnis

III. Kommentar 340
§ 10 LFZG Erstattungsanspruch 340
§ 11 LFZG Versagung und Rückforderung der Erstattung 351
§ 12 LFZG Abtretung 355
§ 13 LFZG Verjährung und Aufrechnung 358
§ 14 LFZG Aufbringung der Mittel 360
§ 15 LFZG Verwaltung der Mittel 366
§ 16 LFZG Satzung 367
§ 17 LFZG Anwendung sozialversicherungsrechtlicher Vorschriften 372
§ 18 LFZG Ausnahmevorschriften 374
§ 19 LFZG Freiwilliges Ausgleichsverfahren 376
§ 20 LFZG Berlin-Klausel 379

E. Ergänzende Regelungen

I. Entgeltfortzahlung gem. § 616 BGB 381
II. Ansprüche auf Krankenfürsorge 388
   1. Krankenfürsorge gem. §§ 617, 619 BGB 388
      − § 617 BGB Erkrankung des Dienstverpflichteten 388
      − § 619 BGB Unabdingbarkeit der Fürsorgepflichten 395
   2. Krankenfürsorge gem. § 30 JArbSchG 396

F. Anhang

I. Aktuelle Gesetzestexte in Auszügen 401
   1. SGB IV − Gemeinsame Vorschriften 401
   2. SGB V − Gesetzliche Krankenversicherung 405
   3. SGB VII − Gesetzliche Unfallversicherung 406
   4. SGB X−Verwaltungsverfahren 407
II. Entgeltzahlung an Feiertagen und Entgeltfortzahlung im Krankheitsfall bis zum 31. Mai 1994/ §§ 636, 637 RVO 408
   1. Berufsbildungsgesetz (§ 12) 408
   2. Bürgerliches Gesetzbuch (§ 616) 409
   3. Gesetz zur Regelung der Lohnzahlung an Feiertagen 409
   4. Gewerbeordnung (§ 133 c) 410
   5. Handelsgesetzbuch (§ 63) 411
   6. Lohnfortzahlungsgesetz (§§ 1 bis 9) 411
   7. Reichsversicherungsordnung 414

Stichwortverzeichnis 417

Abkürzungsverzeichnis

a. A.	anderer Ansicht
a. a. O.	am angegebenen Ort
a. F.	alte Fassung
AFG	Arbeitsförderungsgesetz
AGB	Arbeitsgesetzbuch der Deutschen Demokratischen Republik
AiB	Arbeitsrecht im Betrieb (Zeitschrift)
ALG	Gesetz über die Alterssicherung der Landwirte
ALR	Allgemeines Landrecht für die preußischen Staaten
Alt.	Alternative
Amtl. Mitt. LVA Rheinpr.	Amtliche Mitteilungen der LVA Rheinprovinz (Zeitschrift)
Amtsbl.	Amtsblatt
AN	Amtliche Nachrichten für Reichsversicherung
Anm.	Anmerkung
AP	Arbeitsrechtliche Praxis, Nachschlagewerk des Bundesarbeitsgerichts
ArbG	Arbeitsgericht
ArbKrankhG	Gesetz zur Verbesserung der wirtschaftlichen Sicherung der Arbeiter im Krankheitsfall
ArbPlatzSchG	Arbeitsplatzschutzgesetz
ArbRBerG	Arbeitsrechtsbereinigungsgesetz
ArEV	Verordnung über die Bestimmung des Arbeitsentgelts in der Sozialversicherung
ARSt	Arbeitsrecht in Stichworten (Arbeitsrechtliche Entscheidungssammlung)
Art.	Artikel
AuA	Arbeit und Arbeitsrecht (Zeitschrift)
Aufl.	Auflage
AuR	Arbeit und Recht (Zeitschrift)
AVG	Angestelltenversicherungsgesetz
BABl.	Bundesarbeitsblatt (Zeitschrift)
BAG	Bundesarbeitsgericht
BAGE	Entscheidungen des Bundesarbeitsgerichts
BAT	Bundesangestelltentarif
BayBergG	Bayrisches Berggesetz
BB	Betriebs-Berater (Zeitschrift)
BBG	Bundesbeamtengesetz
BBiG	Berufsbildungsgesetz
Beil.	Beilage
BeschFG	Beschäftigungsförderungsgesetz (Gesetz über arbeitsrechtliche Vorschriften zur Beschäftigungsförderung)
BGB	Bürgerliches Gesetzbuch
BGBl.	Bundesgesetzblatt
BGH	Bundesgerichtshof
BGHSt	Amtliche Sammlung der Entscheidungen des Bundesgerichtshofes in Strafsachen
BGHZ	Amtliche Sammlung der Entscheidungen des Bundesgerichtshofes in Zivilsachen
BlStSozArbR	Blätter für Steuerrecht, Sozialversicherung und Arbeitsrecht (Zeitschrift)
BKGG	Bundeskindergeldgesetz
BKK	Die Betriebskrankenkasse (Zeitschrift)

Abkürzungen

BR-Drucks. .... Bundesrats-Drucksache
BSeuchG .... Bundesseuchengesetz
BSG .... Bundessozialgericht
BSGE .... Amtliche Sammlung der Entscheidungen des Bundessozialgericht
BSHG .... Bundessozialhilfegesetz
BUrlG .... Bundesurlaubsgesetz
BT-Drucks. .... Bundestags-Drucksache
BVerfG .... Bundesverfassungsgericht
BVerfGE .... Amtliche Sammlung der Entscheidungen des Bundesverfassungsgerichts
BVerwG .... Bundesverwaltungsgericht
BVerwGE .... Amtliche Sammlung der Entscheidungen des Bundesverwaltungsgerichts
BVG .... Bundesversorgungsgesetz

DAR .... Deutsches Autorecht (Zeitschrift)
DB .... Der Betrieb (Zeitschrift)
ders. .... derselbe
d. h. .... das heißt
DOK .... Die Ortskrankenkasse (Zeitschrift)
DZWir .... Deutsche Zeitschrift für Wirtschaftsrecht

EEK Sabel, ... Entscheidungssammlung zur Entgeltfortzahlung an Arbeiter und Angestellte bei Krankheit, Kur und anderen Arbeitsverhinderungen
EFZG .... Entgeltfortzahlungsgesetz
ErfK .... Erfurter Kommentar zum Arbeitsrecht
EuGH .... Europäischer Gerichtshof
EuZW .... Europäische Zeitschrift für Wirtschaftsrecht
EWiR .... Entscheidungen zum Wirtschaftsrecht (Entscheidungssammlung)
EzA .... Entscheidungssammlung zum Arbeitsrecht

FeiertagsLG .... Feiertagslohngesetz

GBl. .... Gesetzblatt
gem. .... gemäß
GewO .... Gewerbeordnung
GG .... Grundgesetz
GK-EFZR .... Gemeinschaftskommentar zum Entgeltfortzahlungsrecht
GK-HGB .... Gemeinschaftskommentar zum Handelsgesetzbuch
GK-SGB .... Gemeinschaftskommentar zum Sozialgesetzbuch
GS .... Großer Senat

HAG .... Heimarbeitsgesetz
HGB .... Handelsgesetzbuch
h. M. .... herrschende Meinung
HzA .... Handbuch zum Arbeitsrecht, herausgegeben von Leinemann

i. d. F. .... in der Fassung
IfSG .... Infektionsschutzgesetz
InsO .... Insolvenzordnung
i. S. d. .... im Sinne der/des
i. V. m. .... in Verbindung mit

JArbSchG .... Jugendarbeitsschutzgesetz
JR .... Juristische Rundschau (Zeitschrift)
Jura .... Juristische Ausbildung (Zeitschrift)
JZ .... Juristenzeitung (Zeitschrift)

Abkürzungsverzeichnis **Abkürzungen**

KO	Konkursordnung
KOVAnpG	Kriegsopferversorgungs-Anpassungsgesetz
KrV	Die Krankenversicherung (Zeitschrift)
KSchG	Kündigungsschutzgesetz
KVLG	Gesetz über die Krankenversicherung der Landwirte
LAG	Landesarbeitsgericht
LAGE	Entscheidungen der Landesarbeitsgerichte (Entscheidungssammlung)
LFZG	Lohnfortzahlungsgesetz
LM	Lindenmeier-Möhring (Entscheidungssammlung)
LStDV	Lohnsteuerdurchführungsverordnung
MDR	Monatsschrift für Deutsches Recht (Zeitschrift)
MTV	Manteltarifvertrag
MüKo	Münchener Kommentar zum Bürgerlichen Gesetzbuch
MuSchG	Mutterschutzgesetz
m.w.N.	mit weiteren Nachweisen
NJW	Neue Juristische Wochenschrift (Zeitschrift)
Nr.	Nummer
NZA	Neue Zeitschrift für Arbeitsrecht
NZS	Neue Zeitschrift für Sozialrecht
NZV	Neue Zeitschrift für Verkehrsrecht
OVG	Oberverwaltungsgericht
PersV	Die Personalvertretung (Zeitschrift)
PflegeVG	Pflege-Versicherungsgesetz
PrABG	Preußisches Allgemeines Berggesetz
RABl.	Reichsarbeitsblatt
RAnz.	Reichsanzeiger
RdA	Recht der Arbeit (Zeitschrift)
Rdn.	Randnummer
RGBl.	Reichsgesetzblatt
RGRK	Reichsgerichtsrätekommentar (BGB)
RKG	Reichsknappschaftsgesetz
RT-Drucks.	Reichstagsdrucksache
RVA	Reichsversicherungsamt
RVO	Reichsversicherungsordnung
S.	Satz, Seite
SAE	Sammlung arbeitsrechtlicher Entscheidungen (Zeitschrift)
Sammlb.LR	Sammlung (des) bereinigten Landesrechts
SeemG	Seemannsgesetz
SG	Sozialgericht
SGb	Die Sozialgerichtsbarkeit (Zeitschrift)
SGB	Sozialgesetzbuch
SGB I	Sozialgesetzbuch – Erstes Buch – Allgemeiner Teil
SGB III	Sozialgesetzbuch – Drittes Buch – Arbeitsförderung
SGB IV	Sozialgesetzbuch – Viertes Buch – Gemeinsame Vorschriften für die Sozialversicherung
SGB V	Sozialgesetzbuch – Fünftes Buch – Krankenversicherung
SGB VI	Sozialgesetzbuch – Sechstes Buch – Rentenversicherung
SGB VII	Sozialgesetzbuch – Siebtes Buch – Unfallversicherung
SGB IX	Rehabilitation und Teilhabe behinderter Menschen
SGB X	Sozialgesetzbuch – Zehntes Buch – Verwaltungsverfahren, Schutz der Sozialdaten, Zusammenarbeit der Leistungsträger und ihre Beziehungen zu Dritten

XI

Abkürzungen

SGB XI	Sozialgesetzbuch – Elftes Buch – Pflegeversicherung
sog.	sogenannte/sogenannter
SozSich	Soziale Sicherheit (Zeitschrift)
SozVers	Die Sozialversicherung (Zeitschrift)
SpuRt	Sport und Recht (Zeitschrift)
SRH	Sozialrechtshandbuch, herausgegeben von v. Maydell/Ruland
StGB	Strafgesetzbuch
StVG	Straßenverkehrsgesetz
StVO	Straßenverkehrs-Ordnung
StVZO	Straßenverkehrszulassungsordnung
TzBfG	Teilzeit- und Befristungsgesetz
u. a.	unter anderem
u. ä.	und ähnliches
Urt.	Urteil
USK	Urteilssammlung für die gesetzliche Krankenversicherung (Entscheidungssammlung)
VersR	Versicherungsrecht (Zeitschrift)
vgl.	vergleiche
Vorbem.	Vorbemerkung
VVG	Versicherungsvertragsgesetz
WiB	Wirtschaftsrechtliche Beratung (Zeitschrift)
WzS	Wege zur Sozialversicherung (Zeitschrift)
z. B.	zum Beispiel
ZDG	Zivildienstgesetz
ZfS	Zeitschrift für Sozialversicherung, Sozialhilfe und Versorgung
ZfSH/SGB	Zeitschrift für Sozialhilfe und Sozialgesetzbuch
Ziff.	Ziffer
ZIP	Zeitschrift für Wirtschaftsrecht
ZRP	Zeitschrift für Rechtspolitik
ZTR	Zeitschrift für Tarifrecht

Literaturverzeichnis

Abele, Roland: Entgeltfortzahlung an erkrankte Wanderarbeitnehmer und Anerkennung von EG-ausländischen Attesten – Paletta II, NZA 1996 S. 631
Adam, Roman: Die Sondervergütung im Arbeitsrecht, ZTR 1998 S. 438
Adomeit, Klaus: Arbeitsrecht für die 90er Jahre, München 1991
Armbrüster, Christian: Zivilrechtliche Folgen des Gesetzes zur Regelung der Rechtsverhältnisse der Prostituierten, NJW 2002 S. 2763
Bähringer, Hartmut: Die neuen Arbeitszeitregelungen der Metallindustrie in der betrieblichen Praxis – dargestellt am Beispiel der Buderus Aktiengesellschaft, NZA 1986 S. 85
Barton, Dirk/Hönsch, Ronald: Die Fortentwicklung des Weiterbeschäftigungsanspruchs in der Praxis, NZA 1987 S. 721
Basedau, Dierk: Zur Dauer des Anspruchs auf die Ausbildungsvergütung bei Ausfall der Ausbildung, NZA 1988 S. 417
Bauer, Jobst-Hubertus/Lingemann, Stefan: Probleme der Entgeltfortzahlung nach neuem Recht, BB 1996, Beilage 17 S. 8
Becher, Clemens: Entgeltfortzahlung im Krankheitsfalle, 3. Auflage, St. Augustin, 1994
Becker, Friedemann: Unterschiedliche Behandlung von Arbeitern, Angestellten und Dienstschuldnern im Krankheitsfall und verfassungsrechtliches Gleichbehandlungsgebot, DB 1987 S. 1090
ders.: Die Widerlegung ärztlicher Arbeitsunfähigkeitsatteste seit der Änderung der §§ 368m, 368n, 369b RVO, DB 1983 S. 1253
ders.: Unterschiedliche Vergütung leistungsverhinderter Arbeitnehmer und verfassungsrechtliches Gleichbehandlungsgebot, DB 1987 S. 167
Becker, Hans-Jürgen: Die nichteheliche Lebensgemeinschaft im Schadensrecht, VersR 1985 S. 201
Belling, Detlev W.: Ausschluß der Entgeltfortzahlung durch hypothetische Nichtleistung?, ZfA 1994 S. 519
Bengelsdorf, Peter: Anmerkung zum Urteil des BAG vom 4. 9. 1986 – 8 AZR 636/84 –, SAE 1987 S. 254
Benner, Frank: Entgeltfortzahlung und Dritthaftung, DB 1999 S. 482
Berenz, Claus: Lohnfortzahlung an im Urlaub erkrankte Arbeitnehmer – Anmerkungen zur Entscheidung des Europäischen Gerichtshofs im sog. Paletta-Fall –, DB 1992 S. 2442
ders.: Anzeige- und Nachweispflichten bei Erkrankungen im Ausland, DB 1995 S. 1462
ders.: Aktuelle Probleme der Entgeltfortzahlung im Krankheitsfall, DB 1995 S. 2166
ders.: Anzeige- und Nachweispflichten der Arbeitnehmer, Arbeitgeber 1995 S. 593
Besgen, Nicolai: Anmerkung zum Urteil des BAG vom 17. 4. 2002 – 5 AZR 2/01 –, EzA Nr. 3 zu § 8 EFZG
Birk, Rolf: Selbstmordversuch und Lohnfortzahlung, Anmerkung zum BAG-Urteil vom 28. 2. 1979 – 5 AZR 611/77 –, AuR 1981 S. 95
Birk, Ulrich-Arthur: Bei Krankheit droht Sozialhilfe, AuR 1996 S. 294
Bispinck, Reinhard: Der Streit um die Lohnfortzahlung – Eine Untersuchung zum tariflichen Schutz vor Karenztagen, SozSich 1992 S. 234
Blanke, Thomas/Diederich, Helga: Die Rehabilitierung der Anwesenheitsprämie, AuR 1991 S. 321
Boch, Johannes: Anmerkung zum Urteil des BAG vom 13. 3. 2002 – 5 AZR 648/00 –, EzA Nr. 6 zu § 4 EFZG
Boecken, Winfried: Probleme der Entgeltfortzahlung im Krankheitsfall, NZA 1999 S. 673

XIII

Literatur

ders.: Entgeltfortzahlung bei nebentätigkeitsbedingtem Arbeitsausfall, NZA 2001 S. 233
Böhm, Wolfgang: Solum vigilantibus?, Entgeltfortzahlung bei nachträglicher Hinterlegung des Sozialversicherungsausweises, NZA 1995 S. 1092
Boerner, Dietmar: Die Reform der Entgeltfortzahlung und der Urlaubsanrechnung im Lichte der Tarifautonomie, ZTR 1996 S. 435
ders.: Tarifvertragliche Entgeltfortzahlung im Krankheitsfall und allgemeiner Gleichheitssatz, ZfA 1997 S. 67
Bornemann, Roland: Gehaltsfortzahlung des Angestellten bei Rückfallerkrankung, AuR 1981 S. 239
Brecht, Hans-Theo: Die Lohnfortzahlung an Arbeiter im Krankheitsfalle, NWB 1980 S. 203
ders.: Das Ausgleichsverfahren nach dem Lohnfortzahlungsgesetz, NWB 1986 S. 529
ders.: Entgeltfortzahlung an Feiertagen und im Krankheitsfall, 2. Auflage München 2000
Breuer, Joachim: Die Teilarbeitsfähigkeit – Lösungsmodell oder Problemfaktor?, RdA 1984 S. 332
Brill, Werner: Entgeltfortzahlung bei Erkrankung von Familienangehörigen, ZfS 1980 S. 221
ders.: Die Kur im Arbeitsrecht, ZfS 1980 S. 195
ders.: Entgeltfortzahlung bei unbezahltem Urlaub, DOK 1980 S. 433
ders.: Entgeltfortzahlung in besonderen Urlaubsfällen, DOK 1981 S. 531
ders.: Die Abgrenzung der Arbeiter und Angestellten, DB 1981 S. 316
ders.: Lohnfortzahlung bei Beendigung des Arbeitsverhältnisses, WzS 1982 S. 1
ders.: Entgeltfortzahlung im Krankheitsfall: Aktuelle Probleme, WzS 1983 S. 102
ders.: Der Nachweis der Arbeitsunfähigkeit des Arbeitnehmers, DOK 1984 S. 218
ders.: Arztbesuche während der Arbeitszeit, NZA 1984 S. 281
ders.: Vertrauensärztliche Begutachtung der Arbeitsunfähigkeit auf Verlangen des Arbeitgebers, BlStSozArbR 1984 S. 1
ders.: Beweiswert ärztlicher Arbeitsunfähigkeitsbescheinigungen, AuA 1993 S. 197
Brunz, Michael: Die neuen tariflichen Arbeitszeitbestimmungen für die Metallindustrie in der Rechtsprechung, NZA 1986, Beilage Nr. 2, S. 3
Buchner, Herbert: Die vergütungsrechtlichen Konsequenzen des tarifvertraglichen Freischichtmodells der Metallindustrie, BB 1988 S. 1245
ders.: Entgeltfortzahlung im Spannungsfeld zwischen Gesetzgebung und Tarifautonomie, NZA 1996 S. 1177
Buschbeck-Bülow, Brigitte: Zum Beweiswert der ärztlichen Arbeitsunfähigkeitsbescheinigung, Anmerkung zum BAG-Urteil vom 15. 7. 1992 – 5 AZR 312/91 –, EWiR 1993 S. 285

Canaris, Claus-Wilhelm: Das Fehlen einer Kleinbetriebsregelung für die Entgeltfortzahlung an kranke Angestellte als Verfassungsverstoß, RdA 1997 S. 267
Caspers, Georg: Anmerkung zum Urteil des BAG vom 21. 11. 2001 – 5 AZR 296/00 –, SAE 2003 S. 254
Clausen, Peter: Beweiswert einer Arbeitsunfähigkeitsbescheinigung im Entgeltfortzahlungsprozeß, AuR 1989 S. 330
Coester, Michael: Anmerkung zum Urteil des BAG vom 5. 7. 1995 – 5 AZR 135/94 –, SAE 1997 S. 24
Compensis, Ulrike: Sozialrechtliche Auswirkungen der stufenweise Wiedereingliederung arbeitsunfähiger Arbeitnehmer nach § 74 SGB V, NZA 1992 S. 631

Däubler, Wolfgang: Zum Ausschluß der Lohnfortzahlung im Krankheitsfalle bei „kleinen" Teilzeitkräften (§ 1 LFZG Abs. 3 Nr. 2) Anmerkung zum Urteil des LAG Köln vom 31. 1. 1991 – 10 Sa 950/990 –, EWiR 1991 S. 705
ders.: Das Gesetz zu Korrekturen in der Sozialversicherung und zur Sicherung der Arbeitnehmerrechte, NJW 1999 S. 601
Danne, Harald: Anmerkung zum Urteil des BAG vom 16. 6. 1998 – 5 AZR 638/97 –, SAE 1999 S. 239
Debler, Christiane: Altersteilzeit – „Störfälle" und andere unvorhergesehene Ereignisse, NZA 2001 S. 1285

Literatur

Denck, Johannes: Entgeltfortzahlung im Krankheitsfall und Gurtanschnallpflicht, RdA 1980 S. 246
ders.: Lohnfortzahlungsregreß und „kranke" Haftpflichtversicherung des Schädigers, VersR 1980 S. 9
ders.: Ausschluß der Lohnfortzahlungspflicht bei Nichtanlegen des Sicherheitsgurtes, Zugleich eine Stellungnahme zum Urteil des Bundesarbeitsgerichts vom 7. 10. 1981 – 5 AZR 1113/79 –, BB 1982 S. 682
ders.: Gehaltsfortzahlungsrückgriff im Krankheitsfall, ZfA 1992 S. 1
Diller, Martin: Krankfeiern seit 1. 6. 1994 schwieriger? Das neue Entgeltfortzahlungsgesetz, NJW 1994 S. 1690
Doetsch, Werner/Schnabel, Fritz/Paulsdorff, Jürgen: Gesetz über die Fortzahlung des Arbeitsentgelts im Krankheitsfalle (Lohnfortzahlungsgesetz), 6. Auflage Bergisch-Gladbach 1984
Dütz, Wilhelm: „Krankfeiern", Krankheit im Arbeitsverhältnis (Hrsg.: *Hromadka, Wolfgang*), Stuttgart, 1993 S. 75

Edenfeld, Stefan: Die Krankenkontrolle des Arbeitgebers, DB 1997 S. 2273
Ehler, Karl: Mitbestimmung des Betriebsrats bei sogenannten Krankengesprächen, BB 1992 S. 1926
Ehmann, Horst: Das Lohnrisiko bei Smog-Alarm, NJW 1987 S. 401
Eich, Rolf-Achim: Rechtsfragen bei Krankheit des Arbeitnehmers, BB 1988 S. 197
Engels, Dietrich/Schlenker, Ralf-Dieter: Führt die Absenkung der Entgeltfortzahlung im Krankheitsfall und des Krankengeldes in die Sozialhilfe?, AuR 1996 S. 291
Erasmy, Walter: Arbeitsrechtliche Auswirkungen der Neuregelung des Kinderkrankengeldes in § 45 SGB V, NZA 1992 S. 921
Erfurter Kommentar zum Arbeitsrecht, hrsg. von *Thomas Dietrich*, 4. Auflage München 2004
Erman, Walter: Handkommentar zum Bürgerlichen Gesetzbuch, bearb. und hrsg. von *Harm Peter Westermann*, 10. Auflage, Münster, 2000

Färber, Peter/Klischan, Thomas M.: Lohnfortzahlung an Feiertagen, Gesetz zur Regelung der Lohnzahlung an Feiertagen – Feiertagsgesetz in Bund und Ländern, München, 1985
Feichtinger, Peter: Entgeltfortzahlung bei Kündigung aus Anlaß der Arbeitsunfähigkeit und Verzicht, DB 1983 S. 1202
Feichtinger, Peter/Malkmus, Hans: Entgeltfortzahlungsgesetz, Köln/Berlin/Bonn/München 2003
Fey, Tessa: Die Entgeltfortzahlung bei Arbeitsunfähigkeit infolge eines Schwangerschaftsabbruchs, Frankfurt a. M./Berlin/Bern/New York/Paris/Wien, 1999
Figge, Gustav: Ausweitung der Lohnfortzahlungsversicherung ab 1. 1. 1986 auf reine Angestelltenbetriebe, DB 1985 S. 2560
Fleischer, Ottmar: Die formellen und materiellen Voraussetzungen der für den Arbeitgeber bestimmten Arbeitsunfähigkeitsbescheinigungen nach § 3 Lohnfortzahlungsgesetz, Diss., Erlangen, 1984
Frank, Ursula: Kritik des BAG-Urteils zum Verlust der Lohnfortzahlung beim Nichtanlegen des Sicherheitsgurtes, DAR 1982 S. 118
Franke, Dietmar: Legitimation und Grenzen der Anwesenheitsprämie, DB 1981 S. 1669
Franzen, Martin: Anmerkung zum Urteil des BAG vom 27. 4. 1994 – 5 AZR 747/93 –, SAE 1995 S. 95
Freigang, Kurt Werner: Entgelt- oder Krankengeldzahlung bei Arztbesuchen, KrV 1984 S. 230
Frölich, Armin: Erstattung von Detektivkosten im Arbeitsverhältnis, NZA 1996 S. 464
Fuchs, Karl-Detlef: Der Zusammenhang von Arbeit und Krankheit aus rechtlicher Sicht, SF 1984 S. 254
Fuchs, Maximilian: Der Ersatz von Sozialversicherungsbeiträgen im Rahmen von Schadensersatzansprüchen, NJW 1986 S. 2343

Galahn, Holger: Der Mißbrauch der Entgeltfortzahlung im Krankheitsfall und die Abwehrmöglichkeiten des Arbeitgebers, Frankfurt/Berlin/Bern/Neuwied/Paris/Wien 1994

Literatur

Gamillscheg, Katharina: Anmerkung zum Urteil des BAG vom 5. 10. 1995 – 2 AZR 1028/94 –, SAE 1996 S. 274
Gaul, Björn: Krankenstand und Kürzung von Jahressonderzahlungen, AuR 1994 S. 309
ders.: Wiedereinstellungsanspruch nach erfolgloser Prüfung, BB 1988 S. 1385
ders.: Mißbrauch einer krankheitsbedingten Arbeitsunfähigkeit, NZA 1993 S. 865
ders.: Die wichtigsten Änderungen im Arbeits- und Sozialversicherungsrecht nach der Bundestagswahl, DB 1998 S. 2467
Geigel, Reinhard/Schlegelmilch, Guenter: Der Haftpflichtprozeß, 23. Auflage, München, 2001
Gemeinschaftskommentar zum Entgeltfortzahlungsrecht, bearb. und hrsg. von *Rolf Birk* und *Hans Prütting,* Berlin, 1993
Gerauer, Alfred: Keine Vergütungsfortzahlung bei Verletzungsfolgen beim Bungee-Springen, NZA 1994 S. 496
Gerlach, Werner: Entgeltfortzahlung bei Pflege eines kranken Kindes, DOK 1979 S. 185
Geyer, Karl Heinrich/Knorr, Gerhard/Krasney, Otto Ernst: Entgeltfortzahlung – Krankengeld – Mutterschaftsgeld, 7. Auflage, Berlin 1996 (Stand: Juli 2003; bis zur 6. Auflage erschienen als Schmatz/Fischwasser: Vergütung der Arbeitnehmer bei Krankheit und Mutterschaft)
Giesen, Richard: Das neue Entgeltfortzahlungs- und Urlaubsrecht, RdA 1997 S. 193
Gitter, Wolfgang: Schadensausgleich im Arbeitsunfallrecht, Tübingen, 1969
ders.: Der Verkehrsunfall des Arbeitnehmers, DAR 1992 S. 409
ders.: Arbeitsrechtliche Probleme der stufenweisen Wiedereingliederung arbeitsunfähiger Arbeitnehmer, ZfA 1995 S. 123
ders.: Anmerkung zum Urteil des BAG vom 29. 4. 1999 – 2 AZR 431/98 –, SAE 2000 S. 14
Gitter/Michalski: Arbeitsrecht, 5. Auflage, Heidelberg, 2002
Gitter/Schmitt: Sozialrecht, 5. Auflage, München, 2001
Glaubitz, Werner: Nochmals: Das Rechtsverhältnis zur stufenweisen Wiedereingliederung arbeitsunfähiger Arbeitnehmer, NZA 1992 S. 402
Gola, Peter: Zur mißbräuchlichen Geltendmachung eines Anspruchs auf Lohn- und Gehaltsfortzahlung im Krankheitsfall, DB 1985 S. 2044
ders.: Krankheit im Arbeitsverhältnis, BB 1987 S. 538
ders.: Krankenkontrolle durch Hinterlegung des Sozialversicherungsausweises, BB 1994 S. 1351
ders.: Krankenkontrolle, Datenschutz und Mitbestimmung, BB 1995 S. 2318
ders.: Entgeltfortzahlungsgesetz – Kommentar für die Praxis, 2. Auflage Köln 1998
ders.: Entgelt ohne Arbeit. Ein Leitfaden zur Gehalts- und Lohnfortzahlung im Krankheitsfall, 2. Auflage, Frechen-Königsdorf 1998
Göge, Klaus: Die verbliebenen Unterschiede zwischen Arbeitern und Angestellten, BB 1986 S. 1772
Gotthardt, Michael/Greiner, Stefan: Leistungsbefreiung bei Krankheit des Arbeitnehmers nach § 275 Abs. 1 oder 3 BGB, DB 2002 S. 2106
Gragert, Nicola/Drenckhahn, Nicola: „Fliegende Mütter" im Privatrecht, NZA 2003 S. 305
Grobe, Ulrich: Wiedereinstellungsanspruch nach erfolgloser Prüfung, BB 1988 S. 2243
Gröninger, Karl/Gehring, Heinrich: Jugendarbeitsschutzgesetz, Frankfurt, 1988
Gschwendtner, Paul: Berufs-ABC der Rentenversicherungszugehörigkeit, 9. Auflage, Berlin, 1997
Gussone, Max: Anmerkung zum Urteil des LAG Hamburg vom 27. 10. 1994 – H 7 Sa 67/93 –, AuR 1995 S. 376
Gutzeit, Martin: Die schwangere Kranke vor dem BAG – Monokausale Wirkungen, NZA 2003 S. 81

Händel, Konrad: Zur Anwendung des Sicherheitsgurt-Urteils des BGH, NJW 1979 S. 2289
Hanau, Peter: Befristung und Abrufarbeit nach dem Beschäftigungsförderungsgesetz 1985, RdA 1987 S. 25

Literatur

ders.: Freiheit und Gleichheit bei der Gestaltung des Arbeitsrechts; zitiert: FS der Rechtswissenschaftlichen Fakultät zur 600-Jahr-Feier der Universität Köln, S. 183
ders.: Arbeitsrechtliche und verfassungsrechtliche Fragen zu Karenztagen bei der Entgeltfortzahlung im Krankheitsfall, Bonn, 1995
ders.: Reformbedarf im Arbeitsrecht, ZRP 1996 S. 349
ders.: Ergänzende Hinweise zur Neuregelung der Entgeltfortzahlung im Krankheitsfall, RdA 1997 S. 205
Hanau, Peter/Kramer, Michael: Zweifel an der Arbeitsunfähigkeit, DB 1995 S. 94
Hanel, Erich: Rechtsfragen bei Krankheit des Arbeitnehmers, Personal 1985 S. 254
Haupt, Andreas/Welslau, Dietmar: Neuerungen bei der Entgeltfortzahlung im Krankheitsfall, Personalwirtschaft 1997 S. 37
Heilmann, Frank: Entwurf eines Entgeltfortzahlungsgesetzes, NZA 1993 S. 979
Heinze, Meinhard: Krankenstand und Entgeltfortzahlung – Handlungsbedarf und Anpassungserfordernisse, NZA 1996 S. 785
Heinze, Meinhard/Giesen, Richard: Die Arbeitsunfähigkeitsbescheinigung und der Europäische Gerichtshof, BB 1996 S. 1830
Heise, Dietmar: Weihnachtsgeld – Anwesenheitsprämie – Krankheit, Anmerkung zum BAG-Urteil vom 15. 2. 1990 – 6 AZR 381/88 –, SAE 1991 S. 273
Heise, Dietmar/Lessenich, Holger M./Merten, Philip W.: Absenkung der Entgeltfortzahlung, Arbeitgeber 1997 S. 127
Heither, Friedrich H.: Der Verhinderungsfall im Recht der Lohnfortzahlung bei Krankheit, Festschrift für M. L. Hilger und H. Stumpf, München, 1983 S. 299
ders.: Die Rechtsprechung des BAG zu § 6 LFZG, ZIP 1984 S. 403
Helml, Ewald: Kommentar zum Entgeltfortzahlungsgesetz, Heidelberg, 1995 mit Nachtrag 1997
Herkert, Josef: Berufsbildungsgesetz, Regensburg, 1993
Herschel, Wilhelm/Lorenz, Martin: Kommentar zum Jugendarbeitsschutzgesetz, 2. Auflage, Heidelberg, 1985
Hofmann, Paul: Lohnfortzahlung in Fällen mit Auslandsberührung, Festschrift für Imre Zajtay, Tübingen, 1982 S. 233
ders.: Anmerkung zum Urteil des BAG vom 21. 4. 1982 – 5 AZR 1019/79 –, SAE 1984 S. 39
Hohmeister, Frank Udo: Die Auswirkungen des Beschlusses des Bundesverfassungsgerichts vom 30. 5. 1990 zu § 622 II BGB auf die Vergütungszahlungsverpflichtung des Arbeitgebers, NZA 1992 S. 826
Hopt, Klaus J./Baumbach, Adolf/Merkt, Hanno: Handelsgesetzbuch, 31. Auflage, München, 2003
Houben, Christian-Armand: Trifft den Arbeitnehmer eine vertragliche Pflicht, sich gesund zu halten?, NZA 2000 S. 128
ders.: Untauglichkeit und Unzulässigkeit der „gefährlichen Sportart" im EntgeltfortzahlungsG, SpuRt 2000 S. 185
Hoyningen-Huene, Gerrick v.: Das Rechtsverhältnis zur stufenweisen Wiedereingliederung arbeitsunfähiger Arbeitnehmer (§ 74 SGB V), NZA 1992 S. 49
Hromadka, Wolfgang/Maschmann, Frank: Arbeitsrecht Band 1, 2. Auflage Berlin/Heidelberg 2002
Hungenberg, Hans: Erweiterung des Ausgleichsverfahrens nach dem Lohnfortzahlungsgesetz, BlStSozArbR 1985 S. 244
Hunold, Wolf: Anmerkung zu LAG München Urteil vom 9. 11. 1988 – 2 Sa 292/88 –, BB 1989 S. 844
ders.: Zum Beweiswert einer Arbeitsunfähigkeitsbescheinigung – Anmerkung zum BAG-Urteil vom 15. 7. 1992 – 5 AZR 312/91, DB 1992 S. 2347 – DB 1992 S. 2633
ders.: Verweigerung der Entgeltfortzahlung und Medizinischer Dienst, DB 1995 S. 676

Jacobs, Matthias: Anmerkung zum Beschluss des BAG vom 25. 1. 2000 – 1 ABR 3/99 –, EzA Nr. 26 zu § 87 BetrVG 1972 Betriebliche Ordnung
ders.: Anmerkung zum Urteil des BAG vom 17. 4. 2002 – 5 AZR 2/01 –, EzA Nr. 3 zu § 8 EFZG
Jahn, Ralf: Lohnfortzahlung nach notlageindiziertem Schwangerschaftsabbruch – BVerfG NJW 1990 S. 241 –, JuS 1991 S. 106

Literatur

Literaturverzeichnis

Jahnke, Jürgen: Entgeltfortzahlung und Regreß des Arbeitgebers im Schadensfall seines Arbeitnehmers, NZV 1996 S. 169
Jansen, Beatrix E.: Die Arbeitsunfähigkeitsbescheinigung, Zum Anspruch des Arbeitgebers auf Kenntnis der krankheitsbedingten Gründe der Arbeitsunfähigkeit, Aachen 2001
Junker, Abbo: Der EuGH im Arbeitsrecht – Die schwarze Serie geht weiter, NJW 1994 S. 2527
ders.: Anmerkung zum Urteil des BAG vom 12. 12. 2002 – 5 AZR 255/00, SAE 2002 S. 258

Kaiser, Heinrich/Dunkl, Hans: Die Entgeltfortzahlung im Krankheitsfall, 2. Aufl., München – Münster, 1984
Kaiser, Heinrich/Dunkl, Hans/Hold, Dieter/Kleinsorge, Georg: Entgeltfortzahlungsgesetz, 5. Auflage Köln 2000
Kamanabrou, Sudabeh: Die Auslegung tarifvertraglicher Entgeltfortzahlungsklauseln – zugleich ein Beitrag zum Verhältnis der Tarifautonomie zu zwingenden Gesetzen, RdA 1997 S. 22
dies.: Grundfragen bei jährlich wiederkehrenden Sonderzuwendungen im Arbeitsrecht, Jura 1999 S. 455
Kappenhagen, Markus O.: Lohnausfall und Bezugsmethode, Frankfurt, 1991
Kasseler Handbuch zum Arbeitsrecht, hrsg. von *Wolfgang Leinemann,* 2. Auflage, Neuwied/Kriftel/Berlin 2000
Kehrmann, Karl: Neues Recht der Entgeltfortzahlung bei Krankheit und an Feiertagen, AiB 1994 S. 322
Keil, Hilger: Beweisfragen zur Arbeitsunfähigkeit des Arbeitnehmers, Krankheit im Arbeitsverhältnis (Hrsg.: *Hromadka, Wolfgang*), Stuttgart 1993 S. 39
Klinkhammer, Heiner: Nichtanlegen des Sicherheitsgurtes und Lohnfortzahlung, Anmerkung zum Urteil des BAG vom 7. 10. 81 – 5 AZR 1113/79 –, AuR 1983 S. 127
Klischan, Thomas M.: Feiertagsvergütung nach dem Feiertagslohnzahlungsgesetz, DB 1987 S. 331
Kluth, Winfried: Anmerkung zum Beschl. des BVerfG vom 18. 10. 1989 – 1 BvR 1013/89 –, JR 1990 S. 104
Knauf, Roy: Behandlung der Zuschläge für Sonntags-, Feiertags- und Nachtarbeit, SozVers 1993 S. 171
Knopp, Anton/Kraegeloh, Wolfgang: Jugendarbeitsschutzgesetz, 4. Auflage Köln, Berlin, Bonn, München 1985
ders.: Berufsbildungsgesetz, 4. Auflage Köln, Berlin, Bonn, München 1998
König, Karl-Heinz: Bei Krankheit des Kindes – weiter Lohn oder Krankengeld?, AuA 1992 S. 110
Köster, Thomas: Wie teuer ist die Lohnfortzahlung? Der AG 1982 S. 596
Kramer, Michael: Die Vorlage der Arbeitsunfähigkeitsbescheinigung, BB 1996 S. 1662
Kuckuk, Günter: Sicherheitsgurt und Lohnfortzahlung, DB 1980 S. 302
Küchenhoff, Günter: Lohnfortzahlung bei sozial bedingter Arbeitsverhinderung, SGb 1981 S. 89
Küfner-Schmitt, Irmgard: Die soziale Sicherheit der Telearbeiter – Stellung und Schutz der Telearbeiter im Arbeits- und Sozialrecht, Dissertation, Spardorf, 1986
Künzl, Reinhard/Weinmann, Ralf: Arbeitsrechtliche Maßnahmen (Kündigung und Verweigerung der Entgeltfortzahlung) bei Vortäuschen einer Krankheit und wegen des Verhaltens des Arbeitnehmers während krankheitsbedingter Arbeitsunfähigkeit (I), AuR 1996 S. 256
ders.: Arbeitsrechtliche Maßnahmen (Kündigung und Verweigerung der Entgeltfortzahlung) bei Vortäuschen einer Krankheit und wegen des Verhaltens des Arbeitnehmers während krankheitsbedingter Arbeitsunfähigkeit (II), AuR 1996 S. 306

Landmann, Robert v./Rohmer, Gustav: Gewerbeordnung und ergänzende Vorschriften, Loseblatt, Stand 31. Ergänzungslieferung, München
Leinemann, Wolfgang: Keine Schonzeiten für Arbeitnehmer?, AuR 1995 S. 83
ders.: Der urlaubsrechtliche und der entgeltfortzahlungsrechtliche Freischichttag, BB 1998 S. 1414

Literatur

Leipold, Dieter: Schwer zu fassen: die Arbeitsunfähigkeitsbescheinigung nach deutschem und europäischem Recht, Festschrift für *Kissel*, München, 1994, S. 629
Lembke, Mark: Mutterschutzlohn und Entgeltfortzahlung, NZA 1998 S. 349
Lepke, Achim: Zur Darlegungs- und Beweislast für das Vorliegen einer sog. Fortsetzungserkrankung im Sinne von § 1 Abs. 1 Satz 2 1. Halbsatz LFZG, DB 1983 S. 447
ders.: Zur arbeitsrechtlichen Bedeutung ärztlicher Arbeitsunfähigkeitsbescheinigungen, DB 1993 S. 2025
ders.: Die Arbeitsunfähigkeit des Arbeitnehmers, Brennpunkte des Arbeitsrechts 1993 S. 159
ders.: Pflichtverletzungen des Arbeitnehmers bei Krankheit als Kündigungsgrund, NZA 1995 S. 1084
Lieb, Manfred: Arbeitsrecht, 8. Auflage, Heidelberg 2003
Lipke, Gert-Albert: Die Aufgliederung der Arbeitnehmerschaft in Arbeiter und Angestellte, DB 1983 S. 111
Löffler, Siegfried: Organspender. Keine Lohnfortzahlung, Ersk 1987 S. 348
Löwisch, Manfred: Das Arbeitsrechtliche Beschäftigungsförderungsgesetz, NZA 1996 S. 1009
ders.: Herausgabe von Ersatzverdienst, NJW 2003 S. 249
Lorenz, Egon: Anmerkung zum Urteil des BAG vom 7. 10. 1981 – 5 AZR 338/79 –, SAE 1983 S. 97
Lorenz, Martin: Das Arbeitsrechtliche Beschäftigungsförderungsgesetz, DB 1996 S. 1973
Loritz, Karl-Georg: Mittelbare Frauendiskriminierung – Ausschluß geringfügig Beschäftigter von der Lohnfortzahlung, Anmerkung zum BAG-Urteil vom 9. 10. 1991 – AZR 598/90 –, SAE 1992 S. 372

Majerski, Monika: Entgeltfortzahlung im Falle der Arbeitsverhinderung wegen Pflege des erkrankten Kindes?, SozSich 1982 S. 10
Marburger, Horst: Unterschiede und Gemeinsamkeiten zwischen der Berechnung des Krankengeldes und der Lohnfortzahlung im Krankheitsfalle, BB 1980 S. 473
ders.: Zum Verschuldensbegriff im Bereich der Einkommensfortzahlung im Krankheitsfalle, DB 1980 S. 399
ders.: Krankengeld bei Verzicht auf Lohnfortzahlung und bei Beendigung des Beschäftigungsverhältnisses, BB 1982 S. 2055
ders.: Entgeltfortzahlung bei einer Kur, RdA 1982 S. 149
ders.: Die Krankmeldung bei Arbeits- und Dienstunfähigkeit, PersV 1982 S. 274
ders.: Teilweiser Ausgleich der Arbeitgeberaufwendungen bei Lohnfortzahlung für Arbeiter im Krankheitsfalle durch die Krankenversicherungsträger, BlStSozArbR 1984 S. 137
ders.: Übergang von Entgeltfortzahlungsansprüchen auf die Sozialversicherung und auf die Sozialhilfeträger, ZfF 1984 S. 168
ders.: Ausnahmen von der Lohnfortzahlung für Arbeiter nach § 1 Abs. 3 LFZG, RdA 1984 S. 339
ders.: Zweifelsfragen im Zusammenhang mit der Lohnfortzahlungsversicherung, BB 1986 S. 2410
ders.: Bescheinigung der Arbeitsunfähigkeit bei Erkrankung im Ausland, BB 1988 S. 557
ders.: Lohn- und Gehaltsfortzahlung bei Kuren nach dem Inkrafttreten des Gesundheits-Reformgesetzes, RdA 1990 S. 149
ders.: Lohn- und Gehaltsfortzahlung in den hinzugetretenen Ländern, RdA 1991 S. 153
ders.: Zu den Ansprüchen bei Erkrankung eines Kindes aus sozialversicherungsrechtlicher Sicht, RdA 1993 S. 31
ders.: Neugeregelt: Lohnfortzahlung im Krankheitsfall, BB 1994 S. 1417
ders.: Aktuelle Zweifelsfragen im Zusammenhang mit dem Sozialversicherungsausweis, BB 1994 S. 421
Marienhagen, Rolf: Lohnfortzahlung für kranke Arbeitnehmer. Arbeitsrechtliche Betrachtungen zum neuen Gesetzentwurf der Bundesregierung, BB 1962 S. 1327 und 1376
ders.: Entgeltfortzahlungsgesetz, Neuwied, 1995

Literatur

Literaturverzeichnis

Marienhagen, Rolf/Künzl, Reinhard: Entgeltfortzahlungsgesetz, Stand 6. Ergänzungslieferung Mai 2003, Neuwied
Marschner, Andreas: Anmerkung zum Urteil des EuGH vom 3. Juni 1992 – RS C – 45/90 –, EzA Nr. 16 zu § 3 LFZG
ders.: Wegfall von Feiertagen im Zusammenhang mit der Einführung der Pflegeversicherung, DB 1995 S. 1026
Mathern, Friedrich W.: Die krankheitsbedingte Kündigung, NJW 1996 S. 818
Maydell, Bernd v./Schellhorn, Walter: Gemeinschaftskommentar zum Sozialgesetzbuch – Zusammenarbeit der Leistungsträger und ihre Beziehungen zu Dritten (GK-SGB X 3), Neuwied und Darmstadt, 1984
Mayerhofer, Horst: Karenztage und versicherungsrechtliche Lösung, NZA 1993 S. 400
Meisel, Peter G.: Anmerkung zum Urteil des BAG vom 26. 10. 1994 – 10 AZR 482/93 –, SAE 1995 S. 316
Menssen, Tjark: Die Entgeltfortzahlung im Krankheitsfall bei tarifvertraglicher Ver
Misera, Karlheinz: Anmerkung zum Urteil des BAG vom 14. 6. 1995 – 5 AZR 143/94 –, SAE 1996 S. 92
Molitor, Erich/Volmer, Bernhard/Germelmann, Claas-Hinrich: Jugendarbeitsschutzgesetz, 3. Auflage, München, 1986
Moll, Wilhelm: Dienstvergütung bei persönlicher Verhinderung, RdA 1980 S. 138
Müller, Gerhard: Lohnfortzahlung bei Arbeitsunfähigkeit infolge Schwangerschaftsabbruchs, DB 1986 S. 2667
Müller, Eugen/Berenz, Claus: Entgeltfortzahlungsgesetz, 3. Auflage 2001
Münchner Arbeitsrechtshandbuch, hrsg. von *Reinhard Richardi* und *Otfried Wlotzke,* Band 1 (§§ 1–110) München 1992, Band 2 (§§ 111–232) München, 1993
Münchener Kommentar zum Bürgerlichen Gesetzbuch, hrsg. von *Kurt Rebmann* und *Franz Jürgen Säcker,* 4. Auflage, München 1997

Naendrup, Peter: Rechtliche und tatsächliche Probleme um Krankenstand und Lohnfortzahlung, ZfA 1984 S. 383
Natzel, Benno: Berufsbildungsrecht. Ausbildung, Fortbildung und Umschulung, 3. Auflage, 1982
ders.: Anmerkung zum Urteil des BAG vom 16. 2. 1994 – 5 AZR 251/93 –, SAE 1995 S. 11
Nielebock, Helga: Wieder 100%ige Entgeltfortzahlung im Krankheitsfall, AiB 1999 S. 5
Nolte, Josef: Lohnfortzahlungsversicherung für Arbeitgeber erweitert, KrV 1985 S. 176

Oetker, Hartmut: Einführung von Karenztagen für die Lohnfortzahlung im Krankheitsfalle qua Tarifvertrag? SGb 1984 S. 193
ders.: Anmerkung zum Urteil des BAG vom 9. 10. 1991 – 5 AZR 589/90 –, EzA § 1 LohnFG Nr. 122
ders.: Gemeinsame Anmerkung zu BAG Urteil vom 19. 2. 1997 – 5 AZR 747/93 – und BAG Urteil vom 19. 2. 1997 – 5 AZR 83/96 –, SAE 1998 S. 76
Olderog, Hans-Hermann: Rechtsfragen bei Krankheit im Arbeitsverhältnis, BB 1989 S. 1684
ders.: Arbeitsrechtliche Aspekte der Erkrankung von Arbeitnehmern, Krankheit im Arbeitsverhältnis 1992 S. 10
Oppolzer, Alfred/Zachert, Ulrich: Gesetzliche Karenztage und Tarifautonomie, BB 1993 S. 1353
Otten, August-Wilhelm: Zum Begriff der in Heimarbeit Beschäftigten als Arbeitnehmer im Sinne des Betriebsverfassungsgesetzes, Dissertation, Bonn, 1982
Ottow, Christoph: Lohnfortzahlung nach ruhendem Arbeitsverhältnis: Berücksichtigung der vorherigen Krankheitsdauer, DB 1981 S. 1042

Palandt, Otto: Bürgerliches Gesetzbuch, Kommentar, 63. Auflage München 2004
Pallasch, Ulrich: Entgeltfortzahlung bei Schwangerschaftsabbruch nach der „Fristenlösungs-Entscheidung" des BVerfG vom 28. 5. 1993, NZA 1993 S. 973
ders.: Entgeltfortzahlung bei Schwangerschaftsabbruch, NJW 1995 S. 3025
Palme, Antonie: Zur Frage des Verschuldens bei Lohn- und Gehaltsfortzahlung im Falle krankheitsbedingter Arbeitsunfähigkeit, BlStSozArbR 1981 S. 166

Literatur

v. Pappenheim, Jörg Rabe: Feiertagsbezahlung bei tariflicher Arbeitszeitverkürzung, DB 1986 S. 2599
Pawelzig, Jürgen: Entgeltfortzahlung, Kranken- und Verletztengeld, AuA 1992 S. 38
Peter, Alexander: Die Arbeitsunfähigkeitsbescheinigung als europäisches Rechtsproblem, RdA 1999 S. 374
Peters-Lange, Susanne: Anmerkung zum Urteil des BAG vom 26. 5. 1999 – 5 AZR 476/98 –, SAE 2000 S. 274
Pfarr, Heide M./Bertelsmann, Klaus: Gleichbehandlungsgesetz: Zum Verbot der unmittelbaren und mittelbaren Diskriminierung von Frauen im Erwerbsleben, Wiesbaden 1985
Platzer, Lothar: Der Umfang des Forderungsübergangs bei Dritthaftung im Baugewerbe, BB 1993 S. 1212
Preis, Ulrich: Die krankheitsbedingte Kündigung, Krankheit im Arbeitsverhältnis (Hrsg.: Hromadka, Wolfgang), Stuttgart 1993 S. 93
ders.: Das Arbeitsrechtliche Beschäftigungsförderungsgesetz 1996, NJW 1996 S. 3369
Priester, Klaus: Karenztage als sozialpolitisches Tauschobjekt?, AiB 1992 S. 399

Raab, Thomas: Mitbestimmung des Betriebsrats bei der Einführung und Ausgestaltung von Krankengesprächen, NZA 1993 S. 193
ders.: Entgeltfortzahlung an arbeitsunfähig erkrankte Arbeitnehmer an Feiertagen nach der Neuregelung des EFZG, NZA 1997 S. 1144
Rebhahn, Robert: Anmerkung zum Beschluss des BAG vom 25. 1. 2000 – 1 ABR 3/99 –, SAE 2002 S. 134
Reichsgerichtsrätekommentar, Das Bürgerliche Gesetzbuch, Kommentar, hrsg. von Mitgliedern des Bundesgerichtshofs, 12. Auflage 1974 ff.
Reinecke, Gerhard: Krankheit und Arbeitsunfähigkeit – die zentralen Begriffe des Rechts der Entgeltfortzahlung, DB 1998 S. 130
Reuter, Dieter: Anmerkung zum Urteil des BAG vom 17. 1. 1979 – 5 AZR 408/77 –, JuS 1980 S. 233
Richardi, Reinhard: Lohn oder Kurzarbeitergeld bei Smogalarm, NJW 1987 S. 1231
ders.: Anmerkung zum Urteil des BAG vom 11. 5. 1993 – 1 AZR 649/92 –, SAE 1994 S. 304
Rieble, Volker: Die Einschränkung der gesetzlichen Entgeltfortzahlung im Krankheitsfall und ihre Auswirkungen auf inhaltsgleiche Regelungen in Tarifverträgen, RdA 1997 S. 134
Riedmaier, Karl: Übergang der Schadensersatzansprüche unfallverletzter Arbeitnehmer (Beamter) auf Arbeitgeber (Dienstherren) – Zur Problematik des sog. Arbeitgeberschadens, DB 1980 S. 64
Röwekamp, Klaus: Probleme der Teilarbeitsfähigkeit – Ein Nachruf?, SozSich 1985 S. 204
Rolfs, Christian: Die Neuregelung der Arbeitgeber- und Arbeitnehmerhaftung bei Arbeitsunfällen durch das SGB VII, NJW 1996 S. 3177
Rothe, Hans: Wenn Schnee und Eis den Arbeitsweg blockieren – Muß der Betrieb die ausfallende Arbeitszeit vergüten?, Personal 1982 S. 345
Rühle, Hans Gottlob: Der Beweiswert der ärztlichen Arbeitsunfähigkeitsbescheinigung, BB 1989 S. 2046
Ruf, Thomas: Gleichbehandlung auch in Zukunft unerläßlich, ArbuSozPol 1981 S. 380
Rummel, Hans-Georg: Arbeitsunfähigkeit und Urlaubsabgeltung, NZA 1986 S. 383

Sabel, Hans-Jürgen: Entgeltfortzahlung bei Erkrankung eines Kindes, WzS 1981 S. 225
Säcker, Franz Jürgen: Das neue Entgeltfortzahlungsgesetz und die individuelle und kollektive Vertragsfreiheit, AuR 1994 S. 1
Schadek, Gisbert: Die neue Entwicklung in der Rechtsprechung des BAG zur Frage des Lohnfortzahlungsanspruchs bei alkoholbedingter (Rückfall-)Erkrankung (Rentenversicherungsrechtliche Konsequenzen), Amtl. Mitt. LVA Rheinpr. 1988 S. 291
Schäfer, Horst: Zur Lohnfortzahlungspflicht des Arbeitgebers nach verlorenem Kündigungsschutzprozeß, NZA 1984 S. 105
ders.: Pflicht zu gesundheitsförderndem Verhalten?, NZA 1992 S. 529
Schaub, Günter: Arbeitsrechts-Handbuch, 10. Auflage, München 2002
ders.: Der Entgeltfortzahlungsanspruch des GmbH-Geschäftsführers im Krankheitsfalle, WiB 1994 S. 637

Literatur

ders.: Entgeltfortzahlung im neuen (alten) Gewand? NZA 1999 S. 177
Schlachter, Monika: Anmerkung zum Urteil des BAG vom 12. 12. 2002 – 5 AZR 255/00, AP Nr. 10 zu Art. 30 EGBGB
Schieckel, Horst/Oestreicher, Ernst: Berufsbildungsgesetz mit Kommentar, Loseblattsammlung, 1969
Schlegelberger, Franz: Handelsgesetzbuch, Kommentar von Ernst Geßler u. a., 5. Auflage, München 1973 ff.
Schleich, Hans-Wilhelm: Arbeitsentgeltfortzahlung und Schadenersatz, DAR 1993 S. 409
Schliemann, Harald: Neues und Bekanntes im Entgeltfortzahlungsgesetz, AuR 1994 S. 317
Schmalz, Ursula: Der Verzicht auf Lohnfortzahlung durch Ausgleichsquittung und seine Auswirkung auf den Krankengeldanspruch, BKK 1981 S. 173
Schmidt, Eberhard: „Arbeitslohn" und „Dienstverhältnis" im Steuerrecht, BB 1983 S. 1092
Schmidt, Klaus/Koberski, Wolfgang/Tiemann, Barbara/Wascher, Angelika: Heimarbeitsgesetz, Kommentar, 4. Auflage, München, 1998
Schmitt, Jochem: Der Mißbrauch der Lohnfortzahlung – Ursachen und Bekämpfungsmöglichkeiten, ZTR 1990 S. 223
ders.: Lohnfortzahlung in den neuen Bundesländern, München, 1991
ders.: Ungleichbehandlungen zwischen Arbeitern und Angestellten bei der Lohnfortzahlung im Krankheitsfall, ZTR 1991 S. 3
ders.: Der Beitrag der Arbeitsgerichte zur Beseitigung von Ungleichbehandlungen zwischen Arbeitern und Angestellten im Entgeltfortzahlungsrecht, Festschrift für *Kissel*, München, 1994 S. 1015
ders.: Anmerkung zum Beschluss des BAG vom 27. 4. 1994 – 5 AZR 747/93 (A) –, NZA 1994 S. 683, WiB 1995 S. 26
ders.: Das neue Entgeltfortzahlungsgesetz, WiB 1995 S. 101
ders.: Anmerkung zum Urteil des BAG vom 6. 12. 1995 – 5 AZR 237/94 –, AP Nr. 9 zu § 611 BGB Berufssport
ders.: Entgeltfortzahlung im Krankheitsfall an Teilzeitkräfte, in: Festschrift für Wolfgang Gitter zum 65. Geburtstag, Wiesbaden, 1995, S. 847
ders.: Neuregelung der Entgeltfortzahlung im Krankheitsfall, RdA 1996 S. 5
ders.: Gemeinsame Anmerkung zu BAG Urteil vom 1. 10. 1997 – 5 AZR 499/96 – und BAG Urteil vom 1. 10. 1997 – 726/96 –, AP Nr. 5 zu § EntgeltFG
ders.: Gemeinsame Anmerkung zu BAG Urteil vom 19. 2. 1997 – 5 AZR 747/93 – und BAG Urteil vom 19. 2. 1997 – 5 AZR 83/96 –, AP Nr. 4 zu § 3 EntgeltFG
ders.: Anmerkung zum Urteil des BAG vom 21. 11. 2001 – 5 AZR 296/00 –, RdA 2003 S. 51
ders.: Anmerkung zum Urteil des BAG vom 17. 4. 2002 – 5 AZR 2/01 –, AP Nr. 1 zu § 8 EFZG
ders.: Anmerkung zum Urteil des BAG vom 9. 10. 2002 – 5 AZR 356/01 –, AP Nr. 63 zu § 4 EFZG
ders.: SGB VII – Gesetzliche Unfallversicherung – Kommentar, 2. Aufl. München 2004
ders.: Die Berücksichtigung von Überstunden bei der Entgeltfortzahlung im Krankheitsfall im Lichte der Rechtsprechung des Bundesarbeitsgerichts, FS zum 50jährigen Bestehen des Bundesarbeitsgerichts, München 2004
Schneider, Heinz: Die Erweiterung des Ausgleichsverfahrens nach dem Lohnfortzahlungsgesetz, BB 1985 S. 2114
Schnorr von Carolsfeld, Ludwig: Arbeitsrecht, Erlangen 1948
Schoden, Michael: Jugendarbeitsschutzgesetz, 4. Auflage, Köln, 1998
Schulin, Bertram: Zum Problem der Teilarbeitsunfähigkeit im Krankenversicherungs- und Entgeltfortzahlungsrecht, SGb 1984 S. 285
Schulte-Mimberg, Udo: Zehn Jahre Lohnfortzahlungsgesetz, DOK 1980 S. 57
ders.: Gesetzliche Krankenversicherung und Arbeitsrecht, in: *Schulin, Bertram* (Hrsg.), Handbuch des Sozialversicherungsrechts, Band 1 Krankenversicherung, München, 1994 S. 409
Schulz, Jochem: Die Dauer des Anspruchs auf Lohnfortzahlung bei Hinzutritt einer weiteren Krankheit, WzS 1985 S. 36
Schwank, Jürgen: Krankengespräche sind mitbestimmungspflichtig!, AiB 1992 S. 71

Literatur

Siebel, Wilhelm: Die Auswirkungen von Arbeitszeitverkürzungen und ungleichmäßiger Arbeitszeitverteilung auf Wochenfeiertage und Urlaub sowie auf deren Bezahlung, BB 1987 S. 2222
Sieg, Harald/Wank, Rolf/Tettinger, Peter-J.: Gewerbeordnung, 6. Auflage, München 1999
Sieg, Karl: Mechanismen zur Minderung des Risikos der Entgeltfortzahlung bei Krankheit, BB 1996 S. 1766
ders.: Einige Sonderprobleme der Entgeltfortzahlung nach neuem Recht, BB 1996, Beilage 17, S. 18
Sonnleitner, Josef: Entgeltfortzahlung bei Alkoholismus unter besonderer Berücksichtigung der Verschuldensproblematik, Diss., Regensburg 1994
Sowka, Hans-Harald: Freistellungspflichten des Arbeitgebers zur Ermöglichung der Pflege eines kranken Kindes, RdA 1993 S. 34
Stahlhacke, Eugen/Preis, Ulrich: Kündigung und Kündigungsschutz im Arbeitsverhältnis, 8. Auflage, München 2002
Staudinger, Julius v.: Kommentar zum Bürgerlichen Gesetzbuch, 13. Bearbeitung, Berlin 1997
Stein, Axel: Lohnfortzahlungskosten und krankheitsbedingte Kündigung, AuR 1987 S. 388
Stoffels, Markus: Arbeitsrechtliche Konsequenzen des zweiten Abtreibungsurteils des Bundesverfassungsgerichts, DB 1993 S. 1718
Straub, Fritz: Krankengeld und Fernbleiben von der Arbeit wegen eines kranken Kindes, ZfSH/SGb 1993 S. 190
Ströfer, Joachim: Zur Lohnfortzahlung bei Krankheit im unbezahlten Sonderurlaub, DB 1984 S. 2406
Stückmann, Roland: „Krankfeiern" und „Krankschreiben" – Überlegungen zur Entgeltfortzahlung im Krankheitsfalle, NZS 1994 S. 529
ders.: „Selbstverschuldete" Arbeitsunfähigkeit – Spart nur der Zufall Kosten?, DB 1996 S. 1822
ders.: Teilarbeits(un)fähigkeit und Entgeltfortzahlung, DB 1998 S. 1662

Thivessen, Rolf: Lohnfortzahlungsanspruch bei Organspenden, ZTR 1989 S. 267
Thome, Martin: Lohnfortzahlung bei Arbeitsverhinderung, Frankfurt, Bern, New York, Paris, 1987
Thüsing Gregor: Rechtsfragen grenzüberschreitender Arbeitsverhältnisse, NZA 2003 S. 1303
Treber, Jürgen: Anmerkung zu BAG Urteil vom 28. 6. 1995 – 7 AZR 1001/94 –, SAE 1997 S. 121

Veit, Barbara: Der Anspruch auf Lohnfortzahlung für krankheitsbedingte Fehltage und auf Freizeitausgleich nach dem „Freischichtenmodell", NZA 1990 S. 249
Viethen, Hans Peter: Das neue Entgeltfortzahlungsgesetz, KrV 1994 S. 151
ders.: Die Neuregelung der Entgeltfortzahlung, DZWir 1993 S. 479
ders.: Entgeltfortzahlungsgesetz, 3. Auflage, München 1999
Vogelsang, Hinrich: Entgeltfortzahlung, München 2002
Vossen, Reinhard: Entgeltfortzahlung bei Krankheit und an Feiertagen, Neuwied/Kriftel/Berlin 1997
ders.: Die Wartezeit nach § 3 III EFZG, NZA 1998 S. 354

Walker, Wolf-Dietrich: Die bereicherungsrechtliche Rückabwicklung des Weiterbeschäftigungsverhältnisses, DB 1988 S. 1596
ders.: Anmerkung zum Urteil des BAG vom 26. 8. 1993 – 2 AZR 154/93 –, SAE 1994 S. 223
ders.: Anmerkung zum Urteil des BAG vom 1. 3. 1995 – 1 AZR 786/94 –, SAE 1996 S. 90
Wank, Rolf: Arbeiter und Angestellte – Zur Unterscheidung im Arbeits- und Sozialversicherungsrecht, Berlin, New York, 1992
ders.: Reform des Lohnfortzahlungsrechts, BB 1992 S. 1993
ders.: Anmerkung zum Urteil des BAG vom 14. 12. 1994 – 5 AZR 524/89 –, SAE 1996 S. 308

Literatur

Weber, Reinhold: Anschnallpflicht und Lohnfortzahlung, DAR 1983 S. 9
Weber, Ulrich: Die krankheitsbedingte Kündigung im Spiegel der aktuellen Rechtsprechung des BAG, DB 1993 S. 2429
Wedde, Peter: Besteht aufgrund der MTV der Metall-, Elektro- und Stahlindustrie trotz der gesetzlichen Neuregelung (§ 4 Abs. 1 EFZG n. F.) weiterhin ein Anspruch auf 100%ige Fortzahlung des Entgelts im Krankheitsfall?, AuR 1996 S. 421
Wedde, Peter/Kunz, Olaf: Entgeltfortzahlungsgesetz , Frankfurt/Main 2003
Weiss, Manfred: Anmerkung zum Urteil des BAG vom 1. 10. 1991 – 1 AZR 147/91 –, EZA Art. 9 GG Arbeitskampf Nr. 199
Westhoff, Stefan: Die Fortzahlung der Provision bei Krankheit, Urlaub und in anderen Fällen der Arbeitsverhinderung, NZA 1986, Beilage 3 S. 25
Weyand, Joachim: Der Anspruch auf Mutterschutzlohn bei krankheitsbedingtem Beschäftigungsverbot, BB 1994 S. 1852
Willemsen, Heinz Josef: „Anstandspflichten" des erkrankten Arbeitnehmers, DB 1981 S. 2619
Wochner, Manfred: Rückforderung zu Unrecht gezahlter Lohnfortzahlung im Krankheitsfalle, InfStW 1980 S. 518
Wolber, Kurt: Zur Rechtsprechung über die Verweigerung der Lohnfortzahlung bei Nichtanlegen von Sicherheitsgurten, BlStSozArbR 1980 S. 113
Wollenschläger, Michael/Kreßel, Eckhard: Die arbeitsrechtlichen Konsequenzen von Aids, AuR 1988 S. 198
Worzalla, Michael: Die Anzeige- und Nachweispflicht nach § 5 I EFZG, NZA 1996 S. 61
ders.: Anmerkung zum Beschluss des BAG vom 25. 1. 2000 – 1 ABR 3/99 –, AP Nr. 34 zu § 87 BetrVG Ordnung des Betriebes
ders.: Entgeltfortzahlung bei Krankheit und an Feiertagen – nach neuem Recht, 3. Auflage, Düsseldorf 2001
Worzalla, Michael/Süllwald, Ralf: Entgeltfortzahlungsgesetz, Freiburg, 1995
Wussow, Werner/Küppersbusch, Gerhard: Ersatzansprüche bei Personenschaden. Eine praxisbezogene Anleitung, 8. Auflage, München 2003

Zachert, Ulrich: Auslegungsgrundsätze und Auslegungsschwerpunkte bei der aktuellen Diskussion um die Entgeltfortzahlung, DB 1996 S. 2078
Zetl, Peter: Lohnfortzahlung (Krankenlohnzahlung) nun auch für geringfügig Beschäftigte, PersV 1993 S. 74
Zeuner, Albrecht: Rechtsschutz des Arbeitgebers gegenüber den Folgen einer Kurbewilligung im Sinne von § 7 Lohnfortzahlungsgesetz. Gedanken zum Verwaltungsakt mit Drittwirkung, Gedächtnisschrift für Martens, Berlin, 1987 S. 529
Zietsch, Udo: Zur Frage der Lohnfortzahlung im Krankheitsfall beim Job-Sharing, NZA 1997 S. 526
Zmarzlik, Johannes/Anzinger, Rudolf: Jugendarbeitsschutzgesetz, 5. Auflage, München 1998
Zuleger, Thomas: Karenztage im Krankheitsfall – Fragen statt Antworten, AuR 1992 S. 231
Zwanziger, Bertram: Vom Reinigungsvertrag zur Krise der Europäischen Union? – Stellungnahme zu EuGH, DB 1994 S. 1370f. und *Buchner*, DB 1994 S. 1417 ff. –, DB 1994, 2621
ders.: Die Rechtsprechung des EuGH: Ein Sprengsatz für das nationale Arbeitsrechtssystem?, BB 1995 S. 1404

A. Einleitung

Übersicht

	Rdn.
I. Entgeltzahlung an Feiertagen und Entgeltfortzahlung im Krankheitsfall im System des Leistungsstörungsrechts	1
II. Geschichtliche Entwicklung bis zum Inkrafttreten des Entgeltfortzahlungsgesetzes	3
1. Geschichte der Entgeltzahlung an Feiertagen	3
2. Geschichte der Entgeltfortzahlung im Krankheitsfall	4
III. Entstehungsgeschichte des Entgeltfortzahlungsgesetzes	13
IV. Änderungen des Entgeltfortzahlungsgesetzes	18
1. Änderungen durch das Arbeitsrechtliche Beschäftigungsförderungsgesetz	18
2. Änderungen durch das „Korrekturgesetz"	20
3. Sonstigen Änderungen	23
V. Gegenwärtig anwendbare Regelungen	24

I. Entgeltzahlung an Feiertagen und Entgeltfortzahlung im Krankheitsfall im System des Leistungsstörungsrechts

Die Vorschriften über die Entgeltzahlung an Feiertagen und über die Entgeltfortzahlung im Krankheitsfall stellen rechtssystematisch **Ergänzungen des Leistungsstörungsrechts** dar, und sie modifizieren den Grundsatz „ohne Arbeit kein Lohn". **1**

Bei einer uneingeschränkten Anwendung der allgemeinen Regeln des Leistungsstörungsrechts ergäbe sich folgende Situation: Bleibt ein Arbeitnehmer wegen eines gesetzlichen Feiertages der Arbeit fern oder erkrankt der Arbeitnehmer und führt seine Krankheit zur Arbeitsunfähigkeit, so wird er gem. § 275 BGB (zur Frage, ob nach der Schuldrechtsreform § 275 Abs. 1 oder 3 BGB Anwendung findet, vgl. *Gotthardt/Greiner* DB 2002, 2106 m.w.N.) von der Verpflichtung zur (Arbeits-)Leistung frei. Gleichzeitig verliert er aber in beiden Fällen gem. § 326 Abs. 1 BGB normalerweise auch seinen Anspruch auf die Gegenleistung, d.h. das Arbeitsentgelt. Dem entspricht auch die Regelung des § 614 S. 1 BGB, wonach die Vergütung (nur) nach Leistung der Dienste zu entrichten ist. **2**

Erhalten bliebe der Anspruch auf das Arbeitsentgelt nach den allgemeinen Regelungen des Leistungsstörungsrechts nur dann, wenn die Unmöglichkeit der Arbeitsleistung vom Arbeitgeber zu vertreten wäre. Dies ist aber bezogen auf den Arbeitsausfall an gesetzlichen Feiertagen nicht vorstellbar, und bezogen auf einen krankheitsbedingten Arbeitsausfall würde § 326 Abs. 2 S. 1 BGB dem Arbeitnehmer nur dann seinen Entgeltanspruch erhalten, wenn der Arbeitgeber die Krankheit schuldhaft herbeigeführt hat. Abgesehen von diesem seltenen Ausnahmefall käme man aber bei einer uneingeschränkten Anwendung des Leistungsstörungsrechts zu dem Ergebnis, dass der Arbeit- **3**

Einleitung   I. Entgeltzahlung im System des Leistungsstörungsrechts

nehmer für gesetzliche Feiertage und bei krankheitsbedingter Arbeitsunfähigkeit keinen Anspruch auf Entgeltfortzahlung gegen seinen Arbeitgeber hat.

4   Die Regelungen über die Entgeltzahlung an Feiertagen und über die Entgeltfortzahlung im Krankheitsfall korrigieren dieses seit langem (zur geschichtlichen Entwicklung vgl. unten Rdn. 7 ff.) als unbefriedigend empfundene Ergebnis zugunsten der Arbeitnehmer, wobei man rechtstechnisch bis zum Inkrafttreten des Arbeitsrechtlichen Beschäftigungsförderungsgesetzes am 1. Oktober 1996 allerdings unterschiedliche Wege ging.

5   Bezüglich der **gesetzlichen Feiertage** blieben die allgemeinen Regelungen von jeher unangetastet, d. h. der Anspruch aus dem Arbeitsvertrag ging gem. § 323 Abs. 1 BGB (nunmehr § 326 Abs. 1 BGB) verloren; an seine Stelle trat sodann ein **(eigenständiger) Anspruch auf Entgeltzahlung** an Feiertagen gem. § 2 EFZG (bzw. früher nach dem Feiertagslohngesetz). Für den Fall der **krankheitsbedingten Arbeitsunfähigkeit** wurde dagegen in der Vergangenheit kein eigenständiger Anspruch begründet, der an die Stelle des Anspruchs aus dem Arbeitsvertrag trat, sondern das Gesetz „verdrängte" statt dessen § 323 Abs. 1 BGB (nunmehr § 326 Abs. 1 BGB) und **erhielt** dem Arbeitnehmer seinen **Anspruch aus dem Arbeitsvertrag;** diese Konzeption lag sowohl § 3 EFZG als auch den Vorläufern dieser Regelung zugrunde. Diese unterschiedlichen Regelungsstrukturen waren auch einer der Gründe dafür, dass das Entgeltfortzahlungsgesetz die Höhe des (fort-) zu zahlenden Entgelts für die Entgeltzahlung an Feiertagen und für die Entgeltfortzahlung im Krankheitsfall getrennt voneinander regelte.

6   Seit dem Inkrafttreten des Arbeitsrechtlichen Beschäftigungsförderungsgesetzes und damit der geänderten Fassung des § 3 Abs. 1 EFZG am 1. Oktober 1996 gilt jedoch für die Entgeltfortzahlung im Krankheitsfall nichts anderes als für die Entgeltzahlung an Feiertagen: Erkrankt der Arbeitnehmer und führt seine Krankheit zur Arbeitsunfähigkeit, so wird er gem. § 275 BGB von der Verpflichtung zur Arbeitsleistung frei und verliert gleichzeitig gem. § 326 Abs. 1 BGB (früher § 323 Abs. 1 BGB) seinen Anspruch auf Arbeitsentgelt. An die Stelle des Anspruchs auf das Arbeitsentgelt tritt ein **(eigenständiger) Anspruch aus § 3 Abs. 1 EFZG.**

7   Ursächlich für diese Änderung der rechtstechnischen Konzeption war wohl die Tatsache, dass man angesichts der Absenkung der Zahlungen des Arbeitgebers im Krankheitsfall auf 80% kaum noch von Entgeltfortzahlung im Krankheitsfall bzw. vom Aufrechterhalten des Anspruchs aus dem Arbeitsvertrag sprechen konnte. Die erneute Anhebung der Zahlungen des Arbeitgebers im Krankheitsfall auf 100% durch das „Korrekturgesetz" vom 19. Dezember 1998 hätte es dementsprechend ermöglicht, wieder zu der ursprünglichen rechtstechnischen Konzeption bzw. Formulierung des Gesetzes zurückzukehren; dies ist jedoch nicht geschehen.

8   Angesichts der geänderten rechtlichen Konstruktion müsste man seit den Änderungen aus dem Jahre 1996 genau genommen nicht mehr von Entgelt**fort**zahlung, sondern von Entgeltzahlung im Krankheitsfall sprechen, und in letzter Konsequenz hätte man sogar den Namen des Gesetzes ändern müssen. Da der Gesetzgeber diesen Schritt nicht gegangen ist, wird auch in der Kommentierung (weitgehend) darauf verzichtet und an der vertrauten Terminologie festgehalten.

II. Geschichtliche Entwicklung **Einleitung**

II. Geschichtliche Entwicklung bis zum Inkrafttreten des Entgeltfortzahlungsgesetzes

Die Entgeltzahlung an Feiertagen und die Entgeltfortzahlung im Krank- 9
heitsfall sind durch das Entgeltfortzahlungsgesetz vom 26. Mai 1994 erstmals in einem Gesetz zusammen geregelt worden. Bis zu diesem Zeitpunkt haben sich die Rechtsmaterien über Jahrzehnte hinweg weitgehend unabhängig voneinander entwickelt. Dies lässt es sinnvoll erscheinen, die Rechtsentwicklung bis zur Entstehung des Entgeltfortzahlungsgesetzes (vgl. unten Rdn. 103 ff.) jedenfalls zum gegenwärtigen Zeitpunkt noch getrennt darzustellen.

1. Geschichte der Entgeltzahlung an Feiertagen

Das Recht der Entgeltzahlung an Feiertagen geht zurück auf das **„Gesetz** 10
über Lohnzahlung am Nationalen Feiertag des Deutschen Volkes"
vom **26. April 1934** (RABl. I S. 373), mit dem die Pflicht zur Entgeltzahlung für den 1. Mai als zuvor eingeführtem Feiertag begründet wurde.

Eine deutliche Erweiterung erfuhr dieses Gesetz dann durch die „Anord- 11
nung des Beauftragten für den Vierjahresplan über die Lohnzahlung an Feiertagen" vom **3. Dezember 1937** (RABl. I S. 320), durch die die Feiertagsvergütung auf den Neujahrstag, den Oster- und Pfingstmontag und den 1. und 2. Weihnachtsfeiertag ausgedehnt wurden, soweit der Feiertag nicht auf einen Sonntag fiel (zur Entgeltzahlung an Heimarbeiter vgl. RABl. I S. 326).

Am 5. Dezember 1940 erging schließlich die „Anordnung über Freizeit 12
für Gefolgschaftsmitglieder in Gast- und Schankwirtschaften" (RABl. III S. 310), wonach Arbeitnehmer in Gast- und Schankwirtschaften sowie im übrigen Beherbergungsgewerbe Anspruch auf je einen freien Tag unter Fortzahlung des Arbeitsentgelts erlangten für Arbeiten, die sie am 1. Mai, am 1. und 2. Weihnachtsfeiertag, am Neujahrstag sowie am Ostermontag und Pfingstmontag über sechs Stunden leisteten, sofern diese Tage nicht auf einen Sonntag fielen. Diese Regelung galt bis zum Inkrafttreten des Arbeitszeitgesetzes vom 6. Juni 1994 (BGBl. I S. 1171) am 1. Juli 1994 fort.

Nach dem 8. Mai 1945 galt die „Anordnung ... über die Lohnzahlung an 13
Feiertagen" vom 3. Dezember 1937 zunächst fort. Im Laufe der Zeit schufen jedoch verschiedene Bundesländer – Bayern, Württemberg-Baden, Hessen, Bremen, Baden-Württemberg-Hohenzollern und Rheinland-Pfalz – gesetzliche Regelungen, die über die Anordnung hinausgingen, mit der Folge, dass es in den verschiedenen Bundesländern nicht nur zu einer unterschiedlichen Festlegung der Feiertage kam, sondern auch zu einer unterschiedlichen Regelung der Entgeltzahlung an Feiertagen (ausführlich *Färber/Klischan*, FeiertagsLG, Rdn. 24).

Zur Beseitigung dieser Rechtsunterschiede zwischen den Bundesländern 14
brachte im Jahre 1950 der Bundesrat den Entwurf eines Gesetzes zur Regelung der Lohnzahlung an Feiertagen in den Bundestag ein (vgl. BR-Drucks. 738/50; zu diesem Gesetzentwurf *Kraegeloh*, DB 1951, 642; *Witting*, BABl. 1951, 338). Dieser Gesetzentwurf sah bereits vor, dass für die Arbeits-

Einleitung   II. Geschichtliche Entwicklung

zeit, die infolge eines gesetzlichen Feiertages ausfällt, dem Arbeitnehmer vom Arbeitgeber der Arbeitsverdienst gezahlt werden sollte, den der Arbeitnehmer ohne den Arbeitsausfall erhalten hätte. Dies sollte allerdings nicht gelten für Feiertage, die auf einen Sonntag fallen. Die Schaffung entsprechender Regelungen für die in Heimarbeit Beschäftigten sollte den Ländern überlassen bleiben, während man die Aufgabe, Feiertagszuschläge festzusetzen, primär den Tarifvertragsparteien zuweisen wollte (§§ 1 und 2 des Entwurfs).

15 Die Bundesregierung vertrat in ihrer Stellungnahme zum Gesetzentwurf zunächst die Auffassung, dass die Entgeltzahlung an Feiertagen nicht durch ein Gesetz geregelt werden sollte. Man wollte die Regelung dieser Frage vielmehr den Tarifvertragsparteien überlassen, da man der Auffassung war, die Bezahlung des durch die Feiertage entstehenden Lohnausfalls und die Zuschlagszahlung für Arbeit an Feiertagen gehöre zu den Arbeitsbedingungen, die tariflich geregelt werden könnten und tariflich geregelt werden sollten. Des weiteren fürchtete man eine nicht zu vertretende Mehrbelastung der Wirtschaft, wenn keine Beschränkung der Zahl der zu bezahlenden Feiertage vorgenommen werde. Außerdem war man der Auffassung, es sei unzulässig, die Regelung der Feiertagslohnzahlung an in Heimarbeit Beschäftigte den Ländern zu überlassen, da man befürchtete, dass sich daraus weiterhin bzw. erneut Wettbewerbsverzerrungen zwischen den Bundesländern ergeben könnten.

16 Der Bundestagsausschuss für Arbeit schlug daraufhin u. a. vor, für Heimarbeiter eine dem späteren § 2 FeiertagsLG entsprechende Regelung zu schaffen. Der Bundestag nahm den Gesetzentwurf in der vom Bundestagsausschuss für Arbeit vorgeschlagenen Fassung an. Das **„Gesetz zur Regelung der Lohnzahlung an Feiertagen"** vom 20. **August 1951** (BGBl. I S. 479) konnte daraufhin **am 3. September 1951 in Kraft treten** (zur Geltung des Feiertagslohngesetzes in Berlin und im Saarland ausführlich *Färber/Klischan,* FeiertagsLG, Rdn. 29 ff.).

17 Das Feiertagslohngesetz ist nur einmal geändert worden und zwar durch das Haushaltsstrukturgesetz vom 18. Dezember 1975 (BGBl. I S. 3091), durch das an § 1 Abs. 1 FeiertagsLG ein zweiter Satz angefügt wurde, wonach – vergleichbar der heutigen Regelung in § 2 Abs. 2 EFZG – die Arbeitszeit, die an einem gesetzlichen Feiertag gleichzeitig infolge von Kurzarbeit ausfällt und für die an anderen Tagen als an gesetzlichen Feiertagen Kurzarbeitergeld geleistet wird, nunmehr als infolge des gesetzlichen Feiertages ausgefallen galt.

18 Mit der Wiederherstellung der Einheit Deutschlands wurde der Geltungsbereich des Feiertagslohngesetzes gem. Art. 8 des Einigungsvertrages auf die neuen Bundesländer erstreckt; „Übergangsregelungen", die mittlerweile gegenstandslos geworden sind, bestanden lediglich hinsichtlich der Bestimmung der gesetzlichen Feiertage, für die Entgeltfortzahlung zu leisten war.

2. Geschichte der Entgeltfortzahlung im Krankheitsfall

19 Die Geschichte der Entgeltfortzahlung im Krankheitsfall reicht nicht nur wesentlich weiter zurück als die Geschichte der Entgeltzahlung an Feiertagen, sondern sie war auch wesentlich „bewegter" und hat dazu geführt, dass

II. Geschichtliche Entwicklung

Einleitung

das Recht der Entgeltfortzahlung im Krankheitsfall bis zum Inkrafttreten des Entgeltfortzahlungsgesetzes am 1. Juni 1994 so uneinheitlich geregelt war wie kaum ein anderes Teilgebiet des Arbeitsrechts:
Für Arbeiter in den alten Bundesländern galten die Regelungen des Lohnfortzahlungsgesetzes, für technische Angestellte § 133 c GewO, für kaufmännische Angestellte § 63 HGB, für seemännische Angestellte und Schiffsmänner auf Kauffahrteischiffen § 48 SeemG, für sonstige Angestellte § 616 Abs. 2 BGB, für die zu ihrer Berufsausbildung Beschäftigten einschließlich der Volontäre und Praktikanten § 12 BBiG und für Arbeitnehmer in den neuen Bundesländern die §§ 115 a ff. AGB-DDR. Alle genannten Regelungen sahen zwar grundsätzlich vor, dass der Arbeitgeber im Krankheitsfall zur Entgeltfortzahlung für die Dauer von bis zu sechs Wochen verpflichtet war, in vielen Details waren die Unterschiede aber keineswegs zu vernachlässigen. 20

Die Tatsache, dass die Entgeltfortzahlung bei krankheitsbedingter Arbeitsunfähigkeit für die verschiedenen genannten Arbeitnehmergruppen in einer solchen Vielzahl zwar ähnlicher, aber keineswegs identischer Bestimmungen geregelt war, lässt sich nur aus der geschichtlichen Entwicklung heraus erklären. 21

Gesetzliche Regelungen über die Entgeltfortzahlung im Krankheitsfall wurden in größerem Umfang erstmals gegen Ende des 19. Jahrhunderts geschaffen (zu den vorausgegangenen Regelungen des römischen Rechts, des gemeinen Rechts, des Preußischen ALR usw. vgl. *Moll*, RdA 1980, 138, 142). 22

Den ersten Schritt bildete das **„Gesetz betreffend Abänderung der Gewerbeordnung"** vom **1. Juni 1891** (RGBl. I S. 261), durch das die §§ 133 a–e in die Gewerbeordnung eingefügt wurden, die die „Verhältnisse der Betriebsbeamten, Werkmeister, Techniker" zum Gegenstand hatten. 23

Die neuen Vorschriften betrafen in erster Linie die Möglichkeiten einer Kündigung des Dienstverhältnisses; eine solche war gem. § 133 c Abs. 1 Nr. 4 GewO u. a. möglich, wenn der Dienstverpflichtete *„durch anhaltende Krankheit oder ... Abwesenheit an der Verrichtung (der) Dienste verhindert"* war. Mit dieser Kündigungsmöglichkeit korrespondierte allerdings eine **Entgeltfortzahlungsregelung in § 133 c Abs. 2 S. 1 GewO**. Dort war vorgesehen, dass *„in dem Fall zu 4 ... der Anspruch auf die vertragsmäßigen Leistungen des Arbeitgebers für die Dauer von sechs Wochen in Kraft (bleibt), wenn die Verrichtung der Dienste durch unverschuldetes Unglück verhindert worden ist"*. Dabei handelte es sich um die **erste reichsgesetzliche Entgeltfortzahlungsregelung** überhaupt. Die Bestimmung hatte allerdings keinen zwingenden Charakter, d. h. der Anspruch auf Fortzahlung des Entgelts bei Arbeitsverhinderung durch ein unverschuldetes Unglück konnte vertraglich abbedungen werden. 24

Eine weitere Entgeltfortzahlungsregelung trat im Jahre **1898** in Gestalt des **§ 63 HGB** in Kraft (RGBl. 1897 S. 219). Die Vorschrift erhielt bereits zum damaligen Zeitpunkt ihre bis 1969 (1. ArbRBerG vom 1. September 1969) geltende Fassung, indem man Handlungsgehilfen, die durch ein unverschuldetes Unglück an der Leistung der Dienste verhindert wurden, einen Anspruch auf Weitergewährung von Gehalt und Unterhalt für bis zu sechs Wochen einräumte. Auch diese Regelung hatte allerdings – ebenso wie § 133 c GewO – keinen zwingenden Charakter, so dass der Anspruch auf Fortzahlung des Arbeitsentgelts bei Arbeitsverhinderung durch ein unverschuldetes 25

5

Einleitung II. Geschichtliche Entwicklung

Unglück vertraglich abbedungen werden konnte. Unterschiede gegenüber der Regelung des § 133 c GewO bestanden im wesentlichen hinsichtlich des Anspruchsumfangs: Während sich die Ansprüche technischer Angestellter minderten, wenn ein Träger der Kranken- oder Unfallversicherung Leistungen gewährte, musste ein Handlungsgehilfe sich entsprechende Leistungen der Sozialversicherung gem. § 63 Abs. 2 HGB nicht anrechnen lassen.

26 Noch eine weitere Regelung des HGB in seiner ursprünglichen Fassung ist schließlich im Hinblick auf die spätere Gesamtsystematik des Rechts der Entgeltfortzahlung bei krankheitsbedingter Arbeitsunfähigkeit bemerkenswert: **§ 76 Abs. 1 HGB** beinhaltete eine Regelung für **Handelslehrlinge**, die bis zum Inkrafttreten des Berufsbildungsgesetzes vom 14. August 1969 Gültigkeit behielt. Auf Handelslehrlinge fand danach unter anderem § 63 HGB Anwendung, d.h. auch diese Personengruppe hatte Entgeltfortzahlungsansprüche für den Fall eines „unverschuldeten Unglücks", also insbesondere einer Krankheit, die Arbeitsunfähigkeit zur Folge hatte.

27 Eine nicht nur für eine relativ kleine Arbeitnehmergruppe geltende Regelung beinhaltete dann **§ 616 BGB** (vom 18. August 1896, RGBl. I S. 195), der am 1. Januar 1900 in Kraft trat. Satz 1 der Vorschrift sah bereits in seiner ursprünglichen Fassung vor, dass „*der zur Dienstleistung Verpflichtete ... des Anspruchs auf die Vergütung nicht dadurch verlustig (wird), daß er für eine verhältnismäßig nicht erhebliche Zeit durch einen in seiner Person liegenden Grund ohne sein Verschulden an der Dienstleistung verhindert wird*". Auch Satz 2 entsprach bereits dem heutigen § 616 BGB. Damit war eine für alle Dienstverpflichteten – also Arbeiter und Angestellte, soweit diese nicht spezielleren Regelungen unterfielen – gleichermaßen geltende Entgeltfortzahlungsbestimmung geschaffen worden. Ebenso wie die bereits existierenden Vorschriften hatte § 616 BGB allerdings keinen zwingenden Charakter, d.h. der Anspruch auf Fortzahlung der Vergütung bei unverschuldeter Dienstverhinderung konnte vertraglich abbedungen werden.

28 Betrachtet man diese Regelung unter dem Blickwinkel der späteren Systematik des Rechts der Entgeltfortzahlung, so war zugleich eine weitere Gruppe von Arbeitnehmern gebildet worden: Der Anspruch „normaler" Arbeitnehmer bestand anders als die entsprechenden Ansprüche nach der Gewerbeordnung und dem HGB nicht für die Dauer von sechs Wochen, sondern nur für eine „verhältnismäßig nicht erhebliche Zeit", und er war im Gegensatz zu dem Entgeltfortzahlungsanspruch der Handlungsgehilfen und Handelslehrlinge hinsichtlich seiner Höhe abhängig von der Inanspruchnahme entsprechender Sozialversicherungsleistungen.

29 Spezielle Regelungen über die Stellung der Arbeitnehmer auf Kauffahrteischiffen im Krankheitsfall brachte dann die **Seemannsordnung** vom **2. Juni 1902** (RGBl. I S. 175). Entsprechend den besonderen Bedürfnissen der Seefahrt stellten diese ebenfalls zwischen „Arbeitern" (Schiffsmännern) und „Angestellten" differenzierenden Bestimmungen zwar den Anspruch auf Krankenfürsorge in den Vordergrund, die Seemannsordnung normierte aber zugleich auch einen Anspruch auf Fortzahlung der Heuer bis zum Verlassen des Schiffs (vgl. §§ 61, 62 Seemannsordnung).

30 Schließlich wurden um die Jahrhundertwende – nach verschiedenen Vorläufern – auch landesrechtliche Vorschriften über die Entgeltfortzahlung für

II. Geschichtliche Entwicklung

einen Teil der **bergmännisch Beschäftigten** erlassen. Ein typisches Beispiel hierfür ist das Berggesetz für das Königreich Bayern vom 30. Juni 1900 (GVBl. S. 775). In enger Anlehnung an die §§ 133a ff. GewO wurden Regelungen über die Dienstverhältnisse bestimmter von Bergwerksbesitzern beschäftigter Personen erlassen (Art. 112 ff. BayBergG). Diese Bestimmungen beinhalteten unter anderem einen Anspruch auf die vertragsmäßigen Leistungen für die Dauer von sechs Wochen, wenn der Betroffene durch anhaltende Krankheit an der Verrichtung der Dienste verhindert war (Art. 113 S. 2 BayBergG). Eine vergleichbare Entgeltfortzahlungsregelung fand sich in § 90a PrABG.

Mit dem Inkrafttreten der vorstehend erwähnten Gesetze waren die Grundstrukturen des späteren Rechts der Entgeltfortzahlung mit seiner häufig nur schwer verständlichen Differenzierung zwischen verschiedenen Arbeitnehmergruppen bereits angelegt. 31

Den nächsten wesentlichen Schritt in der Entwicklung des Entgeltfortzahlungsrechts bildeten die **Verordnungen des Reichspräsidenten zur Sicherung von Wirtschaft und Finanzen** vom **2. Dezember 1930** (RGBl. I S. 517) und vom **5. Juni 1931** (RGBl. I S. 279). 32

Teil 1 Kapitel II Artikel 3 der Verordnung vom 2. Dezember 1930 fügte § 133c Abs. 2 GewO den späteren Satz 4 an, wonach der Anspruch nicht mehr durch Vertrag ausgeschlossen oder beschränkt werden konnte. In gleicher Weise wurde § 63 HGB ergänzt, womit man auch kaufmännischen Angestellten einen unabdingbaren Entgeltfortzahlungsanspruch einräumte. Vorgesehen war schließlich auch, dem § 616 BGB ebenfalls einen Satz anzufügen, wonach der Anspruch nicht durch Vertrag ausgeschlossen oder beschränkt werden konnte. 33

Aufgrund der Verordnung vom 5. Juni 1931 kam es jedoch zu einer anderen Regelung: Dem (unveränderten) bisherigen § 616 BGB wurde ein **zweiter Absatz** angefügt, der **Angestellten** im Sinne des Angestelltenversicherungsgesetzes einen unabdingbaren Anspruch auf Fortzahlung der Vergütung für eine Zeit von sechs Wochen bei krankheitsbedingter Arbeitsunfähigkeit einräumte (vgl. Teil 1 Kapitel IV § 1 der Verordnung vom 5. Juni 1931, RGBl. I S. 279, 281). Die bisherige Regelung, der „neue" Absatz 1, hatte für Angestellte damit nur noch Bedeutung in sonstigen Fällen der unverschuldeten Dienstverhinderung; für **Arbeiter** verblieb es dagegen insgesamt bei der abdingbaren Bestimmung des § 616 Abs. 1 BGB. Arbeiter und Angestellte waren damit endgültig zu zwei unterschiedlichen Arbeitnehmergruppen im Gesamtsystem der Entgeltfortzahlung bei krankheitsbedingter Arbeitsunfähigkeit geworden. 34

Zwischen den beiden Arbeitnehmergruppen bestanden nunmehr auch eklatante Unterschiede: Während durch die erwähnten Verordnungen im Ergebnis allen Angestellten ein Anspruch auf Entgeltfortzahlung für die Dauer von sechs Wochen eingeräumt worden war und diese Ansprüche nicht mehr durch Vertrag ausgeschlossen oder beschränkt werden konnten, war es weiterhin möglich, die Ansprüche der Arbeiter aus § 616 Abs. 1 BGB abzubedingen mit der weiteren Folge, dass der Arbeiter auf die Geltendmachung eines im Vergleich zum Lohnanspruch geringeren Krankengeldanspruchs gegen den Träger der gesetzlichen Krankenversicherung beschränkt 35

7

Einleitung II. Geschichtliche Entwicklung

war. Es gab zwar Tarifverträge, die Zuschüsse zum Krankengeld vorsahen und die Benachteiligung damit abmilderten, dies war aber eher die Ausnahme.

36 Diese unbefriedigende Situation führte unter anderem zu einer vom **Bundeskongress des Deutschen Gewerkschaftsbundes** im Oktober 1954 in Frankfurt verabschiedeten Entschließung, in der man verlangte, die sechswöchige unabdingbare Entgeltfortzahlung im Krankheitsfall auch für Arbeiter einzuführen. Ein entsprechender Vorschlag zur Änderung des § 616 BGB wurde im Februar 1955 den Fraktionen des Deutschen Bundestages, dem Bundesrat und dem Bundesarbeitsministerium zugeleitet. Die Fraktion der SPD griff diesen Vorschlag auf und legte am 28. September 1955 den „Entwurf eines Gesetzes zur Gleichstellung aller Arbeitnehmer im Krankheitsfalle" vor (BT-Drucks. II/1704; vgl. dazu *Hueck,* RdA 1955, 291).

37 Dieser Gesetzentwurf nahm die heute geltenden Regelungen jedenfalls inhaltlich bereits insofern vorweg, als eine „arbeitsrechtliche Lösung" vorgeschlagen wurde. § 616 Abs. 2 BGB sollte dahingehend geändert werden, dass sowohl Angestellten als auch Arbeitern ein unabdingbarer Anspruch auf Fortzahlung des Arbeitsentgelts und des Unterhalts durch den Arbeitgeber für die Dauer von sechs Wochen bei krankheitsbedingter Arbeitsunfähigkeit eingeräumt werden sollte. Artikel 2 des Gesetzentwurfs sah außerdem bereits ein Ausgleichsverfahren zur Entlastung kleinerer Betriebe vor. Es war vorgesehen, einen Ausgleichsstock zu errichten, aus dem 75 vom Hundert der in Krankheitsfällen gezahlten Arbeitsentgelte an Betriebe mit bis zu 100 Beschäftigten zurückerstattet werden sollten.

38 Der Deutsche Bundestag befasste sich am 26. Oktober 1955 mit dem Gesetzentwurf und überwies ihn zur weiteren Beratung an den Ausschuss für Sozialpolitik (federführend), den Ausschuss für Arbeit und den Ausschuss für Mittelstandsfragen. Der Entwurf scheiterte schließlich daran, dass man zu starke Belastungen für die Wirtschaft erwartete.

39 Eine parlamentarische Mehrheit für entsprechende Gesetzesänderungen zugunsten der Arbeiter ließ sich erst finden, nachdem die Frage der Lohnfortzahlung im Krankheitsfall zu einer zentralen Forderung im Rahmen des großen **Metallarbeiterstreiks 1956** in Schleswig-Holstein gemacht worden war.

40 Die danach geschaffene gesetzliche Regelung in Gestalt des **„Gesetzes zur Verbesserung der wirtschaftlichen Sicherung der Arbeiter im Krankheitsfall"** vom **26. Juni 1957** (BGBl. I S. 649) sah allerdings im Gegensatz zu dem Entwurf des Jahres 1955 keine arbeitsrechtliche, sondern eine sog. „gespaltene Lösung" vor, d.h. es wurden nicht primär die Arbeitgeber zur Lohnfortzahlung verpflichtet, sondern der erkrankte Arbeiter erhielt weiterhin Krankengeld als Leistung der gesetzlichen Krankenversicherung und daneben einen Zuschuss zum Krankengeld vom Arbeitgeber. Um die Belastung der Arbeitgeber zu begrenzen, wurde das Krankengeld auf mindestens 65 vom Hundert des Grundlohns erhöht und der Zuschuss auf 90 vom Hundert des Nettoarbeitsentgelts begrenzt.

41 Den nächsten Schritt auf dem Weg zur Gleichstellung von Arbeitern und Angestellten bildete dann das **„Gesetz zur Änderung und Ergänzung des Gesetzes zur Verbesserung der wirtschaftlichen Sicherung der**

II. Geschichtliche Entwicklung

Einleitung

Arbeiter im Krankheitsfalle" vom 12. Juli 1961 (BGBl. I S. 913). Das Gesetz, dem eine Reihe von Anträgen aller Fraktionen des Bundestages vorausgegangen waren (Antrag der Fraktion der FDP vom 17. Dezember 1957, BT-Drucks. III/83; Anträge der Fraktion der SPD vom 21. Juni 1960, BT-Drucks. III/1926 und III/1927; Antrag der Fraktion der CDU/CSU vom 10. Februar 1962, BT-Drucks. III/2478), veränderte zum einen die Berechnungsgrundlage für das Krankengeld und den Krankengeldzuschuss. Wichtiger war allerdings, dass der Krankengeldzuschuss so angehoben wurde, dass die Arbeiter nunmehr im Krankheitsfall für die Dauer von sechs Wochen ihren Nettolohn erhielten. Außerdem wurden Leistungen grundsätzlich von dem auf die Feststellung der Arbeitsunfähigkeit folgenden Tag an gewährt; der bis zu diesem Zeitpunkt vorgesehene Karenztag entfiel.

Damit waren Arbeiter und Angestellte wirtschaftlich im wesentlichen 42 gleichgestellt; erhebliche Unterschiede bestanden allerdings noch in rechtlicher Hinsicht, da für Angestellte die arbeitsrechtliche, für Arbeiter dagegen die gespaltene Lösung galt. Es war jedoch von vornherein geplant, dass auch dieser Unterschied auf Dauer keinen Bestand haben sollte; bereits im Gesetzgebungsverfahren wurde wiederholt zum Ausdruck gebracht, dass das Ziel die sog. arbeitsrechtliche Lösung in Gestalt eines Lohnfortzahlungsanspruchs im Krankheitsfall für die Dauer von sechs Wochen gegenüber dem Arbeitgeber sein sollte.

Ein erster Versuch, dieses Ziel zu erreichen, wurde bereits **1962** mit der 43 Vorlage des **Entwurfs** eines „**Gesetzes über die Fortzahlung des Arbeitsentgelts im Krankheitsfalle (Lohnfortzahlungsgesetz)**" durch die Bundesregierung unternommen (BT-Drucks. IV/817). Bemerkenswert an diesem Entwurf war, dass die Regelungen im Gegensatz zum später verabschiedeten Lohnfortzahlungsgesetz für Arbeiter und Angestellte gleichermaßen gelten sollten. Im engen sachlichen und politischen Zusammenhang mit dem Entwurf eines Lohnfortzahlungsgesetzes wurde zugleich aber auch der Entwurf eines Gesetzes zur Neuregelung des Rechts der gesetzlichen Krankenversicherung vorgelegt (BT-Drucks. IV/816). Nicht zuletzt die enge Verknüpfung zwischen beiden Gesetzentwürfen führte schließlich dazu, dass keiner der Entwürfe Gesetz wurde.

Wieder aufgegriffen wurde die Frage einer Reform des Rechts der Lohn- 44 fortzahlung im Krankheitsfall im Jahre **1968** von der sog. „Konzertierten Aktion". Ein von ihr eingesetzter Arbeitsausschuss erhielt den Auftrag, die Auswirkungen der Lohnfortzahlung zu prüfen. Ein im Bundesministerium für Arbeit und Sozialordnung erarbeiteter Referentenentwurf wurde den betroffenen Verbänden und Organisationen am 17. Dezember 1968 zugeleitet.

Am **18. März 1969** legten sowohl die Fraktion der SPD (BT-Drucks. 45 V/3983) als auch die Fraktion der CDU/CSU (BT-Drucks. V/3985) Entwürfe eines Lohnfortzahlungsgesetzes vor. Die Entwürfe unterschieden sich nur in einigen Details. Gemeinsam war ihnen, dass sie die sog. gespaltene Lösung aufgaben und dem Arbeiter einen unabdingbaren Anspruch auf Fortzahlung des Arbeitsentgelts gegen den Arbeitgeber für die Dauer von sechs Wochen bei krankheitsbedingter Arbeitsunfähigkeit einräumten. Im Ausschuss für Arbeit wurde dann ein gemeinsamer Entwurf eines Lohnfortzahlungsgesetzes erarbeitet (BT-Drucks. V/4285). Auf dieser Basis entstand das

Einleitung II. Geschichtliche Entwicklung

„Gesetz über die Fortzahlung des Arbeitsentgelts im Krankheitsfalle und über Änderungen des Rechts der gesetzlichen Krankenversicherung", dessen Artikel 1 das **Lohnfortzahlungsgesetz** bildete (BGBl. I S. 946). Dieser Teil des Gesetzes **trat am 1. Januar 1970 in Kraft.**

46 Die grundlegende Neuregelung des Rechts der Entgeltfortzahlung an Arbeiter durch das Lohnfortzahlungsgesetz machte es naturgemäß notwendig, die alten Regelungen über die Entgeltfortzahlung an Angestellte teilweise zu modifizieren und dabei an das Lohnfortzahlungsgesetz anzupassen.

47 Diese Modifikationen erfolgten für die verschiedenen Angestelltengruppen durch das „**Erste Arbeitsrechtsbereinigungsgesetz**" vom **14. August 1969** (BGBl. I S. 1106; zur Entstehung dieses Gesetzes vgl. u. a. BR-Drucks. V/7058, Regierungsentwurf; BT-Drucks. V/3913, Stellungnahmen von Bundesrat und Bundesregierung; BT-Drucks. V/4376, Bericht des Ausschusses für Arbeit). Bezogen auf technische Angestellte wurden die §§ 133a, 133b, 133c Abs. 1 und 133d GewO, also die 1891 eingefügten Kündigungsvorschriften (vgl. oben Rdn. 23 ff.) aufgehoben. Erhalten blieb dagegen im wesentlichen § 133c Abs. 2 GewO, d. h. die Regelung über die Entgeltfortzahlungspflicht.

48 Modifiziert wurde die Entgeltfortzahlungsregelung allerdings insoweit, als man – anknüpfend an § 6 LFZG, den Vorläufer des heutigen § 8 EFZG – die Sätze 2 und 3 anfügte, die dem Angestellten seinen Entgeltfortzahlungsanspruch unter Umständen auch für den Fall einer Kündigung erhielten. Entsprechende „Kündigungsschutzbestimmungen" wurden gleichzeitig auch in § 63 HGB (Sätze 3 und 4) und § 616 Abs. 2 BGB (damals Satz 3 und 4, später Satz 4 und 5) eingefügt.

49 Zeitgleich wurde schließlich auch das Recht der Entgeltfortzahlung an Auszubildende durch die Schaffung des **Berufsbildungsgesetzes** – ebenfalls vom **14. August 1969** (BGBl. I S. 1112) – grundlegend modifiziert. § 12 BBiG, der an die Stelle des § 76 HGB i. d. F. vom 10. Mai 1897 (vgl. oben Rdn. 26) sowie einer Anordnung des „Generalbevollmächtigten für den Arbeitseinsatz" vom 25. Februar 1943 (RABl. Teil I S. 164) trat, stellte das Recht der Entgeltfortzahlung für alle Auszubildenden einschließlich der Volontäre und Praktikanten (vgl. § 19 BBiG) auf eine einheitliche Basis und gewährte ihnen Ansprüche auf Fortzahlung des Entgelts im Krankheitsfall, die sowohl hinsichtlich ihrer Voraussetzungen als auch bezüglich ihres Umfangs unabhängig waren von dem angestrebten Berufsziel. Nicht anwendbar war die Regelung wegen der insoweit bestehenden Sondersituation lediglich auf die Berufsausbildung in einem öffentlich-rechtlichen Dienstverhältnis sowie die Berufsausbildung auf Kauffahrteischiffen. Diese Ausnahmen änderten aber nichts daran, dass die zu ihrer Berufsausbildung Beschäftigten (spätestens) mit dem Inkrafttreten des Berufsbildungsgesetzes zu einer besonderen Gruppe innerhalb des Gesamtsystems der Entgeltfortzahlung geworden waren.

50 Den nächsten Schritt – sieht man von einer Änderung des Lohnfortzahlungsgesetzes durch das Gesetz über die Krankenversicherung der Landwirte vom 10. August 1972 (BGBl. I S. 1433) ab – vollzog die verschiedenen Entgeltfortzahlungsregelungen dann parallel: Durch das **Strafrechtsreform-Ergänzungsgesetz** vom **28. August 1975** (BGBl. I S. 2289) wurde in alle Entgeltfortzahlungsbestimmungen eine Regelung eingefügt, wonach eine

II. Geschichtliche Entwicklung　　　　　　　　　　**Einleitung**

nicht rechtswidrige Sterilisation und ein nicht rechtswidriger Schwangerschaftsabbruch als unverschuldete Arbeitsunfähigkeit bzw. als unverschuldete Dienstverhinderung galten (§ 1 Abs. 2 LFZG, § 133 c S. 4 GewO, § 63 Abs. 1 S. 2 HGB, § 616 Abs. 1 S. 3 BGB, § 12 Abs. 1 S. 2 BBiG, § 52 a SeemG).

Nach kleineren Änderungen des Lohnfortzahlungsgesetzes durch das Gesetz zur Verbesserung der Haushaltsstruktur vom 18. Dezember 1975 (BGBl. I S. 3091) und das Gesetz über die Verwaltung der Mittel der Träger der gesetzlichen Krankenversicherung vom 15. Dezember 1979 (BGBl. I S. 2241) änderten sich die Grundstrukturen des Rechts der Entgeltfortzahlung dann wieder mit dem Inkrafttreten des **Bundesberggesetzes** vom **13. August 1980** (BGBl. I S. 1310). Das Gesetz hob die für die Angestellten des Bergbaus bis zu diesem Zeitpunkt geltenden landesrechtlichen Sonderregelungen (Art. 134 BayBergG, § 90 a PrABG; vgl. oben Rdn. 30) auf; für die Angestellten des Bergbaus galten damit je nach Art ihrer Tätigkeit die Entgeltfortzahlungsregelungen des § 63 HGB bzw. des § 616 Abs. 2 BGB. Die Angestellten des Bergbaus bildeten damit keine besondere Arbeitnehmergruppe mehr innerhalb des Gesamtsystems der Entgeltfortzahlung bei krankheitsbedingter Arbeitsunfähigkeit. 51

Bis zur Wiederherstellung der Einheit Deutschlands folgten dann nur noch einige Detailänderungen: Das Lohnfortzahlungsgesetz wurde modifiziert durch das BeschFG 1985 vom 26. April 1985 (BGBl. I S. 710) und das Gesundheits-Reformgesetz vom 20. Dezember 1988 (BGBl. I S. 2477) und in § 616 Abs. 2 BGB wurde durch Art. 58 des Sechsten Buches Sozialgesetzbuch vom 18. Dezember 1989 (BGBl. I S. 2261) mit Wirkung vom 1. Januar 1992 die frühere Verweisung auf die §§ 2 und 3 AVG durch eine Verweisung auf das Sechste Buch Sozialgesetzbuch ersetzt, ohne dass damit eine inhaltliche Änderung verbunden war. 52

Angesichts der auch verfassungsrechtlich problematischen Ungleichbehandlungen, die aus der Geltung der unterschiedlichen Entgeltfortzahlungsregelungen für die verschiedenen Arbeitnehmergruppen resultierten, verzichtete man dann bei der Wiederherstellung der Einheit Deutschlands darauf, den Geltungsbereich der vorstehend skizzierten Regelungen auf die neuen Bundesländer zu erstrecken. Statt dessen verabschiedete die Volkskammer der ehemaligen DDR am **22. Juni 1990** die **§§ 115 a bis g AGB** über die Entgeltzahlung im Krankheitsfall (GBl. I S. 371). Die Bestimmungen lehnten sich zwar sehr eng an die Vorschriften des Lohnfortzahlungsgesetzes an und einige Regelungen waren sogar wörtlich identisch, der entscheidende Vorteil war aber, dass die neu geschaffenen Entgeltfortzahlungsbestimmungen grundsätzlich für alle Arbeitnehmer und nicht nur für eine bestimmte Arbeitnehmergruppe galten, wodurch die bedenklichen Ungleichbehandlungen, die sich aus den zahlreichen unterschiedlichen Entgeltfortzahlungsbestimmungen in den alten Bundesländern ergaben, vermieden wurden; als Nachteil stand dem allerdings gegenüber, dass sich zwangsläufig Ungleichbehandlungen zwischen Arbeitnehmern in den alten und den neuen Bundesländern ergaben. 53

Die Bestimmungen des AGB blieben bei der Wiedervereinigung Deutschlands in den neuen Bundesländern im wesentlichen in Kraft. Außer Kraft 54

11

Einleitung

II. Geschichtliche Entwicklung

gesetzt wurden lediglich die für Auszubildende geltenden Bestimmungen der §§ 115 f und g AGB, die in den neuen Ländern durch die nunmehr bundeseinheitlich geltende Regelung des Berufsbildungsgesetzes ersetzt wurden (vgl. Einigungsvertrag Art. 1, 8, 9, Anlage I Kapitel VIII Sachgebiet A Abschnitt III, Anlage II Kapitel VIII Sachgebiet A Abschnitt II, III).

55 Die Bestimmungen der §§ 115a bis e AGB sind nach der Vereinigung Deutschlands nur insoweit modifiziert worden, als die ursprüngliche Fassung des § 115b Abs. 1 AGB durch die Absätze 1 bis 3 ersetzt wurde und § 115b Abs. 4 AGB (früher: § 115b Abs. 2 AGB) entsprechend den Regelungen im Einigungsvertrag am 30. Juni 1991 außer Kraft getreten ist; an seiner Stelle galten – mit kleineren redaktionellen Anpassungen – vom 1. Juli 1991 bis zum 30. Mai 1994 die §§ 10ff. LFZG.

56 Als Folge der vorstehend skizzierten Entwicklung galten bis zum Inkrafttreten des Entgeltfortzahlungsgesetzes folgende Regelungen hinsichtlich der Entgeltfortzahlung im Krankheitsfall nebeneinander:

57 In den **alten Bundesländern** für
 – Arbeiter einschließlich der in Heimarbeit Beschäftigten: § 616 Abs. 3 BGB, §§ 1, 8 LFZG,
 – Schiffsleute (Besatzungsmitglieder von Kauffahrteischiffen, die nicht Angestellte sind): § 48 Abs. 1 SeemG,
 – technische Angestellte: § 133c GewO,
 – kaufmännische Angestellte: § 63 HGB,
 – angestellte Besatzungsmitglieder und Kapitäne auf Kauffahrteischiffen: §§ 48 Abs. 1, 78 Abs. 1 SeemG,
 – sonstige Angestellte: § 616 Abs. 2 BGB und
 – zu ihrer Berufsausbildung Beschäftigte einschließlich der Volontäre und Praktikanten: § 12 BBiG.

58 In den **neuen Bundesländern** für
 – Arbeitnehmer mit Ausnahme der in Heimarbeit Beschäftigten und der Besatzungsmitglieder von Kauffahrteischiffen: §§ 115a ff. AGB,
 – in Heimarbeit Beschäftigte: § 8 LFZG,
 – Besatzungsmitglieder von Kauffahrteischiffen: § 48 SeemG und
 – zu ihrer Berufsausbildung Beschäftigte einschließlich der Volontäre und Praktikanten: § 12 BBiG.

59 Dieses Nebeneinander unterschiedlicher Regelungen über die Entgeltfortzahlung bei krankheitsbedingter Arbeitsunfähigkeit war keineswegs nur von theoretischem Interesse, denn die Ansprüche der verschiedenen Arbeitnehmergruppen waren zwar durchaus ähnlich, es bestanden jedoch auch eine Vielzahl von Unterschieden, die überwiegend kaum sachlich zu begründen waren (eine detaillierte Darstellung der Unterschiede findet sich noch in der 4. Aufl. dieses Kommentars unter Einleitung Rdn. 51 ff.).

60 Hinzu trat (spätestens) mit einem Vorlagebeschluss des ArbG Oldenburg an den EuGH (ArbG Oldenburg NZA 1988, 697) ein weiteres Problem, nämlich die Frage, ob § 1 Abs. 3 Nr. 2 LFZG mit Art. 119 EWG-Vertrag und der Richtlinie 75/117 des Rates vom 10. Februar 1975 zur Angleichung der Rechtsvorschriften der Mitgliedsstaaten über die Anwendung des **Grundsatzes des gleichen Entgelts für Männer und Frauen zu vereinbaren** war.

III. Entstehungsgeschichte des EFZG   Einleitung

Aufgrund des Vorlagebeschlusses entschied der EuGH am 13. Juli 1989   61
(EuGH AP Nr. 16 zu Art. 119 EWG-Vertrag), Art. 119 EWG-Vertrag sei
dahin auszulegen, dass er einer nationalen Regelung entgegenstehe, die es
den Arbeitgebern gestatte, von der Entgeltfortzahlung im Krankheitsfall diejenigen Arbeitnehmer auszunehmen, deren regelmäßige Arbeitszeit wöchentlich zehn Stunden oder monatlich 45 Stunden nicht übersteige, wenn
diese Maßnahme wesentlich mehr Frauen als Männer treffe, es sei denn, der
Mitgliedsstaat lege dar, dass die betreffende Regelung durch objektive Faktoren, die nichts mit einer Diskriminierung aufgrund des Geschlechts zu tun
haben, gerechtfertigt sei.

Das ArbG Oldenburg hatte in seiner daraufhin ergangenen Entscheidung 62
vom 14. Dezember 1989 (ArbG Oldenburg NZA 1990, 438) nachgewiesen,
dass der Anspruchsausschluss gem. § 1 Abs. 3 Nr. 2 LFZG zu fast 90% Arbeitnehmerinnen betraf. Da objektive Faktoren, die diese (mittelbare) Diskriminierung rechtfertigen könnten, nicht ersichtlich seien, verstoße § 1
Abs. 3 Nr. 2 LFZG gegen das Lohngleichheitsgebot des Art. 119 EWG-
Vertrag und sei folglich nicht mehr anzuwenden.

Das BAG schloss sich dieser Auffassung später in verschiedenen Entschei- 63
dungen an (zuerst BAG AP Nr. 95 zu § 1 LFZG) und hob den Vorlagebeschluss zum Bundesverfassungsgericht (BAG AP Nr. 72 zu § 1 LFZG) auf
(BAG NZA 1992, 838; zu den Auswirkungen dieser Entwicklung speziell
auf den Beitragssatz der Krankenversicherung und das Ausgleichsverfahren
nach den §§ 10 ff. LFZG vgl. *Schneider*, BB 1992, 1721).

Da auch der Ausschluss kurzfristig beschäftigter Arbeiter von der Entgelt- 64
fortzahlung gem. § 1 Abs. 3 Nr. 1 LFZG wohl überwiegend Arbeiterinnen
betraf, musste man außerdem befürchten, dass auch diese Regelung im Hinblick auf die daraus resultierende mittelbare Diskriminierung einer Überprüfung anhand des § 119 EWG-Vertrag nicht standhalten würde (zur
Problematik der mittelbaren Diskriminierung insbes. *Pfarr/Bertelsmann,* Gleichbehandlungsgesetz – Zum Verbot der unmittelbaren und mittelbaren Diskriminierung von Frauen im Erwerbsleben; *Colneric,* Anm. zu EuGH, AR-
Blattei – Gleichbehandlung im Arbeitsverhältnis Nr. 77).

III. Entstehungsgeschichte des Entgeltfortzahlungsgesetzes

Die vorstehend skizzierte, in vielerlei Hinsicht problematische Rechtslage 65
machte eine Neuregelung des Rechts der Entgeltfortzahlung im Krankheitsfall unabweisbar. Die Fraktionen der CDU/CSU und der FDP legten daher
am 24. Juni 1993 einen ersten Entwurf eines Entgeltfortzahlungsgesetzes vor
(BT-Drucks. 12/5263).

Durch die in diesem Entwurf vorgesehenen Neuregelungen sollten zu- 66
nächst die **Ungleichbehandlungen zwischen verschiedenen Arbeitnehmergruppen in den alten Bundesländern** beseitigt und die **Rechtslage
in den alten und in den neuen Bundesländern** vereinheitlicht werden.
Insgesamt wollte man insoweit das bisherige zersplitterte System auf eine
neue, einheitliche Basis stellen, wobei man davon ausging, dass die Neuregelungen wegen ihrer größeren Übersichtlichkeit zu mehr Rechtssicherheit

und zu mehr Praktikabilität für Arbeitgeber und Arbeitnehmer führen würden (BT-Drucks. 12/5263, S. 9 f.).

67 Des weiteren sollten die Vorschriften des Entgeltfortzahlungsrechts **mit dem EG-Recht in Einklang gebracht** werden, wobei man insbesondere der Entscheidung des EuGH vom 13. Juli 1989 (EuGH AP Nr. 16 zu Art. 119 EWG-Vertrag) Rechnung tragen wollte.

68 Zur Erreichung dieser Ziele sah der Entwurf der Fraktionen von CDU/CSU und FDP im wesentlichen folgendes vor:
– Die Entgeltfortzahlung im Krankheitsfall sollte für alle Arbeitnehmer – Arbeiter, Angestellte sowie die zu ihrer Berufsausbildung Beschäftigten – einheitlich geregelt werden (§ 1 des Entwurfs).
– Alle Arbeitnehmer sollten einen Anspruch auf Fortzahlung des Arbeitsentgelts bis zur Dauer von sechs Wochen erhalten. Auch die kurzfristig oder geringfügig beschäftigten Arbeiter sowie die vor Beginn der Beschäftigung arbeitsunfähig werdenden Arbeiter sollten in den anspruchsberechtigten Personenkreis einbezogen werden. Für Wiederholungserkrankungen sollten die Regelungen des Lohnfortzahlungsgesetzes (§ 1 Abs. 1 S. 2 LFZG; ebenso § 115 a Abs. 1 S. 2 AGB) auf alle Arbeitnehmer erstreckt werden (§ 2 des Entwurfs).
– Die Regelungen des Lohnfortzahlungsgesetzes bzw. des AGB über den Forderungsübergang bei Dritthaftung (§ 4 LFZG bzw. § 115 c AGB) sowie über die Entgeltfortzahlung bei Kuren (§ 7 LFZG bzw. § 115 a Abs. 2 AGB) sollten – bezogen auf die Entgeltfortzahlung bei Kuren mit kleineren Modifikationen – in Zukunft für alle Arbeitnehmer gelten.

69 Diese Änderungen mit dem Ziel, Ungleichbehandlungen zu beseitigen und den Vorgaben des europäischen Rechts Rechnung zu tragen, wären wohl weitgehend konsensfähig gewesen und hätten einer baldigen Verabschiedung des Gesetzes nicht im Wege gestanden. Der Gesetzentwurf verfolgte aber noch zwei weitere Ziele, die sein weiteres Schicksal entscheidend beeinflussten: Man wollte die **missbräuchliche Ausnutzung** der sozialen Sicherung in Gestalt **der Entgeltfortzahlung bekämpfen** (zum Missbrauch der Entgeltfortzahlung u. a. *Schmitt*, ZTR 1990, S. 223), und man wollte erreichen, dass die durch die gleichzeitig diskutierte **Einführung der Pflegeversicherung entstehenden Kosten** die Wettbewerbsfähigkeit der deutschen Wirtschaft nicht beeinträchtigen. Aus diesem Grund wollte man die Aufwendungen der Arbeitgeber für die Entgeltfortzahlung im Krankheitsfall reduzieren (BT-Drucks. 12/5263, S. 10).

70 Um den Missbrauch der Entgeltfortzahlung im Krankheitsfall zu bekämpfen, sah der Entwurf zunächst vor, die bisher im Lohnfortzahlungsgesetz und im AGB geregelten **Anzeige- und Nachweispflichten** (§ 3 LFZG bzw. § 115 a Abs. 4 und 5 AGB) nicht nur **auf alle Arbeitnehmer zu erstrecken,** sondern die Arbeitnehmer sollten auch verpflichtet werden, dem Arbeitgeber **ab dem ersten Krankheitstag** eine ärztliche Bescheinigung über die Arbeitsunfähigkeit sowie deren voraussichtliche Dauer unverzüglich vorzulegen (§ 5 des Entwurfs).

71 Entscheidend war jedoch, dass sowohl zur Bekämpfung des Missbrauchs der Entgeltfortzahlung als auch zur finanziellen Entlastung der Arbeitgeber sog. **Karenztage** eingeführt werden sollten. Die Pflicht der Arbeitgeber zur

III. Entstehungsgeschichte des EFZG **Einleitung**

Entgeltfortzahlung sollte am ersten „vollen" oder bei mehrtägigen Erkrankungen an den ersten beiden „vollen" Arbeitstagen, an denen der Arbeitnehmer seine Arbeit infolge Arbeitsunfähigkeit wegen Krankheit nicht erbrachte, ruhen. Zum Schutz von chronisch oder häufig Kranken sollte die Zahl der Tage, an denen der Entgeltfortzahlungsanspruch entfallen sollte, auf höchstens sechs im Kalenderjahr begrenzt werden. Außerdem wollte man arbeitsunfähigen Arbeitnehmern die Möglichkeit einräumen, sich einen Urlaubstag anrechnen zu lassen, um ein Ruhen des Entgeltfortzahlungsanspruchs abzuwenden (§ 3 des Entwurfs).

Den Verfassern des Entwurfs war es allerdings auch bewusst, dass die vor- 72
stehend skizzierte Regelung über die Einführung von Karenztagen isoliert kaum zu einer größeren finanziellen Entlastung der Arbeitgeber geführt hätte, da zahlreiche Tarifverträge bzw. Arbeitsverträge − bisher die gesetzliche Regelung nur wiederholend − ebenfalls die Entgeltfortzahlung im Krankheitsfall vom ersten Tag der Erkrankung an vorsahen (bzw. vorsehen). Die Einführung von Karenztagen durch § 3 des Gesetzentwurfs hätte unter diesen Voraussetzungen wohl nur dazu geführt, dass die Entgeltfortzahlung an den beiden ersten Krankheitstagen in Zukunft nicht mehr auf gesetzlicher, sondern auf (tarif-) vertraglicher Basis erfolgen wäre.

Aus diesem Grund sahen die Übergangsvorschriften zum Entwurf des 73
Entgeltfortzahlungsgesetzes vor, dass **tarifvertragliche** oder arbeitsvertragliche **Vereinbarungen,** die der vorgesehenen Regelung über ein Ruhen des Entgeltfortzahlungsanspruchs nicht entsprachen, für **unwirksam erklärt werden sollten** (Art. 12 § 1 des Entwurfs). Letzteres führte zu einer intensiven Diskussion über die Frage, ob die vorgesehene Regelung in verfassungswidriger Weise in die Tarifautonomie eingreifen würde (aus dem umfangreichen Schrifttum u. a. *Bispinck,* SozSich 1992, 234; *Mayerhofer,* NZA 1993, 400; *Oppolzer/Zachert,* BB 1993, 1353; *Zuleger,* AuR 1992, 231; ausführlich *Hanau,* Arbeitsrechtliche und verfassungsrechtliche Fragen zu Karenztagen bei der Entgeltfortzahlung im Krankheitsfall).

Der Bundestag überwies den von den Fraktionen der CDU/CSU und der 74
FDP eingebrachten Gesetzentwurf am 1. Juli 1993 an den Ausschuss für Arbeit und Sozialordnung (federführend) sowie zur Mitberatung dem Innen- und Rechtsausschuss sowie den Ausschüssen für Finanzen, Wirtschaft, Ernährung, Landwirtschaft und Forsten, Familie und Senioren, Frauen und Gesundheit, Bildung und Wissenschaft und dem Haushaltsausschuss. Ein wortgleicher Entwurf der Bundesregierung (BT-Drucks. 12/5616) wurde ebenfalls den genannten Ausschüssen überwiesen.

Der Ausschuss für Arbeit und Sozialordnung führte zunächst am 75
6. September 1993 eine öffentliche Anhörung von Sachverständigen zu dem Entwurf eines Entgeltfortzahlungsgesetzes durch, die ergab, dass die Einführung von Karenztagen auf allgemeine Ablehnung stieß.

Die Bundesvereinigung der Arbeitgeber begründete die Ablehnung der 76
Karenztageregelung in erster Linie mit erheblichen Zweifeln an ihrer Verfassungsmäßigkeit und den Folgen, die sie für die kommenden Tarifauseinandersetzungen haben würde; die vorprogrammierten Arbeitskämpfe würden der Wirtschaft großen Schaden zufügen. Auch die Vertreter der Arbeitnehmerseite bezeichneten den Vorschlag, Karenztage einzuführen, als Verstoß

Einleitung   III. Entstehungsgeschichte des EFZG

gegen die Koalitionsfreiheit und damit als verfassungswidrig. Durch eine solche Maßnahme werde der soziale Frieden in der Bundesrepublik Deutschland erheblich gefährdet.

77 Der Vertreter des Bundesverbandes der Allgemeinen Ortskrankenkasse vertrat die Auffassung, es gebe keine Anhaltspunkte für einen generellen Missbrauch der Entgeltfortzahlung. Andere Krankenkassenvertreter lehnten die Karenztageregelung aus finanziellen Erwägungen heraus ab, da die Reduzierung der Löhne und Gehälter durch die Karenztage zu erheblichen Kürzungen der Beitragseinnahmen bei den Krankenversicherungen führen werde. Abgelehnt wurde der Gesetzentwurf schließlich auch von den Ärzteverbänden, die die Auffassung vertraten, es gebe keinerlei Hinweise dafür, dass sich durch eine Selbstbeteiligung an der Entgeltfortzahlung die Fehlzeiten aus Krankheitsgründen und damit die finanziellen Belastungen der Arbeitgeber verringern würden (BT-Drucks. 12/5798, S. 23).

78 Angesichts der allgemeinen Ablehnung des ursprünglichen Gesetzentwurfs brachten die Fraktionen der CDU/CSU und der FDP ein umfangreiches Änderungspaket ein. In seinem Mittelpunkt stand der Vorschlag, die **Karenztageregelung durch ein System der Entgeltkürzungen an Feiertagen zu ersetzen.** Weitere Änderungsvorschläge betrafen die Anzeige- und Nachweispflichten der Arbeitnehmer, die Entgeltfortzahlung bei Schwangerschaftsunterbrechungen und die Reichweite von Tariföffnungsklauseln.

79 Angesicht der damit grundlegend veränderten Situation nahm der Bundesrat in seiner Sitzung am 24. September 1993 in der Weise Stellung, dass man zum Entwurf eines Gesetzes zur sozialen Absicherung des Risikos der Pflegebedürftigkeit (Pflege-Versicherungsgesetz – PflegeVG) feststellte, gegenwärtig liege eine beratungsfähige Vorlage zur Pflegeversicherung und deren Finanzierung nicht vor. Die von der Bundesregierung vorgesehene Kompensation über die sog. Karenztage sei nicht zurückgezogen und alternative Finanzierungsmodelle seien dem Bundesrat nicht fristgerecht zur Stellungnahme zugeleitet worden. Schon aus diesem Grunde lehne man den vorliegenden Entwurf eines Pflegeversicherungsgesetzes zum gegenwärtigen Zeitpunkt ab und sehe mangels einer beratungsfähigen Vorlage auch von einer Stellungnahme zu dem durch die Diskussion der letzten Tage obsolet gewordenen Entgeltfortzahlungsgesetz ab (BT-Drucks. 12/5760 und 5761 vom 27. September 1993; zu Gegenäußerungen der Bundesregierung zur Stellungnahme des Bundesrates vgl. BT-Drucks. 12/5772).

80 Der Ausschuss für Arbeit und Sozialordnung führte am 27. September 1993 eine ergänzende Anhörung durch, in der die neue Kompensationsregelung Zustimmung und Ablehnung erfuhr (vgl. BT-Drucks. 12/5798, S. 24f.). Nachdem die übrigen beteiligten Ausschüsse den geänderten Entwurf – in der Regel mit den Stimmen der Fraktionen der CDU/CSU und der FDP gegen die Stimmen der übrigen Ausschussmitglieder – am 28. und 29. September 1993 zugestimmt hatten, legte der Ausschuss für Arbeit und Sozialordnung am 29. September 1993 eine neue Beschlussempfehlung vor.

81 Diese sah – soweit sie vom ursprünglichen Gesetzentwurf abwich – im wesentlichen folgendes vor:
 – Die zunächst geplante Einführung von Karenztagen sollte dadurch ersetzt werden, dass an zehn bundeseinheitlichen Feiertagen die Entgeltfortzah-

lung um 20% abgesenkt werden sollte. Gleichzeitig sollten die Arbeitnehmer die Möglichkeit erhalten, sich wahlweise zwei Urlaubstage anrechnen zu lassen (§ 2 Abs. 2 und 3 des Entwurfs).

Um zu verhindern, dass diese Regelung durch bestehende tarifvertragliche oder arbeitsvertragliche Vereinbarungen nur wenig praktische Bedeutung erlangte, sah man außerdem erneut vor, dass entgegenstehende vertragliche Vereinbarungen außer Kraft treten sollten (Art. 12 § 2 des Entwurfs; zur Verfassungsmäßigkeit dieser Regelung *Säcker,* AuR 1994, 1).

– Die Pflicht zur Vorlage einer Arbeitsunfähigkeitsbescheinigung sollte im Gegensatz zum ursprünglichen Gesetzentwurf, in dem diese Pflicht bereits für den ersten Kalendertag vorgesehen war, grundsätzlich erst ab dem vierten Kalendertag greifen, wobei es allerdings im freien Ermessen des Arbeitgebers stehen sollte, eine solche Bescheinigung schon früher zu verlangen (§ 5 Abs. 1 S. 2 des Entwurfs).

Dieser Änderung lag die Überlegung zugrunde, dass eine Pflicht zur Vorlage einer Arbeitsunfähigkeitsbescheinigung bereits für den ersten Kalendertag in der Praxis unerwünschte Folgewirkungen zeitigen könnte; es stehe zu befürchten, dass hierdurch ein Anreiz für eine länger als notwendig attestierte Arbeitsunfähigkeit geschaffen werde und dass der generell notwendige Arztbesuch nicht unerhebliche zusätzliche Kosten für die Krankenkassen verursachen würde.

Am 1. Oktober 1993 verabschiedete der Bundestag das Entgeltfortzahlungsgesetz in 2. und 3. Lesung in der vorstehend skizzierten Fassung, am 22. Oktober 1993 folgte das Pflege-Versicherungsgesetz in 2. und 3. Lesung. Gegen beide Gesetze rief jedoch der Bundesrat den **Vermittlungsausschuss** an (vgl. BT-Drucks. 12/5906 und 6094).

Die vom Vermittlungsausschuss am 9. Dezember 1993 vorgelegte Beschlussempfehlung modifizierte die in der vom Bundestag verabschiedeten Gesetzesfassung vorgesehene Regelung über die Absenkung der Entgeltzahlung um 20% an zehn bundeseinheitlichen Feiertagen dahingehend, dass ab 1. April 1994 eine Absenkung der Entgeltzahlung an den genannten Feiertagen um 10% und ab 1. Juli 1996 eine erneute Absenkung um 10% erfolgen sollte (§§ 2–2b, 11, 11a; vgl. BT-Drucks. 12/6425).

In dieser Fassung verabschiedete der Bundestag das Gesetz am 10. Dezember 1993; vorgesehen war das Inkrafttreten des Gesetzes zum 1. Januar 1994. Der Bundesrat legte jedoch in seiner Sitzung vom 17. Dezember 1993 nach Art. 77 Abs. 3 GG Einspruch ein (BT-Drucks. 12/6473). Die Bundesregierung beschloss daraufhin am 20. Dezember 1993, ein weiteres Vermittlungsverfahren einzuleiten (BT-Drucks. 12/6491). Das vorgesehene Inkrafttreten des neuen Entgeltfortzahlungsrechts zum 1. Januar 1994 war damit endgültig nicht mehr möglich.

Der erneut mit der Angelegenheit befasste Vermittlungsausschuss legte dann schließlich am 21. April 1994 seine Beschlussempfehlung zum Pflege-Versicherungsgesetz und damit zugleich zu dem darin als Art. 35 enthaltenen Entgeltfortzahlungsgesetz vor (BT-Drucks. 12/7323, S. 10 ff.), die der späteren gesetzlichen Regelung entsprach. Der Bundestag verabschiedete das Gesetz am 26. Mai 1994, so dass das Gesetz am 1. Juni 1994 in Kraft treten konnte.

IV. Änderungen des Entgeltfortzahlungsgesetzes

86 Seit diesem Zeitpunkt ist das Recht der Entgeltfortzahlung im Krankheitsfall – sieht man von kleineren Korrekturen wie der Anpassung von Ressortbezeichnungen ab (vgl. dazu unten Rdn. 113 ff. – zwei mal grundlegend geändert worden.

1. Änderungen durch das Arbeitsrechtliche Beschäftigungsförderungsgesetz

87 Die Bestrebungen, die zu den Änderungen des Entgeltfortzahlungsgesetzes durch das Arbeitsrechtliche Beschäftigungsförderungsgesetz führten, lassen sich zumindest zurückverfolgen bis auf das von der Bundesregierung im Frühjahr 1996 vorgelegte **Programm für mehr Wachstum und Beschäftigung,** man kann den Beginn der Entwicklung, die zur Schaffung des Gesetzes führte, jedoch auch einige Monate weiter zurückdatieren.

88 Der IG-Metall-Vorsitzende *Zwickel* hatte auf dem Gewerkschaftstag der IG-Metall vom 29. Oktober bis 4. November 1995 in Berlin ein sog. Bündnis für Arbeit in der Metall-Industrie vorgeschlagen. Danach sollte die Metall-Industrie u. a. 100 000 Arbeitsplätze schaffen und die Zahl der Ausbildungsplätze erhöhen, während die Bundesregierung auf Leistungseinschränkungen für Arbeitslose und Sozialhilfeempfänger verzichten und eine Ausbildungsplatzabgabe auf den gesetzgeberischen Weg bringen sollte; im Gegenzug wollte die IG-Metall ihre Lohnforderungen für 1997 begrenzen und befristet niedrigeren Einstiegslöhnen für Langzeitarbeitslose zustimmen (vgl. Metall, Heft 11/95, S. 4).

89 In der Folgezeit kam es dann zu Gesprächen zwischen der Bundesregierung, den Wirtschaftsverbänden und den Gewerkschaften, die am 23. Januar 1996 zur Verständigung über ein sog. **Bündnis für Arbeit und zur Standortsicherung** führten, in dem sich die Gesprächspartner das gemeinsame Ziel setzten, die Zahl der gemeldeten Arbeitslosen bis zum Ende des Jahrzehnts zu halbieren. In diesem Übereinkommen wurde u. a. auch vereinbart, dass in gemeinsamen Gesprächen „Möglichkeiten zur Verringerung von Fehlzeiten in Betrieben" geprüft werden sollten (vgl. Bulletin der Bundesregierung vom 26. 1. 1996).

90 Dieser eher vage Hinweis auf mögliche Änderungen im Recht der Entgeltfortzahlung im Krankheitsfall fand zunächst noch keinen Niederschlag in dem von der Bundesregierung Ende Januar 1996 beschlossenen sog. **Aktionsprogramm für Investitionen und Arbeitsplätze,** in dem die anderen Änderungen durch das Arbeitsrechtliche Beschäftigungsförderungsgesetz, insbesondere die Anrechnung von Erholungsurlaub auf Kuren, die Anhebung des Schwellenwertes im Kündigungsschutzgesetz und die Änderung der Vorschriften über die Sozialauswahl beim Kündigungsschutz bereits angekündigt wurden (vgl. BT-Drucks. 13/3629); Änderungen im Recht der Entgeltfortzahlung wurden vielmehr erstmals konkret angesprochen in dem bereits erwähnten **Programm für mehr Wachstum und Beschäftigung** (zur Entwicklung insgesamt u. a. *Lorenz*, DB 1996, 1973).

IV. Änderungen des Entgeltfortzahlungsgesetzes   **Einleitung**

Anknüpfend an diese Entwicklung brachten die Koalitionsfraktionen von   91
CDU/CSU und FDP dann am 25. **April 1996** den Entwurf eines Arbeitsrechtlichen Gesetzes zur Förderung von Wachstum und Beschäftigung (Arbeitsrechtliches Beschäftigungsförderungsgesetz) in den Deutschen Bundestag ein (vgl. BT-Drucks. 13/4612). Sie verfolgten damit ausweislich der Begründung zum Gesetzentwurf das Ziel, mehr Wachstumsdynamik zu ermöglichen und zusätzliche Arbeitsplätze zu schaffen. Die Betriebe sollten „von beschäftigungsfeindlich hohen Lohnkosten entlastet", das Arbeitsrecht sollte „beschäftigungsfreundlich flexibilisiert werden". Damit wollte man der Arbeitslosigkeit in Deutschland, die mit über 4 Millionen Arbeitslosen ein Ausmaß erreicht hatte, das als inakzeptabel empfunden wurde, entgegenwirken (BT-Drucks. 13/4612, S. 1).

Um die Arbeit von Kosten zu entlasten, sah der Entwurf bereits eine **Be-** 92
grenzung der Entgeltfortzahlung durch folgende Maßnahmen vor:
- Bei der Entgeltfortzahlung im Krankheitsfall sollte eine **Wartezeit** von vier Wochen eingeführt werden.
- Die Höhe der Entgeltfortzahlung im Krankheitsfall sollte auf **80% des Arbeitsentgelts** festgelegt werden, wobei dem Arbeitnehmer die Möglichkeit eingeräumt werden sollte, für fünf Krankheitstage die Anrechnung eines Urlaubstages zu verlangen.
- Es sollte klargestellt werden, dass auch krankheitsbedingte Fehlzeiten bei der Bemessung der Höhe von **Sondervergütungen** berücksichtigt werden können.

Erreicht werden sollten diese Ziele im wesentlichen durch Änderungen in   93
den §§ 3 und 4 EFZG sowie durch die Einfügung eines § 4a EFZG (Kürzung von Sondervergütungen). Darüber hinaus waren – worauf hier nicht näher einzugehen ist – zur Entlastung der Arbeit von Kosten bereits vorgesehen Einschränkungen bei der Höhe des Urlaubsgeldes sowie die Anrechnung von Erholungsurlaub bei der Teilnahme an Maßnahmen der medizinischen Vorsorge und Rehabilitation (vgl. Art. 2 und 3 des Gesetzentwurfs). Eine Übertragung dieser Maßnahmen auf den Beamtenbereich sollte durch das ebenfalls als Entwurf vorgelegte Gesetz zur Begrenzung der Bezügefortzahlung bei Krankheit (BT-Drucks. 13/4613) erfolgen.

Der Deutsche Bundestag beriet den Entwurf des Arbeitsrechtlichen Be- 94
schäftigungsförderungsgesetzes in seiner 107. Sitzung am 23. Mai 1996 und überwies ihn – zusammen mit einem gleichzeitig beratenen Antrag der Fraktion BÜNDNIS 90/DIE GRÜNEN (BT-Drucks. 13/4672) – an den Ausschuss für Arbeit und Sozialordnung zur federführenden Beratung sowie den Wirtschaftsausschuss, den Ausschuss für Gesundheit und den Haushaltsausschuss zur Mitberatung.

Die vom Ausschuss für Arbeit und Sozialordnung und den mitberatenden   95
Ausschüssen am **26. Juni 1996** vorgelegte **Beschlussempfehlung** wurde mit der Mehrheit der Mitglieder der Fraktionen der CDU/CSU und der FDP gegen die Stimmen der Mitglieder der Fraktionen der SPD und BÜNDNIS 90/DIE GRÜNEN sowie der Gruppe der PDS verabschiedet. Von dem ursprünglichen Gesetzentwurf unterschied die Beschlussempfehlung sich in einigen Punkten aufgrund von Änderungsanträgen, die von den Koalitionsfraktionen eingebracht worden waren.

Einleitung IV. Änderungen des Entgeltfortzahlungsgesetzes

96 Inhaltlich unterschied sich die Beschlussempfehlung, die bereits dem letztlich verabschiedeten Gesetz entsprach, im wesentlichen dadurch von dem ursprünglichen Gesetzentwurf, dass **Arbeitsunfälle und Berufskrankheiten von der Absenkung der Entgeltfortzahlung im Krankheitsfall ausgenommen wurden.** Die übrigen Änderungen dienten der Klarstellung bzw. waren lediglich redaktioneller Natur (BT-Drucks. 13/5107; vgl. auch BT-Drucks. 13/5122 – Entschließungsantrag der Fraktion der SPD sowie BT-Drucks. 13/5123 – Entschließungsantrag der Gruppe der PDS; zu den Änderungen im einzelnen vgl. § 3 Rdn. 7f., § 4 Rdn. 7ff., § 4a Rdn. 3f., § 4b Rdn. 4, § 9 Rdn. 7 und § 13 Rdn. 2).

97 Der **Deutsche Bundestag verabschiedete das Arbeitsrechtliche Beschäftigungsförderungsgesetz** zusammen mit dem Gesetz zur Umsetzung des Programms für mehr Wachstum und Beschäftigung in den Bereichen der Rentenversicherung und Arbeitsförderung (Wachstums- und Beschäftigungsförderungsgesetz – WFG), dem Gesetz zur Ergänzung des Wachstums- und Beschäftigungsförderungsgesetzes (WFEG) und dem Gesetz zur Begrenzung der Bezügefortzahlung bei Krankheit am 28. Juni 1996 bzw. am 9. Juli 1996. Der **Bundesrat beschloss** daraufhin am 19. Juli 1996 **die Anrufung des Vermittlungsausschusses** gem. Art. 77 Abs. 2 GG (vgl. BT-Drucks. 13/5327).

98 Obwohl der Vermittlungsausschuss das Arbeitsrechtliche Beschäftigungsförderungsgesetz (und das Gesetz zur Absenkung der Bezügefortzahlung) ablehnte (vgl. BT-Drucks. 13/5447 bzw. BT-Drucks. 13/5448) und der Bundesrat am 12. September 1996 gem. Art. 77 Abs. 3 GG erneut Einspruch gegen das Arbeitsrechtliche Beschäftigungsförderungsgesetz einlegte (vgl. BT-Drucks. 13/5533) folgte der Deutsche Bundestag dem von den Fraktionen der CDU/CSU und der FDP gestellten Antrag, den Einspruch des Bundesrates zurückzuweisen (vgl. BT-Drucks. 13/5539) und **verabschiedete** das **Arbeitsrechtliche Beschäftigungsförderungsgesetz am 25. September 1996,** so dass das **Gesetz am 1. Oktober 1996 in Kraft treten konnte.**

2. Änderungen durch das „Korrekturgesetz"

99 Die Änderungen des Entgeltfortzahlungsgesetzes durch das Arbeitsrechtliche Beschäftigungsförderungsgesetz, insbesondere die Absenkung der Entgeltfortzahlung im Krankheitsfall von 100% auf 80% des Arbeitsentgelts, blieben in der Folgezeit umstritten.

100 Im Vordergrund der **rechtlichen Auseinandersetzungen** stand dabei die Frage, inwieweit Tarifverträge aus der Zeit vor dem Inkrafttreten des Arbeitsrechtlichen Beschäftigungsförderungsgesetzes bzw. des § 4a EFZG, die die Entgeltfortzahlung im Krankheitsfall „ansprachen", dazu führten, dass Arbeitnehmer auch über den 30. September 1996 hinaus zwar keinen gesetzlichen, wohl aber einen (tarif-)vertraglichen Anspruch auf Entgeltfortzahlung im Krankheitsfall in Höhe von 100% geltend machen konnten (vgl. dazu u.a. *Buchner,* NZA 1996, 1177; *Kamanabrou,* RdA 1997, 22; *Lorenz,* DB 1996, 1973, 1975f.; *Menssen,* AuR 1998, 234; *Preis,* NJW 1996, 3369, 3375; *Rieble,* RdA 1997, 134; *Zachert,* DB 1996, 2078).

IV. Änderungen des Entgeltfortzahlungsgesetzes **Einleitung**

Das BAG, das wiederholt zu dieser Frage Stellung nehmen musste, folgte 101
dabei der in der Vergangenheit für diese Problematik entwickelten Rechtsprechung:
Man unterschied zunächst zwischen **konstitutiven** Regelungen, die sich 102
dadurch auszeichnen, dass die Tarifvertragsparteien mit eigenem Rechtsetzungswillen eine Regelung schaffen wollten, die gerade auch zum Inhalt hat, dass sie unabhängig von Gesetzesänderungen Bestand hat, und **deklaratorischen** Regelungen, die keinen eigenen tarifrechtlich relevanten Inhalt haben, sondern die nur der Vollständigkeit und der Übersichtlichkeit dienen und die sich somit bei Änderungen des Gesetzes ebenfalls ändern. Weiterhin ging man wie in der Vergangenheit (vgl. BAG AP Nr. 48 zu § 622 BGB = SAE 1996, 274 mit Anm. *Gamillscheg*) davon aus, dass die Tarifvertragsparteien in der Regel keine eigenständige Regelung gewollt haben und eine (bestandskräftige) eigenständige Regelung daher normalerweise nur dann anzunehmen ist, wenn die Tarifvertragsparteien eine vom Gesetz abweichende Regelung getroffen und damit aktiv von der ihnen zustehenden Normsetzungsprärogative Gebrauch gemacht haben. Dies führte dann dazu, dass das BAG überwiegend zu dem Ergebnis gelangte, die ihm vorgelegten tarifvertraglichen Regelungen seien nur deklaratorischer Natur und begründeten keinen Anspruch auf Entgeltfortzahlung in Höhe von 100% des Arbeitsentgelts (vgl. u. a. BAG AP Nr. 5 zu § 1 TVG – Gerüstbau; AP Nr. 4 und 5 zu § 1 TVG – Betonsteingewerbe; BAG AP Nr. 164 zu § 1 TVG Metallindustrie; anders dagegen BAG AP Nr. 3 zu § 1 TVG – Hotel- und Gaststättengewerbe; AP Nr. 212 zu § 1 TVG Bau = SAE 1999, 239 mit Anm. Danne; AP Nr. 3 zu § 1 TVG Druck).

Die **Tarifvertragsparteien** trugen den Änderungen des EFZG dadurch 103
Rechnung, dass in zahlreiche Tarifverträge neue Regelungen über die Entgeltfortzahlung im Krankheitsfall aufgenommen wurden. Durch diese neuen tarifvertraglichen Bestimmungen wurde zwar ganz überwiegend ein Anspruch auf Entgeltfortzahlung im Krankheitsfall in Höhe von 100% des Arbeitsentgelts begründet, in einigen Branchen – z. B. in der Bauwirtschaft – wurde aber auch vereinbart, dass in den ersten Tagen nur 80% und erst nach dieser Zeit 100% des regelmäßigen Arbeitsentgelt fortzuzahlen war. Soweit volle Entgeltfortzahlung vereinbart wurde, wurde in vielen Fällen zugleich festgelegt, dass Mehrarbeit bei der Berechnung der Entgeltfortzahlung nicht (mehr) berücksichtigt werden sollte. Außerdem wurden die aus der Anhebung der Entgeltfortzahlung von 80% auf 100% resultierenden Belastungen der Arbeitgeber in vielen Fällen zumindest teilweise durch Zugeständnisse der Gewerkschaften bei anderen Punkten kompensiert; hierzu gehörten z. B. tarifvertraglich vereinbarte Kürzungsmöglichkeiten bei Jahressonderzahlungen sowie beim Urlaubsgeld.

Im **politischen Raum** erfolgte der erste Versuch, die Änderungen des 104
Entgeltfortzahlungsrechts rückgängig zu machen, bereits Anfang 1997. Im Januar 1997 legte die Fraktion der SPD zu diesem Zweck den Entwurf eines „Gesetz zur vollen Absicherung von Arbeitnehmerinnen und Arbeitnehmern im Krankheitsfall" vor. Dieser Gesetzentwurf sah – anders als das spätere „Korrekturgesetz" – nicht nur vor, die Entgeltfortzahlung im Krankheitsfall wieder auf 100% des Arbeitsentgelts festzusetzen und die Anrechnung von

21

Einleitung IV. Änderungen des Entgeltfortzahlungsgesetzes

Urlaubstagen im Krankheitsfall und bei Kuren und anderen Rehabilitationsmaßnahmen zurückzunehmen, sondern es sollte auch die vierwöchige Wartezeit bei der Entgeltfortzahlung im Krankheitsfall wieder aufgehoben werden (vgl. BT-Drucks. 13/6843). Angesichts der damaligen Mehrheitsverhältnisse im Deutschen Bundestag blieb dieser Versuch, die Änderungen durch das Arbeitsrechtliche Beschäftigungsförderungsgesetz rückgängig zu machen, jedoch erfolglos.

105 Als eigentlichen Ausgangspunkt für die Entstehung des „Korrekturgesetzes" muß man daher die **Koalitionsvereinbarung** zwischen SPD und BÜNDNIS 90/DIE GRÜNEN vom 20. Oktober 1998 (NZA 1998, Heft 22, S. VII) ansehen, in deren Abschnitt II. 8. angekündigt wurde, die neue Bundesregierung werde „Fehlentscheidungen wie beim Kündigungsschutz, bei der Lohnfortzahlung im Krankheitsfall und beim Schlechtwettergeld korrigieren".

106 Diese Ankündigung wurde dann alsbald umgesetzt durch einen **Gesetzentwurf** der Fraktionen von SPD und BÜNDNIS 90/DIE GRÜNEN vom **17. November 1998** (BT-Drucks. 14/45) zu einem „Gesetz zu Korrekturen in der Sozialversicherung und zur Sicherung der Arbeitnehmerrechte". Dieser Entwurf sah bereits vor,
– die Entgeltfortzahlung im Krankheitsfall und bei Maßnahmen der medizinischen Vorsorge oder Rehabilitation wieder auf **100% anzuheben,**
– bei der Bemessung der Entgeltfortzahlung **Überstundenvergütungen nicht mehr zu berücksichtigen** und
– die **Anrechnung von Erholungsurlaub** bei Maßnahmen der medizinischen Vorsorge oder Rehabilitation, bei denen ein gesetzlicher Anspruch auf Entgeltfortzahlung besteht, wieder **zu verbieten.**

107 Maßgeblich hierfür waren ausweislich der amtlichen Begründung zum Gesetzentwurf folgende Überlegungen:

108 Die **Absenkung der gesetzlichen Entgeltfortzahlung** im Krankheitsfall habe zu einer sozialpolitisch problematischen Ungleichbehandlung von Arbeitnehmern geführt. Für etwa 80% der Beschäftigten gelte eine Entgeltfortzahlung in Höhe von 100% aufgrund bestehender oder neu abgeschlossener Tarifverträge. Unmittelbar von der gesetzlichen Absenkung der Entgeltfortzahlung betroffen würden nur diejenigen Beschäftigten, für die keine Tarifverträge bestünden oder für die Tarif- oder Arbeitsverträge keine volle Entgeltfortzahlung gewährleisteten. Dabei handele es sich häufig um Arbeitnehmer, die ohnehin niedrige Arbeitsentgelte und ungünstige Arbeitsbedingungen hätten. Die Gleichbehandlung aller Arbeitnehmer werde durch die Neuregelung wiederhergestellt.

109 Wie dies bei der Berechnung des Urlaubsentgelts bereits geregelt sei, würden außerdem **Überstundenvergütungen** bei der Bemessung der Entgeltfortzahlung künftig **nicht mehr berücksichtigt.** In den meisten Tarifbereichen, in denen eine Entgeltfortzahlung in Höhe von 100% vereinbart sei, hätten die Tarifvertragsparteien die Überstundenvergütung aus der Bemessung der Entgeltfortzahlung ausgenommen. Die gesetzliche Beschränkung wirke sich deshalb entlastend vor allem für die nicht tarifgebundenen Arbeitgeber aus, die auch von der gesetzlichen Anhebung der Entgeltfortzahlung unmittelbar betroffen werden.

IV. Änderungen des Entgeltfortzahlungsgesetzes   Einleitung

Wiederhergestellt werde schließlich auch die bis zum 30. September 1996 **110**
geltende Regelung, nach der Maßnahmen der medizinischen Vorsorge oder
Rehabilitation **nicht auf den Urlaub angerechnet** werden durften, soweit
ein gesetzlicher Anspruch auf Entgeltfortzahlung im Krankheitsfall besteht.
Damit wollte man der Tatsache Rechnung tragen, dass das EFZG stationäre
Maßnahmen der medizinischen Vorsorge oder Rehabilitation der Arbeitsunfähigkeit gleichstellt und deshalb auch zu einer Gleichbehandlung bezüglich der (Nicht-)Anrechnung von Urlaubstagen gelangen (BT-Drucks. 14/45, S. 17).

Der Deutsche Bundestag beriet diesen Gesetzentwurf (und einen von der **111**
Fraktion der FDP vorgelegten Entwurf eines „Gesetzes zu beschäftigungswirksamen Änderungen des Kündigungsschutzgesetzes", BT-Drucks. 14/44)
erstmals in seiner 9. Sitzung am **20. November 1998** und überwies ihn an
den Ausschuss für Arbeit und Sozialordnung zur federführenden Beratung
und an den Rechtsausschuss, den Ausschuss für Wirtschaft und Technologie,
den Ausschuss für Familie, Senioren, Frauen und Jugend, den Ausschuss für
Gesundheit, den Ausschuss für Tourismus sowie den Haushaltsausschuss zur
Mitberatung.

Der federführende Ausschuss für Arbeit und Sozialordnung beschloss noch **112**
am 20. November 1998 in seiner 3. Sitzung die Durchführung einer öffentlichen **Anhörung von Sachverständigen,** die bereits am **26. November
1998** in der 5. Sitzung des Ausschusses stattfand. Am **2. Dezember 1998**
folgten die abschließenden Beratungen der mitberatenden Ausschüsse sowie
des Ausschusses für Arbeit und Sozialordnung. Die vom Ausschuss für Arbeit
und Sozialordnung daraufhin unter den **4. Dezember 1998** vorgelegte Beschlussempfehlung (BT-Drucks. 14/151) sah hinsichtlich des Rechts der
Entgeltfortzahlung keine Änderungen vor; der Gesetzentwurf der Fraktionen
von SPD und BÜNDNIS 90/DIE GRÜNEN vom 17. November 1998
sollte vielmehr unverändert bleiben (BT-Drucks. 14/151, S. 20).

Der **Deutsche Bundestag verabschiedete das „Gesetz zu Korrek-** **113**
turen in der Sozialversicherung und zur Sicherung der Arbeitneh-
merrechte" in der vom Ausschuss für Arbeit und Sozialordnung vorgeschlagenen Fassung **am 19. Dezember 1998** (BGBl. I S. 3843); die in
Artikel 7 des Gesetzes enthaltenen Änderungen des Entgeltfortzahlungsgesetzes traten bereits **am 1. Januar 1999 in Kraft.**

3. Sonstige Änderungen

Vor dem Inkrafttreten des Arbeitsrechtlichen Beschäftigungsförderungs- **114**
gesetzes blieb das Entgeltfortzahlungsgesetz selbst unverändert, geändert
wurde lediglich § 14 LFZG durch das „Zweite Gesetz zur Änderung des Arbeitsförderungsgesetzes im Bereich des Baugewerbes" vom 15. Dezember
1995 (BGBl. I S. 1809).

Bis zum Inkrafttreten des „Korrekturgesetzes" am 1. Januar 1999 erfolgten **115**
dann zwei ebenfalls eher geringfügige Änderungen des Rechts der Entgeltfortzahlung im Krankheitsfall:

Durch Art. 12 des „Gesetzes zur sozialrechtlichen Behandlung von einma- **116**
lig gezahltem Arbeitsentgelt" vom 12. Dezember 1996 (BGBl. I S. 1859)

wurde § 4 Abs. 1 S. 2 EFZG – ohne inhaltliche Änderungen – insofern geändert, als die ursprünglichen Verweisungen auf die unfallversicherungsrechtlichen Bestimmungen der RVO durch Bezugnahmen auf die entsprechenden Regelungen des SGB VII ersetzt wurden.

117 Das „Gesetz zur Änderung des Mutterschutzrechts" vom 20. Dezember 1996 (BGBl. I S. 2110) führte schließlich zu Änderungen in § 10 Abs. 1 und § 16 Abs. 2 LFZG.
118 Seit dem Inkrafttreten des Korrekturgesetzes erfolgten zwei weitere Änderungen des Entgeltfortzahlungsgesetzes:
119 Die Beschränkung in § 9 Abs. 1 EFZG auf „stationäre" Maßnahmen wurde anlässlich der Neuregelung des Rechts der behinderten Menschen durch das Neunte Buch Sozialgesetzbuch vom 19. Juni 2001 (BGBl. I S. 1045) aufgehoben, mit der Folge, dass Arbeitnehmern nunmehr ein Anspruch auf Entgeltfortzahlung gegenüber dem Arbeitgeber auch bei einer Arbeitsverhinderung infolge einer ambulanten Leistung zur medizinischen Rehabilitation erwächst; in diesem Zusammenhang wurde auch § 10 Abs. 2 LFZG sprachlich angepasst.
120 Die (vorläufig) letzte Änderung hat das Entgeltfortzahlungsrecht schließlich durch das Dritte Gesetz für moderne Dienstleistungen am Arbeitsmarkt vom 23. Dezember 2003 (BGBl. I S. 2848) erfahren, durch das an verschiedenen Stelle die Bezeichnung „Bundesanstalt für Arbeit" durch „Bundesagentur für Arbeit" ersetzt wurde.

V. Gegenwärtig anwendbare Regelungen

121 Als Ergebnis der Entwicklung bis zum Inkrafttreten des Entgeltfortzahlungsgesetzes am 1. Juni 1994 – die Änderungen durch das Arbeitsrechtliche Beschäftigungsförderungsgesetz vom 25. September 1996 und das „Korrekturgesetz" vom 19. Dezember 1998 haben keinen Einfluss auf das grundsätzlich anwendbare Recht gehabt – finden hinsichtlich der Entgeltzahlung an Feiertagen sowie der Entgeltfortzahlung im Krankheitsfall gegenwärtig folgende Bestimmungen Anwendung:
122 Die **Entgeltzahlung an Feiertagen** regelt sich
 – für Arbeitnehmer nach den §§ 1, 2 EFZG und
 – für in Heimarbeit Beschäftigte nach den §§ 1, 11 EFZG.
123 Ergänzt werden diese Entgeltzahlungsbestimmungen durch jene Vorschriften, die die gesetzlichen Feiertage festlegen. Dabei handelt es sich um folgende Landesgesetze:
Baden-Württemberg: Gesetz über die Sonntage und Feiertage vom 28. November 1990 (GBl. 1971 S. 1) zuletzt geändert durch Gesetz vom 8. Mai 1995 (GBl. S. 450).
Bayern: Gesetz zum Schutz der Sonn- und Feiertage vom 21. Mai 1980 (GVBl S. 215) zuletzt geändert durch Gesetz vom 4. April 2001 (GVBl. S. 140).
Berlin: Gesetz über die Sonn- und Feiertage vom 28. Oktober 1954 (GVBl. S. 615) zuletzt geändert durch Gesetz vom 2. Dezember 1994 (GVBl. S. 491).

V. Gegenwärtig anwendbare Regelungen

Einleitung

Brandenburg: Feiertagsgesetz vom 21. März 1991 (GVBl. I S. 44) zuletzt geändert durch Gesetz vom 20. November 2003 (GVBl. I S. 287).
Bremen: Gesetz über die Sonn- und Feiertage vom 12. November 1954 (SaBremR 113-c-1) zuletzt geändert durch Gesetz vom 26. März 2002 (GBl. S. 43).
Hamburg: Gesetz über Sonntage, Feiertage, Gedenktage und Trauertage (Feiertagsgesetz) vom 16. Oktober 1953 (Samml. b. h. LR 113a) zuletzt geändert durch Gesetz vom 6. Dezember 2000 (GVBl. S. 358).
Hessen: Hessisches Feiertagsgesetz vom 29. Dezember 1971 (GVBl. S. 334) zuletzt geändert durch Gesetz vom 26. November 1997 (GVBl. S. 396).
Mecklenburg-Vorpommern: Feiertagsgesetz vom 18. Juni 1992 (GVBl. S. 342) i. d. F. der Neubekanntmachung vom 8. März 2002 (GVBl. S. 145).
Niedersachsen: Niedersächsisches Gesetz über die Feiertage vom 29. April 1969 (GVBl. S. 113) i. d. F. der Bekanntmachung vom 7. März 1995, zuletzt geändert durch Gesetz vom 24. Januar 2002 (GVBl. S. 17).
Nordrhein-Westfalen: Gesetz über Sonn- und Feiertage vom 23. April 1989 (GVBl. S. 222) zuletzt geändert durch Gesetz vom 20. Dezember 1994 (GVBl. S. 1114).
Rheinland-Pfalz: Landesgesetz über den Schutz der Sonn- und Feiertage vom 15. Juli 1970 (GVBl. S. 225) zuletzt geändert durch Gesetz vom 21. Juli 2003 (GVBl. S. 155).
Saarland: Gesetz Nr. 1040 über die Sonn- und Feiertage vom 18. August 1976 (Amtsbl. S. 213) zuletzt geändert durch Gesetz vom 6. Februar 2002 (Amtsbl. S. 526).
Sachsen: Gesetz über Sonn- und Feiertage im Freistaat Sachsen vom 10. November 1992 (GVBl. S. 536) zuletzt geändert durch Gesetz vom 6. Juni 2002 (GVBl. S. 168).
Sachsen-Anhalt: Gesetz über Sonn- und Feiertage vom 22. Mai 1992 (GVBl. S. 356) zuletzt geändert durch Gesetz vom 20. November 2003 (GVBl. S. 328).
Schleswig-Holstein: Gesetz über Sonn- und Feiertage vom 30. Juni 1969 (GVBl. S. 112) in der Fassung der Bekanntmachung vom 6. März 1997 zuletzt geändert durch Gesetz vom 13. Dezember 2001 (GVBl. S. 397).
Thüringen: Thüringer Feiertagsgesetz vom 21. Dezember 1994 (GVBl. S. 1221).

Für die Besatzungsmitglieder von Kauffahrteischiffen werden die Landesfeiertagsgesetze ergänzt durch § 84 Abs. 4 SeemG. 124

Die **Entgeltfortzahlung im Krankheitsfall** regelt sich 125
- für Arbeitnehmer nach den §§ 1, 3–10, 12 EFZG,
- für in Heimarbeit Beschäftigte nach den §§ 1, 10, 12 EFZG,
- für Auszubildende nach § 12 BBiG, der auf das Entgeltfortzahlungsgesetz verweist und
- für Besatzungsmitglieder von Kauffahrteischiffen nach §§ 48, 52a SeemG.

Neben diesen Entgeltfortzahlungsbestimmungen finden Anwendung die 126
- Vorschriften über den Ausgleich der Arbeitgeberaufwendungen (§§ 10ff. LFZG) sowie als

Einleitung   V. Gegenwärtig anwendbare Regelungen

– ergänzende Regelungen
  – § 616 BGB und
  – § 617 BGB, §§ 42 ff. SeemG, § 30 JArbSchG (Krankenfürsorge).

B. Zahlung des Arbeitsentgelts an Feiertagen und im Krankheitsfall (EFZG)

I. Einleitung

Mit dem Inkrafttreten des „Gesetzes über die Zahlung des Arbeitsentgelts 1 an Feiertagen und im Krankheitsfall (Entgeltfortzahlungsgesetz – EFZG)" vom 26. Mai 1994 (BGBl. I S. 1014) am 1. Juni 1994 ist die Zahlung des Arbeitsentgelts an Feiertagen und die Entgeltfortzahlung im Krankheitsfall erstmals in der Geschichte des deutschen Arbeitsrechts in einem einheitlichen Gesetz geregelt worden (zur Entstehungsgeschichte des EFZG vgl. Einleitung A Rdn. 65 ff.), wobei man sich allerdings kaum des Eindrucks erwehren kann, dass beide Teilbereiche noch etwas zusammenhanglos nebeneinander stehen; dies gilt insbesondere für die teilweise entbehrliche doppelte Regelung der Höhe des (fort-)zu zahlenden Arbeitsentgelts (zu den Gründen, die zu der gemeinsamen Regelung beider Teilbereiche geführt haben, vgl. Einleitung A Rdn. 78 ff.).

Bezüglich der **Zahlung des Arbeitsentgelts an Feiertagen** ersetzte das 2 Entgeltfortzahlungsgesetz das Gesetz zur Regelung der Lohnzahlung an Feiertagen vom 2. August 1951 (BGBl. I S. 479, zuletzt geändert durch Gesetz vom 18. Dezember 1979, BGBl. I S. 3091; vgl. Anhang F II 3). An seine Stelle sind die §§ 2 und 11 EFZG sowie in einem weiteren Sinne die §§ 1 und 12 EFZG getreten (daneben sind hinsichtlich der Zahlung des Feiertagsentgelts die Feiertagsgesetze der einzelnen Bundesländer sowie § 84 Abs. 4 SeemG zu beachten; vgl. § 2 EFZG Rdn. 2).

Bezüglich der **Entgeltfortzahlung im Krankheitsfall** ersetzte das Ent- 3 geltfortzahlungsgesetz dagegen ein ganzes System (?) von Entgeltfortzahlungsbestimmungen, nämlich die §§ 1 bis 9 LFZG vom 27. Juli 1969 (BGBl. I S. 946, zuletzt geändert durch Gesetz vom 26. Februar 1993, BGBl. I S. 278; vgl. Anhang F II 6), § 133 c der Gewerbeordnung i. d. F. vom 1. Januar 1987 (BGBl. I S. 425, i. d. F. der Änderung vom 27. April 1993, BGBl. I S. 512; vgl. Anhang F II 4), § 63 des Handelsgesetzbuchs vom 10. Mai 1897 (RGBl. S. 219, i. d. F. der Änderung vom 27. September 1993, BGBl. I S. 1666; vgl. Anhang F II 5), die Absätze 2 und 3 des § 616 des Bürgerlichen Gesetzbuchs vom 1. August 1896 (RGBl. S. 195, i. d. F. der Änderung vom 7. Oktober 1993, BGBl. I S. 1668; vgl. Anhang F II 2) und die §§ 115 a bis e des Arbeitsgesetzbuches der DDR vom 16. Juni 1977 (GBl. I S. 185, zuletzt geändert durch Gesetz vom 7. Oktober 1993, BGBl. I S. 1668). Modifiziert und teilweise ersetzt worden sind außerdem § 12 des Berufsbildungsgesetzes vom 14. August 1969 (BGBl. I S. 1112, i. d. F. der Änderung vom 27. Juli 1992, BGBl. I S. 1398; vgl. Anhang F II 1) und die §§ 48, 52 a und 78 des Seemannsgesetzes vom 26. Juli 1957 (BGBl. II S. 713, i. d. F. vom 7. Oktober 1993, BGBl. I S. 1668; zur Regelungssystematik und

EFZG
I. Einleitung

zu den jeweils betroffenen Personengruppen bis zum Inkrafttreten des EFZG vgl. Einleitung A Rdn. 56 ff.).

4 An die Stelle dieser Vielzahl zwar ähnlicher, aber keineswegs identischer Regelungen sind die §§ 1, 3 bis 10 sowie 12 (und 13) EFZG getreten, die die Entgeltfortzahlung im Krankheitsfall weitgehend abschließend und für alle Arbeitnehmer einheitlich regeln. Als ergänzende bzw. modifizierende Vorschriften sind heute nur noch zu beachten
- § 12 BBiG, der hinsichtlich der Fortzahlung der Vergütung an **Auszubildende** auf das Entgeltfortzahlungsgesetz verweist, ohne dessen Inhalt zu modifizieren (vgl. Teil C),
- die §§ 48, 52a und 78 SeemG, die die Entgeltfortzahlung im Krankheitsfall nach dem Entgeltfortzahlungsgesetz im Hinblick auf die Besonderheiten der **Beschäftigung auf einem Kauffahrteischiff** (geringfügig) modifizieren,
- die §§ 10 ff. LFZG, die (weiterhin) den **Ausgleich der Arbeitgeberaufwendungen** regeln (vgl. Teil D) sowie
- als ergänzende Regelungen § 616 BGB und die Vorschriften über die **Krankenfürsorge** (§ 617 BGB, §§ 42 ff. SeemG, § 30 JArbSchG, vgl. Teil E).

II. Gesetzestext

Gesetz über die Zahlung des Arbeitsentgelts an Feiertagen und im Krankheitsfall (Entgeltfortzahlungsgesetz)

Vom 26. Mai 1994 (BGBl. I S. 1014, 1065)

Zuletzt geändert durch Gesetz vom 23. Dezember 2003 (BGBl. I S. 2848)

§ 1 Anwendungsbereich

(1) Dieses Gesetz regelt die Zahlung des Arbeitsentgelts an gesetzlichen Feiertagen und die Fortzahlung des Arbeitsentgelts im Krankheitsfall an Arbeitnehmer sowie die wirtschaftliche Sicherung im Bereich der Heimarbeit für gesetzliche Feiertage und im Krankheitsfall.

(2) Arbeitnehmer im Sinne dieses Gesetzes sind Arbeiter und Angestellte sowie die zu ihrer Berufsbildung Beschäftigten.

§ 2 Entgeltzahlung an Feiertagen

(1) Für Arbeitszeit, die infolge eines gesetzlichen Feiertages ausfällt, hat der Arbeitgeber dem Arbeitnehmer das Arbeitsentgelt zu zahlen, das er ohne den Arbeitsausfall erhalten hätte.

(2) Die Arbeitszeit, die an einem gesetzlichen Feiertag gleichzeitig infolge von Kurzarbeit ausfällt und für die an anderen Tagen als an gesetzlichen Feiertagen Kurzarbeitergeld geleistet wird, gilt als infolge eines gesetzlichen Feiertages nach Absatz 1 ausgefallen.

(3) Arbeitnehmer, die am letzten Arbeitstag vor oder am ersten Arbeitstag nach Feiertagen unentschuldigt der Arbeit fernbleiben, haben keinen Anspruch auf Bezahlung für diese Feiertage.

§ 3 Anspruch auf Entgeltfortzahlung im Krankheitsfall

(1) Wird ein Arbeitnehmer durch Arbeitsunfähigkeit infolge Krankheit an seiner Arbeitsleistung verhindert, ohne daß ihn ein Verschulden trifft, so hat er Anspruch auf Entgeltfortzahlung im Krankheitsfall durch den Arbeitgeber für die Zeit der Arbeitsunfähigkeit bis zur Dauer von sechs Wochen. Wird der Arbeitnehmer infolge derselben Krankheit erneut arbeitsunfähig, so verliert er wegen der erneuten Arbeitsunfähigkeit den Anspruch nach Satz 1 für einen weiteren Zeitraum von höchstens sechs Wochen nicht, wenn
1. er vor der erneuten Arbeitsunfähigkeit mindestens sechs Monate nicht infolge derselben Krankheit arbeitsunfähig war oder
2. seit Beginn der ersten Arbeitsunfähigkeit infolge derselben Krankheit eine Frist von zwölf Monaten abgelaufen ist.

(2) Als unverschuldete Arbeitsunfähigkeit im Sinne des Absatzes 1 gilt auch eine Arbeitsverhinderung, die infolge einer nicht rechtswidrigen Steri-

lisation oder eines nicht rechtswidrigen Abbruchs der Schwangerschaft eintritt. Dasselbe gilt für einen Abbruch der Schwangerschaft, wenn die Schwangerschaft innerhalb von zwölf Wochen nach der Empfängnis durch einen Arzt abgebrochen wird, die schwangere Frau den Abbruch verlangt und dem Arzt durch eine Bescheinigung nachgewiesen hat, daß sie sich mindestens drei Tage vor dem Eingriff von einer anerkannten Beratungsstelle hat beraten lassen.

(3) Der Anspruch nach Absatz 1 entsteht nach vierwöchiger ununterbrochener Dauer des Arbeitsverhältnisses.

§ 4 Höhe des fortzuzahlenden Arbeitsentgelts

(1) Für den in § 3 Abs. 1 bezeichneten Zeitraum ist dem Arbeitnehmer das ihm bei der für ihn maßgebenden regelmäßigen Arbeitszeit zustehende Arbeitsentgelt fortzuzahlen.

(1 a) Zum Arbeitsentgelt nach Absatz 1 gehören nicht das zusätzlich für Überstunden gezahlte Arbeitsentgelt und Leistungen für Aufwendungen des Arbeitnehmers, soweit der Anspruch auf sie im Falle der Arbeitsfähigkeit davon abhängig ist, daß dem Arbeitnehmer entsprechende Aufwendungen tatsächlich entstanden sind, und dem Arbeitnehmer solche Aufwendungen während der Arbeitsunfähigkeit nicht entstehen. Erhält der Arbeitnehmer eine auf das Ergebnis der Arbeit abgestellte Vergütung, so ist der von dem Arbeitnehmer in der für ihn maßgebenden regelmäßigen Arbeitszeit erzielbare Durchschnittsverdienst der Berechnung zugrunde zu legen.

(2) Ist der Arbeitgeber für Arbeitszeit, die gleichzeitig infolge eines gesetzlichen Feiertages ausgefallen ist, zur Fortzahlung des Arbeitsentgelts nach § 3 verpflichtet, bemißt sich die Höhe des fortzuzahlenden Arbeitsentgelts für diesen Feiertag nach § 2.

(3) Wird in dem Betrieb verkürzt gearbeitet und würde deshalb das Arbeitsentgelt des Arbeitnehmers im Falle seiner Arbeitsfähigkeit gemindert, so ist die verkürzte Arbeitszeit für ihre Dauer als die für den Arbeitnehmer maßgebende regelmäßige Arbeitszeit im Sinne des Absatzes 1 anzusehen. Dies gilt nicht im Falle des § 2 Abs. 2.

(4) Durch Tarifvertrag kann eine von den Absätzen 1, 1a und 3 abweichende Bemessungsgrundlage des fortzuzahlenden Arbeitsentgelts festgelegt werden. Im Geltungsbereich eines solchen Tarifvertrages kann zwischen nichttarifgebundenen Arbeitgebern und Arbeitnehmern die Anwendung der tarifvertraglichen Regelung über die Fortzahlung des Arbeitsentgelts im Krankheitsfalle vereinbart werden.

§ 4a Kürzung von Sondervergütungen

Eine Vereinbarung über die Kürzung von Leistungen, die der Arbeitgeber zusätzlich zum laufenden Arbeitsentgelt erbringt (Sondervergütungen), ist auch für Zeiten der Arbeitsunfähigkeit infolge Krankheit zulässig. Die Kürzung darf für jeden Tag der Arbeitsunfähigkeit infolge Krankheit ein Viertel des Arbeitsentgelts, das im Jahresdurchschnitt auf einen Arbeitstag entfällt, nicht überschreiten.

§ 5 Anzeige- und Nachweispflichten

(1) Der Arbeitnehmer ist verpflichtet, dem Arbeitgeber die Arbeitsunfähigkeit und deren voraussichtliche Dauer unverzüglich mitzuteilen. Dauert die Arbeitsunfähigkeit länger als drei Kalendertage, hat der Arbeitnehmer eine ärztliche Bescheinigung über das Bestehen der Arbeitsunfähigkeit sowie deren voraussichtliche Dauer spätestens an dem darauffolgenden Arbeitstag vorzulegen. Der Arbeitgeber ist berechtigt, die Vorlage der ärztlichen Bescheinigung früher zu verlangen. Dauert die Arbeitsunfähigkeit länger als in der Bescheinigung angegeben, ist der Arbeitnehmer verpflichtet, eine neue ärztliche Bescheinigung vorzulegen. Ist der Arbeitnehmer Mitglied einer gesetzlichen Krankenkasse, muß die ärztliche Bescheinigung einen Vermerk des behandelnden Arztes darüber enthalten, daß der Krankenkasse unverzüglich eine Bescheinigung über die Arbeitsunfähigkeit mit Angaben über den Befund und die voraussichtliche Dauer der Arbeitsunfähigkeit übersandt wird.

(2) Hält sich der Arbeitnehmer bei Beginn der Arbeitsunfähigkeit im Ausland auf, so ist er verpflichtet, dem Arbeitgeber die Arbeitsunfähigkeit, deren voraussichtliche Dauer und die Adresse am Aufenthaltsort in der schnellstmöglichen Art der Übermittlung mitzuteilen. Die durch die Mitteilung entstehenden Kosten hat der Arbeitgeber zu tragen. Darüber hinaus ist der Arbeitnehmer, wenn er Mitglied einer gesetzlichen Krankenkasse ist, verpflichtet, auch dieser die Arbeitsunfähigkeit und deren voraussichtliche Dauer unverzüglich anzuzeigen. Dauert die Arbeitsunfähigkeit länger als angezeigt, so ist der Arbeitnehmer verpflichtet, der gesetzlichen Krankenkasse die voraussichtliche Fortdauer der Arbeitsunfähigkeit mitzuteilen. Die gesetzlichen Krankenkassen können festlegen, daß der Arbeitnehmer Anzeige- und Mitteilungspflichten nach den Sätzen 3 und 4 auch gegenüber einem ausländischen Sozialversicherungsträger erfüllen kann. Absatz 1 Satz 5 gilt nicht. Kehrt ein arbeitsunfähig erkrankter Arbeitnehmer in das Inland zurück, so ist er verpflichtet, dem Arbeitgeber und der Krankenkasse seine Rückkehr unverzüglich anzuzeigen.

§ 6 Forderungsübergang bei Dritthaftung

(1) Kann der Arbeitnehmer auf Grund gesetzlicher Vorschriften von einem Dritten Schadensersatz wegen des Verdienstausfalls beanspruchen, der ihm durch die Arbeitsunfähigkeit entstanden ist, so geht dieser Anspruch insoweit auf den Arbeitgeber über, als dieser dem Arbeitnehmer nach diesem Gesetz Arbeitsentgelt fortgezahlt und darauf entfallende vom Arbeitgeber zu tragende Beiträge zur Bundesagentur für Arbeit, Arbeitgeberanteile an Beiträgen zur Sozialversicherung und zur Pflegeversicherung sowie zu Einrichtungen der zusätzlichen Alters- und Hinterbliebenenversorgung abgeführt hat.

(2) Der Arbeitnehmer hat dem Arbeitgeber unverzüglich die zur Geltendmachung des Schadensersatzanspruchs erforderlichen Angaben zu machen.

(3) Der Forderungsübergang nach Absatz 1 kann nicht zum Nachteil des Arbeitnehmers geltend gemacht werden.

§ 7 Leistungsverweigerungsrecht des Arbeitgebers

(1) Der Arbeitgeber ist berechtigt, die Fortzahlung des Arbeitsentgelts zu verweigern,
1. solange der Arbeitnehmer die von ihm nach § 5 Abs. 1 vorzulegende ärztliche Bescheinigung nicht vorlegt oder den ihm nach § 5 Abs. 2 obliegenden Verpflichtungen nicht nachkommt;
2. wenn der Arbeitnehmer den Übergang eines Schadensersatzanspruchs gegen einen Dritten auf den Arbeitgeber (§ 6) verhindert.

(2) Absatz 1 gilt nicht, wenn der Arbeitnehmer die Verletzung dieser ihm obliegenden Verpflichtungen nicht zu vertreten hat.

§ 8 Beendigung des Arbeitsverhältnisses

(1) Der Anspruch auf Fortzahlung des Arbeitsentgelts wird nicht dadurch berührt, daß der Arbeitgeber das Arbeitsverhältnis aus Anlaß der Arbeitsunfähigkeit kündigt. Das gleiche gilt, wenn der Arbeitnehmer das Arbeitsverhältnis aus einem vom Arbeitgeber zu vertretenden Grunde kündigt, der den Arbeitnehmer zur Kündigung aus wichtigem Grund ohne Einhaltung einer Kündigungsfrist berechtigt.

(2) Endet das Arbeitsverhältnis vor Ablauf der in § 3 Abs. 1 bezeichneten Zeit nach dem Beginn der Arbeitsunfähigkeit, ohne daß es einer Kündigung bedarf, oder infolge einer Kündigung aus anderen als den in Absatz 1 bezeichneten Gründen, so endet der Anspruch mit dem Ende des Arbeitsverhältnisses.

§ 9 Maßnahmen der medizinischen Vorsorge und Rehabilitation

(1) Die Vorschriften der §§ 3 bis 4a und 6 bis 8 gelten entsprechend für die Arbeitsverhinderung infolge einer Maßnahme der medizinischen Vorsorge oder Rehabilitation, die ein Träger der gesetzlichen Renten-, Kranken- oder Unfallversicherung, eine Verwaltungsbehörde der Kriegsopferversorgung oder ein sonstiger Sozialleistungsträger bewilligt hat und die in einer Einrichtung der medizinischen Vorsorge oder Rehabilitation durchgeführt wird. Ist der Arbeitnehmer nicht Mitglied einer gesetzlichen Krankenkasse oder nicht in der gesetzlichen Rentenversicherung versichert, gelten die §§ 3 bis 4a und 6 bis 8 entsprechend, wenn eine Maßnahme der medizinischen Vorsorge oder Rehabilitation ärztlich verordnet worden ist und in einer Einrichtung der medizinischen Vorsorge oder Rehabilitation oder einer vergleichbaren Einrichtung durchgeführt wird.

(2) Der Arbeitnehmer ist verpflichtet, dem Arbeitgeber den Zeitpunkt des Antritts der Maßnahme, die voraussichtliche Dauer und die Verlängerung der Maßnahme im Sinne des Absatzes 1 unverzüglich mitzuteilen und ihm
a) eine Bescheinigung über die Bewilligung der Maßnahme durch einen Sozialleistungsträger nach Absatz 1 Satz 1 oder
b) eine ärztliche Bescheinigung über die Erforderlichkeit der Maßnahme im Sinne des Absatzes 1 Satz 2

unverzüglich vorzulegen.

II. Gesetzestext   EFZG

§ 10 Wirtschaftliche Sicherung für den Krankheitsfall im Bereich der Heimarbeit

(1) In Heimarbeit Beschäftigte (§ 1 Abs. 1 des Heimarbeitsgesetzes) und ihnen nach § 1 Abs. 2 Buchstabe a bis c des Heimarbeitsgesetzes Gleichgestellte haben gegen ihren Auftraggeber oder, falls sie von einem Zwischenmeister beschäftigt werden, gegen diesen Anspruch auf Zahlung eines Zuschlags zum Arbeitsentgelt. Der Zuschlag beträgt
1. für Heimarbeiter, für Hausgewerbetreibende ohne fremde Hilfskräfte und die nach § 1 Abs. 2 Buchstabe a des Heimarbeitsgesetzes Gleichgestellten 3,4 vom Hundert,
2. für Hausgewerbetreibende mit nicht mehr als zwei fremden Hilfskräften und die nach § 1 Abs. 2 Buchstabe b und c des Heimarbeitsgesetzes Gleichgestellten 6,4 vom Hundert

des Arbeitsentgelts vor Abzug der Steuern, des Beitrags zur Bundesagentur für Arbeit und der Sozialversicherungsbeiträge ohne Unkostenzuschlag und ohne die für den Lohnausfall an gesetzlichen Feiertagen, den Urlaub und den Arbeitsausfall infolge Krankheit zu leistenden Zahlungen. Der Zuschlag für die unter Nummer 2 aufgeführten Personen dient zugleich zur Sicherung der Ansprüche der von ihnen Beschäftigten.

(2) Zwischenmeister, die den in Heimarbeit Beschäftigten nach § 1 Abs. 2 Buchstabe d des Heimarbeitsgesetzes gleichgestellt sind, haben gegen ihren Auftraggeber Anspruch auf Vergütung der von ihnen nach Absatz 1 nachweislich zu zahlenden Zuschläge.

(3) Die nach den Absätzen 1 und 2 in Betracht kommenden Zuschläge sind gesondert in den Entgeltbeleg einzutragen.

(4) Für Heimarbeiter (§ 1 Abs. 1 Buchstabe a des Heimarbeitsgesetzes) kann durch Tarifvertrag bestimmt werden, daß sie statt der in Absatz 1 Satz 2 Nr. 1 bezeichneten Leistungen die den Arbeitnehmern im Falle ihrer Arbeitsunfähigkeit nach diesem Gesetz zustehenden Leistungen erhalten. Bei der Bemessung des Anspruchs auf Arbeitsentgelt bleibt der Unkostenzuschlag außer Betracht.

(5) Auf die in den Absätzen 1 und 2 vorgesehenen Zuschläge sind die §§ 23 bis 25, 27 und 28 des Heimarbeitsgesetzes, auf die in Absatz 1 dem Zwischenmeister gegenüber vorgesehenen Zuschläge außerdem § 21 Abs. 2 des Heimarbeitsgesetzes entsprechend anzuwenden. Auf die Ansprüche der fremden Hilfskräfte der in Absatz 1 unter Nummer 2 genannten Personen auf Entgeltfortzahlung im Krankheitsfall ist § 26 des Heimarbeitsgesetzes entsprechend anzuwenden.

§ 11 Feiertagsbezahlung der in Heimarbeit Beschäftigten

(1) Die in Heimarbeit Beschäftigen (§ 1 Abs. 1 des Heimarbeitsgesetzes) haben gegen den Auftraggeber oder Zwischenmeister Anspruch auf Feiertagsbezahlung nach Maßgabe der Absätze 2 bis 5. Den gleichen Anspruch haben die in § 1 Abs. 2 Buchstabe a bis d des Heimarbeitsgesetzes bezeichneten Personen, wenn sie hinsichtlich der Feiertagsbezahlung gleichgestellt werden; die Vorschriften des § 1 Abs. 3 Satz 3 und Abs. 4 und 5 des Heim-

arbeitsgesetzes finden Anwendung. Eine Gleichstellung, die sich auf die Entgeltregelung erstreckt, gilt auch für die Feiertagsbezahlung, wenn diese nicht ausdrücklich von der Gleichstellung ausgenommen ist.

(2) Das Feiertagsgeld beträgt für jeden Feiertag im Sinne des § 2 Abs. 1 0,72 vom Hundert des in einem Zeitraum von sechs Monaten ausgezahlten reinen Arbeitsentgelts ohne Unkostenzuschläge. Bei der Berechnung des Feiertagsgeldes ist für die Feiertage, die in den Zeitraum vom 1. Mai bis 31. Oktober fallen, der vorhergehende Zeitraum vom 1. November bis 30. April und für die Feiertage, die in den Zeitraum vom 1. November bis 30. April fallen, der vorhergehende Zeitraum vom 1. Mai bis 31. Oktober zugrunde zu legen. Der Anspruch auf Feiertagsgeld ist unabhängig davon, ob im laufenden Halbjahreszeitraum noch eine Beschäftigung in Heimarbeit für den Auftraggeber stattfindet.

(3) Das Feiertagsgeld ist jeweils bei der Entgeltzahlung vor dem Feiertag zu zahlen. Ist die Beschäftigung vor dem Feiertag unterbrochen worden, so ist das Feiertagsgeld spätestens drei Tage vor dem Feiertag auszuzahlen. Besteht bei der Einstellung der Ausgabe von Heimarbeit zwischen den Beteiligten Einvernehmen, das Heimarbeitsverhältnis nicht wieder fortzusetzen, so ist dem Berechtigten bei der letzten Entgeltzahlung das Feiertagsgeld für die noch übrigen Feiertage des laufenden sowie für die Feiertage des folgenden Halbjahreszeitraumes zu zahlen. Das Feiertagsgeld ist jeweils bei der Auszahlung in die Entgeltbelege (§ 9 des Heimarbeitsgesetzes) einzutragen.

(4) Übersteigt das Feiertagsgeld, das der nach Absatz 1 anspruchsberechtigte Hausgewerbetreibende oder der im Lohnauftrag arbeitende Gewerbetreibende (Anspruchsberechtigte) für einen Feiertag auf Grund des § 2 seinen fremden Hilfskräften (§ 2 Abs. 6 des Heimarbeitsgesetzes) gezahlt hat, den Betrag, den er auf Grund der Absätze 2 und 3 für diesen Feiertag erhalten hat, so haben ihm auf Verlangen seine Auftraggeber oder Zwischenmeister den Mehrbetrag anteilig zu erstatten. Ist der Anspruchsberechtigte gleichzeitig Zwischenmeister, so bleibt hierbei das für die Heimarbeiter oder Hausgewerbetreibenden empfangene und weiter gezahlte Feiertagsgeld außer Ansatz. Nimmt ein Anspruchsberechtigter eine Erstattung nach Satz 1 in Anspruch, so können ihm bei Einstellung der Ausgabe von Heimarbeit die erstatteten Beträge auf das Feiertagsgeld angerechnet werden, das ihm auf Grund des Absatzes 2 und des Absatzes 3 Satz 3 für die dann noch übrigen Feiertage des laufenden sowie für die Feiertage des folgenden Halbjahreszeitraumes zu zahlen ist.

(5) Das Feiertagsgeld gilt als Entgelt im Sinne der Vorschriften des Heimarbeitsgesetzes über Mithaftung des Auftraggebers (§ 21 Abs. 2), über Entgeltschutz (§§ 23 bis 27) und über Auskunftspflicht über Entgelte (§ 28); hierbei finden die §§ 24 bis 26 des Heimarbeitsgesetzes Anwendung, wenn ein Feiertagsgeld gezahlt ist, das niedriger ist als das in diesem Gesetz festgesetzte.

§ 12 Unabdingbarkeit

Abgesehen von § 4 Abs. 4 kann von den Vorschriften dieses Gesetzes nicht zuungunsten des Arbeitnehmers oder der nach § 10 berechtigten Personen abgewichen werden.

II. Gesetzestext **EFZG**

§ 13 Übergangsvorschrift

Ist der Arbeitnehmer von einem Tag nach dem 9. Dezember 1998 bis zum 1. Januar 1999 oder darüber hinaus durch Arbeitsunfähigkeit infolge Krankheit oder infolge einer Maßnahme der medizinischen Vorsorge oder Rehabilitation an seiner Arbeitsleistung verhindert, sind für diesen Zeitraum die seit dem 1. Januar 1999 geltenden Vorschriften maßgebend, es sei denn, daß diese für den Arbeitnehmer ungünstiger sind.

III. Kommentar

Entgeltfortzahlungsgesetz

§ 1 Anwendungsbereich

(1) Dieses Gesetz regelt die Zahlung des Arbeitsentgelts an gesetzlichen Feiertagen und die Fortzahlung des Arbeitsentgelts im Krankheitsfall an Arbeitnehmer sowie die wirtschaftliche Sicherung im Bereich der Heimarbeit für gesetzliche Feiertage und im Krankheitsfall.

(2) **Arbeitnehmer im Sinne dieses Gesetzes sind Arbeiter und Angestellte sowie die zu ihrer Berufsbildung Beschäftigten.**

Übersicht

	Rdn.
I. Allgemeines	1
II. Gegenstand des Gesetzes (§ 1 Abs. 1 EFZG)	6
III. Begriffsbestimmungen (§ 1 Abs. 2 EFZG)	10
1. Arbeitnehmer	12
2. Arbeiter und Angestellte	27
a) Allgemeine Abgrenzungskriterien	28
b) Einzelfälle	34
aa) Arbeiter	35
bb) Angestellte	36
3. Zu ihrer Berufsbildung Beschäftigte	38

I. Allgemeines

1 § 1 EFZG umschreibt den **sachlichen und persönlichen Geltungsbereich** des Entgeltfortzahlungsgesetzes dahingehend, dass das Gesetz die Zahlung des Arbeitsentgelts an Feiertagen und die Fortzahlung des Arbeitsentgelts im Krankheitsfall an Arbeitnehmer sowie die wirtschaftliche Sicherung im Bereich der Heimarbeit für gesetzliche Feiertage und im Krankheitsfall regelt und dass als Arbeitnehmer im Sinne des Gesetzes Arbeiter und Angestellte sowie die zu ihrer Berufsbildung Beschäftigten gelten. Die eigentliche Bedeutung der Regelung besteht in ihrer **Informationsfunktion.**

2 § 1 EFZG hat weder im Lohnfortzahlungsgesetz noch in den mehr oder weniger parallelen Regelungen in der Gewerbeordnung, im HGB, im BGB oder im Arbeitsgesetzbuch der DDR bzw. im Gesetz über die Lohnzahlung an Feiertagen einen „Vorläufer".

3 Die Regelung war bereits in dem von den Fraktionen der CDU/CSU und der FDP vorgelegten Entwurf eines Entgeltfortzahlungsgesetzes in ähnlicher Form enthalten; im Gegensatz zur heutigen Regelung umschrieb § 1 Abs. 1 in der Fassung des Fraktionsentwurfs allerdings den Gegenstand des

II. Gegenstand des Gesetzes (§ 1 Abs. 1 EFZG) § 1 EFZG

Gesetzes nur dahingehend, dass das Gesetz die Fortzahlung des Arbeitsentgelts im Krankheitsfall sowie die wirtschaftliche Sicherung im Krankheitsfall im Bereich der Heimarbeit regeln sollte (vgl. BT-Drucks. 12/5263, S. 3).

Die Zahlung des Arbeitsentgelts an Feiertagen wurde zum damaligen Zeitpunkt noch nicht erwähnt, da die Aufwendungen der Arbeitgeber für die Pflegeversicherung durch Karenztage kompensiert werden sollten (ausführlich Einleitung A Rdn. 65 ff., 71 ff.) und eine „Verbindung" des Rechts der Entgeltfortzahlung im Krankheitsfall und des Rechts der Entgeltzahlung an Feiertagen bzw. des Feiertagsrechts noch nicht beabsichtigt war; das Gesetz über die Lohnzahlung an Feiertagen sollte vielmehr unverändert erhalten bleiben.

Die heutige Gesetzesfassung geht zurück auf die Beratungen des Ausschusses für Arbeit und Sozialordnung, in denen man beschlossen hatte, die Arbeitgeberaufwendungen für die Pflegeversicherung nicht durch die Einführung von Karenztagen, sondern durch Änderungen im Recht der Entgeltzahlung an Feiertagen zu kompensieren. Dies führte dazu, dass die Regelungen des bisherigen Gesetzes über die Lohnzahlung an Feiertagen in das Entgeltfortzahlungsgesetz integriert wurden (§§ 2, 11 EFZG), mit der weiteren Folge, dass die Umschreibung des „Regelungsgegenstands" des Gesetzes in § 1 Abs. 1 EFZG angepasst werden musste (vgl. BT-Drucks. 12/5798). Im weiteren Verlauf des Gesetzgebungsverfahrens blieb § 1 EFZG dann unverändert. **4**

Das Arbeitsrechtliche Beschäftigungsförderungsgesetz vom 25. September 1996 und das „Korrekturgesetz" vom 19. Dezember 1998 haben § 1 EFZG ebenfalls unverändert gelassen. **5**

II. Gegenstand des Gesetzes (§ 1 Abs. 1 EFZG)

§ 1 Abs. 1 EFZG umschreibt den Gegenstand des Entgeltfortzahlungsgesetzes dahingehend, dass das Gesetz regelt **6**
– die Zahlung des Arbeitsentgelts an gesetzlichen Feiertagen an Arbeitnehmer,
– die Fortzahlung des Arbeitsentgelts im Krankheitsfall an Arbeitnehmer und
– die wirtschaftliche Sicherung im Bereich der Heimarbeit
  – für gesetzliche Feiertage und
  – im Krankheitsfall.

Die „Teilmaterien" sind – lässt man § 1 EFZG selbst außer Betracht – geregelt in folgenden Vorschriften: **7**
– Zahlung des Arbeitsentgelts an gesetzlichen Feiertagen an Arbeitnehmer: §§ 2, 12 EFZG
– Fortzahlung des Arbeitsentgelts im Krankheitsfall an Arbeitnehmer: §§ 3 bis 9, 12 (und 13) EFZG
– Wirtschaftliche Sicherung im Bereich der Heimarbeit
  – für gesetzliche Feiertage: §§ 11, 12 EFZG und
  – im Krankheitsfall: § 10 EFZG.

8   Die Umschreibung des Gesetzesgegenstands ist bezogen auf die Fortzahlung des Arbeitsentgelts im Krankheitsfall an Arbeitnehmer insofern nicht ganz präzise bzw. etwas irreführend, als § 1 Abs. 1 EFZG den Eindruck erwecken könnte, die genannte Materie werde im Entgeltfortzahlungsgesetz abschließend geregelt. Dies trifft jedoch insofern nicht zu, als bezüglich der seemännisch Beschäftigten ergänzend die §§ 48, 52a SeemG zu beachten sind und bezüglich der Auszubildenden die Regelung des § 12 BBiG (vgl. Teil C).

9   Diese Sonderregelungen sind zwar von wesentlich geringerer Bedeutung als das Entgeltfortzahlungsgesetz, auf das sie im wesentlichen verweisen, wenn es aber überhaupt erforderlich war, im Hinblick auf bestimmte Besonderheiten die Vorschriften über die Entgeltfortzahlung im Seemannsgesetz und im Berufsbildungsgesetz zu erhalten, so hätte man dieser Tatsache wohl auch bei der Formulierung des § 1 Abs. 1 EFZG Rechnung tragen müssen. Darüber hinaus leidet der Informationswert des § 1 Abs. 1 EFZG auch etwas darunter, dass die §§ 10ff. LFZG (vgl. Teil D) nicht erwähnt werden. Praktische Bedeutung kommt diesen Ungenauigkeiten jedoch wohl nicht zu.

III. Begriffsbestimmungen (§ 1 Abs. 2 EFZG)

10 **Arbeitnehmer** im Sinne des Entgeltfortzahlungsgesetzes sind gem. § 1 Abs. 2 EFZG „**Arbeiter und Angestellte sowie die zu ihrer Berufsausbildung Beschäftigten**". Damit wird der Begriff des Arbeitnehmers aber – ebenso wie z.B. durch die wortgleiche Regelung in § 5 Abs. 1 BetrVG – nur scheinbar definiert, denn § 1 Abs. 2 EFZG gibt letztlich keine Hilfestellung für die Beantwortung der für die Anwendbarkeit des Gesetzes entscheidenden Frage nach der Abgrenzung zwischen (unselbständigen) Arbeitnehmern und selbständig Tätigen. § 1 Abs. 2 EFZG setzt vielmehr den allgemeinen Begriff des Arbeitnehmers, wie er in Rechtsprechung und Schrifttum entwickelt worden ist, voraus und nimmt lediglich eine gewisse „Binnengliederung" vor.

11 Die „**Binnengliederung**" nach Arbeitern und Angestellten ist zwar nach dem Inkrafttreten des Entgeltfortzahlungsgesetzes nicht mehr so bedeutsam wie in der Vergangenheit, da auch für Arbeiter und Angestellte in den alten Bundesländern nunmehr bezüglich der Entgeltfortzahlung im Krankheitsfall dieselben Regelungen gelten, die Unterscheidung ist aber sowohl aus der Sicht der Entgeltzahlung an Feiertagen als auch hinsichtlich der Entgeltfortzahlung im Krankheitsfall keineswegs bedeutungslos geworden. Bedeutung hat die Unterscheidung bezüglich der Entgeltzahlung an Feiertagen und der Entgeltfortzahlung im Krankheitsfall z.B. weiterhin für die Geltung abweichender tarifvertraglicher Regelungen und auch für den Ausgleich der Arbeitgeberaufwendungen nach den §§ 10ff. LFZG ist weiterhin davon abhängig, ob die betroffenen Arbeitnehmer Arbeiter oder Angestellte sind (vgl. Teil D).

1. Arbeitnehmer

12 Nach der im Arbeitsrecht allgemein üblichen Definition ist Arbeitnehmer, **wer aufgrund eines privatrechtlichen Vertrages zur Arbeit im**

III. Begriffsbestimmungen (§ 1 Abs. 2 EFZG) § 1 EFZG

Dienste eines anderen verpflichtet ist (vgl. u. a. BAG AP Nr. 7 zu § 5 ArbGG; AP Nr. 1, 3, 4, 15 bis 36 zu § 611 BGB Abhängigkeit).

Aus dem Tatbestandsmerkmal des **privatrechtlichen Vertrages** folgt zu- 13 nächst, dass **Beamte** keine Arbeitnehmer sind (BAG AP Nr. 5 zu § 7 BetrVG 1972; *Gola* § 1 EFZG Anm. 3.7; *Wedde/Kunz* § 1 EFZG Rdn. 23; *Worzalla/Süllwald* § 1 EFZG Rdn. 13); ihre Ansprüche im Krankheitsfall ergeben sich nicht aus dem Entgeltfortzahlungsgesetz, sondern aus speziellen beamtenrechtlichen Regelungen. Ähnliches gilt für **Wehr- und Zivildienstleistende** (vgl. *Feichtinger/Malkmus* § 1 EFZG Rdn. 23; *Geyer/Knorr/ Krasney* § 1 EFZG Rdn. 38; ausführlich *Schaub,* Arbeitsrechts-Handbuch, § 8 II 2) sowie für die **Teilnehmer an einem freiwilligen sozialen oder ökologischen Jahr** nach dem Gesetz zur Förderung eines freiwilligen sozialen Jahres bzw. dem Gesetz zur Förderung eines freiwilligen ökologischen Jahres (*Kaiser/Dunkl/Hold/Kleinsorge* § 1 EFZG Rdn. 61f.). Auch **Strafgefangene,** die im Rahmen der Anstaltsgewalt Arbeit leisten, werden nicht aufgrund eines privatrechtlichen Vertrages tätig (*Schaub,* Arbeitsrechts-Handbuch, § 8 II 2) und fallen damit nicht in den Anwendungsbereich des Gesetzes; etwas anderes kann allerdings für sog. Freigänger gelten, wenn zwischen ihnen und einem externen Auftraggeber ein „freies Beschäftigungsverhältnis" vereinbart wird (vgl. LAG Baden-Württemberg NZA 1989, 86; *Kaiser/ Dunkl/Hold/Kleinsorge* § 1 EFZG Rdn. 60).

Problematisch kann im Einzelfall sein, ob **mithelfende Familienange-** 14 **hörige** aufgrund eines privatrechtlichen Vertrages tätig werden und damit Arbeitnehmer sind oder ob sie aus Gefälligkeit aufgrund ihrer familienrechtlichen Bindungen tätig werden. Eine Entscheidung dieser Frage ist immer nur im Einzelfall möglich: Eine gelegentliche Aushilfe nach Feierabend wird in der Regel nicht aufgrund eines privatrechtlichen Vertrages erfolgen, sondern es wird sich um eine familiäre Gefälligkeit handeln; arbeitet ein Familienangehöriger dagegen jeden Tag oder den ganzen Tag mit, wird er normalerweise als Arbeitnehmer anzusehen sein (*Wedde/Kunz* § 1 EFZG Rdn. 25).

Nicht aufgrund eines privatrechtlichen Vertrages tätig werden schließlich 15 auch **Ordensschwestern** und **Diakonissen** (vgl. BAG AP Nr. 1 zu § 5 BetrVG Rotes Kreuz; anders bei sog. Gastschwestern, vgl. BAG AP Nr. 10 zu § 611 BGB Rotes Kreuz; vgl. *Kaiser/Dunkl/Hold/Kleinsorge* § 1 EFZG Rdn. 56; *Wedde/Kunz* § 1 EFZG Rdn. 26).

Neben dem Vorliegen eines privatrechtlichen Vertrages setzt der Begriff 16 des Arbeitnehmers voraus, dass dieser **zur Arbeit verpflichtet** ist (vgl. BAG AP Nr. 2 zu § 4 TzBfG). Der Begriff Arbeit ist dabei rein wirtschaftlich zu verstehen; Arbeit im Sinne der Arbeitnehmerdefinition ist beispielsweise auch die sog. **Arbeitsbereitschaft.** Entscheidend ist, dass ein Arbeitnehmer nur seine **Arbeitsleistung, nicht** aber einen **Arbeitserfolg** schuldet. Wer für den Erfolg seiner Tätigkeit einzustehen hat, wird in der Regel aufgrund eines Werkvertrages im Sinne der §§ 631 ff. BGB (zur Abgrenzung zwischen Dienst- und Werkvertrag vgl. BGH NJW 2002, 3323) und nicht aufgrund eines Arbeitsvertrages tätig (ausführlich *Staudinger/Richardi,* Vorbem. zu §§ 611 ff. BGB Rdn. 138 f. m. w. N.).

Dritter und letzter Bestandteil der Definition des Arbeitnehmers ist 17 schließlich, dass die vertraglich geschuldete Arbeitsleistung **im Dienste**

eines anderen geleistet wird, oder – anders ausgedrückt – dass der Betroffene **persönlich** (nicht: wirtschaftlich) **abhängig** ist (so schon BAG AP Nr. 1 zu § 611 BGB Abhängigkeit). Arbeitnehmerähnliche Personen, die (nur) wirtschaftlich, nicht dagegen persönlich abhängig sind, gehören demgemäß nicht zum Kreis der Arbeitnehmer (vgl. BAG AP Nr. 42, 53, 60 und 65 zu § 611 BGB Abhängigkeit; ErfK/*Dörner* § 1 EFZG Rdn. 12; *Kaiser/Dunkl/Hold/Kleinsorge* § 1 EFZG Rdn. 43). Ob eine persönliche Abhängigkeit vorliegt, ist nach der Rechtsprechung des Bundesarbeitsgerichts aufgrund einer Würdigung aller Umstände des Einzelfalls zu entscheiden, wobei zahlreiche Faktoren zu berücksichtigen sind.

18 Als **Abgrenzungskriterien** werden u. a. herangezogen: Umfang der Weisungsgebundenheit, (zeitliche und räumliche) Eingliederung in den Betriebsablauf, Unterordnung unter andere im Dienste des Arbeitgebers stehende Personen, Pflicht zum regelmäßigen Erscheinen, Zulässigkeit von Nebentätigkeiten bzw. die Pflicht, die gesamte Arbeitskraft einem Arbeitgeber zur Verfügung zu stellen, Form der Vergütung (Einzelhonorar oder Zeitlohn), Abführung von Steuern, Abführung von Sozialversicherungsbeiträgen, Urlaubsgewährung, Führung von Personalakten, Zurverfügungstellung von Arbeitsgeräten (*Wedde/Kunz* § 1 EFZG Rdn. 32).

19 Innerhalb dieser Abgrenzungskriterien wird der Vergütungsform, der Abführung von Steuern und Sozialversicherungsbeiträgen, der Führung von Personalakten sowie der Urlaubsgewährung nur eine vergleichsweise schwache Indizwirkung beigemessen. Das wichtigste Indiz für die persönliche Abhängigkeit ist die Weisungsgebundenheit: Je stärker der Betroffene hinsichtlich seiner Arbeitszeit, seines Arbeitsorts und der Arbeitsausführung den Weisungen seines Vertragspartners unterliegt, desto mehr spricht dies für eine Arbeitnehmerstellung (vgl. insbes. BAG AP Nr. 1, 3, 15 und 18 zu § 611 BGB Abhängigkeit).

20 Der Arbeitnehmereigenschaft (und der Anwendbarkeit des Entgeltfortzahlungsgesetzes) steht nicht entgegen, dass nur eine **befristete Beschäftigung,** z. B. in einem Probearbeitsverhältnis oder in einem Aushilfsarbeitsverhältnis vorliegt. Wer eine befristete Tätigkeit in persönlicher Abhängigkeit ausübt, ist als Arbeitnehmer anzusehen und fällt demgemäß in den Anwendungsbereich des Entgeltfortzahlungsgesetzes (*Staudinger/Oetker* § 616 Rdn. 192 f.; kritisch hierzu *Berenz*, DB 1995, 2166).

21 Der Arbeitnehmereigenschaft steht auch nicht entgegen, dass nur eine **Teilzeitbeschäftigung** ausgeübt wird. Das Vorliegen einer Teilzeittätigkeit kann zwar als Indiz gegen das Vorliegen eines Arbeitsverhältnisses sprechen, sofern aber die Gesamtbetrachtung und dabei insbesondere die Weisungsgebundenheit für die Arbeitnehmereigenschaft des Betroffenen sprechen, findet das Entgeltfortzahlungsgesetz Anwendung (*Staudinger/Oetker* § 616 Rdn. 191; *Vossen*, Entgeltfortzahlung, Rdn. 39; kritisch hierzu *Berenz* DB 1995, 2166; vgl. auch § 3 EFZG Rdn. 7, 16; zur Entgeltfortzahlung an Teilzeitkräfte ausführlich *Schmitt*, FS Gitter, S. 847).

22 Keine Besonderheiten gelten für Personen, die im Rahmen von **Arbeitsbeschaffungsmaßnahmen** der Bundesanstalt für Arbeit tätig werden. Sofern persönliche Abhängigkeit zu bejahen ist, stehen sie in einem echten Arbeitsverhältnis und können gegen ihren Arbeitgeber Ansprüche nach dem

III. Begriffsbestimmungen (§ 1 Abs. 2 EFZG) § 1 EFZG

Entgeltfortzahlungsgesetz geltend machen (*Feichtinger/Malkmus* § 1 Rdn. 28; *Geyer/Knorr/Krasney* § 1 EFZG Rdn. 12; *Marienhagen* § 1 EFZG Rdn. 13; *Müller/Berenz* § 1 EFZG Rdn. 17).

Ob **GmbH-Geschäftsführer** aufgrund des ihrer Organstellung zugrunde 23 liegenden schuldrechtlichen Anstellungsverhältnisses als Arbeitnehmer anzusehen sind und damit Ansprüche nach dem Entgeltfortzahlungsgesetz geltend machen können, kann nur im Einzelfall entschieden werden. Soweit der GmbH-Geschäftsführer aufgrund seines Anstellungsvertrages eine Rechtsstellung hat, wonach er vergleichbar einem Arbeitnehmer abhängig ist, findet das Entgeltfortzahlungsgesetz Anwendung; dies dürfte vor allem vorkommen bei abhängigen Tochtergesellschaften, bei denen dem Geschäftsführer nicht nur gesellschaftsrechtliche, sondern auch dienstvertragliche Weisungen erteilt werden (vgl. auch BAG AP Nr. 10 zu § 35 GmbHG; *Feichtinger/Malkmus* § 1 Rdn. 56 ff.).

Darüber hinaus kann das Entgeltfortzahlungsgesetz Anwendung finden, 24 wenn der Geschäftsführer aufgrund von „**Mischrechtsverhältnissen**" beschäftigt wird. Derartige Mischrechtsverhältnisse bestehen häufig bei GmbH & Co KGs, bei denen der Geschäftsführer der GmbH Arbeitnehmer der KG ist. Sofern das Arbeitsverhältnis neben dem Dienstverhältnis noch aktiviert ist, ergeben sich aus dem Arbeitsverhältnis auch Ansprüche nach dem Entgeltfortzahlungsgesetz. Sofern das Arbeitsverhältnis dagegen ruht oder kein Arbeitsverhältnis besteht, ergeben sich auch keine Ansprüche nach dem Entgeltfortzahlungsgesetz; denkbar ist unter diesen Voraussetzungen allenfalls ein Anspruch aus § 616 BGB, der jedoch nur für eine nicht unerhebliche Zeit besteht, also keineswegs für bis zu sechs Wochen (ausführlich *Schaub*, WiB 1994, 637; vgl. auch *Kaiser/Dunkl/Hold/Kleinsorge* § 1 EFZG Rdn. 58).

Keine Arbeitnehmer, weil sie nicht aufgrund eines Arbeitsverhältnisses, son- 25 dern eines Rechtsverhältnisses eigener Art beschäftigt werden, sind dagegen Personen, die in einem **Wiedereingliederungsverhältnis nach § 74 SGB V** tätig werden (vgl. AP Nr. 1 und 2 zu § 74 SGB V; *Compensis*, NZA 1992, 631, 633; ErfK/*Dörner* § 1 EFZG Rdn. 14; *Gitter*, ZfA 1995, 123, 133; *v. Hoyningen-Huene*, NZA 1992, 49; *Staudinger/Oetker* § 616 Rdn. 182). Die Beschäftigung dieser Personen ist nicht primär auf die Erbringung einer Arbeitsleistung gerichtet, sondern stellt eine Maßnahme der Rehabilitation dar (vgl. *Kaiser/Dunkl/Hold/Kleinsorge* § 1 EFZG Rdn. 64).

Ohne Bedeutung ist auch die **Staatsangehörigkeit** des Betroffenen. 26 **Ausländische Arbeitnehmer,** die in der Bundesrepublik Deutschland bei einem inländischen Arbeitgeber beschäftigt sind, haben ebenfalls Anspruch auf Entgeltfortzahlung an Feiertagen bzw. Fortzahlung des Arbeitsentgelts im Krankheitsfall nach dem Entgeltfortzahlungsgesetz (vgl. BAG AP Nr. 4 Internationales Privatrecht/Arbeitsrecht; ErfK/*Dörner* § 1 EFZG Rdn. 10; *Gola* § 1 EFZG Anm. 2.3; HzA/*Vossen* Gruppe 2 Rdn. 13; Kasseler Handbuch/ *Vossen* Rdn. 19; *Schaub*, Arbeitsrecht-Handbuch, § 98 I 2; *Worzalla/Süllwald* § 1 EFZG Rdn. 12). Bezüglich der Feiertagsentlohnung ist dabei allerdings zu beachten, dass der Anspruch nach § 2 EFZG sich vorbehaltlich abweichender Vereinbarungen (nur) auf die gesetzlichen Feiertage am Arbeitsort in Deutschland und nicht auf die Feiertage im Heimatland des Arbeitnehmers bezieht (vgl. auch § 2 EFZG Rdn. 28 ff.).

2. Arbeiter und Angestellte

27 Arbeitnehmer sind in erster Linie Arbeiter und Angestellte.

a) Allgemeine Abgrenzungskriterien

28 Ausgangspunkt der Unterscheidung zwischen Arbeitern und Angestellten muss die Feststellung sein, dass alle Arbeitnehmer, die nicht Angestellte sind, zum Kreis der Arbeiter gehören. Die Zurechnung zu den Arbeitern muss also nicht positiv begründet werden, sondern sie ergibt sich negativ daraus, dass der Betreffende nicht Angestellter ist. Es bedarf daher „nur" einer Begriffsbestimmung des Angestellten (sog. **arbeitsrechtliche Negativformel,** vgl. *Brill,* DB 1981, 316; *Schaub,* Arbeitsrechts-Handbuch, § 13 I 2; *Staudinger/Richardi,* Vorbem. zu §§ 611 ff. Rdn. 286 jeweils m. w. N.).

29 Die Negativformel allein ist allerdings insofern nur beschränkt hilfreich, als es an einer allgemeingültigen Definition des Angestellten fehlt. Anhaltspunkte kann die rentenversicherungsrechtliche Regelung des **§ 133 Abs. 2 SGB VI** geben, die am 1. Januar 1992 an die Stelle der früheren §§ 2, 3 AVG getreten ist. Danach gehören zu den Angestellten insbesondere 1. Angestellte in leitender Stellung, 2. technische Angestellte in Betrieb, Büro und Verwaltung, Werkmeister und andere Angestellte in einer ähnlich gehobenen oder höheren Stellung, 3. Büroangestellte, soweit sie nicht ausschließlich mit Botengängen, Reinigung, Aufräumung und ähnlichen Arbeiten beschäftigt werden, einschließlich Werkstattschreibern, 4. Handlungsgehilfen und andere Angestellte für kaufmännische Dienste, auch wenn der Gegenstand des Unternehmens kein Handelsgewerbe ist, Gehilfen und Praktikanten in Apotheken, 5. Bühnenmitglieder und Musiker ohne Rücksicht auf den künstlerischen Wert ihrer Leistungen, 6. Angestellte in Berufen der Erziehung, des Unterrichts, der Fürsorge, der Kranken- und Wohlfahrtspflege, 7. Schiffsführer, Offiziere des Decks- und Maschinendienstes, Schiffsärzte, Funkoffiziere, Zahlmeister, Verwalter und Verwaltungsassistenten sowie die in einer ähnlich gehobenen oder höheren Stellung befindlichen Mitglieder der Schiffsbesatzung von Binnenschiffen oder Seefahrzeugen sowie 8. Bordpersonal der Zivilluftfahrt (§ 133 Abs. 2 SGB VI).

30 Diese Aufzählung ist allerdings weder ausreichend präzise noch erschöpfend. Weitere Abgrenzungshilfen können unter diesen Voraussetzungen die zur Ergänzung des früheren § 3 AVG erlassenen Rechtsverordnungen des Reichsarbeitsministers vom 8. März 1924 (RGBl. I S. 274) und vom 4. Februar 1927 (RGBl. I S. 222) bieten. Auch diese **Berufsgruppenkataloge** regeln jedoch nicht abschließend, wer zu den Angestellten gehört.

31 Soweit weder § 133 Abs. 2 SGB VI noch die Berufsgruppenkataloge eine eindeutige Zuordnung ermöglichen, ist anhand der **Verkehrsanschauung der beteiligten Berufskreise** zu entscheiden, ob der betreffende Arbeitnehmer Arbeiter oder Angestellter ist (vgl. u. a. BAG AP Nr. 1, 3 und 5 zu § 59 HGB). Diese Verkehrsanschauung stellt nach der Rechtsprechung weniger auf formelle Kriterien wie die Vorbildung, die Bezeichnung, die Art der Entlohnung, die Parteivereinbarung oder die (überholte) Einräumung von Angestelltenkündigungsfristen ab – diese Faktoren haben allenfalls indi-

III. Begriffsbestimmungen (§ 1 Abs. 2 EFZG) § 1 EFZG

zielle Bedeutung –, sondern mehr auf die Natur der mit dem Arbeitnehmer vereinbarten und von ihm ausgeübten Tätigkeit (BAG AP Nr. 1, 2, 3, 5, 12 zu § 59 HGB; *Brill,* DB 1981, 316, 317; *Schaub,* Arbeitsrechts-Handbuch, § 13 I 2). Es ist zu prüfen, wie die Tätigkeit des Arbeitnehmers nach der Anschauung der im konkreten Fall beteiligten Berufskreise bewertet wird (BAG AP Nr. 5 zu § 59 HGB). Ein wesentliches Indiz hierfür ist die **Qualifizierung der Tätigkeit in den einschlägigen Tarifverträgen** (BAG AP Nr. 12 zu § 59 HGB). Fehlt in den beteiligten Berufskreisen eine feste Auffassung, so ist auf die **allgemeine Verkehrsanschauung** abzustellen. Danach ist in der Regel Angestellter, wer kaufmännische oder büromäßige Tätigkeiten verrichtet, auch wenn diese nur einfacher Natur sind. Im technischen Teil des Betriebs wird die mehr leitende Tätigkeit den Angestellten, die ausführende Tätigkeit dagegen den Arbeitern zugerechnet. Hier liegt auch die Wurzel der Faustregel, ein **Arbeiter leiste überwiegend körperliche, ein Angestellter dagegen überwiegend geistige Arbeit** (bzw. – ironisierend –: „Der Arbeiter steht, der Angestellte sitzt, der Beamte liegt", *Staudinger/Richardi,* Vorbem. zu §§ 611 ff. Rdn. 285). 32

Verrichtet der Arbeitnehmer teils Tätigkeiten eines Arbeiters und teils Tätigkeiten eines Angestellten, so kommt es für seine Zuordnung wiederum auf die Verkehrsanschauung an (BAG AP Nr. 118 zu § 1 TVG Auslegung). Des weiteren ist darauf abzustellen, welche Aufgaben der Tätigkeit insgesamt **das Gepräge geben** (*Brill,* DB 1981, 316, 317 m. w. N.). Auch insoweit ist weniger auf den Zeit- oder Energieaufwand für einzelne Arbeiten abzustellen und mehr auf den körperlichen bzw. geistigen Charakter der Tätigkeit in ihrer Gesamtheit. 33

b) Einzelfälle

Die vorstehenden Abgrenzungsfragen haben naturgemäß Hunderte von Entscheidungen ausgelöst, die sich mit der Frage der Zuordnung einzelner Arbeitnehmer bzw. Berufe zu einer bestimmten Arbeitnehmergruppe beschäftigen. Die nachstehende Übersicht kann lediglich einen knappen Überblick über den Meinungsstand vermitteln. Teilweise wesentlich umfangreichere Übersichten finden sich u. a. bei *Brill,* DB 1981, 316, 318; *Etzel,* GK-HGB, § 59 Rdn. 10 ff.; *Geschwendtner,* Berufs-ABC der Rentenversicherungszugehörigkeit; *Lipke,* DB 1983, 111, 113; *Staudinger/Richardi,* Vorbem. zu §§ 611 ff. Rdn. 293 f.; *Schaub,* Arbeitsrechts-Handbuch, § 13 III; *Würdinger,* HGB-Großkommentar, § 59 Anm. 7 f. – vorwiegend ältere Rechtsprechung zum HGB). Auch soweit einzelne Berufe bestimmten Arbeitnehmergruppen zugeordnet werden, kann dies nur Anhaltspunkte bieten, denn es entscheidet jeweils die Tätigkeit im konkreten Einzelfall. 34

aa) Arbeiter

– Adrema-Präger einer Bibliothek (BAG AP Nr. 1 zu § 551 ZPO)
– Adressenschreiberin (LAG Berlin DB 1962, 607)
– Annehmerin einer chemischen Reinigung (LAG Düsseldorf BB 1957, 1072) 35

43

EFZG § 1 Anwendungsbereich

- Außenkontrolleur eines Lokals (LAG Bremen AuR 1961, 158)
- Bote (LAG Hannover ARSt XIV S. 322; anders BAG RdA 1960, 40 bei zusätzlicher Prüftätigkeit)
- Croupier ohne Aufsichtsfunktion (LAG Berlin AuR 1976, 57)
- Filmvorführer (LAG München ARSt XIII, S. 123)
- Fördermaschinist (BAG AP Nr. 1 zu § 5 BetrVG)
- Hausmeister (LAG Berlin ZTR 1990, 254)
- Heilgehilfe (BAG AP Nr. 1 zu § 5 BetrVG)
- Kartenverkäuferin eines Kinos (BAG AP Nr. 1, 2 zu § 59 HGB)
- Kellner (ArbG Wesel AuR 1976, 57)
- Kranführer (LAG Kiel BB 1956, 1196)
- Lagerist (*Brill* DB 1981, 316, 319)
- Lichtpauser (BAG DB 1975, 64)
- Omnibusfahrer (BAG AP Nr. 29 zu Art. 12 GG)
- Pförtner (LAG Kiel BB 1956, 1196)
- Schaltwärter im E-Werk (LAG Mainz AuR 1955, 192)
- Schlossführer (BAGE 39, 358 = AP Nr. 65 zu §§ 22, 23 BAT 1975)
- Serviererin (ArbG Wesel AuR 1967, 57)
- Striptease-Tänzerin (LAG Düsseldorf AuR 1972, 254)
- Tankwart (*Schaub*, Arbeitsrechts-Handbuch, § 13 III 2 m. w. N.)
- Telefonist (BAG AP Nr. 12 zu § 59 HGB; *Lipke*, DB 1983, 111, 113)
- Verkäufer in Kiosken (*Brill*, DB 1981, 316, 319; *Lipke*, DB 1983, 111, 113)
- Verkaufsfahrer (LAG Düsseldorf BB 1960, 1096; 1962, 474)
- Zählerableser (Gas, Wasser, Strom) (BAG AuR 1961, 221)
- Zuschneider (*Brill*, DB 1981, 316, 319)

bb) Angestellte

36
- Arzthelferin (BAG AP Nr. 3 zu § 622 BGB)
- Bautechniker (*Etzel*, GK-HGB § 59 Rdn. 12)
- Bezieherwerber (BAG AP Nr. 4, 12 zu § 63 HGB)
- Bezirksdirektor einer Versicherung (*Schlegelberger/Schröder*, HGB, § 59 Anm. 23)
- Braumeister (RG 37, 279)
- Buchhalter (*Etzel*, GK-HGB § 59 Rdn. 10)
- Bundesligafußballer (BAG AP Nr. 2 zu § 611 BGB Berufssport)
- Chemielaborant (ArbG Wetzlar AP Nr. 1 zu § 1 AVG)
- Elektriker an Bord eines Schiffs (§ 5 MTV für die Deutsche Seeschiffahrt)
- Fahrlehrer einer Fahrschule (BAG AP Nr. 8 zu § 133 f. GewO)
- Fahrverkäufer (LAG Düsseldorf BB 1960, 1096; 1962, 474)
- Filialleiter (*Etzel*, GK-HGB § 59 Rdn. 10)
- Frachtkontrolleur einer Spedition (*Baumbach/Duden/Hopt* § 59 Anm. 3 G)
- Funker (§ 5 MTV für die Deutsche Seeschiffahrt)
- Hotelleiter (*Etzel*, GK-HGB § 59 Rdn. 10)
- Ingenieur (*Etzel*, GK-HGB § 59 Rdn. 12)
- Kassierer am Totalisator bei Pferderennen (BAG BB 1986, 1365)
- Kassiererin im Selbstbedienungsladen (BAG AP Nr. 23 zu § 59 HGB)
- Küchenchef (ArbG Bamberg ARSt 1976, 14)

III. Begriffsbestimmungen (§ 1 Abs. 2 EFZG) § 1 EFZG

- Kundenwerber (*Baumbach/Duden*, § 59 Anm. 3 G)
- Lagerverwalter mit Abrechnungspflicht (*Etzel*, GK-HGB § 59 Rdn. 10)
- Lizenzspieler der Bundesliga (BAG AP Nr. 2 zu § 611 BGB Berufssport)
- Mannequins (*Staudinger/Richardi*, Vorbem. zu §§ 611 ff. Rdn. 347)
- Oberkoch an Bord eines Schiffs (§ 5 MTV für die Deutsche Seeschiffahrt)
- Obersteward (§ 5 MTV für die Deutsche Seeschiffahrt)
- Prokurist im Arbeitsverhältnis (*Etzel*, GK-HGB § 59 Rdn. 10)
- Prostituierte (vgl. § 5 ProstG; *Armbrüster*, NJW 2002, 2763 ff.)
- Schaufensterdekorateur (LAG Düsseldorf AP Nr. 15 zu § 59 HGB)
- Schulhausmeister mit vorwiegend beaufsichtigender Tätigkeit (BAG AP Nr. 65 zu §§ 22, 23 BAT 1975)
- Schiffsarzt (§ 5 MTV für die Deutsche Seeschiffahrt)
- Schreibmaschinenschreiber, sofern nicht nur vorgefertigte Entwürfe abgeschrieben werden (*Würdinger*, HGB-Großkommentar, § 59 Anm. 7)
- Stenotypistin (*Baumbach/Duden*, § 59 Anm. 3 G)
- Technischer Zeichner (*Etzel*, GK-HGB § 59 Rdn. 12)
- Textverfasserin in einem Verlagsunternehmen (LAG Düsseldorf BB 1979, 475; BAG AP Nr. 24 zu § 59 HGB)
- Verkäufer in Ladengeschäften (*Brill*, DB 1981, 316, 319)
- Verkaufsfahrer (BAG AP Nr. 1 zu § 59 HGB)
- Vertragsspieler der Fußballoberliga (BAG AP Nr. 5 zu § 63 HGB)
- Werbeinspektor (*Schlegelberger/Schröder*, HGB, § 59 Anm. 23)
- Werkmeister (*Würdinger*, HGB-Großkommentar, § 59 Anm. 10)
- Zahlmeister (§ 5 MTV für die Deutsche Seeschiffahrt)

Die Abgrenzung der verschiedenen Gruppen von Angestellten gegeneinander findet sich noch bei *Schmitt*, LFZG, Einleitung, Rdn. 87 ff., 104 ff. 37

3. Zu ihrer Berufsbildung Beschäftigte

Zu ihrer Berufsbildung beschäftigt werden in erster Linie **Auszubildende** 38 im Sinne des Berufsbildungsgesetzes, d. h. Personen, die in einem Berufsausbildungsverhältnis im Sinne der §§ 3 ff. BBiG stehen.

Des weiteren werden auch zu ihrer Berufsausbildung beschäftigt **Praktikanten,** 39 d. h. Personen, die sich, ohne eine systematische Berufsausbildung zu absolvieren, einer bestimmten betrieblichen Tätigkeit und Ausbildung im Rahmen einer Gesamtausbildung unterziehen, weil diese z. B. für die Zulassung zum Studium oder zu einer Prüfung nachgewiesen werden muss (BAG AP Nr. 2 zu § 21 KSchG; vgl. auch *Knopp/Kraegeloh,* BBiG, § 19 Rdn. 3; *Schaub*, Arbeitsrechts-Handbuch § 16 IV; *Wedde/Kunz* § 1 EFZG Rdn. 47 f.) und **Volontäre,** d. h. Personen, die ohne als Lehrling oder Anlernling angenommen worden zu sein, unentgeltlich im Dienste eines anderen mit kaufmännischen Arbeiten beschäftigt werden (ErfK/*Dörner* § 1 EFZG Rdn. 12; Kasseler Handbuch/*Vossen* Rdn. 23; *Schaub*, Arbeitsrechts-Handbuch, § 16 III; *Vossen*, Entgeltfortzahlung, Rdn. 42; *Wedde/Kunz* § 1 EFZG Rdn. 49; vgl. auch § 82a HGB).

In einem weiteren Sinne zu ihrer Berufsausbildung beschäftigt werden 40 schließlich auch **Werkstudenten** etc. Sie stehen allerdings regelmäßig nicht in einem Ausbildungs-, sondern in einem Arbeitsverhältnis (*Kaiser/Dunkl/*

Hold/Kleinsorge § 1 EFZG Rdn. 29; *Wedde/Kunz* § 1 EFZG Rdn. 51; ausführlich *Schaub*, Arbeitsrechts-Handbuch, § 16 V).

41 Voraussetzung für die Anwendung des EFZG ist aber stets, dass ein privatrechtlicher Vertrag besteht. Nicht zu ihrer Berufsausbildung beschäftigt iSd EFZG werden daher grundsätzlich **Teilnehmer an Maßnahmen der beruflichen Weiterbildung** nach den §§ 77 ff. SGB III. Sie erhalten zur Sicherung ihres Lebensunterhalts Unterhaltsgeld nach den §§ 153 ff. SGB III als Leistung der Bundesanstalt für Arbeit; dementsprechend unterliegt auch im Krankheitsfall die Sicherung ihres Einkommens dem öffentlichen Recht. Anwendung findet das EFZG unter diesen Voraussetzungen nur dann, wenn neben dem Unterhaltsgeld zusätzlich Arbeitsentgelt bzw. Ausbildungsvergütung gezahlt wird (vgl. *Kaiser/Dunkl/Hold/Kleinsorge* § 1 EFZG Rdn. 41; *Vogelsang*, Entgeltfortzahlung, S. 14).

§ 2 Entgeltzahlung an Feiertagen

(1) **Für Arbeitszeit, die infolge eines gesetzlichen Feiertages ausfällt, hat der Arbeitgeber dem Arbeitnehmer das Arbeitsentgelt zu zahlen, das er ohne den Arbeitsausfall erhalten hätte.**

(2) **Die Arbeitszeit, die an einem gesetzlichen Feiertag gleichzeitig infolge von Kurzarbeit ausfällt und für die an anderen Tagen als an gesetzlichen Feiertagen Kurzarbeitergeld geleistet wird, gilt als infolge eines gesetzlichen Feiertages nach Absatz 1 ausgefallen.**

(3) Arbeitnehmer, die am letzten Arbeitstag vor oder am ersten Arbeitstag nach Feiertagen unentschuldigt der Arbeit fernbleiben, haben keinen Anspruch auf Bezahlung für diese Feiertage.

Übersicht

	Rdn.
I. Allgemeines	1
II. Anspruch auf Entgeltzahlung an Feiertagen (§ 2 Abs. 1 EFZG)	11
1. Anspruchsberechtigter Personenkreis	12
2. Arbeitsausfall infolge eines gesetzlichen Feiertages	24
a) Gesetzliche Feiertage	25
b) Arbeitsausfall	34
c) Kausalität	35
aa) Allgemeines	35
bb) Einzelfälle	37
(1) Arbeitskämpfe	37
(2) Freischichtenmodell	47
(3) Krankheit	49
(4) Kurzarbeit	51
(5) Urlaub	53
(6) Witterungsbedingter Arbeitsausfall (Verkehrsstörungen)	59
3. Anspruch auf Arbeitsentgelt	63
a) Ausgefallene Arbeitszeit	63
aa) Überstunden	66
bb) Freischichten	69
cc) Teilzeitarbeitsverhältnisse	73
dd) Dreischichtbetrieb	80

I. Allgemeines § 2 EFZG

Rdn.
b) Arbeitsentgelt 83
 aa) Allgemeines 84
 bb) Einzelfälle 86
c) Entstehung und Geltendmachung des Anspruchs 112
III. Zusammentreffen von gesetzlichen Feiertagen und Kurzarbeit (§ 2 Abs. 2 EFZG) 118
IV. Anspruchsausschluss bei unentschuldigtem Fernbleiben (§ 2 Abs. 3 EFZG) 125
 1. Voraussetzungen des Anspruchsausschlusses 126
  a) Letzter Arbeitstag vor oder erster Arbeitstag nach einem gesetzlichen Feiertag 127
  b) Fernbleiben von der Arbeit 136
  c) Unentschuldigtes Fernbleiben 144
  d) Kausalität 153
 2. Umfang des Anspruchsausschlusses 154

I. Allgemeines

§ 2 Abs. 1 EFZG beinhaltet den **Grundsatz,** dass für Arbeitszeit, die 1 infolge eines gesetzlichen Feiertages ausfällt, der Arbeitgeber dem Arbeitnehmer das Arbeitsentgelt zu zahlen hat, das dieser ohne den Arbeitsausfall erhalten hätte (ausführlich unten Rdn. 11 ff.). Dieser Grundsatz wird durch § 2 Abs. 2 EFZG modifiziert für den Fall, dass die Arbeitszeit an einem gesetzlichen Feiertag gleichzeitig infolge von Kurzarbeit ausfällt (vgl. unten Rdn. 118 ff.). § 2 Abs. 3 EFZG schließlich beinhaltet einen Anspruchsausschluss für Arbeitnehmer, die am letzten Arbeitstag vor oder am ersten Arbeitstag nach Feiertagen unentschuldigt der Arbeit fernbleiben (vgl. unten Rdn. 125 ff.).

Ergänzt wird die Regelung des § 2 EFZG durch die **Feiertagsgeset-** 2 **ze der** einzelnen **Bundesländer,** aus denen sich ergibt, welche Tage als gesetzliche Feiertage anzusehen sind (zum Wegfall von Feiertagen im Zusammenhang mit der Einführung der Pflegeversicherung *Marschner,* DB 1995, 1026). Im einzelnen handelt es sich dabei um folgende Gesetze (zu Feiertagen in anderen europäischen Staaten vgl. *Worzalla/Süllwald* § 2 EFZG Rdn. 52 ff.):

Baden-Württemberg: Gesetz über die Sonntage und Feiertage vom 28. November 1990 (GBl. 1971 S. 1) zuletzt geändert durch Gesetz vom 8. Mai 1995 (GBl. S. 450).
Bayern: Gesetz zum Schutz der Sonn- und Feiertage vom 21. Mai 1980 (GVBl S. 215) zuletzt geändert durch Gesetz vom 4. April 2001 (GVBl. S. 140).
Berlin: Gesetz über die Sonn- und Feiertage vom 28. Oktober 1954 (GVBl. S. 615) zuletzt geändert durch Gesetz vom 2. Dezember 1994 (GVBl. S. 491).
Brandenburg: Feiertagsgesetz vom 21. März 1991 (GVBl. I S. 44) zuletzt geändert durch Gesetz vom 20. November 2003 (GVBl. I S. 287).
Bremen: Gesetz über die Sonn- und Feiertage vom 12. November 1954 (SaBremR 113-c-1) zuletzt geändert durch Gesetz vom 26. März 2002 (GBl. S. 43).

EFZG § 2 Entgeltzahlung an Feiertagen

Hamburg: Gesetz über Sonntage, Feiertage, Gedenktage und Trauertage (Feiertagsgesetz) vom 16. Oktober 1953 (Samml. b. h. LR 113a) zuletzt geändert durch Gesetz vom 6. Dezember 2000 (GVBl. S. 358).
Hessen: Hessisches Feiertagsgesetz vom 29. Dezember 1971 (GVBl. S. 334) zuletzt geändert durch Gesetz vom 26. November 1997 (GVBl. S. 396).
Mecklenburg-Vorpommern: Feiertagsgesetz vom 18. Juni 1992 (GVBl. S. 342) in der Fassung der Bekanntmachung vom 8. März 2002 zuletzt geändert durch Gesetz vom 20. Dezember 1994 (GVBl. S. 145).
Niedersachsen: Niedersächsisches Gesetz über die Feiertage vom 29. April 1969 (GVBl. S. 113) in der Fassung der Bekanntmachung vom 7. März 1995 zuletzt geändert durch Gesetz vom 24. Januar 2002 (GVBl. S. 17).
Nordrhein-Westfalen: Gesetz über Sonn- und Feiertage vom 23. April 1989 (GVBl. S. 222) zuletzt geändert durch Gesetz vom 20. Dezember 1994 (GVBl. S. 1114).
Rheinland-Pfalz: Landesgesetz über den Schutz der Sonn- und Feiertage vom 15. Juli 1970 (GVBl. S. 225) zuletzt geändert durch Gesetz vom 21. Juli 2003 (GVBl. S. 155).
Saarland: Gesetz Nr. 1040 über die Sonn- und Feiertage vom 18. August 1976 (Amtsbl. S. 213) zuletzt geändert durch Gesetz vom 6. Februar 2002 (Amtsbl. S. 526).
Sachsen: Gesetz über Sonn- und Feiertage im Freistaat Sachsen vom 10. November 1992 (GVBl. S. 536) zuletzt geändert durch Gesetz vom 6. Juni 2002 (GVBl. S. 168).
Sachsen-Anhalt: Gesetz über Sonn- und Feiertage vom 22. Mai 1992 (GVBl. S. 356) zuletzt geändert durch Gesetz vom 20. November 2003 (GVBl. S. 328).
Schleswig-Holstein: Gesetz über Sonn- und Feiertage vom 30. Juni 1969 (GVBl. S. 112) in der Fassung der Bekanntmachung vom 6. März 1997 zuletzt geändert durch Gesetz vom 13. Dezember 2001 (GVBl. S. 149).
Thüringen: Thüringer Feiertagsgesetz vom 21. Dezember 1994 (GVBl. S. 1221).

3 Außerdem sind als weitere „ergänzende Regelungen" die **§§ 84 und 91 des Seemannsgesetzes** zu berücksichtigen, die das Feiertagsrecht den besonderen Gegebenheiten der Beschäftigung auf Kauffahrteischiffen anpassen.

4 **Vorläufer** des § 2 EFZG war § 1 Abs. 1 und 3 des Gesetzes zur Regelung der Lohnzahlung an Feiertagen vom 2. August 1951 (BGBl. I S. 479) i. d. F. vom 18. Dezember 1975 (BGBl. I S. 3091), wobei § 2 Abs. 1 EFZG an § 1 Abs. 1 S. 1 FeiertagsLG anknüpft, § 2 Abs. 2 EFZG auf § 1 Abs. 1 S. 2 FeiertagsLG zurückgeht und § 2 Abs. 3 EFZG dem § 1 Abs. 3 FeiertagsLG entspricht (zur Entwicklungsgeschichte der Regelungen des Feiertagslohngesetzes vgl. *Färber/Klischan*, FeiertagsLG, Rdn. 23 ff.; MünchArbR/*Boewer* § 81 Rdn. 1 ff.; *Raab*, NZA 1997, 1144).

5 In dem im Jahre 1993 von den Fraktionen der CDU/CSU und der FDP zunächst vorgelegten Entwurf eines Entgeltfortzahlungsgesetzes war eine dem heutigen § 2 EFZG vergleichbare Regelung über die Entgeltzahlung an Feiertagen noch nicht enthalten (vgl. BT-Drucks. 12/5263). Dies war darauf zurückzuführen, dass man die Arbeitgeberaufwendungen für die Pflegeversicherung ursprünglich durch die Einführung von Karenztagen (vgl. Einlei-

II. Anspruch auf Entgeltzahlung an Feiertagen (§ 2 Abs. 1 EFZG) **§ 2 EFZG**

tung A Rdn. 65 ff., 71 ff.) und nicht durch Modifikationen des Rechts der Entgeltzahlung an Feiertagen bzw. des Feiertagsrechts kompensieren wollte.

Eine „Verbindung" des Entgeltfortzahlungsrechts und des Rechts der Entgeltzahlung an Feiertagen sah dann erstmals die Beschlussempfehlung des Ausschusses für Arbeit und Sozialordnung vom 29. September 1993 vor: Die zunächst geplante Einführung von Karenztagen sollte dadurch ersetzt werden, dass man an zehn bundeseinheitlichen Feiertagen (Neujahrstag, Karfreitag, Ostermontag, 1. Mai, Christi Himmelfahrt, Pfingstmontag, 3. Oktober, Buß- und Bettag, erster und zweiter Weihnachtstag) die Entgeltzahlung um 20% absenken wollte, wobei die Arbeitnehmer die Möglichkeit erhalten sollten, sich wahlweise zwei Urlaubstage anrechnen zu lassen. Die Absenkungs- bzw. Anrechnungsregelungen waren in den Absätzen 2 bis 4 von § 2 der Ausschussempfehlung enthalten, während § 2 Abs. 1, 5 und 6 der Empfehlung bereits der heutigen Regelung entsprachen (vgl. BT-Drucks. 12/5798; ausführlich *Raab*, NZA 1997, 1144). 6

Die skizzierte Gesetzesfassung wurde zwar am 1. Oktober 1993 vom Bundestag verabschiedet, der Bundesrat rief jedoch den Vermittlungsausschuss an (vgl. BT-Drucks. 12/5906). 7

Der Vermittlungsausschuss modifizierte die ursprüngliche Fassung des § 2 EFZG dann inhaltlich dahingehend, dass ab 1. April 1994 eine Absenkung der Entgeltzahlung an den genannten Feiertagen um 10% und ab 1. Juli 1996 eine erneute Absenkung um 10% erfolgen sollte. Diese inhaltlichen Vorgaben wurden in der Weise umgesetzt, dass man eine dem heutigen § 2 EFZG entsprechende Regelung durch die §§ 2a und 2b ergänzte, die die Absenkung um zweimal 10% vorsahen (vgl. BT-Drucks. 12/6425). 8

In dieser Fassung wurde das Gesetz zwar am 10. Dezember 1993 erneut vom Bundestag verabschiedet, der Einspruch des Bundesrates gem. Art. 77 Abs. 3 GG (BT-Drucks. 12/6473) führte jedoch aufgrund eines entsprechenden Beschlusses der Bundesregierung zu einem zweiten Vermittlungsverfahren. Die heutige Gesetzesfassung des § 2 EFZG geht auf die Beschlussempfehlung des Vermittlungsausschusses zum Pflege-Versicherungsgesetz zurück (BT-Drucks. 12/7323, S. 10 ff.). 9

Das Arbeitsrechtliche Beschäftigungsförderungsgesetz vom 25. September 1996 und das „Korrekturgesetz" vom 19. Dezember 1998 haben § 2 EFZG unverändert gelassen. 10

II. Anspruch auf Entgeltzahlung an Feiertagen (§ 2 Abs. 1 EFZG)

§ 2 Abs. 1 EFZG beinhaltet den Anspruch des Arbeitnehmers auf Entgeltzahlung an gesetzlichen Feiertagen. Der Anspruch setzt neben der Zugehörigkeit zum **anspruchsberechtigten Personenkreis** (Rdn. 12 ff.) voraus, dass die **Arbeitszeit in Folge eines gesetzlichen Feiertages** ausfällt (Rdn. 25 ff.). Welchen Betrag der Arbeitgeber zu zahlen hat, bestimmt sich grundsätzlich nach dem sog. **Entgeltausfallprinzip**, d. h. der Arbeitnehmer soll das Entgelt bekommen, das er aufgrund seiner Arbeitsleistung ohne den Feiertag erhalten hätte (vgl. Rdn. 63 ff.). 11

49

1. Anspruchsberechtigter Personenkreis

12 Voraussetzung eines Anspruchs aus § 2 EFZG ist zunächst, dass der Anspruchsteller **Arbeitnehmer** ist, d.h. es muss sich um eine Person handeln, die **aufgrund eines privatrechtlichen Vertrages zur Arbeit im Dienste eines anderen verpflichtet ist** (vgl. u.a. BAG AP Nr. 7 zu § 5 ArbGG; AP Nr. 1, 3, 4, 15 bis 36 zu § 611 BGB – Abhängigkeit; ausführlich § 1 EFZG Rdn. 12ff.).

13 Auf die **Wirksamkeit** des Arbeitsvertrages kommt es grundsätzlich nicht an; auch fehlerhaft begründete (faktische) Arbeitsverhältnisse fallen in den Anwendungsbereich des § 2 EFZG (vgl. *Geyer/Knorr/Krasney* § 2 EFZG Rdn. 4; *Gola* § 2 EFZG Anm. 3.2.1; *Kaiser/Dunkl/Hold/Kleinsorge* § 2 EFZG Rdn. 10; Kasseler Handbuch/*Vossen* Rdn. 526; MünchArbR/*Boewer* § 81 Rdn. 9; *Worzalla/Süllwald* § 2 EFZG Rdn. 4).

14 § 2 EFZG findet auch auf **gekündigte Arbeitsverhältnisse** bis zum Zeitpunkt ihrer Beendigung Anwendung. Ist das Arbeitsverhältnis z.B. zum 31. Mai gekündigt worden und ist der 31. Mai ein gesetzlicher Feiertag (Christi Himmelfahrt), so besteht für den 31. Mai ein Anspruch auf Zahlung von Feiertagsvergütung gem. § 2 Abs. 1 EFZG (ErfK/*Dörner* § 2 EFZG Rdn. 11).

15 Wird ein gekündigter Arbeitnehmer **während des Kündigungsschutzprozesses weiter beschäftigt,** so wird man differenzieren müssen: Erfolgt die Weiterbeschäftigung während des Kündigungsschutzprozesses aufgrund einer entsprechenden Abrede der Beteiligten, so ist der Arbeitgeber zur Zahlung von Feiertagsentgelt nach dem Entgeltfortzahlungsgesetz verpflichtet, beschäftigt der Arbeitgeber den Arbeitnehmer dagegen nur weiter, um eine Zwangsvollstreckung zu vermeiden, und wird die Kündigung später für rechtswirksam erklärt, so findet § 2 EFZG keine Anwendung. Diese Lösung entspricht der herrschenden Meinung zur Behandlung der vergleichbaren Problematik bezüglich der Entgeltfortzahlung im Krankheitsfall (vgl. HzA/*Vossen* Gruppe 2 Rdn. 38f.; *Kaiser/Dunkl/Hold/Kleinsorge* § 3 EFZG Rdn. 20ff.; kritisch hierzu MünchArbR/*Boecken* § 83 Rdn. 17f.; ausführlich § 3 EFZG Rdn. 30).

16 § 2 EFZG gilt auch für **befristete Arbeitsverhältnisse,** wenn die Zeit der **Befristung einen gesetzlichen Feiertag umfasst.** Entscheidend ist, ob der Feiertag von der Befristung erfasst wird; endet das Arbeitsverhältnis unmittelbar vor dem Feiertag, so besteht kein Anspruch auf Feiertagsentgelt.

Beispiel: Der Arbeitnehmer ist als Aushilfskraft eingestellt für die Zeit vom 1. bis 24. Dezember.

17 Unter diesen Voraussetzungen besteht kein Anspruch auf Feiertagsentgelt für den 25. und 26. Dezember (vgl. *Kaiser/Dunkl/Hold/Kleinsorge* § 2 EFZG Rdn. 10; *Vossen,* Entgeltfortzahlung, Rdn. 761).

18 Etwas anderes gilt nur dann, wenn die Befristung offensichtlich dazu benutzt wird, um die Pflicht zur **Zahlung von Feiertagsentgelt zu umgehen.**

Beispiel: Der Arbeitnehmer wird als Aushilfskraft vom 1. bis 24. Dezember und vom 27. bis 31. Dezember beschäftigt, wobei der Abschluss des zweiten Vertrages von vornherein vorgesehen war.

II. Anspruch auf Entgeltzahlung an Feiertagen (§ 2 Abs. 1 EFZG) **§ 2 EFZG**

Die vorstehenden Grundsätze gelten auch für sog. **Eintagesarbeitsver-** 19 **hältnisse.** Wird der Arbeitnehmer nur an dem Tag vor dem gesetzlichen Feiertag oder nur an dem Tag danach beschäftigt, so besteht kein Anspruch auf Feiertagsentgelt (vgl. BAG AP Nr. 24 zu § 1 FeiertagsLG; ErfK/*Dörner* § 2 EFZG Rdn. 10; *Geyer/Knorr/Krasney* § 2 EFZG Rdn. 8; *Gola* § 2 EFZG Anm. 3.2.2; *Kaiser/Dunkl/Hold/Kleinsorge* § 2 EFZG Rdn. 10; Kasseler Handbuch/*Vossen* Rdn. 528; MüKo/*Schaub* § 612 Rdn. 222). Der Arbeitgeber ist grundsätzlich auch nicht verpflichtet, dass Arbeitsverhältnis an einem gesetzlichen Feiertag – z. B. dem 1. Januar oder dem 1. Mai – beginnen zu lassen (*Vossen,* Entgeltfortzahlung, Rdn. 763).

Eine andere Beurteilung kommt nur dann in Betracht, wenn mit dem- 20 selben Arbeitnehmer **Eintagesarbeitsverhältnisse für den Tag vor und den Tag nach dem gesetzlichen Feiertag** geschlossen werden (vgl. *Wedde/Kunz* § 2 EFZG Rdn. 16); in derartigen Fällen ist dem Arbeitnehmer ausnahmsweise ein Anspruch auf Feiertagsentlohnung zuzugestehen, wenn er nachweisen kann, dass der Arbeitgeber von vorneherein beabsichtigt hatte, ihn über einen längeren Zeitraum zu beschäftigen. Kein Anspruch besteht dagegen, wenn bei Abschluss des Vertrages für den Tag vor dem gesetzlichen Feiertag noch nicht abzusehen war, ob am Tag danach ebenfalls ein Arbeitsvertrag zustande kommen würde (vgl. *Kaiser/Dunkl/Hold/Kleinsorge* § 2 EFZG Rdn. 10).

Anspruchsberechtigt sind grundsätzlich auch **Teilzeitkräfte** einschließlich 21 der **geringfügig Beschäftigten** (vgl. BAG AP Nr. 5 zu § 1 FeiertagsLG; *Geyer/Knorr/Krasney* § 2 EFZG Rdn. 6; MünchArbR/*Boewer* § 81 Rdn. 9). Ob tatsächlich ein Anspruch besteht, ist allerdings – ebenso wie bei anderen Arbeitnehmern – davon abhängig, ob es tatsächlich durch den gesetzlichen Feiertag zu einem Arbeitsausfall gekommen ist (*Schaub,* Arbeitsrechts-Handbuch, § 104 I 1; ausführlich unten Rdn. 63 ff.). Arbeitet ein Arbeitnehmer gleichzeitig – z. B. halbtags – bei zwei Arbeitgebern, steht ihm gegebenenfalls gegen beide Arbeitgeber ein Anspruch auf Feiertagsentgelt zu (*Müller/Berenz* § 2 EFZG Rdn. 7; *Wedde/Kunz* § 2 EFZG Rdn. 17).

Da sie gem. § 1 Abs. 2 EFZG als Arbeitnehmer gelten, gehören zum an- 22 spruchsberechtigten Personenkreis auch **Auszubildende,** d. h. Personen, denen in einem Berufsausbildungsverhältnis eine „breit angelegte berufliche Grundbildung und die für die Ausübung einer qualifizierten beruflichen Tätigkeit notwendigen Fertigkeiten und Kenntnisse in einem geordneten Ausbildungsgang" (§ 1 Abs. 2 BBiG) vermittelt werden. Ebenfalls anspruchsberechtigt sind grundsätzlich auch **Werkstudenten** (vgl. BAG AP Nr. 7 zu § 1 FeiertagsLG Berlin).

Nicht zum anspruchsberechtigten Personenkreis im Sinne § 2 EFZG 23 gehören schließlich **Heimarbeiter** (Personen, die in einer selbst gewählten Arbeitsstätte allein oder mit Familienangehörigen im Auftrag von Gewerbetreibenden erwerbsmäßig arbeiten, jedoch die Verwertung des Arbeitsergebnisses dem auftraggebenden Gewerbetreibenden überlassen, § 2 Abs. 1 HAG), **Hausgewerbetreibende** (Personen, die in einer selbstgewählten Arbeitsstätte mit nicht mehr als zwei fremden Hilfskräften oder Heimarbeitern Waren herstellen, bearbeiten oder verpacken, wobei sie selbst wesentlich mitarbeiten, jedoch die Verwertung des Arbeitsergebnisses dem unmittelbar oder mittelbar auftraggebenden Gewerbetreibenden überlassen, § 2 Abs. 2 HAG) sowie die den Heimarbeitern oder Hausgewerbetreibenden **Gleichgestellten.** Für diesen Personenkreis erfolgt die wirtschaftliche Absicherung für gesetzliche Feiertage durch das sog. Feiertagsgeld nach § 11 EFZG.

2. Arbeitsausfall infolge eines gesetzlichen Feiertages

24   Neben der Zugehörigkeit zum anspruchsberechtigten Personenkreis setzt der Anspruch auf Feiertagsentgelt gem. § 2 Abs. 1 EFZG voraus, dass ein **gesetzlicher Feiertag** (vgl. Rdn. 25 ff.) zu einem **Arbeitsausfall** führt (vgl. Rdn. 34), wobei der gesetzliche Feiertag die **alleinige Ursache** (vgl. Rdn. 35 ff.) für den Arbeitsausfall sein muss.

a) Gesetzliche Feiertage

25   Der **Begriff der Feiertages** wird weder im Entgeltfortzahlungsgesetz noch in anderen (arbeitsrechtlichen) Bestimmungen definiert; man kann ihn dahingehend umschreiben, dass es sich um einen jährlich wiederkehrenden kirchlichen oder weltlichen Gedenktag handelt, an dem nicht gearbeitet wird (so Kasseler Handbuch/*Vossen* Rdn. 530; MünchArbR/*Boewer* § 81 Rdn. 4; ähnlich *Vossen*, Entgeltfortzahlung, Rdn. 765).

26   Eine exakte Definition des Begriffs des Feiertages ist aus der Sicht der Entgeltzahlung nach § 2 EFZG auch entbehrlich, da Voraussetzung für einen Anspruch aus § 2 EFZG das Vorliegen eines **gesetzlichen** Feiertages ist; welche Feiertage als gesetzliche Feiertage anzusehen sind, ergibt sich aber eindeutig aus den Feiertagsgesetzen der einzelnen Bundesländer (vgl. oben Rdn. 2).

27   Sonstige (kirchliche) Feiertage können keine Entgeltansprüche nach § 2 EFZG auslösen (vgl. *Feichtinger/Malkmus* § 2 EFZG Rdn. 10; *Geyer/Knorr/ Krasney* § 2 EFZG Rdn. 16 f.; *Kaiser/Dunkl/Hold/Kleinsorge* § 2 EFZG Rdn. 5; *Schaub*, Arbeitsrechts-Handbuch, § 104 I 2; *Vossen*, Entgeltfortzahlung, Rdn. 765; *Wedde/Kunz* § 2 EFZG Rdn. 3), jedoch gewähren einige Landesgesetze den bekenntniszugehörigen Arbeitnehmern einen Anspruch auf unbezahlte Freistellung von der Arbeit (vgl. *Gola*, § 2 EFZG Anm. 3.1; *Kaiser/Dunkl*, § 2 EFZG Rdn. 6; *Marschner*, DB 1995, 1026, 1027).

28   Die Anknüpfung an die unterschiedlichen landesrechtlichen Regelungen über die gesetzlichen Feiertage kann zu Problemen führen, wenn der Wohnort des Arbeitnehmers, der Betrieb des Arbeitgebers und der Ort der Arbeitstätigkeit **in verschiedenen Bundesländern** liegen. Entscheidend ist in diesem Fall grundsätzlich der **Arbeitsort** und nicht der Wohnort oder der Sitz des Betriebes (*Feichtinger/Malkmus* § 2 EFZG Rdn. 13; *Geyer/Knorr/ Krasney* § 2 EFZG Rdn. 18; *Kaiser/Dunkl/Hold/Kleinsorge* § 2 EFZG Rdn. 7; Kasseler Handbuch/*Vossen* Rdn. 534; MünchArbR/*Boewer* § 81 Rdn. 5; *Staudinger/Richardi* § 611 Rdn. 685; *Vossen*, Entgeltfortzahlung, Rdn. 769; *Worzalla/Süllwald* § 2 EFZG Rdn. 10).

Beispiel: Arbeitnehmer A wohnt und arbeitet normalerweise in Bayern. Ende Oktober wird er von seinem Arbeitgeber für einige Tage zu Montagearbeiten nach Berlin entsandt, wo Allerheiligen (1. November) im Gegensatz zu Bayern nicht zu den gesetzlichen Feiertagen gehört.

II. Anspruch auf Entgeltzahlung an Feiertagen (§ 2 Abs. 1 EFZG) **§ 2 EFZG**

A kann unter diesen Voraussetzungen für den 1. November keinen An- 29
spruch aus § 2 Abs. 1 EFZG geltend machen. Dies gilt auch dann, wenn der
Arbeitnehmer aus religiösen Gründen der Arbeit fernbleiben will; ein Entgelt(fort-)zahlungsanspruch kann sich in diesem Fall allenfalls aus § 616 BGB
ergeben. Eine andere Betrachtungsweise kommt nur dann in Betracht, wenn
ein Arbeitnehmer langfristig in einem anderen Bundesland tätig ist (vgl.
Geyer/Knorr/Krasney § 2 EFZG Rdn. 18).

Ähnliches gilt für **ausländische Arbeitnehmer,** die **in Deutschland** bei 30
einem deutschen Arbeitgeber tätig sind. Die Arbeitnehmer haben Anspruch
auf Feiertagsentlohnung gem. § 2 EFZG für die landesrechtlich bestimmten
deutschen gesetzlichen Feiertage, nicht dagegen für die Feiertage ihres Heimatlandes (ErfK/*Dörner* § 2 EFZG Rdn. 15; *Geyer/Knorr/Krasney* § 2 EFZG
Rdn. 18; Kasseler Handbuch/*Vossen* Rdn. 535; MünchArbR/*Boewer* § 81
Rdn. 6; *Worzalla/Süllwald* § 2 EFZG Rdn. 9). Für diese Feiertage kann unter Umständen ein Anspruch auf Entgelt(fort-)zahlung gem. § 616 BGB bestehen (ErfK/*Dörner* § 2 EFZG Rdn. 18).

Wird ein **deutscher Arbeitnehmer** von seinem deutschen Arbeitgeber 31
ins Ausland entsandt, so besteht für die gesetzlichen Feiertage am ausländischen Arbeitsort kein Anspruch aus § 2 Abs. 1 EFZG, da § 2 EFZG nur
für deutsche gesetzliche Feiertage gilt, d. h. es kommt zu einem Arbeitsausfall, dessen wirtschaftliche Nachteile nicht den Arbeitgeber, sondern den Arbeitnehmer treffen (ebenso *Geyer/Knorr/Krasney* § 2 EFZG Rdn. 18; *Gola*
§ 2 EFZG Anm. 3.1; *Kaiser/Dunkl/Hold/Kleinsorge* § 2 EFZG Rdn. 8;
MünchArbR/*Boewer* § 81 Rdn. 6; *Vossen,* Entgeltfortzahlung, Rdn. 771;
a. A. *Wedde/Kunz* § 2 EFZG Rdn. 12, wonach maßgeblich allein die ausländischen Feiertage sind).

Will man dies vermeiden, so empfiehlt sich eine **vertragliche Regelung,** 32
die etwa besagen könnte, dass die Feiertage am Arbeitsort als Feiertage im
Sinne des § 2 EFZG gelten. Gegen eine derartige Regelung bestehen auch
im Hinblick auf § 12 EFZG keine Bedenken, da es sich um eine Modifikation handelt, die sich zugunsten des Arbeitnehmers auswirkt (ähnlich *Geyer/
Knorr/Krasney* § 2 EFZG Rdn. 18; Kasseler Handbuch/*Vossen* Rdn. 536 f.;
Müller/Berenz § 2 EFZG Rdn. 26; *Worzalla/Süllwald* § 2 EFZG Rdn. 11 mit
Bsp.).

Bei **seemännisch Beschäftigten** wird der Begriff des gesetzlichen Feier- 33
tages durch § 84 Abs. 4 SeemG dahingehend modifiziert, dass als Feiertage
innerhalb des Geltungsbereichs des Grundgesetzes die gesetzlichen Feiertage
des Liegeortes gelten, während außerhalb des Geltungsbereichs des Grundgesetzes und auf See die Feiertage des Registrierhafens als gesetzliche Feiertage gelten (*Geyer/Knorr/Krasney* § 2 EFZG Rdn. 19; *Vossen,* Entgeltfortzahlung, Rdn. 766).

b) Arbeitsausfall

Neben einem gesetzlichen Feiertag setzt der Anspruch aus § 2 EFZG vo- 34
raus, dass es zu einem **Arbeitsausfall** kommt. Wird an dem gesetzlichen Feiertag gearbeitet, so besteht ein Anspruch auf Arbeitsentgelt und nicht etwa
(zusätzlich) ein Anspruch auf Feiertagsentgelt (BAG AP Nr. 17 zu § 1 Feier-

tagsLG; Kasseler Handbuch/*Vossen* Rdn. 538; MüKo/*Schaub* § 612 Rdn. 225; *Vossen,* Entgeltfortzahlung, Rdn. 773; *Worzalla/Süllwald* § 2 EFZG Rdn. 7). Dies gilt unabhängig davon, ob die Arbeit während des Feiertages zulässig oder unzulässig war.

c) Kausalität

aa) Allgemeines

35 Neben dem Vorliegen eines feiertagsbedingten Arbeitsausfalls setzt der Feiertagsentgeltanspruch voraus, dass der Feiertag die **alleinige Ursache** des Arbeitsausfalls ist (vgl. BAG AP Nr. 3, 5 und 8 zu § 2 EFZG; *Feichtinger/Malkmus* § 2 EFZG Rdn. 25; *Kaiser/Dunkl/Hold/Kleinsorge* § 2 EFZG Rdn. 11; Kasseler Handbuch/*Vossen* Rdn. 539; MüKo/*Schaub* § 612 Rdn. 223; *Schaub,* Arbeitsrechts-Handbuch, § 104 I 1; *Staudinger/Richardi* § 611 Rdn. 687; *Wedde/Kunz* § 2 EFZG Rdn. 21; *Worzalla/Süllwald* § 2 EFZG Rdn. 13).

36 Da der Feiertag die alleinige Ursache des Arbeitsausfalls sein muss, besteht grundsätzlich kein Feiertagsentgeltanspruch, wenn der Betroffene ohne den gesetzlichen Feiertag aus anderen Gründen nicht gearbeitet hätte und kein Entgelt erhalten hätte (vgl. BAG AP Nr. 5, 8 zu § 2 EFZG für den Fall der flexiblen Arbeitszeitgestaltung; *Geyer/Knorr/Krasney* § 2 EFZG Rdn. 23; MünchArbR/*Boewer* § 81 Rdn. 10). Von Bedeutung ist das Erfordernis eines „monokausalen Zusammenhangs" (MünchArbR/*Boewer* § 81 Rdn. 7 unter Hinweis auf BAG AP Nr. 14, 62 zu § 1 FeiertagsLG) u.a. für Fälle, in denen der gesetzliche Feiertag zusammentrifft mit einem Arbeitskampf, einer Erkrankung, einer Kurzarbeitsperiode usw.

bb) Einzelfälle

(1) Arbeitskämpfe

37 Steht der gesetzliche Feiertag in zeitlichem Zusammenhang mit einem **Arbeitskampf,** ist der Feiertagsentgeltanspruch zunächst davon abhängig, ob der Arbeitnehmer, der den Anspruch geltend macht, zu den Arbeitnehmern gehört, deren Arbeit infolge des Arbeitskampfes ausfällt.

38 Streiken **alle Arbeitnehmer** eines Betriebes oder werden alle Arbeitnehmer ausgesperrt, so besteht **kein Anspruch** auf Feiertagsentgelt, wenn der Arbeitskampf den gesetzlichen Feiertag „**umfasst**" (vgl. BAG AP Nr. 56 zu § 1 FeiertagsLG; MünchArbR/*Boewer* § 81 Rdn. 18; *Vossen,* Entgeltfortzahlung, Rdn. 776; *Wedde/Kunz* § 2 EFZG Rdn. 41). Dabei kommt es nicht darauf an, ob der Arbeitnehmer den Arbeitskampf befürwortet oder unterstützt hat, entscheidend ist vielmehr, dass es zu einer **Stillegung des Betriebes** kommt.

39 **Endet der Streik unmittelbar vor einem Feiertag** und wird die **Arbeit im Anschluss an den Feiertag wieder aufgenommen,** besteht Anspruch auf Feiertagsbezahlung nur, wenn die Beendigung des Streiks dem Arbeitgeber von der streikführenden Gewerkschaft oder von den streikbeteiligten Arbeitnehmern rechtzeitig mitgeteilt worden war. Eine öffentliche Verlautbarung über die Medien kann eine unmittelbare Mitteilung nur ersetzen, wenn sie vor dem Feiertag zur Kenntnis des betroffenen Arbeitgebers

II. Anspruch auf Entgeltzahlung an Feiertagen (§ 2 Abs. 1 EFZG) **§ 2 EFZG**

gelangt und diesen hinreichend genau über das Streikende informiert (BAG AP Nr. 146 zu Art. 9 GG Arbeitskampf) Darüber hinaus ist ein entsprechender Beschluss der Gewerkschaft erforderlich (BAG AP Nr. 68 zu § 1 FeiertagsLG = SAE 1996, 90 mit Anm. *Walker; Geyer/Knorr/Krasney* § 2 EFZG Rdn. 24; *Kaiser/Dunkl/Hold/Kleinsorge* § 2 EFZG Rdn. 20).

Anders ist die Situation dagegen zu beurteilen, wenn der Arbeitgeber **die** 40 **Arbeitswilligen weiter beschäftigt** (hat).

Ein Arbeitnehmer, der bis zu dem gesetzlichen Feiertag zu den **weiter-** 41 **beschäftigten Arbeitswilligen** gehörte, hat unter diesen Voraussetzungen einen Anspruch auf Feiertagsentlohnung (*Färber/Klischan*, FeiertagsLG, Rdn. 72 f.).

Hat ein Arbeitnehmer sich dagegen **bis zu dem Feiertag an dem** 42 **Streik beteiligt** und erklärt er unmittelbar vor dem Feiertag, er beende seine Teilnahme an dem Arbeitskampf, so ist danach zu differenzieren, ob er nach dem Feiertag die Arbeit tatsächlich wieder aufnimmt:

Nimmt der Arbeitnehmer **nach dem Feiertag die Arbeit wieder auf,** 43 so besteht ein Anspruch auf Feiertagsentgelt, denn der Arbeitnehmer hat grundsätzlich die Möglichkeit, seine Beteiligung an dem Arbeitskampf jederzeit – auch unmittelbar vor einem Feiertag – zu beenden (vgl. BAG AP Nr. 63 zu § 1 FeiertagsLG = SAE 1994, 301 mit Anm. *Richardi; MünchArbR/ Boewer* § 81 Rdn. 18; *Seiter,* Streikrecht und Aussperrungsrecht, S. 301).

Erklärt der Arbeitnehmer dagegen unmittelbar nach dem Feiertag, er 44 **streike erneut** oder bleibt er der Arbeit tatsächlich fern, so ist die Erklärung, er beende seine Streikteilnahme, arbeitskampfrechtlich bedeutungslos. Die Suspendierung der Hauptpflicht bleibt bestehen mit der Folge, dass kein Anspruch auf Feiertagsentgelt besteht (vgl. BAG AP Nr. 68 zu § 1 FeiertagsLG = SAE 1996, 90 mit Anm. *Walker*).

Nichts anderes gilt im Ergebnis für den Fall, dass eine **Gewerkschaft** 45 **Arbeitskampf mit Rücksicht auf den Feiertag aussetzt,** damit die Arbeitnehmer Ansprüche auf Feiertagsentgelt geltend machen können. Soweit die Aussetzung eines Streiks lediglich für Tage erklärt wird, an denen ohnehin keine Arbeitspflicht besteht, liegt keine Streikunterbrechung vor und es entsteht auch kein Anspruch auf Zahlung von Feiertagsentgelt. Die Erklärung, deren Sinn sich darin erschöpft, dass objektiv unveränderte Streikgeschehen anders zu benennen, um vertragsrechtliche Folgen herbeizuführen, ist arbeitskampfrechtlich bedeutungslos und lässt die Suspendierung der Arbeitsverhältnisse bestehen (BAG AP Nr. 68 zu § 1 FeiertagsLG = SAE 1996, 90 mit Anm. *Walker).*

Nicht zu beanstanden ist es dagegen, wenn ein **Arbeitskampf unmittel-** 46 **bar nach einem gesetzlichen Feiertag beginnt;** die Arbeitnehmer erlangen unter diesen Voraussetzungen einen Anspruch auf Feiertagsentgelt (vgl. BAG AP Nr. 56 und 63 zu § 1 FeiertagsLG; *MünchArbR/Boewer* § 81 Rdn. 18).

(2) Freischichtenmodell

Trifft in einem Freischichtenmodell ein sog. **Ausgleichstag mit einem** 47 **gesetzlichen Feiertag zusammen,** so entfällt grundsätzlich der Feiertagsentgeltanspruch insgesamt, weil der gesetzliche Feiertag nicht die einzige

EFZG § 2   Entgeltzahlung an Feiertagen

Ursache für den Arbeitsausfall darstellt (vgl. ErfK/*Dörner* § 2 EFZG Rdn. 22f.; *Kaiser/Dunkl/Hold/Kleinsorge* § 2 EFZG Rdn. 27; Kasseler Handbuch/*Vossen* Rdn. 539; *Schaub,* Arbeitsrechts-Handbuch, § 104 I 16). Dies gilt auch dann, wenn ein Arbeitnehmer nach einem **rollierenden System** wöchentlich oder in einem bestimmten vorher feststehenden Abstand einen freien Tag hat und dieser freie Tag mit einem gesetzlichen Feiertag zusammentrifft (vgl. *Färber/Klischan,* FeiertagsLG, Rdn. 64) oder wenn die Arbeit aufgrund einer **Betriebsvereinbarung** entfällt, wonach im wöchentlichen Wechsel jeweils von Montag bis Freitag oder von Montag bis Donnerstag gearbeitet wird (BAG AP Nr. 5 zu § 2 EFZG).

48 Der Anspruch auf Entgeltfortzahlung ist allerdings nur dann ausgeschlossen, wenn die dienstplanmäßige Freistellung des Arbeitnehmers sich aus einem **Schema** ergibt, das **von der Feiertagsruhe an bestimmten Tage unabhängig** ist (BAG AP Nr. 41 zu § 1 FeiertagsLG; BAG AP Nr. 3 zu § 2 EFZG; zu den Problemen, die Freischichtenmodelle bei der **Berechnung** des Feiertagsentgelts aufwerfen vgl. BAG AP Nr. 52 und 53 zu § 1 FeiertagsLG; *Brunz,* NZA 1986, Beil. 2, S. 3; *v. Pappenheim,* DB 1986, 2599; vgl. auch unten Rdn. 69ff.).

(3) Krankheit

49 Liegt ein gesetzlicher Feiertag in einer Zeit **krankheitsbedingter Arbeitsunfähigkeit,** so besteht nach dem Grundsatz, dass der gesetzliche Feiertag die einzige Ursache für den Arbeitsausfall sein muss, kein Anspruch auf Feiertagsentlohnung. Ein Anspruch auf Entgeltfortzahlung im Krankheitsfall gem. § 3 EFZG bestünde jedoch ebenfalls nicht, da dieser Anspruch wiederum voraussetzt, dass die krankheitsbedingte Arbeitsunfähigkeit die einzige Ursache für den Arbeitsausfall darstellt (vgl. § 3 EFZG Rdn. 78ff.). Will man verhindern, dass der Arbeitnehmer für den gesetzlichen Feiertag, der in die Zeit seiner Erkrankung fällt, keinerlei Entgelt(fort-)zahlungsanspruch gegen seinen Arbeitgeber geltend machen kann, so bedarf es demgemäß einer Entscheidung darüber, welche Entgelt(fort-)zahlungsregelungen Anwendung finden, wenn ein Arbeitnehmer an einem gesetzlichen Feiertag arbeitsunfähig erkrankt ist.

50 § 4 Abs. 2 EFZG löst den Konflikt zugunsten des „Feiertagsrechts", indem bestimmt wird, dass in Fällen, in denen der Arbeitgeber für Arbeitszeit, die gleichzeitig infolge einer Erkrankung und eines gesetzlichen Feiertages ausgefallen ist, zur Entgeltfortzahlung nach § 3 EFZG verpflichtet ist, sich die Höhe des fortzuzahlenden Arbeitsentgelts für diesen Feiertag nach § 2 EFZG bestimmt. Das Problem der Konkurrenz wird damit abschließend geregelt (vgl. BAG AP Nr. 62 zu § 1 FeiertagsLG; *Geyer/Knorr/Krasney* § 2 EFZG Rdn. 30; MünchArbR/*Boewer* § 81 Rdn. 14; anders noch BAG AP Nr. 35 zu § 1 FeiertagsLG).

(4) Kurzarbeit

51 Geht man von dem Grundsatz aus, dass der gesetzliche Feiertag die einzige Ursache für den Arbeitsausfall sein muss, um einen Anspruch auf Feiertagsentlohnung nach § 2 EFZG auszulösen, so bestünde kein Anspruch, wenn der **gesetzliche Feiertag in eine Kurzarbeitsperiode fällt;** der Einkom-

II. Anspruch auf Entgeltzahlung an Feiertagen (§ 2 Abs. 1 EFZG) § 2 EFZG

mensausfall der betroffenen Arbeitnehmer wäre sodann durch die Zahlung von Kurzarbeitergeld zu kompensieren.

Diese Rechtslage bestand tatsächlich bis zum Inkrafttreten des Haushaltsstrukturgesetzes vom 18. Dezember 1975 (BGBl. I S. 3091), was die Praxis teilweise dazu veranlasste, gesetzliche Feiertage möglichst in Kurzarbeitsperioden einzubeziehen. Dies wurde weitgehend unmöglich gemacht durch die Einfügung des dem heutigen § 2 Abs. 2 EFZG entsprechenden § 1 Abs. 1 S. 2 FeiertagsLG; nunmehr **gilt Arbeitszeit,** die an einem gesetzlichen Feiertag gleichzeitig infolge von Kurzarbeit ausfällt, **als infolge des Feiertags ausgefallen** (vgl. *Vossen,* Entgeltfortzahlung, Rdn. 785; *Worzalla/Süllwald* § 2 EFZG Rdn. 24). 52

(5) Urlaub

Hinsichtlich des Zusammentreffens von gesetzlichen Feiertagen mit dem Urlaub des Arbeitnehmers ist zunächst zu unterscheiden zwischen dem (bezahlten) Erholungsurlaub und dem (unbezahlten) Sonderurlaub. 53

Fällt ein gesetzlicher Feiertag in die Zeit des **bezahlten Erholungsurlaubs** und **wird an diesem Tag im Betrieb** wegen des gesetzlichen Feiertages tatsächlich **nicht gearbeitet,** so wird die Konkurrenzsituation (a. A. ErfK/*Dörner* § 2 EFZG Rdn. 18) dadurch aufgelöst, dass derartige Feiertage gem. § 3 Abs. 2 BUrlG nicht auf den Urlaub angerechnet werden dürfen. Es handelt sich gewissermaßen nicht um einen Urlaubstag, mit der weiteren Folge, dass ein Anspruch auf Feiertagsentlohnung nach § 2 EFZG besteht (*Vossen,* Entgeltfortzahlung, Rdn. 781; Wedde/Kunz § 2 EFZG Rdn. 32). 54

Eine praktisch wenig befriedigende Konsequenz hieraus ist, dass das Entgelt für den gesetzlichen Feiertag unter Umständen nach anderen Regeln zu bemessen ist als das Urlaubsentgelt, denn für die Bemessung des Feiertagsentgelts gilt das Entgeltausfallprinzip während das Urlaubsentgelt grundsätzlich nach der Referenzmethode zu berechnen ist (vgl. BAG AP Nr. 15 und 58 zu § 1 FeiertagsLG; *Dersch/Neumann,* BUrlG, § 3 Rdn. 27). Eine Folge der unterschiedlichen Berechnungsmethoden ist etwa, dass regelmäßig geleistete Überstunden zwar nicht bei der Bemessung des Urlaubsentgelts, wohl aber beim Feiertagsentgelt zu berücksichtigen sind (*Kaiser/Dunkl/Hold/Kleinsorge* § 2 EFZG Rdn. 15). 55

Anders zu beurteilen ist die Situation dagegen, wenn in die Zeit des **bezahlten Erholungslaubs** zwar ein gesetzlicher Feiertag fällt, der Arbeitnehmer aber **ohne den Erholungsurlaub dennoch gearbeitet** hätte. In diesem Fall unterbleibt die Arbeit nicht (auch) wegen des gesetzlichen Feiertages, sondern ausschließlich wegen des bezahlten Erholungsurlaubs; damit besteht kein Anspruch auf Feiertagsentlohnung nach § 2 EFZG, sondern nur ein Anspruch auf Zahlung von Urlaubsentgelt, d.h. die „gespaltene" Berechnung kann unterbleiben (vgl. BAG AP Nr. 94 zu § 611 BGB Urlaubsrecht; *Wedde/Kunz* § 2 EFZG Rdn. 32; a.A. *Dersch/Neumann,* BUrlG, § 3 Rdn. 27). § 3 Abs. 2 BUrlG, wonach gesetzliche Feiertage keine Urlaubstage sind, steht dieser Lösung nicht entgegen, weil die Regelung nur der Berechnung der Urlaubstage bzw. der Urlaubsdauer dient (vgl. BAG AP Nr. 58 zu § 1 FeiertagsLG; *Gola* § 2 EFZG Anm. 3.3.3; MünchArbR/*Boewer* § 81 Rdn. 11; *Staudinger/Richardi* § 611 Rdn. 668). 56

EFZG § 2   Entgeltzahlung an Feiertagen

57 Weder Entgelt noch Feiertagsentgelt erhält ein Arbeitnehmer schließlich für gesetzliche Feiertage, die in einen unbezahlten **Sonderurlaub** fallen (vgl. BAG AP Nr. 14 zu § 1 FeiertagsLG; ErfK/*Dörner* § 2 EFZG Rdn. 20; *Kaiser/Dunkl/Hold/Kleinsorge* § 2 EFZG Rdn. 17; *Wedde/Kunz* § 2 EFZG Rdn. 33), sofern der Sonderurlaub nicht ausnahmsweise auf Veranlassung des Arbeitgebers genommen worden ist (*Gola* § 2 EFZG Anm. 3.3.3; *Kaiser/ Dunkl/Hold/Kleinsorge* § 2 EFZG Rdn. 18; Kasseler Handbuch/*Vossen* Rdn. 545; *Vossen,* Entgeltfortzahlung, Rdn. 787).

58 **Beginnt oder endet** der vereinbarte unbezahlte **Sonderurlaub** allerdings **mit einem Feiertag,** so soll davon auszugehen sein, dass der Arbeitnehmer den gesetzlichen Feiertag nicht als unbezahlten Urlaubstag nehmen wollte (vgl. BAG AP Nr. 30 zu § 1 FeiertagsLG; *Worzalla/Süllwald* § 2 EFZG Rdn. 30). Dies lässt sich jedoch nicht verallgemeinern, sondern eine Entscheidung ist nur unter Berücksichtigung aller Umstände des jeweiligen Einzelfalls möglich. Wird z. B. Sonderurlaub vereinbart, der mit einem immer auf dasselbe Datum beginnenden Feiertag beginnt (Sonderurlaub ab 1. Januar oder ab 1. Mai), so wird man wohl eher zu dem Ergebnis gelangen müssen, dass der gesetzliche Feiertag Teil des unbezahlten Sonderurlaubs sein sollte und demgemäß kein Anspruch auf Feiertagsentlohnung besteht (*Gola* § 2 EFZG Anm. 3.3.3).

(6) Witterungsbedingter Arbeitsausfall (Verkehrsstörungen)

59 Beim Zusammentreffen eines gesetzlichen Feiertages mit einem **witterungsbedingten Arbeitsausfall** kommt es darauf an, ob der Arbeitnehmer ohne den gesetzlichen Feiertag einen Anspruch auf Entgeltzahlung gehabt hätte.

Beispiel: Aufgrund außergewöhnlich starker Schneefälle und Glatteis kann der Arbeitnehmer den Betrieb vom 28. Dezember bis 2. Januar nicht erreichen.

60 Bei derartigen objektiven, nicht in der Person des Arbeitnehmers begründeten Leistungshindernissen besteht in der Regel kein Anspruch auf Entgeltfortzahlung nach § 616 BGB. Unter diesen Voraussetzungen besteht dann auch kein Anspruch auf Feiertagsentgelt für den 1. Januar (vgl. ErfK/ *Dörner* § 2 EFZG Rdn. 30; *Worzalla/Süllwald* § 2 EFZG Rdn. 31). Zu bejahen wäre ein Anspruch aus § 2 EFZG dagegen, wenn die Verkehrsstörung bereits am 31. Dezember endet oder erst am 2. Januar auftritt (zustimmend *Vossen,* Entgeltfortzahlung, Rdn. 788).

61 Nicht anders zu beurteilen sind grundsätzlich (andere) witterungsbedingte Betriebsstörungen. Es ist die Frage zu stellen, ob der Arbeitgeber nach den allgemeinen Regeln des Leistungsstörungsrechts ohne den gesetzlichen Feiertag zur Entgelt(fort-)zahlung verpflichtet wäre. Um dies festzustellen, bedarf es der Prüfung, ob der Arbeitgeber früher bei vergleichbar ungünstiger Witterung die Arbeit hat ausfallen lassen müssen bzw. ein verständiger Arbeitgeber so entschieden hätte (*Vossen,* Entgeltfortzahlung, Rdn. 789). Steht den Arbeitnehmern danach ein Anspruch auf Zahlung des Arbeitsentgelts zu, haben sie auch Anspruch auf Feiertagsentlohnung, besteht dagegen kein Entgeltanspruch, entfällt auch der Anspruch aus § 2 EFZG (Kasseler Handbuch/*Vossen* Rdn. 546 f.).

II. Anspruch auf Entgeltzahlung an Feiertagen (§ 2 Abs. 1 EFZG) § 2 EFZG

Zu beachten ist allerdings, dass dieses Problem für die Bauwirtschaft, die in 62
erster Linie von witterungsbedingten Arbeitsausfällen betroffen ist, tarifvertraglich geregelt ist.

3. Anspruch auf Arbeitsentgelt

§ 2 Abs. 1 EFZG erhält dem Arbeitnehmer für den gesetzlichen Feiertag 63
„**das Arbeitsentgelt, das er ohne den Arbeitsausfall erhalten hätte**".
Dies bedeutet, dass sich die Höhe der Feiertagsentlohnung nach dem sog.
Entgeltausfallprinzip bestimmt, d.h. der Arbeitnehmer ist fiktiv so zu stellen, als hätte er gearbeitet (vgl. BAG AP Nr. 62 zu § 1 FeiertagsLG; *Geyer/Knorr/Krasney* § 2 EFZG Rdn. 41; *Kaiser/Dunkl/Hold/Kleinsorge* § 2 EFZG Rdn. 29; Kasseler Handbuch/*Vossen* Rdn. 564; MüKo/*Schaub* § 612 Rdn. 227; MünchArbR/*Boewer* § 81 Rdn. 21; *Schaub*, Arbeitsrechts-Handbuch, § 104 I 1; *Staudinger/Richardi* § 611 Rdn. 691; *Worzalla/Süllwald* § 2 EFZG Rdn. 32).

Es ist grundsätzlich das Arbeitsentgelt zu ermitteln und zu zahlen, das ohne 64
den gesetzlichen Feiertag an den Arbeitnehmer zu zahlen gewesen wäre.
Diese „Ermittlung" umfasst genau genommen zwei Fragen: Ist überhaupt
und ggf. in welchem Umfang infolge des gesetzlichen Feiertages Arbeitszeit
ausgefallen, und was hätte der Arbeitnehmer – einschließlich Zulagen aller
Art, aber ohne Leistungen mit Aufwendungsersatzcharakter – während der
ausgefallenen Arbeitszeit verdient?

a) Ausgefallene Arbeitszeit

Dem Arbeitnehmer ist das Entgelt zu zahlen, das ihm für seine **individu-** 65
elle Arbeitszeit an dem gesetzlichen Feiertag gezahlt worden wäre. Als Arbeitszeit ist dabei die für die Arbeit vorgesehene oder festgelegte Zeitspanne
zu verstehen, während man unter Arbeit jede Tätigkeit versteht, die der Befriedigung eines fremden Bedürfnisses dient (BAG AP Nr. 20 zu § 611 BGB;
AP Nr. 7 zu § 2 EFZG). Probleme können insoweit u.a. die Behandlung
von Überstunden, Freischichten, Teilzeitarbeitsverhältnissen (mit kapazitätsorientierter variabler Arbeitszeit) und von Schichten, die nur teilweise in den
gesetzlichen Feiertag fallen, bereiten.

aa) Überstunden

Wären ohne den gesetzlichen Feiertag Überstunden geleistet worden, so 66
sind diese bei der Bemessung der Feiertagsentlohnung zu berücksichtigen
(vgl. BAG AP Nr. 12, 47 zu § 1 FeiertagsLG).
Die Tatsache, dass **in der Vergangenheit regelmäßig** Überstunden 67
geleistet worden sind, hat insoweit zwar eine starke Indizwirkung (BAG AP
Nr. 16 zu § 1 FeiertagsLG; ErfK/*Dörner* § 2 EFZG Rdn. 34; *Helml* § 2
EFZG Rdn. 7), im Einzelfall kann jedoch eine andere Betrachtungsweise
angezeigt sein. Muss z.B. ein größerer Auftrag termingerecht bis zum
30. April fertiggestellt werden und werden zu diesem Zweck Überstunden
geleistet, so sind bei der Bemessung der Feiertagsentlohnung für den 1. Mai
keine Überstunden zu berücksichtigen, wenn der Auftrag tatsächlich bis zum
30. April abgeschlossen worden ist. Werden dagegen vor **und** nach dem ge-

setzlichen Feiertag Überstunden geleistet, so wird man in aller Regel davon ausgehen können, dass auch an dem durch den gesetzlichen Feiertag ausgefallenen Arbeitstag Überstunden geleistet worden wären (*Staudinger/Richardi* § 611 Rdn. 692; vgl. auch *Klischan,* DB 1987, 331; *Wedde/Kunz* § 2 EFZG Rdn. 63).

68 Nicht als Überstunden anzusehen sind zusätzliche Arbeitsstunden, die vor und/oder nach dem gesetzlichen Feiertag geleistet werden, um den Arbeitsausfall durch Vor- oder Nacharbeit auszugleichen; für die Berechnung der Feiertagsentlohnung sind in diesem Fall vorbehaltlich abweichender Vereinbarungen die normalen Arbeitsstunden zugrunde zu legen (vgl. BAG AP Nr. 12, 39 zu § 1 FeiertagsLG; ErfK/*Dörner* § 2 EFZG Rdn. 35; MünchArbR/*Boewer* § 81 Rdn. 21).

bb) Freischichten

69 Ein besonderes Problem, das die Gerichte wiederholt beschäftigt hat, bildet die Behandlung von Freischichten, die den Arbeitnehmern gewährt werden, um die Unterschiede zwischen der individuellen Arbeitszeit der Arbeitnehmer und den Betriebsnutzungszeiten auszugleichen.

Beispiel: Die Betriebsnutzungszeit beträgt wöchentlich $5 \times 8 = 40$ Stunden, die tarifvertraglich oder individualvertraglich vereinbarte regelmäßige Arbeitszeit der Arbeitnehmer beträgt 38 Stunden pro Woche. Um Schwierigkeiten in der betrieblichen Praxis zu vermeiden, arbeiten die Arbeitnehmer trotz der Arbeitszeit von 38 Stunden pro Woche nicht 7,6 Stunden pro Arbeitstag, sondern weiterhin 8 Stunden; zum Ausgleich wird ihnen innerhalb eines bestimmten Ausgleichszeitraums jeweils ein freier Tag gewährt.

70 Für die Entgeltzahlung kommt es – vorbehaltlich abweichender (tarif-)vertraglicher Regelungen – in diesen Fällen darauf an, ob für den Tag des gesetzlichen Feiertages ein Arbeitstag oder eine unbezahlte Freischicht vorgesehen war. War für den gesetzlichen Feiertag nach einem **von dem Feiertag unabhängigen Schema** (vgl. BAG AP Nr. 69 zu § 1 FeiertagsLG) ein **Arbeitstag vorgesehen,** so hat der Arbeitnehmer einen **Anspruch auf Feiertagsentlohnung,** die auf der Basis von 8 Stunden und nicht von 7,6 Stunden zu berechnen ist (BAG AP Nr. 52 und 53 zu § 1 FeiertagsLG; *Helml* § 2 EFZG Rdn. 30; *Kaiser/Dunkl/Hold/Kleinsorge* § 2 EFZG Rdn. 27; a. A. *Buchner,* BB 1988, 1245; *Klischan,* DB 1987, 331; *v. Pappenheim,* DB 1986, 2599).

71 War dagegen eine **Freischicht vorgesehen,** so besteht **kein Anspruch auf Entgeltzahlung** (*Staudinger/Richardi* § 611 Rdn. 693). Dies ergibt sich schon aus dem Erfordernis einer monokausalen Verknüpfung zwischen dem Arbeitsausfall und dem gesetzlichen Feiertag (vgl. oben Rdn. 24 ff.); diese Voraussetzung ist nicht erfüllt, wenn für den gesetzlichen Feiertag (auch) eine Freischicht vorgesehen war (zur Entgeltfortzahlung im Krankheitsfall im Freischichtmodell vgl. § 4 EFZG Rdn. 36 ff.).

72 Für Arbeitnehmer, die in einem **rollierenden System** arbeiten, gelten die vorstehenden Überlegungen entsprechend.

cc) Teilzeitarbeitsverhältnisse

73 Bei Teilzeitarbeitsverhältnissen mit **ungleichmäßiger Verteilung der Arbeitszeit auf die Wochentage** gilt bezüglich der ausgefallenen Arbeitszeit

II. Anspruch auf Entgeltzahlung an Feiertagen (§ 2 Abs. 1 EFZG) § 2 EFZG

nichts anderes als für Arbeitnehmer mit Freischichten bzw. im rollierenden System (*Gola* § 2 EFZG Anm. 3.3.6).

Beispiel: Der Arbeitnehmer arbeitet Montag bis Mittwoch acht Stunden und von Donnerstag bis Samstag nicht.

Fällt der gesetzliche Feiertag im vorstehenden Beispiel auf einen Montag, **74** so besteht ein Anspruch auf Feiertagsentgelt, wobei bei der Berechnung eine Arbeitszeit von acht Stunden zugrunde zu legen ist; fällt der gesetzliche Feiertag auf einen Donnerstag, kommt es nicht zu einem feiertagsbedingten Arbeitsausfall, so dass auch kein Anspruch auf Feiertagsentlohnung besteht.

Die vorstehenden Grundsätze gelten auch dann, wenn die infolge des ge- **75** setzlichen Feiertages ausgefallene Arbeitszeit nach dem Arbeitsvertrag an einem anderen Tag „nachgearbeitet" werden muss. Hat z. B. ein teilzeitbeschäftigter Arbeitnehmer nach seinem Arbeitsvertrag regelmäßig am „langen Samstag" zu arbeiten und fällt ein langer Samstag auf einen gesetzlichen Feiertag, besteht auch dann ein Anspruch auf Feiertagslohn für den gesetzlichen Feiertag, wenn der Arbeitnehmer an dem darauf folgenden langen Samstag arbeiten muss (BAG AP Nr. 69 zu § 1 FeiertagsLG).

Teilen sich zwei Arbeitnehmer einen Arbeitsplatz in der Weise, dass **76** Arbeitnehmer A montags und dienstags jeweils acht Stunden und mittwochs in der ersten Tageshälfte, Arbeitnehmer B dagegen mittwochs in der zweiten Tageshälfte und donnerstags und freitags jeweils acht Stunden arbeitet, so gilt folgendes: Fällt der gesetzliche Feiertag auf einen Montag (oder Freitag), so hat nur Arbeitnehmer A (oder Arbeitnehmer B) einen Anspruch auf Feiertagsentlohnung auf der Basis eines Arbeitsausfalls bzw. einer Arbeitszeit von acht Stunden. Fällt der gesetzliche Feiertag auf einen Mittwoch, so haben beide Arbeitnehmer einen Anspruch auf Feiertagsentlohnung entsprechend ihrem Arbeitsentgelt für vier Stunden Arbeitszeit (ErfK/*Dörner* § 2 EFZG Rdn. 36).

Besondere Probleme wirft die Entgeltfortzahlung für gesetzliche Feiertage **77** auf, wenn Arbeitgeber und Arbeitnehmer sog. **kapazitätsorientierte variable Arbeitszeit** vereinbart haben (vgl. § 12 TzBfG). Da der Arbeitgeber den Arbeitnehmer nicht für gesetzliche Feiertage, an denen der Betrieb nicht arbeitet, anfordern wird, kommt es nicht zu einem feiertagsbedingten Arbeitsausfall mit der weiteren Folge, dass ein Arbeitnehmer mit kapazitätsorientierter variabler Arbeitszeit streng genommen kaum in den Genuss von Feiertagsentlohnung kommen kann(zu der bis zu einem gewissen Grade vergleichbaren Problematik bei der Entgeltfortzahlung im Krankheitsfall vgl. § 4 EFZG Rdn. 40 ff.).

Um dieses Ergebnis, das man zweifellos als unbefriedigend empfinden **78** kann zu vermeiden, hat das BAG folgende Lösung entwickelt: Leistet ein Arbeitnehmer **Arbeit auf Abruf** nach § 12 TzBfG ist entsprechend den allgemeinen Regeln ebenfalls die Frage zu stellen, ob er ohne den gesetzlichen Feiertag gearbeitet hätte. Der Arbeitnehmer hat dazu die tatsächlichem Umstände darzulegen, aus denen sich ergibt, dass die Arbeit allein wegen des Feiertags ausgefallen ist. Der Arbeitgeber hat sich hierzu konkret zu erklären (§ 138 ZPO) und Umstände dafür vorzutragen, dass der Feiertag für den Arbeitsausfall nicht ursächlich war. Sind keine objektiven Gründe für den Arbeitsausfall erkennbar, außer das an einem Feiertag nicht gearbeitet werden darf, ist normalerweise davon auszugehen, dass die Arbeit wegen des Feiertags ausgefallen ist und ein Anspruch auf Feiertagsentlohnung zu bejahen (so BAG AP Nr. 8 zu § 2 EFZG).

79 Diese Lösung erscheint sachgerecht, sofern man keine zu hohen bzw. falsche Anforderungen an die vom Arbeitgeber vorzutragenden Gründe stellt. Wenn – wie im vom BAG entschiedenen Fall – die Arbeit grundsätzlich an jedem beliebigen Wochentag erledigt werden kann und der Arbeitgeber den Arbeitnehmer in einer Woche mit einem gesetzlichen Feiertag anders anfordert als üblich, so könnte man dies auch als rechtsmissbräuchlich bezeichnen. Eine andere Beurteilung sollte dagegen z.B. Platz greifen bei einer Aushilfskraft mit kapazitätsorientierter variabler Arbeitszeit im Einzelhandel. Wenn der Arbeitgeber den Betroffenen entgegen den normalen Gepflogenheiten ausnahmsweise am Freitag anfordert, wenn der Samstag ein gesetzlicher Feiertag ist, wird es sich dabei normalerweise um eine (sachgerechte) Reaktion auf das entsprechend veränderte Verhalten der Kunden handeln, die angesichts des Feiertages den Betrieb bereits am Freitag verstärkt aufsuchen (wohl im Ergebnis ebenso *Kaiser/Dunkl/Hold/Kleinsorge* § 2 EFZG Rdn. 26; a.A. ErfK/*Dörner* § 2 EFZG Rdn. 37).

dd) Dreischichtbetrieb

80 Arbeitet ein Betrieb in drei Schichten, so werden typischerweise zwei Schichten von einem gesetzlichen Feiertag in der Weise betroffen sein, dass sie **teilweise** in den gesetzlichen Feiertag fallen.

Beispiel: Die Frühschicht dauert von 6 bis 14 Uhr, die Mittagsschicht von 14 bis 22 Uhr und die Nachtschicht von 22 bis 6 Uhr. Die vor dem gesetzlichen Feiertag um 22 Uhr beginnende Nachtschicht ragt in diesem Beispiel sechs Stunden in den Feiertag hinein, die darauffolgende Nachtschicht erfasst die letzten beiden Stunden des gesetzlichen Feiertages.

81 In derartigen Fällen ermöglicht es § 9 Abs. 2 ArbZG, den Beginn oder das Ende der Feiertagsruhe **um bis zu sechs Stunden vor- oder zurückzuverlegen,** wenn für die auf den Beginn der Ruhezeit folgenden 24 Stunden der Betrieb ruht. Damit bestehen zwei Gestaltungsmöglichkeiten: Entweder die Arbeit endet am Tag vor dem gesetzlichen Feiertag um 22 Uhr und beginnt bereits wieder am Feiertag um 22 Uhr, oder es wird am Feiertag bis 6 Uhr gearbeitet, und die Arbeit ruht sodann bis zum Morgen (6 Uhr) des darauffolgenden Arbeitstages.

82 Im ersten Fall ist die am vorherigen Werktag um 22 Uhr beginnende (ausfallende) Schicht nach § 2 EFZG zu entlohnen, während die am Feiertag beginnende Schicht nicht in den Anwendungsbereich des Entgeltfortzahlungsgesetzes fällt; im zweiten Fall ist Entgeltzahlung nach § 2 EFZG zu leisten für die am gesetzlichen Feiertag um 22 Uhr beginnende (ausfallende) Schicht, auch wenn diese überwiegend auf den folgenden (Werk-)Tag fällt (vgl. BAG AP Nr. 13, 25 zu § 1 FeiertagsLG; *Kaiser/Dunkl/Hold/Kleinsorge* § 2 EFZG Rdn. 25; MüKo/*Schaub* § 612 Rdn. 228; MünchArbR/*Boecker* § 81 Rdn. 15; *Schaub,* Arbeitsrechts-Handbuch, § 104 III 2 a).

II. Anspruch auf Entgeltzahlung an Feiertagen (§ 2 Abs. 1 EFZG) § 2 EFZG

b) Arbeitsentgelt

Zu zahlen ist dem Arbeitnehmer vom Arbeitgeber gem. § 2 Abs. 1 EFZG 83
das **Arbeitsentgelt,** das er ohne den Arbeitsausfall erhalten hätte.

aa) Allgemeines

In Ermangelung einer speziellen gesetzlichen Definition des Begriffs Arbeits- 84
entgelt ist darunter zu verstehen der **Bruttoverdienst des Arbeitnehmers,
soweit er ihn aufgrund des Arbeitsverhältnisses als Gegenleistung für
seine Arbeit erhält** (so die gängige Definition des Arbeitsentgelts im Sinne
der Entgeltfortzahlung im Krankheitsfall, auf die auch bezüglich der Feiertagsentlohnung zurückgegriffen werden kann; ausführlich § 4 EFZG Rdn. 62).
Zum so definierten Arbeitsentgelt gehören neben den Grundbezügen u. a. 85
laufende **Zulagen,** die im Hinblick auf die besonderen Gegebenheiten des
Arbeitsverhältnisses gezahlt werden, wie z. B. Gefahrenzulagen, laufend bezahlte Sozialzulagen, wie z. B. Kinderzulagen, laufend gezahlte Zuverlässigkeitsprämien, laufend gewährte Tantiemen und die Arbeitgeberanteile zur
Sozialversicherung (vgl. *Wedde/Kunz* § 2 Rdn. 55 ff.).

bb) Einzelfälle

Die folgende alphabetisch gegliederte Übersicht versucht, über die 86
Berücksichtigung einzelner Arbeitgeberleistungen bei der Entgeltzahlung
für gesetzliche Feiertage zu informieren. Eine wesentlich umfangreichere
Zusammenstellung von Einzelfällen findet sich bei § 4 EFZG (§ 4 EFZG
Rdn. 71 ff.). Obwohl die dort zitierten Entscheidungen etc. die Entgeltfortzahlung im Krankheitsfall betreffen, kann im Zweifel auch auf diese Übersicht zurückgegriffen werden.

Arbeitgeberanteile zur Sozialversicherung sind schon deshalb zu be- 87
rücksichtigen, weil der Anspruch aus § 2 Abs. 1 EFZG auf das Bruttoarbeitsentgelt gerichtet ist. Gleiches gilt für die Arbeitgeberbeiträge zur Hinterbliebenenversorgung im öffentlichen Dienst, für die Arbeitgeberzuschüsse
zu den Aufwendungen für eine private Kranken- oder Lebensversicherung sowie die Arbeitgeberbeiträge zur Zusatzversorgungskasse im Baugewerbe.

Auslösungen siehe **Leistungen** mit Aufwendungsersatzcharakter bzw. 88
§ 4 EFZG Rdn. 131 ff.; zur Nahauslösung nach § 7 BMTV vgl. BAG AP
Nr. 24 zu § 87 BetrVG 1972 Ordnung des Betriebes.

Erschwerniszulagen sind bei der Berechnung der Feiertagsvergütung zu 89
berücksichtigen, da sie auf den besonderen Bedingungen des Arbeitsverhältnisses beruhen (vgl. *Färber/Klischan,* FeiertagsLG, Rdn. 107).

Fahrzulagen im Gerüstbaugewerbe sind bei der Bemessung der Feier- 90
tagsentlohnung zu berücksichtigen (BAG Urt. v. 2. September 1992 – 10
AZR 98/91).

Familienzulagen gehören ebenso wie andere soziale Zulagen zum Ar- 91
beitsentgelt.

Gefahrenzulagen sind bei der Berechnung des Feiertagsentgelts zu be- 92
rücksichtigen, da sie zu jenen Zulagen gehören, die im Hinblick auf die besonderen Bedingungen des Arbeitsverhältnisses gezahlt werden.

Hitzezuschläge siehe Erschwerniszulagen. 93

94 **Inkassoprämien,** wie sie Auslieferungsfahrer teilweise für die von den Kunden kassierten Rechnungsbeträge erhalten, gehören zum Arbeitsentgelt im Sinne der Entgeltzahlung an Feiertagen.

95 **Kinderzulagen** gehören ebenso wie andere soziale Zulagen zum Arbeitsentgelt im Sinne des § 2 EFZG.

96 **Leistungen mit Aufwendungsersatzcharakter,** d.h. insbesondere Auslösungen, Reisekostenvergütungen und Schmutzzulagen, gehören − auch wenn § 2 Abs. 1 EFZG keinen dem § 4 Abs. 1a EFZG vergleichbaren Ausschluss enthält − dann nicht zu den bei der Bemessung der Feiertagsvergütung zu berücksichtigenden Leistungen, wenn ihre Gewährung davon abhängig ist, ob und in welchem Umfang die Aufwendungen, die durch die Leistungen abgegolten werden sollen, tatsächlich entstanden sind und dem Arbeitnehmer solche Aufwendungen während des gesetzlichen Feiertages nicht entstehen (vgl. *Kaiser/Dunkl/Hold/Kleinsorge* § 2 EFZG Rdn. 29; Kasseler Handbuch/*Vossen* Rdn. 568f.; MünchArbR/*Boewer* § 81 Rdn. 22; *Wedde/Kunz* § 2 EFZG Rdn. 56).

97 Wird eine (Nah-)Auslösung dagegen gewährt, obwohl dem Arbeitnehmer typischerweise keine Aufwendungen entstehen, gehört sie zum fortzuzahlenden Arbeitsentgelt (BAG AP Nr. 24 zu § 87 BetrVG 1972 Ordnung des Betriebes). Gewisse Pauschalierungen stehen dem Aufwendungsersatzcharakter allerdings nicht entgegen, solange die Pauschalbeträge in etwa den typischerweise entstehenden Aufwendungen entsprechen (ausführlich zur Berücksichtigung von Auslösungen bei der Entgeltfortzahlung im Krankheitsfall vgl. § 4 EFZG Rdn. 134ff.; zu Reisekostenvergütungen § 4 EFZG Rdn. 136f.; zu Schmutzzulagen § 4 EFZG Rdn. 139; zu Wegeentschädigungen § 4 EFZG Rdn. 141f.).

98 **Leistungszulagen** oder Leistungsprämien, die für qualitativ oder quantitativ gute Arbeitsleistungen gezahlt werden, sind bei der Bemessung des Feiertagsentgelts zu berücksichtigen.

99 **Mietbeihilfen** gehören zum Arbeitsentgelt im Sinne des § 2 EFZG.

100 **Nachtarbeitszuschläge** gehören zum Arbeitsentgelt im Sinne des § 2 EFZG, sofern der Arbeitnehmer ohne den gesetzlichen Feiertag Nachtarbeit geleistet hätte; zur Beurteilung dieser Frage ist von der Einteilung der Arbeitszeit nach dem Schichtplan auszugehen.

101 **Naturalleistungen** in Gestalt von **Waren** aller Art sind grundsätzlich Bestandteil des Arbeitsentgelts und demgemäß auch für den gesetzlichen Feiertag zu gewähren. Soweit die Gewährung der Leistungen wegen des gesetzlichen Feiertages nicht möglich ist, ist anstelle der Naturalleistungen eine Geldleistung zu erbringen. Bei der Bestimmung des Wertes der Naturalleistung kann auf die auf der Basis des § 17 Abs. 1 Nr. 3 SGB IV erlassene Sachbezugsverordnung zurückgegriffen werden (MünchArbR/*Boewer* § 81 Rdn. 22).

102 **Ortszuschläge** gehören ebenso wie andere soziale Zulagen zum Arbeitsentgelt im Sinne des § 2 EFZG.

103 **Provisionen,** die der Betroffene während des gesetzlichen Feiertages nicht hat verdienen können, sind Bestandteile des Arbeitsentgelts im Sinne des § 2 EFZG. Grundsätzlich ist vom mutmaßlichen Provisionsanfall auszugehen, dessen Ermittlung allerdings naturgemäß problematisch ist. Im Zwei-

II. Anspruch auf Entgeltzahlung an Feiertagen (§ 2 Abs. 1 EFZG)   § 2 EFZG

fel ist der Provisionsanspruch in der Weise zu bestimmen, dass der Durchschnitt der letzten vier Wochen bzw. des letzten Monats (vgl. BAG AP Nr. 32 zu § 1 FeiertagsLG), der letzten 13 Wochen (MünchArbR/*Boewer* § 81 Rdn. 22) oder des letzten Jahres (vgl. BAG AP Nr. 27, 28 zu § 1 FeiertagsLG; *Gola* § 2 EFZG Anm. 3.4; *Helml* § 2 EFZG Rdn. 23; *Kaiser/ Dunkl/Hold/Kleinsorge* § 2 EFZG Rdn. 34; *Schaub,* Arbeitsrechts-Handbuch, § 104 III 1; *Staudinger/Richardi* § 611 Rdn. 692; *Worzalla/Süllwald* § 2 EFZG Rdn. 37) zugrunde gelegt wird. Welcher Referenzzeitraum angemessen ist, lässt sich nicht generell beantworten, sondern hängt davon ab, ob der Provisionsanfall starken Schwankungen unterworfen ist. Je stärker diese Schwankungen sind, desto länger muss der Referenzzeitraum gewählt werden (*Vossen,* Entgeltfortzahlung, Rdn. 836).

Pünktlichkeitsprämien, d. h. Prämien, deren laufende Zahlung zur Einhaltung der Arbeitszeit motivieren soll, sind bei der Bemessung der Feiertagsentlohnung zu berücksichtigen. 104

Reisekosten siehe **Leistungen mit Aufwendungsersatzcharakter** bzw. § 4 EFZG Rdn. 136 ff. 105

Sachbezüge siehe Naturalleistungen. 106

Schmutzzulage siehe **Leistungen mit Aufwendungsersatzcharakter** bzw. § 4 EFZG Rdn. 131 ff. 107

Sozialzulagen, wie Familien-, Kinder- oder Ortszulagen, sind bei der Bemessung der Feiertagsentlohnung zu berücksichtigen. 108

Trennungsentschädigungen siehe **Leistungen mit Aufwendungsersatzcharakter** bzw. § 4 EFZG Rdn. 131 ff., 140. 109

Überstundenzuschläge sind als Teil des Arbeitsentgelts gem. § 2 EFZG zu zahlen, sofern die Überstunden als Teil der ausgefallenen Arbeitszeit zu berücksichtigen sind (*Kaiser/Dunkl/Hold/Kleinsorge* § 2 EFZG Rdn. 33; MünchArbR/*Boewer* § 81 Rdn. 21; zur Berücksichtigung von Überstunden vgl. oben Rdn. 66 ff.). 110

Verpflegungskostenzuschüsse siehe **Leistungen mit Aufwendungsersatzcharakter.** 111

c) Entstehung und Geltendmachung des Anspruchs

Der Anspruch aus § 2 Abs. 1 EFZG unterliegt grundsätzlich den gleichen allgemeinen Regeln wie der Anspruch auf das Arbeitsentgelt. 112

Der Anspruch auf Feiertagsentlohnung wird demgemäß grundsätzlich zu den normalen Entgeltzahlungsterminen **fällig.** Es finden die tariflichen, betrieblichen oder einzelvertraglichen Vereinbarungen hinsichtlich des Entgeltzahlungszeitpunktes Anwendung bzw. es gilt – sofern solche Vereinbarungen nicht bestehen – § 614 BGB. 113

Der Anspruch auf Entgeltzahlung für Feiertage **verjährt** wie der Entgeltanspruch nach der Regelverjährungsfrist des § 195 BGB, der die vor der Schuldrechtsreform geltende Sonderverjährungsfrist des § 196 Nr. 9 BGB a. F. abgelöst hat, in drei Jahren. Die regelmäßige Verjährungsfrist beginnt mit dem Ende des Jahres, in dem der Anspruch entstanden ist und der Anspruchsteller von den den Anspruch begründenden Umständen und der Person des Anspruchsgegners Kenntnis erlangt oder ohne grobe Fahrlässigkeit 114 erlangen musste (§ 199 Abs. 1 BGB; zur Überleitung des Verjährungsrechts vgl. Art. 229 § 6 EGBGB). Entsprechend verjährt der Anspruch des Arbeitgebers nach den §§ 812 ff. BGB wegen irrtümlich zuviel gezahlten Feiertagsentgelts ebenfalls nach drei Jahren.

115 Sofern nach allgemeinen Regeln auf ein Arbeitsverhältnis **tarifvertragliche Ausschlussfristen** Anwendung finden, insbesondere weil beide Vertragsparteien tarifgebunden sind oder der Tarifvertrag für allgemeinverbindlich erklärt worden ist, gelten die Ausschlussfristen sofern sie nicht nur tarifliche, sondern auch gesetzliche Ansprüche erfassen, auch für den Anspruch aus § 2 Abs. 1 EFZG (BAG AP Nr. 51 zu § 1 FeiertagsLG; *Gola* § 2 EFZG Anm. 3.5; *Kaiser/Dunkl/Hold/Kleinsorge* § 2 EFZG Rdn. 56).

116 Für Streitigkeiten über den Feiertagsentgeltanspruch sind gem. § 2 Abs. 1 Nr. 3a ArbGG die **Arbeitsgerichte** zuständig.

117 Auch bezüglich der Pfändung, der Abtretung und der Behandlung im Insolvenzverfahren teilt der Anspruch aus § 2 Abs. 1 EFZG das Schicksal des „normalen" Arbeitsentgeltanspruchs (vgl. ausführlich § 3 EFZG Rdn. 209 ff.).

III. Zusammentreffen von gesetzlichen Feiertagen und Kurzarbeit (§ 2 Abs. 2 EFZG)

118 § 2 Abs. 2 EFZG betrifft das **Zusammentreffen von gesetzlichen Feiertagen und Kurzarbeit.** Wenn insoweit vorgesehen ist, dass Arbeitszeit, die an einem gesetzlichen Feiertag gleichzeitig infolge von Kurzarbeit ausfällt und für die an einem anderen Tag als dem gesetzlichen Feiertag Kurzarbeitergeld geleistet worden wäre, als infolge des gesetzlichen Feiertages ausgefallen gilt, so wird damit das Entgeltrisiko für diesen Tag von der Bundesanstalt für Arbeit auf den Arbeitgeber verlagert, denn nach dem allgemeinen Grundsatz, dass der gesetzliche Feiertag die **einzige** Ursache für den Arbeitsausfall sein muss (vgl. oben Rdn. 24 ff.) wäre dieser nicht zur Entgeltzahlung verpflichtet.

119 Die **Höhe des** vom Arbeitgeber zu zahlenden **Feiertagsentgelts** richtet sich allerdings nach der **Höhe des Kurzarbeitergeldes,** das der Arbeitnehmer ohne den Feiertag bezogen hätte, denn auch insoweit gilt das Entgeltausfallprinzip, d.h. der Arbeitnehmer soll sich weder schlechter noch besser stehen als ohne den gesetzlichen Feiertag (vgl. BAG AP Nr. 33 und 38 zu § 1 FeiertagsLG; *Staudinger/Richardi* § 611 Rdn. 694; *Vossen,* Entgeltfortzahlung, Rdn. 786).

120 Die auf dieses Entgelt entfallenden **Sozialversicherungsbeiträge** hat der Arbeitgeber entgegen den allgemeinen Regeln **allein zu tragen,** da gem. § 192 Abs. 1 Nr. 4 SGB V bzw. § 1 Nr. 1 2. Halbs. SGB VI während des Bezugs von Kurzarbeitergeld das kranken- und rentenversicherungsrechtliche Beschäftigungsverhältnis fortbesteht und der Arbeitgeber gem. § 249 Abs. 2 SGB V bzw. § 168 Abs. 1 Nr. 1a SGB VI insoweit zur Beitragszahlung verpflichtet ist und der Arbeitnehmer dadurch, dass ein gesetzlicher Feiertag vorliegt, nicht schlechter gestellt werden soll (vgl. BAG AP Nr. 44 zu § 1 FeiertagsLG; *Gola* § 2 EFZG Anm. 4.1; Kasseler Handbuch/*Vossen*

IV. Anspruchsausschluss bei unentschuldigtem Fernbleiben § 2 EFZG

Rdn. 583; MünchArbR/*Boewer* § 81 Rdn. 23; *Schaub*, Arbeitsrechts-Handbuch, § 104 III 1; *Staudinger/Richardi* § 611 Rdn. 694; *Vossen*, Entgeltfortzahlung, Rdn. 828). Etwas anders stellt sich die Situation dagegen im Hinblick auf die **steuerliche Belastung** dar. Der Arbeitgeber ist verpflichtet, von dem für den gesetzlichen Feiertag geschuldeten **Bruttofeiertags-** bzw. **-arbeitsentgelt** die Lohnsteuer einzubehalten und abzuführen; hierdurch kann sich für den betroffenen Arbeitnehmer unter Umständen ein im Vergleich zum steuerfreien Kurzarbeitergeld geringerer Zahlbetrag ergeben (vgl. BAG AP Nr. 44 zu § 1 FeiertagsLG; *Gola* § 2 EFZG Anm. 4.1; Kasseler Handbuch/*Vossen* Rdn. 582; MünchArbR/*Boewer* § 81 Rdn. 23; *Vossen*, Entgeltfortzahlung, Rdn. 827; a. A. *Wedde/Kunz* § 2 EFZG Rdn. 67). **121**

Wenn damit Sozialversicherungsbeiträge im Ergebnis anders behandelt werden als steuerliche Belastungen, so erscheint dies jedenfalls unter dem Blickwinkel des Entgeltausfallprinzips nicht ganz konsequent (kritisch auch *Kaiser/Dunkl/Hold/Kleinsorge* § 2 EFZG Rdn. 44). **122**

Besondere Probleme ergeben sich beim **Zusammentreffen von krankheitsbedingter Arbeitsunfähigkeit, Kurzarbeit und gesetzlichen Feiertagen.** § 4 Abs. 3 S. 2 EFZG könnte insoweit – ebenso wie die frühere Regelung in § 2 Abs. 2 S. 2 LFZG – den (falschen) Eindruck erwecken, dass der Arbeitnehmer Anspruch auf das Entgelt hat, dass er ohne die krankheitsbedingte Arbeitsunfähigkeit, ohne die Kurzarbeit und ohne den gesetzlichen Feiertag erhalten hätte (vgl. ErfK/*Dörner* § 2 EFZG Rdn. 42 f.; MünchArbR/*Boewer* § 81 Rdn. 17 m. w. N.). **123**

Diese Lösung würde aber nicht der Tatsache Rechnung tragen, dass der Gesetzgeber den Arbeitnehmer im Krankheitsfall (nur) so stellen will, wie er ohne die krankheitsbedingte Arbeitsunfähigkeit stehen würde. Denkt man die krankheitsbedingte Arbeitsunfähigkeit aber hinweg, so bleibt nur ein Zusammentreffen von Kurzarbeit und gesetzlichem Feiertag und für diesen Fall ist dem Arbeitnehmer vom Arbeitgeber Feiertagsentlohnung in Höhe des Kurzarbeitergeldes zu zahlen. Im Ergebnis ist damit einem Arbeitnehmer beim Zusammentreffen von krankheitsbedingter Arbeitsunfähigkeit, Kurzarbeit und gesetzlichem Feiertag vom Arbeitgeber Feiertagsentgelt in Höhe des Kurzarbeitergeldes zu gewähren (vgl. BAG AP Nr. 35 und 62 zu § 1 FeiertagsLG; ErfK/*Dörner* § 2 EFZG Rdn. 42 f.; *Wedde/Kunz* § 2 EFZG Rdn. 68; vgl. auch § 4 EFZG Rdn. 161 ff.). Hinsichtlich der Sozialversicherungsbeiträge und der Abführung von Lohnsteuer gelten demgemäß die obigen Ausführungen entsprechend. **124**

IV. Anspruchsausschluss bei unentschuldigtem Fernbleiben (§ 2 Abs. 3 EFZG)

Keinen Anspruch auf Feiertagsentlohnung haben gem. § 2 Abs. 3 EFZG Arbeitnehmer, die am letzten Arbeitstag vor oder am ersten Arbeitstag nach Feiertagen unentschuldigt der Arbeit fernbleiben. Durch diesen Anspruchsausschluss, der auf den sog. „Bummelerlaß" vom 16. März 1940 (RABl. 1940 I S. 125) zurückgeht, will der Gesetzgeber eigenmächtigen Freizeitverlänge- **125** rungen und der Bummelei vor und nach Feiertagen entgegenwirken (vgl. BAG AP Nr. 23 zu § 1 FeiertagsLG).

1. Voraussetzungen des Anspruchsausschlusses

126 Der Anspruchsausschluss setzt voraus, dass der Arbeitnehmer am **letzten bzw. ersten Arbeitstag** vor oder nach einem Feiertag (vgl. Rdn. 127 ff.) **der Arbeit fernbleibt** (vgl. Rdn. 136 ff.) und dass es sich dabei um ein **unentschuldigtes Fernbleiben** von der Arbeit handelt (vgl. Rdn. 144 ff.; zum ursächlichen Zusammenhang zwischen dem unentschuldigten Fernbleiben von der Arbeit und dem Feiertag vgl. Rdn. 153).

a) Letzter Arbeitstag vor oder erster Arbeitstag nach einem gesetzlichen Feiertag

127 Das unentschuldigte Fernbleiben muss den **letzten Arbeitstag vor** oder den **ersten Arbeitstag nach** bei einem gesetzlichen Feiertag betreffen, d. h. abzustellen ist auf **Arbeits-** und **nicht** auf **Kalendertage**.

Beispiel: Der 1. Mai fällt auf einen Samstag, der Arbeitnehmer bleibt der Arbeit am Montag, dem 3. Mai, unentschuldigt fern.

128 Der Anspruch auf Feiertagsentlohnung für den 1. Mai ist gem. § 2 Abs. 3 EFZG ausgeschlossen. Dass der Montag der zweite Kalendertag nach dem Feiertag ist, ist ohne Bedeutung, entscheidend ist, dass es sich um den ersten Arbeitstag nach dem Feiertag handelt.

129 Fällt der 1. Mai im vorstehenden Beispiel auf einen Freitag und bleibt der Arbeitnehmer am Montag (dem 4. Mai) der Arbeit unentschuldigt fern, so ist das Eingreifen von § 2 Abs. 3 EFZG zunächst davon abhängig, **ob der Samstag in dem betroffenen Betrieb ein Arbeitstag ist** und der Arbeitnehmer ggf. seiner Arbeitspflicht nachgekommen ist: Wird am Samstag nicht gearbeitet, so ist der Montag der nächste Arbeitstag nach dem gesetzlichen Feiertag, so dass die Voraussetzungen des § 2 Abs. 3 EFZG vorliegen. Wird dagegen am Samstag gearbeitet und ist der Arbeitnehmer am Samstag seiner Arbeitspflicht nachgekommen, so greift § 2 Abs. 3 EFZG nicht ein.

130 Soweit die betrieblichen und die individuellen Arbeitstage nicht deckungsgleich sind, ist darauf abzustellen, ob der Arbeitnehmer am letzten **individuellen** Arbeitstag vor bzw. am ersten individuellen Arbeitstag nach dem gesetzlichen Feiertag der Arbeit ferngeblieben ist (vgl. BAG AP Nr. 18, 23 zu § 1 FeiertagsLG; ErfK/*Dörner* § 2 EFZG Rdn. 46; *Geyer/Knorr/Krasney* § 2 EFZG Rdn. 50 f.; *Kaiser/Dunkl/Hold/Kleinsorge* § 2 EFZG Rdn. 49; Kasseler Handbuch/*Vossen* Rdn. 552).

Beispiel: Der 1. Mai fällt auf einen Samstag, der Arbeitnehmer hat für Freitag, den 30. April, und Montag, den 3. Mai, Urlaub bewilligt bekommen.

131 Die Voraussetzung des § 2 Abs. 3 EFZG sind unter diesen Voraussetzungen nur erfüllt, wenn der Arbeitnehmer der Arbeit am 29. Mai oder am 4. Mai unentschuldigt fernbleibt.

132 Verletzt der Arbeitnehmer seine Arbeitspflicht an einem Tag, der **zugleich der erste** individuelle **Arbeitstag nach und der letzte** individuelle

IV. Anspruchsausschluss bei unentschuldigtem Fernbleiben § 2 EFZG

Arbeitstag vor einem gesetzlichen Feiertag ist, so sind die Voraussetzungen des Anspruchsausschlusses für beide Feiertage erfüllt.

Beispiel: Der Arbeitnehmer, der zur Arbeit am Ostersamstag verpflichtet ist, bleibt der Arbeit unentschuldigt fern.

Das unentschuldigte Fernbleiben hat zur Folge, dass der Arbeitnehmer 133 seinen Anspruch auf Feiertagsentgelt sowohl für den Karfreitag als auch für den Ostermontag verliert (Kasseler Handbuch/*Vossen* Rdn. 555; Münch-ArbR/*Boewer* § 81 Rdn. 26; *Vossen,* Entgeltfortzahlung, Rdn. 797; a. A. *Wedde/Kunz* § 2 EFZG Rdn. 73).

Zu einem „doppelten" oder sogar „dreifachen" Anspruchsverlust kann es 134 auch kommen, wenn aufgrund einer entsprechenden Abrede zwischen Weihnachten und Neujahr nicht gearbeitet werden soll.

Beispiel: Aufgrund einer entsprechenden Vereinbarung bleibt der Betrieb vom 24. Dezember bis 1. Januar geschlossen, die dadurch ausgefallene Arbeitszeit ist im Laufe des Dezember vorgearbeitet worden. Der Arbeitnehmer bleibt der Arbeit am 23. Dezember oder am 2. Januar unentschuldigt fern.

Der Arbeitnehmer verliert unter den geschilderten Voraussetzungen den 135 Anspruch auf Feiertagsentgelt für den ersten und zweiten Weihnachtstag sowie für den 1. Januar (vgl. BAG AP Nr. 18, 37 zu § 1 FeiertagsLG; *Helml* § 2 EFZG Rdn. 18; MüKo/*Schaub* § 612 Rdn. 226; MünchArbR/*Boecken* § 81 Rdn. 26).

b) Fernbleiben von der Arbeit

Ein **Fernbleiben** von der Arbeit ist stets dann anzunehmen, wenn der 136 Arbeitnehmer **während des ganzen** letzten **Arbeitstages** vor dem gesetzlichen Feiertag oder während des ganzen Arbeitstages danach fernbleibt. Umstritten war dagegen lange Zeit die Frage, ob ein Fernbleiben von der Arbeit, das zum Anspruchsausschluss führt, auch dann zu bejahen ist, wenn der Arbeitnehmer nur **während eines Teils des Arbeitstages** unentschuldigt nicht arbeitet.

Beispiel: Der 1. Mai fällt auf einen Freitag, der darauf folgende Samstag ist kein Arbeitstag. Der Arbeitnehmer verlässt den Betrieb am Donnerstag, dem 30. April, bereits um 11 Uhr bzw. er nimmt seine Arbeit am Montag, dem 4. Mai, erst um 11 Uhr auf, obwohl er jeweils zur Arbeit von 8 bis 17 Uhr verpflichtet ist.

Während das Reichsarbeitsgericht unter der Geltung des „Bummeler- 137 lasses" und das ältere Schrifttum die Auffassung vertraten, der Anspruchsausschluss greife nur dann ein, wenn der Arbeitnehmer der Arbeit während des gesamten Arbeitstages fernbleibt (RAGE 26, 89; *Nikisch,* Anm. zu BAG AP Nr. 23 zu § 1 FeiertagsLG), gehen das BAG und das Schrifttum heute wohl einhellig davon aus, dass ein **Anspruchsausschluss auch dann in Betracht kommt, wenn der Arbeitnehmer der Arbeit nur für einen Teil des Tages fernbleibt** (vgl. BAG AP Nr. 23 zu § 1 FeiertagsLG; Kasseler Handbuch/*Vossen* Rdn. 557; MüKo/*Schaub* § 612 Rdn. 226; *Schaub,* Arbeitsrechts-Handbuch, § 104 II; *Staudinger/Richardi* § 611 Rdn. 697). Der Arbeitnehmer, der seine Freizeit eigenmächtig verlängert, soll nicht die soziale Vergünstigung der Entlohnung für nicht geleistete Arbeit erhalten, vielmehr soll das eigenmächtige Fernbleiben von der Arbeit sanktioniert werden, um Wiederholungen entgegenzuwirken (vgl. *Vossen*, Entgeltfortzahlung, Rdn. 799).

138 Der Anspruchsausschluss setzt allerdings gerade wegen seines Sanktionscharakters voraus, dass **die Arbeitsversäumnis nicht unerheblich ist;** wenn ein Vollzeitarbeitnehmer z.B. am Tag nach dem gesetzlichen Feiertag nur eine Stunde zu spät zur Arbeit erscheint, soll er nicht den Anspruch auf das Feiertagsentgelt verlieren.

139 Von einem erheblichen, anspruchsausschließenden Arbeitsversäumnis ist im allgemeinen dann auszugehen, wenn der Arbeitnehmer **mehr als die Hälfte** der Arbeitszeit versäumt (*Geyer/Knorr/Krasney* § 2 EFZG Rdn. 53; *Kaiser/Dunkl/Hold/Kleinsorge* § 2 EFZG Rdn. 50), wobei nicht auf die betriebliche oder betriebsübliche Arbeitszeit abzustellen ist, sondern auf die **individuelle Arbeitszeit des Betroffenen** (Kasseler Handbuch/*Vossen* Rdn. 558; MünchArbR/*Boewer* § 81 Rdn. 27; im Ergebnis ebenso BAG AP Nr. 8, 23 zu § 1 FeiertagsLG).

140 Bezogen auf das oben genannte Beispiel (Rdn. 136) bedeutet dies, dass der Arbeitnehmer, der den Betrieb Donnerstag, den 30. April, um 11 Uhr verlässt, seinen Anspruch auf Feiertagsentlohnung für den 1. Mai verliert, während der Anspruch nicht ausgeschlossen ist, wenn er seine Arbeit am Montag, dem 4. Mai, erst um 11 Uhr aufnimmt.

141 Wenn ein teilweises Fernbleiben von der Arbeit zum Anspruchsverlust gem. § 2 Abs. 3 EFZG führen kann, stellt sich die weitere Frage, ob das teilweise Fernbleiben von der Arbeit sich gewissermaßen **„nahtlos" an den gesetzlichen Feiertag anschließen muss.**

Beispiel: Verliert der Arbeitnehmer, der im obigen Beispiel am 30. April der Arbeit fernbleibt, seinen Anspruch nur dann, wenn er von 8 bis 11 Uhr arbeitet und dann den Betrieb verlässt, oder verliert er seinen Anspruch auch dann, wenn er zunächst von 8 bis 14 Uhr der Arbeit unentschuldigt fernbleibt und dann von 14 bis 17 Uhr noch im Betrieb erscheint?

142 Insoweit ist mit der h.M. davon auszugehen, dass es **auf die zeitliche Lage des Fernbleibens von der Arbeit nicht ankommt** (vgl. BAG AP Nr. 23 zu § 1 FeiertagsLG; MünchArbR/*Boewer* § 81 Rdn. 27; *Vossen*, Entgeltfortzahlung, Rdn. 800; möglicherweise a.A. *Kaiser/Dunkl/Hold/Kleinsorge* § 2 EFZG Rdn. 50). Für diese Lösung spricht – wenn man eine teilweise Arbeitsversäumnis überhaupt für anspruchsausschließend hält – sowohl der Wortlaut des § 2 Abs. 3 EFZG als auch der Sinn und Zweck und Regelung.

143 Einem Fernbleiben von der Arbeit ist nach dem Sinn und Zweck des Gesetzes gleichzustellen der Fall, dass der Arbeitnehmer zwar im Betrieb anwesend ist, die Arbeitsleistung aber rechtswidrig verweigert (MünchArbR/*Boewer* § 81 Rdn. 27).

c) Unentschuldigtes Fernbleiben

144 Schließlich setzt der Anspruchsausschluss gem. § 2 Abs. 3 EFZG voraus, dass der Arbeitnehmer seiner Arbeit am letzten Arbeitstag vor dem gesetzlichen Feiertag oder am ersten Arbeitstag danach **unentschuldigt** ferngeblieben ist.

IV. Anspruchsausschluss bei unentschuldigtem Fernbleiben § 2 EFZG

Dies setzt nach überwiegender Auffassung voraus, dass **objektiv eine** 145
Vertragsverletzung vorliegt und dem Arbeitnehmer **subjektiv ein Verschulden an der Arbeitsversäumnis zur Last fällt** oder der Arbeitnehmer dem Arbeitgeber den Entschuldigungsgrund nicht unverzüglich mitteilt (vgl. BAG AP Nr. 23 zu § 1 FeiertagsLG; *Kaiser/Dunkl/Hold/Kleinsorge* § 2 EFZG Rdn. 46 f.; Kasseler Handbuch/*Vossen* Rdn. 560; MüKo/*Schaub* § 612 Rdn. 226; a. A. bezüglich der unverzüglichen Mitteilung *Feichtinger/Malkmus* § 2 EFZG Rdn. 98; *Gola* § 2 EFZG Anm. 5.2; MünchArbR/*Boewer* § 81 Rdn. 28).

An einer **objektiven Vertragsverletzung** fehlt es dann, wenn der Arbeit- 146
nehmer nicht zur Arbeit verpflichtet war. Als Beispiel hierfür wird u. a. genannt eine Vereinbarung mit dem Arbeitgeber, die es dem Arbeitnehmer gestattet, der Arbeit fernzubleiben (vgl. *Vossen,* Entgeltfortzahlung, Rdn. 802).

Dass in diesem Fall die Voraussetzungen eines Anspruchsausschlusses gem. 147
§ 2 Abs. 3 EFZG nicht vorliegen, ist sicher zutreffend, dem Anspruch dürfte allerdings schon entgegenstehen, dass der Arbeitnehmer nicht an einem (individuellen) Arbeitstag der Arbeit ferngeblieben ist.

Ähnliches gilt für den Fall, dass objektive Gründe den Arbeitnehmer daran 148
hindern, seiner Arbeit nachzugehen. Wird der Arbeitnehmer z. b. während eines weihnachtlichen Skiurlaubs durch eine Lawine auf einer Skihütte eingeschlossen und kann er dadurch seine Tätigkeit am 2. Januar nicht wieder aufnehmen, so liegt Unmöglichkeit vor, so dass nach § 275 Abs. 1 bis 3 BGB die Arbeitspflicht entfällt und folglich keine objektive Vertragsverletzung vorliegt (ebenso ErfK/*Dörner* § 2 EFZG Rdn. 48; *Feichtinger/Malkmus* § 2 EFZG Rdn. 96; MünchArbR/*Boewer* § 81 Rdn. 29; *Wedde/Kunz* § 2 EFZG Rdn. 83).

Zu einem Anspruchsausschluss kann man unter diesen Voraussetzungen 149
allenfalls dann kommen, wenn man die Auffassung vertritt, der Arbeitnehmer sei zur **unverzüglichen Mitteilung** des Verhinderungsgrundes verpflichtet und habe diese Mitteilungspflicht verletzt.

Eine derartige **Mitteilungspflicht** lässt sich zwar dem Gesetz nicht ent- 150
nehmen, man wird sie jedoch mit der h. M. bejahen müssen (vgl. BAG AP Nr. 23 zu § 1 FeiertagsLG; MüKo/*Schaub* § 612 Rdn. 240; wohl a. A. *Wedde/Kunz* § 2 EFZG Rdn. 83), wobei letztlich dahinstehen kann, ob man eine entsprechende Mitteilungspflicht als Nebenpflicht aus dem Arbeitsvertrag herleitet oder ob man insoweit § 5 Abs. 1 S. 1 EFZG analog anwendet.

Dass eine entsprechende Mitteilungspflicht besteht, besagt aber **nicht,** dass 151
es gem. § 2 Abs. 3 EFZG zu einem **Anspruchsausschluss** kommt, wenn der Arbeitnehmer dem Arbeitgeber nicht unverzüglich mitteilt, dass er aus objektiven Gründen seiner Arbeit nicht nachgehen kann. Die sachgerechte Sanktion ist vielmehr darin zu sehen, dass der Arbeitnehmer – ebenso wie bei der Verletzung der Mitteilungspflicht aus § 5 Abs. 1 S. 1 EFZG – unter Umständen Schadensersatzansprüchen des Arbeitgebers ausgesetzt ist (vgl. auch *Vossen,* Entgeltfortzahlung, Rdn. 803, der insoweit § 7 Abs. 1 Nr. 1 EFZG analog anwenden will; gegen eine analoge Anwendung ausdrücklich *Feichtinger/Malkmus* § 2 EFZG Rdn. 98). Darüber hinaus kommt auch eine

EFZG § 2 — Entgeltzahlung an Feiertagen

Abmahnung wegen der Verletzung der Informationspflicht in Betracht (ausführlich § 5 Rdn. 130 ff.).

152 Der Anspruchsausschluss nach § 2 Abs. 3 EFZG kommt dagegen nur dann in Betracht, wenn eine **objektive Vertragsverletzung** vorliegt, d.h. wenn der Arbeitnehmer nach allgemeinen Regeln zur Arbeitsleistung verpflichtet war. Unter diesen Voraussetzungen stellt sich dann die weitere Frage, ob dem Arbeitnehmer **subjektiv ein Verschulden an der Arbeitsversäumnis** zur Last fällt. Ein solches Verschulden wird z.T. verneint für den Fall, dass der Arbeitnehmer sich über das Bestehen der Arbeitspflicht an einem bestimmten Tag irrt und ihm dieser Irrtum nicht vorzuwerfen ist (vgl. *Wedde/Kunz* § 2 EFZG Rdn. 81). Dem kann man zwar theoretisch zustimmen, es fällt jedoch schwer, sich Fälle vorzustellen, in denen sich der Arbeitnehmer über seine Arbeitspflicht irrt und ihm bezüglich dieses Irrtums nicht ein Fahrlässigkeitsvorwurf zu machen ist.

d) Kausalität

153 Nicht erforderlich für die Anwendbarkeit des § 2 Abs. 3 EFZG ist, dass zwischen der unentschuldigten Arbeitsversäumnis und dem gesetzlichen Feiertag ein **ursächlicher Zusammenhang** besteht. Für eine derartige einschränkende Auslegung der Vorschrift mag zwar der Sinn und Zweck der Regelung sprechen (vgl. *Wedde/Kunz* § 2 EFZG Rdn. 82), dagegen spricht jedoch der Wortlaut des Gesetzes (ebenso *Kaiser/Dunkl/Hold/Kleinsorge* § 2 EFZG Rdn. 48; *Vossen,* Entgeltfortzahlung, Rdn. 803).

2. Umfang des Anspruchsausschlusses

154 Sind die Voraussetzungen des Anspruchsausschlusses gem. § 2 Abs. 3 EFZG erfüllt, entfällt der Anspruch auf Vergütung für den (oder die) betroffenen Feiertag(e). Der Anspruch entfällt stets für den **gesamten** Feiertag; dies gilt auch dann, wenn der Arbeitnehmer seine Arbeitspflicht am letzten Arbeitstag vor oder am ersten Tag nach dem gesetzlichen Feiertag zu einem (geringen) Teil erfüllt (vgl. BAG AP Nr. 23 zu § 1 FeiertagsLG; ErfK/*Dörner* § 2 EFZG Rdn. 50; MünchArbR/*Boewer* § 81 Rdn. 29).

Beispiel: Der Arbeitnehmer, der am 30. April von 8 bis 17 Uhr arbeiten müsste, verlässt den Betrieb bereits um 11 Uhr.

155 Da der Arbeitnehmer weniger als die Hälfte seiner individuellen Arbeitszeit gearbeitet hat, sind die Voraussetzungen des Anspruchsausschlusses erfüllt (vgl. oben Rdn. 139 ff.). Der Anspruch auf Feiertagsentlohnung für den 1. Mai entfällt in vollem Umfang, obwohl der Arbeitnehmer am 30. April einen (geringen) Teil seiner Arbeitsleistung erbracht hat.

156 Ein **Anspruchsausschluss gem. § 2 Abs. 3 EFZG kommt auch dann in Betracht,** wenn der Arbeitnehmer **feste Bezüge** für einen längeren Zeitabschnitt, typischerweise für einen Monat, erhält (*Kaiser/Dunkl/Hold/Kleinsorge* § 2 EFZG Rdn. 53; *Wedde/Kunz* § 2 EFZG Rdn. 84f.). Der Anspruchsausschluss gem. § 2 Abs. 3 EFZG ist in derartigen Fällen in der Weise umzusetzen, dass die monatlichen Bezüge um den auf den gesetzlichen Feiertag entfallenden Anteil gekürzt werden. Die Kürzung ist in der

Weise zu berechnen, dass der Vergütungsanspruch dividiert wird durch die Zahl der zu leistenden (echten) Arbeitstage zzgl. des (oder der) gesetzlichen Feiertage (vgl. BAG AP Nr. 40 zu § 1 FeiertagsLG; Kasseler Handbuch/ Vossen Rdn. 562; MünchArbR/Boewer § 80 Rdn. 29; Vossen, Entgeltfortzahlung, Rdn. 805).

Beispiel: Der Arbeitnehmer bleibt der Arbeit am 2. Mai unentschuldigt fern. Auf den Monat Mai entfallen (bei einer wöchentlichen Arbeitszeit von fünf Tagen) 20 Arbeitstage zzgl. eines gesetzlichen Feiertages (1. Mai).

Die Vergütung für den Monat Mai kann unter diesen Voraussetzungen **157** gem. § 2 Abs. 3 EFZG um ein Einundzwanzigstel gekürzt werden. Davon unberührt bleibt die Möglichkeit des Arbeitgebers, die Vergütung entsprechend zu kürzen für den 2. Mai, an dem nicht gearbeitet worden ist.

§ 3 Anspruch auf Entgeltfortzahlung im Krankheitsfall

(1) Wird ein Arbeitnehmer durch Arbeitsunfähigkeit infolge Krankheit an seiner Arbeitsleistung verhindert, ohne daß ihn ein Verschulden trifft, so hat er Anspruch auf Entgeltfortzahlung im Krankheitsfall durch den Arbeitgeber für die Zeit der Arbeitsunfähigkeit bis zur Dauer von sechs Wochen. Wird der Arbeitnehmer infolge derselben Krankheit erneut arbeitsunfähig, so verliert er wegen der erneuten Arbeitsunfähigkeit den Anspruch nach Satz 1 für einen weiteren Zeitraum von höchstens sechs Wochen nicht, wenn

1. er vor der erneuten Arbeitsunfähigkeit mindestens sechs Monate nicht infolge derselben Krankheit arbeitsunfähig war oder

2. seit Beginn der ersten Arbeitsunfähigkeit infolge derselben Krankheit eine Frist von zwölf Monaten abgelaufen ist.

(2) Als unverschuldete Arbeitsunfähigkeit im Sinne des Absatzes 1 gilt auch eine Arbeitsverhinderung, die infolge einer nicht rechtswidrigen Sterilisation oder eines nicht rechtswidrigen Abbruchs der Schwangerschaft eintritt. Dasselbe gilt für einen Abbruch der Schwangerschaft, wenn die Schwangerschaft innerhalb von zwölf Wochen nach der Empfängnis durch einen Arzt abgebrochen wird, die schwangere Frau den Abbruch verlangt und dem Arzt durch eine Bescheinigung nachgewiesen hat, daß sie sich mindestens drei Tage vor dem Eingriff von einer anerkannten Beratungsstelle hat beraten lassen.

(3) Der Anspruch nach Absatz 1 entsteht nach vierwöchiger ununterbrochener Dauer des Arbeitsverhältnisses.

Übersicht

	Rdn.
I. Allgemeines	1
II. Entgeltfortzahlung bei Arbeitsverhinderung durch Arbeitsunfähigkeit infolge Krankheit (§ 3 Abs. 1 EFZG)	25
1. Anspruchsberechtigter Personenkreis	27
2. Arbeitsverhinderung durch Arbeitsunfähigkeit infolge Krankheit	39

EFZG § 3   Anspruch auf Entgeltfortzahlung im Krankheitsfall

	Rdn.
a) Krankheitsbedingte Arbeitsunfähigkeit	40
aa) Allgemeines	40
bb) Krankheit	46
cc) Arbeitsunfähigkeit	53
dd) Einzelfragen	70
b) Kausalität	78
aa) Allgemeines	78
bb) Einzelfälle	82
(1) Arbeitskämpfe	82
(2) Beschäftigungsverbote	90
(3) Fehlende Arbeitserlaubnis	93
(4) Freischichtenmodell	97
(5) Kurzarbeit	98
(6) Ruhen des Arbeitsverhältnisses	99
(7) Schuldnerverzug	101
(8) Urlaub	102
(9) Vereinbarter Arbeitsausfall	106
(10) Witterungsbedingter Arbeitsausfall	108
3. Unverschuldete Arbeitsunfähigkeit	110
a) Allgemeines	110
b) Einzelfälle	121
aa) Arbeitsunfälle	122
bb) Erkrankung	124
cc) Gesundheitsförderndes Verhalten	127
dd) Nebentätigkeiten	130
ee) Schlägereien	132
ff) Selbstmordversuche	135
gg) Sportverletzungen	137
hh) Suchterkrankungen	141
ii) Verkehrsunfälle	147
jj) Sonstiges	151
4. Missbrauch der Entgeltfortzahlung	152
5. Beginn und Ende des Entgeltfortzahlungszeitraums	165
a) Beginn	166
aa) Tag der Erkrankung	169
bb) Ruhen des Arbeitsverhältnisses	175
cc) Erkrankung zwischen Vertragsschluss und vereinbartem Beginn des Beschäftigungsverhältnisses sowie während der Wartezeit	186
b) Dauer	192
c) Ende	199
6. Anspruch auf Arbeitsentgelt (Rechtsnatur des Entgeltfortzahlungsanspruchs)	209
a) Allgemeines	209
b) Einzelfälle	212
7. Wiederholte Arbeitsunfähigkeit (§ 3 Abs. 1 S. 2 EFZG)	219
a) Entgeltfortzahlung bei fortgesetzter Krankheit	220
aa) Fortgesetzte Krankheit (Begriff)	221
bb) Bedeutung des Sechs-Monats-Zeitraums	229
cc) Bedeutung des Zwölf-Monats-Zeitraums	245
dd) Verhältnis zwischen Sechs-Monats-Zeitraum und Zwölf-Monats-Zeitraum	253
ee) Verschiedene Arbeitsverhältnisse	255
b) Entgeltfortzahlung bei anderen Erkrankungen	261
aa) Andere Erkrankung (Begriff)	262
bb) Andere Erkrankung während bestehender Arbeitsunfähigkeit	263
c) Beweislast	269

	Rdn.
III. Entgeltfortzahlung bei Arbeitsverhinderung durch Arbeitsunfähigkeit infolge Sterilisation oder infolge Abbruchs der Schwangerschaft (§ 3 Abs. 2 EFZG)	274
1. Verfassungsrechtliche Gesichtspunkte	275
2. Verweisung auf Absatz 1	287
3. Gleichgestellte Tatbestände	293
a) Nicht rechtswidrige Sterilisation	294
b) Nicht rechtswidriger Schwangerschaftsabbruch	296
c) Schwangerschaftsabbruch nach Beratung	300
4. Darlegungs- und Beweislast	301
IV. Wartezeit (§ 3 Abs. 3 EFZG)	304
1. Vierwöchige Dauer des Arbeitsverhältnisses	305
2. Ununterbrochen bestehendes Arbeitsverhältnis	317

I. Allgemeines

§ 3 Abs. 1 EFZG beinhaltet den **Grundsatz der Entgeltfortzahlung** 1 für alle Arbeitnehmer, die durch Arbeitsunfähigkeit infolge Krankheit an ihrer Arbeitsleistung verhindert werden, ohne dass sie ein Verschulden trifft. Der Anspruch auf Entgeltfortzahlung besteht für die Zeit der Arbeitsunfähigkeit bis zur Dauer von sechs Wochen, sofern sich nicht Modifikationen durch die Anwendung der Regeln über die wiederholte Arbeitsunfähigkeit ergeben (Absatz 1; vgl. Rdn. 25 ff.) bzw. die Wartezeit noch nicht abgelaufen ist (Absatz 3; vgl. Rdn. 304 ff.).

Der Arbeitsunfähigkeit infolge Krankheit weitgehend gleichgestellt ist seit 2 dem Inkrafttreten des Strafrechtsreform-Ergänzungsgesetzes vom 28. August 1975 (BGBl. I S. 2289) die Arbeitsunfähigkeit infolge einer Sterilisation oder eines Schwangerschaftsabbruchs. Während allerdings § 1 Abs. 2 LFZG noch vorsah, dass die Arbeitsverhinderung als unverschuldet galt, wenn die Sterilisation oder der Schwangerschaftsabbruch durch einen Arzt vorgenommen wurde, verlangt **§ 3 Abs. 2 EFZG** als Konsequenz aus der sog. „Fristenlösungs-Entscheidung" des Bundesverfassungsgerichts vom 28. Mai 1993 (NJW 1993, 1751) nunmehr, dass es sich entweder um einen nicht rechtswidrigen Eingriff handelt oder dass die Schwangere das vom Gesetz vorgesehene Beratungsverfahren durchlaufen hat (zur Entwicklung der Entgeltfortzahlung bei Schwangerschaftsabbrüchen und Sterilisationen ausführlicher Rdn. 274 ff.).

§ 3 Abs. 3 EFZG, der auf das Arbeitsrechtliche Beschäftigungsförderungs- 3 gesetz vom 25. September 1996 (BGBl. I S. 1476) zurückgeht, regelt, dass der Anspruch auf Entgeltfortzahlung im Krankheitsfall gegen den Arbeitgeber erst nach einer Wartezeit von vier Wochen entsteht. Bis zum Ablauf der Wartezeit kann der Arbeitnehmer gegebenenfalls Krankengeld in Anspruch nehmen.

Vorläufer des § 3 Abs. 1 EFZG waren primär § 1 Abs. 1 des Lohnfort- 4 zahlungsgesetzes (zur geschichtlichen Entwicklung dieser Regelung ausführlicher *Schmitt,* LFZG, § 1 Rdn. 2) vom 27. Juli 1969 (BGBl. I S. 946) sowie § 115a Abs. 1 des Arbeitsgesetzbuchs der DDR vom 16. Juni 1977 i. d. F. vom 22. Juni 1990 (GBl. I S. 371) und des Einigungsvertrages vom 31. August

1990 (BGBl. II S. 889), die die Grundvoraussetzungen der Entgeltfortzahlung im Krankheitsfall einschließlich der Entgeltfortzahlung bei Fortsetzungserkrankungen für Arbeiter in den alten Bundesländern und für Arbeitnehmer in den neuen Bundesländern regelten.

5   Die Regelungen für Angestellte in den alten Bundesländern wichen von § 1 Abs. 1 LFZG insoweit ab, als sie den Anspruch auf Entgeltfortzahlung im Krankheitsfall nicht davon abhängig machten, dass die Arbeitsunfähigkeit infolge Krankheit **nach Beginn der Beschäftigung** eingetreten war; dies führte zu einer Ungleichbehandlung zwischen Arbeitern und Angestellten in den alten Bundesländern, die wohl kaum mit Art. 3 Abs. 1 GG zu vereinbaren war (ausführlicher *Schmitt,* Arbeitsrecht in der Bewährung, S. 1028; *Thomas,* in: *Hromadka,* Gleichstellung von Arbeitern und Angestellten, 1989, S. 51). Auch das BAG hatte schon mehrfach Zweifel an der Verfassungsmäßigkeit der Regelung geäußert (BAG AP Nr. 86, 87 zu § 1 LFZG).

6   Des weiteren wichen die für Angestellte geltenden Regelungen in § 133 c GewO, § 63 Abs. 1 HGB und § 616 Abs. 2 BGB insoweit von § 1 Abs. 1 LFZG bzw. § 115a Abs. 1 AGB ab, als in den Regelungen für Angestellte nicht vorgesehen war, dass **bei fortgesetzten Erkrankungen spätestens nach 12 Monaten ein neuer Anspruch** entstand. Das BAG hatte es abgelehnt, die Regelungen des Lohnfortzahlungsgesetzes auf Angestellte zu übertragen, da man der Auffassung war, es fehle an der für eine Analogie erforderlichen planwidrigen Gesetzeslücke, weil der Gesetzgeber sich bewusst zu einem Sondergesetz für Arbeiter entschlossen habe (BAG AP Nr. 23 zu § 63 HGB; a. A. *Becker,* DB 1987, 1090, 1091; *Hanau/Adomeit,* Arbeitsrecht, H III d aaa; *Schmitt,* ZTR 1991, 3, 5, 6).

7   Bereits der im Jahre 1993 von den Fraktionen der CDU/CSU und der FDP vorgelegte Entwurf eines Entgeltfortzahlungsgesetzes sah vor, die angesprochenen Ungleichbehandlungen zwischen Arbeitern und Angestellten in den alten Bundesländern und zwischen den alten und den neuen Bundesländern dadurch zu beseitigen, dass man auch jenen Arbeitnehmern, die vor Beginn der Beschäftigung arbeitsunfähig werden, einen Entgeltfortzahlungsanspruch einräumte und die sog. Rahmenfrist, wonach nach 12 Monaten ein neuer Entgeltfortzahlungsanspruch entsteht, auf alle Arbeitnehmer erstreckte (BT-Drucks. 12/5263).

8   Im weiteren Verlauf des Gesetzgebungsverfahrens wurde der Gesetzentwurf insoweit nicht geändert.

9   Die heutige Fassung des § 3 **Abs. 1** EFZG beruht auf dem Arbeitsrechtlichen Beschäftigungsförderungsgesetz vom 25. September 1996 (BGBl. I S. 1476). Die ursprüngliche Fassung des Absatz 1 Satz 1 sah vor, dass der Arbeitnehmer seinen Anspruch auf Arbeitsentgelt „nicht verliert", wenn er „durch Arbeitsunfähigkeit ... verhindert" ist, d. h. nach der Konzeption des Gesetzes wurde der Anspruch aus § 611 BGB, der nach allgemeinen Regeln gem. § 323 BGB a. F. (jetzt § 326 Abs. 1 BGB) untergegangen wäre, **aufrechterhalten.** Hiervon musste man zwangsläufig abrücken, nachdem das Gesetz nur noch einen Entgeltfortzahlungsanspruch in Höhe von 80 v. H. des dem Arbeitnehmer zustehenden Arbeitsentgelts vorsah (§ 4 Abs. 1 S. 1 EFZG a. F.). Da dies bei der Wiedereinführung der vollen Entgeltfortzahlung

I. Allgemeines § 3 EFZG

im Krankheitsfall im Jahre 1998 nicht rückgängig gemacht wurde, beinhaltet § 3 Abs. 1 S. 1 EFZG deshalb nunmehr einen **eigenständigen Anspruch** auf Entgeltfortzahlung im Krankheitsfall, wobei § 3 Abs. 1 EFZG den Anspruch nur **dem Grunde nach** regelt, während sich der **Anspruchsumfang** aus § 4 EFZG ergibt.

Vorläufer des § 3 **Abs.** 2 EFZG waren § 1 Abs. 2 LFZG, § 133c S. 4 GewO, § 63 Abs. 1 S. 2 HGB und § 616 Abs. 2 S. 3 BGB, die in etwa dem heutigen § 3 Abs. 2 S. 1 EFZG entsprachen und die auf das Strafrechtsreform-Ergänzungsgesetz vom 28. August 1975 (BGBl. I S. 2289) zurückgingen. Der Gesetzentwurf der Fraktionen der CDU/CSU und der FDP aus dem Jahre 1993 sah vor, diese Regelung zu übernehmen. **10**

Die heutige Fassung des § 3 Abs. 2 EFZG geht auf die Beratungen des Ausschusses für Arbeit und Sozialordnung zurück. Durch die geänderte Fassung des Absatzes 2 wollte man der Entscheidung des Bundesverfassungsgerichts vom 28. Mai 1993 zu den Voraussetzungen für die Verfassungsmäßigkeit von Bestimmungen über Schwangerschaftsabbrüche (BVerfG NJW 1993, 1751) Rechnung tragen (BT-Drucks. 12/5793, S. 26; zu den Auswirkungen dieser Entscheidung auf die Entgeltfortzahlung vgl. u. a. *Pallasch,* NZA 1993, 973; *Stoffels,* DB 1993, 1718). **11**

Das Arbeitsrechtlichen Beschäftigungsförderungsgesetz hatte keinen Einfluss auf die Regelung des § 3 Abs. 2 EFZG. **12**

„Entfallen" sind im Rahmen der Neuregelung des Entgeltfortzahlungsrechts durch das Entgeltfortzahlungsgesetz im Jahre 1994 die Absätze 3 bis 5 des früheren § 1 LFZG; auch § 115a Abs. 3 AGB hat keinen Nachfolger gefunden. **13**

Das heutige Recht kennt nicht mehr den Ausschluss der Entgeltfortzahlung an **geringfügig Beschäftigte,** wie er in § 1 Abs. 3 Nr. 2 LFZG für Arbeiter vorgesehen war. Gegen diese Regelung waren zunächst verfassungsrechtliche Bedenken unter dem Blickwinkel des Art. 3 Abs. 1 GG geltend gemacht worden, da nur geringfügig beschäftigte Arbeiter von der Entgeltfortzahlung ausgeschlossen waren, nicht aber geringfügig beschäftigte Angestellte. Dies veranlasste das BAG dazu, die Bestimmung des § 1 Abs. 3 Nr. 2 LFZG dem Bundesverfassungsgericht vorzulegen (BAG AP Nr. 52 zu § 1 LFZG; vgl. auch *Schmitt,* ZTR 1991, 3, 7). **14**

Es kam jedoch nicht mehr zu einer Entscheidung des Bundesverfassungsgerichts, da der EuGH zuvor durch Urteil vom 13. Juli 1989 (AP Nr. 16 zu Art. 119 EWG-Vertrag) auf einen Vorlagebeschluss des ArbG Oldenburg entschieden hatte, Art. 119 EWG-Vertrag sei dahin auszulegen, dass er einer nationalen Regelung entgegenstehe, die es den Arbeitgebern gestatte, von der Entgeltfortzahlung im Krankheitsfall geringfügig beschäftigte Arbeitnehmer auszunehmen, wenn diese Maßnahme wesentlich mehr Frauen als Männer betreffe, es sei denn, der Mitgliedsstaat lege dar, dass die betreffende Regelung durch objektive Faktoren gerechtfertigt sei. **15**

Das ArbG Oldenburg hatte in seiner daraufhin ergangenen Entscheidung vom 14. Dezember 1989 (NZA 1990, 438) nachgewiesen, dass der Anspruchsausschluss gem. § 1 Abs. 3 Nr. 2 LFZG zu fast 90% Arbeitnehmerinnen betreffe. Da objektive Faktoren, die die Diskriminierung rechtfertigen könnten, nicht ersichtlich seien, verstoße § 1 Abs. 3 Nr. 2 LFZG gegen das **16**

77

Lohngleichheitsgebot des Art. 119 EWG-Vertrag und sei folglich nicht mehr anzuwenden.

17 Das BAG hat sich dieser Auffassung später in mehreren Entscheidungen angeschlossen (zuerst BAG AP Nr. 95 zu § 1 LFZG) und den Vorlagebeschluss an das Bundesverfassungsgericht aufgehoben (BAG NZA 1992, 838; zu den Auswirkungen dieser Entwicklung speziell auf den Beitragssatz der Krankenversicherung und das Ausgleichsverfahren nach den §§ 10ff. LFZG vgl. *Schneider,* BB 1992, 1721). Dieser Entwicklung wurde durch den Verzicht auf eine dem § 1 Abs. 3 Nr. 2 LFZG entsprechende Regelung Rechnung getragen (BT-Drucks. 12/5263, S. 9).

18 Ähnliche Überlegungen waren maßgeblich dafür, dass § 1 Abs. 3 Nr. 1 LFZG, der **kurzfristig beschäftigte Arbeiter** von der Entgeltfortzahlung ausnahm, (zunächst) keinen „Nachfolger" gefunden hat. Auch diese Regelung war wohl kaum mit Art. 3 Abs. 1 GG zu vereinbaren, da mit ihr kein vergleichbarer Anspruchsausschluss für Angestellte korrespondierte. Diese Ungleichbehandlung hatte das ArbG Bremen bereits zur Vorlage eines entsprechenden Verfahrens an das Bundesverfassungsgericht gem. Art. 100 Abs. 1 GG veranlasst (NZA 1991, 232; vgl. *Schmitt,* Arbeitsrecht in der Bewährung, S. 1015, 1027; auch das BAG hatte Bedenken gegen den Anspruchsausschluss geltend gemacht, vgl. BAG AP Nr. 65 zu § 1 LFZG).

19 Der Konflikt mit Art. 3 Abs. 1 GG hätte sich allerdings möglicherweise auch in der Weise lösen lassen, dass man – wie in § 115a Abs. 3 Buchst. a AGB vorgesehen – alle kurzfristig beschäftigten Arbeitnehmer nicht in den Genuss der Entgeltfortzahlung im Krankheitsfall hätte kommen lassen, denn die Ungleichbehandlung zwischen kurzfristig beschäftigten und sonstigen Arbeitnehmern ließe sich eventuell sachlich rechtfertigen (ähnlich *Berenz,* DB 1995, 2166). Man hat aber wohl befürchtet, ein Ausschluss kurzfristig Beschäftigter von der Entgeltfortzahlung im Krankheitsfall könnte ebenfalls gegen Art. 119 EWG verstoßen, und deshalb schon im 1. Entwurf auf einen entsprechenden Anspruchsausschluss verzichtet (BT-Drucks. 12/5263). Im weiteren Gesetzgebungsverfahren ist die Einbeziehung kurzfristig beschäftigter Arbeitnehmer in die Entgeltfortzahlung im Krankheitsfall dann nicht mehr diskutiert worden.

20 Ob die Einbeziehung aller kurzfristig Beschäftigten in den Kreis der Entgeltfortzahlungsberechtigten sinnvoll war, kann nunmehr aber dahinstehen, da der in Betracht kommende Personenkreis die Wartefrist des seit dem 1. Oktober 1996 geltenden § 3 Abs. 3 EFZG (vgl. unten Rdn. 304ff. sowie Rdn. 226ff.) ohnehin nicht erfüllt und damit nicht in den Genuss der Entgeltfortzahlung im Krankheitsfall kommen kann.

21 Auf eine dem früheren § 1 Abs. 3 Nr. 3 LFZG entsprechende Regelung konnte verzichtet werden, da sie ohnehin nur klarstellenden Charakter hatte und sich die Rechtsfolge bereits aus den Vorschriften über die Gewährung von Mutterschaftsgeld ergab (ausführlich *Schmitt,* LFZG, § 1 Rdn. 195ff.).

22 Als „Nachfolger" der ebenfalls in dieser Form nicht mehr existierenden Absätze 4 und 5 des § 1 LFZG kann man § 1 Abs. 2 EFZG ansehen, da dieser ebenfalls den Kreis der anspruchsberechtigten Personen betrifft; ein Vergleich ist allerdings insoweit nur sehr eingeschränkt möglich.

II. Entgeltfortzahlung bei Arbeitsverhinderung § 3 EFZG

§ 3 Abs. 3 EFZG hat – sieht man von der allenfalls sehr eingeschränkt 23
vergleichbaren Regelung des § 1 Abs. 3 Nr. 1 LFZG (vgl. oben Rdn. 18) ab
– keinen Vorläufer. Die Einführung einer **Wartefrist von vier Wochen**
war bereits im Entwurf der Fraktionen der CDU/CSU und der FDP
zum Arbeitsrechtlichen Beschäftigungsförderungsgesetz enthalten (vgl. BT-
Drucks. 13/4612) und hat auch im Rahmen der Beratungen im Ausschuss
für Arbeit und Sozialordnung keine Änderung erfahren (vgl. BT-Drucks.
13/5107; zur Entstehungsgeschichte des Arbeitsrechtlichen Beschäftigungsförderungsgesetzes insgesamt vgl. Einleitung A Rdn. 87 ff.).
Das „Korrekturgesetz" vom 19. Dezember 1998 (BGBl. I S. 3843) hat § 3 24
EFZG unverändert gelassen.

II. Entgeltfortzahlung bei Arbeitsverhinderung durch Arbeitsunfähigkeit infolge Krankheit (§ 3 Abs. 1 EFZG)

§ 3 Abs. 1 EFZG regelt dem Grunde nach den Anspruch des Arbeitneh- 25
mers auf Entgeltfortzahlung im Krankheitsfall. Der Anspruch setzt neben der
Zugehörigkeit zum **anspruchsberechtigten Personenkreis** (Rdn. 27 ff.)
voraus, dass der Arbeitnehmer durch **Arbeitsunfähigkeit infolge Krankheit** an der Arbeitsleistung verhindert ist (Rdn. 39 ff.) und ihn **kein Verschulden** an der Arbeitsunfähigkeit trifft (Rdn. 110 ff.). Bei dem Anspruch,
der im Regelfall für **bis zu sechs Wochen** besteht (Rdn. 165 ff.), handelt es
sich um einen **Anspruch, der den nach § 326 Abs. 1 BGB entfallenden
Anspruch auf Arbeitsentgelt ersetzt** (Rdn. 209 ff.). Besonderheiten ergeben sich bei **wiederholter Arbeitsunfähigkeit** (Rdn. 219 ff.).
Der Anspruch aus § 3 Abs. 1 EFZG dient nach der neueren Rechtspre- 26
chung des BAG nicht nur dem Individualinteresse des Arbeitnehmers, sondern auch der Entlastung der gesetzlichen Krankenkassen, mithin gesamt-
wirtschaftlichen Interessen. § 3 Abs. 1 EFZG ist daher als Eingriffsnorm im
Sinne von Art. 34 EGBGB anzusehen (BAG AP Nr. 10 zu Art. 34 EGBGB).

1. Anspruchsberechtigter Personenkreis

Voraussetzung eines Anspruchs aus § 3 Abs. 1 EFZG ist zunächst, dass der 27
Anspruchssteller **Arbeitnehmer** ist, d. h. es muss sich um eine Person handeln, die **aufgrund eines privatrechtlichen Vertrages zur Arbeit im
Dienste eines anderen verpflichtet ist** (vgl. u. a. BAG AP Nr. 7 zu § 5
ArbGG; AP Nr. 1, 3, 4, 15 bis 36 zu § 611 BGB – Abhängigkeit; ausführ-
licher § 1 Rdn. 11 ff.); ob der Anspruchsteller Arbeiter oder Angestellter ist
(vgl. dazu oben § 1 Rdn. 27 ff.) bzw. ob das Beschäftigungsverhältnis in den
neuen oder den alten Bundesländern begründet worden ist, ist unter der
Geltung des Entgeltfortzahlungsgesetzes nicht mehr von Bedeutung.
Auf die **Wirksamkeit** des Arbeitsvertrages kommt es grundsätzlich nicht 28
an; auch fehlerhaft begründete (faktische) Arbeitsverhältnisse sind in den
Anwendungsbereich der Entgeltfortzahlungsbestimmungen mit einbezogen
(BAG AP Nr. 32 zu § 63 HGB; *Brecht* § 3 EFZG Rdn. 4; *Feichtinger/Malk-
mus* § 1 EFZG Rdn. 15; HzA/*Vossen* Gruppe 2 Rdn. 34; *Kaiser/Dunkl/*

EFZG § 3   Anspruch auf Entgeltfortzahlung im Krankheitsfall

Hold/Kleinsorge § 3 EFZG Rdn. 15; *Kasseler Handbuch/Vossen* Rdn. 31; *MünchArbR/Boecken* § 83 Rdn. 12; *Staudinger/Oetker* § 616 Rdn. 185; *Worzalla/Süllwald* § 3 EFZG Rdn. 3).

29   § 3 EFZG findet auch auf **gekündigte Arbeitsverhältnisse** bis zum Zeitpunkt ihrer Beendigung Anwendung (*Staudinger/Oetker* § 616 Rdn. 186); soweit die Kündigung **wegen** der krankheitsbedingten Arbeitsunfähigkeit erfolgt ist, kann gem. § 8 EFZG auch über den Zeitpunkt des Wirksamwerdens der Kündigung hinaus ein Anspruch bestehen (vgl. ausführlich die Kommentierung zu § 8 EFZG).

30   Wird ein gekündigter Arbeitnehmer **während des Kündigungsschutzprozesses weiter beschäftigt,** so ist nach herrschender Meinung zu differenzieren: Erfolgt die Weiterbeschäftigung während des Kündigungsschutzprozesses aufgrund einer entsprechenden Abrede der Beteiligten, so ist der Arbeitgeber zur Entgeltfortzahlung nach dem Entgeltfortzahlungsgesetz verpflichtet (BAG AP Nr. 66 zu § 1 LFZG; *MünchArbR/Boecken* § 83 Rdn. 17; *Staudinger/Oetker* § 616 Rdn. 187), beschäftigt der Arbeitgeber den Arbeitnehmer dagegen nur weiter, um eine Zwangsvollstreckung zu vermeiden und wird die Kündigung später für rechtswirksam erklärt, so finden die Vorschriften des Entgeltfortzahlungsrechts keine Anwendung (vgl. *Barton-Hönsch,* NZA 1987, 725; *Bengelsdorf,* SAE 1987, 265; *HzA/Vossen* Gruppe 2 Rdn. 38f.; *Kaiser/Dunkl/Hold/Kleinsorge* § 3 EFZG Rdn. 20ff.; *Lieb,* Arbeitsrecht, § 4 IV 2; *Olderog,* BB 1989, 1684, 1688; *Walker,* DB 1988, 1599; kritisch hierzu *MünchArbR/Boecken* § 83 Rdn. 18f.).

31   In den Anwendungsbereich des § 3 EFZG bzw. der Entgeltfortzahlungsregelungen insgesamt fallen auch alle Arbeitnehmer, die aufgrund eines **befristeten Arbeitsverhältnisses** beschäftigt werden, da die früheren Regelungen des § 1 Abs. 3 Nr. 1 LFZG und des § 115a Abs. 3 AGB, die kurzfristig beschäftigte Arbeiter in den alten Bundesländern bzw. Arbeitnehmer in den neuen Bundesländern aus der Entgeltfortzahlung ausklammerten, nicht in das neue Entgeltfortzahlungsrecht übernommen worden sind (vgl. oben Rdn. 18ff.).

32   Gleiches gilt für **geringfügig beschäftigte Arbeitnehmer.** Da auch § 1 Abs. 3 Nr. 2 LFZG keinen „Nachfolger" gefunden hat, haben auch Arbeitnehmer, die nur wenige Stunden in der Woche (oder im Monat) beschäftigt werden, einen Anspruch auf Entgeltfortzahlung im Krankheitsfall (ausführlicher oben Rdn. 14ff.).

33   Im Fall der **Altersteilzeit** kommt es zunächst auf deren Ausgestaltung an. Wird das in der Praxis ganz dominierende sogenannte Blockmodell gewählt, bei dem der Arbeitnehmer die Arbeit vorleistet und nach erbrachter Arbeitsleistung anschließend freigestellt wird, ist zu differenzieren: Sofern die Arbeitsunfähigkeit während der Arbeitsphase eintritt, findet § 3 EFZG Anwendung, ohne dass sich Besonderheiten ergeben; tritt die Arbeitsunfähigkeit dagegen während der Freistellungsphase ein, scheitert ein Anspruch schon daran, dass der Betroffene nicht (mehr) zur Arbeit verpflichtet ist und damit auch nicht arbeitsunfähig werden kann (ausf. *Debler,* NZA 2001, 1285).

34   Ohne Bedeutung ist die Staatsangehörigkeit des Betroffenen. **Ausländische Arbeitnehmer,** die von einem inländischen Arbeitgeber in der Bundesrepublik Deutschland beschäftigt sind, haben ebenfalls Anspruch auf Ent-

II. Entgeltfortzahlung bei Arbeitsverhinderung § 3 EFZG

geltfortzahlung nach § 3 EFZG (vgl. BAG AP Nr. 4 Internationales Privatrecht/Arbeitsrecht; *Kaiser/Dunkl/Hold/Kleinsorge* § 3 EFZG Rdn. 8; *Wedde/Kunz* § 1 EFZG Rdn. 7; vgl. auch § 1 EFZG Rdn. 26).

Keine Arbeitnehmer im Sinne des allgemeinen Arbeitsrechts sind normalerweise **Auszubildende** im Sinne des Berufsbildungsgesetzes, d. h. Personen, denen in einem Berufsausbildungsverhältnis eine „breit angelegte berufliche Grundbildung und die für die Ausübung einer qualifizierten beruflichen Tätigkeit notwendigen Fertigkeiten und Kenntnisse in einem geordneten Ausbildungsgang" (§ 1 Abs. 2 BBiG) vermittelt werden. Hinsichtlich der Fortzahlung der Vergütung an diesen Personenkreis schreibt § 12 S. 2 BBiG jedoch vor, dass das Entgeltfortzahlungsrecht Anwendung findet, wenn der Auszubildende infolge einer unverschuldeten Krankheit, einer Maßnahme der medizinischen Vorsorge oder Rehabilitation, einer Sterilisation oder eines Schwangerschaftsabbruchs durch einen Arzt nicht an der Berufsausbildung teilnehmen kann. Auszubildende sind damit zwar keine Arbeitnehmer, sie gehören jedoch jedenfalls in einem weiteren Sinne zum **anspruchsberechtigten Personenkreis.** 35

Keine direkte Anwendung finden die allgemeinen Regeln über die Entgeltfortzahlung im Krankheitsfall auch auf **Kapitäne und Besatzungsmitglieder** (Schiffsoffiziere, sonstige Angestellte und Schiffsleute) **von Kauffahrteischiffen,** die die Bundesflagge führen. Für diesen Personenkreis gelten die §§ 48, 52a, 78 SeemG, die den Besonderheiten der Seefahrt Rechnung tragen sollen. Die daraus resultierenden Unterschiede sind jedoch gering, da das Seemannsgesetz im wesentlichen auf das Entgeltfortzahlungsgesetz verweist. 36

Nicht zum anspruchsberechtigten Personenkreis im Sinne des § 3 Abs. 1 EFZG gehören schließlich **Heimarbeiter** (Personen, die in einer selbst gewählten Arbeitsstätte allein oder mit Familienangehörigen im Auftrag von Gewerbetreibenden erwerbsmäßig arbeiten, jedoch die Verwertung des Arbeitsergebnisses dem auftraggebenden Gewerbetreibenden überlassen, § 2 Abs. 1 HAG), **Hausgewerbetreibende** (Personen, die in einer selbstgewählten Arbeitsstätte mit nicht mehr als zwei fremden Hilfskräften oder Heimarbeitern Waren herstellen, bearbeiten oder verpacken, wobei sie selbst wesentlich mitarbeiten, jedoch die Verwertung des Arbeitsergebnisses dem unmittelbar oder mittelbar auftraggebenden Gewerbetreibenden überlassen, § 2 Abs. 2 HAG) sowie die den Heimarbeitern oder Hausgewerbetreibenden **Gleichgestellten.** Für diesen Personenkreis erfolgt die Absicherung des Risikos der krankheitsbedingten Arbeitsunfähigkeit nicht über einen Entgeltfortzahlungsanspruch, sondern über einen Zuschlag zum Arbeitsentgelt nach § 10 EFZG (vgl. ausführlich die Kommentierung zu § 10 EFZG). 37

Bei **grenzüberschreitenden Arbeitsverhältnissen** gilt für deutsche Arbeitnehmer – jedenfalls soweit nicht ausdrücklich eine andere Rechtswahl getroffen worden ist – nach Auffassung des BAG § 3 EFZG, da es sich um eine Eingriffsnorm i. S. d. Art. 34 EGBGB handelt (AP Nr. 10 zu Art. 30 EGBGB mit Anm. *Schlachter* = SAE 2002, 253 mit Anmerkung *Junker;* teilw. krit. *Gragert/Drenckhahn,* NZA 2003, 305; *Thüsing,* NZA 2003, 1303). 38

2. Arbeitsverhinderung durch Arbeitsunfähigkeit infolge Krankheit

39 Wichtigste Voraussetzung des Anspruchs auf Entgeltfortzahlung ist die Arbeitsverhinderung durch Arbeitsunfähigkeit infolge Krankheit. Es muss eine **krankheitsbedingte Arbeitsunfähigkeit** vorliegen (Rdn. 40ff.) und diese muss die **alleinige Ursache** für die Arbeitsverhinderung sein (Rdn. 78ff., Kausalität).

a) Krankheitsbedingte Arbeitsunfähigkeit

aa) Allgemeines

40 Der Begriff der **Krankheit** wird im Arbeitsrecht ebenso wenig gesetzlich definiert wie im Sozialversicherungsrecht.

41 Im **Sozialversicherungsrecht,** in dem die Interpretation des Krankheitsbegriffs von jeher besondere Bedeutung hat, wird Krankheit definiert als ein regelwidriger Körper- oder Geisteszustand, der Behandlungsbedürftigkeit und/oder Arbeitsunfähigkeit zur Folge hat. Diese Definition lässt sich zurückverfolgen bis auf ein Urteil des Preußischen Oberverwaltungsgerichts vom 10. Oktober 1883 (OVGE 18, 335, 336); sie ist später vom Reichsversicherungsamt (RVA AN 1916, 241) und dann vom Bundessozialgericht (BSGE 13, 134, 136; 28, 114, 115; 33, 202, 203; 35, 10, 12) übernommen worden.

42 Als **regelwidrig** im Sinne dieser Definition ist ein Körper- oder Geisteszustand anzusehen, der von der durch das Leitbild des gesunden Menschen geprägten Norm abweicht (BSGE 26, 240, 242), wobei unter Gesundheit jener Zustand zu verstehen ist, der dem Einzelnen die Ausübung seiner körperlichen und geistigen Funktionen ermöglicht (BSGE 35, 10, 12). **Behandlungsbedürftigkeit** im Sinne des sozialversicherungsrechtlichen Krankheitsbegriffs liegt vor, wenn der regelwidrige Zustand ohne ärztliche Hilfe nicht mit Aussicht auf Erfolg behoben, zumindest aber gebessert oder vor Verschlimmerung bewahrt werden kann oder wenn eine ärztliche Behandlung erforderlich ist, um Schmerzen oder sonstige Beschwerden zu lindern (BSGE 35, 10, 12 m.w.N.). **Arbeitsunfähigkeit** ist schließlich zu bejahen, wenn der Betroffene seiner bisher ausgeübten Erwerbstätigkeit nicht mehr oder nur noch auf die Gefahr hin nachgehen kann, seinen Zustand zu verschlimmern (BSGE 19, 179, 181; 26, 288, 290).

43 Im Schrifttum zum Entgeltfortzahlungsrecht findet sich häufig die Feststellung, der arbeitsrechtliche und der sozialversicherungsrechtliche Krankheitsbegriff seien identisch (vgl. *Brecht* § 3 EFZG Rdn. 9; Kasseler Handbuch/*Vossen* Rdn. 44; anders MüKo/*Schaub* § 616 Rdn. 38).

44 Ob diese Gleichsetzung allerdings sinnvoll ist, erscheint doch zweifelhaft. Die Prüfung, ob die Regelwidrigkeit behandlungsbedürftig im Sinne des Sozialversicherungsrechts ist, ist im Zusammenhang mit dem Entgeltfortzahlungsanspruch aus § 3 EFZG letztlich wenig effektiv, da allein die Behandlungsbedürftigkeit – anders als im Sozialversicherungsrecht – keine Ansprüche auslöst; dazu bedarf es vielmehr der (krankheitsbedingten) Arbeitsunfähigkeit. Ebenso wenig hilfreich ist es, die Arbeitsunfähigkeit im Sinne des sozialversicherungsrechtlichen Krankheitsbegriffs zu untersuchen, da

II. Entgeltfortzahlung bei Arbeitsverhinderung § 3 EFZG

ohnehin noch die Arbeitsunfähigkeit im Sinne des Entgeltfortzahlungsgesetzes zu prüfen ist; es käme, würde man beides exakt prüfen, weitgehend zu einer doppelten Prüfung. Es erscheint daher zweckmäßiger, Krankheit im Sinne des Entgeltfortzahlungsrechts zu definieren als **regelwidrigen Körper- oder Geisteszustand** (ebenso *Feichtinger/Malkmus* § 3 EFZG Rdn. 22; *Kaiser/Dunkl/Hold/Kleinsorge* § 3 EFZG Rdn. 27; MünchArbR/*Boecken* § 83 Rdn. 25f.; *Staudinger/Oetker* § 616 Rdn. 197 m.w.N.; *Stückmann,* NZS 1994, 529, 531; *Vossen,* Entgeltfortzahlung, Rdn. 75; ähnlich *Wedde/Kunz* § 1 EFZG Rdn. 6 und § 3 EFZG Rdn. 39). Veränderungen ergeben sich hierdurch letztlich allerdings nicht, da ein Anspruch auf Entgeltfortzahlung selbstverständlich nur bei Arbeitsunfähigkeit geltend gemacht werden kann und diese in jedem Fall zu prüfen ist; der Verzicht auf die doppelte Prüfung der Arbeitsunfähigkeit dient eher der Vermeidung von Missverständnissen (ebenso *Staudinger/Oetker* § 616 Rdn. 200). 45

bb) Krankheit

Als **Krankheit** kommt **jeder regelwidrige Körper- oder Geisteszustand** in Betracht. Die **Ursache** der Erkrankung ist ohne Bedeutung (BAG AP Nr. 17 und 40 zu § 1 LFZG; ErfK/*Dörner* § 3 EFZG Rdn. 11; *Feichtinger/Malkmus* § 3 EFZG Rdn. 23; MünchArbR/*Boecken* § 83 Rdn. 27; *Schaub,* Arbeitsrechts-Handbuch, § 98 II 2b; *Staudinger/Oetker* § 616 Rdn. 210; *Vogelsang,* Entgeltfortzahlung, S. 27); insbesondere ist nicht erforderlich, dass die Erkrankung in einem Zusammenhang mit der Arbeitsleistung steht (vgl. BAG AP Nr. 45 zu § 1 ArbKrankhG). Die Krankheit kann zum Beispiel auf Ansteckung (HzA/*Vossen* Gruppe 2 Rdn. 43) oder Veranlagung (BAG AP Nr. 40 zu § 1 LFZG; MüKo/*Schaub* § 616 Rdn. 39), auf einen missglückten Selbstmordversuch, auf einen Arbeitsunfall oder eine Berufskrankheit, auf einen Sportunfall oder einen Verkehrsunfall zurückgehen (*Kaiser/Dunkl/Hold/Kleinsorge* § 3 EFZG Rdn. 29; *Reinecke,* DB 1998, 130). 46

Trunk- oder Drogensucht ist ebenfalls als Krankheit im Sinne des Entgeltfortzahlungsrechts anzusehen (BAG AP Nr. 40, 52 und 94 zu § 1 LFZG; *Feichtinger/Malkmus* § 3 EFZG Rdn. 43f. und 141ff.; MünchArbR/*Boecken* § 83 Rdn. 27; *Staudinger/Oetker* § 616 Rdn. 201; *Vossen,* Entgeltfortzahlung, Rdn. 76; *Wedde/Kunz* § 3 EFZG Rdn. 39). Auch (übermäßiges) Rauchen wird man als Sucht und damit als Krankheit ansehen müssen (HzA/*Vossen* Gruppe 2 Rdn. 43; *Lepke,* Arbeitsunfähigkeit des Arbeitnehmers 1993, 164; MüKo/*Schaub* § 616 Rdn. 38; eine Stellungnahme zu zahlreichen einzelnen Erkrankungen findet sich z.B. bei GK-EFZR-*Birk* § 1 LFZG Rdn. 191). Ob die Folgen der Suchterkrankung Entgeltfortzahlungsansprüche auslösen, ist allerdings (u.a.) davon abhängig, ob man dem Arbeitnehmer einen Verschuldensvorwurf machen kann (*Reinecke,* DB 1998, 130, 131; ausführlich *Sonnleitner,* Entgeltfortzahlung und Alkoholismus). 47

Um als Krankheit angesehen zu werden, muss die Regelwidrigkeit **von einer gewissen Erheblichkeit** sein. Ein Zustand, der lediglich den Anlass für eine medizinisch nicht erforderliche Schönheitsoperation darstellt, ist zum Beispiel keine Krankheit im Sinne des § 3 Abs. 1 EFZG (vgl. LAG 48

Hamm DB 1986, 2061; 1988, 1455; MünchArbR/*Boecken* § 83 Rdn. 26); ist dennoch eine Operation durchgeführt worden, die zur krankheitsbedingten Arbeitsunfähigkeit führt, entfällt ein Entgeltfortzahlungsanspruch in der Regel, weil dem Arbeitnehmer ein Verschuldensvorwurf zu machen ist. Nicht als Krankheit anzusehen ist auch Kurzsichtigkeit, die die Arbeit nicht beeinträchtigt, weil sie durch das Tragen einer Brille korrigiert werden kann (ArbG Frankfurt/Main BB 2000, 2101).

49 Da es nicht auf die Ursache der Erkrankung ankommt, führt die Tatsache, dass der Arbeitnehmer sich die Krankheit bei einer (**verbotenen**) selbständigen oder unselbständigen **Nebentätigkeit** zugezogen hat, nicht dazu, dass keine Erkrankung im Sinne des Entgeltfortzahlungsrechts vorliegt (BAG AP Nr. 38 und 49 zu § 1 LFZG; *Staudinger/Oetker* § 616 Rdn. 207). Der Entgeltfortzahlungsanspruch kann aber unter Umständen unter dem Blickwinkel des Verschuldens (vgl. unten Rdn. 110 ff.) oder des Rechtsmissbrauchs (vgl. unten Rdn. 152 ff.) entfallen.

50 Das Vorliegen einer Krankheit setzt **nicht** voraus, dass der Zustand heilbar ist (*Worzalla/Süllwald* § 3 EFZG Rdn. 11). **Heilbarkeit** gehört ebenso wenig zu den Voraussetzungen einer Krankheit im Sinne des Entgeltfortzahlungsrechts wie **Behandlungsfähigkeit** (ErfK/*Dörner* § 3 EFZG Rdn. 14; bezüglich der Behandlungsfähigkeit a. A. *Lepke,* Arbeitsunfähigkeit des Arbeitnehmers 1993, 161).

51 Keine Krankheit ist dagegen eine normal verlaufende **Schwangerschaft** (BAG AP Nr. 1 zu § 13 MuSchG; AP Nr. 61 zu § 1 LFZG; *Brecht* § 3 EFZG Rdn. 11; *Feichtinger/Malkmus* § 3 EFZG Rdn. 46; *Kaiser/Dunkl/Hold/Kleinsorge* § 3 EFZG Rdn. 31; Kasseler Handbuch/*Vossen* Rdn. 42); etwas anderes kann gelten, wenn während der Schwangerschaft krankhafte Beschwerden auftreten (MüKo/*Schaub* § 616 Rdn. 40; *Staudinger/Oetker* § 616 Rdn. 203 m. w. N.). Auch eine Fehlgeburt ist im Regelfall als Krankheit anzusehen (zum Anspruch auf Mutterschutzlohn bei krankheitsbedingtem Beschäftigungsverbot *Lembke,* NZA 1998, 349; ausführlich *Weyand,* BB 1994, 1852; unten Rdn. 90 ff.).

52 Nicht als Krankheit im medizinischen sowie im entgeltfortzahlungsrechtlichen Sinne anzusehen ist auch das gewöhnliche **altersbedingte Nachlassen der Leistungsfähigkeit** (*Kaiser/Dunkl/Hold/Kleinsorge* § 3 EFZG Rdn. 31; MüKo/*Schaub* § 616 Rdn. 40; *Vossen,* Entgeltfortzahlung, Rdn. 76).

cc) **Arbeitsunfähigkeit**

53 Um den Entgeltfortzahlungsanspruch auszulösen, muss die Krankheit zur **Arbeitsunfähigkeit** führen.

54 Arbeitsunfähigkeit ist zunächst dann **zu bejahen,** wenn der Arbeitnehmer wegen der Schwere der Erkrankung seiner Tätigkeit **objektiv** nicht oder nur auf die Gefahr hin nachgehen kann, dass sich sein Gesundheitszustand verschlechtert (BAG AP Nr. 33 zu § 63 HGB; F*eichtinger/Malkmus* § 3 EFZG Rdn. 25; *Worzalla/Süllwald* § 3 EFZG Rdn. 13). Auch unzumutbare Schmerzen oder Arbeitserschwernisse (abgespreizter Finger bei der Arbeit) können zur Arbeitsunfähigkeit führen (BAG AP Nr. 54 zu § 1 LFZG; MüKo/*Schaub* § 616 Rdn. 42; *Stückmann,* NZS 1994, 539, 541). Objektiv arbeitsunfähig ist der Arbeitnehmer auch dann, wenn notwendige technische

II. Entgeltfortzahlung bei Arbeitsverhinderung   § 3 EFZG

Hilfsmittel oder Körperersatzstücke repariert werden müssen (LAG Düsseldorf BB 1977, 1652; *Feichtinger/Malkmus* § 3 EFZG Rdn. 32; HzA/*Vossen* Gruppe 2 Rdn. 59; *Lepke,* Arbeitsunfähigkeit des Arbeitnehmers 1993, 165; MüKo/*Schaub* § 616 Rdn. 43; *Schaub,* Arbeitsrechts-Handbuch, § 98 II 3b; *Wedde/Kunz* § 3 EFZG Rdn. 49).

Keine Arbeitsunfähigkeit liegt dagegen vor, wenn der Betroffene sich **55 während der Arbeitszeit zu einem Arzt begibt,** obwohl er außerhalb der Behandlungstermine (weitgehend) beschwerdefrei weiterarbeiten kann (BAG AP Nr. 12 zu § 1 LFZG; AP Nr. 64 zu § 616 BGB) oder wenn die Arbeit nur wegen der langen **Anfahrt zum Behandlungsort** ausfallen muss (BAG AP Nr. 62 zu § 1 LFZG); unter Umständen kann in diesem Fall jedoch § 616 BGB zur Anwendung kommen (BAG AP Nr. 8 zu § 620 BGB Bedingung; *Feichtinger/Malkmus* § 3 EFZG Rdn. 50; HzA/*Vossen* Gruppe 2 Rdn. 58; *Kaiser/Dunkl/Hold/Kleinsorge* § 3 EFZG Rdn. 33; Kasseler Handbuch/*Vossen* Rdn. 53; vgl. auch *Brecht* § 3 EFZG Rdn. 16; *Staudinger/Oetker* § 616 Rdn. 209; ausführlicher unten Teil E I).

Darüber hinaus liegt Arbeitsunfähigkeit auch dann vor, wenn dem Arbeit- **56** nehmer die Arbeitsleistung **subjektiv** unzumutbar ist, weil eine **Heilbehandlung** erforderlich ist (HzA/*Vossen* Gruppe 2 Rdn. 48; Kasseler Handbuch/*Vossen* Rdn. 46, 48). Arbeitsunfähigkeit besteht daher auch dann, wenn der Arbeitnehmer ohne die Behandlung seinen Dienst hätte fortsetzen können und erst die vom Arzt veranlasste erforderliche Operation ihn daran hindert (BAG AP Nr. 12 zu § 1 LFZG) oder wenn ein angeborenes Leiden operativ behoben werden muss (BAG AP Nr. 4 zu § 1 LFZG; AP Nr. 62 zu § 1 LFZG).

Arbeitsunfähigkeit liegt weiterhin auch dann vor, wenn der Arbeitnehmer **57** wegen der **Ansteckungsgefahr für Dritte** nicht weiterarbeiten darf (BAG AP Nr. 6 zu § 6 LFZG – gesetzliches Beschäftigungsverbot gem. § 17 BSeuchG; AP Nr. 2 zu § 18 BSeuchG; *Gola* § 3 EFZG Anm. 3.3.1; *Lepke,* Arbeitsunfähigkeit des Arbeitnehmers 1993, 165; kritisch zur dogmatischen Behandlung des Problems GK-EFZR-*Birk* § 1 LFZG Rdn. 205 ff.).

Da die Arbeitsunfähigkeit **tatsächlich vorliegen** muss, besteht auch dann **58** kein Anspruch nach § 3 Abs. 1 EFZG, wenn aufgrund einer ärztlichen **Fehldiagnose** irrtümlich Arbeitsunfähigkeit angenommen wird (vgl. BAG AP Nr. 86 zu § 1 LFZG; ErfK/*Dörner* § 3 EFZG Rdn. 23; *Geyer/Knorr/Krasney* § 3 EFZG Rdn. 34; HzA/*Vossen* Gruppe 2 Rdn. 64; *Kaiser/Dunkl/Hold/Kleinsorge* § 3 EFZG Rdn. 50; a. A. MüKo/*Schaub* § 616 Rdn. 42; *Wedde/Kunz* § 3 EFZG Rdn. 44); der Arbeitnehmer wird in diesem Fall in der Regel einen Anspruch nach § 616 BGB gelten machen können, jedoch nur, wenn dieser nicht vertraglich ausgeschlossen ist (*Schaub,* Arbeitsrechts-Handbuch, § 98 II 3).

Ob **Arbeitsunfähigkeit** vorliegt, ist stets **nach der zu verrichtenden 59 Tätigkeit und dem konkreten Arbeitnehmer zu beurteilen** (BAG AP Nr. 52 zu § 616 BGB; MüKo/*Schaub* § 616 Rdn. 46; *Reinecke,* DB 1998, 130, 132 m. w. N.; vgl. auch *Worzalla/Süllwald* § 3 EFZG Rdn. 17). Eine Fußverletzung führt z. B. bei einer sitzenden Tätigkeit nicht zwangsläufig zur Arbeitsunfähigkeit (*Kaiser/Dunkl/Hold/Kleinsorge* § 3 EFZG Rdn. 42; *Schaub,* Arbeitsrechts-Handbuch, § 98 II 3 e; *Wedde/Kunz* § 3 EFZG Rdn. 50) und zwei im wesentlichen gleichartige Handverletzungen können den einen Arbeitnehmer als Dreher arbeitsunfähig machen, während der andere Arbeitnehmer als Telefonist arbeitsfähig bleibt (MünchArbR/*Boecken* § 83 Rdn. 48); ein gebrochener linker Arm wird bei einer (angestellten) Sportlehrerin zur Arbeitsunfähigkeit führen, während bei einer Lehrerin für Deutsch oder Mathematik — sofern sie Rechtshänderin ist — eine andere Beurteilung angezeigt ist (*Stückmann*, NZS 1994, 529, 530); Heiserkeit schließlich führt bei einem Sänger sicherlich zur Arbeitsunfähigkeit, nicht jedoch bei einem Schlosser (*Eich*, BB 1988, 198; *Reinecke*, DB 1998, 130, 132).

60 Besondere Probleme bereitet die Behandlung der sog. **Teilarbeitsunfähigkeit,** von der man spricht, wenn ein erkrankter Arbeitnehmer zwar nicht im bisherigen, wohl aber in einem verminderten Umfang tätig sein kann. (Zumindest) zwei Varianten sind insoweit zu unterscheiden:
— Der Arbeitnehmer kann zwar nicht die unmittelbar vor der Erkrankung ausgeübte, wohl aber eine andere Tätigkeit im bisherigen zeitlichen Umfang ausüben **(qualitative Abweichung),** oder
— der Arbeitnehmer kann zwar die unmittelbar vor der Erkrankung ausgeübte Tätigkeit ausüben, er ist hierzu aber nur in zeitlich verringertem Umfang in der Lage **(quantitative Abweichung).**

61 Denkbar sind schließlich auch Kombinationen dieser beiden Varianten (Untergliederung in Anlehnung an MünchArbR/*Boecken* § 83 Rdn. 48).

62 In den Fällen der **qualitativen Abweichung** kommt es darauf an, ob der Arbeitnehmer ohne die Erkrankung vom Arbeitgeber auf diese andere Tätigkeit hätte **verwiesen** werden können. Soweit der Arbeitsvertrag eine entsprechende Verweisung des gesunden Arbeitnehmers ermöglicht, kann auch der erkrankte Arbeitnehmer auf diese Tätigkeit verwiesen werden, d. h. der Arbeitnehmer ist nicht arbeitsunfähig (ähnlich *Gaul*, DB 1992, 2190; HzA/ *Vossen* Gruppe 2 Rdn. 52; *Kaiser/Dunkl/Hold/Kleinsorge* § 3 EFZG Rdn. 44 f.; Kasseler Handbuch/*Vossen* Rdn. 49, 50; MüKo/*Schaub* § 616 Rdn. 46, MünchArbR/*Boecken* § 83 Rdn. 42; *Reinecke*, DB 1998, 130, 133; a. A. LAG Rheinland-Pfalz NZA 1992, 169; vgl. auch *Stückmann*, NZS 1994, 529, 532). § 74 SGB V, der die stufenweise Wiedereingliederung arbeitsunfähiger Versicherter behandelt, steht dieser Betrachtungsweise nicht entgegen, denn die Vorschrift setzt Arbeitsunfähigkeit voraus, an der es gerade fehlt, wenn der Arbeitnehmer eine vertraglich geschuldete Tätigkeit im normalen Umfang ausüben kann (*Gitter*, ZfA 1995, 123, 160 ff. m. w. N; *Stückmann*, DB 1998, 1662, 1664; *Wank*, DB 1992, 1993, 1997).

63 Hinsichtlich des Direktionsrechts des Arbeitgebers ist nunmehr auch § 106 GewO in der seit dem 1. Januar 2003 geltenden Fassung zu beachten, wonach das Weisungsrecht des Arbeitgebers nur dann ausgeübt werden kann, wenn und soweit die Arbeitsbedingungen nicht vertraglich, durch Betriebsvereinbarung oder Tarifvertrag oder gesetzlich festgelegt sind.

64 Anders ist die Situation dagegen zu beurteilen, wenn der Arbeitnehmer die unmittelbar vor der Erkrankung ausgeübte Tätigkeit nur in zeitlich verringertem Umfang fortsetzen kann **(quantitative Abweichung).** Der Arbeitnehmer ist in diesem Fall nicht in der Lage, die vertraglich geschuldete Arbeitsleistung zu erbringen, so dass man Arbeitsunfähigkeit bejahen muss (so auch *Wedde/Kunz* § 3 EFZG Rdn. 52). Dass der Arbeitnehmer

II. Entgeltfortzahlung bei Arbeitsverhinderung § 3 EFZG

nicht verpflichtet ist, die Arbeitsleistung unter diesen Voraussetzungen teilweise zu erbringen, muss man wohl aus § 74 SGB V entnehmen, der Regelungen über die **stufenweise Wiedereingliederung** enthält (a. A. *Feichtinger/Malkmus* § 3 EFZG Rdn. 37 f., die § 74 SGB V als spezialgesetzliche Regelung nicht heranziehen wollen). Auch wenn die Vorschrift nach ihrem Wortlaut primär den Inhalt ärztlicher Bescheinigungen zum Gegenstand hat, so wird man ihr doch mit dem BAG auch entnehmen müssen, dass der Arbeitnehmer nicht zur teilweisen Arbeitsleistung verpflichtet ist (BAG AP Nr. 1 zu § 74 SGB V; *Gitter,* ZfA 1995, 123, 129; *Gola* § 3 EFZG Anm. 3.3.3; *Kaiser/Dunkl/Hold/Kleinsorge* § 3 EFZG Rdn. 43; Kasseler Handbuch/*Vossen* Rdn. 51; *Reinecke,* DB 1998, 130, 133; *Schaub,* Arbeitsrechts-Handbuch, § 98 II 3 e; *Staudinger/Oetker* § 616 Rdn. 215 ff.; a. A. *Feichtinger/Malkmus* § 3 EFZG Rdn. 36, die für den Einzelfall jedenfalls nicht ausschließen, dass der Arbeitgeber im Rahmen seines Direktionsrechts die geschuldete Arbeitsleistung auf Teiltätigkeiten zurückführt, sofern sich die Arbeitsleistung in selbständig bewertbare Teilleistungen zerlegen lässt und eine Teilarbeitsfähigkeit erhalten bleibt; vgl. auch *Glaubitz,* NZA 1992, 402).

Gleiches muss für den Fall gelten, dass **qualitative und quantitative Abweichungen zusammentreffen** (zur Teilarbeitsunfähigkeit vgl. aus der Zeit vor dem Inkrafttreten des § 74 SGB V außerdem *Breuer,* RdA 1984, 332; *Röwekamp,* SozSich 1985, 204; *Schulin,* SGb 1984, 285). 65

Soweit der Arbeitnehmer im Interesse seiner beruflichen **Wiedereingliederung** bereit und in der Lage ist, in geringerem Umfang als vertraglich geschuldet tätig zu sein, bedarf es dazu einer besonderen **Vereinbarung** zwischen Arbeitgeber und Arbeitnehmer (BAG AP Nr. 1 und 2 zu § 74 SGB V; *Gitter,* ZfA 1995, 123, 131; *v. Hoyningen-Huene,* NZA 1992, 49, 51). Zum Abschluss einer entsprechenden Vereinbarung ist der Arbeitgeber grundsätzlich nicht verpflichtet; allenfalls bei besonders schutzbedürftigen Arbeitnehmern kann eine entsprechende Verpflichtung aufgrund der Fürsorgepflicht bestehen (vgl. BAG AP Nr. 1 zu § 74 SGB V; *Kaiser/Dunkl/Hold/Kleinsorge* § 3 EFZG Rdn. 47). 66

Da die Frage nach dem Vorliegen von Arbeitsunfähigkeit nach der vertraglich **geschuldeten Tätigkeit** des Arbeitnehmers zu beurteilen ist, liegt **keine Arbeitsunfähigkeit** vor, wenn der Arbeitnehmer zwar seine (z. B. sitzende) Tätigkeit verrichten könnte, er aber den **Weg zur Arbeitsstätte** nicht zurücklegen kann (BAG AP Nr. 4 zu § 11 MuSchG; *Brecht* § 3 EFZG Rdn. 17; ErfK/*Dörner* § 3 EFZG Rdn. 27; *Gola* § 3 EFZG Anm. 3.6; HzA/ *Vossen* Gruppe 2 Rdn. 60; MüKo/*Schaub* § 616 Rdn. 45; *Viethen,* Entgeltfortzahlungsgesetz, S. 18; im Ergebnis wohl auch *Staudinger/Oetker* § 616 Rdn. 223; a. A. MünchArbR/*Boecken* § 83 Rdn. 40; *Wedde/Kunz* § 3 EFZG Rdn. 48; vgl. auch *Stückmann,* NZS 1994, 529, der davon ausgeht, der Arbeitgeber könne Arbeitsunfähigkeit beseitigen, indem er den Arbeitnehmer abholen lässt. 67

Die praktische Bedeutung dieser Frage dürfte im übrigen nicht allzu groß sein, denn Fälle, in denen der Arbeitnehmer zwar seine berufliche Tätigkeit ausüben, den Arbeitsweg aber objektiv nicht zurücklegen kann, sind schwer vorstellbar. In der Regel wird es ausreichen, dass der Arbeitnehmer das 68

Transportmittel wechselt o. ä.; die daraus resultierenden Unannehmlichkeiten dürfen aber kein Anlass sein, Arbeitsunfähigkeit zu bejahen.

69 Dass dem Arbeitnehmer eine Rente wegen **Erwerbsunfähigkeit** bewilligt wird, besagt nicht zwangsläufig, dass der Arbeitnehmer arbeitsunfähig im Sinne des Entgeltfortzahlungsrechts ist (*Oetker,* SAE 1987, 79). Die Erwerbsunfähigkeit des Arbeitnehmers begründet auch keine widerlegbare Vermutung oder Indizwirkung für das Vorliegen von Arbeitsunfähigkeit; die Arbeitsunfähigkeit ist in jedem Fall gesondert zu prüfen (HzA/*Vossen* Gruppe 2 Rdn. 62; *Staudinger/Oetker* § 616 Rdn. 214; *Vossen,* Entgeltfortzahlung, Rdn. 93).

dd) Einzelfragen

70 Ein besonderes Problem stellt die entgeltfortzahlungsrechtliche Behandlung von regelwidrigen, mit Arbeitsunfähigkeit verbundenen Zuständen dar, die der Arbeitnehmer selbst willentlich herbeigeführt hat, ohne dass man ihm deshalb einen Verschuldensvorwurf machen sollte. Da der Gesetzgeber für Schwangerschaftsabbrüche und Sterilisationen in § 3 Abs. 2 EFZG eine ausdrückliche Regelung getroffen hat, stellt sich die Frage speziell für **Organspender** sowie bei Arbeitsunfähigkeit im Zusammenhang mit der Durchführung einer **künstlichen Befruchtung.**

71 Ein Arbeitnehmer, der sich zugunsten eines Dritten, häufig eines Verwandten, zu einer **Organspende** bereit findet, ist nach der Organspende typischerweise krankheitsbedingt – eine Regelwidrigkeit lässt sich wohl kaum verneinen – arbeitsunfähig. Das BAG hat einem Arbeitnehmer unter diesen Voraussetzungen dennoch einen Entgeltfortzahlungsanspruch versagt, weil der Arbeitgeber nur dann das Krankheitsrisiko trage, wenn die Arbeitsunfähigkeit den Arbeitnehmer wie ein „normales Krankheitsschicksal" treffe (BAG AP Nr. 68 zu § 1 LFZG; *Gola* § 3 EFZG Anm. 3.6; *Kaiser/Dunkl/ Hold/Kleinsorge* § 3 EFZG Rdn. 51; RGRK/*Matthes* § 616 Rdn. 74; vgl. auch *Brecht* § 3 EFZG Rdn. 11; *Worzalla/Süllwald* § 3 EFZG Rdn. 12).

72 Hiergegen lässt sich jedoch einwenden, dass die skizzierte Einschränkung aus dem Gesetzestext kaum zu entnehmen ist und dass man sich – folgt man dem genannten Ansatz – auch in vielen anderen Fällen der Arbeitsunfähigkeit fragen müsste, ob die Arbeitsunfähigkeit noch auf ein „normales Krankheitsschicksal" zurückzuführen ist. Auch der Versuch, die Entgeltfortzahlungspflicht des Arbeitgebers auszuschließen, indem man ein Verschulden des Organspenders annimmt (so *Staudinger/Oetker* § 616 Rdn. 205) ist kaum überzeugend, denn es ist doch wenig befriedigend, wenn man einem Organspender einen Verschuldensvorwurf macht und sich dann vor Augen führt, welche Verhaltensweisen im übrigen im Anwendungsbereich des § 3 Abs. 1 EFZG als nicht schuldhaft angesehen werden (vgl. unten Rdn. 110 ff.).

73 Man sollte unter diesen Voraussetzungen Organspendern einen Entgeltfortzahlungsanspruch zuerkennen (ebenso MünchArbR/*Boecker* § 83 Rdn. 29; *Wedde/Kunz* § 3 EFZG Rdn. 92). Die daraus resultierenden Belastungen der Arbeitgeber halten sich angesichts der Zahl der Betroffenen in Grenzen; soweit man einen Ausgleich für notwendig hält, sollte man darüber nachdenken, ob man nicht z. B. das Verschulden an anderer Stelle weniger arbeitnehmerfreundlich interpretieren sollte.

II. Entgeltfortzahlung bei Arbeitsverhinderung § 3 EFZG

Problematisch ist auch die Behandlung von Maßnahmen zur **künstlichen** 74
Befruchtung, die zur Arbeitsunfähigkeit führen. Unfruchtbarkeit wird im
allgemeinen zurecht als Regelwidrigkeit und damit als Krankheit angesehen
(vgl. BGH NJW 1987, 703; BSG NJW 1990, 2959; *Lepke,* Arbeitsunfähigkeit des Arbeitnehmers 1993, 162; MüKo/*Schaub* § 616 Rdn. 38). Es stellt
sich damit die Frage, wie es zu beurteilen ist, wenn der Arbeitnehmer sich
im Hinblick auf die Unfruchtbarkeit einer Behandlung unterzieht, die zur
Arbeitsunfähigkeit führt.

Zur Beantwortung dieser Frage sollte man an den Bestimmungen bzw. 75
Wertungen des Rechts der gesetzlichen Krankenversicherung anknüpfen.
Während § 27 S. 5 SGB V i. d. F. des Gesundheits-Reformgesetzes zunächst
ausdrücklich klarstellte, dass Leistungen zur künstlichen Befruchtung nicht zu
den Leistungen der gesetzlichen Krankenversicherung gehören, sieht der
durch Art. 2 Nr. 2 KOVAnpG 1990 vom 26. Juni 1990 (BGBl. I S. 1211)
eingefügte **§ 27a SGB V** nunmehr eine differenzierende Lösung vor:
Medizinische Maßnahmen zur Herbeiführung einer Schwangerschaft ge- 76
hören danach zu den Leistungen der gesetzlichen Krankenversicherung,
wenn diese Maßnahmen nach ärztlicher Feststellung erforderlich sind, nach
ärztlicher Feststellung hinreichende Erfolgsaussicht besteht, die Personen, die
diese Maßnahmen in Anspruch nehmen wollen, miteinander verheiratet
sind, ausschließlich Ei- und Samenzellen der Ehegatten verwendet werden
und bestimmte Beratungen durchgeführt worden sind (vgl. § 27 a Abs. 1
Ziff. 1–5 SGB V).

Das Recht der Entgeltfortzahlung im Krankheitsfall sollte an dieser Rege- 77
lung anknüpfen und einen Entgeltfortzahlungsanspruch (ebenfalls) bejahen,
soweit die Voraussetzungen des § 27 a SGB V erfüllt sind; sind die Voraussetzungen für die Inanspruchnahme von Krankenversicherungsleistungen nicht
erfüllt, kann man dagegen Verschulden annehmen und einen Entgeltfortzahlungsanspruch verneinen (im Ergebnis ähnlich ArbG Arnsberg AiB 1993,
466; wohl auch *Reinecke,* DB 1998, 130, 131; restriktiver z. B. *Staudinger/
Oetker* § 616 Rdn. 206). Für diese Lösung spricht u. a., dass sie die künstliche
Befruchtung entgeltfortzahlungsrechtlich jedenfalls im Ergebnis nicht schlechter behandelt als einen von § 3 Abs. 2 EFZG erfassten Schwangerschaftsabbruch.

b) Kausalität

aa) Allgemeines

Neben dem Vorliegen krankheitsbedingter Arbeitsunfähigkeit setzt der 78
Entgeltfortzahlungsanspruch voraus, dass die krankheitsbedingte Arbeitsunfähigkeit die **alleinige Ursache** der Arbeitsverhinderung ist (vgl. u. a. BAG
AP Nr. 29, 53, 58, 64 zu § 1 LFZG; AP Nr. 19 zu § 611 BGB Berufssport;
Brecht § 3 EFZG Rdn. 20; *Feichtinger/Malkmus* § 3 EFZG Rdn. 58; *Kaiser/Dunkl/Hold/Kleinsorge* § 3 EFZG Rdn. 56; Kasseler Handbuch/*Vossen*
Rdn. 55; MüKo/*Schaub* § 616 Rdn. 48; MünchArbR/*Boecken* § 83 Rdn. 57 ff.;
RGRK/*Matthes* § 616 Rdn. 106; *Staudinger/Oetker* § 616 Rdn. 229 ff.; *Vossen,* Entgeltfortzahlung, Rdn. 96; *Worzalla/Süllwald* § 3 EFZG Rdn. 20).

79 Diese Frage war unter der Geltung des Arbeiterkrankheitsgesetzes umstritten. Das BAG hatte sich jedoch bereits zum damaligen Zeitpunkt für die Notwendigkeit eines entsprechenden Ursachenzusammenhangs ausgesprochen und dies damit begründet, dass das Gesetz nur den Zweck verfolge, dem erkrankten Arbeiter seinen Lebensstandard zu sichern; er solle jedoch nicht mehr erhalten, als er erhalte, wenn er gesund sei (BAG AP Nr. 42 zu § 1 ArbKrankhG m.w.N.). Mit dem Inkrafttreten des Lohnfortzahlungsgesetzes ist die Streitfrage im Sinne dieser Rechtsprechung entschieden worden. Die Formulierung „... so verliert er dadurch nicht den Anspruch auf Arbeitsentgelt", die (zunächst) in das Entgeltfortzahlungsgesetz übernommen worden ist, macht deutlich, dass ein Entgeltfortzahlungsanspruch nur dann bestehen kann, wenn der Arbeitnehmer ohne die Erkrankung einen Entgeltfortzahlungsanspruch gehabt hätte.

80 Der Grundsatz der Monokausalität ist allerdings abdingbar, etwa durch Tarifvertrag (vgl. BAG AP Nr. 63 zu § 4 EFZG).

81 Da die krankheitsbedingte Arbeitsunfähigkeit die alleinige Ursache der Arbeitsverhinderung sein muss, besteht grundsätzlich **kein Entgeltfortzahlungsanspruch, wenn der Betroffene im Falle der Nichterkrankung aus anderen Gründen nicht gearbeitet und kein Entgelt erhalten hätte** (ähnlich *Brecht* § 3 EFZG Rdn. 20; HzA/*Vossen* Gruppe 2 Rdn. 66; Kasseler Handbuch/*Vossen* Rdn. 55; MünchArbR/*Boecken* § 83 Rdn. 59). Von Bedeutung ist das Erfordernis einer (mono-)kausalen Verknüpfung zwischen krankheitsbedingter Arbeitsunfähigkeit und Arbeitsverhinderung nach überwiegender Auffassung (teilweise stark einschränkend hinsichtlich der Qualifizierung als Kausalitätsproblem z.B. GK-EFZR-*Birk* § 1 LFZG Rdn. 20 ff.) u.a. für Erkrankungen während eines Arbeitskampfes, während eines (Sonder-)Urlaubs, während einer Kurzarbeitsperiode usw.

bb) Einzelfälle

(1) Arbeitskämpfe

82 Tritt die Erkrankung im zeitlichen Zusammenhang mit einem **Arbeitskampf** auf, ist der Entgeltfortzahlungsanspruch davon abhängig, ob der Erkrankte ohne seine Erkrankung trotz des Arbeitskampfes Arbeitsentgelt erhalten hätte.

83 Streiken **alle Arbeitnehmer** eines Betriebes oder werden alle Arbeitnehmer ausgesperrt, so entfällt der Anspruch auf das Arbeitsentgelt mit der weiteren Folge, dass auch kein Entgeltfortzahlungsanspruch besteht (BAG AP Nr. 39 zu § 1 ArbKrankhG; AP Nr. 29 zu § 1 LFZG; *Brecht* § 3 EFZG Rdn. 21; *Feichtinger/Malkmus* § 3 EFZG Rdn. 60; *Kaiser/Dunkl/Hold/Kleinsorge* § 3 EFZG Rdn. 62 f.). Unerheblich ist dabei, ob der Arbeitnehmer vor oder während des Arbeitskampfes erkrankt (MüKo/*Schaub* § 616 Rdn. 57), entscheidend ist vielmehr, dass es zu einer **Stilllegung des Betriebes** kommt.

84 Anders ist die Situation dagegen, wenn der Arbeitgeber die **Arbeitswilligen weiter beschäftigt (hat)**.

85 Ein Arbeitnehmer, der **bis zur Erkrankung zu den weiterbeschäftigten Arbeitswilligen zählte,** hat nach seiner Erkrankung Anspruch auf Ent-

II. Entgeltfortzahlung bei Arbeitsverhinderung § 3 EFZG

geltfortzahlung, da er anderenfalls Arbeitsentgelt erhalten hätte (BAG AP Nr. 31 zu § 1 ArbKrankhG; *Brecht* § 3 EFZG Rdn. 21; *Feichtinger/Malkmus* § 3 EFZG Rdn. 61).

Keinen Anspruch auf Entgeltfortzahlung im Krankheitsfall hat dagegen ein **86 Arbeitnehmer, der sich zunächst am Streik beteiligt und während des Streiks erkrankt.** Es wird zwar die Auffassung vertreten, ein Arbeitnehmer, der erkrankt, könne durch eine mündliche Erklärung seine Streikbeteiligung beenden und damit einen Entgeltfortzahlungsanspruch zum Entstehen bringen (*Seiter,* Streikrecht und Aussperrungsrecht, S. 301; wohl auch ErfK/*Dörner* § 3 EFZG Rdn. 33), man muss dann jedoch dem Arbeitgeber zumindest auch die Möglichkeit eröffnen, dem geltend gemachten Anspruch den Einwand des Rechtsmissbrauchs entgegenzuhalten (zur Problematik vgl. auch MünchArbR/*Boecken* § 83 Rdn. 77 ff.).

Gehört ein Arbeitnehmer zunächst zu den Arbeitswilligen, die weiterbe- **87** schäftigt werden, erkrankt er dann und werden **zu einem späteren Zeitpunkt alle Arbeitnehmer ausgesperrt,** so hat er zunächst einen Anspruch auf Entgeltfortzahlung, den er dann mit dem Wirksamwerden der Aussperrung verliert.

Umgekehrt erlangt ein Arbeitnehmer einen Entgeltfortzahlungsanspruch **88** ab dem Ende des Streiks, wenn er sich zunächst am Streik beteiligt und dann erkrankt und der **Streik später während seiner Arbeitsunfähigkeit beigelegt** wird.

Erkrankt ein Arbeitnehmer **vor** Beginn des Arbeitskampfes, so hat er wie **89** bereits festgestellt (vgl. oben Rdn. 83) vom Beginn des Arbeitskampfes an keinen Entgeltfortzahlungsanspruch, wenn es zu einer Stilllegung des Betriebes kommt. Beteiligt sich dagegen nur **ein Teil der Arbeitnehmer an dem Arbeitskampf** und arbeitet der Betrieb weiter, so besteht ein Anspruch auf Entgeltfortzahlung auch für die Zeit des Arbeitskampfes. Es ist keine Prognose zu stellen, ob der Arbeitnehmer sich wahrscheinlich an dem Streik beteiligt hätte, sondern die Entgeltfortzahlungspflicht des Arbeitgebers entfällt nur dann, wenn der Arbeitnehmer ausdrücklich oder konkludent erklärt hat, er beteilige sich an dem Streik (BAG AP Nr. 121 zu Art. 9 GG Arbeitskampf; LAG Hamburg AuR 1995, 376 mit Anm. *Gussone; Feichtinger/ Malkmus* § 3 EFZG Rdn. 62; *Kaiser/Dunkl/Hold/Kleinsorge* § 3 EFZG Rdn. 63); hieran wird es beim Zusammentreffen von Arbeitsunfähigkeit und (späterem) Arbeitskampf jedoch regelmäßig fehlen.

(2) Beschäftigungsverbote

Für die Beurteilung gesetzlicher **Beschäftigungsverbote** kommt es auf **90** die **Art des Beschäftigungsverbotes** an. Ist das gesetzliche Beschäftigungsverbot die Folge der Erkrankung (vgl. § 42 Abs. 1, 31 IfSG), besteht ein Anspruch auf Entgeltfortzahlung (BAG AP Nr. 6 zu § 6 LFZG; ErfK/*Dörner* § 3 EFZG Rdn. 38; *Feichtinger/Malkmus* § 3 EFZG Rdn. 65). Das Infektionsschutzgesetz enthält darüber hinaus einen spezialgesetzlichen Entschädigungsanspruch für Personen, die aufgrund eines seuchenpolizeilichen Beschäftigungsverbotes ihrer Erwerbstätigkeit nicht nachgehen können (vgl. 42, 56 IfSG).

EFZG § 3 Anspruch auf Entgeltfortzahlung im Krankheitsfall

91 Kein Anspruch besteht dagegen bei krankheitsunabhängigen Beschäftigungsverboten wie den mutterschutzrechtlichen Beschäftigungsverboten außerhalb der Schutzfristen; in diesem Fall besteht ein Anspruch auf Mutterschutzlohn nach § 11 MuSchG (BAG AP Nr. 17 zu § 8 MuSchG; *Feichtinger/Malkmus* § 3 EFZG Rdn. 88; *Staudinger/Oetker* § 616 Rdn. 235).

92 Das Erfordernis der Monokausalität gilt im übrigen auch für den **Anspruch aus § 11 Abs. 1 S. 1 MuSchG**. Mutterschutzlohn wird nur geschuldet, wenn allein das ärztliche Beschäftigungsverbot für die Nichtleistung der Arbeit ursächlich ist (HzA/*Vossen* Gruppe 2 Rdn. 77). Krankheitsbedingte Arbeitsunfähigkeit und ärztliches Beschäftigungsverbot nach § 3 MuSchG schließen sich gegenseitig aus (BAG AP Nr. 22 zu § 11 MuSchG; a. A. Gutzeit, NZA 2003, 81 ff.; LAG Bremen LAGE § 11 MuSchG Nr. 3; vgl. auch Lembke, NZA 1998, 349 ff.). Stellt ein Arzt Beschwerden fest, die auf der Schwangerschaft beruhen, so hat er zu prüfen und aus ärztlicher Sicht zu entscheiden, ob die Schwangere wegen eingetretener Komplikationen arbeitsunfähig krank ist oder ob – ohne dass eine Krankheit vorliegt – zum Schutz des Lebens oder der Gesundheit von Mutter oder Kind ein Beschäftigungsverbot geboten ist. Dabei steht dem Arzt ein Beurteilungsspielraum zu (BAG AP Nr. 7 zu § 3 MuSchG 1968 = SAE 1997, 24 mit krit. Anm. *Coester;* ausführlich Kasseler Handbuch/*Vossen* Rdn. 68 ff.). Wird ärztlicherseits bei ein- und demselben medizinischen Erscheinungsbild für eine Phase der Schwangerschaft Arbeitsunfähigkeit festgestellt, für eine andere Phase dagegen ein Beschäftigungsverbot angeordnet, so steht dies dem Erfordernis der Monokausalität daher nicht entgegen (vgl. Hessisches LAG vom 23. März 2000 – 14 Sa 998/97 –).

(3) Fehlende Arbeitserlaubnis

93 Ob das Fehlen einer **Arbeitserlaubnis nach § 284 Abs. 1 SGB III** bei einem ausländischen Arbeitnehmer eine der Entgeltfortzahlung im Krankheitsfall entgegenstehende weitere Ursache dafür darstellt, dass keine Arbeitsleistung erbracht wird, ist nach den gesamten Umständen des Einzelfalls anhand des hypothetischen Kausalverlaufs zu prüfen (BAG AP Nr. 2 zu § 3 EntgeltFG).

94 Ist der Arbeitnehmer in der Vergangenheit beschäftigt worden, obwohl dem Arbeitgeber das **Fehlen der Arbeitserlaubnis bekannt war,** und kommt es sodann zu einer krankheitsbedingten Arbeitsunfähigkeit, kann man normalerweise davon ausgehen, dass der Arbeitnehmer ohne die krankheitsbedingte Arbeitsunfähigkeit weiterhin ohne Arbeitserlaubnis beschäftigt worden wäre, so dass der Arbeitgeber zur Entgeltfortzahlung im Krankheitsfall verpflichtet ist (vgl. ErfK/*Dörner* § 3 EFZG Rdn. 36; *Feichtinger/Malkmus* § 3 EFZG Rdn. 72; MünchArbR/*Boecken* § 83 Rdn. 83 ff.; *Vossen,* Entgeltfortzahlung, Rdn. 101).

95 Eine andere Beurteilung erscheint dagegen angezeigt, wenn der Arbeitgeber erst **während der Erkrankung vom Fehlen der Arbeitserlaubnis erfährt.** In diesem Fall muss man davon ausgehen, dass der Arbeitgeber den Arbeitnehmer nicht beschäftigt hätte, wenn ihm das Fehlen der Arbeitserlaubnis bekannt gewesen wäre, so dass die Nichtleistung der Arbeit nicht nur auf die krankheitsbedingte Arbeitsunfähigkeit zurückzuführen ist.

II. Entgeltfortzahlung bei Arbeitsverhinderung § 3 EFZG

Läuft die Arbeitserlaubnis während der krankheitsbedingten Arbeitsunfähigkeit **aus,** ist darauf abzustellen, ob dem Arbeitnehmer mutmaßlich eine neue Arbeitserlaubnis erteilt worden wäre. Bei der Prüfung des hypothetischen Kausalverlaufs kann dabei die später eingetretene tatsächliche Entwicklung herangezogen werden (BAG AP Nr. 2 zu § 3 EntgeltFG). 96

(4) Freischichtenmodell

Das sog. **Freischichtenmodell** wirft in erster Linie bei der Berechnung des Entgeltfortzahlungsanspruchs Probleme auf (vgl. BAG BB 1988, 1252 mit Anm. *Buchner,* BB 1988, 1245; BAG AP Nr. 53 zu § 1 FeiertagsLG = SAE 1989, 113 mit Anm. *Löwisch;* BAG AP Nr. 80 zu § 1 LFZG; ausführlich § 4 EFZG Rdn. 27 ff.). Unter Kausalitätsaspekten entfällt der Anspruch auf Entgeltfortzahlung nur dann, wenn eine Erkrankung und eine unbezahlte Freischicht zusammentreffen (vgl. BAG AP Nr. 17 zu § 2 LFZG; *Gola* § 3 EFZG Anm. 3.2.5; HzA/*Vossen* Gruppe 2 Rdn. 70; *Kaiser/Dunkl/Hold/ Kleinsorge* § 3 EFZG Rdn. 75; *Veit,* NZA 1990, 249). 97

(5) Kurzarbeit

Bei einem Zusammentreffen von krankheitsbedingter Arbeitsunfähigkeit und **Kurzarbeit** ist zu unterscheiden, ob an einzelnen Tagen überhaupt nicht oder nur verkürzt gearbeitet wird. **Wird überhaupt nicht gearbeitet,** besteht kein Anspruch auf Entgeltfortzahlung (BAG AP Nr. 6 zu § 2 LFZG mit Anm. *Brecht; Feichtinger/Malkmus* § 3 EFZG Rdn. 75; *Kaiser/ Dunkl/Hold/Kleinsorge* § 3 EFZG Rdn. 61). **Wird verkürzt gearbeitet,** besteht ein Anspruch auf Entgeltfortzahlung; als regelmäßige Arbeitszeit im Sinne des § 4 EFZG gilt dann die verkürzte Arbeitszeit (HzA/*Vossen* Gruppe 2 Rdn. 76; Kasseler Handbuch/*Vossen* Rdn. 65; MünchArbR/*Boecken* § 83 Rdn. 67; *Schaub,* Arbeitsrechts-Handbuch, § 98 II 4 c). Wegen des Krankengeldanspruchs vgl. § 47b Abs. 3 bis 5 SGB V. 98

(6) Ruhen des Arbeitsverhältnisses

Ein Anspruch auf Entgeltfortzahlung besteht nicht bei **Ruhen des Arbeitsverhältnisses,** weil der Arbeitnehmer seinen **Grundwehrdienst** (BAG AP Nr. 27 zu § 63 HGB) oder **Zivildienst** (ErfK/*Dörner* § 3 EFZG Rdn. 43) ableistet oder er an einer **Wehrübung** teilnimmt (BAG AP Nr. 1 zu § 1 ArbPlatzSchutzG; *Erman/Belling* § 616 Rdn. 25; Kasseler Handbuch/ *Vossen* Rdn. 66; *Vossen,* Entgeltfortzahlung, Rdn. 112). 99

Gleiches gilt, wenn ein Arbeitnehmer sich im **Erziehungsurlaub** befindet (vgl. BAG AP Nr. 1 zu § 15 BErzGG; ErfK/*Dörner* § 3 EFZG Rdn. 43; Kasseler Handbuch/*Vossen* Rdn. 66; *Schaub,* Arbeitsrechts-Handbuch, § 98 II 4 e; *Staudinger/Oetker* § 616 Rdn. 230). Zu bejahen ist ein Entgeltfortzahlungsanspruch dagegen, wenn der Arbeitnehmer zunächst erkrankt und sodann erklärt, er werde den Erziehungsurlaub erst nach dem Ende der Arbeitsunfähigkeit antreten (BAG AP Nr. 5 zu § 15 BErzGG). 100

(7) Schuldnerverzug

Kein Anspruch auf Entgeltfortzahlung wegen des fehlenden Kausalzusammenhangs besteht, wenn der Arbeitnehmer seiner bestehenden Arbeitsver- 101 pflichtung bereits vor der Erkrankung ohne Grund nicht nachgekommen ist und anzunehmen ist, dass er **arbeitsunwillig geblieben wäre** (vgl. HzA/ *Vossen* Gruppe 2 Rdn. 69; Kasseler Handbuch/*Vossen* Rdn. 58). Der Anspruch besteht bzw. entsteht unter diesen Voraussetzungen nur dann, wenn der Arbeitnehmer substantiiert vorträgt und erforderlichenfalls auch beweist, dass er während der krankheitsbedingten Arbeitsunfähigkeit arbeitswillig war (BAG AP Nr. 64 zu § 1 LFZG; *Brecht* § 3 EFZG Rdn. 27 a; ErfK/*Dörner* § 3 EFZG Rdn. 41; *Kaiser/Dunkl/Hold/Kleinsorge* § 3 EFZG Rdn. 64; Kasseler Handbuch/*Vossen* Rdn. 58; MüKo/*Schaub* § 616 Rdn. 58; MünchArbR/ *Boecken* § 83 Rdn. 60; *Worzalla/Süllwald* § 3 EFZG Rdn. 28).

(8) Urlaub

102 Für das Zusammentreffen von **bezahltem Erholungsurlaub** und krankheitsbedingter Arbeitsunfähigkeit enthält § 9 BUrlG eine Sonderregelung: Erkrankt der Arbeitnehmer während des Urlaubs, wird der Urlaub abgebrochen; ein Anspruch auf Entgeltfortzahlung besteht (BAG AP Nr. 53 zu § 1 LFZG; *Faßhauer*, NZA 1986, 453; HzA/*Vossen* Gruppe 2 Rdn. 71; *Vossen*, Entgeltfortzahlung, Rdn. 105).

103 Problematischer kann die Beurteilung des Kausalzusammenhangs bei **unbezahltem Sonderurlaub** sein. Soweit die Vertragsparteien keine entsprechende Vereinbarung getroffen haben, kommt es insoweit auf den **Zweck des Sonderurlaubs** an: Dient der Sonderurlaub **Erholungszwecken,** kann der Betroffene den Urlaub abbrechen bzw. nicht antreten; es besteht dann ein Anspruch auf Entgeltfortzahlung (BAG AP Nr. 5 zu § 9 BUrlG; HzA/ *Vossen* Gruppe 2 Rdn. 90). Dient der unbezahlte Sonderurlaub dagegen **anderen Zwecken,** ist keine Entgeltfortzahlungsanspruch gegeben (BAG AP Nr. 53 zu § 1 LFZG; BB 1984, 2406; ausführlich Kasseler Handbuch/*Vossen* Rdn. 71 f.).

104 Erholungszwecken dient der Sonderurlaub im allgemeinen, wenn er den Zeitverlust durch die lange Hin- und Rückreise ausgleichen soll und wenn bezahlter Urlaub und Sonderurlaub zusammen nicht über die Zeitspanne hinausgehen, die für vergleichbare Arbeitnehmer für eine Erholung als erforderlich angesehen werden (BAG AP Nr. 5 zu § 9 BUrlG; HzA/*Vossen* Gruppe 2 Rdn. 93). Fehlt ein zeitlicher Zusammenhang zwischen dem Urlaub und dem unbezahlten Sonderurlaub, spricht dies gegen die Annahme, der Sonderurlaub diene Erholungszwecken. Im übrigen sind alle Umstände des Einzelfalls zu berücksichtigen (BAG AP Nr. 4 zu § 9 BUrlG mit Anm. *Baumert*).

105 Soweit nach Landesgesetzen Anspruch auf **Bildungsurlaub** besteht, hat der Arbeitnehmer in der Regel Anspruch auf Entgeltfortzahlung, wenn der Bildungsurlaub durch die Krankheit unterbrochen wird und der Betroffene ihn daher nicht zweckgerecht nutzen kann (*Geyer/Knorr/Krasney* § 3 EFZG Rdn. 47; HzA/*Vossen* Gruppe 2 Rdn. 73; Kasseler Handbuch/*Vossen* Rdn. 62; MüKo/*Schaub* § 616 Rdn. 51). Im übrigen gelten für den Bildungsurlaub häufig tarifvertragliche Regelungen (zum Problemkreis Entgeltfortzahlung und Urlaub vgl. ausführlicher *Brill*, DOK 1980, 433; ders., DOK 1981, 531; *Rummel*, NZA 1986, 383; *Ströfer*, DB 1984, 2406).

II. Entgeltfortzahlung bei Arbeitsverhinderung § 3 EFZG

(9) Vereinbarter Arbeitsausfall

Kein Entgeltfortzahlungsanspruch besteht für Tage, an denen die Arbeit 106
gemäß einer **wirksamen** Betriebsvereinbarung **vereinbarungsgemäß** ausfällt (z.B. Freischichten zwischen Weihnachten und Neujahr oder im Zusammenhang mit Volksfesten; vgl. BAG AP Nr. 58 und 79 zu § 1 LFZG; *Brecht* § 3 EFZG Rdn. 22; *Feichtinger/Malkmus* § 3 EFZG Rdn. 97; *Gola* § 3 EFZG Anm. 3.2.2; *Kaiser/Dunkl/Hold/Kleinsorge* § 3 EFZG Rdn. 83; Kasseler Handbuch/*Vossen* Rdn. 64; MüKo/*Schaub* § 616 Rdn. 55; MünchArbR/ *Boecken* § 83 Rdn. 63). Anders ist der Fall dagegen zu entscheiden, wenn die Verlegung der Arbeitszeit **nicht wirksam** ist, z.B. weil die Betriebsvereinbarung über den Arbeitsausfall gegen geltendes Tarifvertragsrecht verstößt (vgl. LAG Düsseldorf DB 1970, 2376).

Ob ein Arbeitnehmer, der von seinem Arbeitgeber **auf Dauer** – z.B. bis 107
zum Eintritt in den Ruhestand – unter Fortzahlung seines Arbeitsentgelts **von der Arbeitspflicht freigestellt** worden ist, im Krankheitsfall weiterhin Arbeitsentgelt erhält oder einen Entgeltfortzahlungsanspruch geltend machen kann, ist davon abhängig, ob der Betroffene tatsächlich endgültig von der Arbeitspflicht befreit worden ist. Soweit vereinbart worden ist, dass der Betroffene endgültig freigestellt ist, kann er in Ermangelung einer Arbeitspflicht nicht arbeitsunfähig werden, sodass ein Entgeltfortzahlungsanspruch schon aus diesem Grund ausscheidet. Eine andere Beurteilung ist dagegen geboten, wenn die Vereinbarung vorsieht, dass der Arbeitgeber den Betroffenen unter bestimmten Umständen doch wieder zur Arbeitsleistung auffordern kann; die Erkrankung lässt in diesem Fall die (Rest-)Arbeitspflicht bzw. -fähigkeit entfallen, sodass ein Entgeltfortzahlungsanspruch entsteht. Von Bedeutung ist diese Differenzierung insbesondere für den Fall, dass die Arbeitsunfähigkeit länger als sechs Wochen andauert.

(10) Witterungsbedingter Arbeitsausfall

Beim Zusammentreffen von krankheitsbedingter Arbeitsunfähigkeit und 108
witterungsbedingtem Arbeitsausfall kommt es darauf an, ob der Arbeitnehmer bei Nichtvorliegen einer Erkrankung einen Anspruch auf Entgelt(fort)zahlung für die Zeit des witterungsbedingten Arbeitsausfalls gehabt hätte; nur in diesem Fall besteht ein Anspruch auf Entgeltfortzahlung nach § 3 Abs. 1 EFZG (vgl. BAG AP Nr. 23 zu § 2 ArbKrankhG; *Brecht* § 3 EFZG Rdn. 25; *Vossen,* Entgeltfortzahlung, Rdn. 129; *Worzalla/Süllwald* § 3 EFZG Rdn. 36; ausführlich Kasseler Handbuch/*Vossen* Rdn. 75 f.).

Bei der Beantwortung der Frage, ob ein Anspruch auf Entgeltfortzahlung 109
für die Zeit des witterungsbedingten Arbeitsausfalls besteht, ist zu beachten, dass dieses Problem für die Bauwirtschaft, die in erster Linie von witterungsbedingten Arbeitsausfällen betroffen ist, tarifvertraglich geregelt worden ist (ausführlich MüKo/*Schaub* § 616 Rdn. 49).

3. Unverschuldete Arbeitsunfähigkeit

a) Allgemeines

Der Entgeltfortzahlungsanspruch setzt voraus, dass die Arbeitsverhinde- 110
rung eintritt, **ohne** dass den Arbeitnehmer ein **Verschulden** trifft (kritisch

zu dieser notwendigen Konsequenz aus der Gesamtkonzeption des Entgeltfortzahlungsrechts GK-EFZR-*Birk* § 1 LFZG Rdn. 233).

111 Obwohl der Begriff des Verschuldens im Gesetz nicht definiert wird, besteht Einigkeit darüber, dass nicht der Verschuldensmaßstab des § 276 BGB heranzuziehen ist (vgl. u. a. *Gitter,* DAR 1992, 409; *Künzl,* BB 1989, 62; *Gerauer,* NZA 1994, 496; *Kaiser/Dunkl/Hold/Kleinsorge* § 3 EFZG Rdn. 94), sondern dass es sich (subjektiv) um einen **gröblichen Verstoß gegen das von einem verständigen Menschen im eigenen Interesse zu erwartende Verhalten** handeln muss, dessen Folgen auf den Arbeitgeber abzuwälzen (objektiv) unbillig wäre (BAG AP Nr. 28 zu § 63 HGB; AP Nr. 8, 25, 26, 52 zu § 1 LFZG; NJW 1983, 2659; *Brecht* § 3 EFZG Rdn. 28; *Feichtinger/Malkmus* § 3 EFZG Rdn. 103; MüKo/*Schaub* § 616 Rdn. 60; *Palandt/ Putzo* § 616 Rdn. 10; *Schlegelberger,* HGB, § 63 Rdn. 4; zur Dogmatik des Verschuldens *Houben,* NZA 2000, 128). Soweit statt dessen Verschulden im Sinne des Entgeltfortzahlungsrechts mit Vorsatz und **grober Fahrlässigkeit** gleichgesetzt wird (vgl. *Hofmann,* ZfA 1979, 307; ders., SAE 1984, 41; *Künzl,* BB 1989, 62, 66; MünchArbR/*Boecken* § 83 Rdn. 95 ff.; ähnlich *Kaiser/Dunkl/Hold/Kleinsorge* § 3 EFZG Rdn. 94), führt dies nicht zu abweichenden Ergebnissen (*Staudinger/Oetker* § 616 Rdn. 244).

112 Das **subjektive Merkmal** des „gröblichen Verstoßes gegen das von einem verständigen Menschen im eigenen Interesse zu erwartende Verhalten" setzt ähnlich wie § 254 Abs. 1 BGB **Verschulden** des Arbeitnehmers **gegen sich selbst** voraus (BAG AP Nr. 46 zu § 1 LFZG). Da es sich um einen gröblichen Verstoß handeln muss, genügt leichte Fahrlässigkeit nicht, sondern es muss sich um ein **besonders leichtfertiges, grob fahrlässiges oder vorsätzliches Verhalten** handeln (*Erman/Belling* § 616 Rdn. 39). Ob ein entsprechendes grobes Verschulden vorliegt, ist unter Abwägung aller Umstände des Einzelfalls festzustellen (BAG AP Nr. 44, 52 zu § 1 LFZG; *Brecht* § 3 EFZG Rdn. 29).

113 Das Verschulden muss für die eingetretene Arbeitsunfähigkeit **kausal** gewesen sein, um den Entgeltfortzahlungsanspruch auszuschließen (BAG AP Nr. 46 zu § 1 LFZG). Ein schuldhaftes Verhalten während einer bereits bestehenden Arbeitsunfähigkeit ist nur dann von Bedeutung, wenn es zu einer Verlängerung der Arbeitsunfähigkeit führt (BAG AP Nr. 5 zu § 1 KSchG Krankheit; *Wedde/Kunz* § 3 EFZG Rdn. 85; vgl. auch *Kaiser/Dunkl/Hold/ Kleinsorge* § 3 EFZG Rdn. 96).

114 Das subjektive Merkmal des „gröblichen Verstoßes gegen das von einem verständigen Menschen im eigenen Interesse zu erwartende Verhalten" wird durch ein **objektives Element** ergänzt, wenn man verlangt, dass die **Belastung des Arbeitgebers nicht grob unbillig** ist. Der Arbeitnehmer soll sich zwar frei und nach seinem Belieben bewegen können, er darf das zu kalkulierende Krankheitsrisiko jedoch nicht zu Lasten des Arbeitgebers verschieben (MüKo/*Schaub* § 616 Rdn. 60). Eine unbillige Belastung des Arbeitgebers ist allerdings nur in Extremfällen zu bejahen, da anderenfalls die Grundkonzeption des Gesetzes, wonach der Arbeitgeber regelmäßig für bis zu sechs Wochen zur Entgeltfortzahlung verpflichtet ist, unterlaufen würde.

115 Grundsätzlich ist nur **eigenes Verschulden** und nicht das Verschulden Dritter von Interesse. Trifft den Arbeitnehmer eigenes Verschulden in Form

II. Entgeltfortzahlung bei Arbeitsverhinderung § 3 EFZG

eines gröblichen Verstoßes gegen das von einem verständigen Menschen im eigenen Interesse zu erwartende Verhalten, entlastet ihn ein Mitverschulden Dritter in aller Regel nicht (BAG AP Nr. 8 zu § 1 LFZG; *Brecht* § 3 EFZG Rdn. 30; ErfK/*Dörner* § 3 EFZG Rdn. 47; *Feichtinger/Malkmus* § 3 EFZG Rdn. 104; MünchArbR/*Boecken* § 83 Rdn. 97 f.; RGRK/*Matthes* § 616 Rdn. 89; *Staudinger/Oetker* § 616 Rdn. 248).

Beruht die Arbeitsverhinderung dagegen nicht auf eigenem Verschulden im Sinne der genannten Definition, besteht der Entgeltfortzahlungsanspruch auch dann, wenn **ein Dritter die Verhinderung (mit-)verschuldet** hat (MüKo/*Schaub* § 616 Rdn. 60). Der Arbeitgeber kann die Entgeltfortzahlung nicht mit der Begründung verweigern, der Arbeitnehmer könne anderweitig Schadensersatzansprüche geltend machen. Der Interessenausgleich erfolgt über § 6 EFZG, wonach der Schadensersatzanspruch des Arbeitnehmers insoweit auf den Arbeitgeber übergeht, als dieser nach dem Entgeltfortzahlungsgesetz zur Entgeltfortzahlung verpflichtet ist (vgl. HzA/*Vossen* Gruppe 2 Rdn. 101; Kasseler Handbuch/*Vossen* Rdn. 82; ausführlich die Kommentierung zu § 6 EFZG). 116

Hat der **Arbeitgeber** die Arbeitsunfähigkeit **(mit-)verschuldet,** so ist danach zu differenzieren, ob den Arbeitgeber das alleinige Verschulden trifft oder nur ein Mitverschulden neben dem Arbeitnehmer. 117

Bei einem **Alleinverschulden** des Arbeitgebers ergibt sich der Anspruch des Arbeitnehmers auf Weiterzahlung der Vergütung bereits aus § 326 Abs. 2 S. 1 Halbs. 1 BGB, eines Rückgriffs auf das Entgeltfortzahlungsrecht bedarf es nicht (ebenso *Brecht* § 3 EFZG Rdn. 30; MünchArbR/*Boecken* § 83 Rdn. 98 RGRK/*Matthes* § 616 Rdn. 105; *Schaub*, Arbeitsrechts-Handbuch, § 98 II 7 a). 118

Trifft den Arbeitgeber dagegen nur ein **Mitverschulden** und kann man dem Arbeitnehmer nicht den Vorwurf gröbster Fahrlässigkeit machen, hat der Arbeitnehmer nach allgemeinen Regeln einen Anspruch gegen den Arbeitgeber auf uneingeschränkte Entgeltfortzahlung (ebenso ErfK/*Dörner* § 3 EFZG Rdn. 48; *Hofmann*, ZfA 1979, 311; MünchArbR/*Boecken* § 83 Rdn. 98). Dass der Arbeitgeber keinen teilweisen Ausgleich erlangen kann, weil § 6 EFZG in derartigen Fällen naturgemäß ins Leere geht, ist angesichts der bestehenden gesetzlichen Regelungen wohl hinzunehmen (kritisch hierzu *Staudinger/Oetker* § 616 Rdn. 249). 119

Im Streitfall ist vom Arbeitgeber zu **beweisen,** dass der Arbeitnehmer besonders leichtfertig, grob fahrlässig oder vorsätzlich gehandelt hat (BAG AP Nr. 9 und 52 zu § 1 LFZG; *Helml* § 3 EFZG Rdn. 48; *Kaiser/Dunkl/Hold/ Kleinsorge* § 3 EFZG Rdn. 231 MünchArbR/*Boecken* § 83 Rdn. 99; *Wedde/ Kunz* § 3 EFZG Rdn. 111). Es kann allerdings zu einer **Mitwirkungspflicht des Arbeitnehmers** an der Aufklärung und zu einer Beweislastumkehr kommen, wenn der erste Anschein für ein grobes Verschulden des Arbeitnehmers spricht (*Brecht* § 3 EFZG Rdn. 39; *Feichtinger/Malkmus* § 3 EFZG Rdn. 170 mit Beispielen). Zu denken ist insoweit an Arbeitsunfähigkeit wegen übermäßigen Alkoholgenusses (BAG AP Nr. 31 zu § 1 LFZG), Unfälle wegen Trunksucht (LAG Saarland AP Nr. 37 zu § 1 LFZG) oder die Beteiligung an Schlägereien (LAG Düsseldorf DB 1978, 215). In derartigen Fällen hat der Arbeitnehmer zu beweisen, dass die Arbeitsunfähigkeit (ausnahmsweise) nicht verschuldet ist. 120

b) Einzelfälle

121 Zum Verschulden hat sich eine kaum noch zu übersehende Rechtsprechung entwickelt. Besondere Schwerpunkte bilden dabei Arbeitsunfälle, Sportunfälle und Straßenverkehrsunfälle, aber auch Verletzungen durch Schlägereien, misslungene Selbstmordversuche und Suchterkrankungen.

aa) Arbeitsunfälle

122 Bei einem **Arbeitsunfall** kann Verschulden insbesondere dann zu bejahen sein, wenn der Arbeitnehmer gröblich gegen Anordnungen des Arbeitgebers oder gegen Unfallverhütungsvorschriften verstoßen hat (*Brecht* § 3 EFZG Rdn. 33; *Feichtinger/Malkmus* § 3 EFZG Rdn. 106; *Helml* § 3 EFZG Rdn. 50; HzA/*Vossen* Gruppe 2 Rdn. 115; Kasseler Handbuch/*Vossen* Rdn. 93). Ein die Entgeltfortzahlung ausschließendes Verschulden wurde angenommen beim verbotswidrigen Umgang mit einer Kreissäge, auch wenn kein Bedienungsfehler vorliegt (BAG AP Nr. 38 zu § 1 ArbKrankhG), beim Nichttragen eines vorgeschriebenen Schutzhelms (LAG Frankfurt DB 1966, 584), beim Nichttragen von Knieschützern (ArbG Passau BB 1989, 70), beim Nichttragen von Sicherheitsschuhen (LAG Baden-Württemberg BB 1979, 1040) bzw. Sicherheitshandschuhen (ArbG Bielefeld BB 1981, 496) und bei verbotswidrigem Alkoholgenuss (LAG Saarland AP Nr. 37 zu § 1 LFZG; ErfK/*Dörner* § 3 EFZG Rdn. 50).

123 Bei Unfällen, die auf die Nichtbenutzung von Sicherheitskleidung zurückzuführen sind, ist bei der Gesamtwürdigung zu berücksichtigen, ob der Arbeitgeber dem Arbeitnehmer einwandfreie Schutzkleidung zur Verfügung gestellt hat. Der Entgeltfortzahlungsanspruch ist nur dann ausgeschlossen, wenn der Arbeitgeber dem Arbeitnehmer einwandfreie Schutzkleidung zur Verfügung stellt und dieser die Schutzkleidung nicht benutzt. Stellt der Arbeitgeber die eigentlich erforderliche Schutzkleidung nicht kostenlos zur Verfügung, trifft den Arbeitnehmer in der Regel kein grobes Verschulden im Sinne des Entgeltfortzahlungsgesetzes (vgl. LAG Berlin DB 1982, 707; ArbG Arnsberg DB 1971, 435; ArbG Solingen DB 1974, 1241; MüKo/*Schaub* § 616 Rdn. 64).

bb) Erkrankung

124 Zieht ein Arbeitnehmer sich eine **Erkrankung** zu, liegt im allgemeinen kein Verschulden vor. Dies ist seit langem anerkannt für Erkältungs- und Infektionskrankheiten einschließlich Geschlechtskrankheiten; ein Verschulden ist allenfalls ganz ausnahmsweise zu bejahen, wenn der Betroffene sich besonders leichtfertig verhalten hat (vgl. *Geyer/Knorr/Krasney* § 3 EFZG Rdn. 106; *Helml* § 3 EFZG Rdn. 63; HzA/*Vossen* Gruppe 2 Rdn. 79; Kasseler Handbuch/ *Vossen* Rdn. 84; *Soergel/Kraft* § 616 Rdn. 20). Ob man im Hinblick auf die heute verstärkte Aufklärung häufig von einem leichtfertigen, grob fahrlässigen Verhalten ausgehen kann, erscheint zweifelhaft.

125 Nichts anderes gilt für die Arbeitsunfähigkeit wegen einer **AIDS-Infektion** bzw. die nachfolgenden Erkrankungen. Ein Verschulden ist allenfalls dann anzunehmen, wenn die Infektion **nachweisbar** (zu diesem Problem *Wollenschläger/Kressel* AuR 1988, 198, 204) auf den ungeschützten Sexualkontakt mit einem Partner zurückzuführen ist, dessen Erkrankung bekannt war (ebenso MünchArbR/*Boecken* § 83 Rdn. 103; weitergehend *Eich*, NZA 1987 Beil. 2,

II. Entgeltfortzahlung bei Arbeitsverhinderung § 3 EFZG

S. 10; *Feichtinger/Malkmus* § 3 EFZG Rdn. 106; *Geyer/Knorr/Krasney* § 3 EFZG Rdn. 82; Kasseler Handbuch/*Vossen* Rdn. 84).

Als schuldhaft wird teilweise auch die Durchführung von Hungerkuren und 126 die Einnahme von Appetitzüglern ohne ärztliche Aufsicht angesehen (MüKo/ *Schaub*, § 616 Rdn. 62; ders., Arbeitsrechts-Handbuch, § 98 II 6; *Schmatz/ Fischwasser/Geyer/Knorr* § 1 LFZG Rdn. 106; *Vossen*, Entgeltfortzahlung, Rdn. 140; vgl. auch Kasseler Handbuch/*Vossen* Rdn. 86); angesichts der sonst eher großzügigen Betrachtungsweise – z. B. bei Sportverletzungen (vgl. Rdn. 137 ff.) – dürfte dies im Regelfall jedoch zu weit gehen (vgl. auch *Geyer/Knorr/Krasney* § 3 EFZG Rdn. 109: kein Verschulden, wenn die mangelnde Nahrungsaufnahme auf seelischen Belastungen und Konflikten beruht).

cc) Gesundheitsförderndes Verhalten

Ein Arbeitnehmer ist normalerweise nicht zu einem besonderen „ge- 127 sundheitsfördernden Verhalten" verpflichtet. Ein gewisses Maß an Sorglosigkeit oder Unvorsichtigkeit ist zu tolerieren, da man anderenfalls zu stark in die Privatsphäre des Arbeitnehmers eingreifen würde (vgl. *Helml* § 3 EFZG Rdn. 44; *Künzl*, BB 1989, 62, 66).

Die Grenze der zu tolerierenden Sorglosigkeit kann jedoch überschritten 128 sein, wenn ein bereits arbeitsunfähig erkrankter Arbeitnehmer durch sein **Verhalten während des Heilungsprozesses** die (unverschuldete) **Erkrankung verschlimmert** oder den **Heilungsprozess verzögert** (vgl. u. a. *Brecht* § 3 EFZG Rdn. 29; Kasseler Handbuch/*Vossen* Rdn. 99; *Schäfer*, NZA 1992, 529). Diese Voraussetzungen können insbesondere dann erfüllt sein, wenn der Arbeitnehmer bewusst gegen ärztliche Anordnungen verstößt (vgl. BAG AP Nr. 40 zu § 1 ArbKrankhG; DB 1986, 976; weitere Beispiele bei GK-EFZR-*Birk* § 1 LFZG Rdn. 277) oder bei Ausübung gesundheitsschädlicher, mit dem Heilungsprozess nicht zu vereinbarender Tätigkeiten (vgl. BAG AP Nr. 39 zu § 1 LFZG). Der Anspruch auf Entgeltfortzahlung **entfällt** in diesen Fällen **für die Zeit,** um die die Arbeitsunfähigkeit tatsächlich verlängert wurde (*Künzl/ Weinmann*, AuR 1996, 306, 310).

Neben der Verweigerung der Entgeltfortzahlung kommt in Fällen der skiz- 129 zierten Art unter Umständen auch eine Kündigung in Betracht (vgl. BAG AP Nr. 112 zu § 626 BGB LAG Schleswig-Holstein AiB 1990, 40; *Künzl/Weinmann*, AuR 1996, 256, 260; *Schäfer*, NZA 1992, 529 m. w. N.).

dd) Nebentätigkeiten

Für Unfälle bei **Nebentätigkeiten** (vgl. hierzu umfassend *Boecken*, NZA 130 2001, 233 ff.), die zur Arbeitsunfähigkeit führen, gelten im Hinblick auf den Entgeltfortzahlungsanspruch grundsätzlich dieselben Regeln wie für sonstige Arbeitsunfälle, d. h. es kommt darauf an, ob ein leichtfertiges, grob fahrlässiges oder vorsätzliches Verhalten zu bejahen ist (vgl. BAG AP Nr. 38 zu § 1 LFZG). Ohne Bedeutung ist dagegen, ob sich der Unfall in der Freizeit, bei der Erledigung von Reparaturarbeiten (LAG Düsseldorf DB 1971, 103; vgl. auch ArbG Marburg BB 1963, 1421) oder bei einer entgeltlichen Nebentätigkeit ereignet. Es kommt auch nicht darauf an, ob es sich um eine selbständige oder um eine unselbständige Tätigkeit handelt (BAG NJW 1984, 1707) oder ob die Tätigkeit mit oder ohne Genehmigung erfolgt (LAG Bremen DB 1972, 735). Ein Verschulden im Sinne der Entgeltfortzahlungsregelungen kann sich allenfalls daraus ergeben, dass die Nebentätigkeit besonders gefährlich oder für den Arbeitnehmer zu schwer ist (BAG NJW 1984, 1707) oder dass sie gegen gesetzliche Verbote verstößt (BAG AP Nr. 49 zu § 1 LFZG – Verstoß gegen die Arbeitszeitordnung; ErfK/*Dörner* § 3 EFZG Rdn. 63; *Feichtinger/Malkmus* § 3 EFZG Rdn. 123).

131 Fehlt es an einem Verschulden, hat der Betroffene unter Umständen **Entgeltfortzahlungsansprüche aus mehreren Beschäftigungsverhältnissen;** dies ist insofern sachgerecht, als er zuvor auch seinen Lebensunterhalt aus mehreren Beschäftigungsverhältnissen bestritten hat (MüKo/*Schaub* § 616 Rdn. 64). Ein Entgeltfortzahlungsanspruch ist auch dann nicht ausgeschlossen, wenn der Betroffene seinen Lebensunterhalt überwiegend durch eine selbstständige Tätigkeit bestreitet und er bei dieser Tätigkeit einen Unfall erleidet (zum Missbrauch der Entgeltfortzahlung unten Rdn. 152 ff.).

ee) Schlägereien

132 Ob bei Arbeitsunfähigkeit infolge Beteiligung an einer **Schlägerei** Verschulden zu bejahen ist, hängt von den Umständen des Einzelfalls ab (ebenso MünchArbR/*Boecken* § 83 Rdn. 122; *Wedde/Kunz* § 3 EFZG Rdn. 95; von einem Anscheinsbeweis ausgehend dagegen *Feichtinger/Malkmus* § 3 EFZG Rdn. 126).

133 Von einem **Verschulden** des Betroffenen kann man normalerweise ausgehen, wenn es durch sein provozierendes Verhalten zu der Auseinandersetzung gekommen ist (vgl. BAG AP Nr. 45 zu § 616 BGB; LAG Berlin EzA Nr. 53 zu § 1 LFZG; Kasseler Handbuch/*Vossen* Rdn. 87; MüKo/*Schaub* § 616 Rdn. 72; *Schaub*, Arbeitsrechts-Handbuch, § 98 II 6 g). Gleiches gilt, wenn der Arbeitnehmer durch Notwehr oder Nothilfe gegen eine von ihm verübte Straftat arbeitsunfähig wird (LAG Düsseldorf EEK I/337; *Marburger*, DB 1980, 401). Verschulden hat das LAG Baden Württemberg auch angenommen für den Fall, dass der Arbeitnehmer eine betrunkene Person in seine Wohnung einlädt, dieser Alkohol anbietet und ihm von dieser Person sodann eine schwere Kopfverletzung zugefügt wird (NZA-RR 2000, 349).

134 **Kein Verschulden** liegt dagegen normalerweise vor, wenn man dem Betroffenen nur vorwerfen kann, dass er sich in eine übel beleumdete Gegend oder Gaststätte begeben hat und dort in eine von ihm nicht provozierte Schlägerei verwickelt worden ist (LAG Hamm BB 1972, 1324; ErfK/*Dörner* § 3 EFZG Rdn. 60; HzA/*Vossen* Gruppe 2 Rdn. 108; Kasseler Handbuch/*Vossen* Rdn. 88).

ff) Selbstmordversuche

135 Einen Wandel hat die Rechtsprechung bei der Beurteilung von Selbstmordversuchen durchgemacht. Während man früher Verschulden bejaht hat bzw. es als unzulässig angesehen hat, dem Arbeitgeber in diesen Fällen das Entgeltrisiko zu überbürden (vgl. BAG AP Nr. 25 und 34 zu § 1 LFZG mit Anm. *Birk*), geht man heute zu Recht davon aus, dass im Regelfall kein Verschulden vorliegt (BAG AP Nr. 44 zu § 1 LFZG mit Anm. *Zeuner; Birk,* AuR 1981, 95; *Brecht* § 3 EFZG Rdn. 38; ErfK/*Dörner* § 3 EFZG Rdn. 61; *Feichtinger/Malkmus* § 3 EFZG Rdn. 125; *Geyer/Knorr/Krasney* § 3 EFZG Rdn. 98 ff.; *Kaiser/Dunkl/*

II. Entgeltfortzahlung bei Arbeitsverhinderung § 3 EFZG

Hold/Kleinsorge § 3 EFZG Rdn. 108; Kasseler Handbuch/Vossen Rdn. 89; MüKo/Schaub § 616 Rdn. 69; Wedde/Kunz § 3 EFZG Rdn. 97).

Von einem Verschulden im Sinne des Entgeltfortzahlungsgesetzes kann man 136 dagegen ausgehen, wenn der Arbeitnehmer einen nicht ernsthaft gemeinten Selbstmordversuch unternimmt, um Druck auf seine Umgebung auszuüben.

gg) Sportverletzungen

Eine besonders umfangreiche Rechtsprechung existiert zu der Frage, inwie- 137 weit bei **Sportverletzungen** von einem Verschulden im Sinne des Entgeltfortzahlungsgesetzes auszugehen ist.

Ein Verschulden kann sich nach der Rechtsprechung des BAG zunächst dar- 138 aus ergeben, dass der Arbeitnehmer eine besonders **gefährliche Sportart** ausübt, die mit Risiken verbunden ist, die sich auch bei guter Ausbildung und sorgfältiger Beachtung aller Regeln nicht kontrollieren lassen; dies soll dann zu bejahen sein, wenn der Sportler das Geschehen nicht mehr beherrschen kann, sondern sich unbeherrschbaren Gefahren aussetzt (BAG AP Nr. 42 und 45 zu § 1 LFZG), wobei zur Feststellung, ob die mit einer Sportart verbundenen Risiken unbeherrschbar sind, nicht auf Erhebungen über die Unfallhäufigkeit abzustellen ist, sondern auf die persönliche Eignung des Arbeitnehmers (LAG Rheinland-Pfalz LAGE § 3 EFZG Nr. 2). Dieser Ansatzpunkt ist allerdings von eher theoretischer Bedeutung, da die Rechtsprechung außerordentlich zurückhaltend ist, wenn es um die Qualifizierung einer Sportart als gefährliche Sportart geht (vgl. auch ErfK/Dörner § 3 EFZG Rdn. 52, der dafür eintritt, die Unterscheidung generell aufzugeben; ausf. Houben, SpuRt 2000, 185).

Als **nicht generell schuldhaft** hat man die **Ausübung folgender Sport-** 139 **arten** angesehen: Autorennen (ArbG Herne ARSt 1968, 71), Boxen (BAG AP Nr. 42 zu § 1 LFZG; LAG Saarbrücken BB 1975, 1253; ArbG Berlin BB 1963, 644; a.A. Weimar, JR 1978, 368), Drachenfliegen (BAG NJW 1982, 1014; LAG Berlin BB 1969, 1233; LAG München BB 1979, 1453), Fallschirmspringen (BAG AP Nr. 39 zu § 1 LFZG; LAG Berlin DB 1970, 1838), Fingerhakeln (LAG Frankfurt BB 1974, 1164 mit Anm. Ramm), Fußball (BAG AP Nr. 42 zu § 1 LFZG; LAG Düsseldorf DB 1974, 1392), Crossbahnrennen (ArbG Hagen DB 1969, 134), Inline-Skating (LAG Saarland NZA-RR 2003, 568), Karate (ArbG Saarbrücken EEK I/439), Motorradrennen (BAG AP Nr. 18 zu § 1 LFZG; LAG Köln 1994, 797; LAG Saarland MDR 1999, 946), Skifahren (LAG Stuttgart AP Nr. 1 zu § 63 HGB; LAG Bremen BB 1964, 220) und Skispringen (LAG München BB 1972, 1324; kritisch zu dieser teilweise sehr großzügigen Betrachtungsweise u. a. Adomeit, Arbeitsrecht für die 90er Jahre, S. 57; Thome, Lohnfortzahlung bei Arbeitsverhinderung, S. 178 f.; lesenswert Denck, der die Frage aufwirft, ob außer „Gletscherhockey und russischem Roulett" gefährliche Sportarten im Sinne des Bundesarbeitsgerichts vorstellbar sind, BB 1982, 682, 683). Als **gefährliche Sportart** ist bisher lediglich vom ArbG Hagen das Kickboxen angesehen worden (NZA 1990, 311; zum Bungee-Springen als „gefährlicher Sportart" Gerauer, NZA 1994, 496; Helml § 3 EFZG Rdn. 66).

Unabhängig davon, ob eine Sportart generell als gefährlich anzusehen ist, 140 kann sich ein Verschulden im Sinne des § 3 Abs. 1 EFZG jedoch daraus ergeben, dass der Arbeitnehmer in grober und leichtsinniger Weise **gegen anerkannte Regeln der jeweiligen Sportart** verstößt oder wenn er sich in einer

101

Weise sportlich betätigt, die **seine Kräfte und Fähigkeiten deutlich übersteigt** (ErfK/*Dörner* § 3 EFZG Rdn. 52; MüKo/*Schaub* 616 Rdn. 68). Zu denken ist insoweit etwa an einen Schwimmanfänger, der sich weit in ein unbekanntes Gewässer hinauswagt (LAG München BB 1972, 1324). Verschulden kann weiterhin vorliegen bei schlechter Ausrüstung (ArbG Dortmund DB 1966, 908) oder schlechtem Zustand der Sportanlage (ArbG Hagen DB 1969, 134; MüKo/*Schaub* § 616 Rdn. 68). Tritt immer wieder dieselbe Verletzung auf, so spricht dies für eine Überforderung (ArbG Hagen DB 1970, 1840); allein die Tatsache, dass der Arbeitnehmer nur unregelmäßig trainiert, genügt dagegen nicht, um Verschulden zu bejahen (BAG AP Nr. 39 zu § 1 LFZG; vgl. außerdem BAG AP Nr. 42 und 45 zu § 1 LFZG).

hh) Suchterkrankungen

141   **Suchterkrankungen**, insbesondere **Trunk- und Drogensucht**, sind grundsätzlich als Krankheiten anzusehen (BAG AP Nr. 52 zu § 1 LFZG; vgl. auch oben Rdn. 47); fraglich ist nur, unter welchen Voraussetzungen eine Suchterkrankung als verschuldet im Sinne der Entgeltfortzahlung anzusehen ist.

142   **Nicht schuldhaft** ist der Genuss von Rauschmitteln **während der Abhängigkeit;** schuldhaft kann dagegen das Verhalten bis zum – im Einzelfall häufig nur schwer bestimmbaren – Zeitpunkt der Sucht sein. Es gibt keinen Erfahrungssatz, dass eine Sucht stets auf Rauschmittelmissbrauch zurückgeht, sondern es kommt auf die Umstände des Einzelfalls an (BAG AP Nr. 52 zu § 1 LFZG mit Anm. *Baumgärtel;* MüKo/*Schaub* § 616 Rdn. 70; anders noch BAG AP Nr. 31 zu § 1 LFZG).

143   **Kein Verschulden** liegt im allgemeinen vor, wenn die **Sucht unkontrollierbar entstanden** ist (BAG AP Nr. 52 zu § 1 LFZG) oder wenn die Sucht ihrerseits auf eine Geisteskrankheit zurückgeht. **Verschulden** kann dagegen zu bejahen sein, wenn der Arbeitnehmer sich vor seiner Abhängigkeit bewusst und häufig berauscht und dabei auf seine Widerstandskraft vertraut (LAG Baden-Württemberg AP Nr. 53 zu § 616 BGB; ähnlich *Brecht* § 3 EFZG Rdn. 37).

144   Weiterhin ist auch dann im Regelfall **Verschulden** anzunehmen, wenn ein Arbeitnehmer **nach einer Entwöhnungskur** und längerer Abstinenz wieder **rückfällig** wird (BAG AP Nr. 75 zu § 616 BGB; *Feichtinger/Malkmus* § 3 EFZG Rdn. 147; Kasseler Handbuch/*Vossen* Rdn. 91; *Schadek,* Amtl. Mitt. LVA Rheinprovinz 1988, 291; insoweit hinsichtlich der „Beweislast" a. A. ErfK/*Dörner* § 3 EFZG Rdn. 56; MünchArbR/*Boecken* § 83 Rdn. 105). Befindet sich ein alkoholkranker Arbeitnehmer nach einer Entziehungskur jedoch weiterhin in einem Zustand, in dem er auf sein Verhalten wegen mangelnder Steuerungsfähigkeit willentlich keinen Einfluss nehmen kann, so kann ihm ein Rückfall in den Alkoholmissbrauch nicht als anspruchsausschließendes Verschulden vorgeworfen werden (BAG EzA Nr. 123 zu § 1 LFZG; zum Problem von Suchterkrankungen *Gola,* BlStSozArbR 1984, 34; ders., BB 1985, 2044; ders., 3 EFZG Anm. 3.4.6; *Krasny,* Festschrift für Karl Sieg, S. 309; *Sonnleitner,* Entgeltfortzahlung bei Alkoholismus).

145   Im Gegensatz zur Trunk- oder Drogensucht hat das **Rauchen** als Ursache für eine Arbeitsunfähigkeit in Rechtsprechung und Schrifttum zum Entgeltfortzahlungsrecht bisher nur relativ wenig Beachtung gefunden.

II. Entgeltfortzahlung bei Arbeitsverhinderung § 3 EFZG

Das BAG hat Verschulden angenommen, wenn ein ärztliches **Rauchverbot** 146
nicht beachtet wird (BAG AuR 1985, 193); es spricht jedoch vieles dafür, wie
von *Hanau* vorgeschlagen (*Erman/Hanau,* 9. Aufl., § 616 Rdn. 41), darüber
hinaus zumindest auch dann von einem Verschulden des an den Folgen des
Rauchens erkrankten Arbeitnehmers auszugehen, wenn er das Rauchen fortgesetzt hat, obwohl bereits ernste Schäden eingetreten waren, ein Loskommen
noch möglich war und die Entzugsfolgen zu verkraften waren. Das Rauchen
würde damit nur ebenso behandelt wie der Genuss von Alkohol (ebenso *Kaiser/Dunkl/Hold/Kleinsorge* § 3 EFZG Rdn. 111; Kasseler Handbuch/*Vossen*
Rdn. 91; MüKo/*Schaub* § 616 Rdn. 70; MünchArbR/*Boecken* § 83 Rdn. 104;
wohl auch *Schaub,* Arbeitsrechts-Handbuch, § 98 II 6f.; zurückhaltend *Gola*
§ 3 EFZG Anm. 3.4.6, mit der Begründung, es handele sich um sozialadäquates
Verhalten).

ii) Verkehrsunfälle

Einen weiteren Schwerpunkt innerhalb der Rechtsprechung zum Verschul- 147
den im Sinne des Entgeltfortzahlungsrechts bilden **Verkehrsunfälle.** Derartige
Unfälle sind in der Regel dann als selbstverschuldet anzusehen, wenn der Arbeitnehmer vorsätzlich oder grob fahrlässig Verkehrsvorschriften verletzt und
hierdurch seine Gesundheit leichtfertig aufs Spiel gesetzt hat (vgl. BAG Nr.
8 zu § 1 LFZG; ErfK/*Dörner* § 3 EFZG Rdn. 53; *Kaiser/Dunkl/Hold/Kleinsorge* § 3
EFZG Rdn. 103; MüKo/*Schaub* § 616 Rdn. 65).

Verschulden ist unter anderem **bejaht** worden beim Fahren mit abgefahre- 148
nen Reifen (ArbG Celle ARSt 71, 22), Abkommen von regennasser und kurvenreicher Straße (LAG Hamm DB 1971, 2166), (nächtliches) Auffahren bei
170 km/h (OLG Düsseldorf MDR 2003, 330); Einnahme von Tabletten, obwohl der Beipackzettel erkennbar vor einer Herabsetzung der Reaktionsfähigkeit warnte (LAG Frankfurt BB 1979, 1504), Fahrradfahren ohne Licht bei
Dunkelheit (ArbG Braunschweig WA 1965, 126), Nichtanlegen des Sicherheitsgurtes (BAG AP Nr. 46 zu § 1 LFZG; LAG Berlin NJW 1979, 2327; aus
dem kaum zu übersehenden Schrifttum zum Verschulden bei nicht angelegtem
Sicherheitsgurt vgl. u. a. *Denck,* RdA 1980, 246; *ders.,* BB 1982, 682; *Frank,*
DAR 1982, 118; *Händel,* NJW 1979, 2289; *Klinkhammer,* AuR 1983, 127;
Kuckuk, DB 1980, 302; *Weber,* DAR 1983, 9; *Weiland,* DB 1979, 1653; *Wolber,*
BlStSozArbR 1980, 113), Überanstrengung wegen zu langer Fahrt (LAG Düsseldorf DB 1966, 1484), bei falschem Überholen (LAG Düsseldorf BB 1959,
812; LAG Hamm DB 1971, 2167), überhöhter Geschwindigkeit (BAG AP
Nr. 28 zu § 63 HGB; LAG Hamm DB 1971, 2166), unvorsichtigem Überqueren einer belebten Straße (LAG Hamm AP Nr. 8 zu § 1 LFZG) und Vorfahrtsverletzungen (LAG Frankfurt EEK I/224).

Einen gewissen Schwerpunkt innerhalb der Rechtsprechung zum Verschul- 149
den bei Verkehrsunfällen bilden schließlich Entscheidungen zu Verkehrsunfällen, die sich unter **Alkoholeinfluss** ereignet haben. Verschulden im Sinne des
Entgeltfortzahlungsrecht ist in derartigen Fällen grundsätzlich anzunehmen,
wenn der Alkohol die **alleinige Ursache** für den Unfall darstellt (BAG AP
Nr. 71 und 77 zu § 1 LFZG; *Brecht* § 3 EFZG Rdn. 22; *Geyer/Knorr/Krasney*
§ 3 EFZG Rdn. 118ff.; Kasseler Handbuch/*Vossen* Rdn. 92; *Vossen,* Entgeltfortzahlung, Rdn. 148; zurückhaltender MünchArbR/*Boecken* § 83

Rdn. 115). Eine großzügigere Betrachtung kann bei Jugendlichen angezeigt sein, denen die Gefahren des Alkoholkonsums noch nicht (so) bewusst sind (LAG Düsseldorf DB 1972, 1073). Als schuldhaft kann auch das Mitfahren in einem Kraftfahrzeug angesehen werden, wenn der Fahrer erkennbar unter Alkoholeinfluss steht (LAG Düsseldorf DB 1968, 1908; ErfK/*Dörner* § 3 EFZG Rdn. 53; zur Alkoholsucht vgl. oben Rdn. 141 ff.).

150 Auch einem Arbeitnehmer, der als **Fußgänger** am Straßenverkehr teilnimmt, kann unter Umständen ein anspruchsausschließendes Verschulden im Sinne des § 3 Abs. 1 EFZG vorgeworfen werden. Die Rechtsprechung hat ein entsprechendes Verschulden u. a. bejaht beim Betreten der Fahrbahn ohne ausreichende Beachtung des Verkehrs (BAG AP Nr. 8 zu § 1 LFZG) bzw. beim Überqueren der Fahrbahn in großer Eile und ohne jede Vorsicht, um einen abfahrbereiten Bus noch zu erreichen (LAG Hamm DB 1984, 515; weitere Beispiele bei GK-EFZR-*Birk* § 1 LFZG Rdn. 265).

jj) Sonstiges

151 Neben den vorstehend angesprochenen eher typischen Sachverhalten hat das Verschulden die Rechtsprechung in einer Vielzahl **weiterer** Fälle beschäftigt. Hierzu gehört die Verwendung eines Trinkglases als Würfelbecher (LAG Düsseldorf DB 1958, 1423) und das Streicheln eines Hundes trotz Warnung des Hundehalters (ArbG Wetzlar DB 1995, 1468) ebenso wie der leichtfertige Umgang mit Schusswaffen (ArbG Kiel BB 1969, 797) oder Fotochemikalien durch einen Hobbyfotografen (ArbG Köln DB 1985, 604) sowie der Sprung vom Balkon im Ehestreit (ArbG Berlin DB 1971, 1360; weitere Beispiele bei *Marburger*, DB 1980, 399; *Palme*, BlStSozArbR 1981, 166).

4. Missbrauch der Entgeltfortzahlung

152 Auch wenn die vorstehend erörterten Voraussetzungen eines Anspruchs auf Entgeltfortzahlung im Krankheitsfall – Zugehörigkeit zum anspruchsberechtigten Personenkreis, Arbeitsunfähigkeit infolge Krankheit und mangelndes Verschulden – erfüllt sind, kann nach allgemeiner Ansicht die Geltendmachung eines Entgeltfortzahlungsanspruchs unter Umständen **rechtsmissbräuchlich** sein bzw. **gegen Treu und Glauben verstoßen** (vgl. u. a. *Geyer/Knorr/ Krasney* § 3 EFZG Rdn. 151 ff.; *Gola*, DB 1985, 2044; *Hofmann*, SAE 1984, 42; *Kaiser/Dunkl/Hold/Kleinsorge* § 3 EFZG Rdn. 199 ff.; MünchArbR/*Boecken* § 85 Rdn. 80 ff.; *Staudinger/Oetker* § 616 Rdn. 340 ff.; *Zeuner*, AuR 1975, 300). Das BAG hat einen Verstoß gegen Treu und Glauben (§ 242 BGB) unter dem Aspekt des venire contra factum proprium etwa dann angenommen, wenn der Arbeitnehmer ohne die Arbeitsunfähigkeit seine Arbeitspflicht schuldhaft verletzt hätte, z. B. durch die Ankündigung, seine Arbeitspflicht nicht zu erfüllen oder gegen den Vertrag zu verstoßen (BAG AP Nr. 17 zu § 3 EFZG).

153 Da jede Rechtsausübung ihre Grenze dort finden muss, wo sie rechtsmissbräuchlich oder treuwidrig ist, ist diesen Überlegungen selbstverständlich hinsichtlich ihres Ansatzpunktes zuzustimmen, bezüglich ihrer praktischen Anwendung, d. h. der Versagung von Entgeltfortzahlungsansprüchen, erscheint jedoch äußerste Zurückhaltung angezeigt (ähnl. ErfK/*Dörner* § 3 EFZG

II. Entgeltfortzahlung bei Arbeitsverhinderung § 3 EFZG

Rdn. 8 f.; HzA/*Vossen* Gruppe 2 Rdn. 171; Kasseler Handbuch/*Vossen* Rdn. 114).

Ein Missbrauch der Entgeltfortzahlung wird zunächst diskutiert für den Fall, 154
dass der Arbeitnehmer sich das Arbeitsverhältnis **erschlichen** hat, um in den Genuss von Entgeltfortzahlungsansprüchen zu gelangen. Bejaht hat z. B. das LAG Berlin einen Missbrauch der Entgeltfortzahlung für den Fall, dass der Arbeitnehmer einen **befristeten** Arbeitsvertrag abschließt, ohne den Arbeitgeber darüber zu informieren, dass er bereits drei Tage nach dem vereinbarten Arbeitsbeginn eine **bereits bewilligte** Kur antreten werde (LAG Berlin BB 1979, 1145; vgl. auch LAG Baden-Württemberg AP Nr. 11 zu § 63 HGB).

Man mag die Entscheidung akzeptieren, weil es sich einerseits um einen be- 155
fristeten Arbeitsvertrag handelte, und andererseits die Kur (heute Vorsorge- oder Rehabilitationsmaßnahme) bereits bewilligt war; handelt es sich dagegen um einen unbefristeten Arbeitsvertrag und/oder ist die Rehabilitationsmaßnahme nur beantragt, aber noch nicht bewilligt, erscheint das Verhalten des Arbeitnehmers dagegen nicht rechtsmissbräuchlich (vgl. BAG AP Nr. 92 zu § 1 LFZG; *Helml* § 3 EFZG Rdn. 71; *Kaiser/Dunkl/Hold/Kleinsorge* § 3 EFZG Rdn. 202).

Selbst für den Fall des befristeten Arbeitsverhältnisses und der bereits bewil- 156
ligten Rehabilitationsmaßnahme stellt sich außerdem die Frage, ob man den Arbeitgeber nicht darauf verweisen sollte, dass er das Arbeitsverhältnis anfechten kann (bzw. konnte); für die Möglichkeit, dem Arbeitgeber das Recht einzuräumen, die Entgeltfortzahlung zu verweigern, spricht dann allerdings die Überlegung, dass es sich bei der Verweigerung der Entgeltfortzahlung im Vergleich zur Anfechtung des Arbeitsvertrages gewissermaßen um das „mildere Mittel" handelt.

Ähnliche Überlegungen gelten für den Fall, dass die Arbeitsunfähigkeit auf 157
eine **Nebentätigkeit** zurückgeht (vgl. dazu BAG AP Nr. 30, 38 und 49 zu § 1 LFZG; *Hofmann,* SAE 1984, 40, 42).

Kann man dem Arbeitnehmer dagegen hinsichtlich der **Umstände,** die bei 158
der Nebentätigkeit zur Arbeitsunfähigkeit geführt haben, **keinen Verschuldensvorwurf** machen und ist die Nebentätigkeit **mit dem Arbeitsvertrag vereinbar,** so erscheint die Geltendmachung eines Entgeltfortzahlungsanspruchs nicht rechtsmissbräuchlich.

Soweit die krankheitsbedingte Arbeitsunfähigkeit darauf zurückzuführen ist, 159
dass der Arbeitnehmer sich durch bzw. bei der Nebentätigkeit **überfordert** hat (Verstoß gegen das ArbZG oder gegen § 8 BUrlG, vgl. *Kaiser/Dunkl/Hold/ Kleinsorge* § 3 EFZG Rdn. 209), kann man einen Entgeltfortzahlungsanspruch aufgrund eigenen Verschuldens verneinen (ebenso ErfK/*Dörner* § 3 EFZG Rdn. 9); ob die Nebentätigkeit aus Sicht des Arbeitsvertrages erlaubt oder – z. B. aus Konkurrenzgründen – verboten war, spielt insoweit keine Rolle.

Es bleiben damit nur jene Fälle, in denen dem Arbeitnehmer zwar hinsicht- 160
lich des zur Arbeitsunfähigkeit führenden Handelns kein Verschuldensvorwurf gemacht werden kann, er aber – z. B. durch eine Konkurrenztätigkeit – **gegen seine arbeitsvertraglichen Pflichten verstoßen** hat. Als „Sanktion" bietet sich hier zwar in erster Linie eine Abmahnung oder eine Kündigung des Arbeitsverhältnisses an, ähnlich wie im Fall des erschlichenen Arbeitsverhältnisses

105

mag man die Verweigerung der Entgeltfortzahlung jedoch als das zumindest im Vergleich zu Kündigung mildere Mittel akzeptieren.

161 Erörtert wird eine Verweigerung der Entgeltfortzahlung unter dem Blickwinkel des Missbrauchs der Entgeltfortzahlung schließlich für den Fall, dass der Arbeitnehmer **während seiner Arbeitsunfähigkeit vorübergehend eine andere Tätigkeit aufnimmt** und damit Entgeltfortzahlung im Krankheitsfall und Arbeitseinkommen nebeneinander bezieht (vgl. hierzu MünchArbR/ *Boecken* § 85 Rdn. 84 m. w. N.). Auch insoweit erscheint ein Rückgriff auf die Grundsätze von Treu und Glauben jedoch nicht angezeigt.

162 Soweit die Tätigkeit in irgendeiner Weise geeignet ist, den **Heilungsprozess zu verzögern,** kann man dem Arbeitnehmer einen Verschuldensvorwurf machen, so dass schon aus diesem Grund kein Entgeltfortzahlungsanspruch besteht.

163 Nichts anderes gilt im Ergebnis, soweit die Tätigkeit den **Heilungsprozess nicht beeinträchtigt** und der Arbeitnehmer auch seine **sonstigen Pflichten im Verhältnis zum „Hauptarbeitgeber"** erfüllt.

Beispiel: Der Arbeitnehmer teilt dem Arbeitgeber mit, er könne wegen einer Fußverletzung für die Dauer von sechs Wochen nur sitzende Tätigkeiten ausüben; der Arbeitgeber kann ihn nicht entsprechend beschäftigen, daraufhin übernimmt der Arbeitnehmer eine auf die Zeit der Arbeitsunfähigkeit beschränkte sitzende Aushilfstätigkeit.

164 Das Verhalten des Arbeitnehmers ist dann nicht treuwidrig oder rechtsmissbräuchlich, sodass ein Anspruch auf Entgeltfortzahlung uneingeschränkt besteht (ebenso ErfK/*Dörner* § 3 EFZG Rdn. 9). Soweit demgegenüber die Auffassung vertreten wird, das in dem zusätzlichen Arbeitsverhältnis erzielte Entgelt sei nach § 285 Abs. 1 BGB herauszugeben (vgl. *Löwisch,* NJW 2003, 2049; im Erg. ebenso *Gola* § 3 EFZG Anm. 3.5.3), ist dem entgegenzuhalten, dass der Arbeitnehmer das Entgelt nicht infolge seiner Krankheit erhält, sondern infolge seines Bemühens, die Zeit der Arbeitsunfähigkeit sinnvoll zu nutzen.

5. Beginn und Ende des Entgeltfortzahlungszeitraums

165 Der Anspruch auf Entgeltfortzahlung gem. § 3 Abs. 1 S. 1 EFZG besteht für die Zeit der Arbeitsunfähigkeit **bis zur Dauer von sechs Wochen.** Speziell bei langandauernden Krankheiten stellt sich damit die Frage nach dem genauen Beginn des Entgeltfortzahlungszeitraums, nach der Berechnung der Dauer des Entgeltfortzahlungszeitraums und nach seinem Ende. Grundsätzlich gelten für diese Berechnungen die §§ 187 ff. BGB, insbesondere § 187 Abs. 1 und § 188 Abs. 2 BGB (MüKo/*Schaub* § 616 Rdn. 83). Aus Gründen der Vereinfachung werden danach Fristen nur nach vollen Tagen berechnet (*Geyer/Knorr/Krasney* § 3 EFZG Rdn. 167).

a) Beginn

166 Der Anspruch des Arbeitnehmers auf Entgeltfortzahlung **entsteht** grundsätzlich mit dem **Eintritt der krankheitsbedingten Arbeitsunfähigkeit** (*Brecht* § 3 EFZG Rdn. 46a; *Kaiser/Dunkl/Hold/Kleinsorge* § 3 EFZG Rdn. 132; *Vossen,* Entgeltfortzahlung, Rdn. 179). Etwas anderes gilt nur für jene Arbeitnehmer, die die Wartezeit gem. § 3 Abs. 3 EFZG noch nicht erfüllt haben (vgl. dazu unten Rdn. 226 ff.).

II. Entgeltfortzahlung bei Arbeitsverhinderung § 3 EFZG

Ohne Bedeutung ist, wann ein **Arzt die Arbeitsunfähigkeit feststellt** 167 (*Geyer/Knorr/Krasney* § 3 EFZG Rdn. 164; *Kaiser/Dunkl/Hold/Kleinsorge* § 3 EFZG Rdn. 132; MünchArbR/*Boecken* § 84 Rdn. 52; *Wedde/Kunz* § 3 EFZG Rdn. 114); dem Arbeitgeber steht bis zur Vorlage einer ärztlichen Arbeitsunfähigkeitsbescheinigung lediglich gem. § 7 EFZG unter Umständen ein Leistungsverweigerungsrecht zu (*Staudinger/Oetker* § 616 Rdn. 334; ausführlicher § 7 Rdn. 7 ff.).

Probleme kann der Beginn des Entgeltfortzahlungszeitraums in erster 168 Linie hinsichtlich der Behandlung des Tages der Erkrankung, beim Auftreten einer Erkrankung während des Ruhens des Arbeitsverhältnisses sowie bei Erkrankungen zwischen dem Abschluss des Arbeitsvertrages und dem vereinbarten Beginn des Beschäftigungsverhältnisses aufwerfen.

aa) Tag der Erkrankung

Tritt die Erkrankung **während der Arbeitszeit** auf, wird der angebrochene 169 Arbeitstag bei der Berechnung der Sechs-Wochen-Frist nicht mitgerechnet; die Frist beginnt gem. § 187 Abs. 1 BGB erst am nächsten Tag zu laufen. Unabhängig davon erhält der Arbeitnehmer für die verbleibende Zeit des Tages, an dem er erkrankt, den vollen Arbeitslohn (BAG AP Nr. 3 zu § 1 LFZG; *Brecht* § 3 EFZG Rdn. 47; Kasseler Handbuch/*Vossen* Rdn. 118). Der Arbeitnehmer hat damit **für den gesamten Erkrankungstag einen Entgeltanspruch** und für weitere sechs Wochen einen **Entgeltfortzahlungsanspruch** (*Geyer/Knorr/Krasney* § 3 EFZG Rdn. 170; *Worzalla/Süllwald* § 3 EFZG Rdn. 45 ff.; soweit der Anspruch für die verbleibende Zeit des Tages als Entgeltfortzahlungsanspruch qualifiziert wird – so *Vossen*, Entgeltfortzahlung, Rdn. 181; wohl auch *Kaiser/Dunkl/Hold/Kleinsorge* § 3 EFZG Rdn. 134 – resultieren hieraus jedenfalls nach der Wiedereinführung der vollen Entgeltfortzahlung durch das „Korrekturgesetz" keine unterschiedlichen Ergebnisse mehr). Zur Begründung wird auf die ständige, zum Gewohnheitsrecht erstarkte Praxis verwiesen, die sich zunächst bei der Entgeltfortzahlung für Angestellte (vgl. z.B. BAG AP Nr. 3 zu § 1 LFZG; BAG AP Nr. 27 zu § 63 HGB; *Etzel*, GK-HGB § 63 Rdn. 34; *Landmann/Rohmer/Neumann*, Gewerbeordnung, § 133c Rdn. 26; *Schlegelberger*, HGB, § 63 Rdn. 6) entwickelt hatte (ausführlich BAG AP Nr. 3 zu § 1 LFZG; in der Begründung abweichend *Staudinger/Oetker* § 616 Rdn. 343).

Dasselbe gilt, wenn der Arbeitnehmer **nach der Arbeitszeit** erkrankt. Der 170 Arbeitnehmer hat **für den laufenden Tag einen Anspruch auf Entgeltzahlung**; die Frist für die Berechnung des Entgeltfortzahlungszeitraums beginnt gem. § 187 Abs. 1 BGB erst am nächsten Tag zu laufen, d.h. der Beginn der Entgeltfortzahlung und der Beginn der Sechs-Wochen-Frist sind deckungsgleich (*Vossen*, Entgeltfortzahlung, Rdn. 184).

Anders zu beurteilen ist dagegen nach h.M. der Fall, dass der Arbeitnehmer 171 **vor Beginn der täglichen Arbeitszeit** erkrankt, wobei zu dieser Variante auch der Fall zählt, dass der Arbeitnehmer auf dem Weg zur Arbeit einen Unfall erleidet (vgl. GK-EFZR-*Birk* § 1 LFZG Rdn. 298).

Das BAG und der ganz überwiegende Teil des Schrifttums gehen davon aus, 172 dass unter diesen Voraussetzungen bereits der Tag der Erkrankung bei der Berechnung des Entgeltfortzahlungszeitraums mitzählt (BAG AP Nr. 6 zu § 1

EFZG § 3 Anspruch auf Entgeltfortzahlung im Krankheitsfall

LFZG; *Brecht* § 3 EFZG Rdn. 48; ErfK/*Dörner* § 3 EFZG Rdn. 73; *Geyer/ Knorr/Krasney* § 3 EFZG Rdn. 169; HzA/*Vossen* Gruppe 2 Rdn. 163; *Kaiser/ Dunkl/Hold/Kleinsorge* § 3 EFZG Rdn. 109; Kasseler Handbuch/*Vossen* Rdn. 119; *Vossen, Entgeltfortzahlung,* Rdn. 182; a. A. MünchArbR/*Boecken* § 84 Rdn. 58; *Wedde/Kunz* § 3 EFZG Rdn. 16; zweifelnd *Staudinger/Oetker* § 616 Rdn. 350). Der Arbeitnehmer erlangt keinen Entgelt-, wohl aber einen Entgeltfortzahlungsanspruch.

173 Um dieses Ergebnis in Einklang mit § 187 Abs. 1 BGB zu bringen, wird ausgeführt, man müsse § 187 Abs. 1 BGB der besonderen Situation des Arbeitsverhältnisses anpassen, wonach die Pflicht zur Arbeitsleistung nur an bestimmten Teilen eines Kalendertages bestehe. Es müsse daher für die Frage, auf welchen Tag das die Arbeitsunfähigkeit auslösende Ereignis falle, statt auf den Beginn des Kalendertages auf denjenigen Zeitpunkt abgestellt werden, zu dem die Arbeitsunfähigkeit überhaupt erst rechtliche Bedeutung gewinnen könne, d. h. auf den Beginn der Arbeitsschicht.

174 Die skizzierten Ergebnisse der herrschenden Meinung erscheinen angesichts des Gesetzeswortlauts nicht unproblematisch. Dies gilt sowohl für den nach den allgemeinen Regeln des Leistungsstörungsrechts und dem Gesetzestext des Entgeltfortzahlungsgesetzes kaum zu rechtfertigenden Anspruch auf (volle) Entgeltzahlung, wenn der Arbeitnehmer **während** der Arbeitszeit erkrankt, als auch für die schwer mit dem Gesetzeswortlaut in Einklang zu bringende Interpretation des § 187 Abs. 1 BGB für die Fälle, in denen die Erkrankung **vor** Beginn der täglichen Arbeitszeit auftritt. Konsequent wäre es, in diesen Fällen den Lohn ganz oder teilweise zu versagen und die Sechs-Wochen-Frist entsprechend § 187 Abs. 1 BGB am nächsten Tag beginnen zu lassen; um Härten für den Tag der Erkrankung zu vermeiden, könnte man insoweit auf § 616 BGB zurückgreifen (ähnlich MünchArbR/*Boecken* § 84 Rdn. 57; *Staudinger/Oetker* § 616 Rdn. 350).

bb) Ruhen des Arbeitsverhältnisses

175 Zu einer wesentlich bedeutsameren Verschiebung des Beginns des Entgeltfortzahlungszeitraums kommt es, wenn das **Arbeitsverhältnis zum Zeitpunkt der Erkrankung ruht,** d. h. wenn die beiderseitigen Hauptpflichten, also die Pflicht zur Arbeitsleistung und die Entgeltzahlungspflicht, suspendiert sind. Es kommt jedoch nur zu einer **Verschiebung** des Entgeltfortzahlungszeitraums; endet das Ruhen des Arbeitsverhältnisses, so läuft von diesem Zeitpunkt an die normale Sechs-Wochen-Frist, denn es sind keine Gründe ersichtlich, den Arbeitgeber aus seiner sozialen Verpflichtung zu entlassen, solange er nicht die ihm vom Gesetzgeber zugemuteten Leistungen voll erbracht hat (BAG AP Nr. 36 zu § 1 LFZG; Kasseler Handbuch/*Vossen* Rdn. 123; MüKo/*Schaub* § 616 Rdn. 85; MünchArbR/*Boecken* § 84 Rdn. 60; *Wedde/Kunz* § 3 EFZG Rdn. 118; *Worzalla/Süllwald* § 3 EFZG Rdn. 48).

176 Dementsprechend kommt es nur zu einer **Unterbrechung** der Sechs-Wochen-Frist, wenn das Ruhen des Arbeitsverhältnisses während einer krankheitsbedingten Arbeitsunfähigkeit eintritt. Sollte der Arbeitnehmer bei Beendigung des Ruhens noch immer arbeitsunfähig erkrankt sein, läuft die Sechs-Wochen-Frist mit dem Wiederaufleben der beiderseitigen Hauptpflichten

II. Entgeltfortzahlung bei Arbeitsverhinderung § **3 EFZG**

weiter (vgl. BAG AP Nr. 5 zu § 1 LFZG; *Geyer/Knorr/Krasney* § 3 EFZG Rdn. 186; *Kaiser/Dunkl/Hold/Kleinsorge* § 3 EFZG Rdn. 138).

Zu der Frage, **wann das Arbeitsverhältnis ruht,** mit der Folge, dass es zu 177 einer Verschiebung und nicht zu einer Verkürzung des Entgeltfortzahlungszeitraums kommt, hat sich eine recht umfangreiche Rechtsprechung entwickelt.

Ein Ruhen des Arbeitsverhältnisses ist angenommen worden für die Zeit des 178 **Grundwehrdienstes** oder einer **Wehrübung** (§ 1 Abs. 1 ArbPlatzSchG; BAG AP Nr. 27 zu § 63 HGB; AP Nr. 1 zu § 1 ArbPlatzSchG; vgl. MüKo/ *Schaub* § 616 Rdn. 85). Gleiches muss während einer Eignungsübung bis zur Dauer von vier Monaten (§ 1 EignungsübungsG) sowie während des Zivildienstes (§ 78 Abs. 1 Nr. 1 ZDG) gelten (*Geyer/Knorr/Krasney* § 3 EFZG Rdn. 177; Kasseler Handbuch/*Vossen* Rdn. 121; MüKo/*Schaub* § 616 Rdn. 85; *Wedde/Kunz* § 3 EFZG Rdn. 119). Die Sechs-Wochen-Frist beginnt selbst dann erst mit der Entlassung aus dem Wehrdienst zu laufen, wenn der Arbeitgeber aufgrund anderer Rechtsvorschriften, wie z. B. § 1 Abs. 2 ArbPlatzSchG für den Bereich des öffentlichen Dienstes, zur Entgeltfortzahlung verpflichtet ist (BAG EEK I/174).

Das Arbeitsverhältnis ruht weiterhin während der **Schutzfristen nach § 3** 179 **Abs. 2 und § 6 Abs. 1 MuSchG** (HzA/*Vossen* Gruppe 2 Rdn. 78, 87). Dies gilt auch dann, wenn während dieser Zeit Beschwerden auftreten, die über die normalen Beschwerden während einer Schwangerschaft hinausgehen (BAG AP Nr. 20 zu § 63 HGB; Kasseler Handbuch/*Vossen* Rdn. 121; vgl. auch BAGE 53, 205 = AP Nr. 4 zu § 14 MuSchG 1968).

Schließlich ruht das Arbeitsverhältnis unstreitig auch dann, wenn der Arbeit- 180 nehmer **unbezahlten Sonderurlaub** in Anspruch nimmt und dieser Urlaub **nicht Erholungszwecken dient** (BAG DB 1972, 831; AP Nr. 36 zu § 1 LFZG; AP Nr. 4 zu § 37 BAT; *Brecht* § 3 EFZG Rdn. 50; *Kaiser/Dunkl/Hold/ Kleinsorge* § 3 EFZG Rdn. 117; *Vossen,* Entgeltfortzahlung, Rdn. 185; zum unbezahlten Sonderurlaub und seiner Zwecksetzung vgl. oben Rdn. 103 f.).

Problematisch ist, ob das Arbeitsverhältnis auch dann – im Sinne des § 3 181 Abs. 1 S. 1 EFZG – ruht, wenn der Arbeitnehmer an einem **Arbeitskampf** beteiligt ist. Das BAG hat dies teilweise verneint und zur Begründung u. a. ausgeführt, der Arbeitnehmer müsse jederzeit mit einem Abbruch des Arbeitskampfes oder mit einer Heranziehung zu sog. Erhaltungsarbeiten rechnen; es liege daher eine Art Rufbereitschaft vor, die die Annahme des Ruhens ausschließe (BAG AP Nr. 13 zu § 1 LFZG).

Die Entscheidung steht jedoch in einem gewissen Widerspruch zur Recht- 182 sprechung des Großen Senats, der zu dem Ergebnis gelangt ist, dass auch bei einem Streik oder einer Aussperrung mit suspendierender Wirkung die Hauptpflichten aus dem Arbeitsverhältnis ruhen (BAG GS AP Nr. 43 zu Art. 9 GG Arbeitskampf). Man kann zwar der Auffassung vertreten, der Begriff des Ruhens im Sinne des Arbeitskampfrechts und im Sinne des Entgeltfortzahlungsrechts seien nicht identisch, eine parallele Bewertung wäre aber doch überzeugender (kritisch u. a. auch ErfK/*Dörner* § 3 EFZG Rdn. 74; *Geyer/Knorr/ Krasney* § 3 EFZG Rdn. 185; Kasseler Handbuch/*Vossen* Rdn. 122; MünchArbR/*Boecken* § 84 Rdn. 60 f.; *Vossen,* Entgeltfortzahlung, Rdn. 186; zur Frage, ob und inwieweit für Krankheitszeiten vom Arbeitgeber Entgelt fortgezahlt

EFZG § 3 Anspruch auf Entgeltfortzahlung im Krankheitsfall

werden muss, wenn während dieser Zeit im Betrieb gestreikt wird, vgl. BAG AP Nr. 114 zu Art. 9 GG Arbeitskampf; LAG Berlin BB 1991, 1492; ausführlich oben Rdn. 82 ff.).

183 Fraglich ist auch, ob das Arbeitsverhältnis während einer **Elternzeit** nach den §§ 15 ff. BErzGG ruht. Dies hat man teilweise mit der Begründung verneint, die §§ 15 ff. BErzGG sähen ein Ruhen nicht vor (MüKo/*Schaub*, 2. Aufl., § 616 Rdn. 85 f.). Geht man allerdings davon aus, dass ein Arbeitsverhältnis ruht, wenn die wesentlichen Pflichten, insbesondere die Arbeitspflicht und die Entgeltzahlungspflicht für längere Zeit ausgesetzt sind, so spricht wohl mehr dafür, von einem Ruhen des Arbeitsverhältnisses auszugehen (*Geyer/ Knorr/Krasney* § 3 EFZG Rdn. 179; HzA/*Vossen* Gruppe 2 Rdn. 85; *Kaiser/ Dunkl/Hold/Kleinsorge* § 3 EFZG Rdn. 116; MüKo/*Schaub* § 616 Rdn. 85; *Wedde/Kunz* § 3 EFZG Rdn. 119).

184 Kein Ruhen des Arbeitsverhältnisses ist nach h. M. anzunehmen, wenn die Arbeit infolge **schlechten Wetters** (BAG AP Nr. 5 zu § 1 LFZG; *Geyer/ Knorr/Krasney* § 3 EFZG Rdn. 183; *Kaiser/Dunkl/Hold/Kleinsorge* § 3 EFZG Rdn. 141; Kasseler Handbuch/*Vossen* Rdn. 126; *Wedde/Kunz* § 3 EFZG Rdn. 121) oder **Kurzarbeit** (MüKo/*Schaub* § 616 Rdn. 86) ausfällt.

185 Kein Ruhen des Arbeitsverhältnisses ist auch dann anzunehmen, wenn aufgrund des Lohnausgleichs-Tarifvertrages im Baugewerbe **zwischen Weihnachten und Neujahr nicht gearbeitet wird** (BAG AP Nr. 13 zu § 1 LFZG mit kritischer Anm. *Töns*; *Vossen*, Entgeltfortzahlung, Rdn. 190).

cc) Erkrankung zwischen Vertragsschluss und vereinbartem Beginn des Beschäftigungsverhältnisses sowie während der Wartezeit

186 Unter der Geltung des § 1 Abs. 1 S. 1 LFZG setzte der Lohnfortzahlungsanspruch eines Arbeiters noch voraus, dass die zur Arbeitsunfähigkeit führende Erkrankung „nach Beginn der Beschäftigung" auftrat, d. h. es entstand kein Lohnfortzahlungsanspruch, wenn der Arbeiter zwischen dem Abschluss des Arbeitsvertrages und dem vereinbarten Arbeitsbeginn erkrankte und seine Tätigkeit nicht wie vereinbart aufnehmen konnte (ausführlich *Schmitt*, LFZG, § 1 Rdn. 18 ff.). Angestellten erkannte man dagegen unter den skizzierten Voraussetzungen einen Entgeltfortzahlungsanspruch für die Zeit nach dem vereinbarten Beschäftigungsbeginn zu, da die Entgeltfortzahlungsregelungen für Angestellte ausnahmslos keine einschränkende Formulierung wie „nach Beginn der Beschäftigung" enthielten (vgl. u. a. *Landmann/Rohmer*, Gewerbeordnung, § 133 c Rdn. 23 für gewerbliche Angestellte; *Schlegelberger*, HGB, § 63 Rdn. 6 für kaufmännische Angestellte; MüKo/*Schaub*, 2. Aufl., § 616 Rdn. 83 f. für sonstige Angestellte; *Herkert*, BBiG, § 12 Rdn. 15 für Auszubildende).

187 Nachdem man mit dem Inkrafttreten des Entgeltfortzahlungsgesetzes die Ungleichbehandlungen in diesem Punkt dadurch beseitigt hatte, dass man in § 3 Abs. 1 S. 1 EFZG auf die frühere Formulierung „nach Beginn der Beschäftigung" verzichtet hatte, konnte es keinem Zweifel mehr unterliegen, dass nunmehr alle Arbeitnehmer **vom Zeitpunkt des vereinbarten Arbeitsbeginns an** auch dann einen Anspruch auf Entgeltfortzahlung hatten, wenn die krankheitsbedingte Arbeitsunfähigkeit zwischen dem Vertragsschluss und dem vereinbarten Beginn des Beschäftigungsverhältnisses eingetreten war.

II. Entgeltfortzahlung bei Arbeitsverhinderung § 3 EFZG

Die **Sechs-Wochen-Frist** begann auch bis zum Inkrafttreten des Arbeitsrechtlichen Beschäftigungsförderungsgesetzes und damit des § 3 Abs. 3 EFZG allerdings nicht mit dem Zeitpunkt der Erkrankung zu laufen, sondern erst **mit dem Tag des vereinbarten Dienstbeginns** (BAG AP Nr. 45 zu § 63 HGB; *Staudinger/Oetker* § 616 Rdn. 351; a.A. *Erman/Hanau*, 9. Aufl., § 616 Rdn. 53; MüKo/*Schaub*, 2. Aufl., § 616 Rdn. 83), da man das Arbeitsverhältnis bis zu diesem Zeitpunkt allenfalls mit einem ruhenden vergleichen kann. 188

Diese Überlegungen haben nach der Einführung der Wartezeit gem. § 3 Abs. 3 EFZG durch das Arbeitsrechtliche Beschäftigungsförderungsgesetz weiterhin Bedeutung für die Interpretation der Wartezeitregelung. Erkrankt ein Arbeitnehmer nunmehr **zwischen dem Vertragsschluss und dem vereinbarten Beginn des Beschäftigungsverhältnisses** oder **während der Wartezeit**, so beginnt der mögliche Bezug von Entgeltfortzahlung im Krankheitsfall jedenfalls **mit dem Ende der Wartezeit**. Die Sechs-Wochen-Frist beginnt nunmehr mit dem Tag nach dem Ablauf der Wartezeit, d.h. ein Arbeitnehmer, der zwischen dem Vertragsschluss und dem vereinbarten Beginn des Beschäftigungsverhältnisses oder während der Wartezeit erkrankt, kann unter Umständen bis zu sechs Wochen Entgeltfortzahlung im Krankheitsfall durch den Arbeitgeber beanspruchen (ebenso *Giesen*, RdA 1997, 193, 194; MüKo/*Schaub* § 616 Rdn. 37 c; *Staudinger/Oetker* § 616 Rdn. 289; wohl a.A. *Preis*, NJW 1996, 3369, 3374; zweifelnd *Hanau*, ZRP 1996, 349, vgl. auch unten Rdn. 305). Der Anspruch auf Entgeltfortzahlung ist im Falle der Erkrankung während der Wartezeit auch nicht um diejenigen Krankheitszeiten zu kürzen, die in die Wartefrist fallen (vgl. BAG AP Nr. 10 zu § 3 EFZG). 189

Dies muss grundsätzlich auch dann gelten, wenn der Arbeitnehmer **bereits bei Abschluss des Vertrages arbeitsunfähig krank ist** und die Arbeitsunfähigkeit zu dem Zeitpunkt noch fortbesteht, zu dem die Arbeit aufgenommen werden sollte (ebenso Kasseler Handbuch/*Vossen* Rdn. 40; a.A. *Berenz* DB 1995, 2166, 2167; *Geyer/Knorr/Krasney* § 3 EFZG Rdn. 3; *Schliemann*, AuR 1994, 317, 319; *Viethen*, Entgeltfortzahlungsgesetz, S. 20 f.) bzw. die Wartezeit abläuft (vgl. *Hanau*, RdA 1997, 205, 207; *Vossen*, NZA 1998, 354, 355). 190

Für eine „Korrektur" dieses aus dem Gesetzeswortlaut folgenden Ergebnisses im Hinblick auf den sozialen Schutzzweck des Gesetzes o.ä. (vgl. BAG EzA Nr. 110 zu § 1 LFZG) besteht keine Notwendigkeit. Soweit der Arbeitnehmer davon ausgehen konnte, dass er zum Zeitpunkt der Arbeitsaufnahme (bzw. zum Ende der Wartezeit) arbeitsfähig sein werde, erscheint es angemessen, ihm einen Entgeltfortzahlungsanspruch zuzuerkennen. Gleiches gilt auch für den Fall, das es dem Arbeitgeber aufgrund einer entsprechenden Mitteilung des Arbeitnehmers bekannt war, dass der Arbeitnehmer seine Arbeit möglicherweise nicht planmäßig werde aufnehmen können und der Arbeitsvertrag dennoch geschlossen wurde. Nicht sachgerecht erscheint ein Entgeltfortzahlungsanspruch damit lediglich in den Fällen, in denen der Arbeitnehmer trotz entsprechender Kenntnis den Arbeitgeber nicht darüber informiert hat, dass er seine Arbeit (möglicherweise) nicht werde aufnehmen können. In derartigen Fällen hat der Arbeitgeber jedoch die Möglichkeit, den Arbeitsvertrag insgesamt anzufechten (vgl. auch oben „Missbrauch der Entgeltfortzahlung", Rdn. 132 ff.). 191

EFZG § 3 Anspruch auf Entgeltfortzahlung im Krankheitsfall

b) Dauer

192 Entgeltfortzahlung im Krankheitsfall wird höchstens für die Dauer von sechs Wochen gewährt. Dies entspricht in Anlehnung an § 191 BGB 42 **Kalendertagen** (BAG AP Nr. 29 zu § 1 LFZG; *Brecht* § 3 EFZG Rdn. 49; Kasseler Handbuch/*Vossen* Rdn. 116; MünchArbR-*Boewer* § 84 Rdn. 54 f.; RGRK/ *Matthes* § 616 Rdn. 151; *Vossen*, Entgeltfortzahlung, Rdn. 178). **Mitgezählt** werden dabei jene **Tage, an denen nicht gearbeitet wird, ohne dass das Arbeitsverhältnis ruht** (ErfK/*Dörner* § 3 EFZG Rdn. 74). Berücksichtigt werden also nicht nur **Sonn- und Feiertage,** sondern – legt man die Rechtsprechung des BAG zum Ruhen des Arbeitsverhältnisses im Sinne der Entgeltfortzahlung zugrunde – auch Zeiten, in denen wegen eines Arbeitskampfes (BAG AP Nr. 29 zu § 1 LFZG; *Worzalla/Süllwald* § 3 EFZG Rdn. 49), wegen schlechten Wetters (BAG AP Nr. 5 zu § 1 LFZG) oder in Anwendung des Lohnausgleichs-Tarifvertrages im Baugewerbe zwischen Weihnachten und Neujahr *(*BAG AP Nr. 13 zu § 1 LFZG mit Anm. *Töns)* nicht gearbeitet wird (Kasseler Handbuch/*Vossen* Rdn. 125; *Schaub,* Arbeitsrechts-Handbuch, § 98 III 2; zum Ruhen ausführlich oben Rdn. 99 ff.).

193 Bei **nicht täglicher Arbeitszeit zählen** die **arbeitsfreien Werktage** mit (*Erman/Hanau,* 9. Aufl., § 616 Rdn. 56); gleiches gilt für sog. **Ausgleichstage** für Überstunden (BAG AP Nr. 13 zu § 17 BAT). Das Datum des freien Tages muss aber unabhängig von der Verhinderung feststehen und dem Betroffenen bekannt sein; eine Vorverlegung späterer Ausgleichstage in die Krankheitszeit kommt nicht in Betracht (zur Berechnung der Krankenvergütung in sog. Freischichtmodell zur Verkürzung der Arbeitszeit vgl. BAG NZA 1990, 897; ausführlich § 4 Rdn. 36 ff.).

194 Die Dauer des Entgeltfortzahlungszeitraums bemisst sich ausschließlich nach dem **aktuellen Arbeitsverhältnis;** krankheitsbedingte Arbeitsverhinderungen im Rahmen eines früheren Arbeitsverhältnisses sind nicht zu berücksichtigen (BAG AP Nr. 11 zu § 1 LFZG; *Staudinger/Oetker* § 616 Rdn. 347; a.A. *Gola* § 3 EFZG Anm. 4.1).

Beispiel: Der Arbeitnehmer hat sein Arbeitsverhältnis zu Arbeitgeber A zum 30. Juni gekündigt und mit Arbeitgeber B einen neuen Arbeitsvertrag ab 1. Juli geschlossen. Der Arbeitnehmer erkrankt vom 1. Juni bis 30. September.

195 Unter diesen Voraussetzungen besteht zunächst ein Entgeltfortzahlungsanspruch gegen Arbeitgeber A für den Monat Juni. Beginnend mit dem 1. Juli greift sodann die Wartefristregelung des § 3 Abs. 3 EFZG ein. Danach entsteht ein Entgeltfortzahlungsanspruch gegen Arbeitgeber B für die Dauer von sechs Wochen, d. h. bis zum 8. September. Danach kann der Arbeitnehmer bis zum 30. September Krankengeld in Anspruch nehmen.

196 Dies gilt auch dann, wenn die Sechs-Wochen-Frist bereits abgelaufen ist (MünchArbR/*Boecken* § 84 Rdn. 53).

Beispiel: Im vorstehenden Beispiel erkrankt der Arbeitnehmer vom 1. Mai bis 30. September.

197 Unter diesen Voraussetzungen ist zunächst Arbeitgeber A zur Entgeltfortzahlung für die Dauer von sechs Wochen verpflichtet. Von Mitte Juni bis zum 30. Juni erhält der Arbeitnehmer sodann Krankengeld. Dies gilt auch für die

II. Entgeltfortzahlung bei Arbeitsverhinderung § 3 EFZG

Zeit der Wartefrist gem. § 3 Abs. 3 EFZG (1. bis 28. Juli). Im Anschluss daran hat Arbeitgeber B für 42 Tage Entgeltfortzahlung zu leisten, ehe erneut Krankengeld in Anspruch genommen werden kann.

Anders ist die Situation dagegen, wenn es zu einem Betriebsübergang gem. 198 § 613a BGB oder zu einer Gesamtrechtsnachfolge kommt, denn in diesem Fall bleibt das Arbeitsverhältnis bestehen (*Staudinger/Oetker* § 616 Rdn. 347).

Beispiel: Tritt in den vorstehenden Beispielen am 1. Juli ein Betriebserwerber in das Arbeitsverhältnis ein, so besteht lediglich ein Entgeltfortzahlungsanspruch für **insgesamt** sechs Wochen, beginnend mit dem 1. Mai bzw. dem 1. Juni.

c) Ende

Der Anspruch auf Entgeltfortzahlung endet naturgemäß, wenn der Arbeit- 199 nehmer nicht mehr krank bzw. arbeitsunfähig ist (BAG AP Nr. 55 zu § 1 LFZG).

Dies ist unproblematisch, wenn sich der Arbeitnehmer nach einer (kurzen) 200 Erkrankung, für die er sich keine Arbeitsunfähigkeitsbescheinigung beschafft hat, wieder gesund fühlt, und dies ist auch dann unproblematisch, wenn der Arbeitnehmer sich tatsächlich zu jenem Zeitpunkt wieder gesund fühlt, der in der Arbeitsunfähigkeitsbescheinigung als (voraussichtliches) Ende der Arbeitsunfähigkeit angegeben ist. Unklarheiten bestehen dagegen für den Fall, dass der Arbeitnehmer sich **früher wieder gesund fühlt als in der Arbeitsunfähigkeitsbescheinigung angegeben.**

Der Arbeitnehmer ist unter diesen Voraussetzungen zweifellos **berechtigt,** 201 seinen Arzt aufzusuchen und **sich bescheinigen zu lassen,** er sei wieder arbeitsfähig; ob er hierzu auch verpflichtet ist, sei dahingestellt, da diese Fragestellung wohl nur von theoretischem Interesse ist (ähnlich *Stückmann,* NZS 1994, 529, 535).

Fraglich erscheint dagegen, ob der Arbeitnehmer seine Arbeit auch dann 202 wieder aufnehmen kann bzw. der Arbeitgeber ihn auch dann wieder beschäftigen darf, wenn die in der Arbeitsunfähigkeitsbescheinigung angegebene voraussichtliche Dauer der Arbeitsunfähigkeit **noch nicht abgelaufen ist** und der Arbeitnehmer sich nicht hat bescheinigen lassen, er sei wieder arbeitsfähig. In der Praxis herrscht insoweit die Befürchtung, bei einer vorzeitigen Arbeitsaufnahme und einer darauf folgenden erneuten Erkrankung („Rückfall") verliere der Arbeitnehmer seinen Anspruch auf Entgeltfortzahlung im Krankheitsfall bzw. der Arbeitgeber mache sich schadensersatzpflichtig. Beides ist jedoch im Regelfall nicht zu befürchten.

Sollte der Arbeitnehmer nach einer vorzeitigen Wiederaufnahme der Arbeit 203 einen Rückfall erleiden, so könnte sein Anspruch auf Entgeltfortzahlung im Krankheitsfall allenfalls daran scheitern, dass ihm im Verschuldensvorwurf zu machen ist. **Verschulden** i. S. d. § 3 EFZG ist jedoch nur dann zu bejahen, wenn dem Arbeitnehmer ein „gröblicher Verstoß gegen das von einem verständigen Menschen im eigenen Interesse zu erwartenden Verhalten" vorzuwerfen ist (ausführlich oben Rdn. 110 ff.). Hiervon wird man aber in aller Regel nicht ausgehen können, wenn ein Arbeitnehmer sich gesund fühlt und seine Tätigkeit wieder aufnimmt.

Ein **Schadensersatzanspruch** gegen den Arbeitgeber könnte sich in erster 204 Linie aus § 280 Abs. 1 BGB unter dem Gesichtspunkt einer Verletzung der

EFZG § 3 Anspruch auf Entgeltfortzahlung im Krankheitsfall

Fürsorgepflicht ergeben. Auch ein derartiger Anspruch setzt jedoch Verschulden voraus, das normalerweise zu verneinen sein wird, wenn der Arbeitnehmer dem Arbeitgeber für einen medizinischen Laien glaubhaft erklärt hat, er fühle sich wieder gesund.

205 Des weiteren endet die Entgeltfortzahlung nach § 3 Abs. 1 EFZG mit dem **Ablauf der Sechs-Wochen-Frist.** Für die Berechnung des Fristendes gilt § 188 Abs. 2 BGB, d. h. die Entgeltfortzahlung endet mit dem Tag der sechsten Woche, der durch seine Benennung dem Tag entspricht, in den das Ereignis, d. h. der Eintritt der Arbeitsunfähigkeit, gefallen ist.

Beispiele: Erkrankt der Arbeitnehmer an einem Dienstag während der Arbeitszeit oder danach, so erhält er für den Dienstag Arbeitsentgelt; die Entgeltfortzahlung beginnt am Mittwoch und endet nach sechs Wochen am Dienstag. Erkrankt der Arbeitnehmer an einem Dienstag vor Beginn der täglichen Arbeitszeit, so beginnt die Entgeltfortzahlung am Dienstag und endet nach sechs Wochen am Montag (zum Beginn des Entgeltfortzahlungszeitraums vgl. oben Rdn. 169 ff.).

206 Bei der Berechnung der Sechs-Wochen-Frist bleiben wie ausgeführt lediglich Tage außer Betracht, an denen das Arbeitsverhältnis ruht (vgl. oben Rdn. 99 ff.).

207 Der Anspruch auf Entgeltfortzahlung endet weiterhin, **wenn das Arbeitsverhältnis endet** oder in ein Ruhestandsverhältnis umgewandelt worden ist, d. h. der Anspruch endet, wenn das Arbeitsverhältnis infolge eines Aufhebungsvertrages (LAG Frankfurt NJW 1973, 1719), einer auflösenden Bedingung (LAG Schleswig-Holstein DB 1974, 1532; LAG Baden-Württemberg DB 1974, 1391) oder Befristung oder wegen Ablaufs der Kündigungsfrist endet (LAG Schleswig-Holstein BB 1974, 1251; ausführlich § 8 EFZG Rdn. 56 ff.).

208 Ein Anspruch auf Weiterzahlung über das Ende des Arbeitsverhältnisses hinaus für die Zeit der Erkrankung bis zum Ablauf der Sechs-Wochen-Frist besteht allerdings dann, wenn der Arbeitgeber das Arbeitsverhältnis **aus Anlass der Erkrankung gekündigt hat** oder wenn der Arbeitnehmer das Arbeitsverhältnis aus einem vom Arbeitgeber zu vertretenden Grunde kündigt, der den Arbeitnehmer zur Kündigung aus wichtigem Grund ohne Einhaltung der Kündigungsfrist berechtigt (§ 8 EFZG Rdn. 8 ff.).

6. Anspruch auf Arbeitsentgelt
(Rechtsnatur des Entgeltfortzahlungsanspruchs)

a) Allgemeines

209 § 3 Abs. 1 S. 1 EFZG in seiner bis zum 30. September 1996 geltenden Fassung erhielt dem Arbeitnehmer für die Dauer von bis zu sechs Wochen den „Anspruch auf Arbeitsentgelt". Der Entgeltfortzahlungsanspruch war also nichts anderes als der **aufrecht erhaltene Entgeltanspruch** (vgl. BAG AP Nr. 92 zu § 1 LZFG; AP Nr. 1 und 2 zu § 6 LFZG; *Brecht* § 3 EFZG Rdn. 40; *Staudinger/Oetker* § 616 Rdn. 177 ff.). Demgemäss war **Anspruchsgrundlage** für den Entgelt(fortzahlungs)anspruch der **Arbeitsvertrag** und nicht § 3 EFZG (ebenso *v. Hoyningen-Huene*, Anm. zu BAG EzA Nr. 42 zu § 63 HGB = AP Nr. 45 zu § 63 HGB; *Staudinger/Oetker* § 616 Rdn. 178), und demgemäss fanden auf den Entgeltfortzahlungsanspruch grundsätzlich

II. Entgeltfortzahlung bei Arbeitsverhinderung § 3 EFZG

dieselben Regelungen Anwendung, die auch für den Entgeltanspruch gelten (BAG AP Nr. 1 zu § 6 LFZG; *Geyer/Knorr/Krasney* § 3 EFZG Rdn. 239; RGRK/*Matthes* § 616 Rdn. 184). Diese Feststellung war u. a. bedeutsam für die Bestimmung der **Fälligkeit** des Anspruchs und den **Erfüllungsort,** für die **Pfändbarkeit** und die **Verjährung** des Anspruchs, für die Anwendbarkeit tarifvertraglicher **Ausschlussfristen,** für das Schicksal des Anspruchs im **Konkurs** und für die **Zuständigkeit der Arbeitsgerichte.**

Nach der Änderung des § 3 Abs. 1 S. 1 EFZG durch das Arbeitsrechtliche 210 Beschäftigungsförderungsgesetz hat sich dies insofern geändert, als § 3 Abs. 1 EFZG seit diesem Zeitpunkt einen **eigenständigen Anspruch** gegen den Arbeitgeber normiert. Der Anspruch aus dem Arbeitsvertrag entfällt bei krankheitsbedingter Arbeitsunfähigkeit gem. § 275 BGB, gleichzeitig entfällt gem. § 326 Abs. 1 BGB der Anspruch des Arbeitnehmers auf das vereinbarte Arbeitsentgelt. Damit kann man die Anwendbarkeit der für den Entgeltanspruch maßgeblichen Bestimmungen nicht mehr ohne weiteres damit begründen, dass es sich bei dem Anspruch auf Arbeitsentgelt im Krankheitsfall um den aufrecht erhaltenen Anspruch auf Arbeitsentgelt handelt.

Dennoch ist der **Anspruch aus § 3 Abs. 1 EFZG** weiterhin **nicht an-** 211 **ders zu behandeln** als der **Anspruch auf das vereinbarte Arbeitsentgelt,** denn durch die geänderte Formulierung des § 3 Abs. 1 S. 1 EFZG sollte seinerzeit (nur) der Tatsache Rechnung getragen werden, dass man nach der Absenkung auf 80 vom Hundert streng genommen nicht mehr von Entgelt**fort**zahlung sprechen konnte; weitergehende Änderungen waren dagegen nicht beabsichtigt (vgl. Kasseler Handbuch/*Vossen* Rdn. 401). Dies gilt selbstverständlich weiterhin, nachdem durch das „Korrekturgesetz" wieder die volle Entgeltfortzahlung im Krankheitsfall eingeführt worden ist (ebenso BAG NZA 2002, 746).

b) Einzelfälle

Der Entgeltfortzahlungsanspruch wird grundsätzlich zu den normalen Ent- 212 geltzahlungsterminen **fällig** (BAG AP Nr. 1 zu § 6 LFZG). Es finden die tariflichen, betrieblichen oder einzelvertraglichen Vereinbarungen hinsichtlich des Entgeltzahlungszeitpunktes Anwendung bzw. es gilt – sofern solche Vereinbarungen nicht bestehen – § 614 BGB (ausführlich Kasseler Handbuch/ *Vossen* Rdn. 402).

Erfüllungsort hinsichtlich des Entgeltfortzahlungsanspruchs ist entspre- 213 chend der Situation beim Entgeltanspruch grundsätzlich der Betrieb des Arbeitgebers. Sofern nicht eine bargeldlose Entgeltzahlung durch Überweisung auf ein Bankkonto vereinbart worden ist, hat der Arbeitnehmer das fortgezahlte Arbeitsentgelt im Betrieb abzuholen bzw. abholen zu lassen (*Kaiser/ Dunkl/Hold/Kleinsorge* § 3 EFZG Rdn. 187). Ist dies dem Arbeitnehmer aufgrund der Erkrankung nicht möglich, hat der Arbeitgeber es unter Umständen aufgrund seiner Fürsorgepflicht auf seine Gefahr und auf seine Kosten an den Wohnsitz des Arbeitnehmers zu übermitteln (*Brecht* § 3 EFZG Rdn. 42; *Geyer/Knorr/Krasney* § 3 EFZG Rdn. 245; *Wedde/Kunz* § 3 EFZG Rdn. 27).

214 Da es sich bei der Entgeltfortzahlung im Krankheitsfall um „normales" Arbeitsentgelt handelt, ist eine **Pfändung** bis zu den gesetzlich festgelegten Pfändungsfreigrenzen der §§ 850ff. ZPO möglich. Für eine **Abtretung** gelten gem. § 400 BGB dieselben Grenzen (vgl. BAG AP Nr. 30 zu § 63 HGB).

215 Der Anspruch auf Entgeltfortzahlung **verjährt** wie der Entgeltanspruch in drei Jahren, gerechnet vom Ende des Jahres, in dem der Anspruch entstanden ist (§§ 195, 199 Abs. 1BGB). Ebenso verjährt der Anspruch des Arbeitgebers aus §§ 812ff. BGB wegen irrtümlicherweise zuviel gezahlter Entgeltfortzahlung gem. § 195 BGB nach drei Jahren.

216 Sofern nach allgemeinen Regeln auf ein Arbeitsverhältnis **tarifvertragliche Ausschlussfristen** Anwendung finden, insbesondere weil beide Vertragsparteien tarifgebunden sind oder der Tarifvertrag für allgemeinverbindlich erklärt worden ist, gelten die Ausschlussfristen auch für den Entgeltfortzahlungsanspruch (BAG AP Nr. 9 zu § 1 FeiertagslohnzahlungsG Berlin; AP Nr. 52 zu § 4 TVG Ausschlussfristen; DB 1973, 2352; *Brecht* § 3 EFZG Anm. 44; HzA/*Vossen* Gruppe 2 Rdn. 545f.; *Kaiser/Dunkl/Hold/Kleinsorge* § 3 EFZG Rdn. 190; Kasseler Handbuch/*Vossen* Rdn. 403; *Vossen,* Entgeltfortzahlung, Rdn. 603; *Wedde/Kunz* § 3 EFZG Rdn. 36).

217 Ist über das Vermögen des Arbeitgebers (nach dem 31. Dezember 1998) das **Insolvenzverfahren** eröffnet worden, so sind Ansprüche auf Entgeltfortzahlung aus der Zeit vor der Eröffnung des Insolvenzverfahrens grundsätzlich **Insolvenzforderungen** (§§ 38, 87 InsO). Beschäftigt der Insolvenzverwalter den Arbeitnehmer weiter und entsteht nunmehr ein Entgeltfortzahlungsanspruch, handelt es sich um Masseschulden gem. § 55 Abs. 1 Nr. 2 InsO.

218 Für Streitigkeiten über den Entgeltfortzahlungsanspruch sind gem. § 2 Abs. 1 Nr. 3a ArbGG die **Arbeitsgerichte** zuständig.

7. Wiederholte Arbeitsunfähigkeit (§ 3 Abs. 1 S. 2 EFZG)

219 § 3 Abs. 1 S. 2 EFZG, der die wirtschaftliche Belastung des Arbeitgebers begrenzen soll (zum Normzweck BAG AP Nr. 10, 60 und 93 zu § 1 LFZG; *Staudinger/Oetker* § 616 Rdn. 358), regelt die Entgeltfortzahlung in jenen Fällen, in denen ein Arbeitnehmer innerhalb von zwölf Monaten wiederholt krankheitsbedingt arbeitsunfähig wird. Ob bei wiederholter Arbeitsunfähigkeit ein Entgeltfortzahlungsanspruch besteht, ist entscheidend davon abhängig, ob die Arbeitsunfähigkeit auf dieselbe, **fortgesetzte** Krankheit zurückgeht oder auf verschiedene, **andere** Erkrankungen, denn nur bei fortgesetzten Erkrankungen greift die den Entgeltfortzahlungsanspruch begrenzende Regelung des § 3 Abs. 1 S. 2 EFZG ein, während bei verschiedenen Krankheiten grundsätzlich jeweils ein neuer Entgeltfortzahlungsanspruch entsteht (zur Problematik insgesamt *Bornemann,* AuR 1981, 239; *Hofmann,* Festschrift für G. Müller, S. 225; *Schulz,* WzS 1985, 37).

a) Entgeltfortzahlung bei fortgesetzter Krankheit

220 Wird der Arbeitnehmer innerhalb von zwölf Monaten infolge derselben (fortgesetzten) Krankheit wiederholt arbeitsunfähig, so verliert er den Anspruch auf Arbeitsentgelt nur für die Dauer von **insgesamt** sechs Wochen nicht; war der Arbeitnehmer vor der erneuten Arbeitsunfähigkeit jedoch

II. Entgeltfortzahlung bei Arbeitsverhinderung   § 3 EFZG

mindestens sechs Monate nicht infolge derselben Krankheit arbeitsunfähig, so verliert er den Anspruch auf Entgeltfortzahlung für einen weiteren Zeitraum von höchstens sechs Wochen nicht (§ 3 Abs. 1 S. 2 Nr. 1 EFZG). Es kann also unter Umständen während des Zwölf-Monats-Zeitraums wegen derselben Krankheit für zweimal sechs Wochen Entgeltfortzahlung in Anspruch genommen werden.

aa) Fortgesetzte Krankheit (Begriff)

Ob dieselbe, fortgesetzte Krankheit vorliegt, ist in Anlehnung an die zu 221
§ 48 SGB V entwickelten Grundsätze zu beurteilen.

Um dieselbe Erkrankung handelt es sich, wenn die wiederholte Erkran- 222
kung **auf demselben Grundleiden beruht,** bzw. wenn sie auf **dieselbe chronische Veranlagung** des Patienten **zurückzuführen** ist (BAG AP Nr. 61 zu § 1 LFZG; AP Nr. 42 zu § 63 HGB; MüKo/*Schaub* § 616 Rdn. 87). Das eigentliche Grundleiden muss, wenn auch nur latent, fortbestanden haben. Jede erneute Erkrankung an demselben, medizinisch nicht ausgeheilten Grundleiden ist unter diesen Voraussetzungen als dieselbe Krankheit anzusehen; die erneuten Erkrankungen sind dann nur Folgewirkungen, Phasen, Rückfälle oder Schübe eines (fort)bestehenden Leidens (*Geyer/ Knorr/Krasney* § 3 EFZG Rdn. 196; Kasseler Handbuch/*Vossen* Rdn. 135; MünchArbR/*Boecken* § 84 Rdn. 79; *Staudinger/Oetker* § 616 Rdn. 365; *Vossen,* Entgeltfortzahlung, Rdn. 202). Eine fortgesetzte Erkrankung liegt z. B. vor, wenn das selbe Rheumaleiden wiederholt zur Arbeitsunfähigkeit führt oder wenn ein Arbeitnehmer mit einer noch nicht ganz ausgeheilten Lungenentzündung die Arbeit wieder aufnimmt und daraufhin einen Rückfall erleidet (vgl. auch das Beispiel bei MünchArbR/*Boecken* § 84 Rdn. 80; weitere Beispiele für potentielle Grundleiden bei *Vossen,* Entgeltfortzahlung, Rdn. 203).

Die Krankheitssymptome müssen nicht identisch sein; es kommt nur da- 223
rauf an, ob die (unterschiedlichen) Symptome auf dasselbe Grundleiden zurückzuführen sind. Um „dieselbe Krankheit" handelt es sich auch dann, wenn dem Arbeitnehmer wegen der Krankheit eine **Maßnahme zur medizinischen Vorsorge oder Rehabilitation** bewilligt wird (vgl. § 9 Abs. 1 EFZG; BAG AP Nr. 30 zu § 63 HGB; ErfK/*Dörner* § 3 EFZG Rdn. 80; *Kaiser/Dunkl/Hold/Kleinsorge* § 3 EFZG Rdn. 161; MüKo/*Schaub* § 616 Rdn. 90). Für die Beantwortung der Frage, welcher von mehreren behandlungsbedürftigen Krankheitsbefunden einer Maßnahme der Vorsorge oder Rehabilitation zugrunde liegt, ist auf das Hauptleiden abzustellen, dass den Anlass für die Bewilligung der Maßnahme gegeben hat (BAG SGb 1993, 266).

„**Dieselbe Krankheit**", die sich unterschiedlich manifestiert, ist z. B. an- 224
genommen worden bei einer Geisteskrankheit, die sich in wiederkehrendem übermäßigem Alkoholgenuss manifestiert, wobei dieser nacheinander zu einem alkoholbedingten Treppensturz mit Arbeitsunfähigkeit und im weiteren zur Einweisung zur Entziehungskur führt (LAG Frankfurt EEK I/251; *Geyer/Knorr/Krasney* § 3 EFZG Rdn. 198; zur Berücksichtigung von medizinischen Rehabilitationsmaßnahmen vgl. § 9 Rdn. 47ff.). Dasselbe gilt, wenn Trunksucht sich in einem Leberschaden sowie in einem alkoholbedingten

117

Sturz oder Verkehrsunfall äußert (*Vossen*, Entgeltfortzahlung, Rdn. 204) sowie bei Epilepsie, wenn sich der Epileptiker bei verschiedenen zeitlich auseinanderliegenden Anfällen einmal Hautabschürfungen, dann einen Armbruch, später eine Bisswunde an der Zunge und wiederum später einen Beinbruch zuzieht (*Geyer/Knorr/Krasney* § 3 EFZG Rdn. 198; *Vossen*, Entgeltfortzahlung, Rdn. 204) oder bei verschiedenen Krankheitsbildern einer multiplen Sklerose (GK-EFZR-*Birk* § 1 LFZG Rdn. 304 ff.; ErfK/*Dörner* § 3 EFZG Rdn. 80).

225 Ähnliche Probleme können sich bei einer **Schwangerschaft** ergeben. Die normal verlaufende Schwangerschaft ist zwar keine Krankheit, eine Krankheit liegt jedoch bei außergewöhnlichen, über das normale Maß hinausgehenden Beschwerden vor, die zur Arbeitsunfähigkeit führen (vgl. Rdn. 51). Eine mit **wiederholten typischen graviditätsbedingten Beschwerden** einhergehende Schwangerschaft ist demgemäß für die Dauer ihres irregulären Verlaufs einem nicht ausgeheilten Grundleiden gleichzusetzen. Nicht erforderlich ist, dass die einzelnen Beschwerden untereinander in einem Fortsetzungszusammenhang stehen; entscheidend ist vielmehr, dass sie auf dieselbe (irregulär verlaufende) Schwangerschaft zurückzuführen sind (BAG AP Nr. 61 zu § 1 LFZG; ErfK/*Dörner* § 3 EFZG Rdn. 83; *Geyer/Knorr/Krasney* § 3 EFZG Rdn. 198).

226 Eine **fortgesetzte Erkrankung** liegt nicht vor, wenn die Arbeitsunfähigkeit auf **verschiedenen Ursachen** beruht. Leidet eine Arbeitnehmerin z. B. zunächst unter außergewöhnlichen Schwangerschaftsbeschwerden und wird später (aus anderen Gründen) ein rechtmäßiger Schwangerschaftsabbruch durch einen Arzt vorgenommen, so handelt es sich – anders als bei wiederholten Schwangerschaftsbeschwerden – wegen der verschiedenen Ursachen um eine andere Erkrankung (vgl. *Geyer/Knorr/Krasney* § 3 EFZG Rdn. 202).

227 Von einer fortgesetzten Krankheit ist dagegen auszugehen, wenn wegen der Beschwerden eine medizinisch indizierte Schwangerschaftsunterbrechung vorgenommen wird. Dasselbe gilt, wenn zunächst eine rechtmäßige Schwangerschaftsunterbrechung vorgenommen und später zur Ausheilung der Folgen eine **medizinische Rehabilitationsmaßnahme** bewilligt wird; in diesen Fällen ist eine fortgesetzte Erkrankung im Sinne des § 3 Abs. 1 S. 2 EFZG zu bejahen (ErfK/*Dörner* § 3 EFZG Rdn. 82; *Vossen*, Entgeltfortzahlung, Rdn. 205).

228 „**Dieselbe**" Krankheit ist **nicht gleichbedeutend** mit „die gleiche" Krankheit. Erleidet ein Arbeitnehmer z. B. im Laufe eines Jahres zwei Beinbrüche, so handelt es sich zwar medizinisch um die gleiche Krankheit, nicht aber um dieselbe Krankheit im Sinne des Entgeltfortzahlungsrechts; für jede Arbeitsunfähigkeitsperiode besteht ein Entgeltfortzahlungsanspruch für die Dauer von bis zu sechs Wochen. Dasselbe gilt, wenn ein Arbeitnehmer im Laufe eines Jahres mehrfach an einer Erkältungskrankheit leidet; im Regelfall wird man diese Erkrankungen nicht auf dasselbe Grundleiden zurückführen können. Dies gilt jedenfalls dann, wenn die erste Erkrankung völlig ausgeheilt war. Demgemäß besteht bei jeder Erkältungskrankheit der Entgeltfortzahlungsanspruch für bis zu sechs Wochen (*Brecht* § 3 EFZG Rdn. 52; ErfK/*Dörner* § 3 EFZG Rdn. 81; *Geyer/Knorr/Krasney* § 3 EFZG Rdn. 202; *Kaiser/Dunkl/Hold/Kleinsorge* § 3 EFZG Rdn. 160). Etwas anderes kann gelten

II. Entgeltfortzahlung bei Arbeitsverhinderung § 3 EFZG

bei einem Heuschnupfen (vgl. BAG AP Nr. 44 zu § 1 ArbKrankhG); eine fortgesetzte Erkrankung ist dann zu bejahen, wenn die Krankheitsschübe auf dieselbe Allergie zurückzuführen sind.

bb) Bedeutung des Sechs-Monats-Zeitraums

Liegt eine fortgesetzte Erkrankung vor, so kann der Arbeitnehmer grundsätzlich **für alle Erkrankungen zusammen** insgesamt nur einen Anspruch auf Entgeltfortzahlung für die Dauer von sechs Wochen bzw. 42 Kalendertagen geltend machen (vgl. BAG AP Nr. 29 zu § 1 LFZG; AP Nr. 11 zu § 3 EFZG; *Brecht* § 1 LFZG Rdn. 55; MüKo/*Schaub* § 616 Rdn. 91; MünchArbR/*Boecken* § 84 Rdn. 81; *Staudinger/Oetker* § 616 Rdn. 359). 229

Beispiel: Der Arbeitnehmer erkrankt an derselben Krankheit im Januar für drei Wochen, im März für zwei Wochen und im Mai wiederum für drei Wochen.

In diesem Fall kann er für die Krankheitsphasen im Januar und im März sowie für die erste Woche der „Mai-Erkrankung" Entgeltfortzahlung in Anspruch nehmen, während für die zweite und dritte Woche der „Mai-Erkrankung" kein Entgeltfortzahlungsanspruch besteht, weil der Sechs-Wochen-Zeitraum ausgeschöpft ist. Für die genauere Fristberechnung gelten die §§ 187 Abs. 1, 188 Abs. 2 und 3 BGB (vgl. oben Rdn. 192 ff.). 230

Entgegen dieser Grundregel kann der Arbeitnehmer jedoch auch wegen derselben Krankheit erneut einen Anspruch auf Entgeltfortzahlung für (weitere) sechs Wochen geltend machen, wenn er zwischenzeitlich wegen **dieser** Krankheit **sechs Monate lang nicht arbeitsunfähig war** (§ 3 Abs. 1 S. 2 Nr. 1 EFZG). 231

Beispiel: Der Arbeitnehmer erkrankt im Januar/Februar für sieben Wochen und im folgenden November/Dezember für acht Wochen an derselben Krankheit.

Der Arbeitnehmer kann unter diesen Voraussetzungen **jeweils** für die ersten sechs Wochen Entgeltfortzahlung beanspruchen. 232

Dies **gilt auch dann, wenn das Grundleiden medizinisch nicht ausgeheilt war,** sondern latent fortbestanden hat (BAG AP Nr. 41, 50 und 60 zu § 1 LFZG); die erneute Erkrankung ist dann zwar nicht medizinisch, aber doch arbeitsrechtlich als neue Erkrankung anzusehen (ErfK/*Dörner* § 3 EFZG Rdn. 84). Nicht erforderlich ist, dass der Arbeitnehmer während der Sechs-Monats-Frist **arbeitsfähig** gewesen ist; es genügt, dass er wegen **dieser** Erkrankung **nicht arbeitsunfähig** gewesen ist. 233

Daraus folgt zunächst, dass **Arbeitsunfähigkeit wegen einer anderen, unabhängigen Erkrankung den Fristablauf nicht unterbricht;** relevant ist nur eine erneute Arbeitsunfähigkeit wegen **derselben** Erkrankung (BAG AP Nr. 50 und 60 zu § 1 LFZG; *Geyer/Knorr/Krasney* § 3 EFZG Rdn. 204; *Kaiser/Dunkl/Hold/Kleinsorge* § 3 EFZG Rdn. 168; Kasseler Handbuch/*Vossen* Rdn. 146; MünchArbR/*Boecken* § 84 Rdn. 77). 234

Beispiel: Der Arbeitnehmer erkrankt im Januar vier Wochen an der Krankheit K 1, im April vier Wochen an der Krankheit K 2 und im September wieder vier Wochen an der (fortgesetzten) Krankheit K 1.

Für alle drei Perioden besteht im vollen Umfang ein Anspruch auf Entgeltfortzahlung, denn zwischen Januar und April liegen zwar keine sechs 235

Monate, es handelt sich aber um verschiedene Krankheiten und im Januar und im September liegt zwar medizinisch dieselbe, fortgesetzte Erkrankung vor, zwischen beiden Krankheiten liegen aber sechs Monate, so dass arbeitsrechtlich eine neue Erkrankung vorliegt.

236 **Nicht** bei der Berechnung des Sechs-Wochen-Zeitraums **zu berücksichtigen sind Vorerkrankungen,** die lediglich zu einer bestehenden, ihrerseits zur Arbeitsunfähigkeit führenden Krankheit **hinzugetreten sind, ohne einen eigenen Anspruch auf Entgeltfortzahlung auszulösen.**

Beispiel: Der Arbeitnehmer erkrankt vom 1. bis 30. Juni an der Krankheit K 1 und ist aus diesem Grunde arbeitsunfähig. Vom 10. bis 20. Juni tritt die Krankheit K 2 hinzu. Ab 1. Juli ist der Arbeitnehmer wieder arbeitsfähig. Ab 1. September ist er aufgrund von K 2 für sechs Wochen arbeitsunfähig.

237 Der Arbeitnehmer erlangt in diesem Fall für die sechswöchige Arbeitsunfähigkeit ab 1. September wegen K 2 einen Entgeltfortzahlungsanspruch, da das Auftreten von K 2 zwischen dem 10. und dem 20. Juni keinen Entgeltfortzahlungsanspruch ausgelöst hat und deshalb außer Betracht bleibt (BAGE 68, 115 = AP Nr. 93 zu § 1 LFZG; HzA/*Vossen* Gruppe 2 Rdn. 191; *Kaiser/Dunkl/Hold/Kleinsorge* § 3 EFZG Rdn. 165; *Staudinger/Oetker* § 616 Rdn. 360).

238 **Anders zu beurteilen** ist dagegen der Fall, dass eine Krankheit, die sich später als Fortsetzungserkrankung herausstellt, zu einer zur Arbeitsunfähigkeit führenden anderen Krankheit **hinzutritt und über deren Ende hinaus andauert und einen Entgeltfortzahlungsanspruch auslöst.**

Beispiel: Der Arbeitnehmer erkrankt vom 1. Februar bis 21. Februar an Krankheit K 1, vom 14. Februar bis 28. Februar tritt die ebenfalls zur Arbeitsunfähigkeit führende Krankheit K 2 hinzu. Ab 1. Mai ist der Arbeitnehmer aufgrund von K 2 erneut für sechs Wochen arbeitsunfähig erkrankt.

239 Der Arbeitgeber hat zunächst für die Zeit vom 1. Februar bis 28. Februar Entgeltfortzahlung zu leisten. Für die Krankheitsphase ab 1. Mai besteht nur noch ein Entgeltfortzahlungsanspruch für die Dauer für fünf Wochen, denn der Arbeitgeber hat im Hinblick auf K 2 bereits für eine Woche (22. bis 28. Februar) Entgeltfortzahlung geleistet.

240 Ähnliches gilt für den Fall, dass die **erste Arbeitsunfähigkeit aufgrund der sich überschneidenden Krankheiten länger als sechs Wochen dauert.**

Beispiel: Der Arbeitnehmer erkrankt vom 15. Januar bis 21. Februar an Krankheit K 1, vom 14. Februar bis 15. März tritt die Krankheit K 2 hinzu. Ab 1. Mai ist der Arbeitnehmer aufgrund von K 2 erneut sechs Wochen arbeitsunfähig.

241 Der Arbeitgeber ist zunächst für sechs Wochen bzw. 42 Tage zur Entgeltfortzahlung verpflichtet (15. Januar bis 25. Februar). Vom 26. Februar bis 15. März besteht nach dem Grundsatz der Einheit des Verhinderungsfalles (vgl. unten Rdn. 263 ff.) kein Entgeltfortzahlungsanspruch, sondern ein Krankengeldanspruch. Zur Entgeltfortzahlung verpflichtet ist der Arbeitgeber dann wieder beginnend mit dem 1. Mai für 38 Kalendertage, denn auf die 42 Tage insgesamt sind jene vier Tage (22. Februar bis 25. Februar) anzurechnen, an denen der Arbeitgeber bereits im Hinblick auf K 2 Entgeltfortzah-

lung geleistet hat (BAG AP Nr. 99 zu § 1 LFZG; *Kaiser/Dunkl/Hold/Kleinsorge* § 3 EFZG Rdn. 167).

Nicht erforderlich ist, dass der Arbeitnehmer zwischen den Arbeitsunfähigkeitsphasen voll arbeitsfähig gewesen ist; er darf lediglich **nicht arbeitsunfähig** gewesen sein. Unschädlich ist daher, dass der Arbeitnehmer während der Sechs-Monats-Frist wegen derselben Krankheit ambulant behandelt worden ist (*Geyer/Knorr/Krasney* § 3 EFZG Rdn. 204). 242

Für die Berechnung der Sechs-Monats-Frist gelten die §§ 187 Abs. 1, 188 Abs. 2 und 3 BGB, d. h. der Sechs-Monats-Zeitraum beginnt mit dem dem Ende der vorhergehenden Arbeitsunfähigkeit wegen derselben Krankheit folgenden Tag und endet mit Ablauf desjenigen Tages des sechsten folgenden Monats, der dem Tag vorhergeht, der durch seine Zahl dem Anfangstag der Sechs-Monats-Frist entspricht. 243

Beispiel: Der Arbeitnehmer erkrankt und ist (erstmals) arbeitsunfähig vom 1. Januar bis zum 20. Februar.

Die Sechs-Monats-Frist beginnt am 21. Februar und endet am 20. August. Dass der erste Entgeltfortzahlungszeitraum bereits vor dem 20. Februar geendet hat, ändert an dieser Berechnung nichts, da es darauf ankommt, dass der Arbeitnehmer **nicht arbeitsunfähig** war. Erkrankt der Arbeitnehmer im vorstehenden Beispiel am 21. August erneut an derselben Krankheit, hat er den vollen Entgeltfortzahlungsanspruch, tritt die erneute Arbeitsunfähigkeit wegen derselben Krankheit dagegen bereits am 20. August auf, besteht kein Entgeltfortzahlungsanspruch. 244

cc) Bedeutung des Zwölf-Monats-Zeitraums

Unabhängig von einer sechsmonatigen „Nichtarbeitsunfähigkeit" erlangt der Arbeitnehmer nach Ablauf von zwölf Monaten nach dem Beginn der ersten Krankheitsperiode einen **neuen Anspruch auf Fortzahlung des Arbeitsentgelts für die Dauer von bis zu sechs Wochen** (§ 3 Abs. 1 S. 2 Nr. 2 EFZG). 245

Die Rahmenfrist beginnt mit dem **Eintritt der ersten krankheitsbedingten Arbeitsunfähigkeit** zu laufen (Methode der Vorausberechnung, BAG AP Nr. 56 und 73 zu § 1 LFZG; *Etzel*, BlStSozArbR 1971, 215, 217; *Geyer/Knorr/Krasney* § 3 EFZG Rdn. 208; *Gola* § 3 EFZG Anm. 5.4; *Kaiser/Dunkl/Hold/Kleinsorge* § 3 EFZG Rdn. 176; *v. Maydell*, DB 1973, Beil. 15, S. 7; *MünchArbR/Boecken* § 84 Rdn. 83; *Staudinger/Oetker* § 616 Rdn. 362). Die unter der Geltung des § 1 LFZG vertretene Gegenmeinung (vgl. *Brecht* § 1 LFZG Rdn. 56; *GK-EFZR-Birk* § 1 LFZG Rdn. 312; *Kehrmann/Pelikan* § 1 LFZG Rdn. 69), die nach der sog. Methode der Rückberechnung bei jedem neuen Eintritt einer Arbeitsunfähigkeit die Zwölf-Monats-Frist zurückberechnen und so feststellen wollten, ob der Entgeltfortzahlungsanspruch bereits erschöpft war, ist durch die geänderte Formulierung des Gesetzes wohl gegenstandslos geworden (ebenso HzA/*Vossen* Gruppe 2 Rdn. 202; Kasseler Handbuch/*Vossen* Rdn. 150 f.; *Schliemann*, AuR 1994, 317, 321; *Vossen*, Entgeltfortzahlung, Rdn. 220; *Wedde/Kunz* § 3 EFZG Rdn. 132). 246

EFZG § 3   Anspruch auf Entgeltfortzahlung im Krankheitsfall

247   Es kommt nicht darauf an, wie oft der Arbeitnehmer innerhalb des Zwölf-Monats-Zeitraums wegen derselben Krankheit arbeitsunfähig war (*Geyer/Knorr/Krasney* § 3 EFZG Rdn. 206).

Beispiel: Der Arbeitnehmer erkrankt am 20. Januar 2004 für vier Wochen, im April für weitere vier Wochen, sodann im August und November jeweils für einige Wochen. Eine neue Arbeitsunfähigkeitsperiode wegen derselben Krankheit beginnt am 30. Januar 2005.

248   Der Arbeitnehmer hat einen Entgeltfortzahlungsanspruch für die erste Erkrankung sowie für die ersten beiden Wochen der „April-Erkrankung". Für die zweite Hälfte der „April-Erkrankung" sowie die Arbeitsunfähigkeitsperioden im August und November besteht kein Anspruch, da die Sechs-Wochen-Frist ausgeschöpft ist und zwischen den Krankheiten weniger als sechs Monate liegen. Für die krankheitsbedingte Arbeitsunfähigkeit ab dem 30. Januar 2005 besteht dagegen wieder ein voller Entgeltfortzahlungsanspruch; zwar sind seit der letzten Arbeitsunfähigkeit (November) keine sechs Monate vergangen, der Beginn der ersten Arbeitsunfähigkeitsperiode (20. Januar 2004) liegt jedoch mehr als zwölf Monate zurück.

249   Kein neuer Entgeltfortzahlungsanspruch entsteht dagegen während einer laufenden Erkrankung.

Beispiel: Im (ansonsten unveränderten) vorstehenden Beispiel beginnt die letzte Krankheitsperiode nicht am 30. Januar, sondern bereits am 10. Januar 2005.

250   Die Zwölf-Monats-Frist beginnt zwar am 20. Januar 2004 und endet am 19. Januar 2005, der Arbeitnehmer erlangt aber dennoch keinen Entgeltfortzahlungsanspruch ab dem 20. Januar 2005, da § 3 Abs. 1 S. 2 EFZG eine **erneute Arbeitsunfähigkeit** voraussetzt bzw. seit dem Beginn der ersten Arbeitsunfähigkeit eine Frist von 12 Monaten abgelaufen sein muss, bevor der Arbeitnehmer infolge derselben Krankheit erneut arbeitsunfähig wird (ErfK/ *Dörner* § 3 EFZG Rdn. 90; *Geyer/Knorr/Krasney* § 3 EFZG Rdn. 208; HzA/ *Vossen* Gruppe 2 Rdn. 203; Kasseler Handbuch/*Vossen* Rdn. 152; *Vossen,* Entgeltfortzahlung, Rdn. 221). Der neue Entgeltfortzahlungsanspruch beginnt erst mit dem Beginn der nächsten Krankheitsperiode.

251   **Kein neuer Entgeltfortzahlungsanspruch** zwölf Monate nach Beginn der Arbeitsunfähigkeit entsteht demgemäß auch dann, wenn die ursprüngliche Arbeitsunfähigkeit **mehr als zwölf Monate ununterbrochen andauert.**

Beispiel: Der Arbeitnehmer erkrankt am 20. Januar 2004; die krankheitsbedingte Arbeitsunfähigkeit besteht ununterbrochen über den 19. Januar 2005 hinaus fort.

252   Es entsteht am 20. Januar 2005 kein neuer Entgeltfortzahlungsanspruch, da § 3 Abs. 1 S. 2 EFZG **wiederholte** Arbeitsunfähigkeit verlangt (*Geyer/ Knorr/Krasney* § 3 EFZG Rdn. 208).

dd) Verhältnis zwischen Sechs-Monats-Zeitraum und Zwölf-Monats-Zeitraum

253   Die Zwölf-Monats-Frist des § 3 Abs. 1 S. 2 Nr. 2 EFZG wird durch die Sechs-Monats-Frist des § 3 Abs. 1 S. 2 Nr. 1 EFZG unterbrochen. War der Arbeitnehmer wegen derselben Krankheit sechs Monate nicht arbeitsunfähig

II. Entgeltfortzahlung bei Arbeitsverhinderung § 3 EFZG

und erlangt er somit einen neuen Anspruch auf Entgeltfortzahlung für die Dauer von bis zu sechs Wochen, so beginnt auch die Zwölf-Monats-Frist neu zu laufen (BAG AP Nr. 41, 73 zu § 1 LFZG; ErfK/*Dörner* § 3 EFZG Rdn. 92; *Geyer/Knorr/Krasney* § 3 EFZG Rdn. 209; *Kaiser/Dunkl/Hold/Kleinsorge* § 3 EFZG Rdn. 179; Kasseler Handbuch/*Vossen* Rdn. 153; MüKo/*Schaub* § 616 Rdn. 93; *Vossen,* Entgeltfortzahlung, Rdn. 222; *Wedde/Kunz* § 3 EFZG Rdn. 135).

Beispiel: Der Arbeitnehmer erkrankt infolge desselben Grundleidens im Januar 2004 für vier Wochen, vom 1. bis 30. September 2004, im Dezember 2004, April und Juli 2005 sowie ab dem 1. September 2005.

Ein Entgeltfortzahlungsanspruch besteht zunächst für Januar 2004. Weitere sechs Wochen Entgeltfortzahlung kann der Arbeitnehmer für den September 2004 sowie (ggf. teilweise) für die Arbeitsunfähigkeit im Dezember 2004 beanspruchen, da der Sechs-Monats-Zeitraum verstrichen ist. Kein Entgeltfortzahlungsanspruch besteht dann für April und Juli 2005, wohl aber wieder für die Zeit ab dem 1. September 2005, da der im Januar 2004 angelaufene Zwölf-Monats-Zeitraum durch die sechs Monate „Nichtarbeitsunfähigkeit" von Februar bis August 2004 unterbrochen wird und die neue, am 1. September 2004 beginnende Rahmenfrist von 12 Monaten am 31. August 2005 endet.

254

ee) Verschiedene Arbeitsverhältnisse

Die Beschränkung des Entgeltfortzahlungsanspruchs auf insgesamt sechs Wochen bei fortgesetzten Krankheiten gilt grundsätzlich nur innerhalb **desselben Arbeitsverhältnisses,** nicht dagegen, wenn verschiedene Arbeitsverhältnisse von den Arbeitsunfähigkeitsperioden betroffen sind. Der Arbeitnehmer erwirbt einen **neuen Entgeltfortzahlungsanspruch** für die Dauer von sechs Wochen, wenn ein **Wechsel des Arbeitgebers** eintritt (BAG AP Nr. 10 zu § 1 LFZG; *Brecht* § 3 EFZG Rdn. 61; ErfK/*Dörner* § 3 EFZG Rdn. 93; *Kaiser/Dunkl/Hold/Kleinsorge* § 3 EFZG Rdn. 181; MüKo/*Schaub* § 616 Rdn. 94).

255

Beispiel: Der Arbeitnehmer ist bis zum 31. März 2004 bei Arbeitgeber A beschäftigt; im Januar ist er 4 Wochen lang arbeitsunfähig krank. Ab 1. April 2004 ist er bei Arbeitgeber B tätig; im Mai 2004 führt dasselbe Grundleiden zu einer weiteren vierwöchigen Arbeitsunfähigkeit.

Der Arbeitnehmer kann auch für die vierwöchige Arbeitsunfähigkeit im Mai 2004 im vollen Umfang Entgeltfortzahlung beanspruchen. Die allgemeinen Regeln für die Behandlung fortgesetzter Erkrankungen gelten nicht, da verschiedene Arbeitsverhältnisse betroffen sind.

256

Der Entgeltfortzahlungsanspruch im neuen Arbeitsverhältnis ist unabhängig von gleichartigen Ansprüchen aus früheren Arbeitsverhältnissen; Erkrankungen wegen desselben Grundleidens in früheren Arbeitsverhältnissen bleiben unberücksichtigt, da das Entgeltfortzahlungsrecht keinen dem § 6 BUrlG vergleichbaren Lastenausgleich zwischen den verschiedenen Arbeitgebern vorsieht (BAG AP Nr. 10 zu § 1 LFZG; *Geyer/Knorr/Krasney* § 3 EFZG Rdn. 211; RGRK/*Matthes* § 616 Rdn. 217; *Staudinger/Oetker* § 616 Rdn. 364; *Vossen,* Entgeltfortzahlung, Rdn. 224).

257

258 Problematisch ist die Anwendbarkeit der Regeln über die Behandlung fortgesetzter Erkrankungen insbesondere dann, wenn **verschiedene Arbeitsverhältnisse** zu **demselben Arbeitgeber** in Rede stehen (*Geyer/Knorr/Krasney* § 3 EFZG Rdn. 212 ff.).

Beispiel: Es besteht ein Arbeitsverhältnis bis zum 31. März; im Januar ist der Arbeitnehmer vier Wochen lang arbeitsunfähig krank. Am 1. Mai wird wiederum ein Arbeitsverhältnis zu demselben Arbeitgeber begründet; im Juni führt dasselbe Grundleiden zu einer weiteren vierwöchigen Arbeitsunfähigkeit.

259 Stellt man streng darauf ab, dass es sich um verschiedene Arbeitsverhältnisse handelt, so wäre für die gesamte vierwöchige Arbeitsunfähigkeit im Juni ein Entgeltfortzahlungsanspruch gegeben. Das Bundesarbeitsgericht hält jedoch **ausnahmsweise** eine **einheitliche Betrachtungsweise** für angezeigt, wenn zwischen den Arbeitsverhältnissen zu demselben Arbeitgeber ein enger Zusammenhang besteht (BAG AP Nr. 51 zu § 1 LFZG; AP Nr. 11 § 3 EFZG; *Kaiser/Dunkl/Hold/Kleinsorge* § 3 EFZG Rdn. 182). Indizien für einen solchen Zusammenhang können der Anlass für die Beendigung des ersten Arbeitsverhältnisses (z.B. saisonaler, vorübergehender Arbeitsmangel) und die Dauer der Unterbrechung (z.B. nur ein oder zwei Monate) sein. Für einen Zusammenhang kann auch sprechen, dass der Arbeitnehmer gerade mit Rücksicht auf seine frühere Tätigkeit (wieder) eingestellt wird (vgl. *Geyer/Knorr/Krasney* § 3 EFZG Rdn. 212; HzA/*Vossen* Gruppe 2 Rdn. 208; *Vossen,* Entgeltfortzahlung, Rdn. 225; a.A. *Wedde/Kunz* § 3 EFZG Rdn. 136).

260 **Kein neues Arbeitsverhältnis** im Sinne des § 3 Abs. 1 EFZG liegt auch dann vor, wenn im Anschluss an ein Berufsausbildungsverhältnis ein Arbeitsverhältnis zu demselben Arbeitgeber begründet wird (*Staudinger/Oetker* § 616 Rdn. 364) oder wenn der Betrieb im Rahmen eines Betriebsübergangs nach § 613a BGB (*Brecht* § 3 EFZG Rdn. 61; ErfK/*Dörner* § 3 EFZG Rdn. 94; *Feichtinger*/Malkmus § 3 EFZG Rdn. 241; HzA/*Vossen* Gruppe 2 Rdn. 272) oder im Wege der Gesamtrechtsnachfolge auf einen anderen Inhaber übergeht (*Staudinger/Oetker* § 616 Rdn. 364).

b) Entgeltfortzahlung bei anderen Erkrankungen

261 Ist die wiederholte Arbeitsunfähigkeit nicht auf eine fortgesetzte Krankheit, sondern auf eine **andere Erkrankung** zurückzuführen, so besteht grundsätzlich **jeweils ein neuer Entgeltfortzahlungsanspruch für die Dauer von bis zu sechs Wochen,** da die den Anspruch beschränkende Regelung des Absatz 1 Satz 2 nicht eingreift. Dies gilt nur dann ausnahmsweise nicht, wenn die andere Erkrankung noch während der bestehenden (ersten) Arbeitsunfähigkeit auftritt.

aa) Andere Erkrankung (Begriff)

262 Eine **andere Erkrankung** liegt im Gegensatz zu einer fortgesetzten Krankheit vor, wenn die Krankheit eine **andere Ursache** hat und **nicht auf demselben Grundleiden beruht** (BAG AP Nr. 61 zu § 1 LFZG; AP Nr. 42 zu § 63 HGB; ErfK/*Dörner* § 3 EFZG Rdn. 96). Da es auf die Krankheitsursache und nicht auf die Krankheitssymptome ankommt, liegt eine an-

II. Entgeltfortzahlung bei Arbeitsverhinderung § 3 EFZG

dere Krankheit im arbeitsrechtlichen Sinne auch dann vor, wenn der Arbeitnehmer mehrfach an einer Erkältungskrankheit leidet oder wenn er sich beim Freizeitsport mehrfach einen Beinbruch zuzieht (vgl. *Geyer/Knorr/Krasney* § 3 EFZG Rdn. 216; MüKo/*Schaub* § 616 Rdn. 87; ausführlich oben Rdn. 168 ff.).

bb) Andere Erkrankung während bestehender Arbeitsunfähigkeit
Das Auftreten einer anderen Erkrankung löst grundsätzlich einen neuen 263 Entgeltfortzahlungsanspruch aus, sofern sich die Krankheiten nicht **überlappen.** Tritt während der Arbeitsunfähigkeit wegen der Krankheit K 1 eine neue Krankheit K 2 auf, die für sich alleine ebenfalls Arbeitsunfähigkeit zur Folge hätte, so löst diese Krankheit nach ganz herrschender Meinung keinen neuen Entgeltfortzahlungsanspruch aus; es kann lediglich, wenn die Krankheit K 1 vor Ablauf der Sechs-Wochen-Frist zu Ende ist, die Arbeitsunfähigkeit infolge der Krankheit K 2 aber noch andauert, die gesamte Sechs-Wochen-Frist gerechnet vom Beginn der Krankheit K 1 ausgeschöpft werden (sog. **Grundsatz der Einheit des Versicherungsfalls,** BAG DB 1967, 1681; AP Nr. 43, 48 und 54 zu § 1 LFZG; AP Nr. 27 zu § 133 c GewO; LAG Hamm LSK 2001, 430364; ErfK/*Dörner* § 3 EFZG Rdn. 97; *Geyer/Knorr/Krasney* § 3 EFZG Rdn. 217; *Gola* § 3 EFZG Rdn. 4.3; Kasseler Handbuch/*Vossen* Rdn. 131; MünchArbR/*Boecken* § 84 Rdn. 77; *Vossen,* Entgeltfortzahlung, Rdn. 198; a. A. *Wedde/Kunz* § 3 EFZG Rdn. 138).

Die Arbeitsunfähigkeit trat bereits infolge der ersten Erkrankung ein und 264 von diesem Zeitpunkt an berechnet sich die Sechs-Wochen-Frist für die Entgeltfortzahlung. Dies gilt auch dann, wenn die erste Erkrankung selbst verschuldet war (vgl. dazu Rdn. 110 ff.) und daher keinen Entgeltfortzahlungsanspruch ausgelöst hat (LAG Frankfurt NZA 1986, 432; ErfK/*Dörner* § 3 EFZG Rdn. 97; *Staudinger/Oetker* § 616 BGB Rdn. 356; *Vossen,* Entgeltfortzahlung, Rdn. 199; zu weiteren Fallkonstellationen einer (teilweisen) Überschneidung verschiedener Krankheiten oben Rdn. 233 ff.).

Entscheidend für die Entstehung des neuen Entgeltfortzahlungsanspruchs 265 ist, dass die Krankheiten sich **nicht überlappen;** ein gewisser „**Mindestabstand"** zwischen den Erkrankungen ist nicht erforderlich. Es kommt nicht darauf an, dass der Arbeitnehmer zwischen den Erkrankungen gearbeitet hat (BAG AP Nr. 48 und 54 zu § 1 LFZG); ein neuer Entgeltfortzahlungsanspruch besteht bereits dann, wenn der Arbeitnehmer durch einen Unfall auf dem Heimweg vom Arzt, der ihn gesund geschrieben hat, oder am nächsten Morgen vor dem Wiederantritt der Arbeit erneut arbeitsunfähig erkrankt (BAG AP Nr. 41 zu § 1 ArbKrankhG; AP Nr. 48 zu § 1 LFZG; *Geyer/Knorr/Krasney* § 3 EFZG Rdn. 217 f.; HzA/*Vossen* Gruppe 2 Rdn. 177; *Kaiser/Dunkl/Hold/Kleinsorge* § 3 EFZG Rdn. 152).

Enthält die ärztliche Arbeitsunfähigkeitsbescheinigung **keine genaue** 266 **zeitliche Angabe** über das voraussichtliche Ende der Arbeitsunfähigkeit, d. h. wird **nur der Kalendertag, nicht aber die Uhrzeit** genannt, ist dies nach Auffassung des BAG in der Regel so zu verstehen, dass dem erkrankten Arbeitnehmer lediglich Arbeitsunfähigkeit bis zum Ende der von ihm an diesem Tag zu leistenden Arbeitszeit attestiert wird und nicht bis zum Ablauf des Kalendertages (BAG AP Nr. 48 zu § 1 LFZG), so dass bei einer erneuten

Erkrankung am Abend des in der Arbeitsunfähigkeitsbescheinigung genannten Tages nicht von einem Überlappen der Krankheiten auszugehen ist.

Beispiel: Ein Arbeitnehmer, dessen tägliche Arbeitszeit normalerweise um 17 Uhr endet, ist wegen einer Erkältungskrankheit ausweislich der ärztlichen Bescheinigung bis zum 23. November arbeitsunfähig erkrankt. Am 23. November um 21 Uhr erleidet der Arbeitnehmer einen Beinbruch.

267 In dem skizzierten Fall ist davon auszugehen, dass die Arbeitsunfähigkeit wegen der Erkältungskrankheit um 17 Uhr geendet hat; der Arbeitnehmer kann wegen des Beinbruchs einen Anspruch auf Entgeltfortzahlung für die Dauer von bis zu sechs Wochen geltend machen (*Kaiser/Dunkl/Hold/Kleinsorge* § 3 EFZG Rdn. 155).

268 Dasselbe gilt naturgemäß, wenn die Arbeitsunfähigkeit ausweislich der ärztlichen Arbeitsunfähigkeitsbescheinigung an einem Freitag endet und der Arbeitnehmer am darauf folgenden (arbeitsfreien) Samstag oder Sonntag erkrankt (vgl. BAG AP Nr. 77 zu § 616 BGB).

c) Beweislast

269 Die **Darlegungs- und Beweislast** für das Vorliegen einer fortgesetzten Krankheit trägt **grundsätzlich der Arbeitgeber** (BAG AP Nr. 42 zu § 63 HGB; *Kaiser/Dunkl/Hold/Kleinsorge* § 3 EFZG Rdn. 233; Kasseler Handbuch/*Vossen* Rdn. 154 *Vossen*, Entgeltfortzahlung, Rdn. 226), weil es sich um eine anspruchsbeschränkende Ausnahme handelt (MüKo/*Schaub* § 616 Rdn. 95).

270 Die Darlegung bzw. der Beweis, dass es sich um eine fortgesetzte Erkrankung handelt, ist für den Arbeitgeber aber schon deshalb problematisch, weil die vom Arbeitnehmer vorzulegende Arbeitsunfähigkeitsbescheinigung keinen Aufschluss über die Krankheitsursache gibt (ausführlich § 5 Rdn. 84 ff., 100 ff.). Das BAG vertritt daher zu Recht die Auffassung, dass der Arbeitnehmer nach Treu und Glauben verpflichtet ist, dem Arbeitgeber davon **Mitteilung** zu machen, dass die Arbeitsunfähigkeit auf einer Fortsetzungserkrankung beruht, wenn dies für den Arbeitnehmer **eindeutig erkennbar** ist (BAG EzA Nr. 68 zu § 4 TVG Ausschlussfristen; ebenso *Geyer/Knorr/Krasney* § 3 EFZG Rdn. 223; HzA/*Vossen* Gruppe 2 Rdn. 210; Kasseler Handbuch/*Vossen* Rdn. 155; MünchArbR/*Boecken* § 84 Rdn. 85).

271 Von einer „eindeutigen Erkennbarkeit für den Arbeitnehmer" kann man aber angesichts der diffizilen medizinischen und rechtlichen Zusammenhänge allenfalls in Ausnahmefällen ausgehen. Im Regelfall ist daher **zunächst der Arbeitgeber verpflichtet,** sich bei entsprechenden Anhaltspunkten wie insbesondere häufigen Krankschreibungen beim Arbeitnehmer **zu erkundigen,** ob Anhaltspunkte für eine Fortsetzungserkrankung bestehen. Der Arbeitnehmer ist sodann zur **Mitwirkung** bei der weiteren Aufklärung verpflichtet; er hat in diesem Zusammenhang ggf. den behandelnden Arzt hinsichtlich des Vorliegens einer Fortsetzungserkrankung von der Schweigepflicht zu entbinden.

272 **Die Entbindung von der Schweigepflicht** hat sich nur auf das Vorliegen einer Fortsetzungserkrankung zu beziehen, nicht jedoch auf den Krankheitsbefund, da ein rechtliches Interesse des Arbeitgebers hieran nicht anzu-

III. Entgeltfortzahl. bei Arbeitsunfähigkeit infolge Sterilisation usw. § 3 EFZG

erkennen und die Privatsphäre des Arbeitnehmers insoweit zu schützen ist. Weigert sich der Arbeitnehmer, den Arzt von seiner Schweigepflicht zu entbinden, hat der Arbeitgeber ein Leistungsverweigerungsrecht gem. § 7 EFZG (BAG AP Nr. 42 zu § 63 HGB; AP Nr. 67 zu § 1 LFZG; ähnlich *Geyer/Knorr/Krasney* § 3 EFZG Rdn. 223; HzA/*Vossen* Gruppe 2 Rdn. 211; *Kaiser/Dunkl/Hold/Kleinsorge* § 3 EFZG Rdn. 233; Kasseler Handbuch/ *Vossen* Rdn. 155).

Das vorstehend skizzierte, nicht unproblematische Verfahren hat dadurch 273 etwas an Bedeutung verloren, dass durch das „Zweite Gesetz zur Änderung des Sozialgesetzbuches" vom 13. Juni 1994 (BGBl. I S. 1229) § 69 Abs. 4 SGB X neu gefasst worden ist, und die Krankenkassen nunmehr eindeutig befugt sind, dem Arbeitgeber mitzuteilen, ob eine Fortdauer der Arbeitsunfähigkeit oder eine neue Arbeitsunfähigkeit des Arbeitnehmers auf denselben Ursachen beruht. Damit ist nicht mehr erforderlich, dass der Arbeitnehmer die Krankenkasse insoweit von ihrer Schweigepflicht entbindet (vgl. *Geyer/ Knorr/Krasney* § 3 EFZG Rdn. 223; Kasseler Handbuch/*Vossen* Rdn. 156; *Müller/Berenz* § 3 EFZG Rdn. 106 zur Mitteilungspflicht der Krankenkassen nach „altem Recht" HzA/*Vossen* Gruppe 2 Rdn. 212; *Lepke*, DB 1983, 447). Von Bedeutung ist die Mitwirkungspflicht jedoch unverändert bezogen auf solche Arbeitnehmer, die nicht in der gesetzlichen Krankenversicherung versichert sind (*Vossen*, Entgeltfortzahlung, Rdn. 229).

III. Entgeltfortzahlung bei Arbeitsverhinderung durch Arbeitsunfähigkeit infolge Sterilisation oder infolge Abbruchs der Schwangerschaft (§ 3 Abs. 2 EFZG)

Gem. § 3 Abs. 2 S. 1 EFZG gilt als unverschuldete Arbeitsunfähigkeit im 274 Sinne des Absatz 1 auch eine Arbeitsverhinderung, die infolge einer nicht rechtswidrigen Sterilisation oder eines nicht rechtswidrigen Schwangerschaftsabbruchs eintritt. Nach dem als Reaktion auf die Entscheidung des Bundesverfassungsgerichts vom 28. Mai 1993 (NJW 1993, 1751) eingefügten § 3 Abs. 2 S. 2 EFZG (vgl. BT-Drucks. 12/5798, S. 26) gilt dasselbe – d. h. es ist von einer unverschuldeten Arbeitsunfähigkeit auszugehen –, wenn die Schwangerschaft innerhalb von 12 Wochen nach der Empfängnis durch einen Arzt abgebrochen wird, nachdem das in den §§ 218 a Abs. 1, 219 Abs. 2 S. 2 StGB vorgesehene Beratungsverfahren durchgeführt worden ist.

1. Verfassungsrechtliche Gesichtspunkte

Die in § 3 Abs. 2 EFZG vorgesehene Entgeltfortzahlungspflicht des Arbeit- 275 gebers bei Schwangerschaften (und Sterilisationen) ist in dem vorgesehenen Umfang nach der Rechtsprechung des Bundesverfassungsgerichts verfassungsrechtlich nicht zu beanstanden (ausführlich *Fey*, S. 37 ff. m. w. N.; zweifelnd *Pallasch*, NJW 1995, 325, 228).

Zu § 1 Abs. 2 LFZG, der den Schwangerschaftsabbruch durch einen Arzt 276 nach dem „Indikationsmodell" des § 218 a StGB i. d. F. des Strafrechtsreform-Ergänzungsgesetzes vom 28. August 1975 (BGBl. I S. 2289) mit der unverschuldeten Verhinderung an der Arbeitsleistung infolge Krankheit gleichstellte, hat das Bundesverfassungsgericht zunächst entschieden, die daraus resultierende Belastung der Arbeitgeber sei jedenfalls aus dem Blickwinkel des grundgesetzlich geschützten Eigentums der Arbeitgeber verfassungsrechtlich unbedenklich (BVerfG AP Nr. 84a zu § 1 LFZG).

277 Dazu hat man festgestellt, der Gesetzgeber müsse bei Regelungen im Sinne des Art. 14 Abs. 1 S. 2 GG sowohl der grundgesetzlichen Anerkennung des Privateigentums durch Art. 14 Abs. 1 S. 1 GG als auch der Sozialbindung des Art. 14 Abs. 2 GG Rechnung tragen. Dabei habe er die schutzwürdigen Interessen der Beteiligten in einen gerechten Ausgleich und in ein ausgewogenes Verhältnis zu bringen. Das Maß und der Umfang der dem Eigentümer von der Verfassung zugemuteten und vom Gesetzgeber zu realisierenden Bindung hänge wesentlich davon ab, ob und in welchem Umfang das Eigentumsobjekt in einem sozialen Bezug und in einer sozialen Funktion stehe. Das Eigentum an einem Unternehmen der gewerblichen Wirtschaft unterliege insbesondere im Interesse der Sicherung der in ihm tätigen Arbeitnehmer weitgehenden sozialen Bindungen.

278 Die Regelung der Lohnfortzahlung im Krankheitsfall gehöre dazu; sie diene der wirtschaftlichen Sicherstellung des Arbeitnehmers. Dem Arbeitgeber werde das Risiko auferlegt, den Lohn auch bei bestimmten Arbeitsverhinderungen zu zahlen, deren Grund nicht von vorneherein in dem von ihm beherrschten oder jedenfalls seinen Dispositionen unterfallenden Bereich zu liegen brauche.

279 Für die in § 1 Abs. 2 LFZG (heute: § 3 Abs. 2 S. 1 EFZG) geregelten Fälle werde dieses Risiko bereits durch die Indikationstatbestände des § 218a Abs. 2 StGB (heute § 218a Abs. 2 und 3 StGB) selbst in angemessener Weise begrenzt. Der straffreie Schwangerschaftsabbruch sei für die betroffene Frau immer ein schicksalhaftes Ereignis und setze eine so schwere Notlage voraus, dass von der Schwangeren die Fortsetzung der Schwangerschaft nicht verlangt werden könne. Wenn der Gesetzgeber ihre wirtschaftliche Existenz in einer solchen Lage durch einen Anspruch auf Lohnfortzahlung sichere, so liege dem eine Bewertung der Interessen der am Arbeitsverhältnis Beteiligten zugrunde, die jedenfalls auch vor der Institutsgarantie des Art. 14 Abs. 1 GG standhalte.

280 Gleichzeitig akzeptierte das Bundesverfassungsgericht seinerzeit den insbesondere im sozialrechtlichen Schrifttum heftig angegriffenen Standpunkt des BAG (vgl. BAG AP Nr. 89 zu § 1 LFZG und der h. M. im arbeitsrechtlichen Schrifttum (*Kaiser/Dunkl* § 1 LFZG Rdn. 145; *Schmatz/Fischwasser/ Geyer/Knorr* § 1 LFZG Rdn. 160 f.; zum Meinungsstand ausführlich *Fey,* S. 28 ff.), wonach „nicht rechtswidrig" im Sinne des Entgeltfortzahlungsrechts praktisch mit „nicht strafbar" im Sinne des Strafrechts gleichzusetzen sei (BVerfG AP Nr. 84a zu § 1 LFZG; zustimmend u.a. *Jahn,* JuS 1991, 106 ff.; *Schmitt,* LFZG, § 1 Rdn. 156 f.; kritisch dagegen GK-EFZR-*Birk* § 1 LFZG Rdn. 285; *Kluth,* JR 1990, 104, 105).

281 Das Bundesverfassungsgericht stellte dazu seinerzeit fest, das BAG habe bei der Anwendung des einfachen Rechts nicht gegen das Willkürverbot des Art. 3 Abs. 1 GG verstoßen. Eine Verletzung des Willkürverbots liege nur dann vor, wenn die Rechtsprechung bei verständiger Würdigung der

III. Entgeltfortzahl. bei Arbeitsunfähigkeit infolge Sterilisation usw. § 3 EFZG

das Grundgesetz beherrschenden Gedanken nicht mehr verständlich sei, so dass sich der Schluss aufdränge, sie beruhe auf sachfremden Erwägungen. Davon könne jedoch keine Rede sein, denn wenn das Grundgesetz es zulasse, dass ein Schwangerschaftsabbruch in der qualifizierten Notlage des § 218a Abs. 2 StGB straffrei bleibe, dann sei es auch verständlich, der Schwangeren auch die durch den Abbruch bedingte, der Existenzsicherung dienende arbeitsrechtliche Fürsorge angedeihen zu lassen (BVerfG AP Nr. 84a zu § 1 LFZG).

Diese Ausführungen zeigen zunächst, dass **aus verfassungsrechtlicher Sicht keine Bedenken gegen** die heute in **§ 3 Abs. 2 S. 1 EFZG** enthaltene Regelung **bestehen,** die nicht rechtswidrige Schwangerschaftsabbrüche – d. h. Schwangerschaftsabbrüche, die die Voraussetzungen des heutigen § 218a Abs. 2 oder 3 StGB erfüllen – zu Auslösern für eine Entgeltfortzahlungspflicht des Arbeitgebers macht. 282

Des weiteren hat das Bundesverfassungsgericht aber seinerzeit mit seiner Zustimmung zur arbeitsrechtlichen **Gleichstellung von „nicht rechtswidrig"** und **„nicht strafbar"** in einem gewissen Sinne bereits auch die Basis für seine arbeitsrechtlichen Ausführungen in der sog. „Fristenlösungs-Entscheidung" vom 28. Mai 1993 (BVerfG NJW 1993, 1751) gelegt. 283

Das Bundesverfassungsgericht kam insoweit zu dem Ergebnis, es widerspreche der verfassungsrechtlichen Schutzpflicht für das ungeborene menschliche Leben nicht, wenn die arbeitsrechtlichen Grundsätze dahin ausgelegt und angewendet werden, dass eine Verpflichtung zur Lohnfortzahlung auch dann bestehe, wenn die Arbeitsunfähigkeit die Folge eines auf der Grundlage der Beratungsregelung erfolgten Schwangerschaftsabbruchs sei; es sei verfassungsrechtlich nicht zu beanstanden, auch in diesen Fällen entsprechend § 1 Abs. 2 LFZG die Arbeitsunfähigkeit als unverschuldet anzusehen. 284

Ausschlaggebend war für das Bundesverfassungsgericht insoweit nicht zuletzt die Überlegung, dass die Schutzfunktion des Beratungskonzepts nicht mehr gewährleistet wäre, wenn die Arbeitnehmerin die Gründe ihrer Entscheidung für den Schwangerschaftsabbruch außerhalb der Beratung und des ärztlichen Gesprächs gegenüber Dritten einschließlich des Arbeitgebers darzulegen hätte. Eine solche Offenbarungspflicht führe nämlich dazu, dass die Arbeitnehmerin dem Anliegen der Beratung, das Leben des Ungeborenen zu erhalten, nicht mehr aufgeschlossen begegnen würde. Eine Offenlegungspflicht bestünde aber, wenn der Schwangerschaftsabbruch nach Beratung verschuldet im Sinne des Entgeltfortzahlungsrechts sein könne (BVerfG NJW 1993, 1751, 1770). 285

Diesen Ausführungen trägt § 3 Abs. 2 S. 2 EFZG Rechnung, indem er Schwangerschaftsabbrüche nach der Beratungsregelung unter Verzicht auf die Qualifizierung als „nicht rechtswidrig" in die Entgeltfortzahlungspflicht des Arbeitgebers einbezieht. 286

2. Verweisung auf Absatz 1

Gem. § 3 Abs. 2 S. 1 EFZG **gilt als unverschuldet im Sinne des Absatzes 1** auch eine Arbeitsverhinderung, die infolge einer nicht rechtswidrigen Sterilisation, eines nicht rechtswidrigen Schwangerschaftsabbruchs oder 287

129

eines Schwangerschaftsabbruchs nach dem Beratungsverfahren erfolgt. Dies bedeutet, dass bei der Prüfung eines etwaigen Entgeltfortzahlungsanspruchs – der sich unverändert aus § 3 Abs. 1 EFZG ergibt – lediglich an die Stelle der Anspruchsvoraussetzung „Krankheit" als Anspruchsvoraussetzung „nicht rechtswidrige Sterilisation" etc. tritt; davon abgesehen **sind die Voraussetzungen eines Entgeltfortzahlungsanspruchs gegen den Arbeitgeber in gleicher Weise zu prüfen wie bei einer krankheitsbedingten Arbeitsunfähigkeit** (ErfK/*Dörner* § 3 EFZG Rdn. 102).

288 Dies bedeutet zunächst, dass der oder die Betroffene zum **anspruchsberechtigten** Personenkreis der Arbeitnehmer gehören muss (vgl. oben Rdn. 27 ff.), dass die Sterilisation oder der Schwangerschaftsabbruch zur **Arbeitsunfähigkeit** führt (vgl. oben Rdn. 40 ff.) und dass die Sterilisation oder der Schwangerschaftsabbruch die **alleinige Ursache** für den Arbeitsausfall ist (zur Kausalität vgl. oben Rdn. 78 ff.).

289 Ebenso wie im Anwendungsbereich des Absatzes 1 ist außerdem auch bei einer Arbeitsverhinderung im Zusammenhang mit einer Sterilisation oder einem Schwangerschaftsabbruch zu prüfen, ob die Arbeitsunfähigkeit **unverschuldet** ist.

290 Absatz 2 S. 1, wonach eine nicht rechtswidrige Sterilisation und ein nicht rechtswidriger Abbruch der Schwangerschaft sowie – nach Satz 2 – ein Schwangerschaftsabbruch nach dem Beratungsverfahren als unverschuldete Arbeitsverhinderung gelten, macht diese Prüfung nicht generell entbehrlich. Die Regelung besagt lediglich, dass ein Verschulden nicht daraus herzuleiten ist, dass die oder der Betroffene sich einer nicht rechtswidrigen Sterilisation unterzieht bzw. einen nicht rechtswidrigen Schwangerschaftsabbruch oder einen Schwangerschaftsabbruch nach dem Beratungsverfahren vornehmen lässt; dies schließt es aber nicht aus, ein Verschulden aus anderen Umständen herzuleiten. Zu denken ist insoweit insbesondere an die Missachtung ärztlicher Anweisungen nach dem Eingriff, die zu einer Verlängerung der Arbeitsunfähigkeit führt (ebenso HzA/*Vossen* Gruppe 2 Rdn. 137; Kasseler Handbuch/*Vossen* Rdn. 102; a. A. *Pallasch*, NJW 1995, 3025, 3026 f.; ausführlich *Fey*, S. 21 ff.).

291 Entsprechend anzuwenden sind außerdem die zum Entgeltfortzahlungsanspruch nach § 3 Abs. 1 EFZG entwickelten Regeln über **Beginn, Dauer und Ende des Entgeltfortzahlungszeitraums** (vgl. oben Rdn. 165 ff.) und über die Rechtsnatur des Entgeltfortzahlungsanspruchs mit den sich daraus ergebenden Konsequenzen (vgl. oben Rdn. 209 ff.).

292 Schließlich findet auch § 3 Abs. 1 S. 2 EFZG entsprechende Anwendung. Führt eine Sterilisation oder ein Schwangerschaftsabbruch **wiederholt** zur Arbeitsunfähigkeit, so greifen die Regelungen über die **Entgeltfortzahlung bei fortgesetzter Krankheit** ein. Dasselbe gilt, wenn zunächst eine nicht rechtswidrige Sterilisation oder eine Schwangerschaftsunterbrechung vorgenommen und später zur Ausheilung der Folgen eine medizinische Rehabilitation bewilligt wird. Beruht die wiederholte Arbeitsunfähigkeit dagegen auf zwei verschiedenen Schwangerschaftsabbrüchen, so handelt es sich um eine „andere Erkrankung" mit der Folge, dass grundsätzlich ein neuer Entgeltfortzahlungsanspruch gegen den Arbeitgeber entsteht (ausführlich oben Rdn. 219 ff.).

III. Entgeltfortzahl. bei Arbeitsunfähigkeit infolge Sterilisation usw. § 3 EFZG

3. Gleichgestellte Tatbestände

Der krankheitsbedingten Arbeitsunfähigkeit werden durch § 3 Abs. 2 293
EFZG gleichgestellt nicht rechtswidrige Sterilisationen, nicht rechtswidrige
Schwangerschaftsabbrüche und Schwangerschaftsabbrüche nach dem Beratungsverfahren.

a) Nicht rechtswidrige Sterilisation

Unter einer **Sterilisation** ist die Ausschließung der Zeugungs- oder 294
Empfängnisfähigkeit durch Unterbrechung des Samenstrangs bzw. des Eileiters zu verstehen.

Nicht rechtswidrig ist eine Sterilisation unstreitig dann, wenn die Ein- 295
willigung des Betroffenen vorliegt und der Eingriff nicht gegen die guten
Sitten verstößt (§ 228 StGB). Ein Verstoß gegen die guten Sitten liegt dann
nicht vor, wenn die Sterilisation zur Abwendung einer Lebensgefahr erforderlich ist oder wenn sie aus eugenischen oder sozialen Gründen erfolgt.
Nach Auffassung des BGH ist darüber hinaus auch die freiwillige Sterilisation
nach der Aufhebung des früheren § 226b StGB aus den Körperverletzungstatbeständen herausgenommen worden, so dass es keine Strafvorschrift gegen
freiwillige Sterilisationen mehr gibt (BGHSt 20, 81). Folgt man dieser im
strafrechtlichen Schrifttum umstrittenen Auffassung, so ist auch eine freiwillige (Gefälligkeits-)Sterilisation durch einen Arzt als nicht rechtswidrig im
Sinne des Rechts der Entgeltfortzahlung anzusehen (vgl. auch ErfK/*Dörner*
§ 3 EFZG Rdn. 107).

b) Nicht rechtswidriger Schwangerschaftsabbruch

Unter einem **Schwangerschaftsabbruch** ist die Entfernung und Ab- 296
tötung der Leibesfrucht bei einer intakten Schwangerschaft zu verstehen.

Ob der Schwangerschaftsabbruch **nicht rechtswidrig** ist, richtet sich 297
nach strafrechtlichen Kriterien: Nicht rechtswidrig (i.S.d. EFZG) ist der
Schwangerschaftsabbruch, wenn er (i.S.d. StGB) **objektiv nicht strafbar** ist
(BAG AP Nr. 1 zu § 3 EFZG = SAE 1996, 308 mit kritischer Anm. *Wank*;
Pallasch, NJW 1995, 3025).

Um **nicht rechtswidrig** bzw. **nicht strafbar** zu sein, muss der Abbruch
daher in jedem Fall **mit Einwilligung der Schwangeren** und **durch einen
Arzt** vorgenommen werden. Hinsichtlich der weiteren Voraussetzungen ist
zu differenzieren:

Nicht rechtswidrig ist der Eingriff zunächst dann, wenn der Abbruch un- 298
ter Berücksichtigung der gegenwärtigen und zukünftigen Lebensverhältnisse
der Schwangeren nach ärztlicher Erkenntnis angezeigt ist, um eine Gefahr
für das Leben der Schwangeren oder die Gefahr einer schwerwiegenden Beeinträchtigung des körperlichen oder seelischen Gesundheitszustandes der
Schwangeren abzuwenden, und diese Gefahr nicht auf eine andere für sie
zumutbare Weise abgewendet werden kann (**medizinisch-soziale Indikation**, § 218a Abs. 2 StGB).

Nicht rechtswidrig ist der Eingriff außerdem dann, wenn nach ärztlicher 299
Erkenntnis an der Schwangeren eine rechtswidrige Tat nach den §§ 176 bis

179 StGB begangen worden ist, dringende Gründe für die Annahme sprechen, dass die Schwangerschaft auf der Tat beruht und seit der Empfängnis nicht mehr als zwölf Wochen vergangen sind (**kriminologische Indikation,** § 218a Abs. 3 StGB).

c) Schwangerschaftsabbruch nach Beratung

300 Den Schwangerschaftsabbrüchen auf der Basis von § 218a Abs. 2 und 3 StGB gleichgestellt ist schließlich gem. § 3 Abs. 2 S. 2 EFZG entgeltfortzahlungsrechtlich der
- innerhalb von zwölf Wochen nach der Empfängnis von einem Arzt durchgeführte Schwangerschaftsabbruch, wenn
- die Schwangere den Abbruch verlangt und dem Arzt durch eine Bescheinigung nach § 219 Abs. 2 S. 2 StGB nachgewiesen hat, dass sie sich mindestens drei Tage vor dem Eingriff hat beraten lassen (vgl. § 218a Abs. 1 StGB).

4. Darlegungs- und Beweislast

301 Parallelen zwischen der Entgeltfortzahlung im Krankheitsfall und der Entgeltfortzahlung in den Fällen des § 3 Abs. 2 EFZG bestehen schließlich auch hinsichtlich der Darlegungs- und Beweislast.

302 Bei einer **krankheitsbedingten Arbeitsunfähigkeit** führt die Arbeitnehmerin grundsätzlich durch die Vorlage der ärztlichen Arbeitsunfähigkeitsbescheinigung den Nachweis, dass sie tatsächlich arbeitsunfähig erkrankt ist; hat der Arbeitgeber insoweit Zweifel, liegt es an ihm, den hohen Beweiswert der Arbeitsunfähigkeitsbescheinigung zu erschüttern. Erst wenn ihm dies gelungen ist, obliegt es der Arbeitnehmerin, anderweitig nachzuweisen, dass die Voraussetzungen der Entgeltfortzahlung nach § 3 Abs. 1 EFZG tatsächlich vorliegen (ausführlich § 5 EFZG Rdn. 100 ff.).

303 Ähnliches muss für die Entgeltfortzahlung bei **Sterilisationen und Schwangerschaftsabbrüchen** gelten. Der Arbeitgeber ist bei Vorlage der entsprechenden ärztlichen Bescheinigung grundsätzlich zur Entgeltfortzahlung verpflichtet, ohne dass die Arbeitnehmerin (zusätzlich) nachweisen muss, dass der Eingriff nicht rechtswidrig war. Will der Arbeitgeber geltend machen, der Eingriff sei rechtswidrig gewesen, muss er den Beweiswert der Bescheinigung erschüttern. Erst wenn ihm dies – was praktisch kaum möglich sein dürfte – gelungen ist, muss die Arbeitnehmerin ihrerseits darlegen, dass die Maßnahme nicht rechtswidrig im Sinne des § 3 Abs. 2 EFZG war (vgl. auch *Vossen,* Entgeltfortzahlung, Rdn. 173; *Wedde/Kunz* § 3 EFZG Rdn. 148; ausführlich *Fey,* S. 89 ff.).

IV. Wartezeit (§ 3 Abs. 3 EFZG)

304 Gem. § 3 Abs. 3 EFZG, der durch das Arbeitsrechtliche Beschäftigungsförderungsgesetz neu eingefügt worden ist, um die Kostenbelastung der Arbeitgeber zu reduzieren (BT-Drucks. 13/4612, S. 11), entsteht der Anspruch

IV. Wartezeit (§ 3 Abs. 3 EFZG) **§ 3 EFZG**

auf Entgeltfortzahlung durch den Arbeitgeber gem. § 3 Abs. 1 EFZG erstmals nach vierwöchiger Dauer des Arbeitsverhältnisses (vgl. unten Rdn. 305 ff.), wobei das Arbeitsverhältnis ununterbrochen bestanden haben muss (vgl. unten Rdn. 317).

1. Vierwöchige Dauer des Arbeitsverhältnisses

Um die Wartezeit des § 3 Abs. 3 EFZG zu erfüllen, muss der Betroffene 305 für die Dauer von vier Wochen in einem **Arbeitsverhältnis** gestanden haben, d. h. er muss Arbeitnehmer gewesen sein (ausführlich oben Rdn. 27 ff.).

Für die **Berechnung der Wartezeit** gem. § 3 Abs. 3 EFZG gelten 306 grundsätzlich die §§ 187 Abs. 2, 188 Abs. 2 BGB.

Beispiel: Es ist vereinbart, dass das Arbeitsverhältnis am Dienstag, dem 1. April beginnen soll.

Der 1. April ist in diesem Fall der erste Tag der vierwöchigen Wartezeit 307 (§ 187 Abs. 2 BGB; vgl. auch *Löwisch*, NZA 1996, 1009, 1030). Letzter Tag der Wartezeit ist unter diesen Voraussetzungen Montag, der 28. April (§ 188 Abs. 2 BGB).

Mit dem Ablauf der Wartezeit erlangt der betroffene **Arbeitnehmer,** 308 sofern die Arbeitsunfähigkeit noch andauert, einen **Anspruch gegen den Arbeitgeber auf Entgeltfortzahlung** im Krankheitsfall; § 3 Abs. 3 EFZG ist nicht so zu verstehen, dass der Anspruch auf Entgeltfortzahlung bei Erkrankungen innerhalb der ersten vier Wochen generell ausgeschlossen ist (*Preis,* NJW 1996, 3369, 3374; *Viethen,* Entgeltfortzahlungsgesetz, S. 20; a. A. *Sieg,* BB 1996, Beil. 15, S. 18, 19). Andererseits entsteht der Anspruch bei einer Erkrankung während des vierwöchigen Wartezeitraums aber auch nicht rückwirkend, wenn der Arbeitnehmer am Beginn der fünften Woche noch immer arbeitsunfähig ist (*Bauer/Lindemann,* BB 1996, Beil. 17, S. 8; *Giesen,* RdA 1997, S. 193, 194), sondern er entsteht mit dem Beginn der 5. Woche (Kasseler Handbuch/*Vossen* Rdn. 115; *Staudinger/Oetker* § 616 Rdn. 287 f.). Im vorstehenden Beispiel ist der Arbeitgeber daher beginnend mit dem 29. April zur Entgeltfortzahlung gem. § 3 Abs. 1 EFZG verpflichtet.

Dies gilt auch dann, wenn die **Erkrankung zwischen dem Abschluss** 309 **des Arbeitsvertrages und dem vereinbarten Beschäftigungsbeginn** aufgetreten ist.

Beispiel: Der Arbeitsvertrag wurde am 20. März geschlossen, als erster Arbeitstag ist er 1. April vorgesehen. Der Arbeitnehmer wird am 28. März arbeitsunfähig krank.

Sollte die Arbeitsunfähigkeit am 29. April noch andauern, ist der Arbeit- 310 geber beginnend mit diesem Tage zur Entgeltfortzahlung verpflichtet.

Die Wartezeit gem. § 3 Abs. 3 EFZG führt – ähnlich wie ein ruhendes 311 Arbeitsverhältnis (vgl. oben Rdn. 175) – nur zu einer **Verschiebung des Entgeltfortzahlungszeitraumes.** Der Arbeitnehmer kann in dem oben genannten Beispiel beginnend mit dem 29. April für bis zu sechs Wochen Entgeltfortzahlung im Krankheitsfall beanspruchen; dies gilt sowohl bei einer Erkrankung während der Wartezeit (vgl. BAG AP Nr. 10 zu § 3 EFZG; ebenso *Giesen,* RdA 1997, 193, 194; MüKo/*Schaub* § 616 Rdn. 37 c; *Staudinger/Oetker* § 616 Rdn. 289; a. A. *Peters-Lange,* SAE 2000, 274 ff.; wohl auch

133

Preis, NJW 1996, 3369, 3374; zweifelnd *Hanau*, ZRP 1996, 349, 351; vgl. auch oben Rdn. 308) als auch bei einer Erkrankung zwischen dem Abschluss des Arbeitsvertrages und dem vereinbarten Beginn des Arbeitsverhältnisses (vgl. oben Rdn. 309; ebenso *Hanau*, RdA 1997, 205, 207; *Vogelsang*, Entgeltfortzahlung, S. 22; *Vossen*, NZA 1998, 354, 355).

312 Nach dem Ablauf des sechswöchigen Entgeltfortzahlungszeitraumes kann der Arbeitnehmer gegebenenfalls (wieder) Krankengeld (zum Anspruch auf Krankengeld vgl. *Viethen*, Entgeltfortzahlungsgesetz, S. 20) beanspruchen.

Beispiel: Der Arbeitnehmer, dessen Arbeitsverhältnis am 1. April begonnen hat, erkrankt am 15. April für mehrere Monate.

313 Der Arbeitnehmer hat für die Zeit vom 15. bis zum 28. April Anspruch auf Krankengeld. Beginnend mit dem 29. April ist der Arbeitgeber für die Dauer von sechs Wochen (d. h. einschließlich dem 9. Juni; zur Berechnung der Sechs-Wochen-Frist vgl. oben Rdn. 192 ff.) zur Entgeltfortzahlung im Krankheitsfall verpflichtet. Ab dem 10. Juni kann der Arbeitnehmer erneut Krankengeld beanspruchen.

314 Die vorstehend skizzierten Grundsätze gelten nicht nur für unbefristete, sondern **auch für befristete Arbeitsverhältnisse.**

315 Sollte das am 1. April beginnende Arbeitsverhältnis auf sechs Wochen befristet sein und erkrankt der Arbeitnehmer am 15. April, kann der Arbeitnehmer vom 15. bis zum 28. April Krankengeld in Anspruch nehmen und beginnend mit dem 29. April für die beiden letzten Wochen des Arbeitsverhältnisses Entgeltfortzahlung durch den Arbeitgeber beanspruchen; sollte das am 1. April beginnende Arbeitsverhältnis auf drei Monate befristet sein und der Arbeitnehmer am 15. April erkranken, kann der Arbeitnehmer vom 15. bis zum 28. April Krankengeld in Anspruch nehmen, vom 29. April bis zum 9. Juni erhält er gegebenenfalls Entgeltfortzahlung im Krankheitsfall und beginnend mit dem 10. Juni erneut Krankengeld.

316 Sollte das befristete Arbeitsverhältnis von vornherein nicht länger als vier Wochen dauern, hat § 3 Abs. 3 EFZG zur Folge, dass keinerlei Ansprüche auf Entgeltfortzahlung im Krankheitsfall gegen den Arbeitgeber entstehen (vgl. *Kaiser/Dunkl/Hold/Kleinsorge* § 3 EFZG Rdn. 126).

2. Ununterbrochen bestehendes Arbeitsverhältnis

317 § 3 Abs. 3 EFZG setzt des weiteren voraus, dass das Arbeitsverhältnis **ununterbrochen** für die Dauer von vier Wochen besteht.

318 Nicht als Unterbrechungen des Arbeitsverhältnisses iSd § 3 Abs. 3 EFZG anzusehen sind **tatsächliche Unterbrechungen** bei rechtlich fortbestehendem Arbeitsverhältnis wie z. B. Arbeitsunterbrechungen durch Urlaub, unentschuldigtes Fernbleiben von der Arbeit oder durch Beschäftigungsverbote (*Feichtinger/Malkmus* § 3 EFZG Rdn. 179; *Kaiser/Dunkl/Hold/Kleinsorge* § 3 EFZG Rdn. 128); derartige Fehltage berühren den Ablauf der Wartefrist nicht (*Staudinger/Oetker* § 616 Rdn. 284 f.; *Vossen*, Entgeltfortzahlung, Rdn. 67). Gleiches gilt, wenn der Arbeitnehmer nur an einem oder an einigen Tagen der Woche arbeitet.

319 **Rechtliche Unterbrechungen** führen dagegen zur Anwendbarkeit des § 3 Abs. 3 EFZG (MüKo/*Schaub* § 616 Rdn. 37 b). Mit dem Beginn eines

neuen Arbeitsverhältnisses beginnt daher grundsätzlich auch dann eine neue Wartezeit, wenn zuvor ein Arbeitsverhältnis zu **demselben Arbeitgeber** bestanden hat.

Beispiel: Der Arbeitnehmer war bis zum 14. März bei Arbeitgeber A beschäftigt. Ein neues Arbeitsverhältnis mit Arbeitgeber A beginnt am 1. April. Der Arbeitnehmer erkrankt am 15. April.

Trotz des vorausgegangenen Arbeitsverhältnisses beginnt am 1. April eine **320** Wartezeit von vier Wochen, d.h. der Arbeitnehmer kann erst ab dem 29. April Entgeltfortzahlung im Krankheitsfall gem. § 3 Abs. 1 EFZG beanspruchen.

Dies soll allerdings dann nicht gelten, wenn zwischen dem beendeten und **321** dem neu begründeten Arbeitsverhältnis ein enger zeitlicher und sachlicher Zusammenhang besteht. Ein solcher enger Zusammenhang wurde angenommen bei einer etwas mehr als zwei Wochen dauernden Unterbrechung des Arbeitsverhältnisses infolge einer witterungsbedingten Unterbrechung des Arbeitsverhältnisses (auflösende Bedingung; vgl. BAG AP Nr. 11 zu § 3 EFZG) sowie eines Arbeitnehmers, der unmittelbar nach Abschluss seiner Berufsausbildung vom bisherigen Ausbilder übernommen wurde (LAG Sachsen NZA-RR 2003, 127; BAG Urt. v. 20. 8. 2003 – 5 AZR 436/02; vgl. auch *Kaiser/Dunkl/Hold/Kleinsorge* § 3 EFZG Rdn. 129; Kasseler Handbuch/*Vossen* Rdn. 37; *Preis,* NJW 1996, 1009, 1013).

Keine Unterbrechung des Arbeitsverhältnisses ist im Fall eines **Betriebs-** **322** **übergangs** anzunehmen. Kommt es zu einem Betriebs(teil-)übergang nach § 613a Abs. 1 S. 1 BGB wird die bei dem bisherigen Betriebsinhaber zurückgelegte Wartezeit angerechnet, da dass Arbeitsverhältnis so auf den Betriebserwerber übergeht, wie es bei dem Betriebsveräußerer bestanden hat (*Staudinger/Oetker* § 616 Rdn. 282; *Vossen,* NZA 1998, 354).

§ 4 Höhe des fortzuzahlenden Arbeitsentgelts

(1) **Für den in § 3 Abs. 1 bezeichneten Zeitraum ist dem Arbeitnehmer das ihm bei der für ihn maßgebenden regelmäßigen Arbeitszeit zustehende Arbeitsentgelt fortzuzahlen.**

(1 a) **Zum Arbeitsentgelt nach Absatz 1 gehören nicht das zusätzlich für Überstunden gezahlte Arbeitsentgelt und Leistungen für Aufwendungen des Arbeitnehmers, soweit der Anspruch auf sie im Falle der Arbeitsfähigkeit davon abhängig ist, daß dem Arbeitnehmer entsprechende Aufwendungen tatsächlich entstanden sind, und dem Arbeitnehmer solche Aufwendungen während der Arbeitsunfähigkeit nicht entstehen. Erhält der Arbeitnehmer eine auf das Ergebnis der Arbeit abgestellte Vergütung, so ist der von dem Arbeitnehmer in der für ihn maßgebenden regelmäßigen Arbeitszeit erzielbare Durchschnittsverdienst der Berechnung zugrunde zu legen.**

(2) **Ist der Arbeitgeber für Arbeitszeit, die gleichzeitig infolge eines gesetzlichen Feiertages ausgefallen ist, zur Fortzahlung des Arbeitsentgelts nach § 3 verpflichtet, bemißt sich die Höhe des fortzuzahlenden Arbeitsentgelts für diesen Feiertag nach § 2.**

(3) **Wird in dem Betrieb verkürzt gearbeitet und würde deshalb das Arbeitsentgelt des Arbeitnehmers im Falle seiner Arbeitsfähigkeit gemindert, so ist die verkürzte Arbeitszeit für ihre Dauer als die für den Arbeitnehmer maßgebende regelmäßige Arbeitszeit im Sinne des Absatzes 1 anzusehen. Dies gilt nicht im Falle des § 2 Abs. 2.**

(4) **Durch Tarifvertrag kann eine von den Absätzen 1, 1 a und 3 abweichende Bemessungsgrundlage des fortzuzahlenden Arbeitsentgelts festgelegt werden.** Im Geltungsbereich eines solchen Tarifvertrages kann zwischen nichttarifgebundenen Arbeitgebern und Arbeitnehmern die Anwendung der tarifvertraglichen Regelung über die Fortzahlung des Arbeitsentgelts im Krankheitsfalle vereinbart werden.

Übersicht

	Rdn.
I. Allgemeines	1
II. Berechnung des fortzuzahlenden Arbeitsentgelts – Grundsatz – (§ 4 Abs. 1 EFZG)	26
1. Regelmäßige Arbeitszeit	30
a) Allgemeines	30
b) Einzelfälle	34
aa) Saisonarbeit	34
bb) Freischichten	36
cc) „Kapovaz"	40
dd) Job-sharing	48
ee) Sonstiges	57
2. Arbeitsentgelt	62
a) Allgemeines	63
b) Einzelfälle	71
III. Arbeitsentgelt für Überstunden; Leistungen mit Aufwendungsersatzcharakter; Leistungsentgelt (§ 4 Abs. 1 a EFZG)	119
1. Arbeitsentgelt für Überstunden	120
2. Leistungen mit Aufwendungsersatzcharakter	131
a) Allgemeines	131
b) Einzelfälle	133
aa) Auslösungen	134
bb) Reisekostenvergütungen	136
cc) Schmutzzulagen	139
dd) Trennungsentschädigungen	140
ee) Wegeentschädigungen	141
3. Leistungsentgelt	143
a) Allgemeines	144
b) Einzelfälle	149
IV. Zusammentreffen von krankheitsbedingter Arbeitsunfähigkeit und gesetzlichen Feiertagen (§ 4 Abs. 2 EFZG)	159
V. Höhe des fortzuzahlenden Arbeitsentgelts bei Kurzarbeit (§ 4 Abs. 3 EFZG)	161
1. Absatz 3 Satz 1	163
2. Absatz 3 Satz 2	168
VI. Abweichungen durch Tarifvertrag (§ 4 Abs. 4 EFZG)	171
1. Tariföffnungsklausel (§ 4 Abs. 4 S. 1 EFZG)	172
a) Tarifdispositive Regelungen	173
b) Nicht tarifdispositive Regelungen	181
2. Einzelvertragliche Einbeziehung von Tarifverträgen (§ 4 Abs. 4 S. 2 EFZG)	182

I. Allgemeines

§ 4 EFZG regelt die Höhe des fortzuzahlenden Arbeitsentgelts. 1
Das Entgeltfortzahlungsgesetz geht insoweit ebenso wie die früheren 2
Regelungen (zu § 2 LFZG z.B. *Schmitt,* LFZG, § 2 Rdn. 8; zu § 63 HGB
Schlegelberger, HGB, § 63 Rdn. 7; zu § 616 BGB MüKo/*Schaub* § 616
Rdn. 107; zu § 115b AGB *Staudinger/Oetker* § 616 Rdn. 392) vom sog.
Entgeltausfallprinzip aus.
Berechnungsgrundlage für den Entgeltfortzahlungsanspruch, der sich 3
dem Grunde nach aus § 3 Abs. 1 EFZG ergibt, ist dementsprechend grundsätzlich das dem Arbeitnehmer für den Entgeltfortzahlungszeitraum bei der für ihn maßgebenden regelmäßigen Arbeitszeit zustehende Arbeitsentgelt.
Nicht bei der Berechnung des Entgeltfortzahlungsanspruchs **berücksich-** 4
tigt werden lediglich das für Überstunden gezahlte Arbeitsentgelt und Leistungen, die der Arbeitnehmer im Falle seiner Arbeitsfähigkeit zum Ausgleich von Aufwendungen erhält, die ihm während der Arbeitsunfähigkeit nicht entstehen. **Modifiziert** wird das Entgeltausfallprinzip aus Gründen der Praktikabilität außerdem für den Fall, dass der Arbeitnehmer Leistungslohn erhält; die Berechnung des Entgeltfortzahlungsanspruchs orientiert sich unter diesen Voraussetzungen an dem von dem Arbeitnehmer erzielbaren Durchschnittsverdienst (Absatz 1a; vgl. Rdn. 119ff.).
Die Absätze 2 und 3 des § 4 EFZG enthalten „Kollisionsregeln" für das 5
Zusammentreffen von krankheitsbedingter Arbeitsunfähigkeit mit gesetzlichen Feiertagen sowie das Zusammentreffen von krankheitsbedingter Arbeitsunfähigkeit und **Kurzarbeit** (vgl. Rdn. 159f., 161ff.).
Die Regelungen über die Höhe des fortzuzahlenden Arbeitsentgelts sind 6
insgesamt **tarifdispositiv.** Im Geltungsbereich eines solchen Tarifvertrages kann auch zwischen nicht tarifgebundenen Arbeitgebern und Arbeitnehmern die Anwendung der tarifvertraglichen Regelungen über die Fortzahlung des Arbeitsentgelts im Krankheitsfall vereinbart werden (Absatz 4; vgl. Rdn. 171ff.).
Vorläufer des § 4 EFZG waren § 2 des Lohnfortzahlungsgesetzes (zur 7
Geschichte dieser Regelung vgl. *Schmitt,* LFZG, § 2 Rdn. 2f.) vom 27. Juli
1969 (BGBl. I S. 946) i.d.F. des Haushaltsstrukturgesetzes vom 18. Dezember 1975 (BGBl. I S. 3091) sowie § 115b des Arbeitsgesetzbuches der DDR vom 16. Juli 1977 i.d.F. vom 22. Juni 1990 (BGBl. I S. 371) und des Einigungsvertrages vom 31. August 1990 (BGBl. II S. 889), die die Höhe des fortzuzahlenden Arbeitsentgelts für Arbeiter in den alten Bundesländern und für Arbeitnehmer in den neuen Bundesländern regelten.
Für Angestellte in den alten Bundesländern fehlten vergleichbar präzise 8
Bestimmungen hinsichtlich der Anspruchshöhe, statt dessen war den Vorschriften über die Entgeltfortzahlung nur zu entnehmen, dass die Angestellten ihren Anspruch auf „die vertragsmäßigen Leistungen" (§ 133c S. 1 GewO), auf „Gehalt und Unterhalt" (§ 63 Abs. 1 S. 1 HGB) oder auf „Vergütung" (§ 616 Abs. 2 S. 1 BGB) für die Dauer von 6 Wochen behielten. Unklarheiten bzw. Ungleichbehandlungen resultierten hieraus jedoch nicht, da Einigkeit darüber bestand, dass die Leistungen, die fortzuzahlen waren, nach

dem sog. modifizierten Entgeltausfallprinzip (vgl. unten Rdn. 26 ff.) zu bemessen waren (MüKo/*Schaub*, 2. Aufl., § 616 Rdn. 103) und dass das modifizierte Entgeltausfallprinzip seinen Niederschlag in § 2 LFZG gefunden hatte, der im wesentlichen eine Kodifikation der früheren Rechtsprechung zur Entgeltfortzahlung auch für Angestellte darstellte. In Zweifelsfällen hinsichtlich der Höhe der Entgeltfortzahlungsansprüche von Angestellten wurde daher – nicht nur aus Gründen der Gleichbehandlung – auf § 2 LFZG und die dazu ergangene Rechtsprechung zurückgegriffen (vgl. *Erman/Hanau*, 9. Aufl., § 616 Rdn. 67).

9 **Ungleichbehandlungen** zwischen Arbeitern und Angestellten in den alten Bundesländern bzw. zwischen Angestellten in den alten und den neuen Bundesländern ergaben sich allerdings insoweit, als § 2 Abs. 3 S. 1 LFZG und § 115 b Abs. 3 S. 1 AGB die Möglichkeit eröffneten, tarifliche Regelungen über die Höhe des fortzuzahlenden Arbeitsentgelts zu treffen, während eine entsprechende Tariföffnungsklausel für die Angestellten in den alten Bundesländern nicht bestand (vgl. *Hanau*, Festschrift der Rechtswissenschaftlichen Fakultät, S. 186 zur unterschiedlichen Regelung in § 2 LFZG einerseits und § 616 Abs. 2 BGB andererseits: „blanke Willkür"). Die damit bestehende Ungleichbehandlung war einer der Gründe dafür, dass eine gesetzliche Neuregelung notwendig wurde.

10 Der von den Fraktionen der CDU/CSU und der FDP im Jahre 1993 vorgelegte Entwurf eines **Entgeltfortzahlungsgesetzes** (BT-Drucks. 12/5263) enthielt in seinem § 4 eine Regelung, die sich noch sehr eng an § 2 LFZG bzw. § 115 b AGB anlehnte. Ändern sollte sich lediglich die Formulierung des Absatz 1 Satz 2. Dieser sah nach altem Recht vor, dass von der Entgeltfortzahlung ausgenommen waren „Auslösungen, Schmutzzulagen und ähnliche Leistungen, soweit der Anspruch auf sie im Falle der Arbeitsfähigkeit davon abhängig (war), ob und in welchem Umfang dem Arbeiter Aufwendungen ... tatsächlich entstanden (waren) ...". Diese Formulierung sollte durch jene Umschreibung der von der Entgeltfortzahlung ausgenommenen Leistungen ersetzt werden, die später auch Gesetz geworden ist, und sich heute in Absatz 1 a findet. Eine inhaltliche Änderung war damit jedoch nicht beabsichtigt, vielmehr handelt es sich bei dem Verzicht auf die Nennung einzelner Fallbeispiele lediglich um eine „sprachliche Neugestaltung" (BT-Drucks. 12/5263, S. 13).

11 Im Rahmen der Beratungen im Ausschuss für Arbeit und Sozialordnung wurden dann zwei Änderungen vorgenommen:

12 Nachdem man von der Einführung von Karenztagen Abstand genommen (vgl. Einleitung A Rdn. 171 ff.) und statt dessen beschlossen hatte, die Kompensation der Kosten der Pflegeversicherung durch eine Kürzung der Entgeltfortzahlung an Feiertagen zu erreichen, was zu einer Integration des bisherigen Gesetzes über die Lohnzahlung an Feiertagen in das Entgeltfortzahlungsgesetz führte, wurde der heutige § 4 Abs. 2 EFZG eingefügt, dessen Vorläufer die inhaltsgleiche Regelung im früheren § 1 Abs. 2 des Gesetzes zur Regelung der Lohnzahlung an Feiertagen vom 2. August 1951 (BGBl. I S. 479) i. d. F. vom 18. Dezember 1975 (BGBl. I S. 3091) war. Infolge der Einfügung des neuen Absatz 2 wurden die Absätze 2 und 3 des Fraktionsentwurfs zu den heutigen Absätzen 3 und 4.

I. Allgemeines §4 EFZG

Die Formulierung des Absatz 3 des Fraktionsentwurfs bzw. des heutigen 13
Absatz 4 wurde dahingehend ergänzt, dass die Tarifvertragsparteien eine abweichende Bemessungs**grundlage** des fortzuzahlenden Arbeitsentgelts festlegen können. Damit reagierte der Gesetzgeber auf eine während der Diskussionen um das Entgeltfortzahlungsgesetz ergangene Entscheidung des BAG.

Im Schrifttum war unter der Geltung des § 2 Abs. 3 LFZG umstritten, ob 14
man tarifvertraglich die Berechnung des Arbeitsentgelts nur insoweit ändern konnte, als man eine andere Bemessungsmethode vereinbarte (z.B. Referenzprinzip anstelle des Entgeltausfallprinzips), oder ob man die Berechnung des fortzuzahlenden Arbeitsentgelts auch insoweit modifizieren konnte, als man eine andere Bemessungsgrundlage vereinbarte, das heißt zum Beispiel Anwesenheitsprämien bei der Bemessung des fortzuzahlenden Entgelts außer Betracht ließ. Während das wohl überwiegende Schrifttum in der Vergangenheit die Auffassung vertreten hatte, es sei auch möglich, eine andere Bemessungsgrundlage zu vereinbaren (*Marienhagen/Künzl* § 2 LFZG Rdn. 39; *Schmatz/Fischwasser/Geyer/Knorr* § 2 LFZG Rdn. 51; *Schmitt*, LFZG, § 2 Rdn. 92; *Kehrmann/Pelikan* § 2 LFZG Rdn. 28), gelangte das BAG mit Urteil vom 3. März 1993 zu dem Ergebnis, die Tarifvertragsparteien könnten nur hinsichtlich der Berechnungsmethode, nicht aber der Berechnungsgrundlage von den gesetzlichen Regelungen abweichen (BAG AP Nr. 25 zu § 2 LFZG).

Dieser Rechtsprechung des BAG sollte durch die geänderte Formulierung 15
des Gesetzes der Boden entzogen werden (BT-Drucks. 12/5798, S. 26).

Während die Absätze 2 bis 4 seit dem Inkrafttreten des Entgeltfortzah- 16
lungsgesetzes am 1. Juni 1994 unverändert geblieben sind, ist **Absatz 1** dreimal, davon zweimal grundlegend, geändert worden.

Durch das **Arbeitsrechtliche Beschäftigungsförderungsgesetz vom** 17
25. September 1996 (BGBl. I S. 1476) wurde § 4 Abs. 1 EFZG zunächst dahingehend geändert, dass der Anspruch auf Entgeltfortzahlung im Krankheitsfall von 100% auf 80% des regelmäßigen Arbeitsentgelts reduziert wurde, sofern die Arbeitsunfähigkeit nicht ausnahmsweise auf einen Arbeitsunfall oder eine Berufskrankheit zurückzuführen war (kritisch zur damaligen Absenkung der Entgeltfortzahlung auf 80 vom Hundert u.a. *Birk*, AuR 1996, 294; *Engels/Schlenker*, AuR 1996, 291). Gleichzeitig wurde § 4a EFZG eingefügt, der in seiner damaligen Fassung die Anrechnung von Urlaubstagen zur Aufrechterhaltung der vollen Entgeltfortzahlung zum Gegenstand hatte.

Durch Art. 12 des **„Gesetzes zur sozialversicherungsrechtlichen Be-** 18
handlung von einmalig gezahltem Arbeitsentgelt" vom **12. Dezember 1996** (BGBl. I S. 1859) wurde die Regelung des § 4 Abs. 1 S. 2 EFZG dann geringfügig dahingehend geändert, dass an die Stelle der ursprünglichen Verweisungen auf die unfallversicherungsrechtlichen Bestimmungen der Reichsversicherungsordnung Bezugnahmen auf die seit dem 1. Januar 1997 geltenden Bestimmungen des SGB VII traten.

Als Ergebnis dieser Entwicklung hatte § 4 Abs. 1 EFZG bis zum 31. De- 19
zember 1998 folgenden Wortlaut:

(1) Die Höhe der Entgeltfortzahlung im Krankheitsfall für den in § 3 Abs. 1 bezeichneten
Zeitraum beträgt 80 vom Hundert des dem Arbeitnehmer bei der für ihn maßgebenden regel-

EFZG § 4 Höhe des fortzuzahlenden Arbeitsentgelts

mäßigen Arbeitszeit zustehenden Arbeitsentgelts. Erleidet ein Arbeitnehmer infolge einer den Versicherungsschutz nach § 2 Abs. 1 Nr. 1 oder 3 des Siebten Buches Sozialgesetzbuch begründenden Tätigkeit einen Arbeitsunfall oder eine Berufskrankheit im Sinne des Siebten Buches Sozialgesetzbuch, so bemißt sich die Höhe der Entgeltfortzahlung abweichend von Satz 1 nach dem Arbeitsentgelt, das dem Arbeitnehmer bei der für ihn maßgebenden regelmäßigen Arbeitszeit zusteht; dies gilt bei Arbeitsunfällen nur in dem Arbeitsverhältnis, in dem der Arbeitsunfall eingetreten ist, und bei Versicherungsschutz nach § 2 Abs. 1 Nr. 3 des Siebten Buches Sozialgesetzbuch nur in den Fällen, in denen Maßnahmen auf Grund von Arbeitsschutz- oder Unfallverhütungsvorschriften veranlaßt worden sind.

20 Der **Gesetzentwurf** der Fraktionen von SPD und BÜNDNIS 90/DIE GRÜNEN vom **17. November 1998** (BT-Drucks. 14/45) zu einem „Gesetz zu Korrekturen in der Sozialversicherung und zur Sicherung der Arbeitnehmerrechte" sah dann bereits vor, die Entgeltfortzahlung im Krankheitsfall und bei Maßnahmen der medizinischen Vorsorge oder Rehabilitation durch eine entsprechende Änderung des § 4 Abs. 1 EFZG wieder auf **100% anzuheben.**

21 Maßgeblich hierfür waren ausweislich der amtlichen Begründung zum Gesetzentwurf folgende Überlegungen: Die **Absenkung der gesetzlichen Entgeltfortzahlung** im Krankheitsfall habe zu einer sozialpolitisch problematischen Ungleichbehandlung der Arbeitnehmer geführt. Für etwa 80% der Beschäftigten gelte eine Entgeltfortzahlung in Höhe von 100% aufgrund bestehender oder neu abgeschlossener Tarifverträge. Unmittelbar von der gesetzlichen Absenkung der Entgeltfortzahlung betroffen würden nur diejenigen Beschäftigten, für die keine Tarifverträge bestünden oder für die Tarif- oder Arbeitsverträge keine volle Entgeltfortzahlung gewährleisten. Dabei handele es sich häufig um Arbeitnehmer, die ohnehin niedrige Arbeitsentgelte und ungünstige Arbeitsbedingungen hätten. Die Gleichbehandlung aller Arbeitnehmer werde durch die Neuregelung wiederhergestellt.

22 Teilweise parallel verlief die Entwicklung von **Absatz 1 a**. Eingefügt wurde die Regelung durch das **Arbeitsrechtliche Beschäftigungsförderungsgesetz vom 25. September 1996** (BGBl. I S. 1476). Im Gegensatz zur aktuellen Regelung betraf sie in ihrer damaligen Fassung jedoch nur Leistungen mit Aufwendungsersatzcharakter (Satz 1) sowie Leistungsentgelte (Satz 2).

23 Die aktuelle Fassung des Absatz 1a geht ebenfalls zurück auf den **Gesetzentwurf** der Fraktionen von SPD und BÜNDNIS 90/DIE GRÜNEN vom **17. November 1998** (BT-Drucks. 14/45) zu einem „Gesetz zu Korrekturen in der Sozialversicherung und zur Sicherung der Arbeitnehmerrechte". Dieser Entwurf sah bereits vor, § 4 Abs. 1a EFZG dahingehend zu ändern, dass bei der Bemessung der Entgeltfortzahlung Überstundenvergütungen nicht mehr zu berücksichtigen sind.

24 Maßgeblich hierfür war ausweislich der amtlichen Begründung zum Gesetzentwurf die Überlegung, in den meisten Tarifbereichen, in denen eine Entgeltfortzahlung in Höhe von 100% vereinbart war, die Tarifvertragsparteien die Überstundenvergütung aus der Bemessung der Entgeltfortzahlung ausgenommen hätten, sodass die gesetzliche Beschränkung sich deshalb entlastend vor allem für die nicht tarifgebundenen Arbeitgeber auswirke, die auch von der gesetzlichen Anhebung der Entgeltfortzahlung unmittelbar betroffen würden.

II. Berechnung des fortzuzahlenden Arbeitsentgelts § 4 EFZG

Im Rahmen des weiteren Gesetzgebungsverfahrens (vgl. dazu Einleitung 25
A Rdn. 111 ff.) blieben sowohl § 4 Abs. 1 EFZG als auch § 4 Abs. 1 a EFZG
unverändert, sodass die Regelungen am 1. Januar 1999 in der Fassung des
ursprünglichen Gesetzentwurfs in Kraft treten konnten.

II. Berechnung des fortzuzahlenden Arbeitsentgelts – Grundsatz – (§ 4 Abs. 1 EFZG)

§ 4 Abs. 1 EFZG regelt die Höhe des fortzuzahlenden Arbeitsentgelts für 26
jene Fälle, in denen der Arbeitsausfall durch die krankheitsbedingte Arbeitsunfähigkeit nicht auf einen gesetzlichen Feiertag fällt (vgl. dazu Absatz 2;
Rdn. 159 f.), der Betrieb nicht verkürzt arbeitet (vgl. dazu Absatz 3;
Rdn. 161 ff.) und keine abweichenden tarifvertraglichen Regelungen bestehen (Absatz 4; Rdn. 171 ff.).

Wie schon das Lohnfortzahlungsgesetz geht das Entgeltfortzahlungsgesetz 27
grundsätzlich davon aus, dass sich die Höhe des fortzuzahlenden Arbeitsentgelts nach dem **modifizierten Entgeltausfallprinzip** bestimmt (*Helml* § 4
EFZG Rdn. 3). Daran hat auch das Inkrafttreten der Änderungen durch das
Arbeitsrechtliche Beschäftigungsförderungsgesetz nichts geändert (vgl. *Lorenz*, DB 1996, 1973, 1975).

Entgeltausfallprinzip bedeutet dabei im Gegensatz zum Referenzprin- 28
zip, dass z.B. dem Bundesurlaubsrecht (vgl. § 11 Abs. 1 BUrlG) oder dem
Mutterschutzrecht (vgl. § 11 Abs. 1 S. 1 MuSchG) und dem Krankenversicherungsrecht beim Krankengeld (vgl. § 47 Abs. 2 SGB V) zugrunde liegt,
dass das Gesetz den Arbeitnehmer fiktiv so stellen will, als hätte er gearbeitet.
Modifiziert wird dieses Prinzip insoweit, als auf die „regelmäßige" Arbeitszeit abgestellt wird und bei der Arbeit nach Leistungslohn aus Gründen der
Praktikabilität der von dem Arbeitnehmer in der für ihn maßgeblichen regelmäßigen Arbeitszeit erzielbare Durchschnittsverdienst zugrunde zu legen
ist (*Brecht* § 4 EFZG Rdn. 4; *Geyer/Knorr/Krasney* § 4 EFZG Rdn. 7; *Kaiser/
Dunkl/Hold/Kleinsorge* § 4 EFZG Rdn. 8; *Müller/Berenz* § 4 EFZG Rdn. 3;
Wedde/Kunz § 4 EFZG Rdn. 32; *Worzalla/Süllwald* § 4 EFZG Rdn. 4).

Da der Arbeitnehmer so zu stellen ist, als hätte er gearbeitet, ist grundsätz- 29
lich das Arbeitsentgelt zu ermitteln und fortzuzahlen, das während der Arbeitsunfähigkeit sonst an den Arbeitnehmer zu zahlen gewesen wäre. **Berechnungsgrundlagen** für das vom Arbeitgeber fortzuzahlende Arbeitsentgelt
sind demgemäß die für den Arbeitnehmer maßgebliche **regelmäßige Arbeitszeit** (vgl. Rdn. 30 ff.) und – sofern er keinen Leistungslohn erhält (vgl.
dazu Rdn. 143 ff.) – das ihm für diese Arbeitszeit zustehende **Arbeitsentgelt**
(vgl. Rdn. 62 ff.).

1. Regelmäßige Arbeitszeit

a) Allgemeines

Dem Arbeitnehmer ist das Bruttoarbeitsentgelt fortzuzahlen, das ihm für 30
seine **individuelle** regelmäßige **Arbeitszeit** gezahlt worden wäre. Nicht die
im Betrieb übliche Arbeitszeit ist entscheidend, sondern die regelmäßige in-

duelle Arbeitszeit, die durchaus von der im Betrieb oder von der in der Betriebsabteilung üblichen abweichen kann und die sich aus den für ihn maßgeblichen Regelungen (Tarifvertrag, Betriebsvereinbarung, betriebliche Übung oder einzelvertragliche Vereinbarung) ergibt (BAG AP Nr. 54 zu § 4 EFZG = SAE 2003, 250 mit Anm. Caspers = RdA 2003, 46 mit Anm. *Schmitt; Brecht* § 4 EFZG Rdn. 6; *Helml* § 4 EFZG Rdn. 4; HzA/*Vossen* Gruppe 2 Rdn. 500; Kasseler Handbuch/*Vossen* Rdn. 366; *Kaiser/Dunkl/ Hold/Kleinsorge* § 4 EFZG Rdn. 54).

31 Zu berücksichtigen ist bei der Bemessung des fortzuzahlenden Arbeitsentgelts weiterhin nur die **regelmäßige Arbeitszeit.** Der Begriff der Regelmäßigkeit steht dabei im Gegensatz zu einer nur vorübergehenden Änderung der Arbeitszeit. Regelmäßigkeit erfordert zwar kein ständiges Gleichbleiben, aber doch eine gewisse Stetigkeit und Dauer (BAG AP Nr. 8 zu § 2 LFZG; *Vossen,* Entgeltfortzahlung, Rdn. 561; kritisch zu der teilweise schwankenden Rechtsprechung GK-EFZR-*Birk* § 2 LFZG Rdn. 9ff., der dem Kriterium der Regelmäßigkeit besondere Bedeutung beimisst). Bei Schwankungen der individuellen Arbeitszeit ist eine vergangenheitsbezogene Betrachtung zulässig und geboten, wobei normalerweise der Durchschnitt der letzten zwölf Monate zugrunde zu legen ist (BAG AP Nr. 61 zu § 4 EFZG; ähnlich zuvor BAG AP Nr. 56 zu § 4 EFZG = SAE 2003, 250 mit Anm. Caspers = RdA 2003, 48 mit Anm. *Schmitt*).

32 Zur ausgefallenen, regelmäßigen Arbeitszeit gehören nach wohl h.M. auch einmalige **Sonderschichten,** wenn sie während der krankheitsbedingten Arbeitsunfähigkeit anfallen und feststeht, dass der erkrankte Arbeitnehmer im Falle der Arbeitsfähigkeit daran teilgenommen hätte (vgl. BAG AP Nr. 78 zu § 2 LFZG für Überstunden, die den ganzen Arbeitstag in Anspruch nehmen; LAG Schleswig-Holstein EEK I/479; *Brecht* § 4 EFZG Rdn. 11). Der Gegenauffassung (GK-EFZR-*Birk* § 2 LFZG Rdn. 15) ist zwar zuzugeben, dass man derartige Sonderschichten kaum als „regelmäßige" Arbeitszeit bezeichnen kann und ihre Berücksichtigung wohl nicht dem **modifizierten** Entgeltfortzahlungsprinzip entspricht, man sollte jedoch in derartigen Fällen dem **Entgeltfortzahlungsprinzip im engeren Sinne** den Vorrang einräumen, denn nur so kann sichergestellt werden, dass der Arbeitnehmer tatsächlich die Leistungen erhält, die ihm ohne die Erkrankung zugeflossen wären (ausführlich MünchArbR/*Boecken* § 84 Rdn. 33, der der Regelmäßigkeit dann keine Bedeutung beimisst, wenn der Arbeitsanfall **feststeht**).

33 Aus dem Entgeltausfallprinzip ergibt sich schließlich, dass die individuelle regelmäßige Arbeitszeit zu berücksichtigen ist, die durch die Krankheit **tatsächlich** ausgefallen ist. Hätte sich die individuelle regelmäßige Arbeitszeit **während der Erkrankung** geändert, so ist von ihrem fiktiven Beginn an die geänderte Arbeitszeit maßgebend (ErfK/*Dörner* § 4 EFZG Rdn. 10; *Kaiser/Dunkl/Hold/Kleinsorge* § 4 EFZG Rdn. 55).

b) Einzelfälle

aa) Saisonarbeit

34 Auch für die Beantwortung der Frage, ob **Saisonarbeit** der maßgeblichen, regelmäßigen Arbeitszeit zuzurechnen ist, ist vom Entgeltausfallprin-

II. Berechnung des fortzuzahlenden Arbeitsentgelts § 4 EFZG

zip auszugehen. Tritt die krankheitsbedingte Arbeitsunfähigkeit **während** der Saison ein, so ist demgemäß die erhöhte Arbeitszeit als die maßgebende, regelmäßige Arbeitszeit anzusehen; tritt die Arbeitsunfähigkeit dagegen **außerhalb** der Saison ein, so ist die geringere Normalarbeitszeit bei der Berechnung des fortzuzahlenden Arbeitsentgelts zugrunde zu legen (vgl. ErfK/ *Dörner* § 4 EFZG Rdn. 14; *Worzalla/Süllwald* § 4 EFZG Rdn. 15).

Veränderungen während des Entgeltfortzahlungszeitraums sind bei der 35 Berechnung der regelmäßigen Arbeitszeit von Saisonarbeitnehmern zu berücksichtigen. Erkrankt der Arbeitnehmer vor Beginn der Saison, so ist vom Beginn der Saison an die längere Arbeitszeit bei der Berechnung zugrunde zu legen; erkrankt der Betreffende während der Saison, so ist bis zum Saisonende die längere Saisonarbeitszeit und sodann die kürzere Normalarbeitszeit maßgeblich (vgl. *Helml* § 4 EFZG Rdn. 11; *Kaiser/Dunkl/Hold/Kleinsorge* § 4 EFZG Rdn. 62; Kasseler Handbuch/*Vossen* Rdn. 374; *Vossen,* Entgeltfortzahlung, Rdn. 568).

bb) Freischichten

Ein besonderes Problem, dass die Gerichte in den letzten Jahren immer 36 wieder beschäftigt hat, bildet die Behandlung von Freischichten, die den Arbeitnehmern gewährt werden, um Unterschiede zwischen der individuellen Arbeitszeit der Arbeitnehmer und den Betriebsnutzungszeiten (zu den terminologischen Problemen MünchArbR/*Boecken* § 84 Rdn. 33 ff.) auszugleichen.

Beispiel: Die Betriebsnutzungszeit beträgt wöchentlich 5 × 8 = 40 Stunden, die tarifvertraglich oder individualvertraglich vereinbarte regelmäßige Arbeitszeit der Arbeitnehmer beträgt 38 Stunden pro Woche. Um Schwierigkeiten in der betrieblichen Praxis zu vermeiden, arbeiten die Arbeitnehmer trotz der Arbeitszeit von 38 Stunden pro Woche nicht 7,6 Stunden pro Arbeitstag, sondern weiterhin 8 Stunden; zum Ausgleich können die Arbeitnehmer innerhalb eines bestimmten Ausgleichszeitraums jeweils einen freien Tag in Anspruch nehmen.

Für die Entgeltfortzahlung kommt es − vorbehaltlich abweichender (tarif-) 37 vertraglicher Regelungen (vgl. dazu BAG AP Nr. 63 zu § 4 EFZG; *Leinemann,* BB 1998, 1414) − in diesen Fällen darauf an, **ob für den Tag der Arbeitsunfähigkeit ein Arbeitstag oder eine unbezahlte Freischicht vorgesehen war** (vgl. *Worzalla/Süllwald* § 4 EFZG Rdn. 16 f.). War für den Krankheitstag ein Arbeitstag vorgesehen, so hat der Arbeitnehmer einen Anspruch auf Entgeltfortzahlung, die auf der Basis von 8 Stunden und nicht von 7,6 Stunden zu berechnen ist. War dagegen eine Freischicht vorgesehen, so besteht kein Anspruch auf Entgeltfortzahlung (BAG AP Nr. 18 zu § 2 LFZG; HzA/*Vossen* Gruppe 2 Rdn. 502; *Staudinger/Oetker* § 616 Rdn. 410). Dieses Ergebnis ergibt sich bereits aus § 3 Abs. 1 EFZG, denn der Anspruch auf Entgeltfortzahlung setzt voraus, dass die krankheitsbedingte Arbeitsunfähigkeit die **alleinige** Ursache für den Arbeitsausfall war (vgl. § 3 Rdn. 78 ff.); diese Voraussetzung ist nicht erfüllt, wenn für den Fehltag (auch) eine Freischicht vorgesehen war (ebenso HzA/*Vossen* Gruppe 2 Rdn. 504; Kasseler Handbuch/*Vossen* Rdn. 373; MünchArbR/*Boecken* § 84 Rdn. 39; zur Möglichkeit einer tarifvertraglichen Abweichung vom Grundsatz der Monokausalität vgl. BAG AP Nr. 63 zu § 4 EFZG).

38 Die skizzierte Lösung entspricht im Übrigen auch den Regelungen, die in den meisten Tarifverträgen und Betriebsvereinbarungen, die das BAG bisher in diesem Zusammenhang beschäftigt haben (vgl. BAG AP Nr. 80 zu § 1 LFZG; AP Nr. 16 zu § 2 LFZG; AP Nr. 142 zu § 1 TVG Tarifverträge Metallindustrie; zahlreiche weitere Nachweise bei *Wedde/Kunz* § 4 EFZG Rdn. 39f.), vorgesehen sind (zur Entgeltfortzahlung bei Freischichtmodellen vergleiche außerdem *Bäringer,* NZA 1986, 88; *Veit,* NZA 1990, 256).

39 Für Arbeitnehmer, die in einem **rollierenden System** arbeiten, gelten die vorstehenden Überlegungen entsprechend (ausführlich GK-EFZR-*Birk* § 2 LFZG Rdn. 23).

cc) „Kapovaz"

40 Weitgehend ungeklärt ist bisher das Problem, wie das fortzuzahlende Arbeitsentgelt zu berechnen ist, wenn Arbeitgeber und Arbeitnehmer sogenannte kapazitätsorientierte variable Arbeitszeit vereinbart haben (vgl. § 12 TzBfG), da in diesen Fällen häufig nicht oder nicht sicher feststeht, wann und in welchem Umfang die Arbeitszeit abgerufen worden wäre, wenn der Arbeitnehmer nicht erkrankt wäre. Zwei Fallkonstellationen sind insoweit auseinander zu halten: Man muss differenzieren, ob der Arbeitnehmer während der gesamten vereinbarten Arbeitszeitperiode erkrankt, oder ob er nur während eines Teils der Arbeitszeitperiode arbeitsunfähig ist.

Beispiel 1: Es ist vereinbart, dass der Arbeitnehmer pro Woche zwischen Montag und Freitag mindestens 15 Stunden arbeiten soll, die krankheitsbedingte Arbeitsunfähigkeit dauert von Montag bis Freitag.

Beispiel 2: Es ist vereinbart, dass der Arbeitnehmer pro Woche zwischen Montag und Freitag mindestens 15 Stunden arbeiten soll, die krankheitsbedingte Arbeitsunfähigkeit dauert von Montag bis Mittwoch.

41 Soweit der Arbeitnehmer **während der gesamten Woche arbeitsunfähig** ist (Beispiel 1), besteht ein **Anspruch auf Entgeltfortzahlung.**

42 Probleme kann nur der **Anspruchsumfang** bereiten, da es sich bei den 15 Stunden um eine Mindestarbeitszeit handelt. Entsprechend dem Entgeltausfallprinzip muss man zunächst versuchen, zu ermitteln, in welchem Umfang der Arbeitnehmer voraussichtlich herangezogen worden wäre. Dies ist jedoch in der Regel allenfalls dann zuverlässig festzustellen, wenn der Arbeitgeber den Arbeitnehmer bereits angefordert hat und der Arbeitnehmer danach erkrankt. Ist der Arbeitnehmer noch nicht angefordert worden, wird man typischerweise das fortzuzahlende Arbeitsentgelt nach dem Referenzprinzip ermitteln müssen.

43 Anders ist die Situation dagegen, wenn der Arbeitnehmer nur **während eines Teils der Arbeitszeitperiode arbeitsunfähig** ist (Beispiel 2). Man muss dann zusätzlich danach differenzieren, ob die Arbeitsleistung bereits abgefordert worden ist:

44 Hat der Arbeitgeber den Arbeitnehmer zum Beispiel **bereits aufgefordert,** am Montag und Dienstag 15 Stunden zu arbeiten, so ist dem Arbeitnehmer das Entgelt für 15 Stunden zu zahlen; ist der Arbeitnehmer aufgefordert worden, am Donnerstag und Freitag zu arbeiten, besteht im Beispiel 2 kein Entgeltfortzahlungsanspruch (vgl. HzA/*Vossen* Gruppe 2 Rdn. 509).

II. Berechnung des fortzuzahlenden Arbeitsentgelts § 4 EFZG

Damit bleibt die Frage nach einem möglichen Entgeltfortzahlungsan- 45
spruch, wenn der Arbeitgeber den Arbeitnehmer im Beispiel 2 **noch nicht
zur Arbeitsleistung aufgefordert hatte**. Hier wird man dem Arbeitgeber
im Regelfall die Möglichkeit einräumen müssen, den Arbeitnehmer zur Arbeitsleistung am Donnerstag und Freitag aufzufordern, d.h. es besteht kein
Entgeltfortzahlungsanspruch, so lange der Arbeitnehmer die vertraglich festgelegte Arbeitszeit noch erfüllen kann (ebenso *Hanau*, RdA 1987, 29; HzA/
Vossen Gruppe 2 Rdn. 509; *Staudinger/Oetker* § 616 Rdn. 406; a.A. wohl
ArbG Elmshorn BB 1994, 360).

Das diese Lösung speziell dann unbefriedigend sein kann, wenn als Ar- 46
beitszeitperiode nicht eine Woche, sondern ein Monat vereinbart wird, ist
natürlich kaum zu leugnen. Man wird dem Arbeitnehmer aber zumindest
in Extremfällen dadurch helfen können, dass man die Arbeitsanforderung
durch den Arbeitgeber als rechtsmissbräuchlich ansieht.

Beispiel: Es ist eine monatliche Mindestarbeitszeit von 60 Stunden vereinbart worden und der Arbeitnehmer ist seit langem jeweils an zwei Tagen pro Woche in Anspruch genommen worden.

Wenn der Arbeitnehmer nun vom 1. bis 20. des Monats erkrankt und der 47
Arbeitgeber, dem dies bekannt ist, ihn an den Werktagen vom 21. bis 31.
anfordert, so handelt er rechtsmissbräuchlich, wenn nicht sonstige Umstände
die außergewöhnliche Anforderung des Arbeitnehmers erklären (zur Behandlung von Jahresarbeitszeitvereinbarungen vgl. *Kaiser/Dunkl/Hold/Kleinsorge* § 4 EFZG Rdn. 71).

dd) Job-sharing

Ähnlich problematisch wie die kapazitätsorientierte variable Arbeitszeit 48
nach § 12 TzBfG kann aus entgeltfortzahlungsrechtlicher Sicht das sog. **jobsharing** im Sinne des § 13 TzBfG sein.

Zu unterscheiden ist zunächst danach, ob die Erkrankung (nur) innerhalb 49
einer Arbeitsplanperiode erfolgt oder außerhalb einer Arbeitsplanperiode; bei
Erkrankungen innerhalb einer Arbeitsplanperiode ist dann weiter danach zu
differenzieren, ob die Erkrankung in die vorgesehene Arbeitsphase oder in
die vorgesehene Freizeitphase oder in beide Phasen fällt.

Beispiel 1: Die am job-sharing beteiligten Arbeitnehmer A und B erstellen einen
monatlichen Arbeitsplan. Für den Monat März haben sie vereinbart, dass A vom 1. bis
15. März und B vom 16. bis 31. März arbeiten soll. A erkrankt von 1. bis zum
10. März.

Beispiel 2: Die Erkrankung des A dauert im ansonsten unveränderten Beispiel 1
nicht vom 1. bis 10., sondern vom 20. bis 30. März.

Beispiel 3: Die Erkrankung des A dauert im ansonsten unveränderten Beispiel 1
vom 1. März bis zum 10. April; bei Beginn der Erkrankung bestand noch kein (dem
Arbeitgeber bekannter) Arbeitsplan für den Monat April.

Soweit der Arbeitnehmer (nur) **innerhalb einer Arbeitsplanperiode** er- 50
krankt, ist die entgeltfortzahlungsrechtliche Behandlung unproblematisch:
Fällt die Erkrankung ausschließlich in die **vorgesehene Arbeitsphase** 51
(Beispiel 1), hat der Arbeitnehmer (A) Anspruch auf Entgeltfortzahlung im
Krankheitsfall. Der Partner (B) ist grundsätzlich nicht zu seiner Vertretung

verpflichtet (§ 5 Abs. 1 BeschFG); erklärt er sich hierzu bereit, ist diese zusätzliche Arbeitsleistung grundsätzlich gesondert zu vergüten.

52 Fällt die Erkrankung dagegen ausschließlich in die **vorgesehene Freizeitphase** (Beispiel 2), entsteht kein Anspruch (des A) auf Entgeltfortzahlung, da die krankheitsbedingte Arbeitsunfähigkeit nicht die alleinige Ursache für die Nichtarbeit ist. Der Partner (B) erbringt wie vorgesehen die Arbeitsleistung, ohne dass besondere Abreden erforderlich sind oder zusätzliche Vergütungsansprüche entstehen.

53 Fällt die Erkrankung innerhalb einer Arbeitsplanperiode **sowohl in eine Arbeits- als auch in eine Freizeitphase** sind die beiden Abschnitte getrennt voneinander nach den vorstehenden Grundsätzen zu beurteilen.

54 Problematischer ist die Beurteilung von Fällen, in denen die Erkrankung **außerhalb einer Arbeitsplanperiode** auftritt bzw. **über eine Arbeitsplanperiode** hinausreicht (Beispiel 3).

55 Aus entgeltfortzahlungsrechtlicher Sicht ist im Beispiel 3 (bezogen auf den Monat April) zu fragen, ob A ohne die Erkrankung am 1. April und den folgenden Tagen gearbeitet hätte bzw. ob A und B einen Arbeitsplan erstellt hätten, wonach A vom 1. bis 10. April hätte arbeiten müssen. Beantworten kann man diese Frage letztlich wohl nur anhand entsprechender **Auskünfte der beteiligten Arbeitnehmer** (A und B).

56 Es ist sicher nicht ganz auszuschließen, dass die Partner eines job-sharing-Verhältnisses die vorstehend skizzierte Lösung zu ihren Gunsten nutzen, denn vereinbart man (während der bereits eingetretenen Erkrankung, deren Ende am 10. April absehbar ist), dass A in der ersten Hälfte des April hätte arbeiten sollen, so ist dies im Hinblick auf die besondere Vergütung für eine Vertretung durch B für die Partner insgesamt günstiger als wenn man vereinbart, dass A in der zweiten Hälfte des April arbeiten soll. Man sollte dies jedoch ebenso als eine Besonderheit des job-sharing akzeptieren wie die Gestaltungsmöglichkeiten des Arbeitgebers bei der kapazitätsorientierten variablen Arbeitszeit (vgl. oben Rdn. 40 ff.) hinzunehmen sind; in Extremfällen kann man außerdem auch beim job-sharing dem nachträglich aufgestellten Arbeitsplan den Einwand des Rechtsmissbrauchs entgegenhalten (*Zietsch*, NZA 1997, 526).

ee) Sonstiges

57 Ist der Arbeitnehmer in **Schichtarbeit** beschäftigt, so ergibt sich die der Berechnung des fortzuzahlenden Entgelts zugrunde zu legende maßgebliche regelmäßige Arbeitszeit aus dem Schichtplan und der **Einteilung des Arbeitnehmers in diesem Schichtplan.** Dabei können sich je nach der Einteilung für die Dauer der Erkrankung erhebliche Abweichungen von der durchschnittlichen Arbeitszeit ergeben (vgl. *Brecht* § 4 EFZG Rdn. 12; *Kaiser/Dunkl/Hold/Kleinsorge* § 4 EFZG Rdn. 65; Kasseler Handbuch/*Vossen* Rdn. 373).

58 Besteht kein Schichtplan oder lässt sich anhand des Schichtplans und sonstiger Indizien nicht ermitteln, in welchem Umfang der erkrankte Arbeiter ohne die Erkrankung gearbeitet hätte, so sind ebenso wie bei der Berücksichtigung von Mehrarbeit letztlich die letzten drei Monate vor der Erkrankung der Berechnung zugrunde zu legen (*Brecht* § 4 EFZG Rdn. 12; *Geyer/*

II. Berechnung des fortzuzahlenden Arbeitsentgelts § 4 EFZG

Knorr/Krasney § 4 EFZG Rdn. 53; *Müller/Berenz* § 4 EFZG Rdn. 8; wohl auch Kasseler Handbuch/*Vossen* Rdn. 373).

Unbezahlte Fehlzeiten führen in der Regel nicht dazu, dass sich die 59 maßgebende regelmäßige Arbeitszeit verringert. Eine andere Beurteilung ist jedoch angezeigt, wenn entsprechende Fehlzeiten vor der Erkrankung regelmäßig aufgetreten sind und davon auszugehen ist, dass sie auch während der Erkrankung aufgetreten wären (*Kaiser/Dunkl/Hold/Kleinsorge* § 4 EFZG Rdn. 63; wohl a. A. *Vossen*, Entgeltfortzahlung, Rdn. 570).
Vor- und Nacharbeitszeiten gehören grundsätzlich zur maßgebenden 60 regelmäßigen Arbeitszeit. Ein Arbeitnehmer, der während eines Tages erkrankt ist, an dem vor- oder nachgearbeitet wird, hat dem gemäß Anspruch auf Berücksichtigung der Vor- bzw. Nacharbeitszeit bei der Berechnung der maßgebenden, regelmäßigen Arbeitszeit (*Kaiser/Dunkl/Hold/Kleinsorge* § 4 EFZG Rdn. 64). Eine betriebliche Regelung über **Arbeitszeitkonten** verstößt gegen das Entgeltausfallprinzip des § 4 EFZG, wenn sie vorsieht, dass eine sich in einer Phase der verkürzten Arbeitszeit ergebende Arbeitszeitschuld nur durch tatsächliche Arbeitsleistung, nicht aber bei krankheitsbedingter Arbeitsunfähigkeit in der Phase der verlängerten Arbeitszeit ausgeglichen werden kann (BAG AP Nr. 57 zu § 4 EFZG).
Ebenso verstößt eine tarifvertragliche Regelung gegen das Entgeltausfall- 61 prinzip, die dem Arbeitgeber das Recht einräumt, für jeden Tag der Entgeltfortzahlung im Krankheitsfall 1,5 Stunden **nacharbeiten** zu lassen (vgl. hierzu BAG AP Nr. 55 zu § 4 EFZG).

2. Arbeitsentgelt

Fortzuzahlen ist für den Entgeltfortzahlungszeitraum das dem Arbeitneh- 62 mer bei der für ihn maßgebenden regelmäßigen Arbeitszeit zustehende **Arbeitsentgelt.**

a) Allgemeines

Der in § 4 Abs. 1 S. 1 EFZG verwendete Begriff des **Arbeitsentgelts** 63 **wird im Entgeltfortzahlungsgesetz nicht definiert;** aus § 4 Abs. 1a S. 1 EFZG ist lediglich zu entnehmen, dass Vergütungen für Überstunden und einige Leistungen mit Aufwendungsersatzcharakter unter den dort genannten Voraussetzungen nicht als Arbeitsentgelt im Sinne des EFZG anzusehen sind (vgl. Rdn. 119ff.). Der unter diesen Umständen insbesondere von der Rechtsprechung entwickelte arbeitsrechtliche Entgeltbegriff deckt sich nicht in allen Punkten mit den Entgeltbegriffen des Steuerrechts (vgl. § 2 LStDV; dazu *Schmidt,* BB 1983, 1092) bzw. des Sozialversicherungsrechts (vgl. § 14 SGB IV), da er auf die besonderen Bedürfnisse des Entgeltfortzahlungsrechts Rücksicht nehmen muss.
Unter Entgelt im Sinne des § 4 Abs. 1 S. 1 EFZG versteht man 64 dementsprechend den **Bruttoverdienst des Arbeitnehmers, soweit er ihn aufgrund des Arbeitsverhältnisses als Gegenleistung für seine Arbeit erhält** (vgl. BAG AP Nr. 1 zu § 2 ArbKrankhG; AP Nr. 7 und 9 zu § 2 LFZG; ErfK/*Dörner* § 4 EFZG Rdn. 16; *Geyer/Knorr/Krasney* § 4 EFZG Rdn. 7; HzA/*Vossen* Gruppe 2 Rdn. 465; Kasseler Handbuch/*Vossen*

147

Rdn. 341; *Kaiser/Dunkl/Hold/Kleinsorge* § 4 EFZG Rdn. 11; MüKo/*Schaub* § 616 Rdn. 107; *Vossen,* Entgeltfortzahlung, Rdn. 527).

65 Dies gilt auch dann, wenn bei einzelnen Zuschlägen die **Steuerfreiheit** entfällt. Der Arbeitgeber ist nicht verpflichtet, einen höheren Bruttobetrag zu zahlen, damit der bisherige Nettoverdienst unverändert bleibt (BAG AP Nr. 9 zu § 2 LFZG; *Staudinger/Oetker* § 616 Rdn. 395); der Arbeitnehmer muss ein eventuelles Absinken seiner Einkünfte hinnehmen (zum **Bruttolohnprinzip** *Brecht* § 4 EFZG Rdn. 4; *Feichtinger/Malkmus* § 4 EFZG Rdn. 11, 78; HzA/*Vossen* Gruppe 2 Rdn. 468).

66 Zum so definierten Arbeitsentgelt gehören neben den Grundbezügen u. a. laufend bezahlte **Zulagen,** die im Hinblick auf die besonderen Gegebenheiten des Arbeitsverhältnisses gezahlt werden, wie z. B. Gefahrenzulagen, laufend bezahlte Sozialzulagen, wie z. B. Kinderzulagen, laufend bezahlte Zuverlässigkeitsprämien, laufend gewährte Tantiemen, vermögenswirksame Leistungen des Arbeitgebers und die Arbeitgeberanteile zur Sozialversicherung (vgl. ausführlicher Rdn. 71 ff.).

67 Nicht zum Arbeitsentgelt gehören sollen dagegen z. B. verbilligtes **Kantinenessen,** da es sich dabei um eine Leistung handeln soll, die nicht als die eigentliche Gegenleistung für die geleistete Arbeit gewährt wird, sondern mehr um eine Leistung, die als Ausfluss der allgemeinen Fürsorge des Arbeitgebers erscheint bzw. die im allgemeinen betrieblichen Interesse gewährt wird (*Geyer/Knorr/Krasney* § 4 EFZG Rdn. 23).

68 Das damit gefundene Ergebnis ist sicherlich zutreffend; um dieses Ergebnis überzeugend zu begründen, sollte man allerdings weniger auf den personenrechtlichen Charakter des Arbeitsverhältnisses oder die Fürsorgepflicht des Arbeitgebers abstellen, denn damit setzt man sich in einen gewissen Widerspruch zur Berücksichtigung von Sozialzuschlägen, die streng genommen auch kaum als „Gegenleistung" für die geleistete Arbeit angesehen werden können und die ebenfalls nicht zuletzt sozial motiviert sind. Richtiger erscheint es, die Verbilligung des Kantinenessens als „Leistung" im Sinne des Abs. 1a anzusehen, die bei krankheitsbedingter Arbeitsunfähigkeit nicht gewährt wird, weil sie echte Aufwendungen des Arbeitnehmers (auswärtige Verpflegung) kompensieren soll und diese Aufwendungen während der Arbeitsunfähigkeit nicht entstehen.

69 Infolge des auch insoweit geltenden Entgeltausfallprinzips sind **Veränderungen des Arbeitsentgelts,** die sich während des Entgeltfortzahlungszeitraums ergeben, von diesem Zeitpunkt an bei der Bemessung des fortzuzahlenden Arbeitsentgelts zu berücksichtigen. Dies gilt z. B. für Entgelterhöhungen oder Umgruppierungen, die während der Arbeitsunfähigkeit wirksam werden.

70 Bei einer **Stundenvergütung** ist das fortzuzahlende Arbeitsentgelt in der Weise zu berechnen, dass die Zahl der durch die Arbeitsunfähigkeit ausgefallenen Arbeitsstunden (Zeitfaktor) mit dem hierfür jeweils geschuldeten Arbeitsentgelt (Geldfaktor) zu multiplizieren ist (vgl. BAG AP Nr. 62 zu § 4 EFZG).

b) Einzelfälle

71 Die folgende alphabetisch gegliederte Übersicht versucht, über die Berücksichtigung einzelner Arbeitgeberleistungen bei der Entgeltfortzahlung zu informieren.

II. Berechnung des fortzuzahlenden Arbeitsentgelts § 4 EFZG

Antrittsgebühr: Nach dem Manteltarifvertrag für die gewerblichen Arbeitnehmer in der Druckindustrie vom 6. Juli 1984 erhalten Arbeiter regelmäßig erscheinender Zeitungen, die am Sonntag oder in der Nacht zum Montag hergestellt werden, eine sog. **Antrittsgebühr,** die allein dafür gezahlt wird, dass der Arbeitnehmer tatsächlich an seinem Arbeitsplatz erscheint. Diese Antrittsgebühr ist grundsätzlich als Arbeitsentgelt anzusehen (BAG AP Nr. 9 zu § 2 ArbKrankhG; *Kaiser/Dunkl/Hold/Kleinsorge* § 4 EFZG Rdn. 24; Kasseler Handbuch/*Vossen* Rdn. 350; MünchArbR/*Boecken* § 84 Rdn. 21). 72

Bei der Bemessung des fortzuzahlenden Arbeitsentgelts wird die Antrittsgebühr dennoch nicht berücksichtigt, da sie nach den Regelungen des einschlägigen Tarifvertrages außer Ansatz zu bleiben hat (zur Vereinbarkeit dieser tariflichen Klausel mit § 2 Abs. 3 S. 1 LFZG – jetzt: § 4 Abs. 4 S. 1 EFZG – BAG AP Nr. 1 zu § 2 LFZG; *Kaiser/Dunkl/Hold/Kleinsorge* § 4 EFZG Rdn. 24; *Vossen,* Entgeltfortzahlung, Rdn. 538). 73

Die Antrittsgebühr nach § 9 Nr. 4 des Manteltarifvertrages für Angestellte der Druckindustrie in Hamburg und Schleswig-Holstein i. d. F. vom 30. Juni 1989 gehört zum fortzuzahlenden Arbeitsentgelt i. S. d. § 37 Abs. 2 BetrVG (BAG AP Nr. 97 zu § 37 BetrVG 1972). 74

Anwesenheitsprämie: Bei der Bemessung des Entgeltfortzahlungsanspruchs zu berücksichtigen sind grundsätzlich **Anwesenheitsprämien,** die auf tarifvertraglicher oder einzelvertraglicher Basis laufend gezahlt werden, um den Arbeitnehmer dazu zu veranlassen, Fehlzeiten zu vermeiden. Um dieses Ziel zu erreichen, werden Anwesenheitsprämien grundsätzlich gekürzt oder sie entfallen, wenn der Arbeitnehmer seinem Arbeitsplatz fernbleibt (*Helml* § 4 EFZG Rdn. 12; HzA/*Vossen* Gruppe 2 Rdn. 478; Kasseler Handbuch/*Vossen* Rdn. 349). 75

Entsprechende Regelungen können nicht nur in Tarifverträgen getroffen werden (vgl. Rdn. 171 ff.); auch eine vertragliche Vereinbarung, nach der eine vom Arbeitgeber freiwillig gewährte Weihnachtsgratifikation durch Krankheitszeiten gemindert werden kann, ist (bzw. war; vgl. § 4a EFZG) nach der neueren Rechtsprechung des BAG nicht unwirksam. Dies gilt auch insoweit, als Fehlzeiten berücksichtigt werden, für die der Arbeitgeber Entgeltfortzahlung zu gewähren hat (BAG AP Nr. 15 zu § 611 BGB Anwesenheitsprämie; AP Nr. 18 zu § 611 BGB Anwesenheitsprämie = SAE 1995, 316 mit Anm. *Meisel;* anders noch BAGE 39, 67 = AP Nr. 12 zu § 611 BGB Anwesenheitsprämie). Ausgestaltung und Handhabung einer vertraglichen Kürzungsvorschrift für Fehlzeiten unterliegen jedoch der richterlichen Kontrolle (zur Anwesenheitsprämie insgesamt *Blanke/Diederich,* AuR 1991, 321; *Franke,* DB 1981, 1669; *Wedde/Kunz* § 4 EFZG Rdn. 19; kritisch *Geyer/Knorr/Krasney* § 4 EFZG Rdn. 56). 76

Übernimmt der Arbeitgeber im Arbeitsvertrag die Zahlung der **Arbeitnehmeranteile zur Sozialversicherung,** so handelt es sich um Arbeitsentgelt, das auch während der Arbeitsunfähigkeit als Teil der Vergütung zu zahlen ist (HzA/*Vossen* Gruppe 2 Rdn. 468; *Wedde/Kunz* § 4 EFZG Rdn. 12). Die **Arbeitgeberanteile** zur Sozialversicherung sind schon deshalb fortzuzahlen, weil der Entgeltfortzahlungsanspruch des Arbeitnehmers auf das Bruttoarbeitsentgelt gerichtet ist (vgl. oben Rdn. 63 ff.; MüKo/*Schaub* § 616 Rdn. 108). 77

78 Ebenfalls fortzuzahlen sind schließlich die **Arbeitgeberbeiträge** zur Alters- und Hinterbliebenenversorgung im öffentlichen Dienst, **Arbeitgeberzuschüsse** zu den Aufwendungen für eine private Kranken- oder Lebensversicherung sowie die Arbeitgeberbeiträge zur Zusatzversorgungskasse im Baugewerbe sowie zu vergleichbaren Einrichtungen.

79 **Arbeitnehmersparzulage** siehe vermögenswirksame Leistungen (Rdn. 115).

80 Ob **Auslösungen** bei der Bemessung des fortzuzahlenden Arbeitsentgelts zu berücksichtigen sind, regelt sich nach § 4 Abs. 1a S. 1 EFZG (vgl. dazu Rdn. 119 ff., 134 ff.).

81 Arbeitnehmer, die im Gaststättengewerbe tätig sind, haben einen Anspruch auf Fortzahlung von **Bedienungsgeldern,** soweit diese aufgrund einer rechtlichen Verpflichtung gewährt werden (vgl. *Salje,* DB 1989, 321, 323; *Vossen,* Entgeltfortzahlung, Rdn. 543).

82 Nicht zu berücksichtigen sind dagegen **Trinkgelder,** die von Kunden freiwillig gegeben werden (*Geyer/Knorr/Krasney* § 4 EFZG Rdn. 20). Dies gilt – sofern die Vertragsparteien keine abweichende Vereinbarung getroffen haben – auch dann, wenn bei der Festsetzung der Höhe des Arbeitsentgelts Trinkgelder mit einkalkuliert worden sind (BAG AP Nr. 112 zu § 37 BetrVG 1972 = SAE 1997, 121 mit Anm. *Treber;* MünchArbR/*Boecken* § 84 Rdn. 31), denn die Tatsache, dass man die Trinkgelder bei der Vereinbarung des Arbeitsentgelts mit berücksichtigt hat, ändert nichts daran, dass es sich um Leistungen Dritter handelt (a.A. *Vossen,* Entgeltfortzahlung, Rdn. 541; *Wedde/Kunz* § 4 EFZG Rdn. 21; wohl auch *Geyer/Knorr/Krasney* § 4 EFZG Rdn. 20).

83 **Deputate** siehe Naturalleistungen (Rdn. 97).

84 **Einmalige Zuwendungen** (z.B. Abschlussgratifikationen, Jahresabschlussprämien, Jubiläumszuwendungen, Neujahrsgratifikationen, Treueprämien für langjährige Betriebszugehörigkeit, Weihnachtsgratifikationen, 13. Monatsgehälter u.s.w.) gehören nicht zu den Leistungen, die von der Entgeltfortzahlung im Krankheitsfall erfasst werden. Werden derartige Ansprüche während einer krankheitsbedingten Arbeitsunfähigkeit fällig, entsteht unabhängig von der Erkrankung grundsätzlich ein entsprechender Anspruch; dieser ergibt sich jedoch nicht aus dem EFZG, sondern aus den entsprechenden individualrechtlichen oder kollektivrechtlichen Vereinbarungen (ausführlich *Kaiser/Dunkl/Hold/Kleinsorge* § 4 EFZG Rdn. 46; *Müller/Berenz* § 4 EFZG Rdn. 20).

85 **Erschwerniszulagen** sind bei der Berechnung des fortzuzahlenden Arbeitsentgelts zu berücksichtigen, da sie auf den besonderen Bedingungen des Arbeitsverhältnisses beruhen (BAG AP Nr. 9 zu § 2 ArbKrankhG; LAG Hamm DB 1977, 871; ErfK/*Dörner* § 4 EFZG Rdn. 21; *Geyer/Knorr/Krasney* § 4 EFZG Rdn. 11; MünchArbR/*Boecken* § 84 Rdn. 26; vgl. auch *Kaiser/Dunkl/Hold/Kleinsorge* § 4 EFZG Rdn. 18).

86 **Familienzulagen** gehören ebenso wie andere soziale Zulagen zum fortzuzahlenden Arbeitsentgelt (HzA/*Vossen* Gruppe 2 Rdn. 473; *Kaiser/Dunkl/Hold/Kleinsorge* § 4 EFZG Rdn. 17; MünchArbR/*Boecken* § 82 Rdn. 28; *Staudinger/Oetker* § 616 BGB Rdn. 398).

87 Zum fortzuzahlenden Arbeitsentgelt gehören auch **Feiertagszuschläge,** soweit die maßgebliche regelmäßige Arbeitszeit des Betroffenen den Feiertag

II. Berechnung des fortzuzahlenden Arbeitsentgelts § 4 EFZG

umfasst (HzA/*Vossen* Gruppe 2 Rdn. 473; *Kaiser/Dunkl/Hold/Kleinsorge* § 4 EFZG Rdn. 15; MünchArbR/*Boecken* § 84 Rdn. 28).

Gefahrenzulagen sind bei der Berechnung des fortzuzahlenden Arbeits- 88 entgelts zu berücksichtigen, da sie auf den besonderen Bedingungen des Arbeitsverhältnisses beruhen (BAG AP Nr. 9 zu § 2 ArbKrankhG; LAG Hamm DB 1977, 871; ErfK/*Dörner* § 4 EFZG Rdn. 26; *Geyer/Knorr/Krasney* § 4 EFZG Rdn. 11; MünchArbR/*Boecken* § 84 Rdn. 26; *Staudinger/Oetker* § 616 BGB Rdn. 398).

Hitzezuschläge siehe Erschwerniszulagen (Rdn. 85). 89

Inkassoprämien, wie sie Auslieferungsfahrer teilweise für die von den 90 Kunden kassierten Rechnungsbeträge erhalten, gehören zum fortzuzahlenden Arbeitsentgelt. Die Prämien sollen den Auslieferungsfahrer dazu veranlassen, sich nicht auf die Auslieferung der Ware zu beschränken, sondern darüber hinaus auf sofortiger Zahlung zu bestehen; durch die Prämie wird die Übernahme einer zusätzlichen Arbeitspflicht vergütet (BAG AP Nr. 7 zu § 2 LFZG; ErfK/*Dörner* § 4 EFZG Rdn. 23; *Geyer/Knorr/Krasney* § 4 EFZG Rdn. 14; *Kaiser/Dunkl/Hold/Kleinsorge* § 4 EFZG Rdn. 21; Kasseler Handbuch/*Vossen* Rdn. 348; MünchArbR/*Boecken* § 84 Rdn. 28; *Vossen,* Entgeltfortzahlung, Rdn. 536).

Kinderzulagen gehören ebenso wie andere soziale Zulagen zum fort- 91 zuzahlenden Arbeitsentgelt (ErfK/*Dörner* § 4 EFZG Rdn. 30; HzA/*Vossen* Gruppe 2 Rdn. 474; *Kaiser/Dunkl/Hold/Kleinsorge* § 4 EFZG Rdn. 17; MünchArbR/*Boecken* § 84 Rdn. 28). Dies gilt allerdings nicht für das vom Arbeitgeber ausgezahlte Kindergeld nach dem BKGG (*Kaiser/Dunkl/Hold/ Kleinsorge* § 4 EFZG Rdn. 17; MüKo/*Schaub* § 616 Rdn. 109).

Leistungszulagen oder Leistungsprämien, die für eine qualitativ oder 92 quantitativ gute Arbeitsleistung gezahlt werden, sind bei der Bemessung des fortzuzahlenden Arbeitsentgelts zu berücksichtigen (vgl. ErfK/*Dörner* § 4 EFZG Rdn. 21; *Müller/Berenz* § 4 EFZG Rdn. 21; *Schaub,* Arbeitsrechts-Handbuch, § 98 IV 2d; *Vossen,* Entgeltfortzahlung, Rdn. 534).

Mankogelder gehören dann zum fortzuzahlenden Arbeitsentgelt, wenn 93 man sie nicht als Aufwendungsersatz zum Ausgleich tatsächlicher Mehraufwendungen bestimmt hat (MünchArbR/*Boecken* § 84 Rdn. 31 m.w.N.; einschränkend GK-EFZR-*Birk* § 2 LFZG Rdn. 43).

Bis zur Änderung des § 4 EFZG durch das „Korrekturgesetz" (vgl. oben 94 Rdn. 20 ff.) gehörten auch **Mehrarbeitszuschläge** zum fortzuzahlenden Arbeitsentgelt (*Schaub,* Arbeitsrechts-Handbuch, § 98 IV 2c; *Wedde/Kunz* § 4 EFZG Rdn. 17; vgl. auch *Vossen,* Entgeltfortzahlung, Rdn. 535); nach der Änderung von § 4 Abs. 1a Satz 1 EFZG sind sie nicht mehr zu berücksichtigen.

Mietbeihilfen sind bei der Bemessung des fortzuzahlenden Arbeitsentgelts 95 zu berücksichtigen (vgl. *Kaiser/Dunkl/Hold/Kleinsorge* § 4 EFZG Rdn. 17; *Schaub,* Arbeitsrechts-Handbuch, § 98 IV 2 b).

Zum fortzuzahlenden Arbeitsentgelt gehören auch **Nachtarbeitszu-** 96 **schläge,** soweit die maßgebende regelmäßige Arbeitszeit des Betroffenen Nachtarbeit umfasst (MünchArbR/*Boecken* § 84 Rdn. 26; *Staudinger/Oetker* § 616 BGB Rdn. 398; *Vossen,* Entgeltfortzahlung, Rdn. 534; *Wedde/Kunz* § 4 EFZG Rdn. 15). Zur Beurteilung dieser Frage ist primär der Schichtplan und die Einteilung des Arbeitnehmers in diesem Schichtplan heranzuziehen (vgl. oben Rdn. 57 f.).

97 **Naturalleistungen** in Gestalt von **Waren** aller Art (Deputatbier, Deputatkohle, Nahrungsmittel) sind grundsätzlich Teil des fortzuzahlenden Arbeitsentgelts, so dass der Arbeitgeber sie auch während der krankheitsbedingten Arbeitsunfähigkeit zu gewähren hat. Kann der Arbeitnehmer sie ohne sein Verschulden nicht entgegennehmen, so ist anstelle der Naturalleistung eine Geldleistung zu erbringen (BAG AP Nr. 27 zu § 616 BGB; ErfK/*Dörner* § 4 EFZG Rdn. 25; *Kaiser/Dunkl/Hold/Kleinsorge* § 4 EFZG Rdn. 26; MüKo/*Schaub* § 616 Rdn. 113; *Schaub*, Arbeitsrechts-Handbuch, § 98 IV 2 f.). Bei der Bestimmung des Wertes der Naturalleistung kann auf die auf der Basis des § 17 Abs. 1 Nr. 3 SGB IV erlassene Sachbezugsverordnung zurückgegriffen werden (vgl. *Geyer/Knorr/Krasney* § 4 EFZG Rdn. 21; HzA/*Vossen* Gruppe 2 Rdn. 485).

98 Für **freie Unterkunft** kann keine Barabgeltung verlangt werden, solange der Arbeitgeber die Unterkunft bereitzustellen hat, auch wenn der Arbeitnehmer sie z. b. wegen eines Krankenhausaufenthalts nicht in Anspruch nehmen kann (*Geyer/Knorr/Krasney* § 9 EFZG Rdn. 21; HzA/*Vossen* Gruppe 2 Rdn. 484; *Vossen*, Entgeltfortzahlung, Rdn. 546). Speziell ein Anspruch auf freie Unterkunft kann unter Umständen auch über die Sechs-Wochen-Frist des § 3 Abs. 1 EFZG hinaus bestehen; ob dies der Fall ist, beurteilt sich jedoch nicht nach dem Entgeltfortzahlungsgesetz, sondern ausschließlich nach dem Inhalt des Arbeitsvertrages (ausführlich Kasseler Handbuch/*Vossen* Rdn. 353 f.).

99 **Notdienstpauschalen** als variabler Bestandteil des Monatslohns in der Metallindustrie Nordwürttemberg/Nordbaden stellen eine Gegenleistung des Arbeitgebers für eine außerhalb der normalen Arbeitszeit liegende besondere Leistung des Arbeitnehmers dar und gehören daher zum fortzuzahlenden Arbeitsentgelt (BAG DB 1994, 1626).

100 **Ortszuschläge** gehören ebenso wie andere soziale Zulagen zum fortzuzahlenden Arbeitsentgelt (ErfK/*Dörner* § 4 EFZG Rdn. 30; *Müller/Berenz* § 4 EFZG Rdn. 18).

101 **Provisionen,** die der Betroffene während seiner Arbeitsunfähigkeit nicht hat verdienen können, sind grundsätzlich weiterzuzahlen (BAG AP Nr. 4, 13 zu § 63 HGB). Es ist vom mutmaßlichen Provisionsfall auszugehen. Bei stark schwankendem Provisionseinkommen ist jedoch ein Rückgriff auf die Vergangenheit in der Regel unumgänglich, wobei als Referenzperiode ein Zeitraum von bis zu 12 Monaten in Betracht kommt (ausführlich *Veit*, NZA 1986, Beil. 3, S. 25, 26; *Wedde/Kunz* § 4 EFZG Rdn. 18; vgl. auch § 2 EFZG Rdn. 103). Um diese Schwierigkeiten zu vermeiden, können Provisionen im Krankheitsfall auch pauschaliert werden.

102 Soweit Provisionsansprüche, die **vor der Arbeitsunfähigkeit entstanden sind,** während der Arbeitsunfähigkeit fällig werden, sind sie auch dann zu zahlen, wenn ein Entgeltfortzahlungsanspruch nicht (z. B. wegen Verschuldens) oder nicht mehr (z. B. wegen Erschöpfung der Sechs-Wochen-Frist) besteht (vgl. BAG AP Nr. 1 zu § 89b HGB; *Lieb*, DB 1976, 2207; *Westhoff*, NZA 1986, Beil. 3, S. 25).

103 **Pünktlichkeitsprämien,** d. h. Prämien, deren laufende Zahlung zur Einhaltung der Arbeitszeit motivieren soll, sind bei der Bemessung des lau-

II. Berechnung des fortzuzahlenden Arbeitsentgelts § 4 EFZG

fenden Arbeitsentgelts zu berücksichtigen (vgl. BAG AP Nr. 2 zu § 611 BGB; LAG Düsseldorf DB 1971, 1870; *Geyer/Knorr/Krasney* § 4 EFZG Rdn. 18; MünchArbR/*Boecken* § 84 Rdn. 28).

Punktprämien für erzielte Meisterschaftspunkte gehören zu dem Entgelt, **104** das einem Berufsfußballspieler und Stammspieler während der ersten sechs Wochen seines verletzungsbedingten Arbeitsausfalls fortzuzahlen ist (BAG AP Nr. 9 zu § 611 BGB Berufssport mit Anm. *Schmitt;* LAG Baden-Württemberg Urt. v. 21. Oktober 1993 – 13 Sa 3/93; vgl. aber auch Spielprämien). Die tatsächliche Ungewissheit über den Einsatz des Spielers und den Spielverlauf rechtfertigt es nicht, für die Gehaltsfortzahlung im Krankheitsfall anstelle des Entgeltausfallprinzips das vergangenheitsbezogene Referenzprinzip heranzuziehen (vgl. auch Kasseler Handbuch/*Vossen* Rdn. 351; *Vossen,* Entgeltfortzahlung, Rdn. 539).

Die Berücksichtigung von **Reisekostenvergütungen** und ähnlichem **105** (Fahrtkostenerstattungen, Tagegelder, Übernachtungsgelder) regelt sich nach § 4 Abs. 1 a S. 1 EFZG (vgl. Rdn. 131 ff., 136 ff.).

Sachbezüge siehe Naturalleistungen (Rdn. 97 f.). **106**

Ob **Schmutzzulagen** bei der Bemessung des fortzuzahlenden Arbeitsent- **107** gelts zu berücksichtigen sind, regelt sich nach § 4 Abs. 1 a S. 1 EFZG; vgl. dazu Rdn. 131 ff., 139.

Zum fortzuzahlenden Arbeitsentgelt gehören auch **Sonntagszuschläge,** **108** soweit die maßgebende regelmäßige Arbeitszeit des Betroffenen den Sonntag umfasst (*Vossen,* Entgeltfortzahlung, Rdn. 534).

Sozialzulagen, wie Familien-, Kinder- oder Ortszulagen, gehören zum **109** fortzuzahlenden Arbeitsentgelt (ErfK/*Dörner* § 4 EFZG Rdn. 30; MünchArbR/*Boecken* § 84 Rdn. 28; MüKo/*Schaub* § 616 Rdn. 109; *Schaub,* Arbeitsrechts-Handbuch, § 98 IV 2 b; *Staudinger/Oetker* § 616 BGB Rdn. 398).

Spielprämien und **Siegprämien** von Lizenzfußballspielern gehören **110** nicht zum fortzuzahlenden Entgelt (BAG AP Nr. 65 zu § 616 BGB; *Gola* § 4 EFZG Anm. 3.1.1; *Wedde/Kunz* § 4 EFZG Rdn. 21; vgl. auch Punktprämien).

Arbeitnehmer, die im Gaststättengewerbe tätig sind, haben keinen An- **111** spruch auf Berücksichtigung von **Trinkgeldern,** die sonst **von Kunden freiwillig** gegeben worden wären, bei der Bemessung des Entgeltfortzahlungsanspruchs (BAG AP Nr. 112 zu § 37 BetrVG 1972 = SAE 1997, 121 mit Anm. *Treber; Geyer/Knorr/Krasney* § 4 EFZG Rdn. 20; MünchArbR/ *Boecken* § 84 Rdn. 31). Dies gilt auch dann, wenn bei der Festsetzung der Höhe des Arbeitsentgelts Trinkgelder mit berücksichtigt worden sind (insoweit a. A. *Geyer/Knorr/Krasney* § 4 EFZG Rdn. 20).

Zu berücksichtigen sind dagegen **Bedienungsgelder,** soweit sie aufgrund **112** einer rechtlichen Verpflichtung gewährt werden (*Geyer/Knorr/Krasney* § 4 EFZG Rdn. 20; *Vossen,* Entgeltfortzahlung, Rdn. 543; *Wedde/Kunz* § 4 EFZG Rdn. 21).

Ob **Trennungsentschädigungen** bei der Bemessung des fortzuzahlenden **113** Arbeitsentgelts zu berücksichtigen sind, regelt sich nach § 4 Abs. 1 a S. 1 EFZG; vgl. Rdn. 131 ff., 140.

Bis zur Änderung des § 4 EFZG durch das „Korrekturgesetz" (vgl. **114** Rdn. 20 ff.) waren **Überstundenzuschläge** als fortzuzahlendes Arbeitsentgelt anzusehen, sofern die Überstunden als regelmäßige Arbeitszeit zu berücksichtigen waren (*Vossen,* Entgeltfortzahlung, Rdn. 535); nach der Änderung von § 4 Abs. 1a Satz 1 EFZG sind Überstundenzuschläge nicht mehr zu berücksichtigen.

115 **Vermögenswirksame Leistungen** des Arbeitgebers nach dem Fünften Vermögensbildungsgesetz, die laufend als Zuschuss zum Arbeitsentgelt gewährt werden, gehören zum fortzuzahlenden Arbeitsentgelt im Sinne des § 4 Abs. 1 S. 1 EFZG (ErfK/*Dörner* § 4 EFZG Rdn. 32; *Geyer/Knorr/Krasney* § 4 EFZG Rdn. 22; *Kaiser/Dunkl/Hold/Kleinsorge* § 4 EFZG Rdn. 31; Kasseler Handbuch/*Vossen* Rdn. 352; zum tarifvertraglichen Ausschluss vermögenswirksamer Leistungen von der Entgeltfortzahlung vgl. LAG Düsseldorf DB 1974, 681; *Brecht* § 4 EFZG Rdn. 29).

116 Ob **Verpflegungskostenzuschüsse** bei der Bemessung des fortzuzahlenden Arbeitsentgelts zu berücksichtigen sind, bestimmt sich nach § 4 Abs. 1a S. 1 EFZG; vgl. Rdn. 131 ff.

117 Für die Berücksichtigung von **Wegeentschädigungen** bzw. **Wegegeldern** gilt ebenfalls § 4 Abs. 1a S. 1 EFZG; vgl. Rdn. 131 ff., 141 f.

118 **Weihnachtsgratifikationen,** die während der krankheitsbedingten Arbeitsunfähigkeit anderen Arbeitnehmern gezahlt werden, sind auch an den erkrankten Arbeitnehmer zu zahlen. Dabei handelt es sich jedoch nicht um Entgeltfortzahlung nach den §§ 3 und 4 EFZG, da diese nur die Fortzahlung des **laufenden** Arbeitsentgelts betreffen; es handelt sich vielmehr um Leistungen, die neben dem Arbeitslohn aus besonderem Anlass gewährt werden (einmalige Zuwendungen) und die selbst dann während der Arbeitsunfähigkeit zu gewähren sind, wenn ein Entgeltfortzahlungsanspruch nicht (z.B. wegen Verschuldens) oder nicht mehr (z.B. wegen Erschöpfung der Sechs-Wochen-Frist) besteht (*Kaiser/Dunkl/Hold/Kleinsorge* § 4 EFZG Rdn. 46; vgl. auch MüKo/*Schaub* § 616 Rdn. 112; *Staudinger/Oetker* § 616 BGB Rdn. 400).

III. Arbeitsentgelt für Überstunden; Leistungen mit Aufwendungsersatzcharakter; Leistungsentgelt (§ 4 Abs. 1a EFZG)

119 § 4 Abs. 1a EFZG enthält Modifikationen des in § 4 EFZG angelegten Entgeltfortzahlungsprinzips für Fälle, in denen der Arbeitnehmer **Arbeitsentgelt für Überstunden,** Leistungen mit **Aufwendungsersatzcharakter** (§ 4 Abs. 1a S. 1 EFZG; vgl. Rdn. 120 ff. bzw. 131 ff.) oder **Leistungsentgelt** (§ 4 Abs. 1a S. 2 EFZG; vgl. Rdn. 143 ff.) erhält.

1. Arbeitsentgelt für Überstunden

120 Geht man von § 4 Abs. 1 EFZG bzw. dem dort normierten Entgeltausfallprinzip aus, kann auch Arbeitsentgelt, das ein Arbeitnehmer ohne seine krankheitsbedingte Arbeitsunfähigkeit für von ihm geleistete **Überstunden** erhalten hätte, bei der Berechnung des vom Arbeitgeber fortzuzahlenden Arbeitsentgelts zu berücksichtigen sein. Umfasst die für einen Arbeitnehmer

III. Arbeitsentgelt für Überstunden   § 4 EFZG

maßgebliche regelmäßige Arbeitszeit auch Überstunden, sind diese bzw.
das für diese Überstunden zu zahlende Arbeitsentgelt (einschließlich etwaiger
Überstundenzuschläge) **nach allgemeinen Regeln** Teil der Entgeltfortzahlung im Krankheitsfall.

Bis zum Inkrafttreten des „Korrekturgesetzes" am 1. Januar 1999 (zur 121
Entstehungsgeschichte des „Korrekturgesetzes" vgl. Einleitung A Rdn. 99 ff.)
ist man dementsprechend davon ausgegangen, dass Überstunden Teil der für
einen Arbeitnehmer maßgeblichen regelmäßigen Arbeitszeit sein konnten
(vgl. BAG AP Nr. 3 zu § 2 LFZG; DB 1973, 829).

Voraussetzung für ihre Berücksichtigung war in der Regel, dass die Über- 122
stunden in der Vergangenheit regelmäßig geleistet worden waren, wobei auf
die letzten drei Monate vor dem Eintritt der Erkrankung abzustellen war
(vgl. u. a. *Worzalla/Süllwald* § 4 EFZG Rdn. 11; vgl. auch *Vossen*, Entgeltfortzahlung, Rdn. 565). Nicht notwendig war dagegen, dass die Zahl der
geleisteten Stunden in den einzelnen Wochen des Beurteilungszeitraums
konstant geblieben war; Schwankungen waren grundsätzlich unschädlich.
Selbst die Tatsache, dass innerhalb des Drei-Monats-Zeitraums für ein oder
zwei Wochen keine Überstunden geleistet worden waren, stand ihrer Berücksichtigung nicht generell entgegen (vgl. BAG AP Nr. 18, 20 zu § 2
ArbKrankhG; AP Nr. 4 zu § 2 LFZG; *Brecht* § 4 EFZG Rdn. 10; HzA/*Vossen* Gruppe 2 Rdn. 505; Kasseler Handbuch/*Vossen* Rdn. 371 f.).

Soweit Überstunden als Teil der regelmäßigen individuellen Arbeitszeit 123
anzusehen waren, wurde das für die Überstunden gezahlte Arbeitsentgelt
einschließlich etwaiger Überstundenzuschläge bei der Entgeltfortzahlung im
Krankheitsfall mit berücksichtigt (vgl. *Vossen*, Entgeltfortzahlung, Rdn. 535).

Durch das **„Korrekturgesetz"** ist nunmehr jedoch § 4 Abs. 1a EFZG 124
dahingehend geändert worden, dass das **„für Überstunden gezahlte Arbeitsentgelt" nicht** (mehr) **zum fortzuzahlenden Arbeitsentgelt** nach
Absatz 1 **gehört**.

Maßgeblich hierfür war ausweislich der amtlichen Begründung zum Gesetzentwurf die Überlegung, dass in den meisten Tarifbereichen, in denen 125
eine Entgeltfortzahlung in Höhe von 100% vereinbart war, die Tarifvertragsparteien die Überstundenvergütung aus der Bemessung der Entgeltfortzahlung ausgenommen hätten, sodass die gesetzliche Beschränkung sich deshalb
entlastend vor allem für die nicht tarifgebundenen Arbeitgeber auswirke, die
auch von der gesetzlichen Anhebung der Entgeltfortzahlung unmittelbar betroffen würden (vgl. BT-Drucks. 14/45).

Überstunden bzw. **Überstundenvergütungen** sind daher im Rahmen 126
der Entgeltfortzahlung im Krankheitsfall **nicht** mehr **zu berücksichtigen**
(vgl. LAG Düsseldorf DB 2002, 328); dies betrifft nicht nur etwaige Zuschläge, sondern auch die für die einzelne Stunde bezahlte Grundvergütung
(BT-Drucks. 14/45 S. 54; BAG AP Nr. 56 und 62 zu § 4 EFZG; *Däubler*,
NJW 1999, 601, 605; *Feichtinger/Malkmus* § 4 EFZG Rdn. 86).

Der **Begriff** der **Überstunde** umfasst dabei jede Arbeit, die ein Arbeit- 127
nehmer über die für sein Arbeitsverhältnis maßgebliche **individuelle Arbeitszeit** hinaus leistet (vgl. *Hromadka/Maschmann*, Arbeitsrecht I, § 4 Rdn. 76;
Staudinger/Richardi § 611 Rdn. 604); auf die betriebliche bzw. betriebsübliche Arbeitszeit kommt es demgegenüber nicht an (BAG AP Nr. 56 zu § 4

155

EFZG § 4   Höhe des fortzuzahlenden Arbeitsentgelts

EFZG = SAE 2003, 250 mit Anm. Caspers = RdA 2003, 48 mit Anm. *Schmitt;* vgl. auch AP Nr. 61 zu § 4 EFZG; a. A. *Schaub,* Arbeitsrechts-Handbuch, § 69 III 1). Die maßgebliche individuelle regelmäßige Arbeitszeit ergibt sich in erster Linie aus der arbeitsrechtlichen Vereinbarung der Parteien, wobei „auf das gelebte Rechtsverhältnis als Ausdruck des wirklichen Parteiwillens und nicht auf den Text des Arbeitsvertrages abzustellen" ist. Ruft der Arbeitgeber regelmäßig eine bestimmte erhöhte Arbeitszeit ab, die der Arbeitnehmer tatsächlich leistet, so ist dies die vertraglich geschuldete Leistung. Schwankt die Arbeitszeit, so ist auf die durchschnittliche Dauer in den letzten zwölf Monaten des Arbeitsverhältnisses abzustellen (BAG AP Nr. 61 zu § 4 EFZG; LAG Hamm NZA-RR 2003, 461). Überstunden liegen hingegen nur dann vor, wenn die individuelle regelmäßige Arbeitszeit im beschriebenen Sinne überschritten wird und sie wegen bestimmter Umstände vorübergehend zusätzlich geleistet werden (BAG AP Nr. 56 zu § 4 EFZG = SAE 2003, 250 mit Anm. Caspers = RdA 2003, 48 mit Anm. *Schmitt).*

128 Von Bedeutung ist das Abstellen auf die individuelle Arbeitszeit insbesondere für Teilzeitkräfte.

Beispiel: Arbeitnehmer A ist aufgrund seines Arbeitsvertrages zu einer wöchentlichen Arbeitsleistung von 20 Stunden verpflichtet; die betriebliche und die betriebsübliche Arbeitszeit betragen 40 Stunden. In den letzten drei Monaten hat A auf Bitten seines Arbeitgebers jeweils zwischen 24 und 26 Stunden pro Woche gearbeitet. A erkrankt für die Dauer einer Woche.

129 Würde man im vorstehenden Fall auf die betriebliche (oder betriebsübliche) Arbeitszeit abstellen, hätte A bei einer Arbeitszeit von durchschnittlich 25 Stunden (noch) keine Überstunden geleistet, mit der Folge, dass man der Entgeltfortzahlung wohl eine regelmäßige Arbeitszeit von 25 Stunden zugrundelegen müsste. Abzustellen ist jedoch auf die für das Arbeitsverhältnis des A maßgebliche **individuelle Arbeitszeit** von 20 Stunden pro Woche. Bei der darüber hinaus geleisteten Arbeitszeit handelt es sich daher um **Überstunden,** die bei der Berechnung des im Krankheitsfall fortzuzahlenden Arbeitsentgelts nicht zu berücksichtigen sind.

130 Eine unzulässige **Benachteiligung von Teilzeitkräften** ist hierin **nicht** zu sehen, da die Teilzeitkraft im Beispiel nicht anders behandelt wird als ein Vollzeitarbeitnehmer, der zu einer wöchentlichen Arbeitsleistung von 40 Stunden verpflichtet ist und vor seiner Erkrankung regelmäßig 45 Stunden gearbeitet hat.

2. Leistungen mit Aufwendungsersatzcharakter

a) **Allgemeines**

131 § 4 Abs. 1a S. 1 EFZG ergänzt die Grundregel des Absatz 1 hinsichtlich der Berücksichtigung von **Leistungen mit Aufwendungsersatzcharakter;** sie sind dann von der Berechnung der Entgeltfortzahlung ausgenommen, wenn der Anspruch auf sie im Fall der Arbeitsfähigkeit davon abhängig ist, ob und in welchem Umfang dem Arbeitnehmer die Aufwendungen, die durch diese Leistungen abgegolten werden sollen, tatsächlich entstanden sind und dem Arbeitnehmer solche Aufwendungen während der Arbeitsunfähig-

keit nicht entstehen. Gewisse **Pauschalierungen** stehen dem Aufwendungsersatzcharakter allerdings nicht entgegen, solange die Pauschalbeträge in etwa den typischerweise entstehenden Aufwendungen entsprechen (MünchArbR/ *Boecken* § 84 Rdn. 30; *Staudinger/Oetker* § 616 Rdn. 403; *Vossen*, Entgeltfortzahlung, Rdn. 548).

Der Regelung liegt von jeher der Gedanke zugrunde, dass der arbeitsunfähige Arbeitnehmer nicht besser stehen soll als derjenige, der tatsächlich seine Arbeit verrichtet; dem gemäß zählen solche Leistungen des Arbeitgebers nicht zum fortzuzahlenden Arbeitsentgelt, durch die Aufwendungen abgegolten werden sollen, die während der Arbeitsunfähigkeit nicht entstehen (*Brecht* § 4 EFZG Rdn. 4; *Gola* § 4 EFZG Anm. 3.2.1; Kasseler Handbuch/ *Vossen* Rdn. 357; MüKo/*Schaub* § 616 Rdn. 116). § 4 Abs. 1 S. 2 EFZG stellt folglich eine besondere **Konkretisierung des Entgeltausfallprinzips** dar. 132

b) Einzelfälle

Anders als § 2 Abs. 1 S. 2 LFZG, der als wichtigste Leistungen mit Aufwendungsersatzcharakter Auslösungen und Schmutzzulagen ausdrücklich erwähnte und ihnen „ähnliche Leistungen" gleichstellte, verzichtet § 4 Abs. 1 a S. 1 EFZG, der insoweit an den inhaltsgleichen früheren § 4 Abs. 1 S. 2 EFZG anknüpft, auf die Nennung von Beispielen für Leistungen mit Aufwendungsersatzcharakter. Hierdurch haben sich jedoch keine inhaltlichen Änderungen ergeben (ebenso für den Übergang vom LFZG zum EFZG *Schliemann*, AuR 1994, 317, 321; für den „Übergang" im Rahmen des Arbeitsrechtlichen Beschäftigungsförderungsgesetzes vgl. BT-Drucks. 13/5107, S. 30). 133

aa) Auslösungen

Auslösungen sind eine besondere Form der Entschädigung für Arbeitnehmer, die ständig oder auch nur vorübergehend außerhalb des eigentlichen Betriebssitzes auf einer auswärtigen Arbeitsstelle beschäftigt werden. Der Anspruch auf die Auslösung kann sich aus dem Einzelarbeitsvertrag oder – was der Regelfall ist – aus dem einschlägigen Tarifvertrag ergeben, wobei diese Tarifverträge teilweise unterscheiden zwischen der sog. **Fernauslösung,** die derjenige erhält, der auswärts übernachten muss, weil eine tägliche Rückkehr zum Sitz des Betriebes oder zur Wohnung unzumutbar ist, und der sog. **Nahauslösung,** die gezahlt wird, wenn eine tägliche Rückkehr zum Sitz des Betriebes oder zur Wohnung möglich ist. 134

Ob eine Auslösung zum fortzuzahlenden Arbeitsentgelt gehört, ist grundsätzlich davon abhängig, ob sie einen **echten Mehraufwand infolge der auswärtigen Beschäftigung ausgleichen soll** oder ob sie unabhängig vom Nachweis tatsächlich entstandener Aufwendungen pauschal gewährt wird und dem Arbeitnehmer die Möglichkeit einer Verbesserung des Lebensstandards eröffnen soll (*Helml* § 4 EFZG Rdn. 13). Praktisch lösen sich die mit der Beurteilung von Auslösungen verbundenen Probleme häufig dadurch, dass jene Tarifverträge, die den Anspruch auf die Gewährung von Auslösungen beinhalten, zugleich auch regeln, wie diese Auflösungen unter dem Blickwinkel der Entgeltfortzahlung im Krankheitsfall zu beurteilen sind. 135

EFZG § 4 Höhe des fortzuzahlenden Arbeitsentgelts

Fehlt eine tarifvertragliche Regelung wird man normalerweise bei Fernauslösungen zu dem Ergebnis gelangen, dass sie im Krankheitsfall nicht fortzuzahlen sind, während Nahauslösungen zum fortzuzahlenden Arbeitsentgelt gehören (vgl. zur Behandlung von Auslösungen BAG AP Nr. 5, 11, 13 und 14 zu § 2 LFZG; AP Nr. 101 zu § 112 BetrVG 1972; *Brecht* § 4 EFZG Rdn. 16; *Feichtinger/Malkmus* § 4 EFZG Rdn. 125 ff.; *Geyer/Knorr/Krasney* § 4 EFZG Rdn. 27; *Kaiser/Dunkl/Hold/Kleinsorge* § 4 EFZG Rdn. 35; Kasseler Handbuch/*Vossen* Rdn. 359 f., 362; *Schaub*, Arbeitsrechts-Handbuch, § 98 VI 3 b; *Staudinger/Oetker* § 616 Rdn. 403; *Wedde/Kunz* § 4 EFZG Rdn. 16).

bb) Reisekostenvergütungen

136 Reisekostenvergütungen sind im Regelfall als Aufwendungsersatz anzusehen und auch dann nicht bei der Bemessung des fortzuzahlenden Arbeitsentgelts zu berücksichtigen, wenn ihre Berechnung pauschaliert ist. Derartige Reisekostenvergütungen mit Aufwendungsersatzcharakter sind nur dann ausnahmsweise zu zahlen, wenn dem Arbeitnehmer die Aufwendungen trotz der Arbeitsunfähigkeit entstehen, z. B. weil er eine Fahrkarte, die er bereits erworben hat, nicht nutzen kann (*Müller/Berenz* § 4 EFZG Rdn. 24).

137 Als **echtes Arbeitsentgelt,** das fortzuzahlen ist, sind Reisekostenvergütungen dagegen anzusehen, wenn sie **ohne den Nachweis tatsächlicher Aufwendungen** gezahlt werden und der Betroffene die Möglichkeit hat, sie zur Verbesserung seines Lebensstandards zu verwenden. Unter diesen Voraussetzungen können selbst **Spesen** zum fortzuzahlenden Arbeitsentgelt gehören (vgl. LAG Hamm EEK I/145; LAG Düsseldorf DB 1972, 50; *Geyer/ Knorr/Krasney* § 4 EFZG Rdn. 29; MüKo/*Schaub* § 616 Rdn. 119).

138 Dieselben Grundsätze gelten für die entgeltfortzahlungsrechtliche Beurteilung von **Verpflegungskostenzuschüssen** (vgl. LAG Düsseldorf EEK I/250).

cc) Schmutzzulagen

139 **Schmutzzulagen** sind bei der Bemessung des fortzuzahlenden Arbeitsentgelts zu berücksichtigen, wenn es sich um Erschwernis- oder Funktionszulagen handelt, die gewährt werden, um pauschal die mit der Übernahme einer besonders unangenehmen Arbeit verbundenen Belastungen zu honorieren. Nicht weiterzuzahlen sind Schmutzzulagen dagegen, wenn ihre Gewährung im Fall der Arbeitsfähigkeit davon abhängen würde, ob und in welchem Umfang der Arbeitnehmer besondere Aufwendungen, z. B. für den erhöhten Verbrauch an Kleidung, Wäsche, Handtüchern und Seife, hat (*Brecht* § 4 EFZG Rdn. 15; *Geyer/Knorr/Krasney* § 4 EFZG Rdn. 30; *Gola* § 4 EFZG Anm. 3.2.2; Kasseler Handbuch/*Vossen* Rdn. 363; MüKo/*Schaub* § 616 Rdn. 118; *Schaub,* Arbeitsrechts-Handbuch, § 98 IV 3 c; *Wedde/Kunz* § 4 EFZG Rdn. 16).

dd) Trennungsentschädigungen

140 **Trennungsentschädigungen** haben im Regelfall Aufwendungsersatzcharakter und sind folglich bei der Bemessung des fortzuzahlenden Arbeitsentgelts nicht zu berücksichtigen. Etwas anderes gilt jedoch dann, wenn dem

III. Arbeitsentgelt für Überstunden **§ 4 EFZG**

Arbeitnehmer die abzugeltenden Aufwendungen trotz der krankheitsbedingten Arbeitsunfähigkeit entstehen, d. h. dann, wenn der Arbeitnehmer sich während der Erkrankung zwar an seinem Wohnort aufhält, eine weitere Unterkunft am Beschäftigungsort jedoch beibehalten wird (vgl. *Gola* § 4 EFZG Anm. 3.2.2; MüKo/*Schaub* § 616 Rdn. 120).

ee) Wegeentschädigungen

Wegeentschädigungen und Wegegelder haben Aufwendungsersatzcharakter, soweit damit tatsächliche Fahrtkosten abgegolten werden sollen; ist dies nicht der Fall, sind sie echtes Arbeitsentgelt, das bei krankheitsbedingter Arbeitsunfähigkeit fortzuzahlen ist. 141

Wegeentschädigungen in fester Höhe, die ohne Rücksicht auf die Entfernung und die Dauer der Fahrzeit gewährt werden, stellen in der Regel keinen Aufwendungsersatz, sondern eine Entschädigung für die besonderen Erschwernisse dar, denen der Arbeitnehmer ausgesetzt ist; sie zählen selbst dann zum fortzuzahlenden Arbeitsentgelt, wenn sie vereinbarungsgemäß nur arbeitstäglich zu erbringen sind (BAG AP Nr. 10 zu § 611 BGB Anwesenheitsprämie; *Kaiser/Dunkl/Hold/Kleinsorge* § 4 EFZG Rdn. 39). 142

3. Leistungsentgelt

§ 4 Abs. 1 a S. 2 EFZG, wonach in den Fällen, in denen der Arbeitnehmer eine auf das Entgelt der Arbeit abgestellte Vergütung erhält, der in der für ihn maßgeblichen regelmäßigen Arbeitszeit erzielbare Durchschnittsverdienst der Berechnung zugrunde zu legen ist, stellt klar, dass das Entgeltausfallprinzip grundsätzlich auch dann Anwendung findet, wenn der Betroffene Leistungsentgelt erhält. 143

a) Allgemeines

§ 4 Abs. 1 a S. 2 EFZG erfasst zunächst den **Akkordlohn.** Dieser ist – im Gegensatz zum Zeitentgelt, bei dem sich das Entgelt nach der Arbeitszeit ohne Rücksicht auf das Arbeitsergebnis richtet – dadurch gekennzeichnet, dass sich das Arbeitsentgelt nach dem erzielten Arbeitsergebnis ohne Rücksicht auf die Länge der Arbeitszeit bestimmt. Der Lohn kann dabei im Geld- oder Zeitakkord berechnet werden. Beim **Geldakkord** wird für jedes gefertigte Stück ein Geldbetrag festgelegt; beim **Zeitakkord** wird für jedes Stück eine bestimmte Zahl von Minuten angesetzt und danach der für diese Minuten festgesetzte Geldbetrag gezahlt, gleichgültig, wie viele Minuten der Arbeitnehmer für die Fertigstellung des Stückes tatsächlich gebraucht hat. 144

Im übrigen ist beim Akkord zu unterscheiden zwischen dem **Einzelakkord,** bei dem **ein** Arbeitnehmer die Arbeit leistet und das Entgelt erhält und dem **Gruppenakkord,** bei dem **mehrere** Arbeitnehmer die Arbeit leisten und das Entgelt entweder gleichmäßig oder nach einem bestimmten Verteilungsschlüssel erhalten. Eine besondere Art des Gruppenakkords ist schließlich das Akkordmeistersystem, bei welchem der Meister das Entgelt erhält und unter die im Akkord (Gedinge) Arbeitenden verteilt (vgl. *Gitter/Michalski,* Arbeitsrecht, S. 126 f.; ausführlicher *Schaub,* Arbeitsrechts-Handbuch, § 64 III 3). 145

159

146 Neben dem Akkordlohn gehören weitere Formen der **Erfolgsvergütung** zu den auf das Ergebnis der Arbeit abstellenden Vergütungsformen.

147 Erfasst werden insbesondere **Provisionen, Tantiemen,** die eine Beteiligung am Geschäftsgewinn darstellen und die gezahlt werden, um den Arbeitnehmer am wirtschaftlichen Erfolg des Unternehmens zu interessieren, und **Prämien,** die als besondere Vergütungen neben dem (Zeit-)Lohn gezahlt werden für die Erreichung eines bestimmten Erfolges.

148 Die Höhe des fortzuzahlenden Arbeitsentgelts ist beim Leistungslohn ebenso wie beim Zeitlohn grundsätzlich nicht davon abhängig, was der Betroffene in der Vergangenheit verdient hat, sondern davon, was er **während der Zeit seiner Arbeitsunfähigkeit durchschnittlich verdient hätte** (BAG AP Nr. 2 zu § 2 LFZG; *Kaiser/Dunkl/Hold/Kleinsorge* § 4 EFZG Rdn. 87; MünchArbR/*Boecken* § 84 Rdn. 40; teilweise a. A. GK-EFZR/ *Birk* § 2 LFZG Rdn. 68). Bei Arbeitnehmern, die Leistungslohn erhalten, ist dieser Betrag allerdings häufig nur schwer zu ermitteln, so dass nur auf den vorausgegangenen Abrechnungszeitraum abgestellt werden kann.

b) Einzelfälle

149 Bei Arbeitnehmern, die im **Gruppenakkord** arbeiten, ist es in der Regel sachgerecht, auf den Verdienst der anderen Gruppenmitglieder zurückzugreifen, um festzustellen, was das erkrankte Gruppenmitglied voraussichtlich verdient hätte (vgl. BAG AP Nr. 10 zu § 2 LFZG; AP Nr. 64 zu § 4 EFZG; *Geyer/Knorr/Krasney* § 4 EFZG Rdn. 49 m. w. N.; HzA/*Vossen* Gruppe 2 Rdn. 23; Kasseler Handbuch/*Vossen* Rdn. 386; MüKo/*Schaub* § 616 Rdn. 129).

150 Diese Vergleichsbasis wird aber bereits problematisch, wenn bei einer kleinen Gruppe (z. B. drei Arbeitnehmer) ein Arbeitnehmer erkrankt, und durch einen neuen, nicht eingearbeiteten Arbeitnehmer ersetzt wird oder wenn mehrere Mitglieder einer Gruppe gleichzeitig erkranken. In derartigen Fällen besteht nur die Möglichkeit, auf den letzten gemeinsamen Verdienst der Akkordgruppe abzustellen und diesen als Berechnungsgrundlage heranzuziehen (*Kaiser/Dunkl/Hold/Kleinsorge* § 4 EFZG Rdn. 90; MünchArbR/ *Boecken* § 84 Rdn. 49; *Wedde/Kunz* § 4 EFZG Rdn. 44; noch weitergehend GK-EFZR/*Birk* § 2 LFZG Rdn. 71).

151 Bei Arbeitnehmern, die im **Einzelakkord** arbeiten, besteht häufig ebenfalls nur die Möglichkeit, vom Durchschnittsverdienst in dem der Erkrankung vorausgegangenen Referenzzeitraum auszugehen, wobei ein Zeitraum von vier Wochen bzw. ein Entgeltabrechnungszeitraum regelmäßig als ausreichend anzusehen ist (BAG AP Nr. 28 zu § 1 FeiertagsLG; Kasseler Handbuch/*Vossen* Rdn. 385; MüKo/*Schaub* § 616 Rdn. 128; *Wedde/Kunz* § 4 EFZG Rdn. 44; tendenziell für einen längeren Beurteilungszeitraum MünchArbR/*Boecken* § 84 Rdn. 48).

152 Bei anderen, stärker schwankenden leistungsabhängigen Vergütungsbestandteilen muss ein längerer Referenzzeitraum, typischerweise 3 Monate bzw. 13 Wochen, gewählt werden. Es kann aber auch erforderlich sein, als Referenzzeitraum das letzte Jahr heranzuziehen. Dies ist insbesondere bei **Provisionen** und **Prämien** häufig erforderlich, um eine verlässliche Durch-

III. Arbeitsentgelt für Überstunden § 4 EFZG

schnittsberechnung durchführen zu können (vgl. BAG AP Nr. 10 zu § 2 LFZG).
Der Referenzzeitraum muss in jedem Fall so bemessen werden, dass Zu- 153
fallsergebnisse möglichst ausgeschlossen sind. Dies bedingt, dass **die Länge der Referenzperiode mit der Häufigkeit der leistungsabhängigen Zahlungen korrespondiert.** Je häufiger entsprechende Zahlungen erfolgen, desto kürzer kann die Referenzperiode sein, während sie sich bei selten fällig werdenden Leistungen verlängern muss (*Staudinger/Oetker* § 616 Rdn. 402; ähnlich GK-EFZR/*Birk* § 2 LFZG Rdn. 11). Außerdem sind besondere Ereignisse im Vergleichszeitraum auszuklammern, sofern nicht damit zu rechnen ist, dass sie sich während der Zeit der Arbeitsunfähigkeit wiederholen.

Ist auch eine **rückwirkende Betrachtung nicht möglich,** weil der 154
Arbeitnehmer vor der Erkrankung bzw. bis kurz vor der Erkrankung Zeitlohn erhalten hat, ist auf das Einkommen **vergleichbarer Arbeitnehmer** mit ähnlichen Fertigkeiten und ähnlicher Ausbildung abzustellen (*Brecht* § 4 EFZG Rdn. 21; *Geyer/Knorr/Krasney* § 4 EFZG Rdn. 48; *Kaiser/Dunkl/Hold/Kleinsorge* § 4 EFZG Rdn. 89; MüKo/*Schaub* § 616 Rdn. 128; vgl. auch *Wedde/Kunz* § 4 EFZG Rdn. 44).

Es ist grundsätzlich jenes Berechnungsverfahren anzuwenden, das dem 155
Entgeltausfallprinzip am besten gerecht wird (BAG AP Nr. 2 zu § 2 LFZG).

Wenn die vorstehend skizzierten Berechnungsverfahren versagen und 156
auch keine andere Möglichkeit ersichtlich ist, muss notfalls eine **Schätzung nach § 287 Abs. 2 ZPO** erfolgen; erforderlich kann dies z. B. werden, wenn die **Bezüge** des Arbeitnehmers vor der Arbeitsunfähigkeit **starken Schwankungen unterlegen haben** (BAG AP Nr. 28 zu § 1 FeiertagsLG).

Noch problematischer als beim Gruppen- oder Einzelakkord kann die 157
Berechnung des fortzuzahlenden Arbeitsentgelts sein, wenn als Leistungslohn **Provisionen** gezahlt werden. Dies ist darauf zurückzuführen, dass die Höhe der Provisionen nicht nur schwankt, sondern – insbesondere bei Vertretertätigkeiten – der Provisionsanspruch erst mit einer **größeren zeitlichen Verzögerung** nach dem Geschäftsabschluss **fällig wird** (vgl. GK-EFZR/*Birk* § 2 LFZG Rdn. 73; MünchArbR/*Boecken* § 84 Rdn. 50). Auch für die Entgeltfortzahlung bei Provisionen gilt zwar grundsätzlich das Entgeltausfallprinzip, es wird sich jedoch häufiger die Notwendigkeit ergeben, auf eine besonders lange Referenzperiode zurückzublicken oder eine Schätzung vorzunehmen (vgl. *Kaiser/Dunkl/Hold/Kleinsorge* § 4 EFZG Rdn. 93; Kasseler Handbuch/*Vossen* Rdn. 387; MünchArbR/*Boecken* § 84 Rdn. 50; *Wedde/Kunz* § 4 EFZG Rdn. 46).

Bei **Prämien** als Bestandteil des fortzuzahlenden Arbeitsentgelts können 158
sich ähnliche Probleme ergeben; die vorstehend skizzierten Grundsätze für die Behandlung von Provisionen gelten dann entsprechend (vgl. GK-EFZR/*Birk* § 2 LFZG Rdn. 75; *Kaiser/Dunkl/Hold/Kleinsorge* § 4 EFZG Rdn. 90; zur Inkassoprämie als Teil des fortzuzahlenden Arbeitsentgelts oben Rdn. 90).

IV. Zusammentreffen von krankheitsbedingter Arbeitsunfähigkeit und gesetzlichen Feiertagen (§ 4 Abs. 2 EFZG)

159 § 4 Abs. 2 EFZG entspricht dem früheren § 1 Abs. 2 des Gesetzes zur Regelung der Lohnzahlung an Feiertagen (zur Entstehungsgeschichte vgl. oben Rdn. 7 ff.). Da sowohl die Entgeltzahlung an Feiertagen als auch die Entgeltfortzahlung im Krankheitsfall grundsätzlich voraussetzen, dass der gesetzliche Feiertag bzw. die krankheitsbedingte Arbeitsunfähigkeit die **alleinige Ursache** für den Arbeitsausfall darstellt (vgl. § 2 EFZG Rdn. 35 ff. bzw. § 3 EFZG Rdn. 78 ff.), bedarf es einer Entscheidung darüber, welche Entgelt-(fort-)zahlungsregelungen Anwendung finden, wenn ein Arbeitnehmer **an einem gesetzlichen Feiertag arbeitsunfähig erkrankt ist.**

160 § 4 Abs. 2 EFZG löst den Konflikt zugunsten des „Feiertagsrechts", in dem bestimmt wird, dass in Fällen, in denen der Arbeitgeber für Arbeitszeit, die gleichzeitig infolge eines gesetzlichen Feiertages ausgefallen ist, zur Fortzahlung des Arbeitsentgelts nach § 3 EFZG verpflichtet ist, sich **die Höhe des fortzuzahlenden Arbeitsentgelts für diesen Feiertag nach § 2 EFZG bestimmt** (*Brecht* § 4 EFZG Rdn. 25 a; ausführlich *Raab*, NZA 1997, 1144).

V. Höhe des fortzuzahlenden Arbeitsentgelts bei Kurzarbeit (§ 4 Abs. 3 EFZG)

161 § 4 Abs. 3 EFZG enthält eine klarstellende Regelung für die Bemessung des fortzuzahlenden Arbeitsentgelts bei **Kurzarbeit.** Wird in einem Betrieb verkürzt gearbeitet und würde deshalb das Arbeitsentgelt des Arbeitnehmers im Falle seiner Arbeitsfähigkeit gemindert, so ist gem. § 4 Abs. 3 **S. 1** EFZG die verkürzte Arbeitszeit für ihre Dauer als die für den Arbeitnehmer maßgebende regelmäßige Arbeitszeit anzusehen.

162 § 4 Abs. 3 **S. 2** EFZG enthält eine ergänzende **Sonderregelung für Feiertage.** Die Regelungen stellen sicher, dass die Entgeltfortzahlung durch den Arbeitgeber und das Kurzarbeitergeld so ineinander greifen, dass der erkrankte Arbeitnehmer entsprechend dem Entgeltausfallprinzip nicht anders behandelt wird als im Falle der Nichterkrankung. Satz 2 führt außerdem zu einer Entlastung der Bundesagentur für Arbeit.

1. Absatz 3 Satz 1

163 Fällt die krankheitsbedingte Arbeitsunfähigkeit eines Arbeitnehmers in eine Kurzarbeitsperiode, so berechnet sich das fortzuzahlende Arbeitsentgelt grundsätzlich auf der Basis der **verkürzten Arbeitszeit,** sofern der **Arbeitnehmer von der Kurzarbeit betroffen gewesen wäre.** Die verkürzte Arbeitszeit ist die maßgebende **regelmäßige Arbeitszeit,** und zwar unabhängig davon, ob die Arbeitsunfähigkeit vor oder während der Kurzarbeitsperiode eintritt. Endet die Kurzarbeit während der krankheitsbedingten Arbeitsunfähigkeit, so ist von diesem Zeitpunkt an wieder die normale re-

V. Höhe des fortzuzahlenden Arbeitsentgelts bei Kurzarbeit § 4 EFZG

gelmäßige Arbeitszeit bei der Berechnung des fortzuzahlenden Arbeitsentgelts zugrunde zu legen (*Geyer/Knorr/Krasney* § 4 EFZG Rdn. 50; *Kaiser/Dunkl/Hold/Kleinsorge* § 4 EFZG Rdn. 100; Kasseler Handbuch/*Vossen* Rdn. 376; MüKo/*Schaub* § 616 Rdn. 130 a). Diese Ergebnisse resultieren bereits aus § 4 Abs. 1 S. 1 EFZG; Absatz 3 S. 1 hat insoweit lediglich eine klarstellende Funktion (MünchArbR/*Boecken* § 84 Rdn. 44; a. A. ErfK/*Dörner* § 4 EFZG Rdn. 52).

Damit der erkrankte Arbeitnehmer durch die Erkrankung auch im Fall der 164 Kurzarbeit keine Nachteile erleidet und er ebenso gestellt ist, wie ohne die krankheitsbedingte Arbeitsunfähigkeit, wird das fortzuzahlende Arbeitsentgelt – ebenso wie das normale Arbeitsentgelt – durch **Leistungen der Bundesagentur für Arbeit** ergänzt.

§ 47b Abs. 3 SGB V sieht insoweit vor, dass für Versicherte, die **während** 165 des Bezugs von Kurzarbeitergeld arbeitsunfähig erkranken, das Krankengeld nach dem regelmäßigen Arbeitsentgelt berechnet wird, das **zuletzt vor dem Eintritt des Arbeitsausfalls erzielt wurde** (Regelentgelt im Sinne des § 47 SGB V). Für Versicherte, die arbeitsunfähig erkranken, **bevor** in ihrem Betrieb die Voraussetzungen für den Bezug von Kurzarbeitergeld erfüllt sind, wird, solange Anspruch auf Fortzahlung des Arbeitsentgelts besteht, neben dem Arbeitsentgelt **als Krankengeld der Betrag des Kurzarbeitergeldes gewährt, den der Arbeitnehmer erhielte, wenn er nicht arbeitsunfähig wäre** (so § 47b Abs. 4 S. 1 SGB V). Damit ist in jedem Fall ein umfassender sozialer Schutz gewährleistet (zur Entgeltfortzahlung bei Kurzarbeit vgl. *Geyer/Knorr/Krasney* § 4 EFZG Rdn. 50).

Soweit fortgezahltes Arbeitsentgelt und Kurzarbeitergeld nebeneinander 166 gewährt werden (§ 47b Abs. 4 S. 1 SGB V), hat der Arbeitgeber die Leistungen **kostenlos zu errechnen und auszuzahlen;** der Arbeitnehmer hat die dazu erforderlichen Angaben zu machen (§ 47b Abs. 4 S. 2 und 3 SGB V).

Die skizzierten Regelungen des SGB V gelten auch für den Bezug von 167 **Winterausfallgeld.**

2. Absatz 3 Satz 2

Eine Sonderregelung für **gesetzliche Feiertage während der Zeit der** 168 **Kurzarbeit** enthält § 4 Abs. 3 Satz 2 EFZG, dessen Vorläufer in Gestalt des § 1 Abs. 2 S. 2 des Gesetzes über die Lohnzahlung an Feiertagen durch das Haushaltsstrukturgesetz vom 18. Dezember 1975 (BGBl. I S. 3091) angefügt worden ist. Die vorstehend (Rdn. 163 ff.) skizzierte Rechtslage hat dadurch keine Gültigkeit für den Fall, dass die Arbeitszeit sowohl wegen der krankheitsbedingten Arbeitsunfähigkeit als auch wegen Kurzarbeit als auch wegen eines gesetzlichen Feiertages verkürzt ist bzw. ausfällt. In diesem Fall kommt es zu einer Verschiebung der Risikoverteilung zu Lasten des Arbeitgebers.

§ 2 Abs. 2 EFZG, auf den verwiesen wird, bestimmt, dass Arbeitszeit, die 169 an einem gesetzlichen Feiertag gleichzeitig infolge von Kurzarbeit ausfällt, als infolge eines gesetzlichen Feiertags ausgefallen gilt (ausführlich oben § 2 EFZG Rdn. 118 ff.). Daraus folgt weiter, dass für diesen Tag kein Anspruch auf Kurzarbeitergeld nach § 47b Abs. 3 bis 5 SGB V besteht; der **Anspruch** des Betroffenen richtet sich vielmehr **ausschließlich gegen den Arbeitgeber**, der allein zur Entgeltfortzahlung verpflichtet ist.

170 Die **Höhe** des insgesamt fortzuzahlenden Arbeitsentgelts bemisst sich nach dem fortzuzahlenden Arbeitsentgelt für die verkürzte Arbeitszeit zuzüglich jenem Betrag, der nach § 47b Abs. 3 SGB V geleistet worden wäre, wenn es nicht zu dem Zusammentreffen von krankheitsbedingter Arbeitsunfähigkeit und Kurzarbeit mit dem gesetzlichen Feiertag gekommen wäre; eine andere Betrachtungsweise, wonach der Arbeitgeber zur Zahlung des Arbeitsentgelts für die ungekürzte Arbeitszeit verpflichtet wäre, würde dazu führen, dass der erkrankte Arbeitnehmer unter Umständen mehr erhält, als er ohne die krankheitsbedingte Arbeitsunfähigkeit erhalten hätte (BAG AP Nr. 33 zu § 1 FeiertagsLG; NZA 1985, 82; ErfK/*Dörner* § 4 EFZG Rdn. 55; HzA/*Vossen* Gruppe 2 Rdn. 512; Kasseler Handbuch/*Vossen* Rdn. 377; a. A. hinsichtlich der Berechnung des vom Arbeitgeber zu zahlenden Betrages *Geyer/Knorr/Krasney* § 4 EFZG Rdn. 50).

VI. Abweichungen durch Tarifvertrag (§ 4 Abs. 4 EFZG)

171 Gem. § 12 EFZG sind die Vorschriften des Entgeltfortzahlungsgesetzes **grundsätzlich unabdingbar**, d.h. es kann nur zugunsten der betroffenen Arbeitnehmer von ihnen abgewichen werden. Eine **Ausnahme** hiervon beinhaltet § 4 Abs. 4 EFZG. Absatz 4 **Satz 1** eröffnet zunächst den Tarifvertragsparteien die Möglichkeit von den Absätzen 1 und 3 des § 4 EFZG abzuweichen (vgl. Rdn. 172 ff.). Sinn dieser Bestimmung ist es, den unterschiedlichen Branchen und Beschäftigungsbereichen angemessene Regelungen zu ermöglichen (*Kaiser/Dunkl/Hold/Kleinsorge* § 4 EFZG Rdn. 106 f.). Soweit die Tarifvertragsparteien von der Möglichkeit des § 4 Abs. 4 S. 1 EFZG Gebrauch gemacht haben, kann im Geltungsbereich eines solchen Tarifvertrages gem. Absatz 4 **Satz 2** auch zwischen nicht tarifgebundenen Arbeitgebern und Arbeitnehmern die Anwendung der (ungünstigeren) tarifvertraglichen Regelungen über die Fortzahlung des Arbeitsentgelts im Krankheitsfalle vereinbart werden (vgl. Rdn. 182 ff.).

1. Tariföffnungsklausel (§ 4 Abs. 4 S. 1 EFZG)

172 Die Tariföffnungsklausel des Absatz 4 Satz 1 beschränkt sich auf den Inhalt von § 4 Abs. 1, 1a und 3 EFZG; die übrigen Regelungen der §§ 3 und 5 bis 11 EFZG können nicht zu Ungunsten der Arbeitnehmer geändert werden.

a) Tarifdispositive Regelungen

173 Ändern können die Tarifvertragsparteien damit zunächst die **Berechnungsmethode**. Dies bedeutet, dass z.B. anstelle des Entgeltausfallprinzips das sog. Referenzprinzip eingeführt werden kann, wonach das Arbeitsentgelt maßgeblich ist, das in einem bestimmten Zeitraum vor dem Eintritt der Arbeitsunfähigkeit verdient worden ist (BAG AP Nr. 2, 6 zu § 2 LFZG; ErfK/*Dörner* § 4 EFZG Rdn. 57; *Geyer/Knorr/Krasney* § 4 EFZG Rdn. 61;

VI. Abweichungen durch Tarifvertrag (§ 4 Abs. 4 EFZG) **§ 4 EFZG**

Kaiser/Dunkl/Hold/Kleinsorge § 4 EFZG Rdn. 113; Kasseler Handbuch/ *Vossen* Rdn. 393). Diese andere Berechnungsmethode kann auch nur partiell eingeführt werden, z. b. nur für Arbeitnehmer, die Leistungslohn erhalten, weil beim Bezug von Leistungslohn die Anwendung des Entgeltausfallprinzips zu besonderen Schwierigkeiten führt.

Die Tarifvertragsparteien können dabei sogar Berechnungsmethoden entwickeln, die entgegen dem Grundsatz, dass für den Anspruch auf Entgeltfortzahlung die Arbeit allein auf Grund der krankheitsbedingten Arbeitsunfähigkeit ausgefallen sein muss, dazu führen, dass ein Arbeitnehmer Leistungen erhält, der auch ohne seine Erkrankung nicht gearbeitet hätte (BAG AP Nr. 63 zu § 4 EFZG mit Anm. *Schmitt*). 174

Möglich sind aber auch Änderungen bezüglich der **Berechnungsgrundlage.** 175

Hierzu gehören zunächst Abweichungen hinsichtlich der Berechnung der maßgeblichen regelmäßigen **Arbeitszeit.** In Betracht kamen bis zur Änderung des § 4 Abs. 1a EFZG insbesondere Regelungen hinsichtlich der Berücksichtigung von **Überstunden,** da das Entgeltausfallprinzip insoweit nicht unproblematisch ist (vgl. *Helml* § 4 EFZG Rdn. 26). Zu den Änderungen im Zusammenhang mit der Berechnung der maßgeblichen Arbeitszeit kann man in einem weiteren Sinne auch abweichende tarifvertragliche Bestimmungen hinsichtlich der **Kurzarbeit** rechnen. 176

Zu den zulässigen Änderungen der Berechnungsgrundlage gehören aber auch abweichende Regelungen hinsichtlich der Berechnung des **Arbeitsentgelts,** d. h. man kann tarifvertraglich z. B. vorsehen, dass bestimmte Bestandteile des Arbeitsentgelts wie etwa Anwesenheitsprämien von der Entgeltfortzahlung ausgenommen sind (*Vossen,* Entgeltfortzahlung, Rdn. 595). 177

Unter der Geltung des § 2 Abs. 3 S. 1 LFZG war umstritten, ob die Tarifvertragsparteien einzelne Entgeltbestandteile ausnehmen und damit die Höhe des fortzuzahlenden Arbeitsentgelts reduzieren konnten (dafür u. a. *Marienhagen/Kunze* § 2 LFZG Rdn. 29; *Schmatz/Fischwasser/Geyer/Knorr* § 2 LFZG Rdn. 51; *Schmitt,* LFZG, § 2 Rdn. 92; a. A. *Kehrmann/Pelikan* § 2 LFZG Rdn. 28). Während der Diskussion über das neue Entgeltfortzahlungsgesetz entschied dann das BAG, dass die Tarifvertragsparteien unter der Geltung des § 2 Abs. 3 S. 1 LFZG nur hinsichtlich der Berechnungsmethode, nicht aber bezüglich der Bemessungsgrundlage von den gesetzlichen Regelungen abweichen konnten (BAG AP Nr. 25 zu § 2 LFZG). Dieser Rechtsprechung wurde durch die vom ursprünglichen Fraktionsentwurf abweichende, im Rahmen der Ausschussberatungen gefundene heutige Formulierung des § 4 Abs. 4 S. 1 EFZG bewusst der Boden entzogen (BT-Drucks. 12/5798, S. 26). 178

Damit ist nunmehr davon auszugehen, dass die Tarifvertragsparteien einzelne Entgeltbestandteile, insbesondere zusätzliche Leistungen wie Prämien oder Mehrarbeitszuschläge von der Entgeltfortzahlung ausnehmen können (so danach auch BAG AP Nr. 58 zu § 4 LFZG; *Diller,* NJW 1994, 1690, 1691; *Geyer/Knorr/Krasney* § 4 EFZG Rdn. 58; *Gola* § 4 EFZG Anm. 7.1.2; *Kaiser/Dunkl/Hold/Kleinsorge* § 4 EFZG Rdn. 110; *Raab,* NZA 1997, 1144; *Worzalla/Süllwald* § 4 EFZG Rdn. 48; ähnlich Kasseler Handbuch/*Vossen* Rdn. 397; a. A. *Wedde/Kunz* § 4 EFZG Rdn. 59 ff.). 179

180 Soweit ein Tarifvertrag verschiedene regelmäßig anfallende Zuschläge vorsieht, haben die Tarifvertragsparteien die Möglichkeit, die Berechnungsgrundlage für die Entgeltfortzahlung im Krankheitsfall dahingehend zu modifizieren, dass diese Zuschläge sämtlich außer Betracht bleiben; sie sind nicht verpflichtet, einzelne Zuschläge bei der Entgeltfortzahlung bestehen zu lassen (BAG AP Nr. 58 zu § 4 EFZG = EzA Nr. 6 zu § 4 EFZG mit Anm. *Boch*).

b) Nicht tarifdispositive Regelungen

181 **Nicht zu Ungunsten** der betroffenen Arbeitnehmer **geändert** werden können dagegen weiterhin u. a. die **Dauer** des Entgeltfortzahlungszeitraums von sechs Wochen, die Regelungen über die Behandlung von **Mehrfacherkrankungen** und die Gleichstellung von **Sterilisationen** und **Schwangerschaftsabbrüchen** mit Erkrankungen (§ 3 EFZG). Unzulässig ist es weiterhin, dem Arbeitgeber **Leistungsverweigerungsrechte** einzuräumen, die nicht in § 7 EFZG vorgesehen sind, die Regelung des § 8 EFZG über die Fortzahlung des Entgelts über die **Beendigung des Arbeitsverhältnisses** hinaus zu Lasten der Arbeitnehmer zu modifizieren oder die **Entgeltfortzahlung** bei **medizinischen Rehabilitationsmaßnahmen** einzuschränken (§ 9 EFZG). Zwingend sind schließlich auch die Vorschriften über die wirtschaftliche Sicherung für den Krankheitsfall im Bereich der Heimarbeit (§ 10 EFZG; weitere Beispiele bei *Geyer/Knorr/Krasney* § 4 EFZG Rdn. 58; vgl. auch *Kaiser/Dunkl/Hold/Kleinsorge* § 4 EFZG Rdn. 109).

2. Einzelvertragliche Einbeziehung von Tarifverträgen (§ 4 Abs. 4 S. 2 EFZG)

182 § 4 Abs. 4 S. 2 EFZG eröffnet die Möglichkeit, dass im Geltungsbereich eines die Entgeltfortzahlung im Krankheitsfall modifizierenden Tarifvertrages zwischen nicht tarifgebundenen Arbeitgebern und Arbeitnehmern die Anwendung der tarifvertraglichen Regelungen über die Fortzahlung des Arbeitsentgelts im Krankheitsfalle vereinbart wird. Damit wird z.B. die Möglichkeit eröffnet, alle Arbeitnehmer eines Betriebes – also auch die nicht tarifgebundenen – entgeltfortzahlungsrechtlich gleich zu behandeln (*Vossen*, Entgeltfortzahlung, Rdn. 597).

183 Voraussetzung für die Einbeziehung eines solchen Tarifvertrages in den Einzelarbeitsvertrag ist, dass die Betroffenen (Arbeitgeber und Arbeitnehmer) vom **sachlichen, räumlichen und persönlichen Geltungsbereich des Tarifvertrages erfasst werden** und die unmittelbare Anwendung dieses Tarifvertrages nur daran scheitert, dass Arbeitgeber und/oder Arbeitnehmer nicht tarifgebunden sind und der Tarifvertrag auch nicht für allgemeinverbindlich erklärt worden ist. Nicht möglich ist dagegen z.B. die Übernahme eines Tarifvertrages für eine andere Branche (vgl. BAG AP Nr. 7 zu § 1 TVG Form; ErfK/*Dörner* § 4 EFZG Rdn. 61; *Geyer/Knorr/Krasney* § 4 EFZG Rdn. 70f.; HzA/*Vossen* Gruppe 2 Rdn. 539).

184 Der Tarifvertrag kann hinsichtlich der Regelungen über die Entgeltfortzahlung im Krankheitsfalle nur **insgesamt** übernommen werden (*Brecht* § 4 EFZG Rdn. 28; ErfK/*Dörner* § 4 EFZG Rdn. 62; *Wedde/Kunz* § 4 EFZG

Kürzung von Sondervergütungen § 4a EFZG

Rdn. 65). Dies ergibt sich daraus, dass nur die Tarifvertragsparteien die Gewähr dafür bieten, dass die Abweichung von den an sich zwingenden gesetzlichen Regelungen nicht allein zum Nachteil des Arbeitnehmers erfolgt (GK-EFZR/*Birk* § 2 LFZG Rdn. 85). Soweit nur einzelne entgeltfortzahlungsrechtliche Regelungen des Tarifvertrages übernommen werden, kommt nicht § 4 Abs. 4 S. 2 EFZG zur Anwendung, sondern die einzelvertraglichen bzw. einzelvertraglich übernommenen Bestimmungen sind dann anhand des Günstigkeitsprinzips auf ihre Wirksamkeit hin zu prüfen (HzA/*Vossen* Gruppe 2 Rdn. 539; ausführlich § 12 EFZG Rdn. 28 ff.).

Die Übernahme des Tarifvertrages bzw. der Regelungen des Tarifvertra- 185 ges über die Fortzahlung des Arbeitsentgelts im Krankheitsfall ist nur durch eine entsprechende **einzelvertragliche Vereinbarung** möglich, **nicht** dagegen im Wege einer **Betriebsvereinbarung** (ErfK/*Dörner* § 4 EFZG Rdn. 64; *Helml* § 4 EFZG Rdn. 132; *Kaiser/Dunkl/Hold/Kleinsorge* § 4 EFZG Rdn. 122 f.). Eine bestimmte Form ist für die einzelvertragliche Vereinbarung nicht erforderlich, sie kann schriftlich, mündlich oder konkludent erfolgen (*Kaiser/Dunkl/Hold/Kleinsorge* § 4 EFZG Rdn. 123). Soweit ein Tarifvertrag einzelvertraglich übernommen wird, hat die individualrechtliche Vereinbarung ebenfalls Vorrang vor den gesetzlichen Regelungen.

§ 4a Kürzung von Sondervergütungen

Eine Vereinbarung über die Kürzung von Leistungen, die der Arbeitgeber zusätzlich zum laufenden Arbeitsentgelt erbringt (Sondervergütungen), ist auch für Zeiten der Arbeitsunfähigkeit infolge Krankheit zulässig. Die Kürzung darf für jeden Tag der Arbeitsunfähigkeit infolge Krankheit ein Viertel des Arbeitsentgelts, das im Jahresdurchschnitt auf einen Arbeitstag entfällt, nicht überschreiten.

Übersicht

	Rdn.
I. Allgemeines	1
II. Kürzung von Sondervergütungen nach § 4a EFZG	10
1. Anwendungsbereich	11
2. Begriff der Sondervergütung	14
3. Vereinbarte Kürzung von Sondervergütungen	21
4. Zulässiger Umfang der Kürzung	23

I. Allgemeines

§ 4a EFZG regelt die Möglichkeit, **Vereinbarungen über die Kürzung** 1 **von Sondervergütungen** (auch) **für Zeiten krankheitsbedingter Arbeitsunfähigkeit** zu treffen.

Die **Rechtsprechung zur Kürzung von Sondervergütungen** wegen 2 krankheitsbedingter Fehlzeiten hatte sich vor dem Inkrafttreten des Arbeitsrechtlichen Beschäftigungsförderungsgesetzes im Laufe der Jahre mehrfach gewandelt.

3 Während man zunächst entsprechende Kürzungen ablehnte, weil man der Auffassung war, eine Kürzungsklausel beinhalte die Gefahr, dass ein Arbeitnehmer ohne Rücksicht auf seine Gesundheit zur Arbeit erscheine, um finanzielle Einbußen zu vermeiden (so z. B. BAG AP Nr. 12 zu § 611 BGB Anwesenheitsprämie), kam man in einer Entscheidung aus dem Jahre 1990 erstmals zu dem Ergebnis, eine einzelvertragliche Vereinbarung über eine Kürzung von Sonderzuwendungen sei zulässig, sofern der Kürzungsbetrag ein Sechzigstel je Krankheitstag nicht überschreite (BAG AP Nr. 15 zu § 616 BGB Anwesenheitsprämie).

4 Später akzeptierte das BAG bezogen auf Kürzungsvereinbarungen in Betriebsvereinbarungen auch Kürzungen um ein Dreißigstel je Kalendertag (BAG AP Nr. 18 zu § 611 BGB Anwesenheitsprämie = SAE 1995, 312 mit Anm. *Meisel)* sowie bei monatlich fälligen Prämien eine völlige Streichung bei Fehltagen in diesem Monat (BAG AP Nr. 140 zu Art. 9 GG Arbeitskampf = NZA 1996, 389; ausführlich zur früheren Rechtslage *Gaul,* AuA 1994, 309).

5 Angesichts dieser Situation wollte der Gesetzgeber ausweislich der Begründung zum Gesetzentwurf mit der Regelung des § 4a EFZG (damals § 4b EFZG) eine **sichere Grundlage für Vereinbarungen über die Kürzung von Sondervergütungen** wegen krankheitsbedingter Fehlzeiten schaffen; die skizzierte Rechtsprechung, die für die Arbeitnehmer teilweise deutlich ungünstiger war (*Löwisch* NZA 1996, 1009, 1014), hat damit nur noch Bedeutung für die Kürzung von Sondervergütungen aus anderen Gründen.

6 Die Vorschrift des § 4a EFZG geht zurück auf den Entwurf der Fraktionen der CDU/CSU und FDP zum **Arbeitsrechtlichen Beschäftigungsförderungsgesetz.**

7 Nachdem im Rahmen der damaligen Beratungen des Ausschusses für Arbeit und Sozialordnung beschlossen worden war, in § 4a EFZG die Anrechnung auf den Erholungsurlaub zu regeln, wurde die Kürzung von Sondervergütungen zum Gegenstand des § 4b EFZG (vgl. BT-Drucks. 13/5107; zur Entstehungsgeschichte des Arbeitsrechtlichen Beschäftigungsförderungsgesetzes insgesamt vgl. Einleitung A Rdn. 87 ff.) und trat in ihrer heutigen Form zunächst am 1. Oktober 1996 als § 4b EFZG in Kraft.

8 Der **Gesetzentwurf** der Fraktionen von SPD und BÜNDNIS 90/DIE GRÜNEN vom **17. November 1998** (BT-Drucks. 14/45) zu einem „Gesetz zu Korrekturen in der Sozialversicherung und zur Sicherung der Arbeitnehmerrechte" sah dann bereits vor, § 4a EFZG in seiner ursprünglichen Fassung (Anrechnung von Erholungsurlaub) ersatzlos zu streichen; der damalige § 4b EFZG wurde in Folge dessen zu § 4a EFZG, ohne dass damit inhaltliche Änderungen verbunden waren (vgl. BT-Drucks. 14/45, S. 24).

9 Im Rahmen des weiteren Gesetzgebungsverfahrens (vgl. dazu ausführlich Einleitung A Rdn. 99 ff.) hat sich hieran nichts mehr geändert, sodass die frühere Regelung des § 4b EFZG seit dem 1. Januar 1999 als § 4a EFZG in Kraft ist.

II. Kürzung von Sondervergütungen nach § 4a EFZG

§ 4a EFZG ermöglicht die Kürzung von Sondervergütungen im Krankheitsfall (zum Anwendungsbereich der Vorschrift vgl. Rdn. 11 ff., zum Begriff der Sondervergütung Rdn. 14 ff.). Die Kürzung bedarf in jedem Fall einer Vereinbarung (vgl. unten Rdn. 21 f.), wobei die Grenzen der Vereinbarungsfreiheit durch § 4a S. 2 EFZG unabhängig von der Art der Vereinbarung festgelegt werden (vgl. unten Rdn. 23 ff.). 10

1. Anwendungsbereich

§ 4a EFZG regelt die Möglichkeiten, Vereinbarungen über die Kürzung von **Sondervergütungen bei Krankheit** zu treffen, wobei der Krankheitsbegriff des § 3 EFZG (vgl. § 3 EFZG Rdn. 40 ff.) zugrunde zu legen ist; dass der regelwidrige Körper- oder Geisteszustand, der als Krankheit anzusehen ist, auf einen **Arbeitsunfall** zurückgeht, schließt eine Kürzung von Sondervergütungen nicht aus (BAG AP Nr. 221 zu § 611 BGB Gratifikation). 11

Darüber hinaus betrifft § 4a EFZG die Regelungsmöglichkeiten für den Fall, dass der Arbeitnehmer der Arbeit fernbleibt, weil er an einer **Maßnahme der medizinischen Vorsorge oder Rehabilitation** i.S.d. § 9 EFZG teilnimmt. Die Verweisung auf § 4a EFZG in § 9 Abs. 1 EFZG stellt insoweit sicher, dass Maßnahmen der medizinischen Vorsorge und Rehabilitation entgeltfortzahlungsrechtlich auch hinsichtlich der Kürzung von Sondervergütungen nicht anders behandelt werden als Zeiten der Arbeitsunfähigkeit wegen einer Erkrankung (vgl. BT-Drucks. 13/4612, S. 16; *Feichtinger/Malkmus* § 4a EFZG Rdn. 4). 12

Keine unmittelbare Anwendung findet § 4a EFZG dagegen auf die Kürzung von Sondervergütungen wegen **anderer Fehlzeiten** wie z.B. der Arbeitsverhinderung aus persönlichen Gründen i.S.d. § 616 BGB; in Betracht kommt insoweit allerdings eine analoge Anwendung der Vorschrift (vgl. *Feichtinger/Malkmus* § 4a EFZG Rdn. 5; *Hanau*, RdA 1997, 205, 208). 13

2. Begriff der Sondervergütung

§ 4a EFZG definiert den **Begriff der Sondervergütung** dahingehend, dass es sich um eine Leistung handelt, „die der Arbeitgeber zusätzlich zum laufenden Arbeitsentgelt erbringt". 14

Diese **Legaldefinition** ist schon insofern unbefriedigend, als ihr nicht eindeutig zu entnehmen ist, ob nur Einmalzahlungen gemeint sind oder auch laufende Zusatzzahlungen zum Arbeitsentgelt erfasst werden (kritisch zur Legaldefinition im damaligen § 4b S. 1 EFZG *Hanau*, ZRP 1996, 349, 351; *Preis*, NJW 1996, 3369, 3376). 15

Im Ergebnis spricht wohl mehr dafür, anzunehmen, dass der Gesetzgeber **nur Einmalzahlungen** erfassen wollte und **keine laufenden Zusatzzahlungen** zum Arbeitsentgelt in Form laufender Anwesenheitsprämien (a. A. *Adam*, ZTR 1998, 438). Dafür spricht zunächst, dass die hieraus resultierenden Ergebnisse eher im Einklang mit der in der Vergangenheit herrschenden Meinung zur krankheitsbedingten Kürzung von Prämienzahlungen 16

EFZG § 4a   Kürzung von Sondervergütungen

stehen und der Gesetzgeber ausweislich der Begründung zum Gesetzentwurf in erster Linie bestehende Unklarheiten beseitigen wollte (vgl. BT-Drucks. 13/4612, S. 16; vgl. auch *Hanau*, ZRP 1996, 349, 351). Des weiteren entspricht eine vergleichsweise enge Auslegung des Begriffs für Sondervergütung in § 4a EFZG wohl eher der üblichen – allerdings durchaus uneinheitlichen (*Preis*, NJW 1996, 3369, 3376 spricht zu Recht von einem „schillernden Begriff") – Terminologie (vgl. *Kaiser/Dunkl/Hold/Kleinsorge* § 4a EFZG Rdn. 8; MünchArbR/*Hanau* § 69 Rdn. 1; *Schaub*, Arbeitsrechts-Handbuch, § 78). Schließlich spricht für die angedeutete Auslegung auch, dass sie im Einklang mit den Definitionen in den verschiedenen Entwürfen zu einem Arbeitsgesetzbuch steht, die Sondervergütungen übereinstimmend definier(t)en als „Zusatzentgelt, das nicht in jedem Abrechnungszeitraum fällig wird" (vgl. „Entwurf eines Arbeitsvertragsgesetzes" – ArbVG – des Freistaates Sachsen, BR-Drucks. 293/93 sowie „Entwurf eines Gesetzes zur Bereinigung des Arbeitsrechts" des Landes Brandenburg, BR-Drucks. 671/96, jeweils § 50).

17 Auch wenn man von dieser Begriffsbestimmung ausgeht ist § 4a EFZG allerdings auch dann anwendbar, wenn der Arbeitgeber **zwei Sonderzahlungen im Jahr** gewährt, wie zum Beispiel ein Weihnachts- und ein Urlaubsgeld. Der Begriff der Einmalzahlung dient lediglich der Abgrenzung zu laufenden Zahlungen; **mehrere Einmalzahlungen** im Laufe eines Jahres sind selbstverständlich möglich und können gegebenenfalls gekürzt werden (Hanau, RdA 1997, 205, 208).

18 Entsprechend ihrer Zielsetzung ist die Regelung des § 4a EFZG auch auf die Gewährung sog. **Aufbauprämien** anwendbar, d. h. auf Sonderzahlungen, bei denen der Anspruch erst durch die Anwesenheit des Arbeitnehmers entsteht, denn es kann letztlich nicht darauf ankommen, ob eine Prämie bei Abwesenheit nicht gezahlt oder gekürzt wird (ebenso *Giesen*, RdA 1997, 193, 200; a. A. *Bauer/Lindemann*, BB 1996, Beil. 17, S. 8, 14). Auch für die Nichtgewährung von Aufbauprämien bildet § 4a EFZG dem gemäß die Obergrenze; die weitergehenden Kürzungsmöglichkeiten, die von der früheren Rechtsprechung entwickelt worden sind, finden auch insoweit keine Anwendung mehr.

19 Auf die Höhe der betroffenen Sondervergütung kommt es grundsätzlich nicht an; da dass Gesetz insoweit keine Ausnahme vorsieht, gilt § 4a EFZG auch für sog. **Kleinstgratifikationen** unter 100 € (vgl. *Adam*, ZTR 1998, 438; *Bauer/Lindemann*, BB 1996, Beil. 17, S. 8, 14; *Müller/Berenz* § 4a EFZG Rdn. 5; *Wedde/Kunz* § 4a EFZG Rdn. 9).

20 Im übrigen ist der Charakter der Sonderzahlung (Belohnung von Betriebstreue, Entgelt oder Mischform) von Bedeutung: Auf Sonderzahlungen mit **reinem Entgeltcharakter** – etwa das 13. Monatsgehalt – ist § 4a EFZG **nicht anwendbar,** da es sich nach Auffassung des BAG um „arbeitsleistungsbezogene Sonderzahlungen" handelt (BAG AP Nr. 1 zu § 4b EFZG); gekürzt werden können dem gemäß nur Sonderzahlungen, durch die die Betriebstreue des Arbeitnehmers belohnt werden soll sowie Mischformen (ausf. *Kamanabrou*, Jura 1999, 455).

3. Vereinbarte Kürzung von Sondervergütungen

Kürzungen von Sondervergütungen auf der Grundlage des § 4a EFZG 21
setzen eine entsprechende **Vereinbarung** voraus; § 4a EFZG ermöglicht es dem Arbeitgeber nicht, Sondervergütungen einseitig zu kürzen (ErfK/*Dörner* § 4a EFZG Rdn. 5; *Lorenz*, DB 1996, 1973, 1976; zur Differenzierung zwischen zukunfts- und vergangenheitsbezogenen Sondervergütungen vgl. BAG AP Nr. 2 zu § 4a EFZG). Eine entsprechende Vereinbarung kann sowohl im **Arbeitsvertrag** des Betroffenen als auch in einem **Tarifvertrag** enthalten sein; auch insoweit haben sich keine Veränderungen gegenüber der Rechtslage vor dem Inkrafttreten des § 4a (bzw. des ursprünglichen § 4b) EFZG ergeben (*Kaiser/Dunkl/Hold/Kleinsorge* § 4a EFZG Rdn. 14; *Wedde/Kunz* § 4a EFZG Rdn. 10ff.).

Möglich ist weiterhin auch der Abschluss entsprechender **Betriebsver-** 22
einbarungen (zu den Gestaltungsmöglichkeiten der Betriebspartner nach „altem Recht" vgl. BVerfG AP Nr. 247 zu Art. 3 GG). Ein erzwingbares Mitbestimmungsrecht des Betriebsrates gem § 87 Abs. 1 Nr. 10 BetrVG ist dagegen zu verneinen, da § 4a EFZG als gesetzliche Regelung im Sinne des Einleitungssatzes von § 87 Abs. 1 BetrVG anzusehen ist (vgl. *Hanau*, RdA 1997, 205, 207).

4. Zulässiger Umfang der Kürzung

Gem. § 4a Satz 2 EFZG darf die vereinbarte Kürzung für jeden Tag der 23
Arbeitsunfähigkeit infolge Krankheit **ein Viertel des Arbeitsentgelts, das im Jahresdurchschnitt auf einen Arbeitstag entfällt,** nicht überschreiten.

Die Kürzungsmöglichkeiten sind damit – entgegen der sonst erkennbaren 24
Grundtendenz des Arbeitsrechtlichen Beschäftigungsförderungsgesetzes – nicht unerheblich eingeschränkt worden. Dies gilt sowohl im Vergleich zur früheren Rechtsprechung zur Kürzung von Sondervergütungen aufgrund individualrechtlicher Vereinbarungen als auch – in verstärktem Maße – im Vergleich zur Rechtsprechung zur Kürzung von Sondervergütungen auf kollektivrechtlicher Grundlage.

Beispiel: Der Arbeitnehmer erhält ein Monatsgehalt von 1500 € und eine jährliche Sonderzahlung von einem Monatsgehalt, also ebenfalls 1500 €. Der Arbeitnehmer wird durchschnittlich an 20 Tagen im Monat beschäftigt; er bleibt der Arbeit im laufenden Kalenderjahr krankheitsbedingt für insgesamt 20 Arbeitstage fern.

Soweit die Sonderzahlung bzw. die Kürzungsvereinbarung auf individu- 25
alrechtlicher Grundlage beruhte, war nach der Rechtsprechung des BAG bis zum Inkrafttreten des § 4a (bzw. § 4b) EFZG eine Kürzung um ein Sechzigstel je Fehltag zulässig (BAG AP Nr. 15 zu § 611 BGB Anwesenheitsprämie); im Beispiel war danach eine Kürzung um 25 € je Krankheitstag bzw. insgesamt 500 € möglich. Soweit die Sonderzahlung und die Kürzungsvereinbarung auf einer Betriebsvereinbarung beruhten, war nach der Rechtsprechung des BAG eine Kürzung um ein Dreißigstel je Fehltag zulässig (BAG AP Nr. 18 zu § 611 BGB Anwesenheitsprämie = SAE 1995, 312 mit Anm. *Meisel*); im Beispielsfall war damit eine Kürzung um 50 € je Kalendertag bzw. insgesamt 1000 € möglich.

26 Nach § 4a EFZG kann nur noch das auf einen Arbeitstag durchschnittlich entfallende Entgelt (75 €) um ein Viertel (18,75 €) gekürzt werden, so dass sich ein maximaler Kürzungsbetrag von 375 € ergibt (Beispiel in Anlehnung an *Löwisch,* NZA 1996, 1009, 1014).

27 Die Kürzungsvereinbarung kann so ausgestaltet werden, dass gewissermaßen die **Regelung des § 4a EFZG wiederholt** wird („Die Weihnachtsgratifikation wird für jeden Tag der Arbeitsunfähigkeit infolge Krankheit um ein Viertel des Arbeitsentgelts, das im Jahresdurchschnitt auf einen Arbeitstag entfällt, gekürzt"), es ist aber auch möglich, einen **bestimmten Betrag zu nennen,** der den maximalen Kürzungsbetrag, der sich aus § 4a S. 2 EFZG ergibt, nicht überschreitet („Die Weihnachtsgratifikation wird für jeden Tag der Arbeitsunfähigkeit infolge Krankheit um ... € gekürzt").

28 § 4a Satz 2 EFZG legt nur eine **Obergrenze** für die mögliche Kürzung von Sondervergütungen im Hinblick auf krankheitsbedingte Fehlzeiten fest; Kürzungsvereinbarungen, die die Möglichkeiten des § 4a Satz 2 EFZG nicht ausschöpfen, sind ebenfalls zulässig (*Wedde/Kunz* § 4a EFZG Rdn. 18). Derartige Vereinbarungen können sowohl eine geringere Kürzungsquote vorsehen (z. B.: ein Fünftel des Arbeitsentgelts, das im Jahresdurchschnitt auf einen Arbeitstag entfällt) als auch einen niedrigeren „Festbetrag" (z. B. im obigen Beispiel 12,50 € für jeden Tag der Arbeitsunfähigkeit infolge Krankheit).

§ 5 Anzeige- und Nachweispflichten

(1) **Der Arbeitnehmer ist verpflichtet, dem Arbeitgeber die Arbeitsunfähigkeit und deren voraussichtliche Dauer unverzüglich mitzuteilen. Dauert die Arbeitsunfähigkeit länger als drei Kalendertage, hat der Arbeitnehmer eine ärztliche Bescheinigung über das Bestehen der Arbeitsunfähigkeit sowie deren voraussichtliche Dauer spätestens an dem darauffolgenden Arbeitstag vorzulegen. Der Arbeitgeber ist berechtigt, die Vorlage der ärztlichen Bescheinigung früher zu verlangen. Dauert die Arbeitsunfähigkeit länger als in der Bescheinigung angegeben, ist der Arbeitnehmer verpflichtet, eine neue ärztliche Bescheinigung vorzulegen. Ist der Arbeitnehmer Mitglied einer gesetzlichen Krankenkasse, muß die ärztliche Bescheinigung einen Vermerk des behandelnden Arztes darüber enthalten, daß der Krankenkasse unverzüglich eine Bescheinigung über die Arbeitsunfähigkeit mit Angaben über den Befund und die voraussichtliche Dauer der Arbeitsunfähigkeit übersandt wird.**

(2) **Hält sich der Arbeitnehmer bei Beginn der Arbeitsunfähigkeit im Ausland auf, so ist er verpflichtet, dem Arbeitgeber die Arbeitsunfähigkeit, deren voraussichtliche Dauer und die Adresse am Aufenthaltsort in der schnellstmöglichen Art der Übermittlung mitzuteilen. Die durch die Mitteilung entstehenden Kosten hat der Arbeitgeber zu tragen. Darüber hinaus ist der Arbeitnehmer, wenn er Mitglied einer gesetzlichen Krankenkasse ist, verpflichtet, auch dieser die Arbeitsunfähigkeit und deren voraussichtliche Dauer unverzüglich anzuzeigen. Dauert die Arbeitsunfähigkeit länger als angezeigt, so ist der Arbeitnehmer verpflichtet, der gesetzlichen Krankenkasse die voraussichtliche Fortdauer der Arbeitsunfähigkeit mitzuteilen. Die gesetzlichen Krankenkassen können fest-**

I. Allgemeines § 5 EFZG

legen, daß der Arbeitnehmer Anzeige- und Mitteilungspflichten nach den Sätzen 3 und 4 auch gegenüber einem ausländischen Sozialversicherungsträger erfüllen kann. Absatz 1 Satz 5 gilt nicht. Kehrt ein arbeitsunfähig erkrankter Arbeitnehmer in das Inland zurück, so ist er verpflichtet, dem Arbeitgeber und der Krankenkasse seine Rückkehr unverzüglich anzuzeigen.

Übersicht

	Rdn.
I. Allgemeines	1
II. Anwendungsbereich	9
III. Mitteilungs- und Nachweispflichten bei Erkrankungen im Geltungsbereich des Gesetzes (§ 5 Abs. 1 EFZG)	14
1. Mitteilungspflichten	15
a) Allgemeines	15
b) Zeitpunkt der Mitteilung	17
c) Inhalt der Mitteilung	26
d) Form der Mitteilung	33
e) Adressat der Mitteilung	34
2. Nachweispflichten	37
a) Allgemeines	37
b) Zeitpunkt der Vorlage der Arbeitsunfähigkeitsbescheinigung	42
aa) Vorlage nach § 5 Abs. 1 S. 2 EFZG	47
bb) Vorlage nach § 5 Abs. 1 S. 3 EFZG	68
c) Inhalt der Arbeitsunfähigkeitsbescheinigung	84
d) Form der Arbeitsunfähigkeitsbescheinigung	92
e) Kosten der Arbeitsunfähigkeitsbescheinigung	97
f) Beweiswert der Arbeitsunfähigkeitsbescheinigung	100
3. Fortdauer der Arbeitsunfähigkeit	122
IV. Mitteilungs- und Nachweispflichten bei Erkrankungen außerhalb des Geltungsbereichs des Gesetzes (§ 5 Abs. 2 EFZG)	128
1. Mitteilungspflichten	130
a) Mitteilungspflichten bei Beginn der Arbeitsunfähigkeit (§ 5 Abs. 2 S. 1 bis 3 EFZG)	130
b) Mitteilungspflichten bei Fortdauer der Arbeitsunfähigkeit (§ 5 Abs. 2 S. 4 EFZG)	143
c) Mitteilungspflichten bei Rückkehr in das Inland (§ 5 Abs. 2 S. 7 EFZG)	145
2. Nachweispflichten	146
a) Inhalt der Nachweispflichten	146
b) Beweiswert der Arbeitsunfähigkeitsbescheinigung	151
3. Abweichende Regelungen (§ 5 Abs. 2 S. 5 und 6 EFZG)	163
V. Rechtsfolgen bei Verletzung der Pflichten aus § 5 EFZG	167
1. Verletzung der Mitteilungspflicht	167
2. Verletzung der Nachweispflicht	172
a) Fehlende Arbeitsunfähigkeitsbescheinigung	172
b) Erschlichene Arbeitsunfähigkeitsbescheinigung	176
VI. Einschaltung des Medizinischen Dienstes der Krankenversicherung	179

I. Allgemeines

§ 5 EFZG regelt in seinem Absatz 1 die Pflicht des erkrankten Arbeitnehmers, bei Erkrankungen **im Geltungsbereich des Gesetzes** dem Ar- 1 beitgeber die Arbeitsunfähigkeit und deren voraussichtliche Dauer unverzüglich mitzuteilen und bei länger andauernder Arbeitsunfähigkeit bzw. auf Verlangen des Arbeitgebers eine ärztliche Bescheinigung vorzulegen, aus der sich die Tatsache der Arbeitsunfähigkeit und deren voraussichtliche Dauer ergeben (vgl. Rdn. 14 ff.). § 5 Abs. 2 EFZG beinhaltet vergleichbare, teilweise jedoch auch weitergehende Mitteilungspflichten des Arbeitnehmers für den Fall, dass er sich bei Beginn der Erkrankung **außerhalb des Geltungsbereichs** des Gesetzes aufhält (vgl. Rdn. 128 ff.).

2   Auch wenn § 5 EFZG unmittelbar nur Pflichten des erkrankten Arbeitnehmers begründet, so ist die Vorschrift doch zumindest mittelbar auch bedeutsam für die **behandelnden Ärzte,** die die dem § 5 EFZG entsprechenden Bescheinigungen auszustellen haben, und für den **Medizinischen Dienst der Krankenversicherung,** dem unter Umständen die Begutachtung des erkrankten Arbeitnehmers obliegt (vgl. Rdn. 179 ff.).

3   **Vorläufer** des § 5 EFZG waren § 3 des Lohnfortzahlungsgesetzes (zur geschichtlichen Entwicklung dieser Regelung *Schmitt,* LFZG, § 3 Rdn. 3 ff.) vom 27. Juli 1969 (BGBl. I S. 946) und § 115a Abs. 4 und 5 des Arbeitsgesetzbuches der DDR vom 16. Juni 1977 i. d. F. vom 22. Juni 1990 (GBl. I S. 371) und des Einigungsvertrages vom 21. August 1990 (BGBl. II S. 889), die die Anzeige- und Nachweispflichten von Arbeitern in den alten Bundesländern und von Arbeitnehmern in den neuen Bundesländern regelten.

4   Für Angestellte in den alten Bundesländern existierte keine vergleichbare Regelung. Eine analoge Anwendung des § 3 LFZG auf Angestellte wurde zwar teilweise befürwortet *(Erman/Hanau,* 9. Aufl., § 616 Rdn. 66; *Schmitt,* LFZG, § 133c GewO Rdn. 123; *ders.,* ZTR 1991, 6; a. A. *Becker,* DB 1983, 1255; *ders.,* DB 1987, 1090, 1092; *Lepke,* DB 1993, 2025), die Rechtsprechung lehnte sie jedoch bezogen auf die Nachweispflicht weitgehend ab (vgl. ArbG Hamburg NZA 1993, 507 zur Vorlage eines ärztlichen Attestes als Voraussetzung für den Anspruch eines Angestellten auf Krankenvergütung). Bejaht hat man dagegen eine Anzeigepflicht für Angestellte, die man allerdings als Nebenpflicht aus dem Dienstvertrag herleitete (vgl. BAG AP Nr. 11 zu § 11 KSchG; *Hueck/Nipperdey* I, § 44 III 1e; *Nikisch,* § 43 II 8). Die damit bestehenden Ungleichbehandlungen bzw. Unklarheiten waren einer der Gründe dafür, dass eine gesetzliche Neuregelung notwendig wurde.

5   Der im Jahre 1993 von den Fraktionen der CDU/CSU und der FDP vorgelegte ursprüngliche Entwurf eines Entgeltfortzahlungsgesetzes (BT-Drucks. 12/5263) sah in seinem § 5 Abs. 1 eine Regelung vor, die sich weitgehend an § 3 Abs. 1 LFZG anlehnte, und diese auf alle Arbeitnehmer erstreckte. In einem Punkt wich der Entwurf allerdings deutlich vom früheren Recht ab: § 5 Abs. 1 S. 1 des Entwurfs sah vor, dass eine ärztliche Bescheinigung über das Bestehen der Arbeitsunfähigkeit **ab dem ersten Kalendertag** vorzulegen war. Dahinter steckte die Überlegung, dass man dem Missbrauch von Entgeltfortzahlungen im Krankheitsfall entgegenwirken wollte (BT-Drucks. 12/5263, S. 10).

6   Bei den Beratungen des Entwurfs im Ausschuss für Arbeit und Sozialordnung wurde dann die Befürchtung geäußert, dass eine Pflicht zur Vorlage einer Arbeitsunfähigkeitsbescheinigung bereits für den ersten Kalendertag in

II. Anwendungsbereich § 5 EFZG

der Praxis unerwünschte Nebenwirkungen zeitigen könnte; es stehe zu befürchten, dass hierdurch ein Anreiz für eine länger als notwendig attestierte Arbeitsunfähigkeit geschaffen werde und dass der generell notwendige Arztbesuch nicht unerhebliche zusätzliche Kosten für die Krankenkassen verursachen würde. Der Ausschuss für Arbeit und Sozialordnung schlug daraufhin jene Fassung des § 5 Abs. 1 EFZG vor, die später Gesetz geworden ist.

Auf dem Ergebnis der Ausschussberatungen beruht auch die heutige Fassung des § 5 **Abs. 2** EFZG. Der ursprüngliche Gesetzentwurf sah bezogen auf Erkrankungen im Ausland lediglich vor, dass der Arbeitnehmer seine Arbeitsunfähigkeit und deren voraussichtliche Dauer unverzüglich anzuzeigen hatte (vgl. BT-Drucks. 12/5263); nachträglich eingefügt wurde die Verpflichtung, auch die Adresse am Aufenthaltsort mitzuteilen und hierfür die schnellstmögliche Art der Übermittlung zu wählen. Auch durch diese Änderung wollte man dem Missbrauch der Entgeltfortzahlung entgegenwirken, indem man dem Arbeitgeber bessere Chancen eröffnete, das Vorliegen der Arbeitsunfähigkeit zu überprüfen bzw. überprüfen zu lassen (vgl. BT-Drucks. 12/5798, S. 26). Im weiteren Verlauf des Gesetzgebungsverfahrens ist § 5 EFZG dann unverändert geblieben. 7

Das Arbeitsrechtliche Beschäftigungsförderungsgesetz vom 25. September 1996 und das „Korrekturgesetz" vom 19. Dezember 1998 haben § 5 EFZG ebenfalls unverändert gelassen. 8

II. Anwendungsbereich

In **personeller** Hinsicht erstrecken sich die Mitteilungs- und Nachweispflichten des § 5 EFZG auf **alle Arbeitnehmer,** also auch auf solche, die **keinen Anspruch auf Entgeltfortzahlung** haben. 9

Zusätzlich erfasst werden damit zum einen jene Arbeitnehmer, die zwar grundsätzlich in den Anwendungsbereich des Entgeltfortzahlungsgesetzes fallen, die aber die Voraussetzungen des Entgeltfortzahlungsanspruchs nach § 3 EFZG nicht (mehr) erfüllen (ebenso *Wedde/Kunz* § 5 EFZG Rdn. 3), d.h. insbesondere Arbeitnehmer, die wegen Nichterfüllung der Wartezeit des § 3 Abs. 3 EFZG noch keine Entgeltfortzahlung beanspruchen können (*Bauer/Lindemann,* BB 1996, Beil. 17, S. 8, 9; *Giesen,* RdA 1997, 193, 194; *Hanau,* RdA 1997, 205, 207; *Vossen,* NZA 1998, 354, 356), Arbeitnehmer, die ihre Arbeitsunfähigkeit schuldhaft herbeigeführt haben (vgl. § 3 EFZG Rdn. 110ff.) und zum anderen Arbeitnehmer, die wegen des Ablaufs der Sechs-Wochen-Frist bei einer (fortgesetzten) Erkrankung keine Entgeltfortzahlung mehr in Anspruch nehmen können (LAG Sachsen-Anhalt NZA 1997, 772; ErfK/*Dörner* § 5 EFZG Rdn. 5; zur Fortsetzungserkrankung vgl. § 3 EFZG Rdn. 220ff.). 10

Dies ergibt sich nicht nur aus dem Wortlaut, sondern auch aus dem **Sinn und Zweck der Regelung.** Insbesondere die Mitteilungspflicht soll es dem Arbeitgeber ermöglichen, möglichst frühzeitig die entsprechenden Dispositionen zu treffen (vgl. u.a. LAG Hamm DB 1971, 872; *Brecht* § 5 EFZG Rdn. 2; *Geyer/Knorr/Krasney* § 5 EFZG Rdn. 11; HzA/*Vossen* Gruppe 2 11

Rdn. 221; Kasseler Handbuch/*Vossen* Rdn. 162; *Lepke,* Arbeitsunfähigkeit des Arbeitnehmers, S. 166; *Staudinger/Oetker* § 616 Rdn. 294; *Wedde/Kunz* § 5 EFZG Rdn. 3f.; a.A. *Marienhagen/Künzl* § 5 EFZG Rdn. 1 a); dies setzt – unabhängig vom Bestehen von Entgeltfortzahlungsansprüchen – Informationen über die Arbeitsunfähigkeit des Arbeitnehmers voraus.

12   Im Fall der **Altersteilzeit** kommt es zunächst auf deren Ausgestaltung an. Wird das in der Praxis ganz dominierende sogenannte Blockmodell gewählt, bei dem der Arbeitnehmer die Arbeit vorleistet und nach erbrachter Arbeitsleistung anschließend freigestellt wird, ist zu differenzieren: Sofern die Arbeitsunfähigkeit während der Arbeitsphase eintritt, findet § 5 EFZG Anwendung, ohne dass sich Besonderheiten ergeben; tritt die Arbeitsunfähigkeit dagegen während der Freistellungsphase ein, besteht die Verpflichtung nur dann, wenn der Arbeitnehmer sich verpflichtet hat, unter bestimmten Voraussetzungen dennoch Arbeit zu leisten (ausf. zur Altersteilzeit und möglichen „Störfällen" *Debler,* NZA 2001, 1285).

13   In **sachlicher** Hinsicht erstrecken sich die Mitteilungs- und Nachweispflichten des § 5 EFZG auf die **krankheitsbedingte Arbeitsunfähigkeit** (*Wedde/Kunz* § 5 EFZG Rdn. 5). Soweit die Arbeitsverhinderung auf die Teilnahme an einer Maßnahme der medizinischen Vorsorge oder Rehabilitation zurückzuführen ist, finden sich spezielle Mitteilungs- und Nachweispflichten des Arbeitnehmers in § 9 Abs. 2 EFZG (vgl. § 9 EFZG Rdn. 83ff.).

III. Mitteilungs- und Nachweispflichten bei Erkrankungen im Geltungsbereich des Gesetzes (§ 5 Abs. 1 EFZG)

14   Gem. § 5 Abs. 1 EFZG sind Arbeitnehmer bei Erkrankungen im Geltungsbereich des Gesetzes verpflichtet, dem Arbeitgeber die Arbeitsunfähigkeit und deren voraussichtliche Dauer unverzüglich **mitzuteilen** (§ 5 Abs. 1 S. 1 EFZG; vgl. Rdn. 15ff.) und bei länger andauernder Arbeitsunfähigkeit bzw. auf Verlangen des Arbeitgebers eine **ärztliche Bescheinigung** über die Arbeitsunfähigkeit (ausf. zur Arbeitsunfähigkeitsbescheinigung *Jansen,* Diss. 2001) und deren voraussichtliche Dauer **vorzulegen** (§ 5 Abs. 1 S. 2 und 3 EFZG; vgl. Rdn. 37ff.); beide Pflichten bestehen **nebeneinander.** Dauert die Arbeitsunfähigkeit länger als in der ärztlichen Bescheinigung angegeben, so ist der Arbeitnehmer verpflichtet, eine neue ärztliche Bescheinigung vorzulegen (§ 5 Abs. 1 S. 4 EFZG; vgl. Rdn. 122ff.).

1. Mitteilungspflichten

a) Allgemeines

15   Der Arbeitnehmer ist zunächst verpflichtet, dem Arbeitgeber die **Arbeitsunfähigkeit und deren voraussichtliche Dauer** mitzuteilen. Sinn dieser Mitteilungspflicht ist es, den Arbeitgeber so bald als möglich über die Arbeitsunfähigkeit zu informieren, damit er die notwendigen Vorkehrungen treffen, d.h. soweit erforderlich z.B. für eine Vertretung sorgen kann (*Helml*

III. Mitteilungs- u. Nachweispfl. b. Erkrankung i. Geltungsbereich § 5 EFZG

§ 5 EFZG Rdn. 7; HzA/*Vossen* Gruppe 2 Rdn. 220; *Staudinger/Oetker* § 616 Rdn. 294).

Entsprechend dieser Zielsetzung ist die Mitteilung **ausnahmsweise entbehrlich,** wenn der Arbeitgeber **bereits Kenntnis von der Arbeitsunfähigkeit hat,** z. B. bei einem Arbeitsunfall (vgl. *Kaiser/Dunkl/Hold/Kleinsorge* § 5 EFZG Rdn. 4; Kasseler Handbuch/*Vossen* Rdn. 171; *Staudinger/Oetker* § 616 Rdn. 301; *Wedde/Kunz* § 5 EFZG Rdn. 8; *Worzalla* NZA 1996, 61; *Worzalla/Süllwald* § 5 EFZG Rdn. 6; a. A. ErfK/*Dörner* § 5 EFZG Rdn. 6). 16

Darüber hinaus ist die Mitteilung nach allgemeinen Regeln selbstverständlich auch dann entbehrlich, wenn der Arbeitgeber im Einzelarbeitsvertrag oder im Tarifvertrag **auf die Erfüllung der Anzeigepflicht verzichtet hat** (vgl. *Geyer/Knorr/Krasney* § 5 EFZG Rdn. 15); diese Fallgestaltung ist jedoch kaum von praktischer Bedeutung, da im allgemeinen allenfalls auf die Vorlage einer ärztlichen Bescheinigung verzichtet wird, nicht aber auf die Mitteilung der Arbeitsunfähigkeit und ihrer voraussichtlichen Dauer.

b) Zeitpunkt der Mitteilung

Die Mitteilung hat **unverzüglich,** d. h. nach der Legaldefinition des § 121 Abs. 1 S. 1 BGB **ohne schuldhaftes Zögern** zu erfolgen. Dies bedingt im Normalfall, dass der Arbeitnehmer dafür Sorge trägt, dass der Arbeitgeber bereits am ersten Tage der Arbeitsunfähigkeit während der ersten Betriebsstunden informiert wird (BAG AP Nr. 23 zu § 1 KSchG 1969 Verhaltensbedingte Kündigung; *Brecht* § 5 EFZG Rdn. 6; *Geyer/Knorr/Krasney* § 5 EFZG Rdn. 18; MüKo/*Schaub* § 616 Rdn. 136; *Wedde/Kunz* § 5 EFZG Rdn. 9). 17

Dies gilt auch dann, wenn der **erste Tag der Arbeitsunfähigkeit** für den betroffenen Arbeitnehmer **kein Arbeitstag** sein sollte. 18

Beispiel: Der Arbeitnehmer hat Urlaub bis zum 30.9. Erster Arbeitstag nach dem Urlaub soll der 1.10. sein. Der Arbeitnehmer erkrankt am 27.9.

Unter diesen Voraussetzungen ist der Arbeitnehmer grundsätzlich verpflichtet, den Arbeitgeber bereits am 27. bzw. 28.9. zu unterrichten und nicht erst am Morgen des 1.10. Dies entspricht dem mit der Mitteilungspflicht verfolgten Zweck, es dem Arbeitgeber zu ermöglichen, möglichst frühzeitig durch entsprechende Dispositionen auf den Arbeitsausfall zu reagieren (ähnlich ErfK/*Dörner* § 5 EFZG Rdn. 13; zur Zielsetzung des § 5 Abs. 1 S. 1 EFZG vgl. *Geyer/Knorr/Krasney* § 5 EFZG Rdn. 11; *Staudinger/ Oetker* § 616 Rdn. 300). 19

Nicht anders zu beurteilen ist die Situation bei der Erkrankung eines **teilzeitbeschäftigten Arbeitnehmers mit einer ungleichmäßigen Verteilung** der Arbeitszeit auf die Wochentage. 20

Beispiel: Der Arbeitnehmer arbeitet jeden Freitag und jeden Samstag; am Montag tritt eine Erkrankung auf, die zu längerer Arbeitsunfähigkeit führt.

Der Arbeitnehmer ist unter diesen Voraussetzungen verpflichtet, den Arbeitgeber (spätestens) am Dienstag zu unterrichten und nicht erst am Freitag morgen. 21

Gleiches gilt schließlich auch für Arbeitnehmer mit sog. **kapazitätsorientierter variabler Arbeitszeit** (ausführlich *Schmitt,* FS *Gitter,* S. 847, 849). 22

23 Für die Beurteilung der Unverzüglichkeit ist auf den **Zugang der Mitteilung beim Arbeitgeber** abzustellen (*Wedde/Kunz* § 5 EFZG Rdn. 12). Eine briefliche Information wird daher häufig nicht mehr als unverzügliche Benachrichtigung anzusehen sein (MüKo/*Schaub* § 616 Rdn. 136; *Staudinger/Oetker* § 616 Rdn. 300); im Regelfall bietet es sich an, den Arbeitgeber telefonisch, per Telefax oder per e-mail zu informieren (vgl. *Kaiser/Dunkl/Hold/Kleinsorge* § 5 EFZG Rdn. 7; MünchArbR/*Boecken* § 85 Rdn. 12; *Wedde/Kunz* § 5 EFZG Rdn. 9).

24 Ist der Arbeitnehmer aus gesundheitlichen Gründen nicht in der Lage, dem Arbeitgeber die Arbeitsunfähigkeit selbst mitzuteilen, so ist er – soweit dies möglich ist – verpflichtet, **Dritte einzuschalten,** um den Arbeitgeber möglichst frühzeitig von der Arbeitsverhinderung in Kenntnis zu setzen (*Wedde/Kunz* § 5 EFZG Rdn. 10; *Worzalla* NZA 1996, 61; *Worzalla/Süllwald* § 5 EFZG Rdn. 10).

25 Eine verspätete Information ist u. a. dann **nicht schuldhaft,** wenn der Arbeitnehmer durch eine längere Bewusstlosigkeit oder eine besonders schwere Verletzung daran gehindert ist, den Arbeitgeber selbst oder unter Einschaltung eines Dritten zu unterrichten oder wenn ein eigentlich geeignetes Informationsmittel, z. B. ein Telegramm, den Arbeitgeber nicht oder verspätet erreicht.

c) Inhalt der Mitteilung

26 **Inhaltlich** muss die Mitteilung des Arbeitnehmers den Arbeitgeber in jedem Fall über die Tatsache der Arbeitsunfähigkeit sowie über ihre voraussichtliche Dauer informieren (*Brecht* § 5 EFZG Rdn. 8; *Worzalla/Süllwald* § 5 EFZG Rdn. 13).

27 Solange der Arbeitnehmer noch keinen Arzt aufgesucht hat, kann es sich bei der Einschätzung der **Dauer** der Arbeitsunfähigkeit nur um eine laienhafte Prognose des Arbeitnehmers handeln (vgl. ErfK/*Dörner* § 5 EFZG Rdn. 8; Kasseler Handbuch/*Vossen* Rdn. 174; MüKo/*Schaub* § 616 Rdn. 137; *Schaub,* Arbeitsrechts-Handbuch, § 98 V 1 d; *Wedde/Kunz* § 5 EFZG Rdn. 14).

28 Kann der Arbeitnehmer bei der erstmaligen Mitteilung noch keine verlässlichen Auskünfte über die Dauer der Arbeitsunfähigkeit machen, so hat er dies **nach Rücksprache mit seinem Arzt nachzuholen.** Eine ergänzende zweite Mitteilung ist vor allen Dingen auch dann zu fordern, wenn der Arbeitnehmer zunächst ohne Rücksprache mit seinem Arzt eine Prognose zur Dauer der Arbeitsunfähigkeit abgegeben hat, die **erheblich von der Einschätzung des später konsultierten Arztes abweicht** (ErfK/*Dörner* § 5 EFZG Rdn. 9; *Worzalla,* NZA 1996, 61, 62).

29 Die Mitteilung an den Arbeitgeber muss sich grundsätzlich **nicht** auf die **Art** und die **Ursache** der Erkrankung beziehen (*Brecht* § 5 EFZG Rdn. 8; ErfK/*Dörner* § 5 EFZG Rdn. 11; *Kaiser/Dunkl/Hold/Kleinsorge* § 5 EFZG Rdn. 9; MüKo/*Schaub* § 616 Rdn. 137; *Worzalla/Süllwald* § 5 EFZG Rdn. 13). Dieser **Grundsatz kann jedoch nicht uneingeschränkt** gelten.

30 Die **Art** der Erkrankung ist dem Arbeitgeber dann mitzuteilen, wenn die Art der Erkrankung besondere Maßnahmen des Arbeitgebers erfordert, z. B. Maßnahmen zum Schutz anderer Mitarbeiter bei **ansteckenden Erkran-**

III. Mitteilungs- u. Nachweispfl. b. Erkrankung i. Geltungsbereich § 5 EFZG

kungen (LAG Berlin DB 1990, 1621; *Brecht* § 5 EFZG Rdn. 13; *Geyer/ Knorr/Krasney* § 5 EFZG Rdn. 21; *Lepke,* Arbeitsunfähigkeit des Arbeitnehmers, S. 167; *Staudinger/Oetker* § 616 Rdn. 297; *Wedde/Kunz* § 5 EFZG Rdn. 13). Des weiteren ist dem Arbeitgeber die Art der Erkrankung mitzuteilen, wenn es sich um eine **Fortsetzungserkrankung** im Sinne des § 3 Abs. 1 S. 2 EFZG handelt (*Geyer/Knorr/Krasney* § 5 EFZG Rdn. 21; *Lepke,* NZA 1995, 1084, 1095; MüKo/*Schaub* § 616 Rdn. 137; MünchArbR/ *Boecken* § 85 Rdn. 10; *Staudinger/Oetker* § 616 Rdn. 297; zur Fortsetzungserkrankung ausführlich § 3 EFZG Rdn. 220 ff.; zur Beweislast bei Fortsetzungserkrankungen § 3 EFZG Rdn. 269 ff.).

Die **Ursache** der Erkrankung ist dem Arbeitgeber insbesondere dann mit- 31 zuteilen, wenn (möglicherweise) ein **Dritter die Arbeitsunfähigkeit verschuldet** hat, so dass gem. § 6 EFZG Schadensersatzansprüche auf den Arbeitgeber übergegangen sind bzw. übergehen können (MüKo/*Schaub* § 616 Rdn. 137; *Vossen,* Entgeltfortzahlung, Rdn. 252; *Worzalla,* NZA 1996, 61). Auf **eigenes Verschulden** muss der Arbeitnehmer dann hinweisen, wenn dass Verschulden für ihn erkennbar den Anspruch auf Entgeltfortzahlung entfallen lässt (vgl. *Gola* § 5 EFZG Anm. 3.3).

Inwieweit Arbeitnehmer, insbesondere Angestellte in leitender Stellung, 32 verpflichtet sind, nicht nur ihre Arbeitsunfähigkeit anzuzeigen, sondern auch **Hinweise für die Erledigung ihrer Aufgaben** während ihrer Abwesenheit zu geben (vgl. dazu *Gola* § 5 EFZG Anm. 3.3), regelt sich nicht nach § 5 Abs. 1 EFZG, sondern eine entsprechende Verpflichtung kann sich nur als Nebenpflicht aus dem Arbeitsvertrag ergeben.

d) Form der Mitteilung

Eine spezielle Form der Mitteilung schreibt das Gesetz nicht vor. Die 33 Mitteilung kann unter diesen Voraussetzungen **mündlich, fernmündlich, per Telefax oder email** oder – soweit dies rechtzeitig möglich ist – schriftlich erfolgen (MüKo/*Schaub* § 616 Rdn. 136); der Arbeitnehmer kann die Arbeitsunfähigkeit selbst anzeigen, er kann sich dazu aber auch dritter Personen, z. B. Familienangehöriger oder Arbeitskollegen, bedienen (*Brecht* § 5 EFZG Rdn. 7; ErfK/*Dörner* § 5 EFZG Rdn. 14; HzA/*Vossen* Gruppe 2 Rdn. 236; Kasseler Handbuch/*Vossen* Rdn. 172; *Schaub,* Arbeitsrechts-Handbuch, § 98 V 1 c; *Staudinger/Oetker* § 616 Rdn. 298 f.; *Vossen,* Entgeltfortzahlung, Rdn. 249).

e) Adressat der Mitteilung

Adressat der Mitteilung ist der **Arbeitgeber** bzw. eine insoweit als sein 34 Vertreter handelnde Person. In Betracht kommt insbesondere der zuständige **Personalsachbearbeiter** bzw. die **Personalabteilung,** unter Umständen auch der **direkte Vorgesetzte** (vgl. *Kaiser/Dunkl/Hold/Kleinsorge* § 5 EFZG Rdn. 6; Kasseler Handbuch/*Vossen* Rdn. 173). Speziell bei direkten Vorgesetzten ist allerdings deren Stellung im Betrieb von Bedeutung; untergeordnete Vorgesetzte, deren Funktion im wesentlichen der Erfüllung arbeitstechnischer Zwecke dient, wie z.B. Vorarbeiter, sind im allgemeinen nicht zur Entgegennahme von Mitteilungen nach § 5 Abs. 1 EFZG befugt (vgl. BAG

AP Nr. 26 zu § 9 MuSchG; ErfK/*Dörner* § 5 EFZG Rdn. 15; *Geyer/Knorr/ Krasney* § 5 EFZG Rdn. 19; MüKo/*Schaub* 616 Rdn. 136; *Vossen*, Entgeltfortzahlung, Rdn. 250).

35 **Nicht zur Entgegennahme** der Mitteilungen nach § 5 Abs. 1 EFZG **befugt** sind auch Betriebsräte, Telefonisten, Pförtner (ErfK/*Dörner* § 5 EFZG Rdn. 16; *Helml* § 5 EFZG Rdn. 9; HzA/*Vossen* Gruppe 2 Rdn. 236; Kasseler Handbuch/*Vossen* Rdn. 173) oder Arbeitskollegen (*Worzalla/Süllwald* § 5 EFZG Rdn. 7); der Arbeitnehmer kann sich dieser Personen lediglich als Boten bedienen (*Kaiser/Dunkl/Hold/Kleinsorge* § 5 EFZG Rdn. 6; *Wedde/Kunz* § 5 EFZG Rdn. 16). Er trägt dann allerdings das Risiko, dass der Bote die Mitteilung nicht, nicht richtig oder nicht vollständig weitergibt (vgl. ErfK/*Dörner* § 5 EFZG Rdn. 16; *Staudinger/Oetker* § 616 Rdn. 299).

36 Da Adressat der Mitteilung der Arbeitgeber ist, haben **Leiharbeitnehmer** die Mitteilung an den **Verleiher** und nicht an den Entleiher zu richten; je nach Ausgestaltung des Überlassungsvertrages ist es sodann Sache des Verleihers, dem Entleiher eine Ersatzkraft zur Verfügung zu stellen bzw. ihn von der Arbeitsunfähigkeit des Leiharbeitnehmers zu informieren.

2. Nachweispflichten

a) Allgemeines

37 Unabhängig von der Mitteilung der Arbeitsunfähigkeit ist der Arbeitnehmer verpflichtet, dem Arbeitgeber eine ärztliche Bescheinigung über die Arbeitsunfähigkeit sowie deren voraussichtliche Dauer nachzureichen (zum Nachweis der Arbeitsunfähigkeit vgl. u. a. *Brill*, DOK 1984, 218; *Marburger*, PersV 1982, 274). Diese Bescheinigung hat überwiegend **Nachweisfunktion,** sie dient aber auch der **zuverlässigen Information** des Arbeitgebers **über das voraussichtliche Ende der Arbeitsunfähigkeit** (vgl. *Staudinger/Oetker* § 616 Rdn. 307 m. w. N.).

38 Die Pflicht zur Vorlage der Arbeitsunfähigkeitsbescheinigung **besteht unabhängig davon, ob der Arbeitnehmer einen Entgeltfortzahlungsanspruch geltend machen kann;** auch ein Arbeitnehmer, der wegen groben Eigenverschuldens (vgl. dazu § 3 EFZG Rdn. 110 ff.) oder wegen Ablaufs der Sechs-Wochen-Frist (vgl. dazu § 3 EFZG Rdn. 190 ff.) keine Arbeitgeberleistungen (mehr) erhält, hat eine ärztliche Arbeitsunfähigkeitsbescheinigung vorzulegen; dies ergibt sich sowohl aus dem Wortlaut des § 5 Abs. 1 EFZG, der keine Ausnahme vorsieht, als auch aus dem Sinn und Zweck der Regelung (LAG Sachsen-Anhalt NZA 1997, 772; HzA/*Vossen* Gruppe 2 Rdn. 221; zur entsprechenden Anwendung der Vorschrift für den Fall, dass einem Beschäftigten das Gehalt auf Grund einer vertraglichen Vereinbarung weitergezahlt wird, vgl. BGH NJW 2002, 128).

39 **Entbehrlich** ist die Vorlage einer ärztlichen Arbeitsunfähigkeitsbescheinigung nur dann, wenn der Arbeitgeber darauf **verzichtet (hat)** (ErfK/*Dörner* § 5 EFZG Rdn. 17). Diese Fallkonstellation dürfte jedoch unter der Geltung des § 5 Abs. 1 EFZG viel von ihrer früheren Bedeutung verloren haben (vgl. *Wedde/Kunz* § 5 EFZG Rdn. 20).

40 Unter der Geltung des § 3 LFZG und des § 115a Abs. 4 und 5 AGB, wonach Arbeiter in den alten Bundesländern bzw. Arbeitnehmer in den neuen

III. Mitteilungs- u. Nachweispfl. b. Erkrankung i. Geltungsbereich § 5 EFZG

Bundesländern auch bei nur eintägiger Arbeitsunfähigkeit grundsätzlich eine ärztliche Arbeitsunfähigkeitsbescheinigung vorzulegen hatten, hatte man häufig tarifvertraglich oder im Einzelarbeitsvertrag vereinbart, dass eine ärztliche Arbeitsunfähigkeitsbescheinigung erst am dritten Tag oder bei mehr als dreitägiger Arbeitsunfähigkeit vorzulegen war (vgl. z.B. LAG Berlin NZA 1988, 434). Dies entspricht im wesentlichen der heutigen gesetzlichen Regelung.

Ein noch weitergehender Verzicht ist aber als die für den Arbeitnehmer 41 günstigere Regelung selbstverständlich (weiterhin) möglich; er kann sowohl Gegenstand einer generellen (tarif-)vertraglichen Regelung sein als auch im konkreten Einzelfall vom Arbeitgeber erklärt werden, wenn der Arbeitnehmer ihm Mitteilung von der krankheitsbedingten Arbeitsunfähigkeit macht.

b) Zeitpunkt der Vorlage der Arbeitsunfähigkeitsbescheinigung

Die Vorläufer des § 5 Abs. 1 EFZG – § 3 Abs. 1 LFZG und § 115a Abs. 4 42 AGB – sahen hinsichtlich des Zeitpunkts der Vorlage einer ärztlichen Arbeitsunfähigkeitsbescheinigung vor, dass diese „vor Ablauf des dritten Kalendertages nach Beginn der Arbeitsunfähigkeit" nachzureichen war, d.h. die Betroffenen waren – vorbehaltlich einer anderen Vereinbarung – zum einen grundsätzlich verpflichtet, auch bei nur eintägigen Erkrankungen einen Arzt aufzusuchen, und sie hatten zum anderen dafür Sorge zu tragen, dass die ärztliche Bescheinigung dem Arbeitgeber am vierten Kalendertag zuging (ausführlich *Schmitt*, LFZG, § 3 Rdn. 30ff.).

Die Regelung des § 5 Abs. 1 S. 2 und 3 EFZG weicht hiervon in zweifa- 43 cher Hinsicht ab:

Zum einen ist die Vorlage einer ärztlichen Arbeitsunfähigkeitsbescheini- 44 gung grundsätzlich nur noch vorgesehen, wenn die **Arbeitsunfähigkeit länger als drei Kalendertage dauert** (ebenso *Diller*, NJW 1994, 1690, 1691; *Gola* § 5 EFZG Anm. 4.2.1; *Heilmann*, NZA 1994, 979, 980; *Hold*, AuA 1994, 193, 195; *Kleinsorge*, NZA 1994, 640, 642; *Kramer*, BB 1996, 1622; *Lepke*, NZA 1995, 1084, 1086; *Staudinger/Oetker* § 616 Rdn. 308; *Worzalla*, NZA 1996, 61, 63; a.A. *Berenz*, DB 1995, 2166, 2170). Durch diese Änderung sollte die kostenträchtige Konsultation von Ärzten wegen Bagatellerkrankungen eingeschränkt werden.

Dies ergibt sich schon aus der Entstehungsgeschichte der Vorschrift (oben 45 Rdn. 5ff.). Der ursprüngliche Entwurf sah vor, dass eine ärztliche Bescheinigung über das Bestehen der Arbeitsunfähigkeit ab dem ersten Kalendertag vorzulegen war (vgl. BT-Drucks. 12/5263, S. 10); hierauf wurde dann bewusst verzichtet, weil bei den Beratungen im Ausschuss für Arbeit und Sozialordnung die Befürchtung geäußert wurde, eine Pflicht zur Vorlage einer Arbeitsunfähigkeitsbescheinigung ab dem ersten Kalendertag könne dazu führen, dass ein Anreiz für eine länger als notwendig attestierte Arbeitsunfähigkeit geschaffen werde und dass der generell notwendige Arztbesuch nicht unerhebliche zusätzliche Kosten für die Krankenkassen verursachen würde. Diese (unerwünschten) Effekte würden aber auch dann eintreten, wenn man § 5 Abs. 1 S. 2 EFZG nunmehr dahingehend interpretieren würde, dass der Arbeitnehmer in jedem Fall verpflichtet ist, einen Arzt aufzusuchen (*Kramer*,

BB 1996, 1662; im Ergebnis ebenso HzA/*Vossen* Gruppe 2 Rdn. 261; Kasseler Handbuch/*Vossen* Rdn. 176).

46 Zum anderen hat der Arbeitgeber die Möglichkeit erhalten, die Vorlage der ärztlichen **Bescheinigung früher zu verlangen.** Auf diese Weise wollte man versuchen, dem Missbrauch der Entgeltfortzahlung im Krankheitsfall entgegenzuwirken.

aa) Vorlage nach § 5 Abs. 1 S. 2 EFZG

47 Die Formulierung des § 5 Abs. 1 S. 2 EFZG, wonach, wenn die Arbeitsunfähigkeit **länger als drei Kalendertage** dauert, am **darauffolgenden Arbeitstag** eine ärztliche Arbeitsunfähigkeitsbescheinigung vorzulegen ist, ist in verschiedener Hinsicht nicht unproblematisch.

48 Für die Ermittlung des Zeitpunkts, zu dem die Arbeitsunfähigkeitsbescheinigung dem Arbeitgeber vorliegen muss, ist zunächst davon auszugehen, dass der **Tag der Erkrankung** mitzählt (a. A. *Wedde/Kunz* § 4 EFZG Rdn. 22). Wenn nach früherem Recht der Tag der Erkrankung nicht berücksichtigt wurde, so war dies darauf zurückzuführen, dass § 3 Abs. 1 LFZG für die Vorlage der Bescheinigung eine Frist setzte und bei der Fristberechnung gem. § 187 Abs. 1 BGB der Tag der Erkrankung nicht mitzuzählen war. § 5 Abs. 1 S. 2 EFZG nennt jedoch keine Frist, sondern einen Zeitpunkt, nämlich den „darauffolgenden Tag". Erkrankt ein Arbeitnehmer z.B. an einem Montag, so ist dieser Montag der **erste Tag der Arbeitsunfähigkeit** im Sinne des § 5 Abs. 1 S. 2 EFZG (ebenso *Diller,* NJW 1994, 1690, 1691; Kasseler Handbuch/*Vossen* Rdn. 180).

49 Nichts anderes gilt auch dann, wenn die **Krankheit zwischen dem Arbeitsende und 24 Uhr auftritt** (ebenso *Kramer,* BB 1996, 1662, 1664). Dass der Krankheitstag unter den genannten Voraussetzungen bei der Berechnung der Entgeltfortzahlung nicht berücksichtigt wird (vgl. § 3 EFZG Rdn. 169 ff.), erklärt sich daraus, dass der Arbeitnehmer das Entgelt für diesen Tag bereits verdient hat (*Kramer,* BB 1996, 1662, 1664; a. A. HzA/*Vossen* Gruppe 2 Rdn. 2460; Kasseler Handbuch/*Vossen* Rdn. 180; vgl. auch *Kaiser/Dunkl/Hold/Kleinsorge* § 5 EFZG Rdn. 16f.).

50 Dies gilt entsprechend, wenn ein Arbeitnehmer an einem Samstag, einem Sonntag oder einem gesetzlichen Feiertag erkrankt, denn § 5 Abs. 1 S. 2 EFZG spricht insoweit nicht von Arbeitstagen (oder Werktagen), sondern von **Kalendertagen.**

51 Dies wirkt sich auch aus für **Teilzeitkräfte, die nicht an allen Tagen der Woche arbeiten.**

Beispiel: Der Arbeitnehmer arbeitet jeweils freitags und samstags; am Montag tritt eine Krankheit auf, die zur Arbeitsunfähigkeit führt.

52 Erster Tag der Arbeitsunfähigkeit ist in diesem Fall der Montag und nicht etwa der darauf folgende Freitag.

53 Nicht ganz eindeutig ist die Formulierung des § 5 Abs. 1 S. 2 EFZG weiterhin, was die **„Zählung"** der Arbeitsunfähigkeitstage angeht. Wenn es in § 5 Abs. 1 S. 2 EFZG heißt, der Arbeitnehmer habe am „darauffolgenden Arbeitstag" eine ärztliche Bescheinigung vorzulegen, wenn „die Arbeitsunfähigkeit länger als drei Kalendertage" dauert, so lässt dieser Wortlaut durch-

III. Mitteilungs- u. Nachweispfl. b. Erkrankung i. Geltungsbereich § 5 EFZG

aus folgende Interpretation zu: Ein Arbeitnehmer, der am Montag arbeitsunfähig erkrankt, ist am Donnerstag **länger** als drei Kalendertage krank; er ist dann verpflichtet, am **darauffolgenden Arbeitstag,** also am Freitag, dem Arbeitgeber eine ärztliche Arbeitsunfähigkeitsbescheinigung vorzulegen. Man kann den Wortlaut der Regelung wohl aber auch so interpretieren, dass die Arbeitsunfähigkeitsbescheinigung **am auf den dritten Krankheitstag folgenden Arbeitstag** vorzulegen ist, im skizzierten Fall also am Donnerstag.

Für die letztgenannte Lösung lässt sich zunächst die Begründung des Gesetzentwurfs anführen, in der zweimal festgestellt wird, die Arbeitsunfähigkeitsbescheinigung sei **am vierten Kalendertag** vorzulegen (BT-Drucks. 12/5798, S. 21 und 24). Außerdem entspricht diese Lösung im Ergebnis dem früheren Recht: War der Arbeiter bzw. der Arbeitnehmer am Montag erkrankt, so zählte gem. § 187 Abs. 1 BGB der Montag bei der Fristberechnung nicht mit, und die ärztliche Arbeitsunfähigkeitsbescheinigung musste dem Arbeitgeber demgemäß am Donnerstag vorliegen; dasselbe Ergebnis erreicht man nunmehr dadurch, dass der erste Erkrankungstag berücksichtigt wird und die „drei Kalendertage" wie oben erläutert gezählt werden (im Ergebnis ebenso: *Diller,* NJW 1994, 1690, 1691; *Hanau/Kramer,* DB 1995, 94, 95; *Kaiser/Dunkl/Hold/Kleinsorge* § 5 EFZG Rdn. 17; Kasseler Handbuch/ *Vossen* Rdn. 183; *Kramer,* BB 1996, 1662, 1662, 1663; *Schaub,* BB 1994, 1629; *Vossen,* Entgeltfortzahlung, Rdn. 261; *Worzalla,* NZA 1996, 61, 64; *Müller/Berenz* § 5 EFZG Rdn. 28f.; *Staudinger/Oetker* § 616 Rdn. 310). 54

Da der Arbeitnehmer die ärztliche Bescheinigung am darauffolgenden **Arbeitstag** vorzulegen hat, verlängert sich die Zeitspanne, wenn der vierte Kalendertag ein **Sonntag** oder ein **gesetzlicher Feiertag** ist; die ärztliche Arbeitsunfähigkeitsbescheinigung ist dem Arbeitgeber unter diesen Voraussetzungen am darauffolgenden Montag bzw. – bei gesetzlichen Feiertagen – am darauffolgenden Arbeitstag vorzulegen. 55

Ob es zu einer Verschiebung des Vorlagezeitpunktes kommt, wenn der vierte Kalendertag ein **Samstag** ist, hängt davon ab, ob **der Betrieb** normalerweise samstags arbeitet. Soweit der Betrieb am Samstag arbeitet, ist die Arbeitsunfähigkeitsbescheinigung am Samstag vorzulegen, wenn der Samstag der vierte Kalendertag ist; soweit der Betrieb am Samstag nicht arbeitet, verschiebt sich der letztmögliche Zeitpunkt für die Vorlage der Arbeitsunfähigkeitsbescheinigung auf den darauffolgenden Montag. Ob der **betroffene Arbeitnehmer** am Samstag gearbeitet hätte, ist dagegen ohne Bedeutung (ebenso *Hanau/Kramer,* DB 1995, 94, 95; HzA/*Vossen* Gruppe 2 Rdn. 251; Kasseler Handbuch/*Vossen* Rdn. 184; *Kramer,* BB 1996, 1662, 1663; *Lepke,* NZA 1995, 1084, 1086; *Schliemann,* AuR 1994, 317, 323; *Staudinger/Oetker* § 616 Rdn. 311; *Worzalla,* NZA 1996, 61, 64; *Worzalla/Süllwald* § 5 EFZG Rdn. 55; a.A. *Berenz,* DB 1995, 2166, 2169; *Diller,* NJW 1994, 1690, 1691; ErfK/*Dörner* § 5 EFZG Rdn. 20; *Kaiser/Dunkl/Hold/Kleinsorge* § 5 EFZG Rdn. 17; *Müller/Berenz* § 5 EFZG Rdn. 29). 56

Aus dem Vorstehenden ergeben sich folgende **Zeitpunkte für die Vorlage von ärztlichen Arbeitsunfähigkeitsbescheinigungen:** 57

Erkrankt der Arbeitnehmer am **Montag,** muss die Arbeitsunfähigkeitsbescheinigung am Donnerstag vorliegen (vgl. Rdn. 42 ff.), bei einer Erkrankung am **Dienstag** dementsprechend am Freitag. 58

59 Erkrankt der Arbeitnehmer am **Mittwoch**, ist die Arbeitsunfähigkeitsbescheinigung am Samstag oder Montag vorzulegen.

60 Erkrankt der Arbeitnehmer am **Donnerstag**, hat die Arbeitsunfähigkeitsbescheinigung ebenfalls am Montag vorzuliegen; gleiches gilt für Erkrankungen am Freitag, denn dass der dritte Erkrankungstag auf den Samstag (bzw. Sonntag) fällt, führt nicht zu einer Verschiebung, da insoweit auf die Kalendertage abzustellen ist.

61 Das Abstellen auf Kalendertage führt schließlich dazu, dass bei Erkrankungen am **Samstag** oder **Sonntag** die ärztliche Arbeitsunfähigkeitsbescheinigung grundsätzlich am Dienstag bzw. Mittwoch vorliegen muss.

62 Diese Berechnungen gelten auch für **Teilzeitkräfte, die nicht an allen Tagen der Woche arbeiten.** Eine Teilzeitkraft, die jede Woche freitags und samstags arbeitet und die am Montag erkrankt, ist dem gemäß ebenfalls verpflichtet, am Donnerstag eine Arbeitsunfähigkeitsbescheinigung vorzulegen, obwohl sie von Montag bis Donnerstag nicht zur Arbeit verpflichtet ist. Will man dies vermeiden, besteht für den Arbeitgeber z.B. die Möglichkeit, anlässlich der Mitteilung der Arbeitsunfähigkeit (zum Zeitpunkt der Mitteilungspflicht vgl. oben Rdn. 17 ff.) auf die Vorlage einer Arbeitsunfähigkeitsbescheinigung zu verzichten oder jedenfalls nur für den Fall eine Arbeitsunfähigkeitsbescheinigung zu verlangen, dass die Arbeitsunfähigkeit am nächsten Arbeitstag des betroffenen Arbeitnehmers noch andauert (ausführlich *Schmitt*, FS Gitter, S. 847, 851).

63 Da die Arbeitsunfähigkeitsbescheinigung **vorzulegen** ist, kommt es für die Erfüllung der Arbeitnehmerpflichten aus § 5 Abs. 1 S. 2 EFZG nicht darauf an, wann der Arbeitnehmer, wenn er z.B. den Postweg benutzt, die Bescheinigung absendet, sondern es entscheidet der **Zugang beim Arbeitgeber** (§ 130 BGB; vgl. *Gola* § 5 EFZG Anm. 4.2.4; HzA/*Vossen* Gruppe 2 Rdn. 254; Kasseler Handbuch/*Vossen* Rdn. 187; *Staudinger/Oetker* § 616 Rdn. 312).

64 Soweit der Arbeitnehmer nach § 5 Abs. 1 S. 2 EFZG **nicht verpflichtet ist, einen Arzt aufzusuchen,** dürfen ihm hieraus naturgemäß keine Nachteile hinsichtlich des **Nachweises** seiner krankheitsbedingten Arbeitsunfähigkeit im Verhältnis zu seinem Arbeitgeber bzw. in letzter Konsequenz in einem arbeitsgerichtlichen Verfahren entstehen (vgl. LAG Nürnberg NZA 1998, 51; ArbG Wetzlar NZA 1986, 160).

65 Sucht der Arbeitnehmer einen Arzt auf, der ihm eine Arbeitsunfähigkeitsbescheinigung ausstellt, so hat diese einen so hohen Beweiswert, dass der Arbeitgeber in der Regel auch dann zur Entgeltfortzahlung gezwungen ist, wenn er trotz der Vorlage der Bescheinigung Zweifel an der Arbeitsunfähigkeit des Arbeitnehmers hat (ausführlich unten Rdn. 100 ff.). Dies muss in gleicher Weise gelten, wenn der Arbeitnehmer bei einer Kurzerkrankung **berechtigterweise keinen Arzt aufgesucht hat,** denn anderenfalls würde man den Arbeitnehmer praktisch zwingen, in jedem Fall vorsorglich einen Arzt aufzusuchen; damit käme es zu genau jener kostenträchtigen Inanspruchnahme von Ärzten wegen Bagatellerkrankungen, die der Gesetzgeber gerade vermeiden wollte (HzA/*Vossen* Gruppe 2 Rdn. 357 ff.).

66 Berechtigte Interessen des Arbeitgebers werden durch diese Betrachtungsweise nicht verletzt, da dieser gegebenenfalls die Möglichkeit hat, auch

III. Mitteilungs- u. Nachweispfl. b. Erkrankung i. Geltungsbereich § 5 EFZG

für Kurzerkrankungen nach § 5 Abs. 1 S. 3 EFZG die Vorlage einer ärztlichen Arbeitsunfähigkeitsbescheinigung zu verlangen (ausführlich unten Rdn. 68 ff.).

Gleiches gilt für den Fall, dass bei einer **fortdauernden Erkrankung** die 67
Arbeitsunfähigkeit (berechtigterweise) erst ab dem vierten Tag durch eine ärztliche Arbeitsunfähigkeitsbescheinigung nachgewiesen wird (LAG Nürnberg NZA 1998, 51; ArbG Wetzlar NZA 1986, 160).

bb) Vorlage nach § 5 Abs. 1 S. 3 EFZG

Abweichend von der vorstehend skizzierten Regelung des § 5 Abs. 1 S. 2 68
EFZG eröffnet Satz 3 dem Arbeitgeber die Möglichkeit, die **Vorlage der ärztlichen Arbeitsunfähigkeitsbescheinigung früher zu verlangen.**

Dass der Arbeitgeber die Vorlage einer ärztlichen Bescheinigung **verlan-** 69
gen kann, bedeutet zunächst, dass der Arbeitgeber dies grundsätzlich **einseitig** anordnen kann (ErfK/*Dörner* § 5 EFZG Rdn. 22); es bedarf keiner Vereinbarung mit dem oder den Betroffenen, und es ist im Regelfall auch keine Begründung erforderlich.

Ob eine **Beteiligung des Betriebs- oder Personalrats** erforderlich ist, 70
ist umstritten. Nach dem Inkrafttreten der Regelung ist im Schrifttum verbreitet die Auffassung vertreten worden, der Betriebs- (oder Personal-)rat müsse nicht beteiligt werden (vgl. *Diller*, NJW 1994, 1690, 1691; ErfK/*Dörner* § 5 EFZG Rdn. 22; *Gola* § 5 EFZG Anm. 11.5.4; HzA/*Vossen* Gruppe 2 Rdn. 269; Kasseler Handbuch/*Vossen* Rdn. 198 ff.; *Kramer*, BB 1996, 1662, 1667; *Staudinger/Oetker* § 616 BGB Rdn. 319; *Worzalla*, NZA 1996, 61, 66; ebenso die Vorauflage; offen gelassen von *Schliemann*, AuR 1994, 317, 324). Das BAG hat jedoch entschieden, die nach § 5 Abs. 1 S. 3 EFZG zulässige Anweisung des Arbeitgebers, Zeiten der Arbeitsunfähigkeit unabhängig von deren Dauer generell durch eine vor Ablauf des dritten Kalendertages vorzulegende Bescheinigung nachzuweisen, betreffe eine Frage der Ordnung des Betriebes. Das danach bestehende Mitbestimmungsrecht des Betriebsrats sei nicht durch das Entgeltfortzahlungsgesetz ausgeschlossen, denn § 5 Abs. 1 S. 3 EFZG eröffne dem Arbeitgeber einen Regelungsspielraum; bei dieser Regelung sei der Betriebsrat zu beteiligen (BAG AP Nr. 34 zu § 87 BetrVG 1972 Ordnung des Betriebes mit Anm. *Worzalla* = EzA Nr. 26 zu § 87 BetrVG Betriebliche Ordnung mit Anm. *Jacobs* = SAE 2002, 134 mit Anm. *Rebhahn*; zur Beteiligung des Betriebsrates an sog. Krankengesprächen vgl. LAG Frankfurt/Main NZA 1993, 237; LAG Baden-Württemberg NZA 1992, 184; *Ehler*, BB 1992, 1926; *Raab*, NZA 1993, 193).

Dies kann aber jedenfalls nur dann gelten, wenn eine generelle betrieb- 71
liche Regelung ergehen soll; die Anforderung einer Arbeitsunfähigkeitsbescheinigung im Einzelfall, etwa anlässlich der Anzeige der Arbeitsunfähigkeit durch den Arbeitnehmer, bleibt dagegen auch ohne eine Beteiligung des Betriebsrats nach § 87 Abs. 1 Nr. 1 BetrVG möglich.

Durch **Tarifvertrag** kann ebenfalls bestimmt werden, dass der Arbeit- 72
nehmer eine ärztliche Arbeitsunfähigkeitsbescheinigung generell für den ersten Tag einer krankheitsbedingten Arbeitsunfähigkeit beizubringen hat (BAG AP Nr. 8 zu § 5 EFZG); dass „Verlangen" des Arbeitgebers im Sinne von § 5 Abs. 1 S. 3 EFZG kann insofern auch normativ getragen sein.

EFZG § 5   Anzeige- und Nachweispflichten

73 § 5 Abs. 1 S. 3 EFZG schreibt für das Verlangen nach vorzeitiger Vorlage einer Arbeitsunfähigkeitsbescheinigung auch **keine** bestimmte **Form** vor (*Staudinger/Oetker* § 616 BGB Rdn. 316). Die Aufnahme einer entsprechenden Klausel in die einzelnen Arbeitsverträge ist ebenso denkbar wie ein Anschlag am „Schwarzen Brett" oder der Abschluss einer freiwilligen Betriebsvereinbarung (ErfK/*Dörner* § 5 EFZG Rdn. 23; HzA/*Vossen* Gruppe 2 Rdn. 258; Kasseler Handbuch/*Vossen* Rdn. 191; *Lepke,* NZA 1995, 1084, 1087; *Schliemann,* AuR 1994, 319, 324; *Vossen,* Entgeltfortzahlung, Rdn. 270; *Worzalla/Süllwald* § 5 EFZG Rdn. 63; a.A. *Schaub,* BB 1994, 1629, 1630). Denkbar ist auch eine entsprechende (fern-)mündliche Aufforderung, wenn der Arbeitnehmer dem Arbeitgeber gem. § 5 Abs. 1 S. 1 EFZG mitteilt, er sei arbeitsunfähig erkrankt (ErfK/*Dörner* § 5 EFZG Rdn. 23; zur Möglichkeit einer entsprechenden tarifvertraglichen Regelung vgl. *Schliemann,* AuR 1994, 317, 324).

74 § 5 Abs. 1 S. 3 EFZG eröffnet dem Arbeitgeber die **Möglichkeit,** die **Vorlage** der Arbeitsunfähigkeitsbescheinigung „**früher**" zu verlangen. Zulässig ist es daher auch, im Arbeitsvertrag zu vereinbaren, dass eine ärztliche Arbeitsunfähigkeitsbescheinigung bereits für den **ersten Tag** krankheitsbedingter Arbeitsunfähigkeit beigebracht werden muss (so BAG NZA 1998, 369 = AP Nr. 5 zu § 5 EFZG mit Anm. *Schmitt;* im Ergebnis ebenso ErfK/*Dörner* § 5 EFZG Rdn. 23; *Feldgen,* DB 1994, 1289; *Hallmann,* BKK 1994, 603, 611; *Müller/Berenz* § 5 EFZG Rdn. 32; *Schliemann,* AuR 1994, 317, 324; *Viethen,* KRV 1994, 151, 152; *Worzalla,* NZA 1996, 61, 65).

75 Es stellt keine Überspannung der an den Arbeitnehmer zu stellenden Anforderungen dar, wenn man von ihm verlangt, dafür Sorge zu tragen, dass die Arbeitsunfähigkeitsbescheinigung dem Arbeitgeber bereits am ersten Kalendertag zugeht (so aber *Hanau/Kramer* DB 1995, 93, 95; ähnlich HzA/*Vossen* Gruppe 2 Rdn. 265; *Kramer,* BB 1996, 1662, 1666; *Lepke,* NZA 1995, 1084, 1086).

76 Eine derartige einschränkende Auslegung des § 5 Abs. 1 S. 3 EFZG ist nicht erforderlich, um den berechtigten Interessen des Arbeitnehmers Rechnung zu tragen. Ist der erkrankte Arbeitnehmer gehfähig oder verfügt er über ein Telefax, ist es keine Überspannung der an ihn zu stellenden Anforderungen, wenn der Arbeitgeber die Vorlage der Arbeitsunfähigkeitsbescheinigung am ersten Kalendertag verlangt. Ist der Arbeitnehmer dagegen darauf angewiesen, den Postweg zu benutzen, so kann man ihm, wenn die Arbeitsunfähigkeitsbescheinigung dem Arbeitgeber erst am zweiten (oder dritten) Tag zugeht, zumindest keinen Verschuldensvorwurf machen, so dass er **keine Leistungsverweigerung gem.** § 7 Abs. 2 EFZG und auch sonst **keine Sanktionen** zu befürchten hat (*Schmitt,* RdA 1996, 5, 12)

77 Daneben besteht für den Arbeitgeber gem. § 5 Abs. 1 S. 3 EFZG selbstverständlich auch die Möglichkeit, sich eine Arbeitsunfähigkeitsbescheinigung ab dem **zweiten oder dritten Kalendertag** vorlegen zu lassen (vgl. *Worzalla/Süllwald* § 5 EFZG Rdn. 60).

78 Die Pflicht zur Vorlage einer Arbeitsunfähigkeitsbescheinigung ab dem ersten Krankheitstag kann auch auf **bestimmte Zeiten des Jahres** beschränkt werden. Denkbar ist z.B., dass man die erweiterte Vorlagepflicht auf das „Umfeld" von Feiertagen und Volksfesten beschränkt. Angesichts

III. Mitteilungs- u. Nachweispfl. b. Erkrankung i. Geltungsbereich § 5 EFZG

der Tatsache, dass Untersuchungen ergeben haben, dass in bestimmten Gegenden der Krankenstand zum Beispiel zur Zeit der Weinlese deutlich ansteigt, wäre es auch zulässig, dass von diesem Phänomen betroffene Betriebe eine erweiterte Pflicht zur Vorlage von Arbeitsunfähigkeitsbescheinigungen beschränkt auf den Monat Oktober einführen.

Wesentlich bedeutsamer ist allerdings die Möglichkeit, das Verlangen nach 79 einer frühzeitigen Vorlage einer ärztlichen Arbeitsunfähigkeitsbescheinigung auf **einzelne Arbeitnehmer oder Arbeitnehmergruppen** beschränken zu können; die Ungleichbehandlungen, die hieraus resultieren, sind rechtlich unproblematisch, sofern der Differenzierung sachliche Gründe zugrunde liegen (ähnlich Kasseler Handbuch/*Vossen* Rdn. 195).

Dementsprechend ist es auch nach der Beseitigung der gesetzlichen Un- 80 gleichbehandlungen zwischen Arbeitern und Angestellten denkbar, die erweiterte Vorlagepflicht auf Arbeiter zu beschränken, wenn der durchschnittliche Krankenstand im Produktionsbereich auffällig höher ist als in der Verwaltung des Betriebes. Dass in der Produktion bzw. in der Verwaltung möglicherweise jeweils auch ein geringer Prozentsatz von Beschäftigten der anderen Gruppe tätig und damit von der Anordnung betroffen ist, ist angesichts der Tatsache, dass gewisse Generalisierungen möglich sein müssen, hinzunehmen. Unter den genannten Voraussetzungen ist es auch denkbar, die erweiterte Vorlagepflicht auf **Betriebsabteilungen mit einem besonders hohen Krankenstand** zu beschränken (HzA/*Vossen* Gruppe 2 Rdn. 261; Kasseler Handbuch/*Vossen* Rdn. 195; vgl. auch *Boerner*, ZTR 1997, 67, 78).

Möglich ist es auch, an den **individuellen Fehlzeiten der einzelnen** 81 **Arbeitnehmer** anzuknüpfen und die vorzeitige Vorlage einer ärztlichen Arbeitsunfähigkeitsbescheinigung nur von denjenigen zu verlangen, die in einem bestimmten Zeitraum häufiger als x-mal oder mehr als y Tage arbeitsunfähig erkrankt waren. Bei derartigen, vergleichsweise komplizierten Regelungen sollte der Arbeitgeber sich allerdings nicht auf einen Anschlag am Schwarzen Brett beschränken, sondern den Betroffenen rechtzeitig mitteilen, dass sie bei der nächsten Erkrankung vorzeitig eine Arbeitsunfähigkeitsbescheinigung vorzulegen haben; geschieht dies nicht, gehen Unklarheiten zu Lasten des Arbeitgebers (weitergehend *Diller*, NJW 1994, 1690, 1692, der „komplizierte Klauselwerke" für unzulässig hält).

Ein **stichprobenartiges Vorgehen** des Arbeitgebers ist ebenfalls zulässig 82 (*Diller*, NJW 1994, 1692; *Gola* § 5 EFZG Rdn. 5; HzA/*Vossen* Gruppe 2 Rdn. 261; *Lepke*, NZA 1995, 1084, 1086f.; *Staudinger/Oetker* § 616 BGB Rdn. 317; *Vossen*, Entgeltfortzahlung, Rdn. 272).

Eine Grenze für das Verlangen nach vorzeitiger Vorlage einer ärztlichen 83 Arbeitsunfähigkeitsbescheinigung ergibt sich nur daraus, dass differenzierenden Vorgehensweisen **keine sachfremden Erwägungen** zugrunde liegen dürfen (vgl. *Hanau/Kramer*, DB 1996, 94, 95; *Schliemann*, AuR 1994, 317, 324; *Staudinger/Oetker* § 616 BGB Rdn. 318; ähnlich *Gola* § 5 EFZG Rdn. 5.2: „Das Verlangen darf nicht gegen den arbeitsrechtlichen Gleichbehandlungsgrundsatz verstoßen und keine diskriminierenden oder schikanierenden Auswirkungen haben."). Dem gemäß wäre es zum Beispiel unzulässig, generell eine erweiterte Vorlagepflicht für Betriebs- oder Personalräte einzuführen; zulässig wäre es dagegen wiederum, einzelne Betriebs- oder Personalräte, die außergewöhnliche krankheitsbedingte Fehlzeiten aufweisen (vgl. etwa BAG AP Nr. 35 zu § 15 KSchG 1969), zur Vorlage einer ärztlichen Arbeitsunfähigkeitsbescheinigung nach § 5 Abs. 1 S. 3 EFZG aufzufordern.

c) Inhalt der Arbeitsunfähigkeitsbescheinigung

84 Um den Anforderungen des § 5 Abs. 1 EFZG zu genügen, muss die ärztliche Bescheinigung naturgemäß zunächst den **Namen** des erkrankten Arbeitnehmers angeben.

85 Des weiteren muss die Bescheinigung die Feststellung enthalten, **dass** der Arbeitnehmer **arbeitsunfähig** ist und seine vertraglich geschuldete Tätigkeit infolge seiner Krankheit nicht erbringen kann; die Feststellung, der Arbeitnehmer sei krank, genügt nicht (*Fleischer*, S. 151; *Staudinger/Oetker* § 616 Rdn. 321 m. w. N.).

86 **Nicht** Gegenstand der ärztlichen Bescheinigung für den Arbeitgeber ist dagegen die **Ursache der Erkrankung** bzw. der Krankheitsbefund (BAG AP Nr. 67 zu § 1 LFZG; ErfK/*Dörner* § 5 EFZG Rdn. 27; *Kaiser/Dunkl/Hold/Kleinsorge* § 5 EFZG Rdn. 30; Kasseler Handbuch/*Vossen* Rdn. 206; *Vossen*, Entgeltfortzahlung, Rdn. 289; *Worzalla/Süllwald* § 5 EFZG Rdn. 42). Für den Arbeitgeber resultiert hieraus die Schwierigkeit, dass er kaum feststellen kann, ob die Voraussetzungen für die Entgeltfortzahlung möglicherweise wegen Verschuldens des Arbeitnehmers oder wegen Vorliegens einer Fortsetzungserkrankung nicht gegeben sind. Die Konsequenz hieraus kann aber nur sein, dass man aus dem Arbeitsvertrag als Nebenpflicht die Verpflichtung des Arbeitnehmers herleitet, entsprechende Angaben von sich aus zu machen und unter Umständen auch den Arzt von seiner Schweigepflicht zu entbinden (ausführlich § 3 EFZG Rdn. 269 ff.); die skizzierten Schwierigkeiten der Arbeitgeber können jedoch nicht dazu führen, dass die Mitteilung des Befundes de lege lata zum Inhalt einer ärztlichen Arbeitsunfähigkeitsbescheinigung gemacht wird. Dies gilt um so mehr, nachdem der Gesetzgeber entsprechende Vorschläge unter der Geltung des § 3 LFZG (vgl. *Hunold*, BB 1989, 844) bei der Neuregelung des Entgeltfortzahlungsrechts nicht umgesetzt hat.

87 Aus der Bescheinigung ergeben muss sich dagegen wiederum die **voraussichtliche Dauer der Arbeitsunfähigkeit**. Die Dauer der Arbeitsunfähigkeit kann sich dabei entweder aus der Angabe zweier Zeitpunkte („arbeitsunfähig von ... bis ...") oder eines berechenbaren Zeitraums (14 Tage vom Datum der Bescheinigung an) ergeben (*Geyer/Knorr/Krasney* § 5 EFZG Rdn. 31; Kasseler Handbuch/*Vossen* Rdn. 207; MüKo/*Schaub* § 616 Rdn. 143; *Wedde/Kunz* § 5 EFZG Rdn. 34; *Worzalla/Süllwald* § 5 EFZG Rdn. 43).

88 Ist ein **Kalendertag** als Zeitpunkt des voraussichtlichen Endes der Arbeitsunfähigkeit angegeben, wird in der Regel nur Arbeitsunfähigkeit **bis zum Ende der vom betroffenen Arbeitnehmer üblicherweise an diesem Tage zu leistenden Arbeitsschicht** und nicht bis zum Ende des Kalendertages (Mitternacht) bescheinigt (BAG AP Nr. 55 zu § 1 LFZG;

III. Mitteilungs- u. Nachweispfl. b. Erkrankung i. Geltungsbereich § 5 EFZG

Wedde/Kunz § 5 EFZG Rdn. 34; kritisch ErfK/*Dörner* § 5 EFZG Rdn. 29: nicht lebensnah).

Fällt der letzte Tag der Arbeitsunfähigkeit auf einen arbeitsfreien **Samstag, Sonntag** oder **Feiertag**, ist im Wege der Auslegung zu ermitteln, ob sich die Arbeitsunfähigkeitsbescheinigung nur auf Teile des genannten letzten Tages bezieht oder auf den letzten Tag insgesamt (*Kaiser/Dunkl/Hold/Kleinsorge* § 5 EFZG Rdn. 31), die Arbeitsunfähigkeit kann jedenfalls durchaus auch für arbeitsfreie Tage bescheinigt werden (BAG AP Nr. 55 zu § 1 LFZG; *Geyer/Knorr/Krasney* § 5 EFZG Rdn. 31). 89

Schließlich gehört zum Mindestinhalt der ärztlichen Arbeitsunfähigkeitsbescheinigung ein **Vermerk** des behandelnden Arztes darüber, **dass der Krankenkasse unverzüglich eine Bescheinigung** über die Arbeitsunfähigkeit mit Angaben über den Befund und die voraussichtliche Dauer der Arbeitsunfähigkeit **übersandt werden wird** (§ 5 Abs. 1 S. 5 EFZG). Hierdurch soll der Arbeitgeber davon Kenntnis erlangen, dass die Krankenkasse über die Arbeitsunfähigkeit unterrichtet ist, um gegebenenfalls eine Begutachtung durch den Medizinischen Dienst der Krankenversicherung (vgl. dazu unten Rdn. 179 ff.) veranlassen zu können. Der entsprechende Vermerk auf der Arbeitsunfähigkeitsbescheinigung entfällt naturgemäß, wenn der Arbeitnehmer – z. B. im Hinblick auf den geringen Umfang seiner Tätigkeit (vgl. § 7 SGB V) – nicht Mitglied der gesetzlichen Krankenversicherung ist (*Kaiser/Dunkl/Hold/Kleinsorge* § 5 EFZG Rdn. 35; *Vossen*, Entgeltfortzahlung, Rdn. 289). 90

Ob der behandelnde Arzt der Krankenkasse tatsächlich unverzüglich eine entsprechende Bescheinigung übersendet, ist unter dem Blickwinkel der Erfüllung der Pflichten des Arbeitnehmers aus § 5 Abs. 1 EFZG ohne Bedeutung (ErfK/*Dörner* § 5 EFZG Rdn. 31). 91

d) Form der Arbeitsunfähigkeitsbescheinigung

Hinsichtlich der Form der Arbeitsunfähigkeitsbescheinigung schreibt § 5 Abs. 1 S. 2 EFZG lediglich vor, dass die Bescheinigung von einem **Arzt** herrühren muss; nimmt man § 5 Abs. 1 S. 5 EFZG hinzu, so muss sie von dem **behandelnden** Arzt stammen (vgl. *Worzalla/Süllwald* § 5 EFZG Rdn. 41). 92

Welchen Arzt der Arbeitnehmer konsultiert, steht grundsätzlich in seiner freien Entscheidung, sofern es sich um einen **approbierten Arzt** handelt (*Lepke*, NZA 1995, 1094, 1095; *Staudinger/Oetker* § 616 Rdn. 320; *Wedde/Kunz* § 5 EFZG Rdn. 29). Es muss sich nicht um einen Vertragsarzt handeln; ärztliche Bescheinigungen im Sinne des § 5 Abs. 1 EFZG können auch von Ärzten ausgestellt werden, die nicht zur vertragsärztlichen Versorgung zugelassen sind (*Galahn*, Missbrauch, S. 28; *Kaiser/Dunkl/Hold/Kleinsorge* § 5 EFZG Rdn. 29; *Vossen*, Entgeltfortzahlung, Rdn. 283). Erst recht kann der Arbeitgeber dem Arbeitnehmer nicht vorschreiben, die Arbeitsunfähigkeitsbescheinigung eines bestimmten Arztes, etwa des Werksarztes, beizubringen (HzA/*Vossen* Gruppe 2 Rdn. 274; Kasseler Handbuch/*Vossen* Rdn. 203). 93

Hinsichtlich der Frage, ob im Tarifvertrag oder in Einzelarbeitsverträgen eine Regelung getroffen werden kann, wonach der Arbeitnehmer verpflich- 94 tet ist, sich unter bestimmten Voraussetzungen (z. B. wiederholte Erkrankung, lang andauernde Erkrankung) einer **Untersuchung durch einen bestimmten, vom Arbeitgeber ausgewählten Arzt** zu unterziehen, wird man differenzieren müssen: Soweit der Arbeitnehmer sich (nur) verpflichtet, zusätzlich zu dem Arzt seiner Wahl den Werksarzt aufzusuchen und sich einer weiteren Untersuchung zu unterziehen, ohne dass hieran entgeltfortzahlungsrechtliche Konsequenzen geknüpft werden, wird man dies kaum beanstanden können (a. A. ErfK/*Dörner* § 5 EFZG Rdn. 25; *Vossen*, Entgeltfortzahlung, Rdn. 284); wird dagegen die Arbeitsunfähigkeitsbescheinigung des Werksarztes zur Voraussetzung für den Entgeltfortzahlungsanspruch gemacht, liegt hierin eine gegen § 12 EFZG verstoßende ungünstige Abweichung von § 5 Abs. 1 EFZG (*Edenfeld*, DB 1997, 2273, 2277; Kasseler Handbuch/*Vossen* Rdn. 204).

95 Der behandelnde Arzt wird – jedenfalls wenn es sich um einen Vertragsarzt handelt – in aller Regel den **Vordruck für Arbeitsunfähigkeitsbescheinigungen** nach § 21 des Bundesmantelvertrages Ärzte (BMV-Ä) verwenden. Dies ist jedoch nicht zwingend. Das Gesetz verlangt lediglich – wie sich aus dem Terminus „Bescheinigung" ergibt –, dass es sich um eine **schriftliche** Erklärung des behandelnden Arztes handelt (*Geyer/Knorr/ Krasney* § 5 EFZG Rdn. 30; *Staudinger/Oetker* § 616 BGB Rdn. 320; *Worzalla/Süllwald* § 5 EFZG Rdn. 41), die von diesem auch eigenhändig (§ 126 Abs. 1 BGB) unterschrieben worden ist (*Kaiser/Dunkl/Hold/Kleinsorge* § 5 EFZG Rdn. 27; *Staudinger/Oetker* § 616 BGB Rdn. 320; *Vossen*, Entgeltfortzahlung, Rdn. 288). Davon abgesehen besteht **Formfreiheit**, soweit die Erklärung den skizzierten Mindestinhalt (Name des Arbeitnehmers, Tatsache der Arbeitsunfähigkeit, voraussichtliche Dauer der Arbeitsunfähigkeit, Vermerk über Mitteilung an die Krankenkasse) aufweist (*Brecht* § 5 EFZG Rdn. 12; ErfK/*Dörner* § 5 EFZG Rdn. 26; *Geyer/Knorr/Krasney* § 5 EFZG Rdn. 31).

96 Nicht zwingend erforderlich ist auch, dass die Bescheinigung **in deutscher Sprache** abgefasst ist (*Geyer/Knorr/Krasney* § 5 EFZG Rdn. 30; *Kaiser/Dunkl/Hold/Kleinsorge* § 5 EFZG Rdn. 28; a. A. *Berenz*, DB 1995, 1462, 1463).

e) Kosten der Arbeitsunfähigkeitsbescheinigung

97 Gem. § 73 Abs. 1 Nr. 9 SGB V gehört die Ausstellung von Bescheinigungen, die die Versicherten für den Anspruch auf Fortzahlung des Arbeitsentgelts benötigen, zur **vertragsärztlichen Versorgung** (MüKo/*Schaub* § 616 Rdn. 153). Daraus folgt, dass dem Arbeitnehmer **keine Kosten** entstehen, soweit er Versicherter der gesetzlichen Krankenversicherung ist und ein Vertragsarzt konsultiert wird; dies gilt für Pflichtversicherte und freiwillig Versicherte gleichermaßen.

98 Nimmt ein Versicherter der gesetzlichen Krankenversicherung einen nicht an der vertragsärztlichen Versorgung teilnehmenden Arzt in Anspruch, trägt die Krankenkasse dennoch die Kosten für die Arbeitsunfähigkeitsbescheinigung, sofern es sich um einen **Notfall** handelt.

III. Mitteilungs- u. Nachweispfl. b. Erkrankung i. Geltungsbereich § 5 EFZG

Die Frage nach der Kostentragung stellt sich damit nur dann, wenn ein 99
Versicherter der gesetzlichen Krankenversicherung ohne zwingenden Grund
einen Nicht-Vertragsarzt in Anspruch nimmt oder wenn der Arbeitnehmer
nicht zum versicherten Personenkreis der gesetzlichen Krankenversicherung
gehört. In diesen Fällen hat – sofern keine abweichende Vereinbarung besteht – nicht der Arbeitgeber, sondern **der Arbeitnehmer die Kosten für
die Arbeitsunfähigkeitsbescheinigung zu tragen**, da § 5 Abs. 1 EFZG
ihm die Pflicht auferlegt, eine entsprechende Bescheinigung beizubringen (*Brecht* § 5 EFZG Rdn. 15; *Geyer/Knorr/Krasney* § 5 EFZG Rdn. 29;
HzA/*Vossen* Gruppe 2 Rdn. 281; *Kaiser/Dunkl/Hold/Kleinsorge* § 5 EFZG
Rdn. 80f.; MüKo/*Schaub* § 616 Rdn. 153; a.A. *Wedde/Kunz* § 5 EFZG
Rdn. 35; differenzierend *Gola* § 5 EFZG Anm. 8: Kostentragung durch den
Arbeitgeber, wenn der Arbeitnehmer keinen Anspruch auf Entgeltfortzahlung geltend machen kann).

f) Beweiswert der Arbeitsunfähigkeitsbescheinigung

Nach allgemeinen Beweislastregeln muss der **Arbeitnehmer**, der einen 100
Entgeltfortzahlungsanspruch erhebt, **beweisen, dass er arbeitsunfähig ist.**
Diesen Beweis wird er in der Regel dadurch führen, dass er dem Arbeitgeber
die ärztliche **Arbeitsunfähigkeitsbescheinigung nach § 5 Abs. 1 EFZG
vorlegt.** Er kann diesen Beweis jedoch auch mit anderen zulässigen Beweismitteln führen (BAG NZA 1998, 369 = AP Nr. 5 zu § 5 EFZG).

Problematisch ist die Behandlung von Fällen, in denen der Arbeitgeber 101
trotz Vorliegens einer ärztlichen Arbeitsunfähigkeitsbescheinigung daran
zweifelt, dass der Arbeitnehmer tatsächlich arbeitsunfähig erkrankt ist.

Beispiele: Der Arbeitnehmer legt nach einem Streit mit dem Arbeitgeber eine
Arbeitsunfähigkeitsbescheinigung vor; der Arbeitnehmer wird während der Zeit, in
der er ausweislich der Bescheinigung arbeitsunfähig ist, wiederholt in Lokalen angetroffen; der Arbeitnehmer, der zugleich Nebenerwerbslandwirt ist, erkrankt immer
wieder während der Erntezeit usw.

Will der Arbeitgeber nun unter Hinweis auf diese Umstände die Entgelt- 102
fortzahlung verweigern, so stellt sich die Frage, wie hoch der **Beweiswert
der ärztlichen Arbeitsunfähigkeitsbescheinigung** ist bzw. ob der Beweiswert der Bescheinigung durch sonstige Umstände **erschüttert** ist.

Soweit der Arbeitnehmer im **Geltungsbereich des deutschen Ent-** 103
geltfortzahlungsrechts erkrankt ist und ein im Inland niedergelassener Arzt
die Arbeitsunfähigkeitsbescheinigung ausgestellt hat (zum Beweiswert von
Arbeitsunfähigkeitsbescheinigungen von Ärzten, die anlässlich einer Erkrankung im Ausland konsultiert werden, vgl. unten Rdn. 151 ff.), geht das BAG
seit langem davon aus, dass einer ordnungsgemäß ausgestellten Arbeitsunfähigkeitsbescheinigung ein **hoher Beweiswert** zukommt und dass sie den
vom Gesetz vorgesehenen und gewichtigsten Beweis für die Tatsache einer
krankheitsbedingten Arbeitsunfähigkeit darstellt (BAGE 28, 144, 146; 48,
115, 119).

Diese ständige Rechtsprechung wurde vorübergehend heftig diskutiert, 104
nachdem die 5. Kammer des LAG München in einem Urteil vom 9. November 1988 erstmals zu dem Ergebnis gelangte, der Beweiswert einer ärztlichen

Arbeitsunfähigkeitsbescheinigung sei nur sehr gering, denn bei der Würdigung des Beweiswertes einer Arbeitsunfähigkeitsbescheinigung könne nicht außer acht gelassen werden, dass Ärzte keine Übermenschen seien, denen im größeren Maße als anderen die Fähigkeit gegeben wäre, unwahre Angaben ihrer Patienten zu durchschauen. Der Arbeitgeber müsse deshalb zur Entkräftung einer Arbeitsunfähigkeitsbescheinigung keine Umstände darlegen und beweisen, die zu ernsthaften Zweifeln an der behaupteten Erkrankung Anlass geben (LAG München NZA 1989, 597; ablehnend u. a. LAG Berlin NZA 1991, 891; LAG Hamm BB 1989, 1270; LAG Köln BB 1989, 2048; LAG München – 2. Kammer – NZA 1991, 899), sondern auch der ganz überwiegende Teil des Schrifttums (*Borchert*, AuR 1990, 375; *Clausen*, AuR 1989, 330; *Lambeck*, NZA 1990, 88; *Lepke*, DB 1993, 2025, 2026; *Rühle*, BB 1989, 2046; *Schmitt*, ZTR 1990, 223; zustimmend *Hunold*, BB 1989, 844).

105 Das **BAG** ist diesen Überlegungen richtigerweise nicht gefolgt und hat die Entscheidungen des LAG München aufgehoben (BAG AP Nr. 98 zu § 1 LFZG). Aus den §§ 5 und 7 EFZG ergibt sich, dass der Arbeitgeber jedenfalls im Normalfall zur Entgeltfortzahlung verpflichtet ist, wenn der Arbeitnehmer ihm eine ärztliche Arbeitsunfähigkeitsbescheinigung vorlegt. Im Verhältnis Arbeitgeber/Arbeitnehmer soll die Arbeitsunfähigkeitsbescheinigung damit zweifellos einen gewissen Beweiswert haben. Unter diesen Voraussetzungen ist es jedoch nicht möglich, der Arbeitsunfähigkeitsbescheinigung prozessual jeden Beweiswert abzusprechen, denn der Beweiswert gegenüber dem Arbeitgeber und der prozessuale Beweiswert lassen sich praktisch nicht trennen (ausführlich *Schmitt*, ZTR 1990, 223; ähnlich *Rühle*, BB 1989, 2046).

106 Es ist daher mit der ständigen Rechtsprechung (seit BAGE 28, 144 = AP Nr. 2 zu § 3 LFZG) davon auszugehen, dass eine **ärztliche Arbeitsunfähigkeitsbescheinigung** die **Vermutung der Richtigkeit** für sich hat. Es handelt sich zwar nicht um eine gesetzliche Vermutung im Sinne des § 292 ZPO (ebenso *Lepke*, DB 1993, 2025, 2026; *Staudinger/Oetker* § 616 BGB Rdn. 490), aber doch um eine **tatsächliche Vermutung** i. S. eines **Anscheinsbeweises** (*Clausen*, AuR 1989, 330; *Kaiser/Dunkl/Hold/Kleinsorge* § 5 EFZG Rdn. 52; *Vossen*, Entgeltfortzahlung, Rdn. 332). Mit der Vorlage der Arbeitsunfähigkeitsbescheinigung hat der Arbeitnehmer zunächst einmal nachgewiesen, dass er arbeitsunfähig ist.

107 Will der Arbeitgeber dennoch die Entgeltfortzahlung verweigern, so muss er zunächst den **Beweiswert der ärztlichen Bescheinigung erschüttern**; erst wenn ihm dies gelungen ist, ist es Sache des Arbeitnehmers, seine Arbeitsunfähigkeit auf andere Weise als durch die Vorlage der Arbeitsunfähigkeitsbescheinigung nachzuweisen; die Arbeitsgerichte haben dann die für bzw. gegen die Arbeitsunfähigkeit sprechenden Tatsachen umfassend zu würdigen.

108 Dabei sollte man allerdings berücksichtigen, dass es für den Arbeitgeber im Allgemeinen außerordentlich schwierig ist, die Vermutung der Richtigkeit zu Gunsten der ärztlichen Arbeitsunfähigkeitsbescheinigung zu erschüttern, da einerseits Arbeitsunfähigkeit nicht mit Bettlägerigkeit zu verwechseln ist, so dass die Tatsache, dass der Arbeitnehmer z. B. außerhalb der Wohnung in einem Lokal angetroffen wird, nicht den sicheren Schluss zulässt, er sei nicht

III. Mitteilungs- u. Nachweispfl. b. Erkrankung i. Geltungsbereich § 5 EFZG

arbeitsunfähig, und andererseits der Arbeitgeber angesichts des knappen Inhalts der Arbeitsunfähigkeitsbescheinigung (vgl. oben Rdn. 84 ff.) keine Kenntnis von der Art der Erkrankung hat. Mangels entsprechender Informationen kann der Arbeitgeber zur Erschütterung der Richtigkeitsvermutung also z. B. kaum vortragen, eine bestimmte Krankheit sei nicht mit dem Besuch eines Lokals etc. zu vereinbaren.

Angesichts dieser Situation erscheint es geboten, die **Anforderungen an eine Erschütterung der Richtigkeitsvermutung** zu Gunsten der ärztlichen Arbeitsunfähigkeitsbescheinigung **nicht zu hoch zu schrauben** (*Schmitt*, ZTR 1990, 223). 109

Umstände, die die Richtigkeitsvermutung erschüttern, können sich zunächst aus der **Arbeitsunfähigkeitsbescheinigung selbst bzw. aus der Art ihres Zustandekommens** ergeben. Dies ist z. B. der Fall, wenn der Arzt die Bescheinigung ausgestellt hat, ohne den Arbeitnehmer zu untersuchen (BAG AP Nr. 2 zu § 3 LFZG; *Kaiser/Dunkl/Hold/Kleinsorge* § 5 EFZG Rdn. 59; MüKo/*Schaub* § 616 Rdn. 149; *Staudinger/Oetker* § 616 BGB Rdn. 492; *Vossen*, Entgeltfortzahlung, Rdn. 336) oder wenn eine Folgebescheinigung dasselbe Ausstellungsdatum aufweist wie die Erstbescheinigung (*Kaiser/Dunkl/Hold/Kleinsorge* § 5 EFZG Rdn. 59; vgl. auch *Geyer/Knorr/Krasney* § 5 EFZG Rdn. 39). 110

Beachtung verdienen in diesem Zusammenhang auch **§ 31 BMV-Ä** in der ab 1. Januar 1995 gültigen Fassung, wonach die Arbeitsunfähigkeit nur aufgrund einer ärztlichen Untersuchung bescheinigt werden darf, sowie die (ergänzenden) „Richtlinien des Bundesausschusses der Ärzte und Krankenkassen", die eine Rückdatierung der Arbeitsunfähigkeit nur ausnahmsweise und nach gewissenhafter Prüfung für in der Regel nicht mehr als zwei Tage zulassen (ausführlich *Lepke*, NZA 1995, 1084, 1088). Umstände, die die Richtigkeitsvermutung erschüttern, können daher auch dann bejaht werden, wenn der Arzt den Beginn der Arbeitsunfähigkeit rückwirkend festsetzt, soweit die Rückwirkung zwei Tage übersteigt (vgl. LAG München ARSt 1977, 95; LAG Hamm DB 1978, 2180; *Lepke*, DB 1993, 2025, 2028; MüKo/*Schaub* § 616 Rdn. 149; *Vossen*, Entgeltfortzahlung, Rdn. 338; *Weiland*, BB 1979, 1097). 111

Des weiteren kann die Richtigkeitsvermutung durch **Äußerungen oder Verhaltensweisen des Arbeitnehmers vor der Arbeitsunfähigkeit** erschüttert werden (*Staudinger/Oetker* § 616 BGB Rdn. 492). Hierzu gehört z. B. die Ankündigung von Arbeitsunwilligkeit (LAG Saarbrücken DB 1964, 115; LAG Frankfurt EEK I/522) oder die Ankündigung einer Krankheit für den Fall, dass einem Urlaubs- oder Versetzungswunsch nicht entsprochen wird (vgl. ArbG Hagen ARSt 1987, 133; ArbG Hamm BB 1986, 2127; ArbG Kiel DB 1975, 841; MüKo/*Schaub* § 616 Rdn. 149; zur angedrohten Erkrankung als Grund für eine fristlose Kündigung BAG AP Nr. 4 zu § 626 BGB Krankheit; *Gaul*, NZA 1993, 865, 869) bzw. dem Betroffenen eine zusätzliche Arbeit zugemutet wird (LAG Hamm BB 1985, 1919). Dasselbe gilt, wenn nach einer Auseinandersetzung mit dem Arbeitgeber eine ganze oder ein erheblicher Teil einer Arbeitsgruppe von einem auf den anderen Tag krankgeschrieben wird (ArbG Berlin DB 1980, 590; 1980, 1105) oder wenn mehreren Arbeitnehmern eines Betriebes gekündigt wird und darauf- 112 hin alle Gekündigten erkranken, ohne dass besondere Umstände wie z.B. eine Epidemie oder ein Unfall ersichtlich sind (ArbG Elmshorn BB 1983, 125).

113 Zweifel an der Richtigkeitsvermutung können sich weiterhin aus dem **Verhalten des Arbeitnehmers nach Eintritt der Arbeitsunfähigkeit** ergeben. Hierzu gehören Fälle, in denen der Arbeitnehmer bei einer für Arbeitsunfähige schlechthin **ungeeigneten Tätigkeit angetroffen wird,** wie z. B. die Bestellung eines Feldes in der eigenen Nebenerwerbslandwirtschaft (LAG Hamm DB 1970, 2379), die ganztägige Mitarbeit beim Bau des eigenen Hauses (LAG Düsseldorf DB 1981, 900; MüKo/*Schaub* § 616 Rdn. 149) oder im Betrieb der Ehefrau (MünchArbR/*Boecken* § 85 Rdn. 50), die Verrichtung von Schwarzarbeit während der Krankheit (BAG AP Nr. 3 zu § 3 LFZG), der Besuch eines Spielkasinos mit längerer An- und Abfahrt am Tage der Krankschreibung (LAG Hamm DB 1983, 235), die Fortsetzung einer Nebentätigkeit während einer ärztlich attestierten Arbeitsunfähigkeit (BAG AP Nr. 112 zu § 626 BGB = SAE 1994, 217 mit Anm. *Walker; Vossen,* Entgeltfortzahlung, Rdn. 344) sowie die Vorbereitung auf eine Führerscheinprüfung durch regelmäßige Fahrstunden (ArbG Iserlohn ARSt 1981, 142; *Vossen,* Entgeltfortzahlung, Rdn. 346).

114 Auch die Tatsache, dass der Arbeitnehmer einer **Einladung zu einer Untersuchung durch den Medizinischen Dienst** der Krankenversicherung **nicht Folge leistet,** kann die Richtigkeitsvermutung zu Gunsten der Arbeitsunfähigkeitsbescheinigung erschüttern (BAG AP Nr. 2 zu § 3 LFZG; LAG Hammm LSK 2003, 330, 338; vgl. auch MüKo/*Schaub* § 616 Rdn. 151); anders ist die Situation dagegen zu beurteilen, wenn der Arbeitnehmer sich – trotz einer entsprechenden Regelung im Tarifvertrag – weigert, sich von einem vom Arbeitgeber benannten Arzt untersuchen zu lassen, an dessen Unabhängigkeit er mit Recht zweifeln kann (BAG AP Nr. 3 zu § 3 LFZG).

115 Diese „Indizienrechtsprechung" hat ihre Bedeutung nicht dadurch verloren, dass § **275 Abs. 1 Nr. 3 b SGB V** die Krankenkassen seit dem 1. Januar 1995 verpflichtet, bei Arbeitsunfähigkeit zur Beseitigung von Zweifeln an der Arbeitsunfähigkeit eine gutachterliche Stellungnahme des Medizinischen Dienstes der Krankenversicherung einzuholen, wobei § 275 Abs. 1a SGB V eine Reihe von Fallkonstellationen anspricht, bei denen Zweifel an der Arbeitsunfähigkeit anzunehmen sind und zugleich den Arbeitgeber berechtigt zu verlangen, dass die Krankenkasse eine gutachtliche Stellungnahme des Medizinischen Dienstes einholt.

116 *Hanau/Kramer* (DB 1995, 94, 97) vertreten dazu die Auffassung, der Arbeitgeber könne unter der Geltung der Neuregelung die Entgeltfortzahlung nicht mehr von sich aus stoppen, sondern er sei verpflichtet, zunächst das Verfahren nach § 275 SGB V einzuleiten und dessen Ausgang abzuwarten.

117 Rechtssystematisch spricht sicherlich manches für diese Ansicht, die zu einer „Verzahnung" der arbeitsrechtlichen und der sozialrechtlichen Regelungen führt, die daraus resultierenden Konsequenzen sind jedoch teilweise außerordentlich problematisch. Dies gilt z.B. für die Frage nach der Vergütung für die Tage bis zur Untersuchung.

III. Mitteilungs- u. Nachweispfl. b. Erkrankung i. Geltungsbereich § 5 EFZG

Beispiel: Der Arbeitnehmer fehlt ab dem 1. eines Monats wegen behaupteter Arbeitsunfähigkeit. Der Arbeitgeber hat begründete Zweifel, da er zuvor einen Urlaubsantrag abgelehnt hat, und leitet das Verfahren nach § 275 SGB V ein. Der Medizinische Dienst lädt den Arbeitnehmer für den 8. Tag zu einer Untersuchung ein, der Arbeitnehmer zieht es jedoch vor, nicht zu diesem Untersuchungstermin zu erscheinen, sondern am 7. Tag wieder zur Arbeit zu kommen (Beispiel nach *Hunold*, DB 1995, 676).

Stellt man sich nun auf den Standpunkt, eine Verweigerung der Entgeltfortzahlung komme nur in Betracht, nachdem der Arbeitgeber das Verfahren nach § 275 SGB V erfolgreich durchgeführt hat, wäre der Arbeitgeber zur Entgeltfortzahlung verpflichtet. Seine Rechtsposition hätte sich damit im Vergleich zur alten Rechtslage deutlich verschlechtert. Dies stünde aber im Widerspruch dazu, dass das EFZG (auch) das Ziel verfolgt, den Missbrauch der Entgeltfortzahlung zu bekämpfen (vgl. BT-Drucks. 12/5263, S. 10). 118

Es ist daher davon auszugehen, dass die „Indizienrechtsprechung" ihre Bedeutung behalten hat (ebenso ErfK/*Dörner* § 5 EFZG Rdn. 38; *Hunold*, DB 1995, 676; *Schmitt*, RdA 1996, 5, 13; *Vossen*, Entgeltfortzahlung, Rdn. 347; zu § 275 SGB V ausführlich unten Rdn. 179 ff.). 119

Ob die Richtigkeitsvermutung zugunsten der Arbeitsunfähigkeitsbescheinigung auch dann erschüttert ist, wenn der Arbeitnehmer wiederholt **bei Einkäufen außer Haus,** beim **Besuch von Sportveranstaltungen** oder **Lokalen,** beim **Freizeitsport** u. ä. angetroffen wird, ist fraglich (so aber *Vossen,* Entgeltfortzahlung, Rdn. 345). Im allgemeinen verneint man unter den genannten Voraussetzungen begründete Zweifel an der Arbeitsunfähigkeit (vgl. *Schaub*, Arbeitsrechts-Handbuch, § 98 V 10 b). Man sollte jedoch in derartigen Fällen angesichts der ungünstigen Beweissituation, in der der Arbeitgeber sich ohnehin befindet, nicht zu restriktiv entscheiden. Wenn sich z. B. ein arbeitsunfähiger Büroangestellter längere Zeit in einem Lokal aufhält, so sollte man die Richtigkeitsvermutung zugunsten der Arbeitsunfähigkeitsbescheinigung durchaus als widerlegt ansehen; es bleibt dem Betroffenen dadurch unbenommen, sodann darzulegen, dass die spezielle Art seiner Erkrankung nur sitzende Tätigkeiten in einem Büro unmöglich macht (*Schmitt*, ZTR 1990, 223; weitere Beispiele finden sich u. a. bei *Geyer/Knorr/Krasney* § 5 EFZG Rdn. 38 ff.; HzA/*Vossen* Gruppe 2 Rdn. 331 ff.; zur Missbrauchsbekämpfung durch das Verlangen nach Hinterlegung des Sozialversicherungsausweises vgl. BAG AP Nr. 1 zu § 100 SGB IV = SAE 1996, 62 mit Anm. *Misera*; ArbG Ulm DB 1993, 1727; *Boehm*, NZA 1995, 1095; *Gola*, BB 1994, 1351; ders. BB 1995, 2318, 2322; *Marburger*, DB 1994, 421). 120

Ist es dem Arbeitgeber gelungen, die **Richtigkeitsvermutung zu erschüttern,** muss nunmehr der **Arbeitnehmer die Arbeitsunfähigkeit auf andere Weise beweisen.** In Betracht kommt insbesondere die Aussage des behandelnden Arztes oder anderer Zeugen sowie die Einholung eines Sachverständigengutachtens (*Geyer/Knorr/Krasney* § 5 EFZG Rdn. 44; HzA/*Vossen* Gruppe 2 Rdn. 348). 121

3. Fortdauer der Arbeitsunfähigkeit

Dauert die Arbeitsunfähigkeit länger als in der Bescheinigung angegeben, so ist der Arbeitnehmer verpflichtet, eine **neue ärztliche Bescheinigung** 122 vorzulegen (§ 5 Abs. 1 S. 4 EFZG). Bezüglich Inhalt und Form dieser Folgebescheinigung gelten die obigen Ausführungen zu Form und Inhalt der ersten Arbeitsunfähigkeitsbescheinigung entsprechend (vgl. oben Rdn. 84 ff.; zur kürzeren Arbeitsunfähigkeit vgl. § 3 EFZG Rdn. 199 ff.).

123 Nicht unmittelbar aus dem Gesetz zu entnehmen ist dagegen, ob der Arbeitnehmer auch die Pflicht hat, die fortdauernde Arbeitsunfähigkeit **anzuzeigen** und **bis wann** er die **neue ärztliche Bescheinigung** vorlegen muss. Zu sachgerechten Ergebnissen gelangt man, wenn man bezüglich beider Fragen § 5 Abs. 1 S. 1 bis 3 EFZG analog (nicht zu unrecht skeptisch bzgl. der Bejahung einer unbewussten Regelungslücke allerdings ErfK/ *Dörner* § 5 EFZG Rdn. 46) anwendet (vgl. Kasseler Handbuch/*Vossen* Rdn. 209 f.; *Lepke*, NZA 1995, 1084, 1087; *Schliemann*, AuR 1994, 317, 322; *Wedde/Kunz* § 5 EFZG Rdn. 46 f.; a. A. *Gola* § 5 EFZG Rdn. 6.2; *Kaiser/Dunkl/Hold/Kleinsorge* § 5 EFZG Rdn. 26).

124 Dies bedeutet, dass der Arbeitnehmer zu einer **unverzüglichen Mitteilung** an den Arbeitgeber verpflichtet ist, wenn ihm bekannt wird, dass die Arbeitsunfähigkeit länger als in der ärztlichen Arbeitsunfähigkeitsbescheinigung angegeben dauern wird (*Gola* § 5 EFZG Rdn. 6.2; *Hanau/Kramer*, DB 1995, 94; HzA/*Vossen* Gruppe 2 Rdn. 232; *Lepke*, NZA 1995, 1084, 1086; *Wedde/Kunz* § 5 EFZG Rdn. 48; vgl. auch *Galahn*, Missbrauch, S. 62).

125 Eine **neue** ärztliche **Arbeitsunfähigkeitsbescheinigung** muss dann **spätestens am vierten Tag nach dem ursprünglich bescheinigten Endtermin** der Arbeitsunfähigkeit beigebracht werden (HzA/*Vossen* Gruppe 2 Rdn. 284; *Lepke*, NZA 1995, 1084, 1087; MüKo/*Schaub* § 616 Rdn. 147; *Schaub*, Arbeitsrechts-Handbuch, § 98 V 9b; *Vossen*, Entgeltfortzahlung, Rdn. 295; *Wedde/Kunz* § 5 EFZG Rdn. 46 ff.; vgl. auch *Galahn*, Missbrauch, S. 62; a. A. *Gola* § 5 EFZG Rdn. 6.2: spätestens zu dem Zeitpunkt, zu dem der Arbeitnehmer den Dienst wieder hätte antreten sollen; *Kaiser/Dunkl/Hold/Kleinsorge* § 5 EFZG Rdn. 26: sobald der Arzt die fortdauernde Arbeitsunfähigkeit bescheinigt hat).

Beispiel: Ausweislich der ursprünglichen Arbeitsunfähigkeitsbescheinigung ist der Arbeitnehmer arbeitsunfähig bis einschließlich Montag, dem 10. September. Die neue Arbeitsunfähigkeitsbescheinigung muss dem Arbeitgeber unter diesen Voraussetzungen bis zum Freitag, dem 14. September, vorliegen (§ 5 Abs. 1 S. 2 EFZG analog).

126 Eine Pflicht zur Vorlage der Folgebescheinigung zu dem Zeitpunkt, zu dem der Arbeitnehmer seinen Dienst wieder hätte antreten sollen (vgl. *Gola* § 5 EFZG Anm. 6.2) bzw. sobald der Arzt die fortdauernde Arbeitsunfähigkeit bescheinigt hat (vgl. *Kaiser/Dunkl/Hold/Kleinsorge* § 5 EFZG Rdn. 26), lässt sich jedenfalls dann nicht mit dem Interesse des Arbeitgebers an möglichst frühzeitigen Dispositionen begründen, wenn man den Arbeitnehmer für verpflichtet hält, die Fortdauer der Arbeitsunfähigkeit unverzüglich anzuzeigen.

127 Im übrigen hat der Arbeitgeber analog § 5 Abs. 1 S. 3 EFZG die Möglichkeit, die Vorlage einer Folgebescheinigung zu einem früheren Zeitpunkt zu verlangen (HzA/*Vossen* Gruppe 2 Rdn. 285; vgl. auch *Staudinger/Oetker* § 616 BGB Rdn. 323).

IV. Mitteilungs- und Nachweispflichten bei Erkrankungen außerhalb des Geltungsbereichs des Gesetzes (§ 5 Abs. 2 EFZG)

§ 5 Abs. 2 EFZG enthält Sonderregelungen hinsichtlich der Mitteilungs- und Nachweispflichten bei **Erkrankungen außerhalb des Geltungsbereichs des Gesetzes.** Diese gelten für deutsche Arbeitnehmer auf einem Auslandsurlaub ebenso wie für ausländische Arbeitnehmer, die in ihrem Heimatland Urlaub machen (zum Anwendungsbereich der Regelung *Worzalla/Süllwald* § 5 EFZG Rdn. 80 f.).

Die in § 5 Abs. 2 EFZG enthaltenen Pflichten entsprechen grundsätzlich denen, die in § 5 Abs. 1 EFZG normiert sind, sie werden jedoch ergänzt bzw. modifiziert, um den Besonderheiten eines Auslandsaufenthalts Rechnung tragen.

1. Mitteilungspflichten

a) Mitteilungspflichten bei Beginn der Arbeitsunfähigkeit (§ 5 Abs. 2 S. 1 bis 3 EFZG)

Hält sich der Arbeitnehmer bei Beginn der Arbeitsunfähigkeit außerhalb des Geltungsbereichs des EFZG auf, so ist er verpflichtet, dies dem Arbeitgeber (§ 5 Abs. 2 S. 1 und 2 EFZG) und der gesetzlichen Krankenkasse, bei der er versichert ist (§ 5 Abs. 2 S. 3 EFZG) mitzuteilen.

Die **Mitteilungspflicht gegenüber dem Arbeitgeber** ist durch § 5 Abs. 2 **S. 1** EFZG gegenüber der früheren Regelung in § 3 Abs. 2 S. 1 LFZG insoweit ausgeweitet worden, als der Arbeitnehmer nunmehr auch verpflichtet ist, dem Arbeitgeber seine **Adresse am Aufenthaltsort** mitzuteilen. Mit dieser Erweiterung der Mitteilungspflicht hat der Gesetzgeber auf eine Entscheidung des EuGH reagiert, der es dem Arbeitgeber verwehrt hat, Arbeitsunfähigkeitsbescheinigungen von Ärzten aus anderen Ländern der Europäischen Union in Zweifel zu ziehen (EuGH AP Nr. 1 zu Art. 18 EWG-Verordnung Nr. 574/72; ausführlicher unten Rdn. 151 ff.) und den Arbeitgeber statt dessen darauf verwiesen hat, er möge den Arbeitnehmer bei Zweifeln an der Richtigkeit einer Arbeitsunfähigkeitsbescheinigung durch einen Arzt seines Vertrauens am Aufenthaltsort des Arbeitnehmers untersuchen lassen.

Dieser sich aus **Art. 18 Abs. 5 der EWG-Verordnung Nr. 574/72** ergebenden Möglichkeit der Bekämpfung des Missbrauchs der Entgeltfortzahlung im Krankheitsfall stand unter der Geltung des § 3 Abs. 2 LFZG häufig (auch) entgegen, dass der Arbeitgeber den Aufenthaltsort des Arbeitnehmers nicht kannte; zumindest dieser Schwierigkeit sollte die Erweiterung der Mitteilungspflicht in § 5 Abs. 2 S. 1 EFZG entgegenwirken. Im übrigen entspricht der Inhalt der Mitteilungspflicht nach § 5 Abs. 2 S. 1 EFZG dem der Mitteilungspflicht nach § 5 Abs. 1 S. 1 EFZG (vgl. oben Rdn. 26 ff.).

Das Gesetz enthält keine Legaldefinition des Begriffs **Adresse** iSd § 5 Abs. 2 S. 1 EFZG. Unter Adresse sind unter diesen Voraussetzungen entsprechend dem allgemeinen Sprachgebrauch und der Zielsetzung der Regelung jene Angaben zu verstehen, aus denen sich der Aufenthaltsort des Arbeitnehmers ergibt, also typischerweise Staat, Ort, Straße und Hausnummer. Die zusätzliche Angabe einer Telefonnummer ist sicherlich wünschenswert, sie gehört jedoch nicht zur Angabe der Adresse (ErfK/*Dörner* § 5 EFZG Rdn. 51; a. A. *Berenz,* DB 1995, 1462; Kasseler Handbuch/*Vossen* Rdn. 228).

134 Aus dem Bestreben, es dem Arbeitgeber zu ermöglichen, eine Untersuchung des Arbeitnehmers an seinem Aufenthaltsort zu veranlassen, ist auch die Tatsache zu erklären, dass der Arbeitnehmer gem. § 5 Abs. 2 S. 2 EFZG verpflichtet ist, dem Arbeitgeber die Arbeitsunfähigkeit, ihre voraussichtliche Dauer und die Adresse am Aufenthaltsort **schnellstmöglich** mitzuteilen, während in § 5 Abs. 1 S. 1 EFZG für Inlandserkrankungen (nur) eine unverzügliche Mitteilung vorgesehen ist. Die Mitteilung hat damit in aller Regel **telefonisch, per e-mail** oder **per Telefax,** wenn dies nicht möglich ist, durch ein **Telegramm** zu erfolgen, während ein einfacher Brief normalerweise nicht ausreicht, um die Verpflichtung aus § 5 Abs. 2 S. 1 EFZG zu erfüllen (*Berenz,* DB 1995, 1462; *Müller/Berenz* § 5 EFZG Rdn. 61 f.).

135 Ob sich durch die unterschiedliche Formulierung des Gesetzes der Informationsfluss deutlich beschleunigt, wird man allerdings bezweifeln dürfen: Sofern ein Telefon, Internetanschluss oder Telefax erreichbar ist, erfolgt die Mitteilung auch bei Inlandserkrankungen nicht unverzüglich, wenn der Arbeitnehmer einen einfachen Brief an den Arbeitgeber sendet; ist kein Telefon etc. erreichbar, so kann auch im Anwendungsbereich des § 5 Abs. 2 S. 1 EFZG ein (Eil-)Brief die korrekte Form der Mitteilung sein (HzA/*Vossen* Gruppe 2 Rdn. 312; a. A. *Diller,* NJW 1994, 1690, 1693), weil eine schnellere Benachrichtigung nicht möglich ist. Für die abweichende Formulierung in § 5 Abs. 2 S. 2 EFZG spricht aber in jedem Fall, dass sie für den Betroffenen wohl weniger Anlass zu Zweifeln bietet.

136 Teilt der Arbeitnehmer dem Arbeitgeber seine im Ausland eingetretene Arbeitsunfähigkeit telefonisch mit, ist es nach Auffassung des BAG Sache des Arbeitgebers, den Arbeitnehmer **nach seiner Urlaubsanschrift zu fragen;** geschieht dies nicht, kann der Arbeitgeber die Entgeltfortzahlung später nicht mit der Begründung verweigern, ihm sei die Möglichkeit genommen worden, die Arbeitsunfähigkeit des Arbeitnehmers überprüfen zu lassen (so BAG AP Nr. 4 zu § 3 EFZG mit Anm. *Schmitt).*

137 Dies erscheint nur dann überzeugend, wenn der Arbeitgeber in einem längeren Gespräch den Eindruck entstehen lässt, er sei nicht an einer Mitteilung der Urlaubsanschrift des Arbeitnehmers interessiert. Von derartigen Fällen abgesehen ist der Arbeitnehmer aber nach dem Wortlaut des § 5 Abs. 2 S. 1 EFZG grundsätzlich verpflichtet, dem Arbeitgeber **von sich aus** seine gegenwärtige Adresse mitzuteilen.

138 § 5 Abs. 2 S. 2 EFZG, wonach der **Arbeitgeber die durch die Mitteilung entstehenden Kosten zu tragen hat,** trägt der Tatsache Rechnung, dass die schnellstmögliche Mitteilung der Arbeitsunfähigkeit z. B. durch ein Telegramm relativ teuer sein kann. Will der Arbeitgeber die auf ihn zukommenden Kosten begrenzen, besteht die Möglichkeit, im vorhinein **auf bestimmte schnelle Mitteilungsformen zu verzichten** (Kasseler Handbuch/*Vossen* Rdn. 229).

IV. Pflichten bei Erkrankungen außerhalb des Geltungsbereichs § 5 EFZG

Die verbleibenden **Kosten für eine „normale"** Mitteilung hat der Arbeitgeber allerdings in jedem Fall zu tragen (*Geyer/Knorr/Krasney* § 5 EFZG Rdn. 61; vgl. auch MüKo/*Schaub* § 616 Rdn. 160; *Vossen,* Entgeltfortzahlung, Rdn. 320; a. A. *Berenz,* DB 1995, 1462; *Worzalla/Süllwald* § 5 EFZG Rdn. 86 f.). Dies entspricht zwar nicht der Rechtslage für Inlandserkrankungen, der Wortlaut des § 5 Abs. 2 S. 2 EFZG lässt aber wohl keine andere Interpretation zu. 139

Keine Kosten entstehen dem Arbeitgeber nur dann, wenn er bei Auslandserkrankungen vollkommen **auf eine Mitteilung verzichtet.** Da die Pflichten des Arbeitnehmers auf diese Weise reduziert werden, handelt es sich dabei um eine für den Arbeitnehmer günstige und damit zulässige Abweichung von den Regelungen des Entgeltfortzahlungsgesetzes (zu den Möglichkeiten, von den Regelungen des EFZG abzuweichen, vgl. § 12 Rdn. 28 ff.). 140

Unabhängig von der Mitteilung an den Arbeitgeber muss der Arbeitnehmer – sofern er Mitglied einer gesetzlichen Krankenkasse ist – **der Krankenkasse die Tatsache der Arbeitsunfähigkeit sowie deren voraussichtliche Dauer unverzüglich anzeigen.** Nicht mitteilen muss der Arbeitnehmer der Krankenkasse dagegen seine Adresse am Aufenthaltsort, weil die Krankenkasse an dieser Information typischerweise im Gegensatz zum Arbeitgeber nicht interessiert ist. 141

Dass die Pflicht zur Information der Krankenkasse bei Auslandserkrankungen anders als bei Inlandserkrankungen dem Arbeitnehmer auferlegt wird, ist darauf zurückzuführen, dass man ausländischen Ärzten keine dem § 5 Abs. 1 S. 5 EFZG entsprechende Verpflichtung auferlegen kann (vgl. *Wedde//Kunz* § 5 EFZG Rdn. 61 f.). 142

b) Mitteilungspflichten bei Fortdauer der Arbeitsunfähigkeit (§ 5 Abs. 2 S. 4 EFZG)

Dauert die Arbeitsunfähigkeit länger als zunächst angezeigt, so ist der Arbeitnehmer gem. § 5 Abs. 2 S. 4 EFZG verpflichtet, der **Krankenkasse** die voraussichtliche Fortdauer der Erkrankung mitzuteilen. 143

Eine **Mitteilung an den Arbeitgeber,** dass die Arbeitsunfähigkeit fortdauert, ist im Gesetz nicht ausdrücklich geregelt. Ebenso wie bei der Fortdauer einer Erkrankung im Geltungsbereich des Gesetzes (vgl. oben Rdn. 122 ff.), ist eine solche Verpflichtung jedoch wie auch schon unter der Geltung des insoweit identischen § 3 Abs. 2 LFZG zu bejahen (ähnlich *Kehrmann/Pelikan* § 3 LFZG Rdn. 29; vgl. auch MüKo/*Schaub* § 616 Rdn. 163), wobei bezüglich der Mitteilung an den Arbeitgeber bei Fortdauer der Erkrankung ebenso wie bei der Mitteilung der Arbeitsunfähigkeit gem. § 5 Abs. 2 S. 1 und 2 EFZG die schnellstmögliche Art der Übermittlung zu wählen ist und der Arbeitgeber die dadurch entstehenden Kosten zu übernehmen hat. 144

c) Mitteilungspflichten bei Rückkehr in das Inland (§ 5 Abs. 2 S. 7 EFZG)

Nach seiner Rückkehr in den Geltungsbereich des Gesetzes ist der Arbeitnehmer verpflichtet, der Krankenkasse seine Rückkehr unverzüglich 145 anzuzeigen (§ 5 Abs. 2 S. 7 EFZG). Diese Mitteilung hat zum einen den Zweck, der deutschen Krankenkasse unnötige Verwaltungsarbeit zu ersparen, die sich sonst ergeben könnte, wenn sie z. B. einen ausländischen Vertrauensarzt um eine Begutachtung der Arbeitsunfähigkeit ersucht. Zum anderen dient die Mitteilung dazu, der deutschen Krankenkasse soweit erforderlich eine Begutachtung des Betroffenen zu ermöglichen (*Kaiser/Dunkl/ Hold/Kleinsorge* § 5 EFZG Rdn. 47; zur Arbeitsunfähigkeit im Ausland vgl. außerdem *Marburger*, BB 1988, 557). Für eventuelle Folgebescheinigungen nach der Rückkehr des Arbeitnehmers ins Inland gilt § 5 Abs. 1 EFZG (*Galahn*, Missbrauch, S. 76).

2. Nachweispflichten

a) Inhalt der Nachweispflichten

146 Ebenso wie bei Erkrankungen im Geltungsbereich des Gesetzes ist der Arbeitnehmer auch bei Erkrankungen im Ausland grundsätzlich verpflichtet, dem Arbeitgeber eine **ärztliche Arbeitsunfähigkeitsbescheinigung vorzulegen**. Die Vorlagepflicht resultiert aus § 5 Abs. 1 EFZG, der durch die Regelungen des Absatz 2 lediglich modifiziert wird, um den Besonderheiten einer Erkrankung im Ausland Rechnung zu tragen (vgl. *Brecht* § 5 EFZG Rdn. 23; HzA/*Vossen* Gruppe 2 Rdn. 315; Kasseler Handbuch/*Vossen* Rdn. 231).

147 Hinsichtlich des **Inhalts der Nachweispflicht** erfolgt eine Modifikation insoweit, als gem. § 5 Abs. 2 S. 6 EFZG § 5 Abs. 1 S. 5 EFZG nicht gilt, d. h. die Arbeitsunfähigkeitsbescheinigung muss nur Angaben enthalten über den Namen des erkrankten Arbeitnehmers, über die Tatsache der Arbeitsunfähigkeit und über die voraussichtliche Dauer der Arbeitsunfähigkeit. **Nicht** enthalten muss die Bescheinigung dagegen einen Vermerk des behandelnden Arztes darüber, dass der Krankenkasse unverzüglich eine Bescheinigung über die Arbeitsunfähigkeit mit Angaben über den Befund und die voraussichtliche Dauer der Arbeitsunfähigkeit übersandt wird. Das Gesetz trägt damit der Tatsache Rechnung, dass ein ausländischer Arzt nicht dazu verpflichtet werden kann, dem deutschen Krankenversicherungsträger eine entsprechende Mitteilung zu übersenden (vgl. *Vossen*, Entgeltfortzahlung, Rdn. 321; *Worzalla/Süllwald* § 5 EFZG Rdn. 88).

148 Spezielle **Formvorschriften** sind nicht zu beachten. Dass die Arbeitsunfähigkeitsbescheinigung in **deutscher Sprache** abgefasst ist, ist – ebenso wie bei Inlandserkrankungen (vgl. oben Rdn. 92 ff., 96) – nicht erforderlich (a. A. *Berenz*, DB 1995, 1462, 1463). Außerdem kann der Arbeitnehmer – auch insoweit entsprechend der Situation bei Inlandserkrankungen – den Nachweis der Arbeitsunfähigkeit unter Umständen auch **auf andere Weise** als durch die Vorlage einer ärztlichen Arbeitsunfähigkeitsbescheinigung **führen** (BAG AP Nr. 4 und 5 zu § 5 EFZG mit Anm. *Schmitt*); ein Arbeitnehmer, der keine ordnungsgemäße Arbeitsunfähigkeitsbescheinigung vorweisen kann, hat daher zum Beispiel die Möglichkeit, den Arzt, der ihn behandelt hat, von seiner Schweigepflicht zu entbinden.

149 Die ärztliche Arbeitsunfähigkeitsbescheinigung muss dem Arbeitgeber grundsätzlich auch bei Erkrankungen im Ausland am **vierten Tag der Ar-**

IV. Pflichten bei Erkrankungen außerhalb des Geltungsbereichs § 5 EFZG

beitsunfähigkeit vorliegen (*Wedde/Kunz* § 5 EFZG Rdn. 60; *Worzalla/ Süllwald* § 5 EFZG Rdn. 89; zur Berechnung oben Rdn. 42 ff.); soweit die Mitteilung (ausnahmsweise) nur mittels eines Briefes erfolgen kann, wird mit Rücksicht auf die typischerweise längeren Beförderungszeiten eine spätere Vorlage allerdings häufig als unverschuldet anzusehen sein, so dass der Arbeitgeber gem. § 7 Abs. 2 EFZG die Entgeltfortzahlung nicht verweigern kann (vgl. HzA/*Vossen* Gruppe 2 Rdn. 315; Kasseler Handbuch/*Vossen* Rdn. 231; *Worzalla/Süllwald* § 5 EFZG Rdn. 89).

Dauert die Arbeitsunfähigkeit länger als zunächst angenommen und in der 150 Arbeitsunfähigkeitsbescheinigung prognostiziert, ist auch bei Auslandserkrankungen eine **Folgebescheinigung vorzulegen.**

b) Beweiswert der Arbeitsunfähigkeitsbescheinigung

Eine nach § 5 **Abs.** 1 EFZG ausgestellte Arbeitsunfähigkeitsbescheinigung 151 hat wie oben ausgeführt nach ganz h.M. die Vermutung der Richtigkeit für sich, der Arbeitgeber hat jedoch die Möglichkeit, die Richtigkeitsvermutung zu erschüttern (vgl. oben Rdn. 100 ff., 102 ff.). Für im Ausland ausgestellte Arbeitsunfähigkeitsbescheinigungen sind insoweit jedoch Besonderheiten zu beachten, wobei danach zu differenzieren ist, ob die Arbeitsunfähigkeitsbescheinigung aus einem anderen Land der Europäischen Union oder aus einem sonstigen ausländischen Staat stammt.

Stammt die ärztliche Arbeitsunfähigkeitsbescheinigung aus einem **auslän-** 152 **dischen Staat, der nicht Mitglieder der Europäischen Union** ist, kann der Arbeitgeber die Richtigkeitsvermutung zugunsten der Arbeitsunfähigkeitsbescheinigung unter Umständen (zusätzlich) dadurch erschüttern, dass er Umstände darlegt, die dafür sprechen, dass dem Arzt die für das deutsche Entgeltfortzahlungsrecht wesentliche Unterscheidung zwischen Krankheit und Arbeitsunfähigkeit als Voraussetzung des Entgeltfortzahlungsanspruchs nicht hinreichend bekannt war bzw. er eine entsprechende Unterscheidung nicht vorgenommen hat (BAG AP Nr. 4 zu § 3 LFZG; AP Nr. 4 zu § 3 EFZG mit Anm. *Schmitt;* LAG Hamm DB 1982, 282; LAG München BB 1989, 847; weitere Nachweise bei *Lepke* DB 1993, 2025, 2027). Arbeitsunfähigkeitsbescheinigungen aus einem ausländischem Staat, der nicht Mitglied der Europäischen Union ist, haben insoweit im Ergebnis einen etwas **geringeren Beweiswert** als deutsche Arbeitsunfähigkeitsbescheinigungen (vgl. auch *Worzalla/Süllwald* § 5 EFZG Rdn. 112).

Anders ist die Situation dagegen, wenn die Arbeitsunfähigkeitsbescheini- 153 gung in einem **Land der Europäischen Union** ausgestellt worden ist.

Nachdem der EuGH bereits im Jahr 1988 entschieden hatte, die Sozial- 154 versicherungsträger seien an die von einem ausländischen Sozialleistungsträger getroffenen Feststellungen bezüglich Eintritt und Dauer der Arbeitsunfähigkeit gebunden (vgl. EuGH AP Nr. 9 zu Art. 48 EWG-Vertrag), entschied man mit Urteil vom 3. Juni 1992 zusätzlich, nicht nur die Sozialleistungsträger, sondern auch die Arbeitgeber seien in tatsächlicher und rechtlicher Hinsicht an die vom Träger des Wohn- oder Aufenthaltsortes getroffenen ärztlichen Feststellungen über den Eintritt und die Dauer der Arbeitsunfähigkeit gebunden, sofern sie die betroffene Person nicht durch einen Arzt ihrer

Wahl untersuchen ließen (EuGH AP Nr. 7 zu § 3 LFZG = EzA Nr. 16 zu § 3 LFZG mit Anm. *Marschner).*

155 Da die angesprochene Möglichkeit, den Arbeitnehmer durch einen Arzt ihrer Wahl untersuchen zu lassen, unter der Geltung des § 3 Abs. 2 LFZG für die Arbeitgeber von eher theoretischer Bedeutung war und auch nach der Neuregelung in § 5 Abs. 2 EFZG wohl allenfalls in Ausnahmefällen in Betracht kommt, hat die Entscheidung des EuGH durchweg Kritik ausgelöst, denn sie bedeutete im Ergebnis, dass der Arbeitgeber praktisch keine Möglichkeit hatte, die Richtigkeitsvermutung zugunsten der Arbeitsunfähigkeitsbescheinigung zu erschüttern, selbst wenn die äußeren Umstände deutlich für einen Missbrauch der Entgeltfortzahlung sprachen (vgl. zur „Paletta I" – Entscheidung u. a. *Berenz,* DB 1992, 2442; *Buchner,* ZfA 1993, 279, 291; *Franzen,* SAE 1995, 59; *Gaul,* NZA 1993, 867; *Leipold,* FS Kissel, S. 629; *Lepke,* DB 1993, 2025, 2028; besonders lesenswert: *Junker,* NJW 1994, 2527; zustimmend wohl nur *Zwanziger,* DB 1994, 2621; ders., BB 1995, 1404, 1407).

156 Das BAG hat daher in derselben Angelegenheit erneut den EuGH angerufen und ihm u. a. die Frage vorgelegt, ob die vom EuGH vorgenommene Auslegung der Verordnung (EWG) Nr. 574/72 tatsächlich bedeutet, dass es dem Arbeitgeber verwehrt ist, einen Missbrauchstatbestand zu beweisen, aus dem mit Sicherheit oder hinreichender Wahrscheinlichkeit zu schließen ist, dass Arbeitsunfähigkeit nicht vorgelegen hat (BAG AP Nr. 100 zu § 1 LFZG = SAE 1995, 55 mit Anm. *Franzen).*

157 In der daraufhin ergangenen zweiten Paletta-Entscheidung des EuGH (AP Nr. 1 zu § 5 EFZG) hat das Gericht sich dann zwar einerseits ausdrücklich von der Rechtsprechung des BAG, wonach der Arbeitgeber den Beweiswert der Arbeitsunfähigkeitsbescheinigung zunächst „nur" erschüttern muss, distanziert, es hat seine vorausgegangene Entscheidung aber andererseits insofern relativiert, als man ausgesprochen hat, es sei dem Arbeitgeber durch das Gemeinschaftsrecht nicht generell verwehrt, Nachweise zu erbringen, anhand derer das Nationale Gericht ggf. feststellen kann, dass der Arbeitnehmer missbräuchlich oder betrügerisch eine gem. Art. 18 der Verordnung (EWG) Nr. 574/72 festgestellte Arbeitsunfähigkeit gemeldet hat, ohne krank zu sein. Der Arbeitgeber habe also nicht nur die in „Paletta I" in den Vordergrund gestellte Möglichkeit, den Arbeitnehmer am ausländischen Aufenthaltsort durch einen Arzt seiner Wahl untersuchen zu lassen, sondern er könne auch auf andere Weise nachweisen, dass der Arbeitnehmer rechtsmissbräuchlich oder betrügerisch gehandelt hat (zur „Paletta II"-Entscheidung vgl. *Abele,* NZA 1996, 631; *Heinze/Giesen,* BB 1996, 1830; *Schlachter,* EuZW 1996, 377; zur Arbeitsunfähigkeitsbescheinigung als einem europäischen Rechtsproblem vgl. *Peter,* RdA 1999, 374).

158 Dies bedeutet nach Auffassung des **BAG** zunächst, dass Arbeitsunfähigkeitsbescheinigungen aus anderen Ländern der Europäischen Union ein **höherer Beweiswert** zukommt als inländischen Bescheinigungen und es nicht ausreicht, dass der Arbeitgeber den Beweiswert nur erschüttert, sondern er muss den Nachweis führen, dass der Arbeitnehmer rechtsmissbräuchlich bzw. betrügerisch gehandelt hat. Dieser Nachweis ist jedoch nach Ansicht des BAG nicht nur dann als geführt anzusehen, wenn eine jeden Zweifel aus-

IV. Pflichten bei Erkrankungen außerhalb des Geltungsbereichs § 5 EFZG

schließende Gewissheit erreicht ist, sondern die Arbeitsgerichte haben nach **freier Überzeugung** zu entscheiden, ob sie eine Behauptung für wahr oder für unwahr halten, wobei sie alle prozessualen und vorprozessualen Handlungen zu würdigen haben. Die Gerichte haben dabei – worauf das BAG ausdrücklich hingewiesen hat – z. B. durchaus die Möglichkeit, trotz anderslautender Zeugenaussagen allein **aufgrund von Indizien zu einer bestimmten Überzeugung zu gelangen** (BAG AP Nr. 3 zu Art. 18 EWG-Verordnung 574/72 mit Anm. *Schmitt* = SAE 1998, 76 mit Anm. *Oetker*).

Im Ergebnis dürfte der Beweiswert von Arbeitsunfähigkeitsbescheinigungen aus anderen Ländern der Europäischen Union damit nur noch **geringfügig höher** sein als der Beweiswert von inländischen Bescheinigungen (ähnlich *Vossen*, Entgeltfortzahlung, Rdn. 357). 159

Die Richtigkeitsvermutung zugunsten einer inländischen Bescheinigung kann z. B. durch Äußerungen oder Verhaltensweisen des Arbeitnehmers vor der Arbeitsunfähigkeit wie die Ankündigung von Arbeitsunwilligkeit oder die Ankündigung einer Krankheit für den Fall, dass einem Urlaubs- oder Versetzungswunsch nicht entsprochen bzw. dem Betroffenen eine zusätzliche Arbeit zugemutet wird erschüttert werden. Des weiteren können sich Zweifel an der Richtigkeitsvermutung z. b. aus dem Verhalten des Arbeitnehmers nach Eintritt der Arbeitsunfähigkeit ergeben. Hierzu gehören Fälle, in denen der Arbeitnehmer bei einer für Arbeitsunfähige schlechthin ungeeigneten Tätigkeit angetroffen wird, wie z. B. die Bestellung eines Feldes in der eigenen Nebenerwerbslandwirtschaft, die ganztägige Mitarbeit beim Bau des eigenen Hauses (ausführlich mit Nachweisen oben Rdn. 110 ff.). 160

Bei inländischen Arbeitsunfähigkeitsbescheinigungen müssen die Gerichte in derartigen Fällen darüber entscheiden, ob der Beweiswert einer Arbeitsunfähigkeitsbescheinigung erschüttert ist, während es den Gerichten bei Arbeitsunfähigkeitsbescheinigungen aus anderen Ländern der Europäischen Union nunmehr obliegt, darüber zu entscheiden, ob der Arbeitgeber den Nachweis geführt hat, dass der Arbeitnehmer sich missbräuchlich bzw. in betrügerischer Absicht arbeitsunfähig gemeldet hat. Wird ein Arbeitnehmer aber z. b. bei einer für Arbeitsunfähige schlechthin ungeeigneten Tätigkeit wie der Bestellung eines Feldes in der eigenen Nebenerwerbslandwirtschaft oder bei der ganztägigen Mitarbeit beim Bau des eigenen Hauses angetroffen, wird das Gericht typischerweise zu dem Ergebnis gelangen, der Beweiswert einer inländischen Arbeitsunfähigkeitsbescheinigung sei erschüttert; sollte das Gericht in vergleichbaren Fällen trotz Vorliegens einer Arbeitsunfähigkeitsbescheinigung aus einem anderen Land der Europäischen Union zu dem Ergebnis gelangen, der Nachweis des Rechtsmissbrauchs etc. sei geführt, wird man dies auch aus europarechtlicher Sicht kaum beanstanden können (ähnlich *Vossen*, Entgeltfortzahlung, Rdn. 357). 161

Die betroffenen Arbeitnehmer werden hierdurch nicht unangemessen benachteiligt, denn ihnen bleibt wie bei jeder Inlandserkrankung die Möglichkeit, z. B. den behandelnden Arzt von seiner Schweigepflicht zu entbinden und dadurch die Überzeugungsbildung des Gerichts doch noch zu ihren Gunsten zu beeinflussen. 162

3. Abweichende Regelungen (§ 5 Abs. 2 S. 5 und 6 EFZG)

163 § 5 Abs. 2 S. 5 EFZG eröffnet den Krankenkassen die Möglichkeit, festzulegen, dass die Anzeige- und Mitteilungspflichten nach den Sätzen 3 und 4 auch gegenüber einem ausländischen Sozialversicherungsträger erfüllt werden können. Die den Krankenkassen damit eingeräumte Regelungsbefugnis erstreckt sich aber ausschließlich **auf die in den Sätzen 3 und 4 genannten Pflichten,** d. h. die Krankenkassen können darauf verzichten, dass der Arbeitnehmer ihnen die Tatsache seiner Arbeitsunfähigkeit oder deren Fortdauer unmittelbar mitteilt; an die Stelle dieser unmittelbaren Information kann die Mitteilung an einen ausländischen Versicherungsträger treten.

164 Nicht abweichend regeln können die Krankenkassen dagegen die in Absatz 1 sowie Absatz 2 Satz 1 geregelten Pflichten des Arbeitnehmers im Verhältnis zum Arbeitgeber, d. h. der Arbeitnehmer ist verpflichtet, seine krankheitsbedingte Arbeitsunfähigkeit und ggf. deren Fortdauer schnellstmöglich dem Arbeitgeber mitzuteilen, und er ist weiterhin verpflichtet, dem Arbeitgeber auch bei Auslandserkrankungen eine ärztliche Arbeitsunfähigkeitsbescheinigung und ggf. eine Folgebescheinigung vorzulegen.

165 Weitere Modifikationen der Anzeige- und Meldepflichten bei Auslandserkrankungen können sich (für Erkrankungen in Ländern der Europäischen Union) aus EWG-Verordnungen (Nr. 1408/71 und 574/72) oder zwischenstaatlichen Sozialversicherungsabkommen (z. B. mit Kroatien, Marokko, Mazedonien, Rumänien, Slowenien und Tunesien) ergeben.

166 Die Krankenkassen stellen bei Bedarf Merkblätter zur Verfügung, aus denen sich die von Land zu Land unterschiedlichen Formalien, die zu beachten sind, ergeben. Soweit der Arbeitnehmer das in den Merkblättern der Krankenkassen für das jeweilige Land vorgesehene Verfahren hinsichtlich Meldung, Nachweis und Überprüfung der Arbeitsunfähigkeit beachtet, erfüllt er seine Verpflichtungen aus § 5 Abs. 2 EFZG (vgl. *Berenz,* DB 1995, 1462; ders., Arbeitgeber 1995, 593; HzA/*Vossen* Gruppe 2 Rdn. 23).

V. Rechtsfolgen bei Verletzung der Pflichten aus § 5 EFZG

1. Verletzung der Mitteilungspflicht

167 **Kommt** der Arbeitnehmer seinen **Mitteilungspflichten** aus § 5 Abs. 1 oder 2 EFZG **nicht nach,** so berührt dies – sofern die übrigen Voraussetzungen erfüllt sind – nicht seinen Anspruch auf Entgeltfortzahlung (BAG AP Nr. 1 zu § 3 LFZG; *Wedde/Kunz* § 5 EFZG Rdn. 17). Insbesondere ist der Arbeitgeber nicht berechtigt, die Entgeltfortzahlung gem. § 7 Abs. 1 EFZG (analog) zu verweigern (ebenso HzA/*Vossen* Gruppe 2 Rdn. 365; a. A. *Müller/Berenz* § 7 EFZG Rdn. 2).

168 Da der Arbeitnehmer jedoch seine arbeitsvertraglichen Pflichten verletzt, erlangt der Arbeitgeber unter Umständen einen Anspruch auf **Schadensersatz** aus § 280 Abs. 1 BGB. Ein derartiger Anspruch kommt z. B. in Betracht, wenn der Arbeitnehmer die Mitteilung schuldhaft unterlässt und der Arbeitgeber deshalb nicht rechtzeitig für eine Vertretung sorgt, mit der wei-

V. Rechtsfolgen bei Verletzung der Pflichten aus § 5 EFZG   § 5 EFZG

teren Folge, dass ein Auftrag nicht termingerecht abgewickelt werden kann, wodurch dem Arbeitgeber ein Schaden entsteht (LAG Hamm EEK II/030; HzA/*Vossen* Gruppe 2 Rdn. 223; MüKo/*Schaub* § 616 Rdn. 139; *Wedde/ Kunz* § 5 EFZG Rdn. 18).

Denkbar ist auch, dass die Pflichtverletzung zum Auslöser für eine **ordentliche Kündigung** wird. Nicht ausreichend ist allerdings in aller Regel der erste Verstoß gegen die Mitteilungspflicht; eine ordentliche Kündigung ist jedoch unter Umständen möglich, wenn der Arbeitnehmer die Mitteilungspflicht zum **wiederholten Mal** verletzt und er dabei eine **vorausgegangene Abmahnung ignoriert** (vgl. *Geyer/Knorr/Krasney* § 5 EFZG Rdn. 13; *Helml* § 5 EFZG Rdn. 25; *Kramer,* BB 1996, 1662, 1665; *Lepke,* NZA 1995, 1084, 1090). **Nicht erforderlich** ist, dass die unterlassene Mitteilung zu einer **Störung der Arbeitsorganisation** oder des Betriebsfriedens geführt hat; derartige negative Auswirkungen sind lediglich für die Interessenabwägung im Rahmen des § 1 KSchG von Bedeutung und wirken sich in diesem Zusammenhang zu Lasten des Arbeitnehmers aus (BAG AP Nr. 27 zu § 1 KSchG 1969 Verhaltensbedingte Kündigung). 169

In Ausnahmefällen kommt schließlich auch eine **außerordentliche Kündigung** in Betracht (vgl. BAG AP Nr. 1 zu § 7 LFZG; AP Nr. 93 zu § 626 BGB; *Helml* § 5 EFZG Rdn. 27; HzA/*Vossen* Gruppe 2 Rdn. 224). 170

Die vorstehenden Ausführungen gelten in gleicher Weise für die Verletzung der Mitteilungspflicht aus § 5 Abs. 1 S. 1 EFZG (vgl. oben Rdn. 15 ff.), für die Verletzung der Pflicht, die Fortdauer der Arbeitsunfähigkeit unverzüglich anzuzeigen (§ 5 Abs. 1 S. 1 EFZG analog; vgl. oben Rdn. 122 ff.) und für die Verletzung der Mitteilungspflichten aus § 5 Abs. 2 EFZG bei Auslandserkrankungen (vgl. oben Rdn. 130 ff.). 171

2. Verletzung der Nachweispflicht

Verletzungen der Nachweispflicht aus § 5 EFZG sind im wesentlichen in zwei Formen denkbar: Entweder der Arbeitnehmer ist **tatsächlich arbeitsunfähig und versäumt** es lediglich, dem Arbeitgeber eine ärztliche **Arbeitsunfähigkeitsbescheinigung vorzulegen,** oder er ist in Wirklichkeit **nicht arbeitsunfähig und legt** dem Arbeitgeber eine **erschlichene Arbeitsunfähigkeitsbescheinigung vor.** 172

a) Fehlende Arbeitsunfähigkeitsbescheinigung

Versäumt der Arbeitnehmer es lediglich, dem Arbeitgeber (rechtzeitig) eine ärztliche **Arbeitsunfähigkeitsbescheinigung vorzulegen,** so resultiert daraus im wesentlichen ein zeitlich befristetes **Leistungsverweigerungsrecht** des Arbeitgebers gem. § 7 Abs. 1 Nr. 1 EFZG. Reicht der Arbeitnehmer das Attest nach, ist der Arbeitgeber zur Nachzahlung verpflichtet (BAG AP Nr. 1 zu § 1 LFZG; *Wedde/Kunz* § 5 EFZG Rdn. 38). 173

Eine **ordentliche Kündigung** ist vorstellbar, wenn der Arbeitnehmer die Nachweispflicht zum **wiederholten Male** verletzt und er dabei eine **vorausgegangene Abmahnung** (vgl. dazu *Staudinger/Oetker* § 616 BGB Rdn. 334) **ignoriert.** Insoweit erscheint allerdings zumindest dann äußerste Zurückhaltung geboten, wenn der Arbeitnehmer der vorgelagerten Anzeige- 174 pflicht nachgekommen ist, denn der Arbeitgeber kann dann entsprechend disponieren und zugleich die Entgeltfortzahlung gem. § 7 Abs. 1 EFZG verweigern, womit seinen Interessen bereits weitgehend Rechnung getragen ist; verletzt der Arbeitnehmer (auch) die Anzeigepflicht, ist dagegen eine Kündigung nach den oben skizzierten Grundsätzen möglich (vgl. oben Rdn. 167 ff.; zu einem möglichen Schadensersatzanspruch unten Rdn. 177).

175 Eine **außerordentliche Kündigung** dürfte aus den vorgenannten Gründen nur selten in Betracht kommen (vgl. auch LAG Sachsen-Anhalt NZA 1997, 772)

b) Erschlichene Arbeitsunfähigkeitsbescheinigung

176 Hat der Arbeitnehmer die Entgeltfortzahlung durch eine **erschlichene Arbeitsunfähigkeitsbescheinigung** erlangt, so kann der Arbeitgeber bereits geleistete Zahlungen nach Bereicherungsrecht (§§ 812 ff. BGB) zurückverlangen, ohne dass der Betroffene sich auf einen Wegfall der Bereicherung berufen kann (*Edenfeld*, DB 1997, 2273; HzA/*Vossen* Gruppe 2 Rdn. 349).

177 Daneben können dem Arbeitgeber **Schadensersatzansprüche** aus § 280 Abs. 1 BGB sowie aus § 823 Abs. 2 BGB i. V. m. § 263 StGB zustehen, wenn er z. b. einen Detektiv beauftragt hat, um den Sachverhalt aufzuklären und sich durch die Überwachung tatsächlich herausstellt, dass der Arbeitnehmer nicht arbeitsunfähig erkrankt war (BAG AP Nr. 133 zu § 611 BGB Haftung des Arbeitnehmers; LAG Düsseldorf DB 1981, 900; *Becker*, DB 1981, 28; ders., 1983, 1256; vgl. auch *Gola*, Entgelt ohne Arbeit, S. 94; zur Erstattung von Detektiv-Kosten ausführlich *Frölich*, NZA 1996, 464; *Kramer*, BB 1996, 1662, 1665).

178 Möglich ist in diesem Fall schließlich auch eine **Kündigung,** und zwar sowohl eine (verhaltensbedingte) **ordentliche Kündigung** als auch eine **Kündigung aus wichtigem Grund** gem. § 626 BGB (LAG Düsseldorf BB 1981, 1219). Eine **Abmahnung** ist bei einer derartig schwerwiegenden Pflichtverletzung normalerweise **entbehrlich** (BAG AP Nr. 112 zu § 626 BGB; *Edenfeld*, DB 1997, 2273; *Künzl/Weinmann*, AuR 1996, 256, 257).

VI. Einschaltung des Medizinischen Dienstes der Krankenversicherung

179 Gem. § 275 Abs. 1 SGB V haben die Krankenkassen von jeher bei Arbeitsunfähigkeit unter Umständen die Verpflichtung, eine gutachtliche Stellungnahme des sog. Medizinischen Dienstes der Krankenversicherung, der aus dem früheren vertrauensärztlichen Dienst hervorgegangen ist (zum vertrauensärztlichen Dienst und seiner Stellung im Recht der Entgeltfortzahlung vgl. u. a. *Becker*, DB 1983, 1253; *Brill*, BlStSozArbR 1984, 1) einzuholen. Soweit begründete Zweifel an der Arbeitsunfähigkeit bestanden, mussten die Krankenkassen eine Begutachtung durch den Medizinischen Dienst veranlassen (MüKo/*Schaub*, 2. Aufl., § 616 Rdn. 131); der Arbeitgeber, der begründete Zweifel darlegte, hatte einen Anspruch auf ein Tätigwerden der Krankenkasse.

VI. Einschaltung des Med. Dienstes der Krankenversicherung § 5 EFZG

Das Entgeltfortzahlungsgesetz hat die Regelungen über die Begutachtung durch den Medizinischen Dienst modifiziert; seit dem 1. Januar 1995 ist die Rechtstellung des Arbeitgebers günstiger als in der Vergangenheit (eine frühe Stellungnahme zur Untersuchung durch den Medizinischen Dienst nach den neuen Regelungen findet sich bei *Lepke,* DB 1993, 2025, 2029). **180**

Gem. § 275 Abs. 1 Nr. 3 Buchst. b SGB V besteht eine Verpflichtung der Krankenkasse zur Einholung eines Gutachtens des Medizinischen Dienstes nunmehr u. a. bei **Zweifeln an der Arbeitsunfähigkeit** bzw. zur Beseitigung von Zweifeln an der Arbeitsunfähigkeit, während nach altem Recht „begründete Zweifel" erforderlich waren. Die Voraussetzungen für eine Einschaltung des Medizinischen Dienstes sind damit herabgesetzt worden. **181**

Zwei **Beispiele,** wann **Zweifel** an der Arbeitsunfähigkeit nach § 275 Abs. 1 Nr. 3 Buchst. b SGB V anzunehmen sind, nennt der neu eingefügte Absatz 1 a. Zweifel sind danach insbesondere anzunehmen in Fällen, in denen **182**

– Versicherte auffällig häufig oder auffällig häufig nur für kurze Dauer arbeitsunfähig sind oder der Beginn der Arbeitsunfähigkeit häufig auf einen Arbeitstag am Beginn oder am Ende einer Woche fällt oder
– die Arbeitsunfähigkeit von einem Arzt festgestellt worden ist, der durch die Häufigkeit der von ihm ausgestellten Bescheinigungen über Arbeitsunfähigkeit auffällig geworden ist.

Um festzustellen, ob eine **auffällige Häufung von Krankheiten** oder eine **auffällige Häufung von Kurzerkrankungen** vorliegt, ist zunächst eine **Vergleichsgruppe** zu bilden (*Hanau/Kramer,* DB 1995, 93, 97). In Frage kommen insoweit u. a. die Gesamtheit aller Arbeitnehmer, die Arbeitnehmer des Unternehmens, die Arbeitnehmer des Betriebes oder die Arbeitnehmer der Abteilung, in der der Betroffene beschäftigt ist. Denkbar ist auch, Arbeitnehmer mit einer vergleichbaren Tätigkeit als Maßstab heranzuziehen, weil z. B. körperlich anstrengende Arbeiten tendenziell zu höheren Fehlzeiten führen, oder man kann das Lebensalter berücksichtigen, wenn man davon ausgeht, dass ältere Arbeitnehmer jedenfalls in Berufen mit körperlich anstrengenden Tätigkeiten häufiger arbeitsunfähig erkranken. Auch eine Berücksichtigung des Geschlechts erscheint nicht ausgeschlossen. Des weiteren ist zu beachten, dass speziell in sehr kleinen Vergleichsgruppen „Krankfeierabsprachen", welche es den einzelnen Arbeitnehmern ermöglichen, im Durchschnitt nicht auffällig zu werden, nicht auszuschließen sind (*Edenfeld,* DB 1997, 2276). Letztlich lässt sich eine geeignete Vergleichsgruppe damit nur unter Berücksichtigung aller Umstände des Einzelfalls, insbesondere der Betriebsgröße und der Art der Tätigkeit, bilden (*Schmitt,* RdA 1996, 5, 13). **183**

Von einer **besonderen Häufung** ist nach der **Begründung des Gesetzes** auszugehen, wenn die Wiederholung nach allgemeiner Lebenserfahrung „nicht plausibel" erscheint (vgl. BT-Drucks. 12/5265, S. 157). Eine solche nicht plausible Wiederholung soll nach *Hanau/Kramer* anzunehmen sein, wenn ein Arbeitnehmer Krankheitswerte aufweist, die um 50% über seiner Vergleichsgruppe liegen und keine sonstigen besonderen Umstände ersichtlich sind (BB 1995, 93, 98; ebenso *Lepke,* NZA 1995, 1084, 1089). **184**

185 Zur Beantwortung der Frage, ob ein Arbeitnehmer **besonders häufig am Beginn oder am Ende der Woche** erkrankt, ist dagegen keine Vergleichsgruppe zu bilden, sondern es ist nur das **Krankheitsverhalten des betroffenen Arbeitnehmers** zu betrachten. Krankheiten, bei denen kein Missbrauchsverdacht besteht, wie z. B. Krankenhausaufenthalte, sind dabei von vornherein auszuklammern. Bezüglich der verbleibenden Krankheiten ist neben der prozentualen Abweichung insbesondere die Zahl der Erkrankungen pro Zeiteinheit zu berücksichtigen (ausführlich *Schmitt,* RdA 1996, 5, 14).

186 Ein „externer Vergleich" ist dagegen wiederum erforderlich, um festzustellen, ob die **Arbeitsunfähigkeit von einem Arzt attestiert worden ist,** der durch die Häufigkeit der von ihm ausgestellten Bescheinigungen über Arbeitsunfähigkeit **auffällig geworden ist.** Als Vergleichsgruppe bieten sich insoweit die Ärzte der gleichen Fachrichtung an, die in dem betroffenen Kassenarztbezirk tätig sind. Des weiteren muss man die Zahl der behandelten Patienten berücksichtigen. Von einer Auffälligkeit wird man zumindest dann sprechen können, wenn sich eine Abweichung von 100% ergibt.

187 Die in § 275 Abs. 1 a SGB V angesprochenen Fälle sind jedoch – wie sich aus der Formulierung „**insbesondere**" ergibt – keineswegs die einzigen Konstellationen, in denen Zweifel an der Arbeitsunfähigkeit bestehen, die eine Einschaltung des Medizinischen Dienstes erforderlich machen können.

188 Weitere Anhaltspunkte zur Ausfüllung des Begriffs „Zweifel" können sich aus der „**Richtlinie über die Zusammenarbeit der Krankenkassen mit den Medizinischen Diensten**" ergeben, die eine gleichmäßige Handhabung der Begutachtensmöglichkeiten sicherstellen sollen. Zweifel an der Arbeitsunfähigkeit können sich danach – abgesehen von den in Absatz 1 a genannten Fällen – insbesondere aus folgenden Gesichtspunkten ergeben (vgl. *Dalichau/Schiwy,* Gesetzliche Krankenversicherung, § 275 Anm. II; HzA/*Vossen* Gruppe 2 Rdn. 302):

189 – Die Arbeitsunfähigkeitsbescheinigung enthält keine eindeutige Diagnose oder die Bescheinigung ist in sich unschlüssig, etwa weil die Befunde unzureichend sind oder die voraussichtliche Dauer nicht mit der Diagnose in Einklang zu bringen ist.

– Es ist zweifelhaft, ob überhaupt Arbeitsunfähigkeit vorliegt; dies gilt insbesondere bei der Vermutung leichter Befindlichkeitsstörungen.

– Die Arbeitsunfähigkeit beruht auf einer Erkrankung, die außerhalb des Fachgebiets des behandelnden Arztes liegt.

– Der Versicherte wechselt häufig den Arzt; die fortgesetzte Arbeitsunfähigkeit wird von einem anderen Arzt bestätigt als die ursprüngliche Erkrankung.

– Das Verhalten des Versicherten gibt Anlass zu Zweifeln, etwa wenn dieser die Arbeitsunfähigkeit ankündigt, die innerbetriebliche Situation als maßgebliche Ursache in Betracht kommt, ein Selbstverschulden eventuell eine Rolle spielt oder der Versicherte bereits häufiger kurz vor einer Begutachtung durch den Medizinischen Dienst die Arbeit wieder aufgenommen hat.

VI. Einschaltung des Med. Dienstes der Krankenversicherung   § 5 EFZG

Im Übrigen kann zur Beantwortung der Frage, wann Zweifel an der Arbeitsunfähigkeit bestehen, im wesentlichen auf die **Fallkonstellationen** verwiesen werden, die geeignet sind, die **Richtigkeitsvermutung zugunsten einer ärztlichen Arbeitsunfähigkeitsbescheinigung zu erschüttern** (vgl. oben Rdn. 110 ff.): Umstände, die die Richtigkeitsvermutung zu Gunsten einer Arbeitsunfähigkeitsbescheinigung erschüttern, lösen zugleich auch Zweifel an der Arbeitsunfähigkeit im Sinne des § 275 Abs. 1 SGB V aus. 190

Hat der **Arbeitgeber** Zweifel an der Arbeitsunfähigkeit, so kann er **verlangen**, dass die Krankenkasse eine gutachtliche Stellungnahme des Medizinischen Dienstes zur Überprüfung der Arbeitsunfähigkeit einholt; die Krankenkasse kann von der Beauftragung des Medizinischen Dienstes nur absehen, wenn sich die medizinischen Voraussetzungen der Arbeitsunfähigkeit **eindeutig** aus den der Krankenkasse vorliegenden ärztlichen Unterlagen ergeben (§ 275 Abs. 1a S. 3 und 4 SGB V). Kommt die Krankenkasse einem entsprechenden Verlangen des Arbeitgebers nicht nach, kann der Arbeitgeber seinen Anspruch letztlich im Wege einer sozialgerichtlichen Klage geltend machen (*Vossen*, Entgeltfortzahlung, Rdn. 300). 191

Weigert sich der Arbeitnehmer, sich einer Begutachtung durch den Medizinischen Dienst zu unterziehen, so ist hinsichtlich der möglichen Konsequenzen zwischen der sozialversicherungsrechtlichen und der arbeitsrechtlichen Seite der Problematik zu unterscheiden: 192

Aus **sozialversicherungsrechtlicher** Sicht ist davon auszugehen, dass die Einladung zu einer Untersuchung durch den Medizinischen Dienst keinen Verwaltungsakt darstellt, der mit Verwaltungszwangsmaßnahmen durchgesetzt werden könnte. Konsequenzen kann die Weigerung nur insoweit haben, als die Krankenkasse gem. § 66 SGB I berechtigt ist, die von ihr zu gewährenden Leistungen zu versagen, wenn der Versicherte seinen Mitwirkungspflichten, wozu auch die Untersuchung durch den Medizinischen Dienst gehört, nicht nachkommt. Relevant wird diese Möglichkeit im allgemeinen aber erst dann, wenn der Arbeitgeber die Entgeltzahlung eingestellt hat und der Versicherte Krankengeld nach den §§ 44 ff. SGB V in Anspruch nehmen will. 193

Aus **arbeitsrechtlicher** Sicht gibt es keine dem § 66 SGB I direkt vergleichbare Reaktionsmöglichkeit. Sofern der Arbeitnehmer seine Weigerung nicht stichhaltig begründet, wird man jedoch in der Regel die Auffassung vertreten können, die **Richtigkeitsvermutung** zu Gunsten der ärztlichen Arbeitsunfähigkeitsbescheinigung **sei** durch das Verhalten des Arbeitnehmers **erschüttert** (ähnlich BAG AP Nr. 1 zu § 5 LFZG; *Brecht* § 5 EFZG Rdn. 9; vgl. auch MüKo/*Schaub* § 616 Rdn. 151; wohl a. A. *Vossen*, Entgeltfortzahlung, Rdn. 301). 194

Leistet der Arbeitnehmer der Einladung zur Begutachtung durch den Medizinischen Dienst Folge, so obliegt dem Medizinischen Dienst ausschließlich die **Begutachtung** des Versicherten, er ist dagegen **nicht** berechtigt, in die **ärztliche Behandlung** einzugreifen (vgl. § 275 Abs. 5 SGB V). Im Anschluss an die Untersuchung hat der Medizinische Dienst dem behandelnden Arzt und der Krankenkasse das Ergebnis der Begutachtung und die erforderlichen Angaben über den Befund mitzuteilen, wobei der Versicherte der Mitteilung über den Befund an den Leistungserbringer, d. h. den behandeln- 195

209

den Arzt, widersprechen kann. Eine **Mitteilung an den Arbeitgeber durch den Medizinischen Dienst erfolgt nicht.**

196 Die **Krankenkasse** hat dagegen, solange ein Anspruch auf Fortzahlung des Arbeitsentgelts besteht, dem Arbeitgeber und dem Versicherten das Ergebnis des Gutachtens des Medizinischen Dienstes über die Arbeitsunfähigkeit mitzuteilen, wenn das Gutachten mit der Bescheinigung des Kassenarztes **im Ergebnis nicht übereinstimmt,** d. h. wenn Divergenzen bezüglich der **Tatsache** der Arbeitsunfähigkeit oder hinsichtlich ihrer voraussichtlichen **Dauer** bestehen; nicht mitzuteilen sind, was durch § 277 Abs. 2 S. 2 SGB V noch einmal ausdrücklich klargestellt wird, Divergenzen hinsichtlich der Diagnose (vgl. *Geyer/Knorr/Krasney* § 277 SGB V Rdn. 8).

197 Ist der **Vertragsarzt** mit dem abweichenden Gutachten des Medizinischen Dienstes nicht einverstanden, kann er bei der Krankenkasse die Einholung eines Obergutachtens beantragen; unternimmt er nichts, ist das Gutachten verbindlich (§ 21 BMV-Ä). Der **Arbeitnehmer** hat nicht die Möglichkeit, unmittelbar ein Obergutachten zu verlangen. Zu einer weiteren Begutachtung kommt es jedoch dann, wenn der Arbeitgeber oder die Krankenkasse aus dem Gutachten des Medizinischen Dienstes Konsequenzen ziehen, indem sie die Entgeltfortzahlung bzw. die Krankengeldzahlung einstellen. Der Arbeitnehmer hat dann die Möglichkeit, das Arbeits- bzw. das Sozialgericht anzurufen, das in der Regel ein weiteres Gutachten einholen und zur Grundlage seiner Entscheidung machen wird (HzA/*Vossen* Gruppe 2 Rdn. 309).

§ 6 Forderungsübergang bei Dritthaftung

(1) **Kann der Arbeitnehmer auf Grund gesetzlicher Vorschriften von einem Dritten Schadensersatz wegen des Verdienstausfalls beanspruchen, der ihm durch die Arbeitsunfähigkeit entstanden ist, so geht dieser Anspruch insoweit auf den Arbeitgeber über, als dieser dem Arbeitnehmer nach diesem Gesetz Arbeitsentgelt fortgezahlt und darauf entfallende vom Arbeitgeber zu tragende Beiträge zur Bundesagentur für Arbeit, Arbeitgeberanteile an Beiträgen zur Sozialversicherung und zur Pflegeversicherung sowie zu Einrichtungen der zusätzlichen Alters- und Hinterbliebenenversorgung abgeführt hat.**

(2) **Der Arbeitnehmer hat dem Arbeitgeber unverzüglich die zur Geltendmachung des Schadensersatzanspruchs erforderlichen Angaben zu machen.**

(3) **Der Forderungsübergang nach Absatz 1 kann nicht zum Nachteil des Arbeitnehmers geltend gemacht werden.**

Übersicht

	Rdn.
I. Allgemeines	1
II. Anspruchsübergang auf den Arbeitgeber (§ 6 Abs. 1 EFZG)	12
1. Schadensersatzanspruch auf Grund gesetzlicher Vorschriften wegen des Verdienstausfalls	13

I. Allgemeines § 6 EFZG

	Rdn.
a) Schadensersatzanspruch auf Grund gesetzlicher Vorschriften	14
b) Schadensersatzanspruch wegen des Verdienstausfalls	20
2. Schadensersatzanspruch gegen Dritte	22
a) Familienangehörige	23
b) Arbeitskollegen	29
3. Umfang des Anspruchsübergangs	37
a) Arbeitsentgelt nach dem Entgeltfortzahlungsgesetz	38
b) Beiträge zur Bundesagentur für Arbeit	42
c) Arbeitgeberanteile an Beiträgen zur Sozialversicherung	44
d) Arbeitgeberanteile an Beiträgen zur Pflegeversicherung	47
e) Arbeitgeberanteile an Beiträgen zu Einrichtungen der zusätzlichen Alters- und Hinterbliebenenversorgung	48
f) Sonstiges	49
4. Zeitpunkt des Anspruchsübergangs	53
III. Pflichten des Arbeitnehmers (§ 6 Abs. 2 EFZG)	57
IV. „Konkurrenzen" (§ 6 Abs. 3 EFZG; § 116 SGB X; § 115 SGB X)	63
1. Verhältnis Arbeitnehmer/Arbeitgeber	66
2. Verhältnis Arbeitnehmer/Sozialversicherungsträger	70
3. Verhältnis Arbeitgeber/Sozialversicherungsträger	84

I. Allgemeines

Wird ein Arbeitnehmer z. B. bei einem Verkehrsunfall, den er nicht selbst **1** (allein) verschuldet hat, verletzt und hat diese Verletzung Arbeitsunfähigkeit zur Folge, erlangt der Geschädigte nach allgemeinen Regeln zum einen einen Entgeltfortzahlungsanspruch gegen seinen Arbeitgeber gem. § 3 EFZG und zum anderen Schadensersatzansprüche wegen des Verdienstausfalls gegen den Schädiger, die sich typischerweise aus § 823 BGB und § 7 StVG ergeben. Würde man es dem Geschädigten ermöglichen, beide Ansprüche uneingeschränkt zu realisieren, so käme es zu einer **nicht sachgerechten Doppelentschädigung**.

Eine Möglichkeit, eine derartige Doppelentschädigung zu vermeiden, be- **2** stünde darin, einen Schadensersatzanspruch gegen den Unfallverursacher mit der Begründung zu verneinen, infolge des Entgeltfortzahlungsanspruchs gegen den Arbeitgeber fehle es hinsichtlich des Verdienstausfalls an einem Schaden des Arbeitnehmers. Dieses Ergebnis wäre aber keineswegs sachgerecht; der Sinn und Zweck des Entgeltfortzahlungsgesetzes würde verfehlt, wenn die Entgeltfortzahlung durch den Arbeitgeber letztlich nicht dem Arbeitnehmer, sondern einem Dritten zugute käme (vgl. auch *Müller/Berenz* § 6 EFZG Rdn. 2; *Wedde/Kunz* § 6 EFZG Rdn. 1).

Um dies zu verhindern, ordnet § 6 Abs. 1 EFZG – ähnlich wie § 116 **3** SGB X und § 87a BBG – einen **Forderungsübergang auf den Arbeitgeber** an (zur rechtstechnischen Konstruktion vgl. GK-EFZR/*Steckner* § 4 LFZG Rdn. 6). Der Schädiger kann sich also nicht darauf berufen, dass dem Arbeitnehmer infolge der Entgeltfortzahlung kein Schaden entsteht (BGHZ 7, 48; 21, 112; 43, 378; *Geyer/Knorr/Krasney* § 6 EFZG Rdn. 2; *Helml* § 6 EFZG Rdn. 1; *Kaiser/Dunkl/Hold/Kleinsorge* § 6 EFZG Rdn. 1; Kasseler Handbuch/*Vossen* Rdn. 428); soweit der Arbeitgeber das Arbeitsentgelt weitergewährt, geht der Schadensersatzanspruch des Arbeitnehmers **kraft Gesetzes** auf den Arbeitgeber über (*Brecht* § 6 EFZG Rdn. 3).

4 Durch diese gesetzliche Konzeption gelangt man insgesamt zu befriedigenden Ergebnissen: Der **Schädiger** haftet nach allgemeinen Regeln für den von ihm verursachten Schaden, er hat nicht deshalb ungerechtfertigte Vorteile, weil der von ihm Geschädigte zufällig Arbeitnehmer ist und daher Ansprüche auf Entgeltfortzahlung nach dem Entgeltfortzahlungsgesetz gegen seinen Arbeitgeber geltend machen kann. Der **Arbeitnehmer** erlangt zwar keine Doppelentschädigung, seine Position ist jedoch wesentlich günstiger, als sie es ohne den Entgeltfortzahlungsanspruch wäre: Ohne die Regelungen des Entgeltfortzahlungsgesetzes müsste er selbst gegen den Schädiger vorgehen und er hätte sowohl das Prozessrisiko als auch das Risiko der Realisierbarkeit seines Anspruchs zu tragen; statt dessen ist er zuverlässig abgesichert durch seine Ansprüche nach dem Entgeltfortzahlungsgesetz, die skizzierten Risiken werden dem Arbeitgeber auferlegt. Der **Arbeitgeber** schließlich ist zwar entsprechend den sozialpolitischen Wertungen des Entgeltfortzahlungsgesetz zunächst uneingeschränkt zur Entgeltfortzahlung verpflichtet, er hat jedoch die Möglichkeit, gegen den letztlich verantwortlichen Schädiger vorzugehen.

5 Der vorstehend skizzierte **Sinn und Zweck des § 6 EFZG** ist zugleich von entscheidender Bedeutung für die in § 6 Abs. 1 EFZG geregelten Voraussetzungen des Anspruchsübergangs. Es gehen alle Arten von gesetzlichen Ansprüchen über (vgl. Rdn. 13 ff.), die sich gegen Dritte richten (vgl. Rdn. 22 ff. zur Frage, ob bzw. unter welchen Voraussetzungen Familienangehörige oder Arbeitskollegen als Dritte anzusehen sind). Der Anspruchsübergang erfolgt, soweit der Arbeitgeber Arbeitsentgelt und darauf entfallende Arbeitgeberbeiträge (vgl. Rdn. 37 ff.) gezahlt bzw. entrichtet hat (vgl. Rdn. 53 ff. zum Zeitpunkt des Anspruchsübergangs).

6 Da der Arbeitgeber entsprechend den oben dargestellten Wertungen grundsätzlich die Möglichkeit haben soll, gegen den verantwortlichen Schädiger vorzugehen, erlegt § 6 Abs. 2 EFZG dem Arbeitnehmer bestimmte **Mitwirkungspflichten** auf (vgl. Rdn. 57 ff.), deren **Verletzung durch § 7 EFZG sanktioniert wird** (vgl. § 7 EFZG Rdn. 39 ff.).

7 Ein besonderes Problem bilden schließlich **Konkurrenzsituationen,** wenn der geschädigte Arbeitnehmer, der Arbeitgeber und ein Sozialversicherungsträger wegen der ihnen zustehenden Ansprüche gegen den Schädiger vorgehen wollen, dieser aber nicht zur Befriedigung aller Ansprüche herangezogen werden kann. Dieser Problematik trägt zum einen **§ 6 Abs. 3 EFZG** Rechnung, in dem festgelegt wird, dass der Anspruchsübergang auf den Arbeitgeber nicht zum Nachteil des Arbeitnehmers geltend gemacht werden kann; zum anderen ist § 116 SGB X und der dort geregelte Anspruchsübergang auf die Sozialversicherungsträger und die Sozialhilfeträger zu beachten (vgl. Rdn. 63 ff.).

8 **Vorläufer** des § 6 EFZG waren § 4 des Lohnfortzahlungsgesetzes vom 27. Juli 1969 (BGBl. I S. 946) und § 115 c des Arbeitsgesetzbuches der DDR vom 16. Juni 1977 i.d.F. vom 22. Juni 1990 (GBl. I S. 371) und des Einigungsvertrages vom 31. August 1990 (BGBl. II S. 889), die den Forderungsübergang auf den Arbeitgeber bei Schädigung eines Arbeiters in den alten Bundesländern bzw. eines Arbeitnehmers in den neuen Bundesländern regelten. Bezogen auf Angestellte existierte für die alten Bundesländer keine vergleichbare Bestimmung.

II. Anspruchsübergang auf den Arbeitgeber (§ 6 Abs. 1 EFZG)   § 6 EFZG

Um zumindest zu ähnlichen Ergebnissen zu gelangen, ging man allgemein 9
davon aus, dass der Angestellte in entsprechender Anwendung des § 255
BGB verpflichtet war, seine Ansprüche gegen den Schädiger gem. § 398
BGB dem Arbeitgeber abzutreten (BGH AP Nr. 6 zu § 616 BGB; *Göge*, BB
1986, 1772, 1774; *Vossen*, Entgeltfortzahlung, Rdn. 646). Auch wenn man
dieser Auffassung folgte, blieb die Situation des Arbeitgebers im Falle eines
Angestellten jedoch immer noch deutlich ungünstiger, da die Ansprüche
nicht kraft Gesetzes übergingen, sondern eine Abtretung durch den Angestellten erfolgen musste. Der Arbeitgeber war damit in erhöhtem Maße dem
Risiko ausgesetzt, dass der Angestellte anderweitig über die Ansprüche verfügte oder Gläubiger des Angestellten vor der Abtretung auf die Forderung
Zugriff nahmen. Diese Ungleichbehandlungen waren einer der Gründe dafür, dass eine Neuregelung notwendig wurde.

Der im Jahre 1993 von den Fraktionen der CDU/CSU und der FDP vor- 10
gelegte ursprüngliche **Entwurf eines Entgeltfortzahlungsgesetzes** (BT-Drucks. 12/5263) sah in seinem § 6 bereits eine Regelung vor, die weitestgehend dem § 4 LFZG entsprach und dessen Regelungsgehalt auf alle
Arbeitnehmer erstreckte. Es wurde lediglich der Anspruchsübergang auch auf
die Arbeitgeberanteile zur Pflegeversicherung ausgedehnt. Im Laufe des Gesetzgebungsverfahrens haben sich keine weiteren Änderungen mehr ergeben.
Das Arbeitsrechtliche Beschäftigungsförderungsgesetz vom 25. September
1996 und das „Korrekturgesetz" vom 19. Dezember 1998 haben § 6 EFZG
ebenfalls unverändert gelassen.

Die aktuelle Fassung der Vorschrift beruht auf dem Dritten Gesetz 11
für moderne Dienstleistungen am Arbeitsmarkt vom 23. Dezember 2003
(BGBl. I S. 2848), durch das die Bezeichnung „Bundesanstalt für Arbeit"
durch „Bundesagentur für Arbeit" ersetzt wurde.

II. Anspruchsübergang auf den Arbeitgeber (§ 6 Abs. 1 EFZG)

Der Anspruchsübergang auf den Arbeitgeber gem. § 6 Abs. 1 EFZG setzt 12
voraus, dass der Arbeitnehmer einen Schadensersatzanspruch auf Grund gesetzlicher Vorschriften wegen des Verdienstausfalls hat (Rdn. 13 ff.), der sich
gegen einen Dritten richtet (Rdn. 22 ff.). Zum Übergang eines derartigen
Anspruchs kommt es, wenn der Arbeitgeber Arbeitsentgelt und darauf entfallende Arbeitgeberbeiträge fortgezahlt bzw. entrichtet hat (Rdn. 37 ff.).

1. Schadensersatzanspruch auf Grund gesetzlicher Vorschriften wegen des Verdienstausfalls

Erste Voraussetzung für den Anspruchsübergang ist, dass der in Betracht 13
kommende Anspruch auf **gesetzlichen Vorschriften** beruht und **wegen
eines Verdienstausfalls** besteht.

a) Schadensersatzanspruch auf Grund gesetzlicher Vorschriften

Zu den Ansprüchen auf Grund gesetzlicher Vorschriften zählen zunächst 14
Schadensersatzansprüche wegen einer **unerlaubten Handlung** gem. §§ 823 ff.

213

BGB. Dabei kommen Ansprüche wegen einer widerrechtlichen und schuldhaften Verletzung des Körpers oder der Gesundheit gem. § 823 Abs. 1 BGB ebenso in Betracht wie Ansprüche wegen der Verletzung eines Schutzgesetzes gem. § 823 Abs. 2 BGB. Als Schutzgesetze sind dabei im Zusammenhang mit der Entgeltfortzahlung im Krankheitsfalle insbesondere von Bedeutung das Strafgesetzbuch (z.B. §§ 223ff. StGB), das Straßenverkehrsgesetz (z.B. §§ 1, 2, 21 StVG), die Straßenverkehrsordnung (z.B. §§ 2, 3, 5, 12, 14, 17 StVO) und die Straßenverkehrszulassungsordnung (zahlreiche weitere Beispiele für Schutzgesetze finden sich z.b. bei *Palandt/Sprau* § 823 Anm. 61f.).

15   Zu den Ansprüchen aus unerlaubten Handlungen zählen schließlich auch Ansprüche wegen **Amtspflichtverletzungen** gem. Art. 34 GG, § 839 BGB. Dabei ist zu beachten, dass die Ansprüche des Arbeitnehmers nach dem Entgeltfortzahlungsgesetz keine „anderweitigen Ersatzmöglichkeiten" im Sinne des § 839 Abs. 1 S. 2 BGB darstellen; auch wenn dem Beamten nur Fahrlässigkeit zur Last fällt, kommt es also zu einem Anspruchsübergang und er kann vom Arbeitgeber in Anspruch genommen werden (BGH AP Nr. 1 zu § 4 LFZG; *Geyer/Knorr/Krasney* § 6 EFZG Rdn. 12; *Gola* § 6 EFZG Anm. 3.2; MüKo/*Schaub* § 616 Rdn. 170; *Vossen*, Entgeltfortzahlung, Rdn. 650).

16   Neben Ansprüchen aus unerlaubter Handlung erfasst § 6 EFZG auch Ansprüche aus **Gefährdungshaftung** (*Schaub*, Arbeitsrechts-Handbuch, § 98 VI 2 b). Im Vordergrund stehen dabei Ansprüche aus § 7 StVG, daneben kommen aber auch Ansprüche aus Tierhalterhaftung (§ 833 S. 1 BGB), nach dem Haftpflichtgesetz und nach dem Luftverkehrsgesetz in Betracht (ebenso GK-EFZR/*Steckhan*, § 4 LFZG Rdn. 20).

17   Schließlich fallen unter § 6 EFZG auch **Ansprüche wegen Vertragsverletzungen** (z.B. §§ 280 Abs. 1, 311 Abs. 2 Nr. 1, 538 BGB; zur positiven Vertragsverletzung vor der Schuldrechtsreform vgl. BGH AP Nr. 1 zu § 1542 RVO; ErfK/*Dörner* § 6 EFZG Rdn. 6; *Geyer/Knorr/Krasney* § 6 EFZG Rdn. 14; *Kaiser/Dunkl/Hold/Kleinsorge* § 6 EFZG Rdn. 7; MüKo/ *Schaub* § 616 Rdn. 170; *Worzalla/Süllwald* § 6 EFZG Rdn. 7).

18   **Nicht** in den Anwendungsbereich des § 6 EFZG fallen dagegen Ansprüche auf **Vertragserfüllung,** wie z.B. Ansprüche aus Versicherungsverträgen, selbst wenn der Anspruch auf die Erstattung des Verdienstausfalls durch das private Versicherungsunternehmen gerichtet ist (vgl. *Brecht* § 6 EFZG Rdn. 4; *Geyer/Knorr/Krasney* § 6 EFZG Rdn. 11; HzA/*Vossen* Gruppe 2 Rdn. 603; *Vossen*, Entgeltfortzahlung, Rdn. 650; *Wedde/Kunz* § 6 EFZG Rdn. 12; *Worzalla/Süllwald* § 6 EFZG Rdn. 8). Sollte es dadurch zu einer Doppelentschädigung kommen, so ist diese sachlich gerechtfertigt, da der Arbeitnehmer den Anspruch aus dem Versicherungsvertrag durch entsprechende Beitragszahlungen erworben hat.

19   **Keine** übergangsfähigen Schadensersatzansprüche sind grundsätzlich auch **öffentlich rechtliche Versorgungsansprüche,** zum Beispiel aus Wehrdienstbeschädigungen (vgl. GK-EFZR/*Steckhan* § 4 LFZG Rdn. 23 unter Hinweis auf BSGE 35, 1). Allerdings ist in diesem Zusammenhang die Regelung des **§ 16g Abs. 1 S. 1 BVG** zu beachten, wonach der Arbeitgeber einen Erstattungsanspruch gegen die Versorgungsverwaltung erlangt, wenn er einem Arbeitnehmer Entgeltfortzahlung wegen einer noch während des

II. Anspruchsübergang auf den Arbeitgeber (§ 6 Abs. 1 EFZG) **§ 6 EFZG**

Wehrdienstes etc. eingetretenen Erkrankung leisten muss (*Vossen*, Entgeltfortzahlung, Rdn. 653).

b) Schadensersatzanspruch wegen des Verdienstausfalls

Unabhängig davon, welche der vorstehend angesprochenen Anspruchs- 20
grundlagen in Betracht kommt, erfasst der Anspruchsübergang ausschließlich Ansprüche wegen des **Verdienstausfalls, der durch die Arbeitsunfähigkeit entstanden ist**. Nicht erfasst werden im Gegensatz dazu Ansprüche wegen sonstiger materieller Schäden, wie z. B. Ansprüche wegen Sachschäden oder Heilungskosten (ErfK/*Dörner* § 6 EFZG Rdn. 8; MünchArbR/*Boecken* § 87 Rdn. 21) und Ansprüche wegen immaterieller Schäden, insbesondere Schmerzensgeldansprüche (vgl. u. a. *Geyer/Knorr/Krasney* § 6 EFZG Rdn. 19; HzA/*Vossen* Gruppe 2 Rdn. 609; *Kaiser/Dunkl/Hold/Kleinsorge* § 6 EFZG Rdn. 8; Kasseler Handbuch/*Vossen* Rdn. 434; *Schaub*, Arbeitsrechts-Handbuch, § 98 VI 2 d).

Dass derartige Ansprüche nicht auf den Arbeitgeber übergehen, erklärt 21
sich aus dem Sinn und Zweck des § 6 EFZG (vgl. oben Rdn. 1 ff.). Da der Arbeitgeber insoweit keine Leistungen erbringt, ist eine Doppelentschädigung nicht zu befürchten und es fehlt jeder Grund, den Arbeitgeber durch den Anspruchsübergang zu bevorteilen; gleichzeitig benötigt der geschädigte Arbeitnehmer den Anspruch selbst, da er von anderer Seite keine entsprechenden Leistungen erhält.

2. Schadensersatzanspruch gegen Dritte

Neben einem Schadensersatzanspruch auf Grund gesetzlicher Vorschriften 22
wegen des Verdienstausfalls setzt der Forderungsübergang gem. § 6 Abs. 1 EFZG voraus, dass sich der Anspruch gegen einen **Dritten** richtet. Als Dritter im Sinne des § 6 Abs. 1 EFZG kommt **jede natürliche oder juristische Person** mit Ausnahme des Arbeitgebers in Betracht (vgl. *Brecht* § 6 EFZG Rdn. 4; *Geyer/Knorr/Krasney* § 6 EFZG Rdn. 31; MüKo/*Schaub* § 616 Rdn. 173; *Vossen*, Entgeltfortzahlung, Rdn. 654). Besondere Probleme bereiten in diesem Zusammenhang **Familienangehörige** und **Arbeitskollegen**; man muss sie zwar grundsätzlich als Dritte im Sinne des Gesetzes ansehen, ein Anspruchsübergang gem. § 6 EFZG findet jedoch in diesen Fällen teilweise nicht statt.

a) Familienangehörige

Die mit § 6 EFZG im Übrigen vergleichbaren Regelungen des § 116 23
SGB X und des § 67 VVG schränken den Anspruchsübergang ein für den Fall, dass ein Familienangehöriger den Schaden fahrlässig verursacht hat. Gem. **§ 116 Abs. 6 S. 1 SGB X** ist der Anspruchsübergang auf den Sozialversicherungs- oder Sozialhilfeträger ausgeschlossen, bei nicht vorsätzlichen Schädigungen durch Familienangehörige, die im Zeitpunkt des Schadensereignisses mit dem Geschädigten (oder seinen Hinterbliebenen) in häuslicher Gemeinschaft leben; gem. **§ 67 Abs. 2 VVG** ist der Anspruchsübergang ausgeschlossen, wenn sich der Ersatzanspruch des Versicherungsnehmers ge-

gen einen mit ihm in häuslicher Gemeinschaft lebenden Familienangehörigen richtet und der Familienangehörige den Schaden nicht vorsätzlich verursacht hat.

24 Diesen Regelungen liegt der Gedanke zugrunde, dass die genannten Personen, wenn sie in häuslicher Gemeinschaft leben, auch wirtschaftlich typischerweise eine Einheit bilden. Lässt man unter diesen Voraussetzungen den Schadensersatzanspruch des Geschädigten gegen den Familienangehörigen auf den (Sozial-)Versicherungsträger übergehen und macht dieser den Schadensersatzanspruch sodann erfolgreich geltend, so ist davon jedenfalls mittelbar auch der Geschädigte betroffen, denn die dem Haushalt zur Verfügung stehenden Mittel verringern sich. Was dem Haushalt „mit der einen Hand gegeben wird (Sozialleistungen, Versicherungsleistungen, Entgeltfortzahlung), wird ihm mit der anderen Hand wieder genommen" (vgl. BT-Drucks. 9/95, S. 28). Hinzu kommt, dass man Auseinandersetzungen in der Familie provoziert, wenn z.B. als Folge des Anspruchsübergangs gerichtlich geklärt werden muss, wie hoch das (Mit-)Verschulden der Beteiligten ist (zum Sinn des § 116 Abs. 6 SGB X vgl. u.a. *Gitter/Schmitt,* Sozialrecht, S. 339f.; *Kaiser/ Dunkl/Hold/Kleinsorge* § 6 EFZG Rdn. 14).

25 Eine dem § 116 Abs. 6 S. 1 SGB X bzw. § 67 Abs. 2 VVG vergleichbare Regelung findet sich zwar in § 6 EFZG nicht, die Überlegungen, die zur Schaffung von § 116 Abs. 6 SGB X und § 67 Abs. 2 VVG geführt haben, gelten jedoch für den Anwendungsbereich des § 6 EFZG in gleicher Weise. Aus diesem Grund sind § 116 Abs. 6 S. 1 SGB X und § 67 Abs. 2 VVG **auf den Anspruchsübergang gem. § 6 EFZG entsprechend anzuwenden,** d.h. der Anspruchsübergang ist ausgeschlossen bei einer nicht vorsätzlichen Schädigung durch einen Familienangehörigen, der mit dem Geschädigten in häuslicher Gemeinschaft lebt (vgl. u.a. BGH AP Nr. 2 zu § 4 LFZG; *Geyer/ Knorr/Krasney* § 6 EFZG Rdn. 22ff.; *Hanau,* BB 1968, 1944; *Kaiser/Dunkl/ Hold/Kleinsorge* § 6 EFZG Rdn. 13; MüKo/*Schaub* § 616 Rdn. 174; MünchArbR/*Boecken* § 87 Rdn. 16f.; *Sieg,* BB 1996, 1768; *Staudinger/Oetker* § 616 Rdn. 430; *Wedde/Kunz* § 6 EFZG Rdn. 18). Dies gilt selbst dann, wenn das Familienmitglied durch eine Haftpflichtversicherung geschützt ist (vgl. BGH AP Nr. 12 zu § 1542 RVO ; AP Nr. 2 zu § 4 LFZG; *Geyer/Knorr/Krasney* § 6 EFZG Rdn. 23) oder wenn die häusliche Gemeinschaft nach dem Schadensereignis, aber vor der Erfüllung der Schadensersatzansprüche begründet worden ist (BGH NJW 1976, 1152; 1977, 108).

26 **Familienangehörige** sind der **Ehegatte** sowie **Verwandte** und **Verschwägerte** des Arbeitnehmers, wobei es auf den Grad der Verwandtschaft oder Schwägerschaft nicht ankommt (BGH NJW 1980, 1468; ErfK/*Dörner* § 6 EFZG Rdn. 14; *Helml* § 6 EFZG Rdn. 10; HzA/*Vossen* Gruppe 2 Rdn. 612). Ein Korrektiv besteht hier insofern, als Personen, die nur weitläufig miteinander verwandt sind, typischerweise nicht in häuslicher Gemeinschaft leben. Neben Ehegatten, Verwandten und Verschwägerten sind **Pflegekinder** als Familienangehörige angesehen worden, sofern sie mit dem Arbeitnehmer in einer Weise zusammenleben, die einem Familienverband ähnlich ist (BGH NJW 1980, 1468; ebenso ErfK/*Dörner* § 6 EFZG Rdn. 11; *Geyer/Knorr/Krasney* § 6 EFZG Rdn. 24; MüKo/*Schaub* § 616 Rdn. 138).

II. Anspruchsübergang auf den Arbeitgeber (§ 6 Abs. 1 EFZG) § 6 EFZG

Keine Familienangehörigen sind dagegen die **Partner einer nicht-** 27
ehelichen Lebensgemeinschaft; da auf sie nicht einmal § 116 Abs. 6 SGB X unmittelbar oder analog Anwendung findet (BGH NJW 1988, 1091; vgl. auch *Becker,* VersR 1985, 206; *Geigel/Plagemann,* Der Haftpflichtprozeß, Kap. 30 Rdn. 78; *v. Maydell/Schellhorn,* GK-SGB X 3, § 116 Rdn. 435; *Wussow/Küppersbusch,* Ersatzansprüche bei Personenschäden, 4. Aufl., Rdn. 509), können sie im Rahmen des § 6 EFZG erst recht nicht als Familienangehörige angesehen werden (ebenso ErfK/*Dörner* § 6 EFZG Rdn. 11; *Geyer/Knorr/Krasney* § 6 EFZG Rdn. 24; HzA/*Vossen* Gruppe 2 Rdn. 612; *Staudinger/Oetker* § 616 Rdn. 430; teilweise a. A. *Kaiser/Dunkl/Hold/Kleinsorge* § 6 EFZG Rdn. 16; *Wedde/Kunz* § 6 EFZG Rdn. 21 f.).

Häusliche Gemeinschaft ist zu bejahen, wenn zwischen den Beteiligten 28
eine wirtschaftliche Gemeinschaft besteht, wie das üblicherweise zwischen Ehegatten oder zwischen Eltern und Kindern der Fall ist. Indizien für das Vorliegen einer häuslichen Gemeinschaft sind das Wohnen in gemeinsamen Räumen und die finanzielle Beteiligung an der gemeinsamen Wirtschaftsführung (HzA/*Vossen* Gruppe 2 Rdn. 613). Die häusliche Gemeinschaft muss nicht nur vorübergehend, sondern **auf Dauer angelegt** sein; eine nur vorübergehende Trennung hebt die häusliche Gemeinschaft jedoch nicht auf. Eine Einheit in sämtlichen Wirtschaftsangelegenheiten ist ebenso wenig erforderlich wie eine gegenseitige wirtschaftliche Abhängigkeit (*Geyer/ Knorr/Krasney* § 6 EFZG Rdn. 25; *Helml* § 6 EFZG Rdn. 11; zur häuslichen Gemeinschaft ausführlich *Fenn,* ZfS 1983, 107, 108).

b) Arbeitskollegen

Neben Familienangehörigen nehmen Arbeitskollegen als „Dritte" inso- 29
weit eine Sonderstellung ein, als Ansprüche gegen Arbeitskollegen häufig durch § **105 SGB VII,** der an die Stelle des früheren § 637 RVO getreten ist, ausgeschlossen sind (zu den daraus resultierenden Veränderungen vgl. *Rolfs,* NJW 1996, 3177).

Personen, die durch eine betriebliche Tätigkeit einen Versicherungsfall, 30
d. h. einen Arbeitsunfall oder eine Berufskrankheit (vgl. § 7 Abs. 1 SGB VII), von Versicherten desselben Betriebs verursachen, sind diesen sowie deren Angehörigen und Hinterbliebenen danach nach anderen gesetzlichen Vorschriften zum Ersatz des Personenschadens nur dann verpflichtet, wenn sie den Versicherungsfall vorsätzlich herbeigeführt haben oder wenn es sich um einen Unfall auf einem nach § 8 Abs. 2 Nr. 1 bis 4 SGB VII versicherten Weg handelt.

Dieser innerbetrieblichen Haftungsbeschränkung liegt zum einen die 31
Überlegung zugrunde, dass **innerbetriebliche Konfliktsituationen vermieden** werden. Zum anderen ist zu berücksichtigen, dass zwischen den Arbeitnehmern eines Unternehmens eine **Funktions- und Gefahrengemeinschaft** besteht; jeder Arbeitnehmer kann durch eine leichte Unachtsamkeit einem Arbeitskollegen einen erheblichen Schaden zufügen und sich dadurch dem Risiko hoher Ersatzforderungen aussetzen, so dass er daran interessiert sein muss, diesen Unsicherheitsfaktor von sich zu nehmen, auch wenn er zugleich bereit sein muss, im Fall der eigenen Schädigung auf Schadensersatz-

217

ansprüche gegenüber seinem Arbeitskollegen zu verzichten (ausführlich *Gitter,* Schadensausgleich, S. 243, 246; *Schmitt,* SGB VII, § 105 Rdn. 2).

32 Die Haftungsbefreiung unter Arbeitskollegen tritt allerdings nicht in jedem Fall gemeinsamer Arbeit ein. Voraussetzung ist vielmehr, dass es sich um einen **Versicherten desselben Betriebes** handelt, d. h. Schädiger und Geschädigter müssen in demselben Betrieb arbeiten. Daraus folgt, dass nur vorübergehend in einem Betrieb tätige Arbeitnehmer, wie z. B. Monteure einer anderen Firma, die nicht in den Betrieb eingegliedert sind und die daher nicht zu dessen Arbeitnehmern bzw. Versicherten gehören, auch nicht das Haftungsprivileg des § 105 SGB VII genießen (vgl. *Schmitt,* SGB VII, § 105 Rdn. 6ff.). Die Haftung dieser Personen bleibt also aufrechterhalten; gegen sie bestehende Ansprüche gehen gem. § 116 SGB X auf den Sozialversicherungsträger über (vgl. unten Rdn. 70ff.).

33 In den Betrieb eingegliederte **Leiharbeitnehmer** werden dagegen von der Haftung freigestellt, wenn sie durch eine betriebliche Tätigkeit einen Arbeitsunfall herbeigeführt haben (*Schmitt,* SGB VII, § 105 Rdn. 6).

34 Die **Haftungsprivilegierung greift** nur dann **ausnahmsweise nicht** ein, wenn der Versicherungsfall – was praktisch wenig relevant ist – vorsätzlich herbeigeführt worden ist oder wenn es sich um einen Unfall auf einem nach § 8 Abs. 2 Nr. 4 SGB VII versicherten Weg handelt. Der letztgenannte Ausschluss der Haftungsprivilegierung betrifft **Wegeunfälle,** bei denen sich die Arbeitnehmer wie normale Verkehrsteilnehmer „begegnet" sind.

35 Die Haftungsprivilegierung gilt dagegen für den sog. **innerbetrieblichen Verkehr,** auch wenn er sich auf öffentlichen Straßen abspielt. Zum innerbetrieblichen Verkehr, bei dem der Haftungsausschluss eingreift, gehört eine Fahrt immer dann, wenn der Verletzte in seiner Eigenschaft als Betriebsangehöriger an ihr teilnimmt. Dies gilt gleichermaßen für Fahrten mit betriebseigenen oder gemieteten Fahrzeugen von oder zur Arbeitsstätte, die im betrieblichen Interesse erfolgen, einschließlich der Fahrten von und zu Betriebsausflügen.

36 Soweit einem Arbeitskollegen die Haftungsbefreiung gem. § 105 SGB VII zugute kommt, ist er zwar Dritter i. S. d. § 6 EFZG, es existiert jedoch kein Anspruch, der auf den Arbeitgeber übergehen könnte.

3. Umfang des Anspruchsübergangs

37 Gem. § 6 Abs. 1 EFZG geht der Schadensersatzanspruch des Arbeitnehmers gegen den Dritten insoweit auf den Arbeitgeber über, als dieser dem Arbeitnehmer nach dem EFZG Arbeitsentgelt fortgezahlt (vgl. Rdn. 38 ff.) und darauf entfallende von den Arbeitgebern zu tragende Beiträge zur Bundesagentur für Arbeit (vgl. Rdn. 42 f.), Arbeitgeberanteile zu Beiträgen zur Sozialversicherung (vgl. Rdn. 44 ff.) und zur Pflegeversicherung (vgl. Rdn. 47) sowie Beiträge zu Einrichtungen der zusätzlichen Alters- und Hinterbliebenenversorgung (vgl. Rdn. 48) abgeführt hat.

a) Arbeitsentgelt nach dem Entgeltfortzahlungsgesetz

38 Der Begriff des **Arbeitsentgelts** im Sinne des § 6 Abs. 1 EFZG stimmt mit dem Entgeltbegriff des § 4 Abs. 1 S. 1. EFZG überein (*Kaiser/Dunkl/*

II. Anspruchsübergang auf den Arbeitgeber (§ 6 Abs. 1 EFZG) § 6 EFZG

Hold/Kleinsorge § 6 EFZG Rdn. 29). Unter Arbeitsentgelt versteht man dementsprechend den **Bruttoverdienst des Arbeitnehmers, soweit er ihn aufgrund des Arbeitsverhältnisses als Gegenleistung für seine Arbeit erhält** (vgl. BAG AP Nr. 1 zu § 2 ArbKrankhG; AP Nr. 9 zu § 2 LFZG). Zum so definierten Arbeitsentgelt gehören neben den Grundbezügen u.a. bestimmte laufend bezahlte Zulagen zum Entgelt, die im Hinblick auf die besonderen Gegebenheiten des Arbeitsverhältnisses gezahlt werden, wie z.B. Gefahrenzulagen, laufend gezahlte Sozialzulagen (z.B. Kinderzulagen), laufend gezahlte Zuverlässigkeitsprämien und laufend gewährt Tantiemen (ausführlicher § 4 EFZG Rdn. 62ff. mit zahlreichen Einzelfällen sowie unten Rdn. 49ff.).

Das Arbeitsentgelt muss **nach dem EFZG** fortgezahlt worden sein, d.h. 39 der Arbeitgeber muss gesetzlich verpflichtet sein, das Arbeitsentgelt fortzuzahlen. Ein Anspruchsübergang findet daher nicht statt, wenn Leistungen an Personen erbracht werden, die nicht in den Anwendungsbereich des Gesetzes fallen, wenn Leistungen bereits während der Wartezeit nach § 3 Abs. 3 EFZG erbracht werden (*Vossen*, Entgeltfortzahlung, Rdn. 657) oder wenn aufgrund eines Einzelarbeitsvertrages oder eines Tarifvertrages Arbeitsentgelt über sechs Wochen hinaus oder auch bei Wiederholungserkrankungen geleistet wird, ohne dass die Voraussetzungen der Entgeltfortzahlung nach § 3 EFZG vorliegen (vgl. *Geyer/Knorr/Krasney* § 6 EFZG Rdn. 38ff.; *Helml* § 6 EFZG Rdn. 16; *Jahnke*, NZV 1996, 169, 178; *Kaiser/Dunkl/Hold/Kleinsorge* § 6 EFZG Rdn. 25; Kasseler Handbuch/*Vossen* Rdn. 437; MünchArbR/ *Boecken* § 87 Rdn. 7; *Staudinger/Oetker* § 616 Rdn. 433; *Sieg*, BB 1996, 1766, 1768; ders., BB 1998, Beil. 17, S. 18, 20; *Wedde/Kunz* § 6 EFZG Rdn. 38; *Worzalla/Süllwald* § 6 EFZG Rdn. 17; bezogen auf Entgeltfortzahlung trotz groben Verschuldens a.A. OLG Koblenz MDR 1994, 386). In derartigen Fällen bedarf es einer vertraglichen Abtretung der Schadensersatzansprüche (*Kaiser/Dunkl/Hold/Kleinsorge* § 6 EFZG Rdn. 25; *Müller/Berenz* § 6 EFZG Rdn. 13).

Kein gesetzlicher Forderungsübergang, sondern nur eine vertragliche Ab- 40 tretung von Schadensersatzansprüchen kommt schließlich auch dann in Betracht, wenn der Arbeitgeber das Arbeitsentgelt fortzahlt, obwohl im Hinblick auf das **Verschulden** des Arbeitnehmers **kein Entgeltfortzahlungsanspruch** gem. § 3 Abs. 1 EFZG besteht (ebenso *Geyer/Knorr/Krasney* § 6 EFZG Rdn. 41; *Kaiser/Dunkl/Hold/Kleinsorge* § 6 EFZG Rdn. 25; Kasseler Handbuch/*Vossen* Rdn. 437; a.A. OLG Düsseldorf AP Nr. 3 zu § 4 LFZG; OLG Koblenz MDR 1994, 386; *Marienhagen/Künzl* § 6 EFZG Rdn. 8); der Wortlaut des § 6 Abs. 1 EFZG lässt wohl keine Interpretation zu.

Ob der Arbeitgeber **subjektiv** der Ansicht ist, er sei zur Entgeltfortzah- 41 lung nach dem Entgeltfortzahlungsgesetz verpflichtet, ist ohne Bedeutung. Leistet der Arbeitgeber, weil er fälschlicherweise von einer Zahlungsverpflichtung ausgeht, so kommt es dennoch nicht zu einem Anspruchsübergang (HzA/*Vossen* Gruppe 2 Rdn. 621; *Staudinger/Oetker* § 616 BGB Rdn. 433). Der Arbeitgeber hat lediglich die Möglichkeit, die gewährten Leistungen nach den bereicherungsrechtlichen Regeln der §§ 812 ff. BGB vom Arbeitnehmer zurückzuverlangen oder bei Vorliegen der Voraussetzungen der §§ 387 ff. BGB gegenüber späteren Ansprüchen des Arbeitnehmers die Aufrechnung zu erklären (*Kaiser/Dunkl/Hold/Kleinsorge* § 6 EFZG Rdn. 26; *Wedde/Kunz* § 6 EFZG Rdn. 37).

b) Beiträge zur Bundesagentur für Arbeit

42 Ein Anspruchsübergang gem. § 6 Abs. 1 EFZG findet weiterhin statt, soweit der Arbeitgeber den auf das Arbeitsentgelt entfallenden von den Arbeitgebern zu tragenden **Beitrag zur Bundesagentur für Arbeit** abgeführt hat.

43 Entscheidend ist, dass es sich um einen **Beitrag** und nicht um eine **Umlage** handelt. Mit dieser Unterscheidung wird der Tatsache Rechnung getragen, dass die Leistungen und sonstigen Maßnahmen nach dem SGB III zwar grundsätzlich durch Beiträge der Arbeitnehmer und der Arbeitgeber finanziert werden (§ 346 SGB III), dass aber die Maßnahmen der Winterbauförderung einschließlich des Wintergeldes und des Winterausfallgeldes durch eine Umlage von den Arbeitgebern des Baugewerbes aufgebracht werden (§ 354 SGB III). Das Wintergeld und das Winterausfallgeld sind kein Arbeitsentgelt im Sinne des Entgeltfortzahlungsgesetzes, sondern eine Sozialleistung der Bundesanstalt für Arbeit; die zur Finanzierung des Wintergeldes und der übrigen Leistungen der Winterbauförderung erhobene Umlage ist folglich kein auf das Arbeitsentgelt entfallender Beitrag (vgl. BGH EEK I/851; *Geyer/Knorr/Krasney* § 6 EFZG Rdn. 54; MüKo/*Schaub* § 616 Rdn. 181; *Schaub*, Arbeitsrechts-Handbuch, § 98 VI 5 c; *Vossen*, Entgeltfortzahlung, Rdn. 663).

c) Arbeitgeberanteile an Beiträgen zur Sozialversicherung

44 Der Forderungsübergang gem. § 6 Abs. 1 EFZG umfasst nach dem Wortlaut des Gesetzes weiterhin die **Arbeitgeberanteile an Beiträgen zur Sozialversicherung.** Davon erfasst werden die Arbeitgeberanteile an Beiträgen zur gesetzlichen **Kranken-** und **Rentenversicherung, nicht** jedoch der Arbeitgeberbeitrag zur gesetzlichen **Unfallversicherung.**

45 Während es sich bei den Arbeitgeberanteilen an den Beiträgen zur Kranken- und Rentenversicherung um ein zum Bruttoarbeitsentgelt hinzutretendes Entgelt handelt, das auch während der Arbeitsunfähigkeit abzuführen ist, handelt es sich bei dem Arbeitgeberbeitrag zur Unfallversicherung nicht um vom Schädiger zu ersetzendes Arbeitsentgelt des versicherten Arbeitnehmers, sondern um eine **eigenständige Leistung des Arbeitgebers,** die wirtschaftlich in seine Zuständigkeit fällt. Das Gesetz hat den vom Unternehmer an die Berufsgenossenschaft zu zahlenden Betrag als eine genossenschaftliche Umlage ausgestaltet, die nicht dem Arbeitsentgelt des Arbeitnehmers zugerechnet werden kann (h. M., vgl. BGH DB 1976, 58; ErfK/*Dörner* § 6 EFZG Rdn. 16 f.; *Geyer/Knorr/Krasney* § 6 EFZG Rdn. 55 f.; *Gola* § 6 Anm. 3.5; *Kaiser/Dunkl/Hold/Kleinsorge* § 6 EFZG Rdn. 30; MüKo/*Schaub* § 616 Rdn. 181; *Vossen*, Entgeltfortzahlung, Rdn. 664; a. A. *Brecht* § 6 EFZG Rdn. 8; MünchArbR/*Boecken* § 87 Rdn. 26; zweifelnd *Müller/Berenz* § 6 EFZG Rdn. 15; *Staudinger/Oetker* § 616 Rdn. 436).

46 Mit dem Wortlaut des § 6 Abs. 1 EFZG lässt sich die Beschränkung des Anspruchsübergangs insofern vereinbaren, als das Gesetz vom Übergang der Arbeitgeber**anteile** an Beiträgen zur Sozialversicherung spricht und der Ar-

II. Anspruchsübergang auf den Arbeitgeber (§ 6 Abs. 1 EFZG) **§ 6 EFZG**

beitgeber in der gesetzlichen Unfallversicherung die Beiträge – anders als in der Kranken- und Rentenversicherung – allein zu tragen hat, so dass man kaum von einem Übergang des Arbeitgeber**anteils** sprechen kann.

d) Arbeitgeberanteile an Beiträgen zur Pflegeversicherung

Die Erstreckung des Übergangs der Forderungen auf den Arbeitgeber auf die Arbeitgeberanteile zur Pflegeversicherung nach dem SGB XI geht zurück auf die Neufassung des früheren § 4 LFZG durch das Entgeltfortzahlungsgesetz (zur geschichtlichen Entwicklung oben Rdn. 8 ff.). Dass man die Pflegeversicherung in § 6 Abs. 1 EFZG ausdrücklich erwähnt hat, ist im Grunde entbehrlich (ebenso *Kaiser/Dunkl/Hold/Kleinsorge* § 6 EFZG Rdn. 31 Fn. 67), da die Pflegeversicherung zur Sozialversicherung gehört (vgl. z. B. § 1 Abs. 1 SGB IV), so dass es auch dann zu einem Anspruchsübergang gekommen wäre, wenn man es bei der Formulierung des § 4 Abs. 1 LFZG belassen hätte, wonach der Forderungsübergang die Arbeitgeberanteile an Beiträgen zur Sozialversicherung umfasste. Die ausdrückliche Nennung der Pflegeversicherung hat also nur klarstellende Bedeutung (vgl. auch *Geyer/Knorr/ Krasney* § 6 EFZG Rdn. 57; *Vossen*, Entgeltfortzahlung, Rdn. 665). 47

e) Arbeitgeberanteile an Beiträgen zu Einrichtungen der zusätzlichen Alters- und Hinterbliebenenversorgung

Der Anspruchsübergang gem. § 6 Abs. 1 EFZG erfasst schließlich auch abgeführte Arbeitgeberanteile an Beiträgen zu Einrichtungen der zusätzlichen Alters- und Hinterbliebenenversorgung. Hiervon erfasst werden u. a. Beiträge zur Zusatzversorgung des Bundes und der Länder, zur Höherversicherung in der gesetzlichen Rentenversicherung, zu betrieblichen Alters-, Invaliditäts- und Hinterbliebenenversorgungseinrichtungen unabhängig davon, ob sie auf dem einzelnen Arbeitsvertrag, einer Betriebsvereinbarung oder einem Tarifvertrag beruhen (*Vossen*, Entgeltfortzahlung, Rdn. 666), und Beiträge zu den Sozialkassen des Baugewerbes, soweit diese der Alters- und Hinterbliebenenversorgung dienen (teilweise a. A. *Geyer/Knorr/Krasney* § 6 EFZG Rdn. 60). Nicht erfasst werden dagegen wegen ihrer anders gearteten Zielsetzung z. B. die Urlaubskassen im Baugewerbe (*Geyer/Knorr/Krasney* § 6 EFZG Rdn. 60; *Kaiser/Dunkl/Hold/Kleinsorge* § 6 EFZG Rdn. 28; MünchArbR/*Boecken* § 87 Rdn. 27; a. A. *Jahnke*, NVZ 1996, 169, 176). 48

f) Sonstiges

Andere als die vorstehend angesprochenen Leistungen des Arbeitgebers werden vom Forderungsübergang gem. § 6 Abs. 1 EFZG nicht erfaßt; die Regelung ist nach ihrem Wortlaut **abschließend** (zu den nicht von § 6 Abs. 1 EFZG erfassten Belastungen des Arbeitgebers ausführlich *Jahnke*, NVZ 1996, 169, 176). 49

Abzulehnen ist demgemäß die speziell vom BGH befürwortete **extensive Interpretation des Begriffs des Arbeitsentgelts** i. S. d. § 6 Abs. 1 EFZG (§ 4 Abs. 1 LFZG), wonach unter Arbeitsentgelt alle Vorteile verstanden werden, die dem Arbeitnehmer aus seiner Arbeit zufließen und die ihm 50 ausschließlich zugute kommen (BGH DB 1986, 1015). Hierzu soll u.a. anteilig ein später gezahltes Urlaubsgeld gehören (BGHZ 59, 113 f.; ebenso für anteiliges Weihnachtsgeld GK-EFZR/*Steckhan* § 4 LFZG Rdn. 43; *Schleich*, DAR 1993, 409, 414). Eine derartige Ausdehnung des gesetzlichen Forderungsübergangs nach dem Entgeltfortzahlungsgesetz mag zwar zu billigenswerten Ergebnissen führen, dies kann aber nicht darüber hinwegtäuschen, dass § 6 Abs. 1 EFZG lediglich im Anspruchsübergang wegen der **nach diesem Gesetz** erbrachten Arbeitgeberleistungen vorsieht (ebenso ErfK/ *Dörner* § 6 EFZG Rdn. 17; *Geyer/Knorr/Krasney* § 6 EFZG Rdn. 59; HzA/ *Vossen* Gruppe 2 Rdn. 622; MünchArbR/*Boecken* § 87 Rdn. 21; *Staudinger/ Oetker* § 616 Rdn. 434; *Wedde/Kunz* § 6 EFZG Rdn. 39 f.).

51 **Kein Anspruchsübergang** findet auch statt für **Anwaltskosten** des Arbeitgebers, die er zur Durchsetzung der auf ihn übergegangenen Schadensersatzansprüche außerhalb eines Rechtsstreits aufwendet (*Geyer/Knorr/Krasney* § 6 EFZG Rdn. 62 m.w.N.; *Kaiser/Dunkl/Hold/Kleinsorge* § 6 EFZG Rdn. 30; MüKo/*Schaub* § 616 Rdn. 182; *Schleich*, DAR 1993, 409, 416).

52 Eine **Anspruchskürzung** kommt schließlich in Betracht unter dem Aspekt der Vorteilsausgleichung; zu denken ist insoweit z.B. an die Ersparnis von Verpflegungskosten bei einem unfallbedingten Krankenhausaufenthalt (vgl. OLG Hamm NZA-RR 2000, 298 f.).

4. Zeitpunkt des Anspruchsübergangs

53 Der Anspruchsübergang gem. § 6 Abs. 1 EFZG findet **erst dann** statt, wenn der Arbeitgeber Arbeitsentgelt fortgezahlt und die verschiedenen im Gesetz genannten Beiträge etc. abgeführt hat. Anders als § 116 SGB X (vgl. unten Rdn. 70 f.) und § 87 a BBG sieht § 6 Abs. 1 EFZG also keinen Anspruchsübergang bei Eintritt des schädigenden Ereignisses vor; der Anspruchsübergang erfolgt vielmehr erst dann, wenn der Arbeitgeber tatsächlich Leistungen erbracht und damit einen Schaden erlitten hat (Kasseler Handbuch/ *Vossen* Rdn. 443; MünchArbR/*Boecken* § 87 Rdn. 28; *Sieg*, BB 1996, 1766, 1768; *Staudinger/Oetker* § 616 Rdn. 429; *Worzalla/Süllwald* § 6 EFZG Rdn. 20 f.). Damit wird verhindert, dass zwar der Schadensersatzanspruch des Arbeitnehmers gegen den Dritten auf den Arbeitgeber übergeht, der Arbeitgeber aber dennoch nicht an Arbeitnehmer zahlt, so dass dieser (allenfalls) Krankengeld in Anspruch nehmen kann (vgl. BGH LM § 404 Nr. 17; *Gola* § 6 EFZG Anm. 3.8; *Kaiser/Dunkl/Hold/Kleinsorge* § 6 EFZG Rdn. 23; MüKo/*Schaub* § 616 Rdn. 177).

54 Die Koppelung des Anspruchsübergangs an die tatsächliche Erfüllung von Entgeltfortzahlungsansprüchen hat zugleich zur Folge, dass häufig **über einen längeren Zeitraum hinweg Teile des Schadensersatzanspruchs auf den Arbeitgeber übergehen,** denn der Entgeltfortzahlungsanspruch des Arbeitnehmers entsteht nicht bereits in vollem Umfang mit dem Beginn der Arbeitsunfähigkeit, sondern zu dem Zeitpunkt, zu dem sonst das Arbeitsentgelt zu zahlen wäre. Wird ein Arbeitnehmer wöchentlich bezahlt, so entsteht folglich bis zu sechs mal ein Anspruch auf Entgeltfortzahlung, dessen Erfüllung jeweils zu einem Anspruchsübergang gem. § 6 Abs. 1 EFZG führt. Hat die Schädigung durch den Dritten eine Fortsetzungserkrankung zur

III. Pflichten des Arbeitnehmers (§ 6 Abs. 2 EFZG) § 6 EFZG

Folge, so kann es sogar auch lange Zeit nach dem schädigenden Ereignis noch zu Anspruchsübergängen kommen (zum sukzessiven Anspruchsübergang vgl. u. a. ErfK/*Dörner* § 6 EFZG Rdn. 19; MünchArbR/*Boecken* § 87 Rdn. 30; *Vossen*, Entgeltfortzahlung, Rdn. 668).

Dieser – im Vergleich zu § 116 SGB X und § 87a BBG – „verzögerte" 55 Anspruchsübergang trägt zwar den Interessen des Arbeitnehmers uneingeschränkt Rechnung, für den Arbeitgeber ist die Regelung jedoch insofern nicht unproblematisch, als der Arbeitnehmer in der Zeit zwischen dem schädigenden Ereignis und dem Anspruchsübergang zum Nachteil des Arbeitgebers über den Schadensersatzanspruch verfügen kann, indem er z. b. auf die Forderung verzichtet oder sie an einen Dritten abtritt. Dieser Problematik trägt **§ 7 Abs. 1 Nr. 2 EFZG** Rechnung: Der Arbeitnehmer ist zwar berechtigt, über die Forderung zu verfügen und damit einen Anspruchsübergang auf den Arbeitgeber zu verhindern, er muss dann aber in Kauf nehmen, dass der Arbeitgeber keine Leistungen der Entgeltfortzahlung im Krankheitsfall erbringt (zu den Voraussetzungen des Leistungsverweigerungsrechts vgl. im einzelnen § 7 Rdn. 39 ff.).

Unabhängig von der Regelung des § 6 Abs. 1 EFZG hat der Arbeitneh- 56 mer allerdings die Möglichkeit, seinem Arbeitgeber die Gläubigerstellung im Wege der **Abtretung nach § 398 BGB** zu einem früheren Zeitpunkt einzuräumen, als es aufgrund der cessio legis des § 6 Abs. 1 EFZG der Fall wäre (vgl. GK-EFZR/*Steckhan* § 4 LFZG Rdn. 37).

III. Pflichten des Arbeitnehmers (§ 6 Abs. 2 EFZG)

§ 6 Abs. 2 EFZG verpflichtet den Arbeitnehmer, dem Arbeitgeber **un-** 57 **verzüglich** die zur Geltendmachung des Schadensersatzanspruchs **erforderlichen Angaben zu machen.**

Die Mitteilungspflicht ist nicht davon abhängig, dass der Arbeitnehmer 58 tatsächlich einen Schadensersatzanspruch gegen einen Dritten **hat,** sondern sie besteht schon dann, wenn hinsichtlich der die Arbeitsunfähigkeit begründenden Ereignisse die Schadensersatzpflicht eines Dritten **in Betracht kommt,** denn § 6 Abs. 2 EFZG soll es dem Arbeitgeber auch ermöglichen, zu prüfen, **ob** ein Schadensersatzanspruch besteht und dessen Verfolgung sinnvoll ist (HzA/*Vossen* Gruppe 2 Rdn. 634; Kasseler Handbuch/*Vossen* Rdn. 446). Der Arbeitnehmer ist demgemäß auch dann zur Mitteilung an den Arbeitgeber verpflichtet, wenn er der Ansicht ist, der beteiligte Dritte sei nicht schadensersatzpflichtig.

Erforderliche Angaben im Sinne des § 6 Abs. 2 EFZG sind nur solche 59 Angaben, die zur Geltendmachung eines Schadensersatzanspruchs **wegen Verdienstausfalls** benötigt werden. Zu den erforderlichen Angaben gehören insbesondere das Schadensereignis, die Schadensursache, der Name und die Anschrift des Schädigers, die Namen und die Anschriften von Zeugen und etwaige polizeiliche Ermittlungsergebnisse (*Geyer/Knorr/Krasney* § 6 EFZG Rdn. 66; *Worzalla/Süllwald* § 6 EFZG Rdn. 24). Angaben, die nur für die Geltendmachung anderer Ansprüche, wie z. B. Schmerzensgeldansprüche oder Schadensersatzansprüche wegen Sachschäden von Bedeutung

EFZG § 6   Forderungsübergang bei Dritthaftung

sind, muss der Arbeitnehmer nicht machen (ErfK/*Dörner* § 6 EFZG Rdn. 22).

60 Der Arbeitnehmer ist verpflichtet, die Angaben **unverzüglich,** d. h. ohne schuldhaftes Zögern (§ 121 BGB) zu machen. Er ist in der Regel verpflichtet, die Angaben zu machen, sobald er selbst von ihnen Kenntnis hat (*Worzalla/Süllwald* § 6 EFZG Rdn. 25).

61 Erfährt der Arbeitnehmer nach der (ersten) Mitteilung an den Arbeitgeber **weitere Tatsachen,** die für die Geltendmachung des Schadensersatzanspruchs von Bedeutung sind, so hat der Arbeitnehmer auch diese Informationen unverzüglich an den Arbeitgeber weiterzuleiten (ErfK/*Dörner* § 6 EFZG Rdn. 23; *Geyer/Knorr/Krasney* § 6 EFZG Rdn. 70; HzA/*Vossen* Gruppe 2 Rdn. 637; Kasseler Handbuch/*Vossen* Rdn. 448).

62 Kommt der Arbeitnehmer seinen Pflichten aus § 6 Abs. 2 EFZG nicht nach, so steht dem Arbeitgeber gem. **§ 7 Abs. 1 Nr. 1 EFZG** ein **vorläufiges Leistungsverweigerungsrecht** zu; der Arbeitgeber kann die Entgeltfortzahlung verweigern, solange der Arbeitnehmer seine Pflichten nicht erfüllt. Aus dem vorläufigen Leistungsverweigerungsrecht kann unter Umständen ein endgültiges Leistungsverweigerungsrecht werden, wenn die fehlenden oder verspäteten Angaben dazu führen, dass der Arbeitgeber nicht mehr mit Erfolg gegen den Schädiger vorgehen kann (vgl. ausführlich § 7 Rdn. 7 ff.).

IV. „Konkurrenzen" (§ 6 Abs. 3 EFZG; § 116 SGB X; § 115 SGB X)

63 Die Schädigung eines Arbeitnehmers durch einen Dritten führt häufig dazu, dass **mehrere Personen** Ansprüche gegen den schädigenden Dritten geltend machen können. Neben dem Arbeitnehmer selbst kommen insbesondere einerseits der durch die Entgeltfortzahlung „geschädigte" **Arbeitgeber** und andererseits die **Träger der Sozialversicherung,** die Krankenbehandlung, Krankengeld, Renten usw. zu gewähren haben, in Betracht.

64 Probleme können sich hieraus zunächst insofern ergeben, als insbesondere in jenen Fällen, in denen den Arbeitnehmer ein mitwirkendes Verschulden trifft, der Schädiger häufig insgesamt nicht so viel Schadensersatz zu leisten hat, dass alle Geschädigten in vollem Umfang befriedigt werden können; damit stellt sich dann jeweils die Frage, welcher Geschädigte als erster bzw. in welchem Umfang aus eigenem bzw. übergegangenem Recht gegen den Schädiger vorgehen kann. Weitere Probleme ergeben sich, wenn anstelle des eigentlich zur Entgeltfortzahlung verpflichteten Arbeitgebers ein Kranken- oder Unfallversicherungsträger Krankengeld bzw. Verletztengeld gewährt.

65 Ein Teil dieser Fragen beantwortet sich aus **§ 6 Abs. 3 EFZG,** wonach der Forderungsübergang nach § 6 Abs. 1 EFZG nicht zum Nachteil des Arbeitnehmers geltend gemacht werden kann (vgl. dazu Rdn. 66 ff.). Neben dieser primär für das Verhältnis Arbeitnehmer/Arbeitgeber bedeutsamen Regelung ist insbesondere **§ 116 SGB X** zu beachten, der ähnlich dem § 6 EFZG einen gesetzlichen Forderungsübergang auf die Träger der Sozialversicherung vorsieht (vgl. Rdn. 70 ff.). Einen weiteren Forderungsübergang,

IV. „Konkurrenzen" (§ 6 Abs. 3 EFZG; § 116 SGB X; § 115 SGB X) § 6 EFZG
der neben den vorgenannten echten Konkurrenzfragen Beachtung verdient, beinhaltet schließlich für das Verhältnis Arbeitgeber/Sozialversicherungsträger § 115 SGB X (vgl. Rdn. 83 ff.).

1. Verhältnis Arbeitnehmer/Arbeitgeber

Gem. § 6 Abs. 3 EFZG kann der Forderungsübergang nach Absatz 1 **nicht zum Nachteil des Arbeitnehmers** geltend gemacht werden. Bedeutung erlangt diese Regelung dann, wenn der Schädiger nicht verpflichtet oder nicht in der Lage ist, den gesamten Schaden, der entstanden ist, zu ersetzen. 66

Der Fall, dass der Schädiger **nicht verpflichtet** ist, den gesamten Schaden zu ersetzen, tritt zum einen dann auf, wenn der Anspruch auf Ersatz eines Schadens **der Höhe nach begrenzt** ist, wie dies z. B. § 12 StVG vorsieht. Zum anderen kann die Schadensersatzpflicht dadurch begrenzt sein, dass der Arbeitnehmer sich ein **Mitverschulden** an dem schädigenden Ereignis zurechnen lassen muss, wie dies häufig bei Verkehrsunfällen zu beobachten ist. Eine jedenfalls im Hinblick auf ihre praktischen Auswirkungen vergleichbare Lage besteht schließlich dann, wenn der Schädiger zwar eigentlich verpflichtet ist, in vollem Umfang Schadensersatz zu leisten, sein Vermögen aber hierfür nicht ausreicht. 67

Hat der Arbeitgeber in diesen Fällen Entgeltfortzahlung geleistet und sind dem Arbeitnehmer weitere Schäden entstanden – zu denken ist insoweit insbesondere an **immaterielle Schäden,** die Schmerzensgeldansprüche auslösen sowie an **Sachschäden** –, so stellt sich die Frage, wer in welchem Umfang auf den insgesamt nicht ausreichenden Schadensersatzanspruch Zugriff nehmen kann. Ermöglicht man es dem Arbeitnehmer, zunächst wegen seiner immateriellen Schäden und eventueller Sachschäden gegen den Schädiger vorzugehen, so wird der verbleibende Schadensersatzanspruch häufig nicht mehr ausreichen, um – nach dem Übergang auf den Arbeitgeber nach § 6 Abs. 1 EFZG – den Arbeitgeber zu befriedigen; ermöglicht man es dagegen dem Arbeitgeber, zunächst aus übergegangenem Recht wegen der von ihm geleisteten Entgeltfortzahlung gegen den Schädiger vorzugehen, so wird der verbleibende Schadensersatzanspruch regelmäßig nicht mehr ausreichen, um die Ansprüche des Arbeitnehmers auf Ersatz seiner sonstigen Schäden zu befriedigen. 68

§ 6 Abs. 3 EFZG löst diese Konkurrenzproblematik – im Gegensatz zu § 116 SGB X (vgl. Rdn. 70 ff.) – einseitig **zu Lasten des Arbeitgebers.** Wenn der Forderungsübergang nach § 6 Abs. 1 EFZG nicht zum Nachteil des Arbeitnehmers geltend gemacht werden kann, so bedeutet dies, dass zunächst der Arbeitnehmer wegen aller sonstigen Schäden (immaterielle Schäden, Sachschäden) gegen den Schädiger vorgehen kann; nur soweit dann noch ein Anspruch gegen den Schädiger verbleibt, kann er vom Arbeitgeber, der Entgeltfortzahlung geleistet hat, geltend gemacht werden (vgl. u. a. *Kaiser/Dunkl/Hold/Kleinsporn* § 6 EFZG Rdn. 38; *Geyer/Knorr/Krasney* § 6 EFZG Rdn. 65; *Vossen*, Entgeltfortzahlung, Rdn. 670). 69

225

2. Verhältnis Arbeitnehmer/Sozialversicherungsträger

70 Ähnliche Konkurrenzprobleme wie zwischen Arbeitnehmer und Arbeitgeber können sich auch zwischen **Arbeitnehmer** und **Sozialversicherungsträger** ergeben.

71 Wird ein Arbeitnehmer von einem Dritten verletzt, so wird in der Regel zunächst entweder ein Krankenversicherungsträger oder ein Träger der gesetzlichen Unfallversicherung Krankenbehandlung bzw. Heilbehandlung gewähren; führt die Verletzung des Arbeitnehmers zu einer Dauerschädigung, wird häufig ein Unfallversicherungsträger, ein Träger der Pflegeversicherung oder ein Träger der gesetzlichen Rentenversicherung Leistungen zu erbringen haben; führt die Verletzung zum Verlust des Arbeitsplatzes, hat in der Regel die Bundesagentur für Arbeit Leistungen wegen Arbeitslosigkeit zu erbringen; soweit kein Sozialversicherungsträger Leistungen zu erbringen hat oder die Versicherungsleistungen nicht ausreichen, um den Bedarf des Geschädigten zu decken, kommen schließlich Leistungen eines Sozialhilfeträgers in Betracht.

72 In allen diesen Fällen stellt sich zunächst die Frage, ob es zu einem Anspruchsübergang auf den Sozialleistungsträger kommt; soweit nicht alle „Geschädigten" aus den oben genannten Gründen (Haftungsobergrenzen, Mitverschulden, mangelnde Leistungsfähigkeit) mit Erfolg gegen den Schädiger vorgehen können, ergibt sich wie im Verhältnis Arbeitnehmer/Arbeitgeber die weitere Frage, wer sich zunächst wegen seiner Ansprüche befriedigen kann.

73 **§ 116 SGB X**, der für alle Sozialversicherungsträger einschließlich der Bundesagentur für Arbeit (vgl. § 116 Abs. 10 SGB X) sowie für die Sozialhilfeträger gilt, sieht zunächst vor, dass ein auf anderen gesetzlichen Vorschriften beruhender Anspruch auf Ersatz eines Schadens auf die genannten **Sozialleistungsträger übergeht, soweit diese aufgrund des Schadensereignissen Sozialleistungen zu erbringen haben,** die der Behebung eines Schadens derselben Art dienen und die sich auf denselben Zeitraum beziehen wie der vom Schädiger zu leistende Schadensersatz (§ 116 Abs. 1 SGB X).

74 Voraussetzung des Anspruchsübergangs ist also zunächst, dass das schädigende Ereignis zur Entstehung eines **Schadensersatzanspruchs aufgrund anderer gesetzlicher Vorschriften** geführt hat. Als solche kommen – ebenso wie im Rahmen des § 6 Abs. 1 EFZG – Ansprüche aus unerlaubter Handlung, aus Gefährdungshaftung und wegen Vertragsverletzungen in Betracht (ausführlicher Rdn. 13 ff.).

75 Dieser Schadensersatzanspruch geht über, soweit der Sozialleistungsträger Leistungen zu erbringen hat, die der Behebung eines Schadens der gleichen Art dienen und die sich auf denselben Zeitraum beziehen. Diese Voraussetzung wird auch als **sachliche** und **zeitliche Kongruenz** bezeichnet.

76 **Sachliche Kongruenz** bedeutet dabei, dass die Sozialleistung denselben Zwecken dienen muss, wie der vom Schädiger zu leistende Schadensersatz. So sind z. B. die Kosten einer Kranken- bzw. Heilbehandlung sowie Pflegekosten der Schadensersatzforderung kongruent, da der Schädiger ebenfalls zur Wiederherstellung der Gesundheit verpflichtet ist; kein Anspruchsübergang findet dagegen hinsichtlich eines eventuellen Schmerzensgeldanspruchs

IV. „Konkurrenzen" (§ 6 Abs. 3 EFZG; § 116 SGB X; § 115 SGB X) **§ 6 EFZG**

statt, da die Sozialleistungsträger für immaterielle Schäden keinen Ersatz leisten.

Zeitliche Kongruenz bedeutet, dass die Sozialleistungen sich auf denselben Zeitraum beziehen müssen wie der vom Schädiger zu leistende Schadensersatz. Die Forderungen des Arbeitnehmers gehen nur insoweit auf den Sozialleistungsträger über, als dieser für denselben Zeitraum, für den Schadensersatz zu leisten ist, Sozialleistungen gewährt hat; reichen in einem Zeitabschnitt die Ansprüche des Verletzten gegen den Schädiger nicht aus um den Sozialleistungsträger voll zu befriedigen, so kann dieser nicht auf andere Zeitabschnitte zurückgreifen. 77

Soweit es gem. § 116 SGB X zu einem Anspruchsübergang kommt, kann sich die weitere Frage stellen, wem bei Haftungsobergrenzen, Mitverschulden oder mangelnder Leistungsfähigkeit der **Vorrang hinsichtlich der Befriedigung seiner Ansprüche** gebührt. Während § 6 Abs. 3 EFZG diese Frage im Verhältnis Arbeitnehmer/Arbeitgeber einseitig zu Gunsten des Arbeitnehmers löst, enthält § 116 SGB X eine in mehrfacher Weise **differenzierende Regelung.** 78

Ist der Schadensersatzanspruch **durch Gesetz der Höhe nach begrenzt,** so geht er nur insoweit auf den Sozialleistungsträger über als er nicht zum Ausgleich des Schadens des Geschädigten (oder seiner Hinterbliebenen) benötigt wird. 79

Beispiel: Ein versicherter Arbeitnehmer wird infolge der Schädigung erwerbsunfähig und erleidet dadurch einen monatlichen Verdienstausfall von 1750,- €.

Wenn sein Schadensersatzanspruch gem. § 12 StVG auf 1250,- €, pro Monat begrenzt ist und er eine Erwerbsunfähigkeitsrente von 800,- € erhält, so bekommt gem. § 116 Abs. 2 SGB X zunächst der Geschädigte die Differenz zwischen dem Gesamtschaden und der Sozialleistung, also 950,- €. Auf den Sozialleistungsträger geht nur der verbleibende Schadensersatzanspruch in Höhe von 300,- € über. Dem geschädigten Arbeitnehmer wird damit – wie durch § 6 Abs. 3 EFZG – ein sog. Quotenvorrecht eingeräumt (ähnlich *Vossen,* Entgeltfortzahlung, Rdn. 678). 80

Eine abweichende Regelung beinhaltet **§ 116 Abs. 3 SGB X** für die Fälle, in denen der Anspruch des Geschädigten durch ein **Mitverschulden** begrenzt ist (vgl. § 254 BGB; § 9 StVG). Ist der eingetretene Schaden höher als die erbrachte Sozialleistung, so erhält der Geschädigte von dem nach Abzug der Sozialleistung verbleibenden Schaden jene Quote, die seinem Mitverschulden entspricht, während der Sozialleistungsträger auf den verbleibenden Rest des durch das Mitverschulden reduzierten Schadensersatzanspruch Zugriff nehmen kann. 81

Beispiel: Ein versicherter Arbeitnehmer wird infolge der Schädigung erwerbsunfähig und erleidet dadurch einen monatlichen Verdienstausfall von 1000,- €; sein Mitverschulden beträgt 20%; er erhält eine Erwerbsunfähigkeitsrente von 750,- €.

Die Sozialleistung deckt in diesem Fall den entstandenen Schaden nicht ab, es verbleibt ein Schaden von 250,- €. Entsprechend seinem Mitverschulden erhält der Geschädigte 80% dieses Betrages, also 200,- €, so dass er insgesamt 950,- € bekommt. Der Sozialleistungsträger kann auf den verbleibenden Rest des durch das Mitverschulden auf 800,- € reduzierten Scha- 82 densersatzanspruchs Zugriff nehmen, d.h. er erhält 600,– €. Dem geschädigten Arbeitnehmer wird damit kein Quotenvorrecht eingeräumt, sondern es kommt zu einer **Verteilung des Schadensersatzanspruchs.**

83 Ein **Befriedigungsvorrecht** des Geschädigten (oder seiner Hinterbliebenen) für jene Fälle, in denen der Durchsetzung des Schadensersatzanspruchs zwar keine rechtlichen, wohl aber **tatsächliche Hindernisse** wie etwa die **mangelnde Leistungsfähigkeit** des Schädigers entgegenstehen, enthält schließlich § **116 Abs. 4 SGB X** (zu § 116 SGB X ausführlich *Gitter/Schmitt,* Sozialrecht, S. 336ff.).

3. Verhältnis Arbeitgeber/Sozialversicherungsträger

84 Konkurrenzprobleme zwischen Arbeitgeber und Sozialversicherungsträger im Sinne der vorstehenden Ausführungen ergeben sich dann, wenn der **Anspruch gegen den Schädiger,** nachdem der Arbeitnehmer seinen Schaden in dem ihm zustehenden Umfang ersetzt erhalten hat, **nicht ausreicht, um die Schäden des Arbeitgebers** (auf den ein Anspruchsübergang gem. § 6 Abs. 1 EFZG erfolgen kann) **und des Sozialversicherungsträger** (zu dessen Gunsten § 116 SGB X eingreift) in vollem Umfang **zu ersetzen.** Eine ausdrückliche gesetzliche Regelung, die mit § 6 Abs. 3 EFZG bzw. § 116 Abs. 2 bis 4 SGB X vergleichbar wäre, findet sich hinsichtlich dieser Konkurrenzproblematik nicht; dies ist jedoch nur konsequent, da sich die Lösung aus allgemeinen Regeln ergibt.

85 Wie ausgeführt, erfolgt der Anspruchsübergang gem. § 6 Abs. 1 EFZG nicht schon im Zeitpunkt des schädigenden Ereignisses, sondern erst dann, wenn der Arbeitgeber tatsächlich Entgeltfortzahlung leistet (vgl. Rdn. 53ff.); der Anspruchsübergang gem. § 116 Abs. 1 SGB X findet dagegen bereits im Zeitpunkt der Schädigung statt. Daraus ergibt sich zwangsläufig ein „**Vorrang" des Sozialversicherungsträgers,** da in dem Augenblick, in dem der Arbeitgeber Entgeltfortzahlung leistet, bereits kein Anspruch mehr vorhanden ist, der gem. § 6 Abs. 1 EFZG auf ihn übergehen könnte (ebenso MüKo/ *Schaub* § 616 Rdn. 183ff.; MünchArbR/*Boecken* § 87 Rdn. 29; *Staudinger/ Oetker* § 616 Rdn. 483).

86 Keine echte Konkurrenzsituation, wohl aber „Berührungspunkte" zwischen Arbeitgeber und Sozialversicherungsträger entstehen schließlich, wenn der **Arbeitgeber sich weigert, Entgeltfortzahlung zu leisten,** obwohl er eigentlich hierzu verpflichtet wäre.

87 Wird ein versicherter Arbeitnehmer arbeitsunfähig, so hat er grundsätzlich von Anfang an (genauer: § 46 Abs. 1 SGB V, § 46 SGB VII) einen Anspruch auf Krankengeld bzw. Verletztengeld gegen den zuständigen Kranken- oder Unfallversicherungsträger. Um Doppelleistungen zu vermeiden, **ruhen** diese Ansprüche jedoch, soweit und **solange der Betroffene Arbeitsentgelt oder Arbeitseinkommen erhält** (vgl. § 49 Nr. 1 SGB V, § 52 SGB VII; zur Frage, ob das Krankengeld in entsprechender Anwendung des § 49 SGB V ruht, wenn der Arbeitgeber die Entgeltfortzahlung mit der Begründung verweigert, ihm stehe wegen eines Abfindungsvergleichs zwischen dem Arbeitnehmer und dem Schädiger ein Leistungsverweigerungsrecht nach § 7 Abs. 1 Nr. 2 EFZG zu, vgl. BSG NZA 1993, 142). Weigert sich der Arbeit-

geber nun, Entgeltfortzahlung im Krankheitsfall zu leisten, liegen die Voraussetzungen für das Ruhen der Kranken- oder Verletztengeldansprüche nicht (mehr) vor, mit der Folge, dass die Kranken- bzw. Unfallversicherungsträger Leistungen zu erbringen haben.

§ 115 SGB X sieht auch für diesen Fall einen gesetzlichen Forderungsübergang vor; soweit der Arbeitgeber den Anspruch des Arbeitnehmers auf Arbeitsentgelt nicht erfüllt und deshalb ein Sozialleistungsträger Leistungen erbracht hat, geht der Anspruch des Arbeitnehmers gegen den Arbeitgeber bis zur Höhe der erbrachten Sozialleistungen auf den Leistungsträger über. 88

Anders als § 6 Abs. 1 EFZG setzt § 115 SGB X dabei nicht voraus, dass der Arbeitgeber Ansprüche auf Arbeitsentgelt „nach diesem Gesetz" nicht erfüllt hat (vgl. dazu oben Rdn. 38 ff.), sondern § 115 SGB X verlangt lediglich, dass der Arbeitgeber einen **Anspruch „auf Arbeitsentgelt"** nicht erfüllt. Die Regelung greift daher auch dann ein, wenn der Arbeitgeber nicht auf das EFZG gestützte, sondern darüber hinausgehende vertraglich begründete Entgeltfortzahlungsansprüche nicht erfüllt (HzA/*Vossen* Gruppe 2 Rdn. 573; MünchArbR/*Boecken* § 87 Rdn. 50). 89

Erforderlich ist weiterhin, dass der Arbeitgeber den Anspruch des Arbeitnehmers **nicht erfüllt hat.** Aus welchem Grund der Arbeitgeber den Anspruch nicht erfüllt hat, ist dabei ohne Bedeutung. Voraussetzung ist allerdings, dass der Anspruch bereits **fällig** war. War der Anspruch noch nicht fällig und die Krankenkasse aus diesem Grund noch nicht zur Leistung verpflichtet, kommt es auch nicht zu einem Anspruchsübergang (vgl: BAG AP Nr. 3 zu § 115 SGB X; HzA/*Vossen* Gruppe 2 Rdn. 575). Von Bedeutung ist dies insbesondere für den Fall, dass zunächst die Krankenkasse Leistungen erbringt und sodann der Arbeitgeber – noch vor Eintritt der Fälligkeit – den Entgeltfortzahlungsanspruch des Arbeitnehmers erfüllt (vgl. MünchArbR/ *Boecken* § 87 Rdn. 48). 90

Der Anspruchsübergang erfolgt, wie sich aus der Formulierung **„erbracht hat"** ergibt, ähnlich wie im Rahmen des § 6 Abs. 1 EFZG erst zu dem Zeitpunkt, zu dem der **Sozialleistungsträger tatsächlich Leistungen erbringt** (ausführlich MünchArbR/*Boecken* § 87 Rdn. 52; zu § 115 SGB X insges. ausführlich HzA/*Vossen* Gruppe 2 Rdn. 572 ff.). 91

§ 7 Leistungsverweigerungsrecht des Arbeitgebers

(1) **Der Arbeitgeber ist berechtigt, die Fortzahlung des Arbeitsentgelts zu verweigern,**
1. **solange der Arbeitnehmer die von ihm nach § 5 Abs. 1 vorzulegende ärztliche Bescheinigung nicht vorlegt oder den ihm nach § 5 Abs. 2 obliegenden Verpflichtungen nicht nachkommt;**
2. **wenn der Arbeitnehmer den Übergang eines Schadensersatzanspruchs gegen einen Dritten auf den Arbeitgeber (§ 6) verhindert.**

(2) **Absatz 1 gilt nicht, wenn der Arbeitnehmer die Verletzung dieser ihm obliegenden Verpflichtungen nicht zu vertreten hat.**

Übersicht

	Rdn.
I. Allgemeines	1
II. Leistungsverweigerungsrecht des Arbeitgebers	7
1. Vorläufiges Leistungsverweigerungsrecht gem. § 7 Abs. 1 Nr. 1 EFZG	9
a) Verletzung der Nachweispflichten aus § 5 Abs. 1 EFZG	10
b) Verletzung der Pflichten aus § 5 Abs. 2 EFZG	21
c) Umfang des Leistungsverweigerungsrechts	28
2. Endgültiges Leistungsverweigerungsrecht gem. § 7 Abs. 1 Nr. 2 EFZG	39
a) Voraussetzungen des Leistungsverweigerungsrechts	41
b) Umfang des Leistungsverweigerungsrechts	48
III. Verschulden (§ 7 Abs. 2 EFZG)	51
IV. Beweislast	58

I. Allgemeines

1 § 7 EFZG begründet ein **Leistungsverweigerungsrecht des Arbeitgebers** für den Fall, dass der Arbeitnehmer bestimmte Nebenpflichten im Zusammenhang mit der Entgeltfortzahlung im Krankheitsfall verletzt (Verletzung der Nachweispflichten bei Erkrankungen im Inland, Verletzung der Mitteilungs- und/oder Nachweispflichten bei Erkrankungen im Ausland, Vereitelung des Übergangs eines Schadensersatzanspruchs gegen einen Dritten auf den Arbeitgeber). Bei diesen Pflichten handelt es sich um sog. **unselbständige Nebenpflichten,** deren Nichterfüllung den Arbeitgeber nicht berechtigt, seine Leistungen unter Hinweis auf § 273 BGB zu verweigern; die damit entstehende „Regelungslücken" schließt § 7 EFZG.

2 § 273 BGB hat daneben u. a. dann Bedeutung, wenn der Arbeitgeber einen Schadensersatzanspruch gegen den Arbeitnehmer geltend machen kann. Verletzt der Arbeitnehmer z. B. sowohl seine Mitteilungs- als auch seine Nachweispflicht aus § 5 Abs. 1 EFZG und entsteht dem Arbeitgeber durch die Verletzung der Mitteilungspflicht ein Schaden, für den der Arbeitnehmer einzustehen hat (vgl. § 5 EFZG Rdn. 167 ff.), so kann der Arbeitgeber wegen der Verletzung der Mitteilungspflicht bzw. des daraus resultierenden Schadensersatzanspruchs ein Zurückbehaltungsrecht nach § 273 BGB und wegen der Verletzung der Nachweispflicht ein Leistungsverweigerungsrecht aus § 7 EFZG ausüben.

3 **Vorläufer** des § 7 EFZG waren § 5 des Lohnfortzahlungsgesetzes (zur geschichtlichen Entwicklung dieser Regelung vgl. *Schmitt,* LFZG, § 5 Rdn. 3 f.) vom 22. Juli 1969 (BGBl. I S. 946) und § 115 d des Arbeitsgesetzbuches der DDR vom 16. Juni 1977 i. d. F. vom 22. Juni 1990 (GBl. I S. 371) und des Einigungsvertrages vom 31. August 1990 (BGBl. II S. 889), die die Leistungsverweigerungsrechte der Arbeitgeber bei Pflichtverletzungen von Arbeitern in den alten Bundesländern bzw. von Arbeitnehmern in den neuen Bundesländern regelten.

4 Bezogen auf Angestellte in den alten Bundesländern existierte dagegen keine vergleichbare Regelung, da auch eine dem früheren § 3 LFZG bzw.

II. Leistungsverweigerungsrecht des Arbeitgebers   § 7 EFZG

dem heutigen § 5 EFZG entsprechende Vorschrift über Mitteilungs- und Nachweispflichten und eine dem § 4 LFZG bzw. dem § 6 EFZG vergleichbare Bestimmung über den Forderungsübergang auf den Arbeitgeber fehlten (vgl. ausführlich § 5 EFZG Rdn. 3; § 6 EFZG Rdn. 8 f.). Soweit im Einzelfall dennoch Mitteilungs- oder Nachweispflichten aufgrund von Arbeitsverträgen, Betriebsvereinbarungen oder Tarifverträgen bestanden und diese verletzt wurden, hatte der Arbeitgeber nach herrschender Meinung nur die Möglichkeit, Schadensersatzansprüche geltend zu machen und zu Unrecht erbrachte Leistungen nach den §§ 812 ff. BGB zurückzuverlangen (vgl. *Göge,* BB 1986, 1772, 1773; MüKo/*Schaub,* 2. Aufl., § 616 Rdn. 129 m.w.N.; a.A. *Erman/Hanau,* 9. Aufl., § 616 Rdn. 92 ff.; *Schmitt,* ZTR 1991, 3, 6). Die damit bestehenden Ungleichbehandlungen waren einer der Gründe dafür, dass eine gesetzliche Neuregelung notwendig wurde.

Der im Jahre 1993 von den Fraktionen der CDU/CSU und der FDP vorgelegte Entwurf eines Entgeltfortzahlungsgesetzes sah in seinem § 7 bereits jene Regelung vor, die später Gesetz geworden ist und durch die der frühere § 5 LFZG auf alle Arbeitnehmer bzw. ihre Arbeitgeber erstreckt werden sollte (vgl. BT-Drucks. 12/5263). Im Laufe des Gesetzgebungsverfahrens haben sich keine Änderungen mehr ergeben. 5

Das Arbeitsrechtliche Beschäftigungsförderungsgesetz vom 25. September 1996 und das „Korrekturgesetz" vom 19. Dezember 1998 haben § 7 EFZG ebenfalls unverändert gelassen. 6

II. Leistungsverweigerungsrecht des Arbeitgebers

§ 7 EFZG begründet ein **Leistungsverweigerungsrecht** des Arbeitgebers **bei Verletzung bestimmter Nebenpflichten** im Zusammenhang mit der Entgeltfortzahlung im Krankheitsfall. Die Aufzählung der relevanten Pflichtverletzungen ist abschließend (ErfK/*Dörner* § 7 EFZG Rdn. 4; Kasseler Handbuch/*Vossen* Rdn. 259). 7

Zwischen den beiden Tatbeständen des § 7 Abs. 1 Nr. 1 EFZG und dem Leistungsverweigerungsrecht nach § 7 Abs. 1 Nr. 2 EFZG besteht insofern ein grundsätzlicher Unterschied, als die in § 7 Abs. 1 **Nr. 1** EFZG angesprochenen Sachverhalte im allgemeinen nur ein **vorläufiges** Leistungsverweigerungsrecht auslösen (ausführlich Rdn. 9 ff.), während die Verhinderung des Anspruchsübergangs auf den Arbeitgeber im Sinne des § 7 Abs. 1 **Nr. 2** EFZG ein **endgültiges** Leistungsverweigerungsrecht begründet (vgl. Rdn. 39 ff.). Sowohl das vorläufige Leistungsverweigerungsrecht nach § 7 Abs. 1 Nr. 1 EFZG als auch das endgültige Leistungsverweigerungsrecht nach § 7 Abs. 1 Nr. 2 EFZG setzen allerdings voraus, dass der Arbeitnehmer die Verletzung der ihm obliegenden Verpflichtungen **zu vertreten hat** (§ 7 Abs. 2 EFZG; vgl. Rdn. 51 ff.). 8

1. Vorläufiges Leistungsverweigerungsrecht gem. § 7 Abs. 1 Nr. 1 EFZG

Ein **vorläufiges** (vgl. Rdn. 28 ff.) Leistungsverweigerungsrecht des Arbeitgebers besteht – vorbehaltlich eines Verschuldens des Arbeitnehmers – in 9 zwei Fällen: bei Verletzung der **Nachweispflichten bei Erkrankungen im Inland** (vgl. 9 ff.) sowie bei Verletzung der **Mitteilungs- und/oder Nachweispflichten bei Erkrankungen im Ausland** (vgl. Rdn. 21 ff.).

a) Verletzung der Nachweispflichten aus § 5 Abs. 1 EFZG

10   Ein vorläufiges Leistungsverweigerungsrecht des Arbeitgebers besteht dann, wenn der Arbeitnehmer seiner **Nachweispflicht aus § 5 Abs. 1 EFZG nicht nachkommt.**

11   Der Arbeitnehmer ist nach § 5 Abs. 1 S. 1 und 2 EFZG grundsätzlich verpflichtet, dem Arbeitgeber die Arbeitsunfähigkeit und deren voraussichtliche Dauer unverzüglich mitzuteilen und – sofern die Arbeitsunfähigkeit länger als drei Tage dauert – am darauf folgenden Arbeitstag eine **ärztliche Bescheinigung** über die Arbeitsunfähigkeit sowie über ihre voraussichtliche Dauer vorzulegen (§ 5 Abs. 1 S. 1 und 2 EFZG; zur Berechnung des Zeitpunkts der Vorlagepflicht ausführlich § 5 EFZG Rdn. 42 ff.). Geschieht dies nicht oder nicht rechtzeitig – der Arbeitnehmer teilt zwar seine Arbeitsunfähigkeit unverzüglich mit, er versäumt es jedoch, rechtzeitig eine ärztliche Arbeitsunfähigkeitsbescheinigung vorzulegen – so kann der Arbeitgeber die Entgeltfortzahlung vom fünften Tage der Erkrankung an verweigern (vgl. u. a. BAG AP Nr. 63 zu § 1 LFZG; AP Nr. 1 zu § 3 LFZG). Hat der Arbeitgeber gem. § 5 Abs. 1 S. 3 EFZG eine frühere Vorlage einer ärztlichen Arbeitsunfähigkeitsbescheinigung verlangt (zu dieser Möglichkeit ausführlich § 5 EFZG Rdn. 68 ff.), kann der Arbeitgeber die Entgeltfortzahlung im Krankheitsfall entsprechend früher verweigern, sofern der Arbeitnehmer das Nicht-Vorliegen der Arbeitsunfähigkeitsbescheinigung zu vertreten hat.

12   Etwas anderes gilt nur dann, wenn die Vorlage einer ärztlichen Arbeitsunfähigkeitsbescheinigung ausnahmsweise **entbehrlich** ist, weil der Arbeitgeber darauf **verzichtet** (hat). Ein derartiger Verzicht kann in einem Tarifvertrag oder im Einzelarbeitsvertrag enthalten sein oder er kann im Einzelfall erklärt werden (vgl. § 5 EFZG Rdn. 39). Hat der Arbeitgeber auf die Vorlage einer Arbeitsunfähigkeitsbescheinigung verzichtet, so fehlt es bereits an einer Verletzung der Pflichten aus § 5 Abs. 1 S. 1 EFZG, so dass der Arbeitgeber nicht nach § 7 Abs. 1 Nr. 1 EFZG vorgehen kann.

13   Das Leistungsverweigerungsrecht entfällt dagegen nicht schon deshalb, weil der Arbeitgeber auf andere Weise von der Arbeitsunfähigkeit **Kenntnis** hat (*Helml* § 7 EFZG Rdn. 6; *Worzalla/Süllwald* § 7 EFZG Rdn. 6; wohl auch *Gola* § 7 EFZG Anm. 10; a. A. LAG Frankfurt EEK I/251; EEK I/431). Die Kenntnis der Arbeitsunfähigkeit, z. B. nach einem Arbeitsunfall, kann zwar eine Mitteilung der Arbeitsunfähigkeit überflüssig machen (vgl. § 5 EFZG Rdn. 16), die Kenntnis des Arbeitgebers vom Eintritt der Arbeitsunfähigkeit ändert jedoch nichts daran, dass der Arbeitgeber ein berechtigtes Interesse daran hat, möglichst frühzeitig durch einen Arzt zu erfahren, wie lange die Arbeitsunfähigkeit voraussichtlich dauern wird (teilweise a. A. *Gola* § 7 EFZG Anm. 2.2).

14   Ein Leistungsverweigerungsrecht besteht auch dann, wenn der Arbeitnehmer zwar rechtzeitig eine Arbeitsunfähigkeitsbescheinigung vorlegt, diese jedoch **nicht den Anforderungen des § 5 Abs. 1 EFZG** entspricht

II. Leistungsverweigerungsrecht des Arbeitgebers § 7 EFZG

(ebenso *Geyer/Knorr/Krasney* § 7 EFZG Rdn. 13; *Gola* § 7 EFZG Anm. 2.2; vgl. auch MüKo/*Schaub* § 616 Rdn. 191; *Staudinger/Oetker* § 616 BGB Rdn. 520; *Worzalla/Süllwald* § 7 EFZG Rdn. 6; a. A. ErfK/*Dörner* § 7 EFZG Rdn. 9; *Marienhagen/Künzl* § 7 EFZG Rdn. 5). Erforderlich ist, dass die Bescheinigung den Namen des erkrankten Arbeitnehmers enthält, dass die Tatsache der Arbeitsunfähigkeit bescheinigt wird, dass sich Feststellungen zur voraussichtlichen Dauer der Arbeitsunfähigkeit finden und dass die Bescheinigung den Vermerk enthält, der Krankenkasse werde unverzüglich eine Bescheinigung über die Arbeitsunfähigkeit mit Angaben über den Befund und die Dauer der Arbeitsunfähigkeit übersandt (vgl. ausführlicher § 5 EFZG Rdn. 84 ff.). Der letztgenannte Vermerk kann naturgemäß entfallen, wenn der Arbeitnehmer – z. B. im Hinblick auf den geringen Umfang seiner Tätigkeit (vgl. § 7 SGB V) – nicht Mitglied der gesetzlichen Krankenversicherung ist, die übrigen Anforderungen müssen jedoch erfüllt sein; anderenfalls hat der Arbeitgeber das Recht, nach § 7 EFZG vorzugehen (zum Verschulden des Arbeitnehmers vgl. Rdn. 51 ff.).

§ 7 Abs. 1 Nr. 1 EFZG greift auch dann ein, wenn der Arbeitnehmer **15** zwar zunächst eine Arbeitsunfähigkeitsbescheinigung vorlegt, er es jedoch versäumt, die **Fortdauer der Arbeitsunfähigkeit** rechtzeitig durch eine neue ärztliche Bescheinigung nachzuweisen (vgl. LAG Saarbrücken EEK I/ 152; *Geyer/Knorr/Krasney* § 7 EFZG Rdn. 6; *Kaiser/Dunkl/Hold/Kleinsorge* § 7 EFZG Rdn. 5; vgl. auch MüKo/*Schaub* § 616 Rdn. 191; *Staudinger/Oetker* § 616 BGB Rdn. 521; *Worzalla/Süllwald* § 7 EFZG Rdn. 8).

Beispiel: Der Arbeitnehmer legt zunächst ordnungsgemäß eine ärztliche Arbeitsunfähigkeitsbescheinigung vor, wonach er bis einschließlich Montag, dem 11. September, arbeitsunfähig ist.

Dauert die Arbeitsunfähigkeit fort, so muss der Arbeitnehmer spätestens **16** bis zum Freitag, dem 15. September, eine neue Arbeitsunfähigkeitsbescheinigung vorlegen. Geschieht dies nicht, so kann der Arbeitgeber nach § 7 Abs. 1 Nr. 1 EFZG ab dem 16. September die Entgeltfortzahlung verweigern (vgl. ErfK/*Dörner* § 7 EFZG Rdn. 8).

Für die in der ursprünglichen Arbeitsunfähigkeitsbescheinigung angegebe- **17** ne Zeit besteht bei Nichtvorlage der Folgebescheinigung dagegen kein Leistungsverweigerungsrecht.

§ 7 Abs. 1 Nr. 1 EFZG berechtigt den Arbeitgeber schließlich auch dann, **18** die Entgeltfortzahlung zu verweigern, wenn der Arbeitnehmer es versäumt, eine **„Kurbescheinigung"** nach § 9 Abs. 2 EFZG vorzulegen (vgl. BAG AP Nr. 1 zu § 7 LFZG; ErfK/*Dörner* § 7 EFZG Rdn. 10; *Geyer/Knorr/ Krasney* § 7 EFZG Rdn. 17; vgl. auch MüKo/*Schaub* § 616 Rdn. 191; *Staudinger/Oetker* § 616 BGB Rdn. 522; vgl. auch *Kaiser/Dunkl/Hold/Kleinsorge* § 7 EFZG Rdn. 13).

Nicht zu einem Leistungsverweigerungsrecht führt dagegen die Verlet- **19** zung der **Mitteilungspflicht** aus § 5 Abs. 1 S. 1 EFZG (vgl. ErfK/*Dörner* § 7 EFZG Rdn. 6; *Geyer/Knorr/Krasney* § 7 EFZG Rdn. 15; vgl. auch MüKo/*Schaub* § 616 Rdn. 191; MünchArbR/*Boecken* § 85 Rdn. 58; *Wedde/ Kunz* § 7 EFZG Rdn. 7; *Gola* § 7 EFZG Anm. 2.2; *Worzalla/Süllwald* § 7 EFZG Rdn. 13; a. A. *Müller/Berenz* § 7 EFZG Rdn. 3). Abgesehen davon, dass der Wortlaut des § 7 Abs. 1 Nr. 1 EFZG kaum eine andere Interpretation zulassen dürfte, erscheint es auch entbehrlich, dem Arbeitgeber insoweit ein Leistungsverweigerungsrecht zuzuerkennen, denn der Arbeitgeber erlangt unter Umständen einen Schadensersatzanspruch (vgl. § 5 EFZG Rdn. 168) gegen den Arbeitnehmer, womit bereits ein erheblicher Druck auf den Arbeitnehmer ausgeübt wird, der ihn dazu veranlassen sollte, die Mitteilungspflicht aus § 5 Abs. 1 S. 1 EFZG korrekt zu erfüllen.

20 Wegen **sonstiger Sanktionen** bei Verletzung der Mitteilungspflicht aus § 5 Abs. 1 EFZG vgl. § 5 EFZG Rdn. 167 ff.

b) Verletzung der Pflichten aus § 5 Abs. 2 EFZG

21 Ein **vorläufiges Leistungsverweigerungsrecht** des Arbeitgebers besteht weiterhin dann, wenn der Arbeitnehmer bei einer Erkrankung außerhalb des Geltungsbereichs des Gesetzes seine **Pflichten aus § 5 Abs. 2 EFZG verletzt.** Um welche Pflichten es sich dabei handelt, ist davon abhängig, ob das „normale", in § 5 Abs. 2 S. 1–4 EFZG vorgesehene Verfahren durchzuführen ist oder ob an seine Stelle ein „vereinfachtes Verfahren" nach § 5 Abs. 2 S. 5 und 6 EFZG auf der Basis der EWG-Verordnungen Nr. 1408/71 und 574/72 bzw. zwischenstaatlicher Sozialversicherungsabkommen tritt.

22 Soweit das **„normale"** Verfahren nach § 5 Abs. 2 EFZG durchzuführen ist, ist der Arbeitnehmer verpflichtet, dem Arbeitgeber seine Erkrankung, deren voraussichtliche Dauer und seine Adresse am Aufenthaltsort (zur Frage, ob der Arbeitgeber bei einem Telefonat mit dem im Ausland erkrankten Arbeitnehmer von sich aus nach der Adresse am Aufenthaltsort fragen muss, vgl. BAG AP Nr. 4 zu § 3 EFZG mit Anm. *Schmitt;* ausführlich § 5 EFZG Rdn. 136 f.) schnellstmöglich mitzuteilen und ihm am vierten Tag der Erkrankung eine Arbeitsunfähigkeitsbescheinigung vorzulegen, die Angaben über den Namen des erkrankten Arbeitnehmers, die Tatsache der Arbeitsunfähigkeit und über die voraussichtliche Dauer der Arbeitsunfähigkeit enthält.

23 Außerdem muss der Arbeitnehmer der Krankenkasse unverzüglich anzeigen, dass er arbeitsunfähig ist und wie lange seine Arbeitsunfähigkeit voraussichtlich dauern wird. Anders als bei Inlandserkrankungen begründet also auch die Verletzung der Mitteilungspflicht ein Leistungsverweigerungsrecht des Arbeitgebers (vgl. auch MüKo/*Schaub* § 616 Rdn. 172; zu den einzelnen Pflichten aus § 5 Abs. 2 EFZG vgl. § 5 EFZG Rdn. 128 ff.).

24 Dauert die **Arbeitsunfähigkeit länger als angezeigt,** so ist der Arbeitnehmer gem. § 5 Abs. 2 S. 4 EFZG verpflichtet, dies sowohl dem Arbeitgeber als auch der Krankenkasse mitzuteilen und dem Arbeitgeber eine neue ärztliche Arbeitsunfähigkeitsbescheinigung vorzulegen (vgl. auch *Kaiser/Dunkl/Hold/Kleinsorge* § 5 EFZG Rdn. 10 f.).

25 Wird eine dieser Pflichten verletzt, so ist der Arbeitgeber – vorausgesetzt, den Arbeitnehmer trifft ein Verschulden – gem. § 7 Abs. 1 Nr. 1 EFZG berechtigt, die Fortzahlung des Arbeitsentgelts zu verweigern.

26 Soweit anstelle des „normalen" Verfahrens nach § 5 Abs. 2 EFZG **vereinfachte Verfahren** auf der Basis des **§ 5 Abs. 2 S. 5 und 6 EFZG,** der einschlägigen EWG-Verordnungen oder zwischenstaatlicher Sozialversicherungsabkommen zur Anwendung kommen (vgl. dazu ausführlicher § 5

II. Leistungsverweigerungsrecht des Arbeitgebers **§ 7 EFZG**

EFZG Rdn. 163 ff.) sind diese (vereinfachten) Verfahren auch bei der Prüfung eines eventuellen Leistungsverweigerungsrechts aus § 7 Abs. 1 Nr. 1 EFZG zu berücksichtigen: Soweit der Arbeitnehmer die auf den Merkblättern der Krankenkassen angegebenen Formalien beachtet, erfüllt er seine Verpflichtungen aus § 5 Abs. 2 EFZG bzw. eine Pflichtverletzung kann zumindest nicht als schuldhaft angesehen werden, so dass ein Leistungsverweigerungsrecht des Arbeitgebers unter diesem Gesichtspunkt nicht in Betracht kommt (HzA/*Vossen* Gruppe 2 Rdn. 369).

Unabhängig davon, ob im Hinblick auf die Erkrankung außerhalb des 27 Geltungsbereichs des Gesetzes das normale oder das vereinfachte Verfahren zur Anwendung kommt, ist der Arbeitnehmer allerdings verpflichtet, der Krankenkasse **nach seiner Rückkehr** die Rückkehr in den Geltungsbereich des Gesetzes unverzüglich anzuzeigen (§ 5 Abs. 5 S. 7 EFZG). Wird diese Pflicht verletzt, so kann der Arbeitgeber ebenfalls ein Leistungsverweigerungsrecht geltend machen (vgl. *Vossen*, Entgeltfortzahlung, Rdn. 371).

c) Umfang des Leistungsverweigerungsrechts

Gemäß § 7 Abs. 1 Nr. 1 EFZG kann der Arbeitgeber die Entgeltfortzah- 28 lung verweigern, **solange** der Arbeitnehmer seinen Pflichten aus § 5 Abs. 1 oder § 5 Abs. 2 EFZG nicht nachkommt, d. h. der Arbeitgeber hat grundsätzlich nur ein **vorläufiges** Leistungsverweigerungsrecht. Sobald der Arbeitnehmer seinen Pflichten nachkommt, ist der Arbeitgeber zur Entgeltfortzahlung verpflichtet, und zwar nicht nur vom Zeitpunkt der verspäteten Pflichterfüllung an, sondern auch **rückwirkend.**

Gleiches gilt im Übrigen, wenn der Arbeitnehmer entgegen einem ent- 29 sprechenden Verlangen seinen **Sozialversicherungsausweis** während der Arbeitsunfähigkeit nicht hinterlegt (vgl. BAG AP Nr. 1 zu § 100 SGB IV = SAE 1996, 62 mit Anm. *Misera;* ausführlich Kasseler Handbuch/*Vossen* Rdn. 263 f.; *Vossen*, Entgeltfortzahlung, Rdn. 371; kritisch *Böhm*, NZA 1995, 1092; wohl a. A. *Müller/Berenz* § 7 EFZG Rdn. 29; vgl. auch *Gola*, BB 1994, 1391; ders., BB 1995, 2318, 2322; *Marburger*, BB 1994, 421; zur Beweislast bezüglich der Hinterlegungsaufforderung LAG Rheinland-Pfalz DB 1996, 990).

Verletzt der Arbeitnehmer z. B. seine Pflichten aus § 5 Abs. 1 EFZG, in- 30 dem er eine ärztliche Arbeitsunfähigkeitsbescheinigung erst nach fünf Tagen vorlegt, so ist der Arbeitgeber nicht erst vom fünften Tage an, sondern **auch für die vorausgegangene Zeit** verpflichtet, den Entgeltfortzahlungsanspruch des Arbeitnehmers zu erfüllen (BAG AP Nr. 1 zu § 3 LFZG). Dies gilt selbst dann, wenn die ärztliche Arbeitsunfähigkeitsbescheinigung erst nach dem Ende der Krankheit vorgelegt wird.

Dass der Arbeitgeber zur rückwirkenden Zahlung des Entgelts verpflichtet 31 ist, bedeutet allerdings **nicht,** dass der Anspruch auch **rückwirkend fällig** wird und der Arbeitgeber sich im Schuldnerverzug befunden hat (ErfK/ *Dörner* § 7 EFZG Rdn. 14); es entfällt lediglich das Leistungsverweigerungsrecht.

Auch wenn der Arbeitgeber gem. § 7 Abs. 1 Nr. 1 EFZG grundsätzlich 32 nur zur vorübergehenden Leistungsverweigerung berechtigt ist, muss man sich stets die **Frage stellen, ob die eigentlich bestehende Pflicht überhaupt noch erfüllt werden kann.**

33 Begibt sich der Arbeitnehmer am ersten Tag seiner Erkrankung zum Arzt, der eine ordnungsgemäße Arbeitsunfähigkeitsbescheinigung ausstellt, und versäumt es der Arbeitnehmer lediglich, diese seinem Arbeitgeber **rechtzeitig zuzuleiten** – er bringt sie z. B. statt dessen nach seiner Genesung nach zehn Tagen mit in den Betrieb – so besteht wie oben skizziert ein **vorläufiges Leistungsverweigerungsrecht,** das mit der Vorlage der Arbeitsunfähigkeitsbescheinigung rückwirkend entfällt.

34 **Anders** ist die Situation dagegen typischerweise, wenn der Arbeitnehmer erst nach zehn Tagen einen Arzt aufsucht, der ihm dann nicht rückwirkend, sondern nur für die Zukunft die Arbeitsunfähigkeit bescheinigt; soweit der Arbeitnehmer nunmehr seine **Nachweispflicht nicht mehr erfüllen** kann, hat der Arbeitgeber die Möglichkeit, **auf Dauer die Entgeltfortzahlung zu verweigern** (vgl. HzA/*Vossen* Gruppe 2 Rdn. 512; *Staudinger/Oetker* § 616 BGB Rdn. 398). Zu beachten ist allerdings, dass der Arbeitnehmer den Nachweis der Arbeitsunfähigkeit auch auf andere Weise führen kann (BAG AP Nr. 5 zu § 5 EFZG mit Anm. *Schmitt; Haupt/Welslau,* Personalwirtschaft 1997, 37, 42). Sollte dem Arbeitnehmer dies obwohl er keinen Arzt aufgesucht hat gelingen, entfällt rückwirkend das (vorläufige) Leistungsverweigerungsrecht des Arbeitgebers.

35 Ähnliches gilt, wenn der Arbeitnehmer seine Pflichten aus **§ 5 Abs. 2 EFZG** verletzt. Die Verletzung der dort normierten Pflichten führt grundsätzlich nur zu einem vorläufigen Leistungsverweigerungsrecht, das rückwirkend entfällt, wenn der Arbeitnehmer seine Pflichten (verspätet) erfüllt; auch in diesem Fall kann jedoch die Situation auftreten, dass der Arbeitgeber letztlich auf Dauer zur Leistungsverweigerung berechtigt ist (*Kaiser/Dunkl/Hold/ Kleinsorge* § 7 EFZG Rdn. 21; vgl. auch MüKo/*Schaub* § 616 Rdn. 192; a. A. *Vossen,* Entgeltfortzahlung, Rdn. 375, der hierin eine Benachteiligung von Arbeitnehmern sieht, die im Ausland erkranken).

36 Ein echtes **vorläufiges** Leistungsverweigerungsrecht besteht z. B. dann, wenn der außerhalb des Geltungsbereichs des EFZG erkrankte Arbeitnehmer dem Arbeitgeber und der Krankenkasse seine Erkrankung schnellstmöglich bzw. unverzüglich mitteilt bzw. anzeigt und sich eine ordnungsgemäße Arbeitsunfähigkeitsbescheinigung beschafft, die er lediglich verspätet vorlegt.

37 **Anders** ist die Situation dagegen, wenn der Arbeiter zunächst nichts unternimmt und überhaupt erst nach einigen Tagen aktiv wird. Eine „rückwirkende" Mitteilung der Arbeitsunfähigkeit kann ihren Zweck nicht mehr erfüllen; der Arbeitgeber ist für die Vergangenheit **auf Dauer** berechtigt, die Entgeltfortzahlung zu verweigern (vgl. LAG Düsseldorf LAGE § 5 LFZG Nr. 21; ähnlich *Gola* § 7 EFZG Anm. 3.4; vgl. auch MüKo/*Schaub* § 616 Rdn. 192; zweifelnd HzA/*Vossen* Gruppe 2 Rdn. 373; a. A. *Wedde/Kunz* § 7 EFZG Rdn. 13 f.). Der im Ausland erkrankte Arbeitnehmer wird hierdurch nicht ohne sachlichen Grund schlechter gestellt als ein im Inland erkrankter Arbeitnehmer (so aber *Wedde/Kunz* § 7 EFZG Rdn. 14); der sachliche Grund ist vielmehr darin zu sehen, dass die Anzeige bei Auslandserkrankungen es dem Arbeitgeber auch ermöglichen soll, eine ärztliche Untersuchung am Aufenthaltsort zu veranlassen und dieses Ziel nicht mehr erreicht werden kann.

II. Leistungsverweigerungsrecht des Arbeitgebers   § 7 EFZG

Zu den **sonstigen Rechtsfolgen** einer Verletzung der Pflichten aus § 5 38
EFZG vgl. § 5 EFZG Rdn. 167 ff.

2. Endgültiges Leistungsverweigerungsrecht gem. § 7 Abs. 1 Nr. 2 EFZG

Ein Leistungsverweigerungsrecht aus **§ 7 Abs. 1 Nr. 2 EFZG** besteht, 39
wenn der Arbeitnehmer den Übergang des Schadensersatzanspruchs wegen
Verdienstausfalls auf den Arbeitgeber verhindert (vgl. Rdn. 41 ff.); im Gegensatz zu den in § 7 Abs. 1 Nr. 1 EFZG angesprochenen Fällen handelt es
sich **(stets)** um ein **endgültiges Leistungsverweigerungsrecht** (vgl.
Rdn. 48 ff.).

Im Entgeltfortzahlungsgesetz nicht (mehr) enthalten ist ein vorläufiges 40
Leistungsverweigerungsrecht des Arbeitgebers für den Fall, dass der Arbeitnehmer dem Arbeitgeber nicht unverzüglich die zur Durchsetzung eines
Schadensersatzanspruchs erforderlichen Angaben macht (§ 4 Nr. 1 LFZG,
§ 115d Buchst. a AGB, jeweils „dritte Alternative"; zur früheren Rechtslage
vgl. *Schmitt,* LFZG, § 5 Rdn. 23 ff.). Die hieraus resultierenden Änderungen
sind jedoch zumindest bei einer diese Veränderung berücksichtigenden Interpretation des Begriffs der „Verhinderung des Anspruchsübergangs" gering
(vgl. auch MüKo/*Schaub* § 616 Rdn. 193, der ein entsprechendes Leistungsverweigerungsrecht des Arbeitgebers aus § 273 BGB herleiten will).

a) Voraussetzungen des Leistungsverweigerungsrechts

Das endgültige Leistungsverweigerungsrecht nach § 7 Abs. 1 Nr. 2 EFZG 41
betrifft den Fall, dass der Arbeitnehmer den **Anspruchsübergang auf den
Arbeitgeber verhindert.**

Bedeutsam ist dieses Leistungsverweigerungsrecht zunächst für die **Zeit** 42
zwischen dem schädigenden Ereignis und der Entgeltfortzahlung
durch den Arbeitgeber. Anders als z. B. nach § 116 SGB X geht der Schadensersatzanspruch des Arbeitnehmers nach § 6 Abs. 1 EFZG nicht schon
mit dem schädigenden Ereignis, sondern erst dann auf den Arbeitgeber über,
wenn der Arbeitgeber tatsächlich in Erfüllung seiner Entgeltfortzahlungspflicht Leistungen erbringt und damit einen Schaden erleidet (vgl. BAG EEK
I/599; *Geyer/Knorr/Krasney* § 6 EFZG Rdn. 34; ausführlicher § 6 EFZG
Rdn. 53 ff.).

Bis zu diesem Zeitpunkt bleibt der Arbeitnehmer Inhaber der Forderung 43
und hat die volle Verfügungsbefugnis über den Schadensersatzanspruch. Er
kann daher z.B. **auf die Forderung verzichten,** sie **an einen Dritten**
abtreten oder – ein praktisch häufig relevanter Fall – mit der Haftpflichtversicherung des Schädigers einen **Abfindungsvergleich schließen** (vgl. z. B.
BAG AP Nr. 2 zu § 5 LFZG). Diesen Möglichkeiten trägt § 7 Abs. 1 Nr. 2
EFZG Rechnung. Der Arbeitnehmer ist zwar berechtigt, über die Forderung zu verfügen und damit einen Anspruchsübergang auf den Arbeitgeber
zu verhindern, er muss dann aber in Kauf nehmen, dass der Arbeitgeber
keine Leistungen der Entgeltfortzahlung im Krankheitsfall erbringt.

44 Voraussetzung des endgültigen Leistungsverweigerungsrechts aus § 7 Abs. 1 Nr. 2 EFZG ist nach dem Wortlaut der Regelung, dass der Arbeitnehmer den Forderungsübergang **verhindert**.

45 Unter der Geltung des § 5 LFZG bzw. des § 115d AGB reichte es demzufolge nach h.M. nicht aus, dass der Arbeitnehmer den Anspruchsübergang nur erschwerte (*Schmatz/Fischwasser/Geyer/Knorr* § 5 LFZG Rdn. 16; a.A. LAG Baden-Württemberg MDR 1982, 527). Noch problematischer als in der Vergangenheit ist die Interpretation des Terminus „verhindern" geworden, seit der Arbeitgeber nicht mehr die Möglichkeit hat, die Entgeltfortzahlung (vorläufig) zu verweigern, wenn der Arbeitnehmer ihm nicht gem. § 6 Abs. 2 EFZG die erforderlichen Angaben für die Geltendmachung von Schadensersatzansprüchen macht (vgl. oben Rdn. 40).

46 Orientiert man sich streng am Wortlaut des § 7 Abs. 1 Nr. 2 EFZG, so ist der Arbeitgeber nicht berechtigt, die Entgeltfortzahlung zu verweigern, wenn der Arbeitnehmer sich weigert, dem Arbeitgeber den Namen des Schädigers zu nennen, denn der Arbeitnehmer verhindert durch sein Verhalten nicht den **Übergang** des Schadensersatzanspruchs (kraft Gesetzes), sondern „nur" dessen Geltendmachung. Dies entspricht aber wohl kaum dem Sinn und Zweck des § 7 Abs. 1 EFZG, durch den ausweislich der Begründung zum Fraktionsentwurf lediglich die in § 5 Nr. 1 LFZG getroffene Regelung auf alle Arbeitnehmer erstreckt und die Rechtsposition des Arbeitgebers **verstärkt** werden sollte (vgl. BT-Drucks. 12/5263, S. 15).

47 Für das Leistungsverweigerungsrecht des Arbeitgebers gem. § 7 Abs. 1 Nr. 2 EFZG ist vielmehr davon auszugehen, dass der Arbeitgeber dann berechtigt ist, die Entgeltfortzahlung im Krankheitsfall endgültig zu verweigern, wenn der Arbeitnehmer die **Geltendmachung** von Schadensersatzansprüchen gegen den schädigenden Dritten verhindert (im Ergebnis ähnlich GK-EFZR/*Steckhan* § 5 LFZG Rdn. 32f.). Dies kann sowohl in der Weise geschehen, dass der Übergang verhindert wird, indem der Arbeitnehmer über den Anspruch verfügt, als auch in der Weise, dass der Arbeitnehmer die Geltendmachung von Ansprüchen verhindert, indem er dem Arbeitgeber nicht die erforderlichen Informationen (vgl. dazu § 6 EFZG Rdn. 57ff.) zukommen lässt (ebenso *Gola* § 7 EFZG Anm. 2.5.3.1; *Helml* § 7 EFZG Rdn. 15; HzA/*Vossen* Gruppe 2 Rdn. 644; Kasseler Handbuch/*Vossen* Rdn. 453; *Marienhagen/Künzl* § 7 EFZG Rdn. 7; a.A. *Kaiser/Dunkl/Hold/Kleinsorge* § 7 EFZG Rdn. 24; *Wedde/Kunz* § 7 EFZG Rdn. 16f.).

b) Umfang des Leistungsverweigerungsrechts

48 Geht man vom Gesetzeswortlaut aus, so ist der Arbeitgeber berechtigt, die Entgeltfortzahlung **insgesamt** zu verweigern, wenn der Arbeitnehmer den Übergang eines **beliebig hohen** Schadensersatzanspruchs gegen einen Dritten verhindert. Dieses Ergebnis erscheint zumindest in zwei Fällen problematisch.

49 Sehr weitgehend erscheint das vollständige Leistungsverweigerungsrecht zum einen dann, wenn den Arbeitnehmer ein **Mitverschulden** an dem schädigenden Ereignis trifft, das zu einer **Reduzierung des Schadensersatzanspruchs** führt. Beträgt das Mitverschulden des Arbeitnehmers z.B.

III. Verschulden (§ 7 Abs. 2 EFZG)   § 7 EFZG

80%, so hätte der Arbeitgeber im günstigsten Fall in Höhe von 20% Ansprüche aus übergegangenem Recht geltend machen können. Unter diesen Voraussetzungen erscheint es fraglich, ob man ihm das Recht zubilligen kann, die Entgeltfortzahlung insgesamt endgültig zu verweigern, wenn der Arbeitnehmer auf den Anspruch in Höhe von 20% verzichtet oder einen Abfindungsvergleich geschlossen hat. Eine ähnliche Situation besteht zum anderen dann, wenn der Arbeitnehmer zwar einen Schadensersatzanspruch in Höhe von 100% hat, er aber **nur über 20% des Anspruchs verfügt** und insoweit einen Anspruchsübergang auf den Arbeitgeber verhindert.

Die Behandlung derartiger Fälle ist umstritten (für ein umfassendes Leistungsverweigerungsrecht *Brecht* § 7 EFZG Rdn. 13; ErfK/*Dörner* § 7 EFZG Rdn. 20; *Geyer/Knorr/Krasney* § 7 EFZG Rdn. 18f.; a.A. *Gola* § 7 EFZG Anm. 2.5.3.2; Jahnke, NZV 1996, 169, 174; *Kaiser/Dunkl/Hold/Kleinsorge* § 7 EFZG Rdn. 27; *Staudinger/Oetker* § 616 BGB Rdn. 525; *Wedde/Kunz* § 7 EFZG Rdn. 18). Geht man vom Wortlaut des Gesetzes aus, spricht sicherlich manches dafür, von einem vollständigen Verlust des Entgeltfortzahlungsanspruchs auszugehen; Sinn und Zweck der Regelung sprechen jedoch gegen diese Interpretation. Es ist nicht einzusehen, warum ein Arbeitnehmer seinen Entgeltfortzahlungsanspruch insgesamt verlieren sollte, wenn er z.B. auf 10% des Schadensersatzanspruchs verzichtet und damit insoweit einen Anspruchsübergang verhindert hat. Um Manipulationen zu Lasten des Arbeitgebers zu verhindern, reicht es vollkommen aus, diesem **in dem Umfang** ein endgültiges Leistungsverweigerungsrecht einzuräumen, in dem der Arbeitnehmer den Anspruchsübergang verhindert hat. 50

III. Verschulden (§ 7 Abs. 2 EFZG)

Sowohl die vorläufigen Leistungsverweigerungsrechte nach § 7 Abs. 1 Nr. 1 EFZG als auch das endgültige Leistungsverweigerungsrecht nach § 7 Abs. 1 Nr. 2 EFZG kann der Arbeitgeber nur dann geltend machen, wenn der Arbeitnehmer die Verletzung der ihm obliegenden Pflichten **zu vertreten hat**. 51

Es gilt insoweit die Regelung des § 276 Abs. 1 BGB, wonach der Schuldner **Vorsatz und Fahrlässigkeit** zu vertreten hat. Fahrlässig in diesem Sinne handelt, wer die im Verkehr erforderliche Sorgfalt außer acht lässt (§ 276 Abs. 1 S. 2 BGB). Auf den Grad der Fahrlässigkeit kommt es im Anwendungsbereich des § 7 EFZG nicht an; die Leistungsverweigerungsrechte bestehen **auch bei leichter Fahrlässigkeit** (ErfK/*Dörner* § 7 EFZG Rdn. 28; *Geyer/Knorr/Krasney* § 7 EFZG Rdn. 23f.; *Gola* § 7 EFZG Anm. 3.1; *Haupt/Welslau*, Personalwirtschaft 1997, 37, 42; HzA/*Vossen* Gruppe 2 Rdn. 370; Kasseler Handbuch/*Vossen* Rdn. 456; *Marienhagen/Künzl* § 7 EFZG Rdn. 9; *Worzalla/Süllwald* § 7 EFZG Rdn. 21; a.A. *Wedde/Kunz* § 7 EFZG Rdn. 21). 52

Einzustehen hat der Arbeitnehmer außerdem nicht nur für eigenes Verschulden, sondern in gleichem Umfang auch für das Verschulden von **Personen, deren er sich zur Erfüllung seiner Verbindlichkeiten bedient** (§ 278 S. 1 BGB). Bedient der Arbeitnehmer sich also z.B. eines Dritten, 53

EFZG § 7 Leistungsverweigerungsrecht des Arbeitgebers

den er beauftragt, dem Arbeitgeber die ärztliche Arbeitsunfähigkeitsbescheinigung zu überbringen und unterläßt der Beauftragte dies schuldhaft, so muss der Arbeitnehmer sich dieses Verhalten zurechnen lassen mit der weiteren Folge, dass dem Arbeitgeber gegebenenfalls ein Leistungsverweigerungsrecht zusteht.

54 Ob den Arbeitnehmer ein Verschulden trifft, kann nur im jeweiligen **Einzelfall** entschieden werden. Zu vertreten hat es der Arbeitnehmer z. B. im Regelfall, wenn er eine rechtzeitig eingeholte Arbeitsunfähigkeitsbescheinigung erst nach einigen Tagen zur Post gibt; nicht zu vertreten hat er es dagegen, wenn der Brief eine außergewöhnlich lange Laufzeit hat. Zu vertreten hat der Arbeitnehmer es im Regelfall, wenn er es bei einem Unfall, der für ihn erkennbar Arbeitsunfähigkeit zur Folge haben wird, unterlässt, Name und Anschrift des möglicherweise ersatzpflichtigen Dritten festzustellen, obwohl ihm dies nach den Umständen des Falles ohne weiteres möglich und zumutbar gewesen wäre; nicht zu vertreten hat es der Arbeitnehmer hingegen, wenn er diese Feststellungen bei einem zunächst harmlos aussehenden Unfall unterlässt, bei dem nicht damit zu rechnen war, dass er später Arbeitsunfähigkeit auslösen könnte (vgl. *Kehrmann/Pelikan* § 5 LFZG Rdn. 3).

55 Schließt ein Arbeitnehmer, der nach einem Unfall im Krankenhaus stationär behandelt wird, mit der Haftpflichtversicherung des Schädigers einen **Abfindungsvergleich,** so handelt er ebenfalls schuldhaft i. S. d. § 7 Abs. 2 EFZG, denn ihm muss zum einen klar sein, dass sein Arbeitgeber Entgeltfortzahlung im Krankheitsfall wird leisten müssen und er weiß zum anderen, dass ihm wegen des Schadensereignisses möglicherweise Schadensersatzansprüche zustehen (vgl. BAG AP Nr. 2 zu § 5 LFZG; vgl. auch MüKo/*Schaub* § 616 Rdn. 197).

56 Fraglich ist, ob der Arbeitnehmer es zu vertreten hat, wenn der von ihm konsultierte **Arzt eine Arbeitsunfähigkeitsbescheinigung ausstellt, die nicht den Anforderungen des § 5 Abs. 1 EFZG entspricht,** weil z. B. die voraussichtliche Dauer der Arbeitsunfähigkeit nicht angegeben ist. Überwiegend wird insoweit die Auffassung vertreten, der Arbeitnehmer habe dies nicht zu vertreten (vgl. *Geyer/Knorr/Krasney* § 7 EFZG Rdn. 24; *Wedde/Kunz* § 7 EFZG Rdn. 23; für Erkrankungen, die außerhalb des Geltungsbereichs des Gesetzes auftreten, ebenso *Kehrmann/Pelikan* § 5 LFZG Rdn. 3).

57 Richtigerweise sollte man jedoch in Fällen dieser Art ein **Vertretenmüssen des Arbeitnehmers bejahen** und dem Arbeitgeber ein Leistungsverweigerungsrecht einräumen. Der Arbeitnehmer hat das Recht der freien Arztwahl, während der Arbeitgeber keinerlei Möglichkeit hat, auf die Wahl des Arztes Einfluss zu nehmen; dann muss man konsequenterweise aber auch dem Arbeitnehmer das Risiko auferlegen, dass der von ihm ausgewählte Arzt eine nicht den Anforderungen des § 5 EFZG entsprechende Arbeitsunfähigkeitsbescheinigung ausstellt (a. A. ErfK/*Dörner* § 7 EFZG Rdn. 31; *Geyer/Knorr/Krasney* § 7 EFZG Rdn. 24; HzA/*Vossen* Gruppe 2 Rdn. 368). Soweit dem Arbeitnehmer durch das Verhalten des Arztes ein Schaden entsteht, weil der Arbeitgeber die Entgeltfortzahlung auf Dauer verweigern kann, besteht für den Arbeitnehmer die Möglichkeit, Schadensersatzansprüche gegen den betreffenden Arzt geltend zu machen.

IV. Beweislast

Für die Beantwortung der Frage, wer die Voraussetzungen eines Leistungsverweigerungsrechts im Streitfall zu beweisen hat, ist zu differenzieren zwischen der Pflichtverletzung und dem Verschulden. Die Voraussetzungen des Leistungsverweigerungsrechts, d.h. die Verletzung der in § 7 Abs. 1 EFZG genannten Pflichten, hat der Arbeitgeber zu beweisen. Der Arbeitnehmer kann bzw. muss dann beweisen, dass ihn (ausnahmsweise) kein Verschulden an der Pflichtverletzung trifft; anderenfalls kann der Arbeitgeber das Leistungsverweigerungsrecht ausüben (vgl. *Brecht* § 7 EFZG Rdn. 15; *Helml* § 3 EFZG Rdn. 18; HzA/*Vossen* Gruppe 2 Rdn. 367; Kasseler Handbuch/ *Vossen* Rdn. 261; *Kaiser/Dunkl/Hold/Kleinsorge* § 7 EFZG Rdn. 32; MünchArbR/*Boecken* § 85 Rdn. 63; *Wedde/Kunz* § 7 EFZG Rdn. 24).

58

§ 8 Beendigung des Arbeitsverhältnisses

(1) **Der Anspruch auf Fortzahlung des Arbeitsentgelts wird nicht dadurch berührt, daß der Arbeitgeber das Arbeitsverhältnis aus Anlaß der Arbeitsunfähigkeit kündigt. Das gleiche gilt, wenn der Arbeitnehmer das Arbeitsverhältnis aus einem vom Arbeitgeber zu vertretenden Grunde kündigt, der den Arbeitnehmer zur Kündigung aus wichtigem Grund ohne Einhaltung einer Kündigungsfrist berechtigt.**

(2) **Endet das Arbeitsverhältnis vor Ablauf der in § 3 Abs. 1 bezeichneten Zeit nach dem Beginn der Arbeitsunfähigkeit, ohne daß es einer Kündigung bedarf, oder infolge einer Kündigung aus anderen als den in Absatz 1 bezeichneten Gründen, so endet der Anspruch mit dem Ende des Arbeitsverhältnisses.**

Übersicht

	Rdn.
I. Allgemeines	1
II. Entgeltfortzahlung trotz Beendigung des Arbeitsverhältnisses (§ 8 Abs. 1 EFZG)	10
1. Kündigung durch den Arbeitgeber aus Anlass der Arbeitsunfähigkeit (§ 8 Abs. 1 S. 1 EFZG)	11
a) Wirksame Kündigung	13
b) Gleichstellung von Aufhebungsverträgen	19
c) Aus Anlass der Arbeitsunfähigkeit	23
aa) Objektive Voraussetzungen	24
bb) Subjektive Voraussetzungen	35
d) Beweislast	43
2. Kündigung durch den Arbeitnehmer (§ 8 Abs. 1 S. 2 EFZG)	47
a) Vom Arbeitgeber zu vertretender wichtiger Grund	48
b) Beweislast	53
3. Dauer des Entgeltfortzahlungsanspruchs aus § 8 Abs. 1 EFZG	54
III. Fortfall der Entgeltfortzahlung bei Beendigung des Arbeitsverhältnisses (§ 8 Abs. 2 EFZG)	56
1. § 8 Abs. 2 1. Alt. EFZG	58
2. § 8 Abs. 2 2. Alt. EFZG	64

EFZG § 8

I. Allgemeines

1   Ein Anspruch auf Fortzahlung des Arbeitsentgelts gem. § 3 EFZG setzt grundsätzlich voraus, dass ein – zumindest faktisches (vgl. ausführlich § 3 EFZG Rdn. 28; BAG AP Nr. 1 zu § 8 EFZG; *Geyer/Knorr/Krasney* § 8 EFZG Rdn. 2) – Arbeitsverhältnis besteht (MünchArbR/*Boecken* § 83 Rdn. 12; *Staudinger/Oetker* § 616 Rdn. 370). Dies ist die notwendige Konsequenz daraus, dass es sich bei dem Entgeltfortzahlungsanspruch um den aufrechterhaltenen Entgeltanspruch handelt (BAG AP Nr. 1 zu § 6 LFZG; zur Rechtsnatur des Entgeltfortzahlungsanspruchs und den sich daraus ergebenden Folgen vgl. § 3 EFZG Rdn. 209 ff.). Endet das Arbeitsverhältnis vor Ablauf des sechswöchigen Entgeltfortzahlungszeitraums, so entfällt damit grundsätzlich auch der Entgeltfortzahlungsanspruch gem. § 3 EFZG (vgl. zu den „Wertungsgrundlagen" u. a. GK-EFZR/*Steckhan* § 6 LFZG Rdn. 2).

2   **§ 8 Abs. 1 S. 1 EFZG erhält** dem Arbeitnehmer den **Entgeltfortzahlungsanspruch** unter bestimmten Voraussetzungen auch **über das Ende des Arbeitsverhältnisses hinaus.** Im Vordergrund steht dabei der Fall, dass der Arbeitgeber das Arbeitsverhältnis aus Anlass der Arbeitsunfähigkeit kündigt. Damit wird der Tatsache Rechnung getragen, dass eine Krankheit der Auslöser für eine (ordentliche oder außerordentliche) Kündigung sein kann (vgl. zur ordentlichen krankheitsbedingten Kündigung BAG AP Nr. 27, 28 und 30 zu § 1 KSchG Krankheit; zur außerordentlichen krankheitsbedingten Kündigung BAG AP Nr. 3, 7 und 8 zu § 626 BGB Krankheit; zusammenfassend *Preis,* Krankheit im Arbeitsverhältnis 1993, 93; *Stahlhacke/Preis,* Kündigung und Kündigungsschutz, Rdn. 551 ff., 740 ff.; *Weber,* DB 1993, 2429).

3   § 8 Abs. 1 S. 1 EFZG macht derartige Kündigungen nicht unmöglich, die Ausnahmevorschrift soll jedoch verhindern, dass der Arbeitgeber sich durch eine Auflösung des Arbeitsverhältnisses seinen **Leistungspflichten aus § 3 EFZG entzieht,** denn es wäre widersprüchlich, wenn dem Arbeitnehmer einerseits für den Fall der Arbeitsunfähigkeit der besondere Schutz des Entgeltfortzahlungsgesetzes eingeräumt würde, während andererseits dieselbe Arbeitsunfähigkeit den Anlass für die Auflösung des Arbeitsverhältnisses und damit für den Wegfall des Entgeltfortzahlungsanspruchs bilden könnte (vgl. BAG AP Nr. 2 zu § 6 LFZG; HzA/*Vossen* Gruppe 2 Rdn. 391; *Staudinger/ Oetker* § 616 Rdn. 373; zu § 8 Abs. 1 S. 1 EFZG vgl. Rdn. 11 ff.).

4   Dieselbe Interessenlage besteht auch dann, wenn das Arbeitsverhältnis noch **während der Wartezeit wieder beendet** worden ist. § 8 Abs. 1 S. 1 EFZG soll den Arbeitnehmer bezüglich der Entgeltfortzahlung so stellen, als sei das Arbeitsverhältnis nicht beendet worden; durch die Kündigung soll bereits die Entstehung des Anspruchs unberührt bleiben. Daher entsteht der Anspruch auf Entgeltfortzahlung, wenn das Arbeitsverhältnis zwar beendet worden ist, die Arbeitsunfähigkeit aber über das Ende der Wartezeit hinaus andauert (BAG AP Nr. 10 zu § 3 EFZG; a. A. LAG Niedersachsen DB 1998, 1238).

5   Der Kündigung durch den Arbeitgeber aus Anlass der Arbeitsunfähigkeit gleichgestellt wird durch **§ 8 Abs. 1 S. 2 EFZG** der Fall, dass der Arbeit-

nehmer das Arbeitsverhältnis aus einem vom Arbeitgeber zu vertretenden Grunde kündigt, der den Arbeitnehmer zur Kündigung aus wichtigem Grund ohne Einhaltung einer Kündigungsfrist berechtigt (vgl. dazu Rdn. 47 ff.). Die Regelung, die sich an § 628 Abs. 2 BGB anlehnt und die den Rechtsgedanken beinhaltet, dass sich derjenige schadensersatzpflichtig macht, der vertragswidrig eine Vertragsauflösung veranlasst, will verhindern, dass der Arbeitgeber sich der Entgeltfortzahlungspflicht dadurch entzieht, dass er den Arbeitnehmer zur Eigenkündigung nötigt (*Brill,* WzS 1982, 1, 2).

§ 8 Abs. 2 EFZG, wonach der Anspruch auf Entgeltfortzahlung mit dem 6 Ende des Arbeitsverhältnisses endet, wenn das Arbeitsverhältnis endet, ohne dass es einer Kündigung bedarf oder wenn die Kündigung auf anderen als den in § 8 Abs. 1 EFZG genannten Gründen beruht, hat im wesentlichen klarstellende Funktionen (vgl. Rdn. 56 ff.).

Vorläufer des § 8 EFZG waren die inhaltlich identischen Regelungen 7 in § 6 des Lohnfortzahlungsgesetzes (zur geschichtlichen Entwicklung dieser Regelungen vgl. *Schmitt,* LFZG, § 6 Rdn. 6 ff.) vom 27. Juli 1969 (BGBl. I S. 946), § 48 Abs. 1 S. 2 SeemG, § 133 c S. 2 und 3 GewO, § 63 Abs. 1 S. 3 und 4 HGB, § 616 Abs. 2 S. 4 und 5 BGB (jeweils eingefügt durch das „Erste Arbeitsrechtsbereinigungsgesetz" vom 14. August 1969, BGBl. I S. 1106) und § 115 e des Arbeitsgesetzbuches der DDR vom 16. Juni 1977 i. d. F. vom 22. Juni 1990 (GBl. I S. 371) und des Einigungsvertrages vom 31. August 1990 (BGBl. II S. 889), die den Einfluß einer Kündigung auf die Entgeltfortzahlung im Krankheitsfall für die verschiedenen Arbeitnehmergruppen übereinstimmend regelten.

Der im Jahre 1993 von den Fraktionen der CDU/CSU und der FDP vor- 8 gelegte ursprüngliche Entwurf eines Entgeltfortzahlungsgesetzes (BT-Drucks. 12/5263) sah in seinem § 8 bereits eine Regelung vor, die sich nur redaktionell von den genannten Vorläufern unterschied und die der heutigen Gesetzesfassung entsprach. Im Laufe des Gesetzgebungsverfahrens bestand über die Fassung des § 8 EFZG Einigkeit; Änderungen wurden nicht vorgenommen.

Das Arbeitsrechtliche Beschäftigungsförderungsgesetz vom 25. September 9 1996 und das „Korrekturgesetz" vom 19. Dezember 1998 haben § 8 EFZG ebenfalls unverändert gelassen.

II. Entgeltfortzahlung trotz Beendigung des Arbeitsverhältnisses (§ 8 Abs. 1 EFZG)

Trotz Beendigung des Arbeitsverhältnisses besteht gem. § 8 Abs. 1 EFZG 10 ein Anspruch des Arbeitnehmers auf Entgeltfortzahlung in zwei Fällen: Zum einen, wenn der Arbeitgeber das Arbeitsverhältnis aus Anlass der Arbeitsunfähigkeit kündigt (dazu unten Rdn. 11 ff.) und zum anderen, wenn der Arbeitnehmer das Arbeitsverhältnis aus einem vom Arbeitgeber zu vertretenden Grunde kündigt, der den Arbeitnehmer zur Kündigung aus wichtigem Grund ohne Einhaltung einer Kündigungsfrist berechtigt (dazu unten Rdn. 47 ff.).

EFZG § 8   Beendigung des Arbeitsverhältnisses

1. Kündigung durch den Arbeitgeber aus Anlass der Arbeitsunfähigkeit (§ 8 Abs. 1 S. 1 EFZG)

11 Die Regelung des § 8 Abs. 1 S. 1 EFZG, wonach der Anspruch auf Fortzahlung des Arbeitsentgelts nicht dadurch berührt wird, dass der Arbeitgeber das Arbeitsverhältnis aus Anlass der Arbeitsunfähigkeit kündigt, ist im systematischen Zusammenhang mit § 3 Abs. 1 S. 1 EFZG zu sehen. Während der Entgeltfortzahlungsanspruch aus § 3 Abs. 1 S. 1 EFZG voraussetzt, dass ein Arbeitsverhältnis bzw. ein faktisches Arbeitsverhältnis (*Geyer/Knorr/Krasney* § 8 EFZG Rdn. 2; *Kaiser/Dunkl/Hold/Kleinsorge* § 8 EFZG Rdn. 3) **besteht,** setzt § 8 Abs. 1 S. 1 EFZG umgekehrt voraus, dass ein Arbeitsverhältnis **nicht mehr besteht** (*Heither,* ZIP 1984, 403).

12 Erste Voraussetzung eines Anspruchs aus § 8 Abs. 1 S. 1 EFZG ist folglich eine **wirksame Kündigung** (vgl. dazu und zum teilweise gleichzustellenden Aufhebungsvertrag Rdn. 13 ff.); ist die Kündigung nicht wirksam, kommt anstelle eines Anspruchs aus § 8 Abs. 1 S. 1 EFZG ein „normaler" Entgeltfortzahlungsanspruch nach § 3 Abs. 1 EFZG in Betracht (vgl. ErfK/*Dörner* § 8 EFZG Rdn. 5; *Kaiser/Dunkl/Hold/Kleinsorge* § 8 EFZG Rdn. 7). Ist die Kündigung wirksam, stellt sich die weitere Frage, ob der Arbeitgeber die Kündigung **aus Anlass der Arbeitsunfähigkeit** ausgesprochen hat (vgl. Rdn. 23 ff.). Nicht zuletzt die Tatsache, dass insoweit auch eine subjektive Komponente zu berücksichtigen ist, führt dazu, dass häufig Beweisprobleme entstehen und der **Beweislast**verteilung eine ganz entscheidende Bedeutung zukommt (vgl. Rdn. 43 ff.).

a) Wirksame Kündigung

13 Voraussetzung für einen Entgeltfortzahlungsanspruch auf der Basis des § 8 Abs. 1 S. 1 EFZG ist zunächst eine **wirksame Kündigung von Seiten des Arbeitgebers.** Ob es sich dabei um eine ordentliche oder um eine außerordentliche Kündigung handelt, ist ohne Belang (vgl. *Kaiser/Dunkl/Hold/Kleinsorge* § 8 EFZG Rdn. 6; *Staudinger/Oetker* § 616 Rdn. 375). Der außerordentlichen Kündigung kommt allerdings eine überdurchschnittlich große Bedeutung zu, da bei ordentlichen Kündigungen die Kündigungsfrist häufig erst nach der Sechs-Wochen-Frist des § 3 Abs. 1 EFZG ablaufen wird, so dass § 8 Abs. 1 S. 1 EFZG schon deshalb nicht eingreift (ähnlich ErfK/*Dörner* § 8 EFZG Rdn. 5).

14 § 8 Abs. 1 S. 1 EFZG setzt voraus, dass die Kündigung **wirksam** ist; ein entsprechender Anspruch entsteht nicht, wenn **keine Kündigung** vorliegt oder die Kündigung **unwirksam** ist.

15 **Keine Kündigung** liegt z.B. dann vor, wenn die Kündigung nicht klar und eindeutig erklärt wird oder wenn die Kündigung unter einer Bedingung (Ausnahme: Potestativbedingung) erfolgt (vgl. *Gitter/Michalski,* Arbeitsrecht, S. 70 ff., 92 ff.).

16 **Unwirksam** ist die Kündigung zum einen dann, wenn sie nach allgemeinen Regeln nichtig ist, z.B. weil gegen ein gesetzliches Verbot wie etwa Kündigungsverbote nach dem Mutterschutzgesetz oder nach dem SGB IX verstoßen worden ist. Zum anderen ist eine Kündigung dann unwirksam,

wenn der Arbeitnehmer Kündigungsschutzklage erhoben hat und das Arbeitsgericht zu dem Ergebnis gelangt ist, das Arbeitsverhältnis sei nicht aufgelöst worden.

In den Fällen der fehlenden bzw. der unwirksamen Kündigung resultiert der Entgeltfortzahlungsanspruch nicht aus § 8 Abs. 1 S. 1 EFZG, sondern aus § 3 Abs. 1 EFZG (*Brill*, ZfS 1982, 1, 5; ErfK/*Dörner* § 8 EFZG Rdn. 5; *Staudinger/Oetker* § 616 Rdn. 383). 17

Wirksam ist die Kündigung dagegen, wenn der Arbeitnehmer eine Kündigung, die nicht generell unwirksam ist, **hinnimmt,** obwohl er erfolgreich Kündigungsschutzklage hätte erheben können (BAG AP Nr. 9 zu § 6 LFZG; ErfK/*Dörner* § 8 EFZG Rdn. 7; *Kaiser/Dunkl/Hold/Kleinsorge* § 8 EFZG Rdn. 7). § 8 Abs. 1 S. 1 EFZG greift ohne Rücksicht darauf ein, ob der Arbeitnehmer Kündigungsschutz genießt oder nicht, ob er gegen eine ordentliche Kündigung Kündigungsschutzklage erhebt oder ob er die Unwirksamkeit einer außerordentlichen Kündigung geltend machen könnte, hiervon jedoch Abstand nimmt. Auch in solchen Fällen kommt es allein darauf an, ob der Arbeitgeber seine Kündigung aus Anlass der Arbeitsunfähigkeit ausgesprochen hat oder nicht (*Brill*, ZfS 1982, 1, 5; zu den Voraussetzungen einer krankheitsbedingten Kündigung vgl. aus der neueren Rechtsprechung des BAG AP Nr. 27, 28, 30 und 35 zu § 1 KSchG 1969 Krankheit; AP Nr. 36 zu § 1 KSchG 1969 Krankheit = SAE 2000, 14 mit Anm. *Gitter;* AP Nr. 3, 7, und 8 zu § 626 BGB; zusammenfassend *Preis*, Krankheit im Arbeitsverhältnis 1993, S. 93; *Stahlhacke/Preis*, Kündigung und Kündigungsschutz, Rdn. 551 ff., 740 ff.; *Weber* DB 1993, 2429). 18

b) Gleichstellung von Aufhebungsverträgen

Nicht unumstritten ist, ob § 8 Abs. 1 S. 1 EFZG auch dann Anwendung findet, wenn das Arbeitsverhältnis durch einen **Aufhebungsvertrag** einvernehmlich beendet wird. Geht man vom Wortlaut des § 8 EFZG aus, so fällt die Beendigung des Arbeitsverhältnisses durch einen Aufhebungsvertrag nicht unter Absatz 1, sondern unter Absatz 2, mit der Folge, dass kein Entgeltfortzahlungsanspruch besteht. Betrachtet man dagegen den Sinn und Zweck der Regelung – eine Umgehung des § 3 Abs. 1 EFZG soll verhindert werden –, so spricht wohl mehr dafür, nicht auf die formelle Seite – Kündigung oder Aufhebungsvertrag –, sondern auf den materiellen Auflösungsgrund abzustellen (ebenso *Gola* § 8 EFZG Anm. 4.1; *Kaiser/Dunkl/Hold/Kleinsorge* § 8 EFZG Rdn. 31; Kasseler Handbuch/*Vossen* Rdn. 290; *Müller/Berenz* § 8 EFZG Rdn. 29 f.; *Staudinger/Oetker* § 616 Rdn. 386; *Vossen*, Entgeltfortzahlung, Rdn. 411; *Wedde/Kunz* § 8 EFZG Rdn. 10; a. A. *Geyer/Knorr/Krasney* § 8 EFZG Rdn. 21). 19

Das BAG hat deshalb bereits frühzeitig die Auffassung vertreten, die dem heutigen § 8 Abs. 1 S. 1 EFZG entsprechende Vorschrift des § 6 Abs. 1 S. 1 LFZG sei in der Regel analog anzuwenden, wenn der Arbeitgeber zunächst das Arbeitsverhältnis kündige und Arbeitgeber und Arbeitnehmer sich **anschließend** darauf einigen, das Arbeitsverhältnis zu **demselben Termin** einvernehmlich aufzuheben, denn bei der Beurteilung von Ansprüchen im Zusammenhang mit dem Ausscheiden eines Arbeitnehmers aus dem Arbeits- 20 verhältnis komme es weniger auf die formale Seite und mehr auf den materiellen Auflösungsgrund an (BAG AP Nr. 10 zu § 6 LFZG; *Feichtinger,* DB 1983, 1202, 1203).

21 Diese Rechtsprechung ist später zurecht auf den Fall übertragen worden, dass das Arbeitsverhältnis durch den nach einer Kündigung geschlossenen Aufhebungsvertrag nicht zum ursprünglichen Kündigungstermin, sondern **zu einem früheren oder späteren Zeitpunkt** beendet wird, weil für die Anwendung des § 8 Abs. 1 S. 1 EFZG primär der materielle Auflösungsgrund und nicht der genaue Zeitpunkt, zu dem das Arbeitsverhältnis im gegenseitigen Einvernehmen aufgelöst wird, entscheidend sein muss (BAG AP Nr. 15 zu § 6 LFZG; *Feichtinger,* DB 1983, 1202, 1203; ders., Krankheit im Arbeitsverhältnis, S. 188).

22 Geht man hiervon aus, so ist es schließlich nur konsequent, dass das BAG § 8 Abs. 1 S. 1 EFZG unter Umständen auch dann anwendet, wenn aus Anlass der Arbeitsunfähigkeit ein Auflösungsvertrag geschlossen wird, **ohne** dass zuvor eine **Kündigung** ausgesprochen worden ist (BAG AP Nr. 15 zu § 6 LFZG; *Etzel,* GK-HGB, § 63 Rdn. 39a; *Feichtinger,* DB 1983, 1202, 1203; *Gola* § 8 EFZG Anm. 3.8; *Heither,* ZIP 1984, 403, 406; HzA/*Vossen* Gruppe 2 Rdn. 409; Kasseler Handbuch/*Vossen* Rdn. 290; MüKo/*Schaub* § 616 Rdn. 101; RGRK/*Matthes* § 616 Rdn. 163; a.A. *Lepke,* Arbeitsunfähigkeit des Arbeitnehmers, S. 241; *Geyer/Knorr/Krasney* § 8 EFZG Rdn. 21).

c) Aus Anlass der Arbeitsunfähigkeit

23 Liegt eine wirksame Kündigung vor, stellt sich die weitere Frage, ob die Kündigung **aus Anlass** der Arbeitsunfähigkeit erfolgt ist. Dabei ist eine objektive und eine subjektive Komponente zu beachten.

aa) Objektive Voraussetzungen

24 Die **objektive** Komponente verlangt zunächst, dass der Arbeitnehmer zu dem Zeitpunkt, an dem die Kündigung ausgesprochen wird, **bereits arbeitsunfähig ist.** Bleibt der Arbeitnehmer der Arbeit aus anderen Gründen fern und wird er dann nach Ausspruch aber vor Zugang der Kündigungserklärung arbeitsunfähig krank, so ist eine Kündigung aus Anlass der Arbeitsunfähigkeit stets zu verneinen (BAP AP Nr. 14 zu § 6 LFZG; *Geyer/Knorr/ Krasney* § 8 EFZG Rdn. 27); dies gilt auch dann, wenn der Arbeitgeber geglaubt hat, der Arbeitnehmer sei arbeitsunfähig (BAG AP Nr. 14 zu § 6 LFZG; HzA/*Vossen* Gruppe 2 Rdn. 394).

25 Der objektiv bestehenden krankheitsbedingten Arbeitsunfähigkeit gleichzustellen ist der Fall, dass die Arbeitsunfähigkeit sicher vorherzusehen ist wie etwa bei der Mitteilung des Arbeitnehmers von einer bevorstehenden, bereits terminierten Operation (vgl. BAG AP Nr. 1 zu § 8 EFZG mit Anm. *Schmitt* = EzA Nr. 3 zu § 8 EFZG mit Anm. *Jacobs* = SAE 2003, 197 mit Anm. *Besgen*).

26 Abgesehen vom Vorliegen bzw. Bevorstehen einer krankheitsbedingten Arbeitsunfähigkeit gehört zu den objektiven Voraussetzungen einer durch die Arbeitsunfähigkeit bedingten Kündigung, dass die Arbeitsunfähigkeit den **entscheidenden Anstoß** für den Ausspruch der Kündigung gegeben hat

II. Entgeltfortzahlung trotz Beendigung des Arbeitsverhältnisses § 8 EFZG

(ErfK/*Dörner* § 8 EFZG Rdn. 9). Die Arbeitsunfähigkeit muss keineswegs die alleinige Ursache für die Kündigung sein, sie muss sich aber als eine **wesentliche Bedingung** für die Kündigung darstellen (BAG AP Nr. 1 bis 3, 5, 8 zu § 6 LFZG; MüKo/*Schaub* § 616 Rdn. 102; *Staudinger/Oetker* § 616 Rdn. 377).

Hieran kann es z.B. fehlen, wenn der Geschehensablauf zwar durch die 27 Arbeitsunfähigkeit in Gang gesetzt wird, aber erst durch das Hinzutreten sonstiger Umstände der Kündigungsentschluss des Arbeitgebers herbeigeführt wird (BAG AP Nr. 6 zu § 6 LFZG). Insoweit ist jedoch Zurückhaltung geboten, denn der Begriff „**aus Anlass**" ist entsprechend dem Schutzzweck des § 8 Abs. 1 S. 1 EFZG **weit auszulegen** (ErfK/*Dörner* § 8 EFZG Rdn. 9); „aus Anlass" ist umfassender als „wegen" oder „auf Grund" (BAG AP Nr. 2 zu § 6 LFZG; *Brill*, WzS 1982, 1, 2; *Feichtinger*, DB 1983, 1202; *Vossen*, Entgeltfortzahlung, Rdn. 397; *Wedde/Kunz* § 8 EFZG Rdn. 13; *Worzalla/Süllwald* § 8 EFZG Rdn. 14).

Eine Kündigung aus Anlass der Arbeitsunfähigkeit kann z.B. vorliegen, 28 wenn der Arbeitgeber dem Arbeitnehmer **kündigt, weil er während der krankheitsbedingten Fehlzeiten den Arbeitsplatz mit einer Ersatzkraft besetzen muss,** um Störungen im Betriebsablauf zu vermeiden.

Das BAG hat dazu die Auffassung vertreten, krankheitsbedingte Fehlzeiten 29 führten in der Praxis häufig zu betrieblichen Schwierigkeiten, so dass alle Maßnahmen, die der Arbeitgeber zur Abwehr oder zur Vermeidung dieser Schwierigkeiten treffe, entscheidend durch die Arbeitsunfähigkeit des erkrankten Arbeitnehmers bedingt seien. Dies gelte auch dann, wenn die Ersatzkraft nur unter der Bedingung einer längerfristigen Beschäftigung gewonnen und bei Rückkehr des erkrankten Arbeitnehmers nicht entlassen werden könne. Entschließe sich der Arbeitgeber zur Einstellung einer Ersatzkraft und kündige er aus diesem Grund dem erkrankten Arbeitnehmer, so habe er eine von ihm selbst zu verantwortende betriebsorganisatorische Maßnahme gegen die Folgewirkung einer krankheitsbedingten Arbeitsunfähigkeit getroffen und damit aus Anlass der Arbeitsunfähigkeit gekündigt (BAG AP Nr. 1 zu § 6 LFZG; ähnlich zuvor schon AP Nr. 1 zu § 3 ArbKrankhG; ErfK/*Dörner* § 8 EFZG Rdn. 11).

Infolge der weiten Auslegung des Begriffs „aus Anlass" liegt eine Kündi- 30 gung im Sinne des § 8 Abs. 1 S. 1 EFZG unter Umständen auch dann vor, wenn die Krankheit **Berufs- oder Erwerbsunfähigkeit** zur Folge hat. Es ist nicht zwingend notwendig, dass die Arbeitsunfähigkeit der den Arbeitgeber zur Kündigung bewegende Grund ist, sondern es genügt, dass die Krankheit sich innerhalb der Ursachenkette als die Kündigung wesentlich mitbestimmende Bedingung darstellt. Nach dem Sinn und Zweck des Gesetzes muss die Existenz des Arbeitnehmers nicht nur bei vorübergehender, sondern auch bei andauernder Arbeitsunfähigkeit gesichert sein (vgl. BAG AP Nr. 2 zu § 6 LFZG; ErfK/*Dörner* § 8 EFZG Rdn. 12).

Eine Kündigung aus Anlass der Arbeitsunfähigkeit liegt weiterhin auch 31 dann vor, wenn der Arbeitgeber das Arbeitsverhältnis wegen der mit der Arbeitsunfähigkeit in Verbindung stehenden gesetzlichen **Beschäftigungsverbotes** kündigt (ErfK/*Dörner* § 8 EFZG Rdn. 13; *Staudinger/Oetker* § 616 Rdn. 377). Dies gilt z.B. für Beschäftigungsverbot nach den §§ 41 Abs. 1, 31 IfSG (vgl. BAG AP Nr. 6 zu § 6 LFZG).

32 Schließlich kann auch dann eine Kündigung aus Anlass der Arbeitsunfähigkeit vorliegen, wenn der Arbeitgeber eine **betriebsbedingte Kündigung** ausspricht und dabei ohne Rücksicht auf eine soziale Auswahl nach § 1 Abs. 3 S. 1 KSchG gerade das Arbeitsverhältnis des erkrankten Arbeitnehmers kündigt bzw. wenn **bei der Auswahl die Arbeitsunfähigkeit eine entscheidende Rolle spielt** (BAG AP Nr. 8 zu § 6 LFZG; ErfK/ *Dörner* § 8 EFZG Rdn. 14; weitere Beispiele bei *Brill,* WzS 1982, 1, 2; *Feichtinger,* DB 1983, 1202; *Heither,* ZIP 1984, 403, 404; *Müller/Berenz* § 8 EFZG Rdn. 11).

33 Trotz der weiten Auslegung des Tatbestandsmerkmals „aus Anlass" muss die Arbeitsunfähigkeit jedoch stets eine **wesentliche Bedingung** für die Kündigung bleiben; ein nur **zeitlicher Zusammenhang** mit der Erkrankung **reicht nicht** aus. Nennt der Arbeitgeber andere Gründe, so kommt es darauf an, ob sie ein solches Gewicht haben, dass sie den Arbeitgeber auch ohne das Vorliegen der krankheitsbedingten Arbeitsunfähigkeit zum Ausspruch einer Kündigung veranlasst hätten.

34 Als solche **anderen Gründe** kommen z. B. vertragswidriges Verhalten oder eine notwendige Betriebseinschränkung in Betracht (ErfK/*Dörner* § 8 EFZG Rdn. 15; *Geyer/Knorr/Krasney* § 8 EFZG Rdn. 31). In Ausnahmefällen kann auch die Verletzung von Anzeige- und Nachweispflichten aus § 5 Abs. 1 EFZG ein „anderer Grund" sein (*Heither,* ZIP 1984, 403, 404; ausführlicher § 5 EFZG Rdn. 167; zur fristlosen Kündigung wegen Nebentätigkeiten während des Entgeltfortzahlungszeitraums BAG AP Nr. 112 zu § 626 BGB = SAE 1994, 217 mit Anm. *Walker;* zur fristlosen Kündigung wegen „Androhung" einer künftigen Erkrankung BAG AP Nr. 4 zu § 626 BGB Krankheit).

bb) Subjektive Voraussetzungen

35 In **subjektiver Hinsicht** setzt eine Kündigung aus Anlass der Arbeitsunfähigkeit streng genommen stets voraus, dass der Arbeitgeber **Kenntnis** von der bestehenden (oder bevorstehenden; vgl. BAG AP Nr. 1 zu § 8 EFZG) Arbeitsunfähigkeit hat; wer nicht weiß, dass ein Arbeitnehmer arbeitsunfähig ist, kann diesem nicht aus Anlass der Arbeitsunfähigkeit kündigen. Diese – logisch richtige – Auffassung ist ursprünglich auch vom BAG vertreten worden (vgl. BAG AP Nr. 3 zu § 6 LFZG = EzA Nr. 3 zu § 6 LFZG mit Anm. *Reuter;* zur Kenntnis nicht des Arbeitgebers, sondern eines anderen Kündigungsberechtigten vgl. LAG Berlin BB 1978, 206; Kasseler Handbuch/*Vossen* Rdn. 283; *Müller/Berenz* § 8 EFZG Rdn. 12; *Worzalla/Süllwald* § 8 EFZG Rdn. 16).

36 Die konsequente Anwendung dieses Grundsatzes führt jedoch zu wenig befriedigenden Ergebnissen, denn sie privilegiert den Arbeitgeber, der sofort nach Bekannt werden einer Fehlzeit eine Kündigung ausspricht, ohne die Anzeige- und Nachweisfristen des § 5 Abs. 1 EFZG abzuwarten. Wäre in einem solchen Fall § 8 Abs. 1 S. 1 EFZG nicht anwendbar, wäre der sofort kündigende Arbeitgeber, der von einer Arbeitsunfähigkeit noch nichts weiß, im Vorteil gegenüber demjenigen, der die Fristen des § 5 Abs. 1 EFZG abwartet (BAG AP Nr. 5 zu § 6 LFZG; vgl. auch *Lepke,* Arbeitsunfähigkeit des Arbeitnehmers, S. 240).

II. Entgeltfortzahlung trotz Beendigung des Arbeitsverhältnisses § 8 EFZG

Das BAG geht daher nunmehr davon aus, dass der Arbeitgeber, der eine 37
**Kündigung ausspricht, ohne die Nachweispflicht des § 5 Abs. 1
EFZG** (bzw. früher: § 3 Abs. 1 LFZG) abzuwarten, so zu behandeln ist, als
habe er Kenntnis von der Arbeitsunfähigkeit gehabt (BAG AP Nr. 5 und 13
zu § 6 LFZG; zustimmend u. a. *Geyer/Knorr/Krasney* § 8 EFZG Rdn. 29;
Heither, ZIP 1984, 403, 404; *Müller/Berenz* § 8 EFZG Rdn. 13; *Vossen,* Entgeltfortzahlung, Rdn. 402).

Die vom Arbeitgeber abzuwartende **Nachweisfrist beginnt mit dem** 38
Fehlen des Arbeitnehmers und nicht etwa – sollte dieses Ereignis ausnahmsweise später eintreten – mit dem Beginn der Arbeitsunfähigkeit; die
Frist endet mit dem Ablauf der vollen Wartefrist von vier Kalendertagen,
d. h. nicht mit Dienstschluß, sondern um 24.00 Uhr. Fällt der letzte Tag
der Frist auf einen Samstag, Sonntag oder gesetzlichen Feiertag, endet die
Frist mit Ablauf des nächsten Werktages (§ 193 BGB; vgl. *Feichtinger,* DB
1983, 1202; HzA/*Vossen* Gruppe 2 Rdn. 396; Kasseler Handbuch/*Vossen*
Rdn. 284f.).

Wartet der Arbeitgeber die Nachweisfrist ab, und kündigt er dann, ohne 39
von der Arbeitsunfähigkeit Kenntnis zu haben, kann er normalerweise davon
ausgehen, dass der Arbeitnehmer unentschuldigt fehlt, auch wenn er zwischenzeitlich erkrankt ist (BAG AP Nr. 13 zu § 6 LFZG; *Kaiser/Dunkl/
Hold/Kleinsorge* § 8 EFZG Rdn. 15). Der Einwand des Arbeitgebers, er habe
von der Arbeitsunfähigkeit nichts gewusst, ist dann wieder erheblich; die
später erlangte Kenntnis von der Krankheit ist auch dann unschädlich, wenn sie nach Abgabe aber vor Zugang der Kündigungserklärung eintritt (differenzierend *Staudinger/Oetker* § 616 Rdn. 382).

Dass das BAG bei der Entwicklung seiner Rechtsprechung an die Nach- 40
weisfrist angeknüpft hat, ist aus praktischen Gründen zu erklären, denn nur
für den Nachweis sieht das Gesetz eine exakt bestimmte Form und Frist vor,
während sich bei der Beantwortung der Frage, ob eine Anzeige „unverzüglich" erfolgt ist, erhebliche Schwierigkeiten ergeben können (vgl. *Heither,*
ZIP 1984, 403, 405). Die Einführung der „Wartefrist" soll Klarheit über die
Gründe bringen, aus denen der Arbeitnehmer fehlt (vgl. auch GK-EFZR/
Steckhan § 6 LFZG Rdn. 24ff.).

Die vorstehend entwickelten Grundsätze gelten entsprechend, wenn der 41
Arbeitgeber unmittelbar nach dem Ende der zunächst bescheinigten Dauer
der Arbeitsunfähigkeit kündigt, ohne abzuwarten, ob der Arbeitnehmer ihm
die **Fortdauer der Arbeitsunfähigkeit** anzeigt und eine entsprechende
ärztliche Bescheinigung vorlegt. § 8 Abs. 1 S. 1 EFZG soll nämlich nicht nur
verhindern, dass der Arbeitgeber den Eintritt der Arbeitsunfähigkeit zum
Anlass nimmt, sich der Entgeltfortzahlungspflicht durch eine Kündigung zu
entziehen, sondern es sollen alle Kündigungen erfasst werden, die geeignet
sind, den Anspruch aus § 3 Abs. 1 EFZG zu verkürzen.

Der Arbeitgeber ist demgemäß nach dem Ende der ursprünglich beschei- 42
nigten Arbeitsunfähigkeit gehalten, zunächst die **Frist des § 5 Abs. 1 S. 2
EFZG abzuwarten.** Geschieht dies nicht, so kann er sich nicht darauf berufen, er habe keine Kenntnis von der Arbeitsunfähigkeit gehabt, während er
umgekehrt nach Ablauf der Frist davon ausgehen kann, dass der Arbeitnehmer unentschuldigt fehlt, auch wenn er zwischenzeitlich (wieder) erkrankt

sein sollte (vgl. BAG AP Nr. 18 zu § 6 LFZG; *Feichtinger*, DB 1983, 1202, 1203; HzA/*Vossen* Gruppe 2 Rdn. 397; *Vossen*, Entgeltfortzahlung, Rdn. 403; a. A. *Kaiser/Dunkl/Hold/Kleinsorge* § 8 EFZG Rdn. 16).

d) Beweislast

43 Nach allgemeinen **Darlegungs- und Beweislastregeln** obliegt es grundsätzlich dem **Arbeitnehmer,** der einen Anspruch gem. § 8 Abs. 1 S. 1 EFZG geltend macht, darzulegen und im Streitfall zu beweisen, dass der Arbeitgeber das Arbeitsverhältnis aus Anlass der Arbeitsunfähigkeit gekündigt hat. Der Arbeitnehmer hat also grundsätzlich zu beweisen, dass der Arbeitgeber bei Ausspruch der Kündigung Kenntnis von der Arbeitsunfähigkeit hatte und dass die Arbeitsunfähigkeit die wesentliche Ursache für die Kündigung war (*Geyer/Knorr/Krasney* § 8 EFZG Rdn. 33; *Kaiser/Dunkl/Hold/Kleinsorge* § 8 EFZG Rdn. 24; MüKo/*Schaub* § 616 Rdn. 104). Dies ist dem Arbeitnehmer allerdings in der Regel schon deshalb nicht möglich, weil er die Beweggründe des Arbeitgebers nicht kennt.

44 Das BAG und ihm folgend das Schrifttum helfen dem Arbeitnehmer deshalb durch verschiedene **Erfahrungssätze.** Hat der Arbeitgeber **im zeitlichen Zusammenhang mit der Krankmeldung** eines Arbeitnehmers oder der Anzeige, dass eine bekannte Arbeitsunfähigkeit andauert, gekündigt, so spricht ein **Beweis des ersten Anscheins** dafür, dass der Arbeitgeber aus Anlass der Arbeitsunfähigkeit gekündigt hat (BAG AP Nr. 11, 14 zu § 6 LFZG; MüKo/*Schaub* § 616 Rdn. 104; *Staudinger/Oetker* § 616 Rdn. 378 m. w. N.). Entsprechendes gilt, wenn der Arbeitgeber vor Ablauf der Wartefrist kündigt: Muss der Arbeitgeber sich so behandeln lassen, als habe er Kenntnis von der krankheitsbedingten Arbeitsunfähigkeit gehabt, so spricht ebenfalls ein Beweis des ersten Anscheins dafür, dass er aus Anlass der Arbeitsunfähigkeit gekündigt hat (*Heither*, ZIP 1984, 403, 406; ähnlich *Brecht* § 8 EFZG Rdn. 9; ErfK/*Dörner* § 8 EFZG Rdn. 18; *Feichtinger*, DB 1983, 1202, 1203; *Geyer/Knorr/Krasney* § 8 EFZG Rdn. 34; Kasseler Handbuch/ *Vossen* Rdn. 289).

45 Der Arbeitgeber kann den **Beweis des ersten Anscheins dadurch erschüttern,** dass er Tatsachen vorträgt und gegebenenfalls beweist, aus denen sich ergibt, dass nicht die Arbeitsunfähigkeit, sondern andere Gründe der Anlass für den Kündigungsentschluss waren (MüKo/*Schaub* § 616 Rdn. 104). Bei einer Kündigung innerhalb der Wartefrist kann der Arbeitgeber den Beweis des ersten Anscheins zum Beispiel dadurch erschüttern, dass er darlegt und beweist, dass der Arbeitnehmer bei Ausspruch der Kündigung (noch) nicht arbeitsunfähig war, so dass schon deshalb keine Kündigung aus Anlass der Arbeitsunfähigkeit vorliegt (vgl. *Staudinger/Oetker* § 616 Rdn. 378; *Vossen*, Entgeltfortzahlung, Rdn. 410). Entsprechendes gilt bei einer Kündigung während der Frist für die Vorlage einer Folgebescheinigung gem. § 5 Abs. 1 S. 4 EFZG (vgl. *Geyer/Knorr/Krasney* § 8 EFZG Rdn. 35; ähnlich *Feichtinger*, DB 1983, 1202, 1203; *Heither*, ZIP 1984, 403, 406).

46 Der Arbeitgeber muss den Beweis des ersten Anscheins jeweils nur **erschüttern,** er muss nicht seinerseits beweisen, dass er nicht aus Anlass der Arbeitsunfähigkeit gekündigt hat (LAG Berlin ARSt 1983, 168; GK-EFZR/ *Steckhan* § 6 LFZG Rdn. 36).

II. Entgeltfortzahlung trotz Beendigung des Arbeitsverhältnisses § 8 EFZG

2. Kündigung durch den Arbeitnehmer (§ 8 Abs. 1 S. 2 EFZG)

§ 8 Abs. 1 S. 2 EFZG stellt der Kündigung durch den Arbeitgeber aus 47
Anlass der Arbeitsunfähigkeit den Fall gleich, dass der Arbeitnehmer das Arbeitsverhältnis aus einem vom Arbeitgeber zu vertretenden Grunde kündigt, der den Arbeitnehmer zur Kündigung aus wichtigem Grund ohne Einhaltung einer Kündigungsfrist berechtigt. Die Regelung lehnt sich an § 628 Abs. 2 BGB an und beinhaltet den Rechtsgedanken, dass sich derjenige schadensersatzpflichtig macht, der vertragswidrig eine Vertragsauflösung veranlasst. Es soll verhindert werden, dass der Arbeitgeber sich seiner Entgeltfortzahlungspflicht dadurch entzieht, dass er den Arbeitnehmer zur Eigenkündigung nötigt (*Helml* § 8 EFZG Rdn. 23; MüKo/*Schaub* § 616 Rdn. 105).

a) Vom Arbeitgeber zu vertretender wichtiger Grund

Voraussetzung eines Anspruchs aus § 8 Abs. 1 S. 2 EFZG ist das Vorliegen 48
eines **vom Arbeitgeber zu vertretenden Grundes**, der den Arbeitnehmer zur Kündigung aus wichtigem Grund ohne Einhaltung einer Kündigungsfrist berechtigt sowie eine Kündigung durch den Arbeitnehmer.

§ 8 Abs. 1 S. 2 EFZG nimmt Bezug auf **§ 626 Abs. 1 BGB**, d.h. es 49
müssen Tatsachen vorliegen, auf Grund derer dem Arbeitnehmer unter Berücksichtigung aller Umstände des Einzelfalls und unter Abwägung der Interessen beider Vertragsteile die Fortsetzung des Arbeitsverhältnisses bis zum Ablauf der Kündigungsfrist oder bis zur vereinbarten Beendigung des Arbeitsverhältnisses nicht zugemutet werden kann (ErfK/*Dörner* § 8 EFZG Rdn. 19 ff.).

Als derartige **Gründe für eine fristlose Kündigung von Seiten des** 50
Arbeitnehmers kommen u.a. in Betracht grobe Beleidigungen oder ungerechtfertigte Verdächtigungen durch den Arbeitgeber (LAG Düsseldorf DB 1972, 2072), die Missachtung zwingender Arbeitsschutzvorschriften durch den Arbeitgeber, die Verletzung der Beschäftigungspflicht (BAG AP Nr. 4 zu § 611 BGB), Gehaltsrückstände für eine erhebliche Zeit oder in erheblicher Höhe (MüKo/*Preis* § 626 Rdn. 245), fortgesetzt unterlassene Abführung der einbehaltenen Lohnsteuer und Sozialversicherungsbeiträge (LAG Baden-Württemberg BB 1968, 874), die Verweigerung einer vertraglich zugesicherten Wohnunterkunft (BAG AP Nr. 1 zu § 124 GewO) und der Widerruf einer erteilten Prokura (BAG EzA Nr. 5 zu § 626 BGB).

§ 8 Abs. 1 S. 2 EFZG setzt lediglich voraus, dass ein wichtiger Grund im 51
Sinne des § 626 Abs. 1 BGB vorliegt und dass der Arbeitnehmer kündigt; **nicht erforderlich** ist, dass der Arbeitnehmer **fristlos kündigt**. Der Anspruch aus § 8 Abs. 1 S. 2 EFZG besteht auch dann, wenn der Arbeitnehmer jenen Tatbestand, der an sich eine fristlose Kündigung rechtfertigen würde, nur zum Anlass für eine ordentliche Kündigung nimmt (*Brecht* § 8 EFZG Rdn. 7; *Brill*, WzS 1982, 1, 6; *Geyer/Knorr/Krasney* § 8 EFZG Rdn. 37; *Gola* § 8 EFZG Anm. 5.1.; *Helml* § 8 EFZG Rdn. 24; *Staudinger/Oetker* § 616 Rdn. 390; *Wedde/Kunz* § 8 EFZG Rdn. 27; *Worzalla/Süllwald* § 8 EFZG Rdn. 28).

52 Eine **entsprechende Anwendung** des § 8 Abs. 1 S. 2 EFZG ist schließlich auch dann angezeigt, wenn der Arbeitnehmer das Verhalten des Arbeitgebers, das eine weitere Fortsetzung des Arbeitsverhältnisses bis zum Ablauf der Kündigungsfrist unzumutbar macht, zum Anlass nimmt, dem Arbeitgeber den Abschluss eines **Aufhebungsvertrages** vorzuschlagen und dieser das Angebot annimmt, denn entscheidend darf nicht die Form der Beendigung des Arbeitsverhältnisses sein, sondern die Ursache, die hierzu führt (*Staudinger/Oetker* § 616 Rdn. 391).

b) Beweislast

53 Die Darlegungs- und Beweislast für das Vorliegen eines wichtigen Grundes im Sinne des § 626 Abs. 1 BGB trifft nach allgemeinen Regeln den **Arbeitnehmer**. Beweiserleichterungen kommen anders als im Anwendungsbereich des § 8 Abs. 1 S. 1 EFZG (vgl. oben Rdn. 43 ff.) nicht in Betracht (*Wedde/Kunz* § 8 EFZG Rdn. 31).

3. Dauer des Entgeltfortzahlungsanspruchs aus § 8 Abs. 1 EFZG

54 Die **Pflicht zur Entgeltfortzahlung gem. § 8 Abs. 1 EFZG** endet spätestens mit Ablauf der Sechs-Wochen-Frist (ErfK/*Dörner* § 8 EFZG Rdn. 1). Zu einem früheren Zeitpunkt endet sie, wenn die Entgeltfortzahlungspflicht gem. § 3 Abs. 1 EFZG bei ungekündigt fortbestehendem Arbeitsverhältnis ebenfalls vor Ablauf der Sechs-Wochen-Frist geendet hätte. Die Entgeltfortzahlungspflicht aus § 8 Abs. 1 EFZG endet demgemäß insbesondere dann vorzeitig, wenn die Arbeitsunfähigkeit infolge der Gesundung des Arbeitnehmers nach Beendigung des Arbeitsverhältnisses aber vor Ablauf der Sechs-Wochen-Frist entfällt (vgl. BAG AP Nr. 19 zu § 6 LFZG; HzA/*Vossen* Gruppe 2 Rdn. 402; *Vossen,* Entgeltfortzahlung, Rdn. 406).

55 Dies gilt auch dann, wenn der Arbeitnehmer nur **vorübergehend gesund wird** und noch während der Sechs-Wochen-Frist erneut erkrankt (Kassler Handbuch/*Vossen* Rdn. 288), denn § 8 Abs. 1 EFZG soll lediglich verhindern, dass sich der Arbeitgeber seiner Entgeltfortzahlungspflicht durch die Kündigung bzw. die provozierte Eigenkündigung des Arbeitnehmers entzieht (*Staudinger/Oetker* § 616 Rdn. 387). Bestehen bleibt die Entgeltfortzahlungspflicht aus § 8 Abs. 1 EFZG dagegen, wenn während der Sechs-Wochen-Frist zu der ursprünglichen Krankheit eine andere hinzutritt, die die erste überdauert (BAG AP Nr. 19 zu § 6 LFZG; ausführlich zur sog. Einheit des Versicherungsfalls § 3 EFZG Rdn. 263 f.).

III. Fortfall der Entgeltfortzahlung bei Beendigung des Arbeitsverhältnisses (§ 8 Abs. 2 EFZG)

56 Der Anspruch der Entgeltfortzahlung bei Arbeitsunfähigkeit gem. § 3 Abs. 1 EFZG setzt grundsätzlich voraus, dass ein Arbeitsverhältnis (noch) besteht. Endet das Arbeitsverhältnis vor Ablauf der Sechs-Wochen-Frist des § 3 Abs. 1 EFZG, so endet grundsätzlich mit dem letzten Tag des Arbeitsverhältnisses auch der Anspruch auf Fortzahlung des Arbeitsentgelts.

III. Fortfall d. Entgeltfortzahlung b. Beendigung d. ArbVerhältnisses § 8 EFZG

Dieser Grundsatz, der durch § 8 Abs. 1 EFZG modifiziert wird, wird für 57 all jene Fälle, die nicht in den Anwendungsbereich des § 8 Abs. 1 EFZG fallen, in § 8 Abs. 2 EFZG noch einmal bestätigt, indem klargestellt wird (zur klarstellenden Funktion des § 8 Abs. 2 EFZG vgl. auch *Gola* § 8 EFZG Anm. 6.1; *Wedde/Kunz* § 8 EFZG Rdn. 36), dass der Entgeltfortzahlungsanspruch mit dem Ende des Arbeitsverhältnisses endet, wenn das Arbeitsverhältnis vor Ablauf der in § 3 Abs. 1 EFZG bezeichneten Zeit nach dem Beginn der Arbeitsunfähigkeit endet, ohne dass es einer Kündigung bedarf, oder infolge einer Kündigung aus anderen als den in § 8 Abs. 1 EFZG bezeichneten Gründe.

1. § 8 Abs. 2 1. Alt. EFZG

Kein Entgeltfortzahlungsanspruch über das Ende des Arbeitsverhältnisses 58 hinaus besteht also zunächst dann, wenn das Arbeitsverhältnis endet, **ohne dass es einer Kündigung bedarf** (§ 8 Abs. 2 1. Alt. EFZG).

In diese Fallgruppe gehört normalerweise nicht zuletzt die einvernehm- 59 liche Beendigung des Arbeitsverhältnisses durch einen **Auflösungs- oder Aufhebungsvertrag.** Aus der Sicht des § 8 Abs. 2 EFZG ist der Auflösungsvertrag allerdings insofern nur noch von beschränktem Interesse, als das BAG auf Auflösungsverträge aus Anlass der Arbeitsunfähigkeit § 8 Abs. 1 S. 1 EFZG analog anwendet (vgl. oben Rdn. 19ff.). Unter § 8 Abs. 2 EFZG fallen daher nur solche Aufhebungsverträge, die nicht aus Anlass der Arbeitsunfähigkeit geschlossen werden bzw. die zwar aus Anlass der Arbeitsunfähigkeit geschlossen werden, die aber nicht der Umgehung des § 8 Abs. 1 S. 1 EFZG dienen (vgl. dazu auch BAG AP Nr. 10 zu § 6 LFZG).

Des weiteren fällt unter § 8 Abs. 2 EFZG die Beendigung eines **befriste-** 60 **ten Arbeitsverhältnisses durch Zeitablauf** (*Kaiser/Dunkl/Hold/Kleinsorge* § 8 EFZG Rdn. 33).

Weitere – in der Praxis wohl nicht allzu häufig auftretende – Anwen- 61 dungsfälle des § 8 Abs. 2 1. Alt. EFZG sind der **Bedingungseintritt,** bei einem Arbeitsverhältnis, das unter einer auflösenden Bedingung abgeschlossen worden ist, die **Zweckerreichung** während der Arbeitsunfähigkeit (vgl. § 620 Abs. 2 BGB) und die **Störung der Geschäftsgrundlage** (§ 313 BGB; ausführlich *Geyer/Knorr/Krasney* § 8 EFZG Rdn. 6, 7, 10).

Wird das Arbeitsverhältnis wegen Irrtums oder arglistiger Täuschung an- 62 gefochten, so führt die **Anfechtung** entgegen den allgemeinen zivilrechtlichen Regeln (vgl. § 142 BGB) nur zur Beendigung des Arbeitsverhältnisses ex nunc, d.h. Entgelt- oder Entgeltfortzahlungsansprüche für die Vergangenheit bleiben bestehen (*Gitter/Michalski,* Arbeitsrecht, S. 56ff.). Speziell bei der Anfechtung ist allerdings zu prüfen, ob die Ausübung des Anfechtungsrechts nicht der Umgehung des § 8 Abs. 1 S. 1 EFZG dient. Dies ist insbesondere dann in Betracht zu ziehen, wenn der Arbeitgeber bereits seit längerem von der Anfechtungsmöglichkeit Kenntnis hatte und er erst nach Eintritt der Arbeitsunfähigkeit von der Anfechtungsmöglichkeit Gebrauch macht (*Gola* § 8 EFZG Anm. 4.2; *Helml* § 8 EFZG Rdn. 22; HzA/*Vossen* Gruppe 2 Rdn. 384; Kasseler Handbuch/*Vossen* Rdn. 273; vgl. auch *Erman/ Belling* § 616 Rdn. 71).

253

63 Unter § 8 Abs. 2 1. Alt. EFZG fällt schließlich auch der **Tod des Arbeitnehmers** (*Kaiser/Dunkl/Hold/Kleinsorge* § 8 EFZG Rdn. 34). Der Tod des Arbeitnehmers führt zur Beendigung des Arbeitsverhältnisses und zum Wegfall des Entgeltfortzahlungsanspruchs; lediglich Forderungen, die zum Zeitpunkt des Todes bereits entstanden sind, gehen auf die Erben über. Der **Tod des Arbeitgebers** führt dagegen nicht zur Beendigung des Arbeitsverhältnisses.

2. § 8 Abs. 2 2. Alt. EFZG

64 Neben die „besonderen Beendigungsgründe" des § 8 Abs. 2 1. Alt. EFZG treten schließlich alle Formen der **Kündigung,** die nicht von § 8 Abs. 1 EFZG erfasst werden (§ 8 Abs. 2 2. Alt. EFZG). Hierunter fallen zum einen alle ordentlichen und außerordentlichen Kündigungen von Seiten des Arbeitgebers, die nicht aus Anlass der Arbeitsunfähigkeit erfolgen, und zum anderen alle Kündigungen von Seiten des Arbeitnehmers, die nicht darauf zurückzuführen sind, dass der Arbeitgeber die Voraussetzungen für eine fristlose Kündigung durch den Arbeitnehmer erfüllt hat.

§ 9 Maßnahmen der medizinischen Vorsorge und Rehabilitation

(1) **Die Vorschriften der §§ 3 bis 4a und 6 bis 8 gelten entsprechend für die Arbeitsverhinderung infolge einer Maßnahme der medizinischen Vorsorge oder Rehabilitation, die ein Träger der gesetzlichen Renten-, Kranken- oder Unfallversicherung, eine Verwaltungsbehörde der Kriegsopferversorgung oder ein sonstiger Sozialleistungsträger bewilligt hat und die in einer Einrichtung der medizinischen Vorsorge oder Rehabilitation durchgeführt wird. Ist der Arbeitnehmer nicht Mitglied einer gesetzlichen Krankenkasse oder nicht in der gesetzlichen Rentenversicherung versichert, gelten die §§ 3 bis 4a und 6 bis 8 entsprechend, wenn eine Maßnahme der medizinischen Vorsorge oder Rehabilitation ärztlich verordnet worden ist und in einer Einrichtung der medizinischen Vorsorge oder Rehabilitation oder einer vergleichbaren Einrichtung durchgeführt wird.**

(2) **Der Arbeitnehmer ist verpflichtet, dem Arbeitgeber den Zeitpunkt des Antritts der Maßnahme, die voraussichtliche Dauer und die Verlängerung der Maßnahme im Sinne des Absatzes 1 unverzüglich mitzuteilen und ihm**
 a) **eine Bescheinigung über die Bewilligung der Maßnahme durch einen Sozialleistungsträger nach Absatz 1 Satz 1 oder**
 b) **eine ärztliche Bescheinigung über die Erforderlichkeit der Maßnahme im Sinne des Absatzes 1 Satz 2**
unverzüglich vorzulegen.

§ 9 EFZG

Übersicht

	Rdn.
I. Allgemeines	1
II. Anspruchsvoraussetzungen und Anspruchsinhalt (§ 9 Abs. 1 EFZG)	17
1. § 9 Abs. 1 S. 1 EFZG – Öffentlich-rechtliche Sozialleistungsträger als Kostenträger	18
a) Maßnahmen im Sinne des Satz 1	19
aa) Maßnahmen der medizinischen Vorsorge und Rehabilitation	20
bb) Vorsorge- oder Rehabilitationseinrichtungen im Sinne des Satz 1	29
cc) Vorherige Bewilligung der Maßnahme	32
b) Leistungsträger im Sinne des Satz 1	34
c) Anwendbare Vorschriften	43
aa) § 3 EFZG	47
bb) § 4 EFZG	55
cc) § 4a EFZG	57
dd) § 6 EFZG	58
ee) § 7 EFZG	60
ff) § 8 EFZG	63
2. § 9 Abs. 1 S. 2 EFZG – Sonstige Kostenträger	66
a) Maßnahmen im Sinne des Satz 2	68
b) „Leistungsträger" im Sinne des Satz 2	74
c) Anwendbare Vorschriften	82
III. Mitteilungs- und Nachweispflichten (§ 9 Abs. 2 EFZG)	83
1. Mitteilungspflichten	84
2. Nachweispflichten	87
3. Sanktionen bei Pflichtverletzungen	100
IV. „Schonungszeiten"	103

I. Allgemeines

§ 9 EFZG regelt die Entgeltfortzahlung im Zusammenhang mit Maßnahmen der medizinischen Vorsorge und Rehabilitation. **1**

Gem. **§ 9 Abs. 1 EFZG** ist der Entgeltfortzahlungsanspruch im wesentlichen davon abhängig, dass die Vorsorge- oder Rehabilitationsmaßnahme **von einem Sozialleistungsträger bewilligt** oder – sofern der Arbeitnehmer nicht Mitglied einer gesetzlichen Krankenkasse oder in der gesetzlichen Rentenversicherung versichert ist – **von einem Arzt verordnet** worden ist und in einer **geeigneten Einrichtung** durchgeführt wird (vgl. BAG AP Nr. 1 zu § 9 EFZG). **2**

Im Übrigen wird sowohl hinsichtlich der Anspruchsvoraussetzungen als auch bezüglich des Anspruchsinhalts eine weitgehende Parallelität zum Entgeltfortzahlungsanspruch im Krankheitsfall dadurch hergestellt, dass die Vorschriften der **§§ 3 bis 4a und 6 bis 8 EFZG entsprechende Anwendung finden** (vgl. Rdn. 43 ff.); speziell geregelt werden lediglich die Mitteilungs- und Nachweispflichten in **§ 9 Abs. 2 EFZG** (vgl. Rdn. 83 ff.), der an die Stelle des § 5 (Abs. 1) EFZG tritt, auf den dementsprechend nicht verwiesen wird. **3**

Vorläufer des § 9 EFZG waren § 7 des Lohnfortzahlungsgesetzes (zur geschichtlichen Entwicklung dieser Regelung ausführlich *Schmitt*, LFZG, § 9 Rdn. 5 ff.) vom 27. Juli 1969 (BGBl. I S. 946) und § 115a Abs. 2 des Arbeitsgesetzbuches der DDR vom 16. Juni 1977 i. d. F. vom 22. Juni 1990 **4**

EFZG § 9 Maßnahmen der medizinischen Vorsorge und Rehabilitation

(GBl. I S. 371) und des Einigungsvertrages vom 31. August 1990 (BGBl. II S. 889), die die Entgeltfortzahlung durch den Arbeitgeber bei Kuren für Arbeiter in den alten Bundesländern und für Arbeitnehmer in den neuen Bundesländern regelten.

5 Für Angestellte in den alten Bundesländern existierte keine vergleichbare Bestimmung. Gewerblichen und technischen Angestellten gewährte man unter diesen Voraussetzungen einen Anspruch auf Entgeltfortzahlung, indem man die Notwendigkeit, sich einer Kur unterziehen zu müssen, als Unglücksfall im Sinne des § 133c GewO (vgl. BAG AP Nr. 22 zu § 63 HGB) bzw. § 63 HGB (vgl. BAG AP Nr. 29 zu § 63 HGB) ansah, wenn eine Interessenabwägung zu dem Ergebnis führte, dass das Interesse des Angestellten an der Erhaltung, Besserung oder Wiederherstellung seiner Gesundheit das Interesse des Arbeitgebers an der Leistung der versprochenen Dienste überwog (BAG AP Nr. 25 zu § 133c GewO; AP Nr. 21 zu § 63 HGB; *Landmann/Rohmer/ Neumann*, GewO, § 133c Rdn. 15). Für sonstige Angestellte leitete man unter ähnlichen Voraussetzungen einen Entgeltfortzahlungsanspruch aus § 616 Abs. 2 BGB her (vgl. MüKo/*Schaub*, 2. Aufl., § 616 Rdn. 41, 148 ff.).

6 Obwohl damit im Ergebnis alle Arbeitnehmergruppen unter Umständen einen Anspruch auf Entgeltfortzahlung während einer Kur geltend machen konnten, blieben doch erhebliche Unterschiede: **Arbeitnehmer in den neuen Bundesländern** konnten nur dann entsprechende Ansprüche geltend machen, wenn die Kur von einem Sozial**versicherungs**träger bewilligt worden war (vgl. *Schmitt*, Lohnfortzahlung in den neuen Bundesländern, Rdn. 30; ders., LFZG, § 115a AGB Rdn. 65; für eine analoge Anwendung auf sonstige von einem öffentlich-rechtlichen Träger bewilligte Kuren u.a. *Marburger*, RdA 1991, 154), **Arbeiter in den alten Bundesländern** hatten dann einen Anspruch auf Entgeltfortzahlung, wenn die Kur von einem Sozial**leistungs**träger gewährt wurde, und **Angestellte in den alten Bundesländern** konnten unter Umständen auch dann Ansprüche geltend machen, wenn die Kur von einem **privatrechtlichen Träger**, insbesondere von einem privaten Krankenversicherungsunternehmen durchgeführt wurde (BAG AP Nr. 23 zu § 63 HGB; *Kehrmann/Pelikan* § 7 LFZG Rdn. 5).

7 Weitere Unterschiede ergaben sich, wenn sich der betroffene Arbeitnehmer nach dem Kurverfahren auf ärztliche Anordnung einer **Schonungszeit** unterziehen musste, obwohl er nicht (mehr) arbeitsunfähig war. Während Angestellten unter diesen Voraussetzungen generell ein Entgeltfortzahlungsanspruch eingeräumt wurde, konnte sich ein entsprechender Anspruch für Arbeiter in den alten Bundesländern und für Arbeitnehmer in den neuen Bundesländern allenfalls aus der abdingbaren Regelung des § 616 Abs. 1 BGB (jetzt: § 616 BGB) ergeben (vgl. *Becker*, DB 1987, 1090, 1092; *Göge*, BB 1986, 1772, 1774; die wohl detaillierteste Analyse Ungleichbehandlungen zwischen Arbeitern und Angestellten bei Kuren findet sich bei *Wank*, Arbeiter und Angestellte, S. 305 ff.).

8 Diese und weitere Ungleichbehandlungen und Unklarheiten im Zusammenhang mit der Entgeltfortzahlung anlässlich von Kuren waren einer der Gründe dafür, dass eine gesetzliche Neuregelung notwendig wurde.

9 Der von den Fraktionen der CDU/CSU und der FDP am 24. Juni 1993 vorgelegte ursprüngliche Entwurf eines Entgeltfortzahlungsgesetzes (BT-Drucks.

I. Allgemeines § 9 EFZG

12/5263) enthielt in seinem § 9 bereits eine Regelung, die – abgesehen von dem Hinweis auf § 4a EFZG – der heutigen Gesetzeslage entsprach.

Durch die Neuregelung wollte man zunächst die bestehenden **Ungleich-** 10
behandlungen beseitigen, indem man eine für alle Arbeitnehmergruppen einheitliche Vorschrift über die Entgeltfortzahlung bei Kuren vorschlug. Des weiteren wollte man sich dem **Sprachgebrauch der modernen Sozialgesetze anpassen,** indem man die Formulierungen „Vorbeugungs-, Heil- und Genesungskuren" (§ 7 Abs. 1 LFZG) bzw. „prophylaktische Kur, ... Heil- oder Genesungskur" (§ 115a Abs. 2 AGB) durch den Terminus „Maßnahmen der medizinischen Vorsorge oder Rehabilitation" ersetzte. Durch den Wegfall der in § 7 LFZG und § 115a Abs. 2 AGB enthaltenen Beschränkung auf Kuren, die von einem Sozialleistungsträger bzw. Sozialversicherungsträger gewährt wurden, wollte man der Tatsache Rechnung tragen, dass seit dem 1. Januar 1989 auch Arbeiter die Möglichkeit haben, sich privat zu versichern, so dass auch ihnen von privaten Krankenversicherungsunternehmen Kuren bewilligt werden.

Der Wegfall der früheren Regelung über die Entgeltfortzahlung während 11
einer ärztlich verordneten **Schonungszeit** ist schließlich darauf zurückzuführen, dass man auch im Sozialversicherungsrecht auf die Möglichkeit einer ärztlich verordneten Schonungszeit verzichtet hat (vgl. BT-Drucks. 12/5263, S. 15).

Im Laufe des Gesetzgebungsverfahrens zum Entgeltfortzahlungsgesetz be- 12
stand über die Regelung des § 9 EFZG Einigkeit; Änderungen wurden nicht vorgenommen.

In der Folgezeit ist § 9 EFZG dann zunächst zweimal geändert worden, 13
um die Verweisung auf andere Bestimmungen des Entgeltfortzahlungsgesetzes in § 9 Abs. 1 S. 1 und 2 EFZG anzupassen.

Durch das **Arbeitsrechtliche Beschäftigungsförderungsgesetz** vom 14
25. September 1996 wurde § 9 Abs. 1 EFZG zunächst dahingehend modifiziert, dass auf die „**§§ 3 bis 4b** und 6 bis 8" verwiesen wurde und nicht mehr wie zuvor auf die „**§§ 3, 4** und 6 bis 8". Durch diese Änderung reduzierte man entsprechend der Neuregelung der Entgeltfortzahlung im Krankheitsfall auch die Entgeltfortzahlung während medizinischer Vorsorge- und Rehabilitationsmaßnahmen auf 80% des regelmäßig gezahlten Arbeitsentgelts und eröffnete dem Arbeitgeber außerdem die Möglichkeit, Sondervergütungen auch dann zu kürzen, wenn sich der – nicht arbeitsunfähig erkrankte – Arbeitnehmer in einer Maßnahme der medizinischen Vorsorge oder Rehabilitation befand (vgl. BT-Drucks. 13/4612, S. 16).

Es folgte die Änderung durch das „Gesetz zu Korrekturen in der Sozial- 15
versicherung und zur Sicherung der Arbeitnehmerrechte". Dessen Entwurf sah bereits vor, § 9 Abs. 1 EFZG dahingehend zu ändern, dass nur noch auf die „**§§ 3 bis 4a** und 6 bis 8" verwiesen wird. Dabei handelte es sich ausweislich der Begründung zum Gesetzentwurf um eine durch die Aufhebung des (früheren) § 4a EFZG veranlasste Folgeänderung. Darüber hinaus wollte man durch die Inbezugnahme des geänderten § 4 EFZG klarstellen, dass die Höhe der gesetzlichen Entgeltfortzahlung auch dann 100% beträgt, wenn der Arbeitnehmer infolge einer medizinischen Vorsorge- oder Rehabilitationsmaßnahme gehindert ist, seine Arbeit zu leisten (BT-Drucks. 14/45, S. 24).

16 Die **aktuelle Fassung** des Vorschrift beruht auf dem **SGB IX** vom 19. Juni 2001 (BGBl. I S. 1045), das am 1. Januar 2002 in Kraft getreten ist. **Aufgehoben** wurde in § 9 Abs. 1 EFZG die **Beschränkung auf stationäre Maßnahmen,** so dass nunmehr auch ambulante Maßnahmen der medizinischen Vorsorge oder Rehabilitation einen Anspruch auf Entgeltfortzahlung auslösen können. Die Änderung dient dazu, die Regelung an § 20 SGB VI und § 45 SGB IX anzupassen, wonach während der Ausführung medizinischer Rehabilitationsleistungen regelmäßig ein Anspruch auf Übergangsgeld dem Grunde nach gegeben ist, und zwar unabhängig davon, ob die Leistung stationär oder ambulant erbracht wird (vgl. BT-Drucks. 14/5074).

II. Anspruchsvoraussetzungen und Anspruchsinhalt (§ 9 Abs. 1 EFZG)

17 Der Anspruch auf Entgeltfortzahlung nach § 9 Abs. 1 EFZG setzt in jedem Fall voraus, dass es sich um eine **Maßnahme der medizinischen Vorsorge oder Rehabilitation** handelt und dass diese Maßnahme in einer **Einrichtung der medizinischen Vorsorge oder Rehabilitation** oder einer vergleichbaren Einrichtung durchgeführt wird. Hinsichtlich der weiteren Voraussetzungen und der Mitteilungs- und Nachweispflichten nach Absatz 2 (vgl. dazu unten Rdn. 83 ff.) ist danach zu differenzieren, ob der Arbeitnehmer in der gesetzlichen Kranken- oder Rentenversicherung versichert ist (§ 9 Abs. 1 S. 1 EFZG, vgl. unten Rdn. 18 ff.) oder nicht (§ 9 Abs. 1 S. 2 EFZG, vgl. unten Rdn. 66 ff.) bzw. danach, wer die Kosten der Vorsorge- oder Rehabilitationsmaßnahme trägt.

1. § 9 Abs. 1 S. 1 EFZG – Öffentlich-rechtliche Sozialleistungsträger als Kostenträger

18 § 9 Abs. 1 S. 1 EFZG regelt den Anspruch auf Entgeltfortzahlung für den Fall, dass eine **medizinische Maßnahme der Vorsorge oder Rehabilitation** (vgl. Rdn. 19 ff.) von einem **öffentlich-rechtlichen Sozialleistungsträger** (vgl. Rdn. 34 ff.) **bewilligt worden ist** (zu den unter diesen Voraussetzungen **anwendbaren Regelungen** vgl. Rdn. 43 ff.).

a) Maßnahmen im Sinne des Satz 1

19 Die Vorläufer des § 9 EFZG – § 7 LFZG und § 115a Abs. 2 AGB – sahen Entgeltfortzahlungsansprüche vor bei „Vorsorge-, Heilungs- oder Genesungskuren" (§ 7 Abs. 1 LFZG) bzw. bei „prophylaktischen Kuren, Heil- oder Genesungskuren" (§ 115a Abs. 2 AGB); durch die Änderung des Wortlauts in § 9 Abs. 1 EFZG sollte zunächst ausweislich der Begründung des Fraktionsentwurfs lediglich eine sprachliche Anpassung an die sozialversicherungsrechtlichen Regelungen wie zum Beispiel §§ 23 f., 40 f. SGB V, §§ 9 ff., 15 SGB VI vorgenommen werden, während der „Kur"-Begriff inhaltlich unverändert bleiben sollte (BT-Drucks. 12/5263, S. 15; vgl. auch *Hold*, AuR

II. Anspruchsvoraussetzungen und Anspruchsinhalt § 9 EFZG

1994, 193; HzA/*Vossen* Gruppe 2 Rdn. 412; *Schliemann,* AuR 1994, 317, 325).

aa) Maßnahmen der medizinischen Vorsorge und Rehabilitation

Aus der Tatsache, dass sich der Begriff des **Medizinischen** sowohl auf 20 Vorsorgemaßnahmen als auch auf Rehabilitationsmaßnahmen bezieht, ergibt sich zunächst, dass es sich um **medizinische Vorsorgemaßnahmen** oder **medizinische Rehabilitationsmaßnahmen** handeln. **Nicht** unter § 9 Abs. 1 EFZG fallen dagegen Maßnahmen der **beruflichen Rehabilitation** (BT-Drucks. 12/5263, S. 15).

Bei den von § 9 Abs. 1 EFZG erfassten **medizinischen Vorsorgemaß-** 21 **nahmen** handelt es sich um Maßnahmen zur Abwendung einer bestimmten Erkrankung, die zwar noch nicht zum Ausbruch gekommen ist, aber in naher Zukunft droht. Sie sollen der Verhütung einer Erkrankung dienen bzw. ihrer Verschlimmerung vorbeugen und damit letztlich eine Beeinträchtigung der Erwerbsfähigkeit verhindern (so zur Vorbeugungskur BAG AP Nr. 2 und 4 zu § 7 LFZG).

Medizinische Rehabilitationsmaßnahmen dienen dazu, eine bestimmte 22 Erkrankung endgültig auszuheilen, die Gesundheit wiederherzustellen bzw. den Organismus nach überstandener Krankheit zu kräftigen (vgl. BAG AP Nr. 2 zu § 7 LFZG). **Entziehungskuren** für Alkoholabhängige oder Drogenabhängige sind grundsätzlich als medizinische Rehabilitationsmaßnahmen anzusehen (*Geyer/Knorr/Krasny* § 9 EFZG Rdn. 16; HzA/*Vossen* Gruppe 2 Rdn. 419; Kasseler Handbuch/*Vossen* Rdn. 300; *Vossen*, Entgeltfortzahlung, Rdn. 421; *Wedde/Kunz* § 9 EFZG Rdn. 17); ob bei derartigen Rehabilitationsmaßnahmen ein Entgeltfortzahlungsanspruch gegen den Arbeitgeber besteht, hängt im wesentlichen davon ab, ob man dem Betroffenen einen Verschuldensvorwurf machen kann (vgl. GK-EFZR/*Steckhan* § 7 LFZG Rdn. 31; zum Verschulden oben § 3 EFZG Rdn. 110 ff.).

Die **Abgrenzung** zwischen medizinischen Vorsorgemaßnahmen und 23 medizinischen Rehabilitationsmaßnahmen kann im Einzelfall schwierig sein; aus der Sicht des Rechts der Entgeltfortzahlung ist die Abgrenzung jedoch auch nicht erforderlich. Entscheidend ist, dass die Maßnahme in einem unmittelbaren Zusammenhang mit einem konkreten krankhaften Gesundheitszustand steht (BAG AP Nr. 2 zu § 7 LFZG; *Brill,* ZfS 1980, 195, 196; *Gola* § 9 EFZG Anm. 3.1; *Kaiser/Dunkl/Hold/Kleinsorge* § 9 EFZG Rdn. 18; zum Begriff der Krankheit vgl. § 3 EFZG Rdn. 46 ff.).

Des weiteren muss die Vorsorge- oder Rehabilitationsmaßnahme **medi-** 24 **zinisch notwendig** sein. Dies steht jedoch im Regelfall fest, wenn die Maßnahme von einem öffentlich-rechtlichen Sozialleistungsträger (vgl. dazu unten Rdn. 34 ff.) bewilligt worden ist.

Die Ermessensentscheidung durch den Sozialleistungsträger lässt sich ar- 25 beitsgerichtlich nur daraufhin überprüfen, ob ein **offensichtlicher Ermessensfehlgebrauch,** z.B. in Gestalt einer völligen Verkennung des Begriffs der medizinischen Vorsorge- oder Rehabilitationsmaßnahme, vorliegt (zum Rechtsschutz des Arbeitgebers gegenüber einem Bewilligungsbescheid ausführlich *Zeuner,* Festschrift für Martens 1987, S. 529). Zu denken ist insoweit etwa an den Fall, dass zwischen der krankheitsbedingten Arbeitsunfähigkeit und der im Zusammenhang damit bewilligten Rehabilitationsmaßnahme ein außergewöhnlich langer Zeitraum liegt (vgl. BAG AP Nr. 3 zu § 7 LFZG; *Kaiser/Dunkl/Hold/Kleinsorge* § 9 EFZG Rdn. 22; Kasseler Handbuch/*Vossen* Rdn. 302).

26 **Keine** medizinischen Vorsorge- oder Rehabilitationsmaßnahme im Sinne des § 9 Abs. 1 EFZG sind sog. **Erholungskuren,** die ohne akuten Krankheitsanlass nur der Vorbeugung gegen allgemeine Abnutzungserscheinungen oder der bloßen Verbesserung des Allgemeinbefindens dienen bzw. die in einem urlaubsmäßigen Zuschnitt verbracht werden können (vgl. *Brecht* § 9 EFZG Rdn. 5; *Kaiser/Dunkl/Hold/Kleinsorge* § 9 EFZG Rdn. 20; Kasseler Handbuch/*Vossen* Rdn. 301; *Wedde/Kunz* § 9 EFZG Rdn. 18; *Worzalla/ Süllwald* § 9 EFZG Rdn. 5).

27 Für die Abgrenzung ist ohne Bedeutung, wie die Maßnahme bezeichnet wird; entscheidend ist allein, ob sie als **gezielte therapeutische Maßnahme** in bezug auf ein konkretes Krankheitsgeschehen anzusehen ist (vgl. BAG AP Nr. 2 zu § 7 LFZG; MünchArbR/*Boecken* § 86 Rdn. 5). Bei dieser Abgrenzung ist nicht zuletzt zu berücksichtigen, ob eine sachgerechte medizinische Betreuung und ein ausreichender Einfluss auf die Lebensführung des Arbeitnehmers gewährleistet ist. Im Regelfall kann man allerdings davon ausgehen, dass der öffentlich-rechtliche Sozialleistungsträger, der die Vorsorge- oder Rehabilitationsmaßnahme bewilligt hat und ihre Kosten übernimmt, auch sicherstellt, dass die Maßnahme so abgewickelt wird, dass der angestrebte Heilzweck erreicht werden kann (*Kaiser/Dunkl/Hold/Kleinsorge* § 9 EFZG Rdn. 16).

28 Dass die Maßnahme **stationär** (vgl. zum Begriff der stationären Durchführung noch BAG AP Nr. 1 zu § 9 EFZG) durchgeführt **wird, ist nicht mehr erforderlich.** Seit dem Inkrafttreten des **SGB IX** vom 19. Juni 2001 (BGBl. I S. 1045), können vielmehr auch ambulante Maßnahmen der medizinischen Vorsorge oder Rehabilitation einen Anspruch auf Entgeltfortzahlung auslösen. Diese Änderung diente dazu, die Regelung des § 9 EFZG an § 20 SGB VI und § 45 SGB IX anzupassen, wonach während der Ausführung medizinischer Rehabilitationsleistungen regelmäßig ein Anspruch auf Übergangsgeld dem Grunde nach gegeben ist, und zwar unabhängig davon, ob die Leistung stationär oder ambulant erbracht wird (vgl. BT-Drucks. 14/5074).

bb) Vorsorge- oder Rehabilitationseinrichtungen im Sinne des Satz 1

29 Weitere Voraussetzung einer medizinischen Maßnahme im Sinne des § 9 Abs. 1 EFZG ist, dass die Maßnahme in einer **Einrichtung der medizinischen Vorsorge oder Rehabilitation** durchgeführt wird.

30 Was darunter zu verstehen ist, ergibt sich zwar nicht aus dem Entgeltfortzahlungsgesetz, zumindest Anhaltspunkte kann man aber wohl aus § 107 Abs. 2 SGB V entnehmen, sofern man dabei berücksichtigt, dass § 9 EFZG nicht mehr verlangen, dass die Maßnahme stationär durchgeführt wird.

31 Vorsorge- oder Rehabilitationseinrichtungen sind nach **§ 107 Abs. 2 SGB V** Einrichtungen, die
– der stationären Behandlung der Patienten dienen,
um

II. Anspruchsvoraussetzungen und Anspruchsinhalt **§ 9 EFZG**

- eine Schwächung der Gesundheit, die in absehbarer Zeit voraussichtlich zu einer Krankheit führen würde, zu beseitigen oder einer Gefährdung der gesundheitlichen Entwicklung eines Kindes entgegenzuwirken (Vorsorge) oder
- eine Krankheit zu heilen, ihre Verschlimmerung zu verhüten oder Krankheitsbeschwerden zu lindern oder im Anschluss an Krankenhausbehandlung den dabei erzielten Behandlungserfolg zu sichern oder zu festigen, auch mit dem Ziel, einer drohenden Behinderung vorzubeugen, eine Behinderung zu beseitigen, zu bessern oder eine Verschlimmerung zu verhüten oder Pflegebedürftigkeit zu vermeiden oder zu mindern (Rehabilitation),
- fachlich-medizinisch unter ständiger ärztlicher Verantwortung und unter Mitwirkung von besonders geschultem Personal darauf eingerichtet sind, den Gesundheitszustand der Patienten nach einem ärztlichen Behandlungsplan vorwiegend durch Anwendung von Heilmitteln einschließlich Krankengymnastik, Bewegungstherapie, Sprachtherapie oder Arbeits- und Beschäftigungstherapie, ferner durch andere geeignete Hilfen, auch durch geistige und seelische Einwirkungen, zu verbessern und den Patienten bei der Entwicklung eigener Abwehr- und Heilungskräfte zu helfen, und in denen
- die Patienten untergebracht und verpflegt werden können.

cc) Vorherige Bewilligung der Maßnahme

Weitere Voraussetzung des Anspruchs auf Entgeltfortzahlung ist schließlich, dass die Maßnahme **vor ihrem Beginn** von einem öffentlich-rechtlichen Sozialleistungsträger bewilligt worden ist. Dies ergibt sich aus § 9 Abs. 1 S. 1 EFZG, wonach die §§ 3 bis 4a und 6 bis 8 EFZG entsprechend gelten, wenn ein öffentlich-rechtlicher Sozialleistungsträger die Vorsorge- oder Rehabilitationsmaßnahme „bewilligt ... hat" (h.M. ErfK/*Dörner* § 9 EFZG Rdn. 15; *Geyer/Knorr/Krasney* § 9 EFZG Rdn. 21; *Kaiser/Dunkl/ Hold/Kleinsorge* § 9 EFZG Rdn. 9; MünchArbR/*Boecker* § 86 Rdn. 11; *Vossen*, Entgeltfortzahlung, Rdn. 428; *Worzalla/Süllwald* § 9 EFZG Rdn. 9; zweifelnd: *Staudinger/Oetker* § 616 Rdn. 269; a.A. *Wedde/Kunz* § 9 EFZG Rdn. 26). 32

Eine **nachträgliche Bewilligung** lässt demgemäß **keinen** Entgeltfortzahlungsanspruch entstehen, wenn der Arbeitnehmer die Vorsorge- oder Rehabilitationsmaßnahme inzwischen auf eigene Rechnung begonnen oder durchgeführt hat (vgl. *Brecht* § 9 EFZG Rdn. 3; *Geyer/Knorr/Krasney* § 9 EFZG Rdn. 21; *Kaiser/Dunkl/Hold/Kleinsorge* § 9 EFZG Rdn. 9; Kasseler Handbuch/*Vossen* Rdn. 306; MünchArbR/*Boecker* § 86 Rdn. 11; a.A. *Marburger*, RdA 1990, 150; *Wedde/Kunz* § 9 EFZG Rdn. 20). 33

b) Leistungsträger im Sinne des Satz 1

§ 9 Abs. 1 S. 1 EFZG nennt als Träger, die die Maßnahme der medizinischen Vorsorge oder Rehabilitation gewähren können, die Träger der gesetzlichen Renten-, Kranken- und Unfallversicherung, die Verwaltungsbehörden der Kriegsopferversorgung sowie sonstige Sozialleistungsträger. Damit werden folgende Leistungsträger angesprochen: 34

EFZG § 9 Maßnahmen der medizinischen Vorsorge und Rehabilitation

35 **Träger der gesetzlichen Rentenversicherung** sind in der Rentenversicherung der Arbeiter die Landesversicherungsanstalten, die Seekasse und die Bahnversicherungsanstalt, in der Rentenversicherung der Angestellten die Bundesversicherungsanstalt für Angestellte, in der knappschaftlichen Rentenversicherung die Bundesknappschaft und in der Alterssicherung der Landwirte die landwirtschaftlichen Alterskassen (vgl. § 23 Abs. 2 SGB I). Sie gewähren Leistungen zur medizinischen Rehabilitation nach § 15 SGB VI bzw. § 10 ALG i. V. m. § 15 SGB VI.

36 **Träger der gesetzlichen Krankenversicherung** sind die Orts-, Betriebs- und Innungskrankenkassen, die See-Krankenkasse, die landwirtschaftlichen Krankenkassen, die Bundesknappschaft und die Ersatzkassen (vgl. § 21 Abs. 2 SGB I). Sie gewähren insbesondere medizinische Vorsorgeleistungen auf der Basis des § 23 SGB V und Vorsorgekuren für Mütter nach § 24 SGB V. Des weiteren können unter Umständen auch auf der Basis des § 20 Abs. 3 SGB V Kuren als Leistungen der gesetzlichen Krankenversicherung in Anspruch genommen werden (vgl. *Marburger*, RdA 1990, 149). Schließlich können auch die medizinischen Rehabilitationsmaßnahmen gem. §§ 40 f. SGB V unter Umständen stationäre Maßnahmen umfassen.

37 **Träger der gesetzlichen Unfallversicherung** sind die gewerblichen und landwirtschaftlichen Berufsgenossenschaften, die Eisenbahn-Unfallkasse, die Unfallkasse Post und Telekom, die Gemeindeunfallversicherungsverbände, die Unfallkassen der Gemeinden, die Feuerwehr-Unfallkasse sowie die gemeinsamen Unfallkassen für den Landes- und den kommunalen Bereich und die Unfallkasse des Bundes (vgl. § 22 Abs. 2 SGB I). Sie gewähren medizinische Vorsorge- bzw. Rehabilitationsmaßnahmen nach den §§ 27, 33 SGB VII.

38 Neben den vorgenannten Trägern der Sozial**versicherung** erwähnt § 9 Abs. 1 EFZG die **Verwaltungsbehörden der Kriegsopferversorgung,** die zuständig sind für die Erbringung von Leistungen nach dem Bundesversorgungsgesetz sowie nach den hinsichtlich des Leistungsrechts auf das Bundesversorgungsgesetz verweisenden Gesetze (Soldatenversorgungsgesetz, Bundesgrenzschutzgesetz, Zivildienstgesetz, Infektionsschutzgesetz, Opferentschädigungsgesetz, Häftlingshilfegesetz). Zu den danach zu gewährenden Leistungen gehört insbesondere die Heil- und Krankenbehandlung (§§ 10 ff. BVG), die nicht nur unter Mitwirkung der Krankenversicherungsträger erbracht wird, sondern die auch inhaltlich weitgehend den Leistungen der gesetzlichen Krankenversicherung entspricht (vgl. § 11 Abs. 1 BVG) und somit u. a. medizinischen Vorsorge- und Rehabilitationsmaßnahmen umfasst.

39 Den vorstehend angesprochenen Sozialleistungsträgern stellt § 9 Abs. 1 EFZG schließlich **sonstige Sozialleistungsträger** gleich. Sowohl der Terminus Sozialleistungsträger als auch der Zusammenhang mit den ausdrücklich genannten Trägern zeigt, dass es sich bei den sonstigen Sozialleistungsträgern um **öffentlich-rechtliche Sozialleistungsträger** im Sinne des SGB handeln muss (*Brill,* ZfS 1980, 195; ErfK/*Dörner* § 9 EFZG Rdn. 13; *Geyer/ Knorr/Krasney* § 9 EFZG Rdn. 23 f.; HzA/*Vossen* Gruppe 2 Rdn. 429; *Kaiser/Dunkl/Hold/Kleinsorge* § 9 EFZG Rdn. 8; *Marburger,* RdA 1982, 149; *Wedde/Kunz* § 9 EFZG Rdn. 25).

40 Als derartige sonstige Träger kommen allenfalls die **Träger der Sozialhilfe** in Betracht, da die übrigen noch nicht angesprochenen Sozialleistungs-

II. Anspruchsvoraussetzungen und Anspruchsinhalt § 9 EFZG

träger keine medizinischen Vorsorge- oder Rehabilitationsmaßnahmen gewähren. Auch die Bedeutung der Sozialhilfeträger ist jedoch aus der Sicht des § 9 Abs. 1 EFZG nur gering, denn sie gewähren zwar insbesondere im Rahmen der vorbeugenden Gesundheitshilfe und der Krankenhilfe unter Umständen Kuren (§§ 36ff. BSHG), zu berücksichtigen ist jedoch, dass die Sozialhilfe nur subsidiär eingreift mit der Folge, dass derjenige, der Mitglied der gesetzlichen Krankenversicherung ist, normalerweise keine entsprechenden Sozialhilfeansprüche geltend machen kann. Derjenige, der in den Anwendungsbereich des Entgeltfortzahlungsgesetzes und damit auch des § 9 Abs. 1 EFZG fällt, wird aber in aller Regel Mitglied der gesetzlichen Krankenversicherung oder privat gegen Krankheit versichert sein. Bedeutung kann die Leistungsgewährung durch die Sozialhilfeträger damit wohl nur für Arbeitnehmer erlangen, die aufgrund des geringen Umfangs ihrer Beschäftigung versicherungsfrei sind.

Keine sonstigen **Sozialleistungsträger** im Sinne des § 9 Abs. 1 S. 1 **41** EFZG sind private Leistungsträger wie z.B. **private Krankenversicherungsunternehmen** oder **die Verbände der freien Wohlfahrtsverbände** wie z.B. Arbeiterwohlfahrt, Caritas, Innere Mission, das Müttergenesungswerk und das Deutsche Rote Kreuz (vgl. ErfK/*Dörner* § 9 EFZG Rdn. 14; *Gola* § 9 EFZG Anm. 3.4; HzA/*Vossen* Gruppe 2 Rdn. 429; *Vossen,* Entgeltfortzahlung, Rdn. 427; *Wedde/Kunz* § 9 EFZG Rdn. 25). Insoweit kommt es **nicht** darauf an, **wo**, d.h. in wessen Einrichtung die Maßnahme durchgeführt wird, **sondern** allein darauf, **wer** Träger der Maßnahme ist.

Soweit **private Leistungsträger** die Kosten der Vorsorge- oder Rehabi- **42** litationsmaßnahme übernehmen, regelt sich der Anspruch des Arbeitnehmers auf Entgeltfortzahlung nach § 9 Abs. 1 S. 2 EFZG (vgl. unten Rdn. 66 ff.).

c) Anwendbare Vorschriften

Sind die vorgenannten Voraussetzungen erfüllt, so gelten die **§§ 3 bis 4a** **43** **und 6 bis 8 EFZG entsprechend** für den Zeitraum, für den der Sozialleistungsträger im Sinne des SGB die Vorsorge- oder Rehabilitationsmaßnahme bewilligt hat.

Nicht entsprechend anwendbar sind **§ 5 (Abs. 1) EFZG,** an dessen **44** Stelle die speziellere Vorschrift des § 9 Abs. 2 EFZG tritt, sowie die Regelungen über die wirtschaftliche Sicherung für den Krankheitsfall im Bereich der Heimarbeit in § 10 EFZG.

Was dagegen – trotz des möglicherweise irreleitenden Wortlauts des § 9 **45** Abs. 1 EFZG – wiederum **gilt**, ist § 12 EFZG; wenn dort vorgesehen ist, dass von den Vorschriften dieses Gesetzes abgesehen von § 4 Abs. 4 EFZG nicht zu Ungunsten des Arbeitnehmers abgewichen werden kann, so folgt daraus, dass auch die Regelung des § 9 EFZG über die Entgeltfortzahlung im Zusammenhang mit Vorsorge- oder Rehabilitationsmaßnahmen zwingendes Recht darstellt (ebenso ErfK/*Dörner* § 9 EFZG Rdn. 32; vgl. auch *Wedde/Kunz* § 9 EFZG Rdn. 37).

Die Verweisung auf die §§ 3 bis 4a und 6 bis 8 EFZG ist unter anderem **46** im Hinblick auf die (sonstigen) Voraussetzungen und den Umfang des Entgeltfortzahlungsanspruchs von Bedeutung.

aa) § 3 EFZG

47 Aus der Bezugnahme auf **§ 3 EFZG** folgt z.B., dass nur dann ein Anspruch auf Entgeltfortzahlung im Zusammenhang mit einer Vorsorge- oder Rehabilitationsmaßnahme besteht, wenn den Arbeitnehmer kein Verschulden trifft. Hat sich der Arbeitnehmer die Krankheit, die eine Maßnahme der medizinischen Vorsorge oder Rehabilitation erforderlich macht, schuldhaft zugezogen, so besteht auch für die Zeit der Maßnahme im Sinne des § 9 Abs. 1 EFZG kein Anspruch auf Entgeltfortzahlung (ErfK/*Dörner* § 9 EFZG Rdn. 22; MünchArbR/*Boecken* § 86 Rdn. 15; zum Verschulden vgl. § 3 EFZG Rdn. 110 ff.).

48 Entsprechende Anwendung findet auch der Grundsatz, dass die Krankheit – hier: die Vorsorge- oder Rehabilitationsmaßnahme – die **alleinige Ursache** dafür sein muss, dass der Arbeitnehmer seiner Arbeitspflicht nicht nachkommt (zur Kausalität ausführlich § 3 EFZG Rdn. 78 ff.). Dies ist unter Umständen dann nicht der Fall, wenn sich der Arbeitnehmer für längere Zeit vom Ort der Maßnahme entfernt oder die medizinischen Vorschriften, die man ihm gemacht hat, in einer Weise missachtet, dass nicht mehr davon gesprochen werden kann, er unterziehe sich der ihm bewilligten Maßnahme (vgl. GK-EFZR/*Steckhan* § 7 LFZG Rdn. 51).

49 Entsprechend gelten auch die Regelungen über **wiederholte Arbeitsverhinderungen** aufgrund verschiedener bzw. derselben Krankheiten. Bei der Berechnung werden Vorsorge- und Rehabilitationsmaßnahmen wie Erkrankungsphasen behandelt.

50 Soweit eine vorausgegangene (oder spätere) **Krankheit** und eine **Vorsorge- bzw. Rehabilitationsmaßnahme** sich auf **verschiedene Leiden** beziehen, findet keine Addition der Arbeitsunfähigkeitsphasen statt, sondern es läuft jeweils ein neuer Sechs-Wochen-Zeitraum; handelt es sich dagegen um **dieselbe Grundursache,** werden Zeiten der krankheitsbedingten und der vorsorge- oder rehabilitationsbedingten Arbeitsverhinderung addiert.

51 Wird zum Beispiel wegen einer mit Arbeitsunfähigkeit verbundenen Krankheit, die drei Wochen gedauert hat, eine dreiwöchige Rehabilitationsmaßnahme bewilligt und durchgeführt und erkrankt der Arbeitnehmer nach der Rehabilitationsmaßnahme erneut an der Krankheit, derentwegen die Maßnahme bewilligt wurde, so besteht für die Krankheit kein Entgeltfortzahlungsanspruch mehr; erkrankt er dagegen an einer anderen Krankheit, so läuft die normale Sechs-Wochen-Frist (vgl. *Geyer/Knorr/Krasney* § 9 EFZG Rdn. 30; HzA/*Vossen* Gruppe 2 Rdn. 440; *Kaiser/Dunkl/Hold/Kleinsorge* § 9 EFZG Rdn. 24; *Marienhagen/Künzl* § 9 EFZG Rdn. 7).

52 Etwas anderes gilt – ebenso wie bei aufeinander folgenden Krankheitsphasen – nur dann, wenn der Betroffene dazwischen mindestens **sechs Monate nicht wegen derselben Krankheit arbeitsunfähig gewesen ist** (*Geyer/Knorr/Krasney* § 9 EFZG Rdn. 30). Diese Sechs-Monats-Frist ist vom Ende der Arbeitsunfähigkeit bis zum **Beginn der Rehabilitationsmaßnahme** zu berechnen; es kommt nicht darauf an, wann die Maßnahme bewilligt worden ist (vgl. auch BAG AP Nr. 30 zu § 63 HGB; zur fortgesetzten Erkrankung insgesamt vgl. § 3 EFZG Rdn. 220 ff.). Der Sozialversicherungsträger ist gegenüber dem Arbeitgeber des Versicherten nicht verpflich-

II. Anspruchsvoraussetzungen und Anspruchsinhalt　§ 9 EFZG

tet, dafür zu sorgen, dass eine auf derselben Krankheit beruhende Maßnahme der medizinischen Rehabilitation binnen sechs Monaten nach dem Ende der früheren Erkrankung begonnen wird, um einen erneuten Entgeltfortzahlungsanspruch unter dem Gesichtspunkt der Wiederholungserkrankung zu vermeiden (BAG AP Nr. 8 zu § 7 LFZG; *Kaiser/Dunkl/Hold/Kleinsorge* § 9 EFZG Rdn. 24).

Für die Berechnung der **12-Monats-Frist** ist ebenfalls nicht auf den Zeitpunkt der Bewilligung der Maßnahme, sondern auf den Beginn der Vorsorge- oder Rehabilitationsmaßnahme abzustellen (LAG Berlin AP Nr. 5 zu § 7 LFZG; HzA/*Vossen* Gruppe 2 Rdn. 441; *Marienhagen/Künzl* § 9 EFZG Rdn. 9; MünchArbR/*Boecken* § 86 Rdn. 15). 53

Die Verweisung auf § 3 EFZG besagt schließlich, dass auch dann ein Entgeltfortzahlungsanspruch besteht, wenn die Rehabilitationsmaßnahme nach einer **Sterilisation** oder nach einem **Schwangerschaftsabbruch** zur Heilung oder Genesung bewilligt wird (*Geyer/Knorr/Krasney* § 9 EFZG Rdn. 32; *Wedde/Kunz* § 9 EFZG Rdn. 38). Unter dem Blickwinkel einer „Fortsetzungserkrankung" sind in diesem Fall die Arbeitsunfähigkeit infolge der Sterilisation bzw. des Schwangerschaftsabbruchs und die dadurch ausgelöste Rehabilitationsmaßnahme zu addieren. 54

bb) § 4 EFZG

Wie sich aus der entsprechenden Anwendbarkeit des **§ 4 Abs. 1 bis 3 EFZG** ergibt, gelten hinsichtlich der Höhe des fortzuzahlenden Arbeitsentgelts und der Frage, was zum fortzuzahlenden Arbeitsentgelt gehört und wie dieses fortzuzahlende Arbeitsentgelt auf der Grundlage des Entgeltausfallprinzips zu berechnen ist, dieselben Regeln wie bei der Bemessung des fortzuzahlenden Entgelts bei krankheitsbedingter Arbeitsunfähigkeit; das fortzuzahlende Entgelt ist also in beiden Fällen genau gleich hoch (zur Berechnung vgl. die Kommentierung zu § 4 EFZG). 55

Ebenfalls anwendbar ist auch die **Tariföffnungsklausel** des § 4 Abs. 4 EFZG, so dass auch Abweichungen zu Lasten der Betroffenen vereinbart werden können. 56

cc) § 4a EFZG

Die Verweisung auf **§ 4a EFZG** eröffnet dem Arbeitgeber die Möglichkeit, etwaige Sondervergütungen auch dann zu kürzen, wenn der Arbeitnehmer der Arbeit im Hinblick auf die Teilnahme an einer medizinischen Vorsorge- oder Rehabilitationsmaßnahme fernbleibt (vgl. BT-Drucks. 13/4612, S. 16; ErfK/*Dörner* § 9 EFZG Rdn. 27; *Lorenz*, DB 1996, 1973, 1976). 57

dd) § 6 EFZG

Die entsprechende Geltung des **§ 6 EFZG** ist von Bedeutung für den Fall, dass der Arbeitnehmer aufgrund gesetzlicher Vorschriften von einem Dritten Schadensersatz wegen des Verdienstausfalls beanspruchen kann, der ihm durch die Vorsorge- oder Rehabilitationsmaßnahme entsteht. 58

Beispiel: Ein Dritter verletzt den Arbeitnehmer bei einem Verkehrsunfall in einer Weise, die zunächst einen Krankenhausaufenthalt und danach eine Rehabilitationsmaßnahme erforderlich macht.

EFZG § 9 Maßnahmen der medizinischen Vorsorge und Rehabilitation

59   Soweit in diesem Fall der Arbeitgeber dem Arbeitnehmer nicht nur nach § 3 Abs. 1 EFZG, sondern auch nach § 9 Abs. 1 EFZG Arbeitsentgelt fortgezahlt und darauf entfallende von den Arbeitgebern zu tragende Beiträge zur Bundesagentur für Arbeit, Arbeitgeberanteile an den Beiträgen zur Sozialversicherung und zur Pflegeversicherung sowie zu den Einrichtungen der zusätzlichen Alters- und Hinterbliebenenversorgung abgeführt hat, geht der Schadensersatzanspruch des Arbeitnehmers wegen des Verdienstausfalls auch insoweit kraft Gesetzes auf den Arbeitgeber über (ErfK/*Dörner* § 9 EFZG Rdn. 28).

ee) § 7 EFZG

60   Aufgrund der Verweisung auf die Regelung des **§ 7 EFZG** werden bestimmte Pflichtverletzungen des Arbeitnehmers im Zusammenhang mit einer Vorsorge- oder Rehabilitationsmaßnahme ebenfalls dadurch sanktioniert, dass dem Arbeitgeber ein Leistungsverweigerungsrecht zuerkannt wird, wobei auch im Anwendungsbereich des § 9 EFZG zwischen verschiedenen vorläufigen und einem endgültigen Leistungsverweigerungsrecht zu unterscheiden ist.

61   Ein **vorläufiges Leistungsverweigerungsrecht** gem. § 7 Abs. 1 **Nr. 1** EFZG besteht dann, wenn der Arbeitnehmer seine Nachweispflichten, die sich im Falle der Vorsorge- oder Rehabilitationsmaßnahmen allerdings nicht aus § 5 Abs. 1 EFZG, sondern aus § 9 Abs. 2 EFZG (vgl. Rdn. 83 ff.) ergeben, verletzt.

62   Ein **endgültiges Leistungsverweigerungsrecht** gem. § 7 Abs. 1 **Nr. 2** EFZG besteht dagegen, wenn der Arbeitnehmer den Anspruchsübergang auf den Arbeitgeber gem. § 6 Abs. 1 EFZG verhindert und er dies zu vertreten hat (vgl. ausführlich § 7 EFZG Rdn. 39 ff.).

ff) § 8 EFZG

63   Schließlich gelten im Anwendungsbereich des § 9 EFZG auch die Regelungen über die entgeltfortzahlungsrechtlichen Auswirkungen einer Beendigung des Arbeitsverhältnisses (§ 8 EFZG) entsprechend (ErfK/*Dörner* § 9 EFZG Rdn. 30).

64   Der Anspruch des Arbeitnehmers aus § 9 Abs. 1 EFZG wird demgemäß nicht dadurch berührt, dass der Arbeitgeber das Arbeitsverhältnis **aus Anlass der Vorsorge- oder Rehabilitationsmaßnahme** kündigt. Das gleiche gilt, wenn der Arbeitnehmer das Arbeitsverhältnis aus einem vom Arbeitgeber zu vertretenden wichtigen Grund kündigt, der den Arbeitnehmer zur Kündigung aus wichtigem Grund ohne Einhaltung einer Kündigungsfrist berechtigt (§ 8 Abs. 1 EFZG; ausführlich § 8 EFZG Rdn. 10 ff.).

65   Endet das Arbeitsverhältnis dagegen vor Ablauf von sechs Wochen nach Beginn der Vorsorge- oder Rehabilitationsmaßnahme, ohne dass es einer Kündigung bedarf oder infolge einer Kündigung **aus anderen Gründen,** so endet der Anspruch auf Entgeltfortzahlung mit dem Ende des Arbeitsverhältnisses (§ 8 Abs. 2 EFZG; ausführlich § 8 EFZG Rdn. 96 ff.).

2. § 9 Abs. 1 S. 2 EFZG – Sonstige Kostenträger

66   Während unter der Geltung des § 7 LFZG ein Anspruch auf Entgeltfortzahlung während einer Maßnahme der medizinischen Vorsorge oder Reha-

II. Anspruchsvoraussetzungen und Anspruchsinhalt § 9 EFZG

bilitation nur dann in Betracht kam, wenn die Kosten der Maßnahme von einem öffentlich-rechtlichen Sozialleistungsträger getragen wurden, kann nunmehr gem. § 9 Abs. 1 S. 2 EFZG ein Entgeltfortzahlungsanspruch auch dann bestehen, wenn die Kosten z. B. von einem **privaten Versicherungsunternehmen,** einer **karitativen Einrichtung** oder sogar dem **Arbeitnehmer selbst** getragen werden. Voraussetzung eines Entgeltfortzahlungsanspruchs gem. § 9 Abs. 1 S. 1 EFZG ist jedoch stets, dass der Arbeitnehmer weder in der gesetzlichen Krankenversicherung noch in der gesetzlichen Rentenversicherung versichert ist; besteht ein entsprechendes Versicherungsverhältnis scheidet ein Anspruch gem. § 9 Abs. 1 S. 2 EFZG von vornherein aus (*Geyer/Knorr/Krasney* § 9 EFZG Rdn. 52; *Kaiser/Dunkl/Hold/Kleinsorge* § 9 EFZG Rdn. 8).

Die **Anspruchsvoraussetzungen des § 9 Abs. 1 S. 2 EFZG** entspre- 67 chen im wesentlichen denen eines Anspruchs aus § 9 Abs. 1 S. 1 EFZG, einige kleinere Modifikationen tragen jedoch der Tatsache Rechnung, dass kein Sozialleistungsträger beteiligt ist.

a) Maßnahmen im Sinne des Satz 2

Keine Abweichungen gegenüber § 9 Abs. 1 S. 1 EFZG bestehen hinsicht- 68 lich des Begriffs der **Maßnahme der medizinischen Vorsorge oder Rehabilitation,** es werden dieselben medizinischen Maßnahmen erfasst, und Leistungen der berufsfördernden Rehabilitation werden auch nicht von § 9 Abs. 1 S. 2 EFZG erfasst (ErfK/*Dörner* § 9 EFZG Rdn. 4ff.; zum Begriff der Maßnahme der medizinischen Vorsorge oder Rehabilitation oben Rdn. 13ff.).

Parallelen bestehen auch, soweit in § 9 Abs. 1 S. 2 EFZG der Begriff der 69 **Einrichtung der medizinischen Vorsorge oder Rehabilitation** verwendet wird (vgl. oben Rdn. 29ff.).

Gewisse **Abweichungen** ergeben sich insoweit, als § 9 Abs. 1 S. 1 EFZG 70 voraussetzt, dass die Maßnahme in einer Vorsorge- oder Rehabilitationseinrichtung durchgeführt wird, während nach Satz 2 neben medizinischen Vorsorge- oder Rehabilitationseinrichtungen auch **vergleichbare Einrichtungen** in Betracht kommen. Der Gesetzgeber trägt damit der Tatsache Rechnung, dass insbesondere die gesetzlichen Krankenkassen gem. § 111 Abs. 1 SGB V Leistungen zur Vorsorge oder Rehabilitation nur in Einrichtungen zur Vorsorge und Rehabilitation im Sinne des § 107 Abs. 2 SGB V erbringen lassen dürfen, während z. b. ein privates Krankenversicherungsunternehmen nicht daran gehindert ist, Vorsorge- oder Rehabilitationsleistungen durch Einrichtungen erbringen zu lassen, die nicht in allen Einzelheiten den Anforderungen des § 107 Abs. 2 SGB V (vgl. dazu oben Rdn. 31) entsprechen.

Die Einrichtung muss aber zumindest **vergleichbar** sein, wodurch die 71 Belastung des Arbeitgebers mit Leistungen der Entgeltfortzahlung gem. § 9 Abs. 1 S. 2 EFZG begrenzt wird.

Die wichtigsten Abweichungen zwischen den Ansprüchen nach § 9 Abs. 1 72 S. 1 und § 9 Abs. 1 S. 2 EFZG bestehen jedoch hinsichtlich des „**Bewilligungsverfahrens**". Im Anwendungsbereich von **Satz 1** muss die Maßnah-

267

me bewilligt werden; erläßt ein öffentlich-rechtlicher Sozialleistungsträger einen entsprechenden Bewilligungsbescheid, so ist damit grundsätzlich sichergestellt, dass die Maßnahme erforderlich ist. Im Anwendungsbereich des **Satz 2** ist jedoch kein öffentlich-rechtlicher Sozialleistungsträger beteiligt, an dessen Entscheidung das Entgeltfortzahlungsrecht anknüpfen könnte. Dieser besonderen Situation wird dadurch Rechnung getragen, dass die Maßnahme **ärztlich verordnet** sein muss.

73 Hinsichtlich der Person des Arztes gelten dieselben Grundsätze wie im Zusammenhang mit ärztlichen Arbeitsunfähigkeitsbescheinigungen nach § 5 Abs. 1 EFZG: Es muss sich lediglich um einen approbierten Arzt handeln; davon abgesehen ist der Arbeitnehmer jedenfalls im Verhältnis zu seinem Arbeitgeber frei bezüglich seiner Arztwahl (*Geyer/Knorr/Krasney* § 9 EFZG Rdn. 54; *Kaiser/Dunkl/Hold/Kleinsorge* § 9 EFZG Rdn. 11; ausführlich § 5 EFZG Rdn. 92 ff.).

b) „Leistungsträger" im Sinne des Satz 2

74 Die wichtigsten Leistungsträger im Sinne des § 9 Abs. 1 S. 2 EFZG sind **private Krankenversicherungsunternehmen,** bei denen Arbeitnehmer, deren Einkommen die Versicherungspflichtgrenze übersteigt, sich privat versichert haben (vgl. § 6 Abs. 1 Nr. 1 SGB V). Auf diese Arbeitnehmergruppe weist das Gesetz hin, indem § 9 Abs. 1 S. 2 EFZG die Arbeitnehmer anspricht, die „nicht Mitglied einer gesetzlichen Krankenkasse" sind.

75 Darüber hinaus ist dieser Formulierung aber auch zu entnehmen, dass § 9 Abs. 1 S. 2 EFZG **nicht** eingreift, wenn ein Arbeitnehmer zwar Mitglied der gesetzlichen Krankenversicherung ist, er aber andererseits über eine **private Zusatzversicherung** verfügt, aufgrund deren er unter Umständen medizinische Vorsorge- oder Rehabilitationsleistungen erhalten könnte, die ihm die gesetzliche Krankenversicherung nicht gewährt. Dadurch wird eine vermehrte Inanspruchnahme der Arbeitgeber durch Entgeltfortzahlungsansprüche vermieden.

76 Ähnliches gilt für private Versicherungen gegen die Risiken des **Alters** oder der **Invalidität.** Ist ein Arbeitnehmer **nicht** in der **gesetzlichen Rentenversicherung** versichert und hat er **statt dessen private Vorsorge** durch entsprechende private Versicherungen getroffen, so **besteht** – das Vorliegen der übrigen Voraussetzungen unterstellt – ein **Entgeltfortzahlungsanspruch,** wenn dem Arbeitnehmer z. B. von einem privaten Versicherungsunternehmen medizinische Maßnahmen bewilligt werden, um den frühzeitigen Eintritt von Berufs- oder Erwerbsunfähigkeit zu verhindern.

77 Ist der Arbeitnehmer dagegen in der gesetzlichen Rentenversicherung versichert und hat er seinen Schutz vor den Risiken des Alters und der Invalidität durch eine **Privatversicherung** lediglich **ergänzt,** so besteht während einer von dem privaten Versicherungsunternehmen getragenen Maßnahme **kein Entgeltfortzahlungsanspruch** gegen den Arbeitgeber.

78 Eine andere Situation besteht dagegen im Verhältnis zwischen der **gesetzlichen Unfallversicherung** und einer **privaten Unfallversicherung.** Wie der Formulierung des § 9 Abs. 1 S. 2 EFZG im Umkehrschluss zu ent-

nehmen ist, schließt die „Mitgliedschaft" in der gesetzlichen Unfallversicherung es nicht grundsätzlich aus, Entgeltfortzahlungsansprüche gegen den Arbeitgeber geltend zu machen, wenn eine private Unfallversicherung bereit ist, Maßnahmen zur medizinischen Rehabilitation zu gewähren.

Diese vom Krankenversicherungsrecht und Rentenversicherungsrecht abweichende Lösung ist insofern sinnvoll, als die gesetzliche Unfallversicherung nur Arbeitsunfälle erfasst und hinsichtlich der Unfälle im Privatbereich eine offensichtliche Schutzlücke besteht. Schließt ein Arbeitnehmer unter diesen Voraussetzungen eine private Unfallversicherung ab, so ist die bestehende Situation nicht mit dem Abschluss einer privaten Zusatzversicherung zur Krankenversicherung zu vergleichen. **Private Unfallversicherungen, die Schutz gegen Unfälle in der Privatsphäre gewähren, kommen daher als „Leistungsträger"** im Sinne des § 9 Abs. 1 S. 2 EFZG in Betracht, obwohl jeder Arbeitnehmer „Mitglied" der gesetzlichen Unfallversicherung ist.

Des weiteren kommen als Leistungs- bzw. Kostenträger die **Verbände der freien Wohlfahrtspflege** wie z. B. Arbeiterwohlfahrt, Caritas, Innere Mission oder das Müttergenesungswerk in Betracht. Zu beachten ist insoweit allerdings wiederum die „Sperre", die sich daraus ergibt, dass der Arbeitnehmer nicht Mitglieder der gesetzlichen Krankenversicherung sein darf bzw. nicht in der gesetzlichen Rentenversicherung versichert sein darf. Ein Entgeltfortzahlungsanspruch besteht demgemäß nicht, wenn die Leistungen der freien Wohlfahrtspflege die Leistungen der gesetzlichen Kranken- oder Rentenversicherung gewissermaßen nur „aufstocken" sollen.

Ein Entgeltfortzahlungsanspruch gegen den Arbeitgeber ist schließlich auch dann denkbar, wenn der Arbeitnehmer die medizinischen Vorsorge- oder Rehabilitationsmaßnahme **auf eigene Kosten** durchführen lässt. Zu denken ist insoweit an einen Arbeitnehmer, der weder Mitglied der gesetzlichen Krankenversicherung noch privat gegen die Risiken einer Erkrankung versichert ist und der sich auf Anraten eines Arztes einer medizinischen Vorsorge- oder Rehabilitationsmaßnahme unterzieht, für deren Kosten er selbst aufzukommen hat.

c) Anwendbare Vorschriften

Hinsichtlich der entsprechenden Geltung der §§ 3 bis 4a und 6 bis 8 EFZG gelten die Ausführungen zu § 9 Abs. 1 S. 1 EFZG entsprechend (vgl. oben Rdn. 43 ff.).

III. Mitteilungs- und Nachweispflichten (§ 9 Abs. 2 EFZG)

Einen Arbeitnehmer, der an einer Maßnahme der medizinischen Vorsorge oder Rehabilitation teilnehmen soll, treffen gem. § 9 Abs. 2 EFZG, der sich insoweit an § 5 Abs. 1 EFZG anlehnt, folgende Pflichten: Er muss den Arbeitgeber unverzüglich über die bevorstehende Maßnahme informieren, d. h. er hat eine **Mitteilungspflicht,** und er hat eine **Nachweispflicht,** deren genauer Inhalt davon abhängig ist, ob die Vorsorge- oder Rehabilitationsmaßnahme von einem öffentlich-rechtlichen Sozialleistungsträger im Sinne

EFZG § 9   Maßnahmen der medizinischen Vorsorge und Rehabilitation

des § 9 Abs. 1 S. 1 EFZG bewilligt worden ist oder ob ein sonstiger Träger im Sinne des § 9 Abs. 1 S. 2 EFZG für die Kosten der Maßnahme aufkommen soll.

1. Mitteilungspflichten

84   Unabhängig davon, wer die Kosten der Vorsorge- oder Rehabilitationsmaßnahme trägt, bzw. unabhängig davon, ob es sich um eine Maßnahme im Sinne des Satz 1 oder Satz 2 des § 9 Abs. 1 EFZG handelt, ist hier der Arbeitnehmer zunächst verpflichtet, dem Arbeitgeber den **Zeitpunkt des Antritts der Maßnahme und deren voraussichtliche Dauer unverzüglich mitzuteilen.**

85   Die Mitteilung kann **formlos** erfolgen (vgl. BAG AP Nr. 1 zu § 7 LFZG; ErfK/*Dörner* § 9 EFZG Rdn. 33; *Geyer/Knorr/Krasny* § 9 EFZG Rdn. 38; *Kaiser/Dunkl/Hold/Kleinsorge* § 9 EFZG Rdn. 34; Kasseler Handbuch/*Vossen* Rdn. 319; *Vossen,* Entgeltfortzahlung, Rdn. 443), häufig wird sie aber mit der **Vorlage des Bewilligungsbescheides zusammenfallen.** Wird dem Arbeitnehmer der genaue Zeitpunkt des Beginns der Maßnahme erst nach Bewilligung der Maßnahme (oder nach der ärztlichen Verordnung) mitgeteilt, so ist er verpflichtet, den Arbeitgeber **unverzüglich** zu informieren. Ist der Arbeitnehmer zu dem Zeitpunkt, zu dem ihm der genaue Zeitpunkt der Maßnahme mitgeteilt wird, arbeitsfähig, so wird er den Arbeitgeber typischerweise am nächsten Arbeitstag informieren, im Übrigen gelten hinsichtlich der Frage, ob die Mitteilung unverzüglich erfolgt ist, die Ausführungen zu § 5 Abs. 1 EFZG (vgl. § 5 EFZG Rdn. 17 ff.) entsprechend.

86   **Verlängert** sich die Maßnahme zur Vorsorge oder Rehabilitation, so ist der Arbeitnehmer – vergleichbar der Situation bei fortgesetzter krankheitsbedingter Arbeitsunfähigkeit – verpflichtet, den Arbeitgeber auch hierüber unverzüglich zu informieren (ErfK/*Dörner* § 9 EFZG Rdn. 34; *Kaiser/Dunkl/ Hold/Kleinsorge* § 9 EFZG Rdn. 34; vgl. auch HzA/*Vossen* Gruppe 2 Rdn. 445; *Wedde/Kunz* § 9 EFZG Rdn. 40).

2. Nachweispflichten

87   Hinsichtlich der **Nachweispflichten** des Arbeitnehmers ist danach zu unterscheiden, ob die Maßnahme von einem öffentlich-rechtlichen Sozialleistungsträger bewilligt oder von einem Arzt verordnet worden ist.

88   Soweit die Vorsorge- oder Rehabilitationsmaßnahme **von einem öffentlich-rechtlichen Sozialleistungsträger** nach Absatz 1 Satz 1 **bewilligt** worden ist, ist der Arbeitnehmer verpflichtet, dem Arbeitgeber den **Bewilligungsbescheid** unverzüglich vorzulegen.

89   Die Bewilligung der Maßnahme sollte folgenden **Mindestinhalt** haben: Sie muss den betroffenen Arbeitnehmer benennen (vgl. *Kaiser/Dunkl/Hold/ Kleinsorge* § 9 EFZG Rdn. 36; *Vossen,* Entgeltfortzahlung, Rdn. 445), die Tatsache der Maßnahmebewilligung und deren voraussichtliche Dauer beinhalten (vgl. *Brecht* § 9 EFZG Rdn. 11), und sie muss erkennen lassen, welcher öffentlich-rechtliche Sozialleistungsträger die Maßnahme bewilligt hat (vgl. *Geyer/Knorr/Krasny* § 9 EFZG Rdn. 40; *Wedde/Kunz* § 9 EFZG

III. Mitteilungs- und Nachweispflichten (§ 9 Abs. 2 EFZG) § 9 EFZG

Rdn. 40; *Worzalla/Süllwald* § 9 EFZG Rdn. 23; bezüglich der voraussichtlichen Dauer der Maßnahme a. A. HzA/*Vossen* Gruppe 2 Rdn. 448; Kasseler Handbuch/*Vossen* Rdn. 321).

Entbehrlich erscheint dagegen die Angabe, ob es sich um eine Vorsorge- 90 oder um eine Rehabilitationsmaßnahme handelt. Dieses Erfordernis ergibt sich weder aus dem Wortlaut des § 9 Abs. 2 EFZG noch aus dem Sinn und Zweck der Regelung insgesamt: Der Arbeitgeber soll die Möglichkeit haben zu prüfen, ob er zur Entgeltfortzahlung verpflichtet ist; diese Pflicht ist aber unabhängig davon, ob es sich um eine medizinische Vorsorge- oder um eine medizinische Rehabilitationsmaßnahme handelt.

Nicht zum Inhalt der Bewilligung gehört schließlich auch der Hinweis, 91 die zuständige Krankenkasse sei informiert worden. Damit wird der im Vergleich zur Arbeitsunfähigkeitsbescheinigung insoweit grundsätzlich anderen Interessenkonstellation Rechnung getragen. Die Mitteilung an die Krankenkasse nach § 5 Abs. 1 EFZG soll die Möglichkeit eröffnen, den medizinischen Dienst der Krankenversicherung einzuschalten und die Arbeitsunfähigkeit überprüfen zu lassen. Diese Notwendigkeit besteht bei Vorsorge- oder Rehabilitationsmaßnahmen nach § 9 Abs. 1 S. 1 EFZG nicht, da die Maßnahme aufgrund einer Untersuchung durch den Arzt eines öffentlich-rechtlichen Sozialleistungsträgers bewilligt worden ist (vgl. *Geyer/Knorr/Krasney* § 9 EFZG Rdn. 41; HzA/*Vossen* Gruppe 2 Rdn. 449; Kasseler Handbuch/*Vossen* Rdn. 324).

Bei Vorsorge- oder Rehabilitationsmaßnahmen nach **§ 9 Abs. 1 S. 2** 92 **EFZG** tritt an die Stelle des Bewilligungsbescheides eine **ärztliche Bescheinigung über die Erforderlichkeit der Maßnahme.**

Inhaltlich muss die ärztliche Bescheinigung ebenfalls den **Namen** des Be- 93 troffenen benennen und die **Erforderlichkeit der Maßnahme** und ihre **voraussichtliche Dauer** belegen.

Entbehrlich sind dagegen **Angaben zum Kostenträger,** der dem Arzt 94 nicht einmal bekannt sein muss, und genaue Angaben über die Art der medizinischen Maßnahme (Vorsorge- oder Rehabilitationsmaßnahme). Des weiteren ist auch in den Fällen von Maßnahmen nach § 9 Abs. 1 S. 2 EFZG der Hinweis entbehrlich, die zuständige Krankenkasse sei informiert worden. Obwohl an dem Verfahren kein öffentlich-rechtlicher Sozialleistungsträger beteiligt ist, kommt eine entsprechende Information der Krankenkasse schon deshalb nicht in Betracht, weil die betroffenen Arbeitnehmer typischerweise nicht Mitglied der gesetzlichen Krankenversicherung sind.

Ob ärztliche Bescheinigungen einen geringeren **Beweiswert** haben als 95 Bewilligungsbescheide öffentlich-rechtlicher Sozialleistungsträger, erscheint zweifelhaft (vgl. HzA/*Vossen* Gruppe 2 Rdn. 437). Wenn man insoweit überhaupt differenzieren will, muss man der ärztlichen Verordnung der Maßnahme aber wohl zumindest denselben hohen Beweiswert zuerkennen wie einer ärztlichen Arbeitsunfähigkeitsbescheinigung nach § 5 Abs. 1 EFZG (dazu ausführlich § 5 EFZG Rdn. 100 ff.). Hiervon ausgehend dürften der Beweiswert eines Bewilligungsbescheides einerseits und einer ärztlichen Verordnung andererseits aber praktisch identisch sein.

Sowohl Bewilligungsbescheide der zuständigen Sozialleistungsträger als 96 auch ärztliche Bescheinigungen über die Erforderlichkeit der medizinischen

Maßnahmen sind vom Arbeitnehmer **unverzüglich** dem Arbeitgeber vorzulegen. Die Bewilligung bzw. Bescheinigung muss ohne schuldhaftes Zögern im Sinne des § 121 BGB dem Arbeitgeber zugeleitet werden. Ist der Arbeitnehmer bei Erhalt der Bewilligung arbeitsfähig, wird er die Bescheinigung typischerweise am Tage danach mit in den Betrieb bringen und damit seiner Pflicht zur unverzüglichen Vorlage Genüge tun (HzA/*Vossen* Gruppe 2 Rdn. 447). Im Übrigen gelten hinsichtlich der Frage, ob die Vorlage der Bewilligung bzw. Bescheinigung unverzüglich erfolgt ist, die Ausführungen zu § 5 Abs. 1 EFZG entsprechend (vgl. § 5 EFZG Rdn. 17 ff.).

97 Anders als unter der Geltung des § 7 LFZG nicht mehr ausdrücklich im Gesetz geregelt ist die Frage, ob der Arbeitnehmer bei einer Verlängerung der Maßnahme eine **Folgebescheinigung** des Sozialleistungsträgers oder des Arztes vorlegen muss. Im Ergebnis ist dies zu bejahen, wobei dahinstehen kann, ob man dies mit einer entsprechenden Anwendung des § 5 Abs. 1 S. 4 EFZG oder des § 9 Abs. 2 EFZG begründet; entscheidend ist, dass der Arbeitgeber ein berechtigtes Interesse daran hat, dass ihm die Notwendigkeit eines längeren Fernbleibens des Arbeitnehmers in irgendeiner Form verlässlich nachgewiesen wird (*Brecht* § 9 EFZG Rdn. 11; HzA/*Vossen* Gruppe 2 Rdn. 451).

98 Auch die Folgebescheinigung ist **unverzüglich** vorzulegen. Dabei ist für die Beantwortung der Frage, ob die Folgebescheinigung **rechtzeitig** vorgelegt worden ist, nicht auf den Zeitpunkt abzustellen, zu dem die Maßnahme ursprünglich enden sollte, sondern auf den Eingang des Folgebescheides beim Arbeitnehmer.

Beispiel: Wird zunächst eine Kur für die Dauer von vier Wochen bis zum 31. Oktober bewilligt, und erhält der Arbeitnehmer am 25. Oktober den Bescheid, dass die Maßnahme um zwei Wochen verlängert wird, so verletzt er seine Pflicht zur unverzüglichen Vorlage, wenn er dem Arbeitgeber die Folgebescheinigung am 2. November vorlegt; unverzüglich wäre die Vorlage nur dann, wenn die Bescheinigung dem Arbeitgeber am 26. oder 27. Oktober zugeleitet wird.

99 **Inhaltlich** muss die Folgebescheinigung insbesondere erkennen lassen, dass die Maßnahme verlängert wird (ähnlich ErfK/*Dörner* § 9 EFZG Rdn. 36; HzA/*Vossen* Gruppe 2 Rdn. 452).

3. Sanktionen bei Pflichtverletzungen

100 Verletzt der Arbeitnehmer die vorstehend skizzierten Mitteilungs- und Nachweispflichten, so hat der Arbeitgeber primär die Möglichkeit, ein **vorläufiges Leistungsverweigerungsrecht** geltend zu machen (§ 9 Abs. 1 i. V. m. § 7 Abs. 1 Nr. 1 EFZG). Legt der Arbeitnehmer dann nachträglich die Bewilligung oder Verordnung vor oder informiert er den Arbeitgeber verspätet vom Beginn der Kur, so ist der Arbeitgeber grundsätzlich verpflichtet, das Arbeitsentgelt (auch rückwirkend) fortzuzahlen. Situationen, in denen der Arbeitnehmer seinen Pflichten nachträglich nicht mehr nachkommen kann und deshalb aus dem vorläufigen ein dauerndes Leistungsverweigerungsrecht wird, erscheinen im Anwendungsbereich des § 9 EFZG nur schwer vorstellbar (vgl. § 7 EFZG Rdn. 28 ff.).

IV. „Schonungszeiten" § 9 EFZG

Davon losgelöst zu beantworten ist allerdings die Frage, ob die Pflichtverletzungen des Arbeitnehmers auch andere Sanktionen, insbesondere **Schadensersatzansprüche** auslösen, mit denen gegenüber dem Entgeltfortzahlungsanspruch aufgerechnet werden kann. In Betracht kommen derartige Ansprüche z. B. dann, wenn der Arbeitnehmer seiner Pflicht zur Mitteilung des Kurbeginns nicht nachkommt und stattdessen − für den Arbeitgeber überraschend − der Arbeit fernbleibt. Dem Arbeitgeber wird in dieser Situation häufig ein Schaden entstehen, weil er nicht rechtzeitig disponieren konnte, ein Schaden, vor dem die Mitteilungspflicht des § 9 Abs. 2 EFZG ihn schützen sollte. Hat der Arbeitnehmer das Unterlassen der Mitteilung zu vertreten, so kommt in derartigen Fällen ein Schadensersatzanspruch aus § 280 Abs. 1 BGB wegen Verletzung des Arbeitsvertrages in Betracht (vgl. BAG AP Nr. 1 zu § 7 LFZG; ErfK/*Dörner* § 9 EFZG Rdn. 39; HzA/*Vossen* Gruppe 2 Rdn. 456; MünchArbR/*Boecken* § 86 Rdn. 33; *Wedde/Kunz* § 9 EFZG Rdn. 46; *Worzalla/Süllwald* § 9 EFZG Rdn. 27). 101

Darüber hinausgehende Sanktionen in Gestalt einer **Kündigung** sind zwar theoretisch denkbar, in der Praxis dürften die Voraussetzungen einer Kündigung allerdings kaum einmal erfüllt sein, weil es sich bei der Verletzung der Mitteilungspflichten aus § 9 Abs. 2 EFZG im allgemeinen um einen einmaligen Vorgang handeln wird (vgl. *Geyer/Knorr/Krasney* § 9 EFZG Rdn. 48 f.; *Kaiser/Dunkl/Hold/Kleinsorge* § 9 EFZG Rdn. 43). 102

IV. „Schonungszeiten"

Im Gegensatz zum früheren § 7 LFZG (dort Absatz 4) kennt § 9 EFZG **nicht** mehr den Anspruch auf Fortzahlung des Arbeitsentgelts während einer ärztlich verordneten Schonungszeit, die sich an eine stationäre Maßnahme anschließt und während der Arbeitsunfähigkeit besteht. Das Entgeltfortzahlungsrecht folgt damit dem Sozialversicherungsrecht, das ebenfalls keine Schonungszeiten mehr vorsieht (vgl. BT-Drucks. 12/5263, S. 15). 103

Um dem Arbeitnehmer im Anschluss an eine Maßnahme der medizinischen Vorsorge oder Rehabilitation dennoch für einen gewissen Zeitraum eine Möglichkeit zur weiteren Erholung einzuräumen, hat man allerdings das Urlaubsrecht geändert: § 7 Abs. 1 BUrlG sieht seit dem 1. Januar 1995 vor, dass dem Arbeitnehmer Urlaub zu gewähren ist, wenn der Arbeitnehmer dies im Anschluss an Maßnahmen der medizinischen Vorsorge oder Rehabilitation verlangt. Gleichzeitig bestimmt nunmehr § 10 BUrlG, dass Maßnahmen der medizinischen Vorsorge oder Rehabilitation nicht auf den Urlaub angerechnet werden dürfen, **soweit ein Anspruch auf Entgeltfortzahlung** nach dem EFZG **besteht.** Damit wird zugleich zum Ausdruck gebracht, dass (Schonungs-)Zeiten, für die nach § 7 Abs. 1 BUrlG Urlaub beansprucht wird, auf den Urlaub anzurechnen sind. 104

Ob unter der Geltung des EFZG die Möglichkeit besteht, für Schonungszeiten Entgeltfortzahlung nach § 616 BGB zu beanspruchen, ist zweifelhaft. 105

Leinemann hat insoweit die Auffassung vertreten, durch das Pflegeversicherungsgesetz sei zwar unter anderem das LFZG aufgehoben worden, nicht 106

EFZG § 10 Wirtschaftliche Sicherung für den Krankheitsfall bei Heimarbeit

aber § 616 Abs. 1 BGB; dieser sei vielmehr als § 616 BGB unverändert aufrecht erhalten worden. Die Streichung des § 7 Abs. 4 LFZG habe damit zur Wiederherstellung des Rechtszustandes vor dem Inkrafttreten des LFZG am 1. Januar 1970 geführt: Mit dem Wegfall des § 7 Abs. 4 LFZG sei nicht ein Anspruch auf Entgeltfortzahlung bei Schonungszeiten beseitigt worden, sondern ein Ausschlusstatbestand, der nur für Teile der Arbeitnehmerschaften maßgebend war, entfallen. Daraus müsse gesetzessystematisch geschlossen werden, dass nunmehr wieder alle Arbeitnehmer wie vor dem Inkrafttreten des § 7 Abs. 4 LFZG einen Entgeltanspruch bei Schonungszeiten nach § 616 BGB haben (*Leinemann*, AuR 1995, 83, 84; *Wedde/Kunz* § 9 EFZG Rdn. 7).

107 Die damit vorgeschlagene Lösung entspricht sicherlich nicht den Vorstellungen des Gesetzgebers, der den Entgeltfortzahlungsanspruch entfallen lassen wollte und deshalb § 7 Abs. 1 BUrlG dahingehend geändert hat, dass dem Arbeitnehmer auf sein Verlangen Urlaub zu gewähren ist (BT-Drucks. 12/5798, S. 22). Außerdem hätte die Anwendung von § 616 BGB z. B. die wenig überzeugende Konsequenz, dass ein Arbeitnehmer, der nach einer medizinischen Rehabilitationsmaßnahme gem. § 7 Abs. 1 Satz 2 BUrlG Urlaub beantragt, für die Zeit des Urlaubs Urlaubsentgelt erhält; eine Entgeltfortzahlung nach § 616 BGB käme unter diesen Voraussetzungen nicht in Betracht. Ein besser beratener Arbeitnehmer, der keinen Urlaub beantragt, könnte dagegen Entgeltfortzahlung nach § 616 BGB in Anspruch nehmen und seinen Urlaubsanspruch zu einem späteren Zeitpunkt geltend machen (so *Leinemann*, AuR 1995, 83, 84). Unter diesen Voraussetzungen sollte man davon ausgehen, dass **Schonungszeiten nicht als persönliche Verhinderung i. S. d. § 616 BGB anzusehen sind** (ähnlich *Gola* § 9 EFZG Anm. 6; *Kaiser/Dunkl/Hold/Kleinsorge* § 9 EFZG Rdn. 2; *Schmitt*, RdA 1996, 5, 10 f.; *Staudinger/Oetker* § 616 Rdn. 276 ff.).

§ 10 Wirtschaftliche Sicherung für den Krankheitsfall im Bereich der Heimarbeit

(1) In Heimarbeit Beschäftigte (§ 1 Abs. 1 des Heimarbeitsgesetzes) und ihnen nach § 1 Abs. 2 Buchstabe a bis c des Heimarbeitsgesetzes Gleichgestellte haben gegen ihren Auftraggeber oder, falls sie von einem Zwischenmeister beschäftigt werden, gegen diesen Anspruch auf Zahlung eines Zuschlags zum Arbeitsentgelt. Der Zuschlag beträgt
1. für Heimarbeiter, für Hausgewerbetreibende ohne fremde Hilfskräfte und die nach § 1 Abs. 2 Buchstabe a des Heimarbeitsgesetzes Gleichgestellten 3,4 vom Hundert,
2. für Hausgewerbetreibende mit nicht mehr als zwei fremden Hilfskräften und die nach § 1 Abs. 2 Buchstabe b und c des Heimarbeitsgesetzes Gleichgestellten 6,4 vom Hundert

des Arbeitsentgelts vor Abzug der Steuern, des Beitrags zur Bundesagentur für Arbeit und der Sozialversicherungsbeiträge ohne Unkostenzuschlag und ohne die für den Lohnausfall an gesetzlichen Feiertagen, den Urlaub und den Arbeitsausfall infolge Krankheit zu leistenden Zahlungen. Der Zuschlag für die unter Nummer 2 aufgeführten Personen

I. Allgemeines **§ 10 EFZG**

dient zugleich zur Sicherung der Ansprüche der von ihnen Beschäftigten.

(2) Zwischenmeister, die den in Heimarbeit Beschäftigten nach § 1 Abs. 2 Buchstabe d des Heimarbeitsgesetzes gleichgestellt sind, haben gegen ihren Auftraggeber Anspruch auf Vergütung der von ihnen nach Absatz 1 nachweislich zu zahlenden Zuschläge.

(3) Die nach den Absätzen 1 und 2 in Betracht kommenden Zuschläge sind gesondert in den Entgeltbeleg einzutragen.

(4) Für Heimarbeiter (§ 1 Abs. 1 Buchstabe a des Heimarbeitsgesetzes) kann durch Tarifvertrag bestimmt werden, daß sie statt der in Absatz 1 Satz 2 Nr. 1 bezeichneten Leistungen die den Arbeitnehmern im Falle ihrer Arbeitsunfähigkeit nach diesem Gesetz zustehenden Leistungen erhalten. Bei der Bemessung des Anspruchs auf Arbeitsentgelt bleibt der Unkostenzuschlag außer Betracht.

(5) Auf die in den Absätzen 1 und 2 vorgesehenen Zuschläge sind die §§ 23 bis 25, 27 und 28 des Heimarbeitsgesetzes, auf die in Absatz 1 dem Zwischenmeister gegenüber vorgesehenen Zuschläge außerdem § 21 Abs. 2 des Heimarbeitsgesetzes entsprechend anzuwenden. Auf die Ansprüche der fremden Hilfskräfte der in Absatz 1 unter Nummer 2 genannten Personen auf Entgeltfortzahlung im Krankheitsfall ist § 26 des Heimarbeitsgesetzes entsprechend anzuwenden.

Übersicht

	Rdn.
I. Allgemeines	1
II. Anspruch auf Zuschlag zum Arbeitsentgelt (§ 10 Abs. 1 EFZG) ...	10
1. Anspruchsberechtigter Personenkreis	11
a) In Heimarbeit Beschäftigte	12
aa) Heimarbeiter	13
bb) Hausgewerbetreibende	16
b) Gleichgestellte	18
c) Nicht anspruchsberechtigte Personen	23
2. Anspruchsinhalt	28
3. Anspruchsverpflichtete	35
III. Ausgleichsanspruch der gleichgestellten Zwischenmeister (§ 10 Abs. 2 EFZG)	39
IV. Überwachung (§ 10 Abs. 3 EFZG)	41
V. Tarifvertragliche Regelungsmöglichkeiten (§ 10 Abs. 4 EFZG) ...	44
VI. Entsprechend anwendbare Vorschriften des HAG (§ 10 Abs. 5 EFZG)	50

I. Allgemeines

§ 10 EFZG enthält eine **Sonderregelung bezüglich der wirtschaftlichen Sicherung für den Krankheitsfall für die in Heimarbeit Beschäftigten** und die ihnen Gleichgestellten. Wegen der unregelmäßigen Arbeitszeiten, die es erschweren, eine Arbeitsunfähigkeit als Folge einer Erkrankung eindeutig nachzuweisen, und der schwankenden Bezüge, die eine

EFZG § 10 Wirtschaftliche Sicherung für den Krankheitsfall bei Heimarbeit

Berechnung des fortzuzahlenden Entgelts gem. § 4 EFZG nahezu unmöglich machen, hat sich der Gesetzgeber für eine sog. **„gespaltene Lösung"** entschieden (*Schmidt/Koberski/Tiemann/Wascher,* HAG, Anh. nach § 19 Rdn. 44), die an die Stelle der „normalen" Entgeltfortzahlung gem. §§ 3, 8 und 9 EFZG tritt. In ihrem Mittelpunkt steht das Krankengeld nach den §§ 44 ff. SGB V, das durch den Zuschlag nach § 10 EFZG ergänzt wird.

2   Heimarbeiter und ihnen Gleichgestellte sind grundsätzlich **gem. § 5 Abs. 1 S. 1 SGB V pflichtversichert,** da sie sozialversicherungsrechtlich gem. § 12 Abs. 2 SGB IV als Beschäftigte gelten. Bis zum Inkrafttreten des SGB V galt dies auch für Hausgewerbetreibende und ihnen Gleichgestellte; seit dem 1. Januar 1989 unterliegt dieser Personenkreis jedoch nicht mehr der Versicherungspflicht.

3   Soweit die Heimarbeiter in der gesetzlichen Krankenversicherung versichert sind, haben sie einen **Anspruch auf Krankengeld nach den §§ 44 ff. SGB V.** Da kein Arbeitsentgelt gezahlt wird, kommt es nicht gem. § 49 SGB V zu einem Ruhen des Krankengeldanspruchs. Die Versicherten erhalten vielmehr Krankengeld bei Krankenhausbehandlung oder Behandlung in einer Vorsorge- oder Rehabilitationseinrichtung (§ 23 Abs. 4, §§ 24, 40 Abs. 2, § 41 SGB V) vom Beginn der Behandlung an, im Übrigen von dem Tage an, der auf den Tag der ärztlichen Feststellung der Arbeitsunfähigkeit folgt (§ 46 S. 1 SGB V). Dieses Krankengeld beträgt 80 vom Hundert des erzielten regelmäßigen Arbeitsentgelts, soweit es der Beitragsberechnung unterliegt (Regelentgelt, § 47 Abs. 1 S. 1 SGB V).

4   Die damit **verbleibende Versorgungslücke** soll nach der Konzeption des Gesetzes **durch den Zuschlag zum Arbeitsentgelt geschlossen werden,** der es dem Heimarbeiter ermöglichen soll, Rücklagen für den Krankheitsfall zu bilden; es bleibt allerdings dem Heimarbeiter überlassen, ob er den Zuschlag tatsächlich in dieser Weise verwendet (vgl. auch *Schmidt/Koberski/Tiemann/Wascher,* HAG, Anh. nach § 19 Rdn. 47).

5   § 10 **Abs. 1** EFZG enthält die grundsätzliche Regelung, welcher Personenkreis in welcher Höhe einen Zuschlag zum Arbeitsentgelt zu erhalten hat (vgl. Rdn. 10 ff.). § 10 **Abs. 2** EFZG enthält eine Sonderregelung für gleichgestellte Zwischenmeister (vgl. Rdn. 39 f.); § 10 **Abs. 3** EFZG zwingt dazu, die Zuschläge nach den Absätzen 1 und 2 gesondert in den Entgeltbeleg einzutragen, und dient damit der Überwachung (Rdn. 41 ff.). § 10 **Abs. 4** EFZG eröffnet die Möglichkeit, Heimarbeitern durch Tarifvertrag eine ähnliche Stellung einzuräumen wie „normalen" Arbeitnehmern (vgl. Rdn. 44 ff.). § 10 **Abs. 5** EFZG erklärt schließlich eine Reihe von Bestimmungen des HAG, die dem Entgeltschutz dienen, für entsprechend anwendbar (vgl. Rdn. 50 ff.).

6   **Vorläufer** des § 10 EFZG war § 8 des Lohnfortzahlungsgesetzes (zur Entstehungsgeschichte dieser Regelung ausführlich *Schmitt,* LFZG, § 8 Rdn. 6 ff.) vom 27. Juli 1969 (BGBl. I S. 946), der gem. Einigungsvertrag Anlage I Kapitel VIII Sachgebiet A Abschnitt III Nr. 4 b Buchst. b (BGBl. II S. 889) seit dem 1. Juli 1991 auch in den neuen Bundesländern und damit für alle Heimarbeiter einheitlich galt.

7   Der im Jahre 1993 von den Fraktionen der CDU/CSU und der FDP vorgelegte ursprüngliche Entwurf eines Entgeltfortzahlungsgesetzes sah in sei-

II. Anspruch auf Zuschlag zum Arbeitsentgelt § 10 EFZG

nem § 10 bereits eine Regelung vor, die im wesentlichen dem früheren § 8 LFZG bzw. dem heutigen § 10 EFZG entsprach; Änderungen haben sich lediglich hinsichtlich der Höhe der zu zahlenden Zuschläge ergeben: § 8 Abs. 1 S. 2 LFZG sah vor, dass der Zuschlag für Heimarbeiter, für Hausgewerbetreibende ohne fremde Hilfskräfte und die nach § 1 Abs. 2 Buchst. a HAG Gleichgestellten 3,4% und für Hausgewerbetreibende mit mehr als zwei fremden Hilfskräften und die nach § 1 Abs. 2 Buchst. b und c HAG Gleichgestellten 4,8% betrug. Der Fraktionsentwurf sah vor, die genannten Prozentsätze auf 3,3 zu reduzieren bzw. auf 5,6 anzuheben. Durch diese Änderungen wollte man der Tatsache Rechnung tragen, dass sich die Sozialversicherungsbeiträge seit der ursprünglichen Festsetzung erhöht und sich die durchschnittliche Krankheitsdauer verlängert hatte. Außerdem sollten die Prozentsätze den Regelungen über das Ruhen der Ansprüche angepasst werden (BT-Drucks. 12/5263, S. 16).

Im Zuge der Beratungen im Ausschuss für Arbeit und Sozialordnung **8** wurden die genannten Prozentsätze auf 3,4 bzw. 6,4% angehoben. Außerdem nahm man in Absatz 1 eine redaktionelle Änderung vor, indem man auf die im früheren § 8 LFZG und auch im Fraktionsentwurf noch enthaltene Angabe der Fundstelle des Heimarbeitsgesetzes und der entsprechenden Änderungsnachweise verzichtete (vgl. BT-Drucks. 12/5798).

Das Arbeitsrechtliche Beschäftigungsförderungsgesetz vom 25. September **9** 1996 und das „Korrekturgesetz" vom 19. Dezember 1998 haben § 10 EFZG unverändert gelassen. Die aktuelle Fassung der Vorschrift beruht auf dem Dritten Gesetz für moderne Dienstleistungen am Arbeitsmarkt vom 23. Dezember 2003 (BGBl. I S. 2848), durch das die Bezeichnung „Bundesanstalt für Arbeit" durch „Bundesagentur für Arbeit" ersetzt wurde.

II. Anspruch auf Zuschlag zum Arbeitsentgelt
(§ 10 Abs. 1 EFZG)

§ 10 Abs. 1 EFZG beinhaltet die grundsätzliche Regelung hinsichtlich **10** des von den Auftraggebern bzw. Zwischenmeistern zu zahlenden Zuschlags zum Arbeitsentgelt. Satz 1 umschreibt den anspruchsberechtigten Personenkreis (vgl. Rdn. 11 ff.), während Satz 2 die Höhe des Zuschlags festlegt (vgl. Rdn. 28 ff.). Der Anspruch richtet sich gegen den Auftraggeber bzw. – sofern ein solcher beteiligt ist – gegen den Zwischenmeister (vgl. Rdn. 35 ff.).

1. Anspruchsberechtigter Personenkreis

Der **anspruchsberechtigte Personenkreis** umfasst gem. § 10 Abs. 1 S. 1 **11** EFZG **in Heimarbeit Beschäftigte** im Sinne des § 1 Abs. 1 HAG und ihnen nach § 1 Abs. 2 Buchst. a bis c HAG **Gleichgestellte**.

a) In Heimarbeit Beschäftigte

In Heimarbeit Beschäftigte sind gem. § 1 Abs. 1 HAG die Heimarbeiter **12** und die Hausgewerbetreibenden. Beide Begriffe werden in § 2 HAG – anders als in § 12 SGB IV – definiert.

EFZG § 10 Wirtschaftliche Sicherung für den Krankheitsfall bei Heimarbeit

aa) Heimarbeiter

13   Heimarbeiter ist gem. **§ 2 Abs. 1 HAG,** wer in selbstgewählter Arbeitsstätte, d. h. in seiner eigenen Wohnung oder in einer selbstgewählten Betriebsstätte, allein oder mit seinen Familienangehörigen im Auftrag von Gewerbetreibenden oder Zwischenmeistern erwerbsmäßig arbeitet, jedoch die Verwertung der Arbeitsergebnisse dem unmittelbar oder mittelbar auftraggebenden Gewerbetreibenden überlässt; beschafft der Heimarbeiter die Roh- und Hilfsstoffe selbst, so wird hierdurch seine Eigenschaft als Heimarbeiter nicht beeinträchtigt. Auf die Dauer oder den Umfang der Tätigkeit oder die Höhe der erzielten Einkünfte kommt es nicht an, auch eine geringfügige Tätigkeit kann Heimarbeit sein, sofern sie auf eine gewisse Dauer angelegt ist und zum Lebensunterhalt beitragen soll (vgl. BSG BB 1970, 1399; GK-EFZR/*Steckhan* § 8 LFZG Rdn. 10).

14   Der entscheidende **Unterschied zum Arbeitnehmer** besteht beim Heimarbeiter darin, dass er sich seine **Arbeitsstätte selbst wählt** und nicht im Betrieb des Arbeitgebers tätig wird. Daraus ergibt sich für den Heimarbeiter die persönliche Selbständigkeit, denn so ist gewährleistet, dass er nicht den Weisungen und der Kontrolle des „Arbeitgebers" unterliegt und seine Arbeitsleistung und Arbeitszeit frei einteilen kann (*Otten,* S. 27).

15   Vom **Gewerbetreibenden/Unternehmer** ist der Heimarbeiter dadurch **abgegrenzt,** dass er nicht das Risiko seiner Tätigkeit trägt; das kaufmännische Risiko der Verwertung des Arbeitsergebnisses trifft beim Heimarbeiter den Auftraggeber.

bb) Hausgewerbetreibende

16   **Hausgewerbetreibender** ist gem. § 2 Abs. 2 HAG, wer in eigener Arbeitsstätte, d. h. in seiner eigenen Wohnung oder in einer selbstgewählten Betriebsstätte, mit nicht mehr als zwei fremden Hilfskräften oder Heimarbeitern im Auftrag von Gewerbetreibenden oder Zwischenmeistern Waren herstellt, bearbeitet oder verpackt, wobei er selbst wesentlich am Stück mitarbeitet, jedoch die Verwertung der Arbeitsergebnisse dem unmittelbar oder mittelbar auftraggebenden Gewerbetreibenden überlässt; beschafft der Hausgewerbetreibende die Roh- oder Hilfsstoffe selbst oder arbeitet er vorübergehend selbst für den Absatzmarkt, so wird hierdurch seine Eigenschaft als Hausgewerbetreibender nicht beeinträchtigt.

17   Diese sich nur unwesentlich vom Begriff des Heimarbeiters unterscheidende Definition beschränkt den Schutz des Heimarbeitsgesetzes auf solche Gewerbetreibende, die (neben den übrigen Voraussetzungen) Waren herstellen, bearbeiten oder verpacken. Eine Folge dieser Beschränkung ist, dass Angestelltentätigkeiten nicht vom Begriff des Hausgewerbetreibenden erfasst werden können (vgl. ausführlich *Küfner-Schmitt,* S. 71 ff.).

b) Gleichgestellte

18   Zum anspruchsberechtigten Personenkreis gem. § 10 EFZG gehören neben den in Heimarbeit Beschäftigten die ihnen nach § 1 Abs. 2 Buchst. a bis c HAG **Gleichgestellten.**

II. Anspruch auf Zuschlag zum Arbeitsentgelt § 10 EFZG

Nach § 1 Abs. 2 **Buchst. a** HAG sind gleichstellungsfähige Personen die 19 heimarbeiterähnlichen Personen, die nicht gewerblich tätig sind oder deren Auftraggeber nicht Gewerbetreibender oder Zwischenmeister ist. Des weiteren gehören zum gleichstellungsfähigen Personenkreis gem. § 1 Abs. 2 **Buchst. b** HAG Hausgewerbetreibende, die mit mehr als zwei fremden Hilfskräften arbeiten. Schließlich sind gem. § 1 Abs. 2 **Buchst. c** HAG auch andere im Lohnauftrag arbeitende Gewerbetreibende gleichstellungsfähig, wenn sie eine ähnliche Stellung wie Hausgewerbetreibende einnehmen (ausführlich zum gleichstellungsfähigen Personenkreis *Schmidt/Koberski/Tiemann/Wascher*, HAG, § 1 Rdn. 8 ff.).

Für jede dieser Personengruppen gilt, dass eine Gleichstellung nur erfolgen 20 kann, wenn dies wegen der **Schutzbedürftigkeit** der Betroffenen gerechtfertigt erscheint. Für die Feststellung der Schutzbedürftigkeit ist dabei das Ausmaß der **wirtschaftlichen Abhängigkeit** maßgebend, die insbesondere danach zu beurteilen ist, wie hoch die Zahl der fremden Hilfskräfte ist, ob der Betroffene von einem oder von mehreren Auftraggebern abhängig ist, ob die Möglichkeit des unmittelbaren Zugangs zum Absatzmarkt besteht und wie hoch die Eigeninvestitionen und der Umsatz sind.

Die **Gleichstellungsentscheidung** hat zur **Folge,** dass die Schutzbe- 21 stimmungen des Heimarbeitsgesetzes automatisch für die Gleichgestellten in dem in der Gleichstellungsentscheidung bestimmten Umfang gelten (*Schmidt/Koberski/Tiemann/Wascher*, HAG, § 1 Rdn. 117 ff.), wobei die Gleichstellung für bestimmte Personengruppen oder Gewerbezweige oder Beschäftigungsarten, aber auch für einzelne Personen ergehen kann.

Die Gleichstellungsentscheidung erfolgt auf **Antrag,** wobei antragsbe- 22 rechtigt die an der Gleichstellung interessierten Personen oder Personengruppen sind. **Zuständig** für die Gleichstellungsentscheidung ist der zuständige Heimarbeitsausschuss; soweit ein solcher nicht besteht, entscheidet die Arbeitsbehörde.

c) Nicht anspruchsberechtigte Personen

Aus den vorstehenden Begriffsbestimmungen für Heimarbeiter, Hausge- 23 werbetreibende und ihnen gleichgestellte Personen ergibt sich zugleich, dass einige Personen, die man umgangssprachlich möglicherweise als Heimarbeiter ansprechen würde, nicht zum anspruchsberechtigten Personenkreis im Sinne des § 10 EFZG gehören.

Nicht anspruchsberechtigt sind sog. **Außenarbeitnehmer.** Dabei 24 handelt es sich nicht um in Heimarbeit Beschäftigte, sondern um persönlich von ihrem Arbeitgeber abhängige Personen, die sich von Betriebsarbeitern oder -angestellten im wesentlichen dadurch unterscheiden, dass sie außerhalb des Betriebes tätig sind. Sie sind den Weisungen ihres Arbeitgebers unterworfen; ihre persönliche Freiheit bei der Gestaltung ihrer Arbeit ist weitgehend eingeschränkt. Als Arbeitnehmer haben sie Anspruch auf Entgeltfortzahlung nach § 3 EFZG (*Geyer/Knorr/Krasney* § 10 EFZG Rdn. 8; HzA/*Vossen* Gruppe 2 Rdn. 661; *Kaiser/Dunkl/Hold/Kleinsorge* § 10 EFZG Rdn. 23).

Nicht anspruchsberechtigt sind weiterhin **Familienangehörige** eines 25 in Heimarbeit Beschäftigten oder Gleichgestellten. Sie stehen in der Regel weder in einem (eigenen) Heimarbeitsverhältnis noch in einem Arbeitsverhältnis. Sie verlieren allerdings ihre Eigenschaft als Familienangehörige und werden zu Anspruchsberechtigten, wenn sie als selbständige Heimarbeiter tätig werden oder wenn sie von einem Hausgewerbetreibenden als fremde Hilfskräfte beschäftigt werden; sie erlangen dann eigene Ansprüche nach § 10 oder § 3 EFZG (vgl. *Geyer/Knorr/Krasney* § 10 EFZG Rdn. 8; *Wedde/Kunz* § 1 EFZG Rdn. 56; vgl. auch *Schmidt/Koberski/Tiemann/Wascher*, HAG, Anh. nach § 19 Rdn. 55; zum Begriff des Familienangehörigen vgl. § 2 Abs. 5 HAG; zum Rückforderungsanspruch bzgl. Ausgleichsleistungen nach § 10 Abs. 1 S. 1 LFZG, wenn sich die Beschäftigung eines Familienangehörigen nachträglich als familiäre Mithilfe herausstellt, vgl. BSG NZS 2001, 418).

26 **Nicht unter § 10 Abs. 1 EFZG** fallen auch **fremde Hilfskräfte**. Dies sind gem. § 2 Abs. 6 HAG Personen, die als Arbeitnehmer eines Hausgewerbetreibenden oder eines nach § 1 Abs. 2 Buchst. b und c HAG Gleichgestellten in deren Arbeitsstätte beschäftigt sind. Ihre Entgeltfortzahlungsansprüche im Krankheitsfall regeln sich nach § 3 EFZG (HzA/*Vossen* Gruppe 2 Rdn. 662; *Schmidt/Koberski/Tiemann/Wascher*, HAG, Anh. nach § 19 Rdn. 56).

27 **Nicht anspruchsberechtigt** sind schließlich **Gleichgestellte, deren Gleichstellung sich nicht auf die Entgeltfortzahlungsregelungen** erstreckt (*Geyer/Knorr/Krasney* § 10 EFZG Rdn. 8; HzA/*Vossen* Gruppe 2 Rdn. 664). Hierbei wird es sich jedoch allenfalls um seltene Ausnahmen handeln. Der „normale" Umfang der Gleichstellung (Dritter, Sechster, Siebenter und Achter Abschnitt, vgl. § 1 Abs. 3 HAG) kann zwar beschränkt werden, es ist aber kaum vorstellbar, dass gerade die Entgeltfortzahlungsregelungen aus der Gleichstellung ausgenommen werden (vgl. auch *Schmidt/Koberski/Tiemann/Wascher*, HAG, Anh. nach § 19 Rdn. 68 m.w.N.).

2. Anspruchsinhalt

28 Die anspruchsberechtigten Personen haben einen Anspruch auf Zahlung eines Zuschlags zu ihrem Arbeitsentgelt.

29 Bei dem Zuschlag handelt es sich um „echtes" **Arbeitsentgelt** (ebenso *Schmidt/Koberski/Tiemann/Wascher*, HAG, Anh. nach § 19 Rdn. 58), d.h. der Zuschlag ist wie Arbeitsentgelt zu behandeln. Daraus folgt u.a., dass der Zuschlag ebenso **pfändbar** bzw. **abtretbar** ist wie sonstiges Arbeitsentgelt (vgl. ErfK/*Dörner* § 10 EFZG Rdn. 6; *Kaiser/Dunkl/Hold/Kleinsorge* § 10 EFZG Rdn. 28; Kasseler Handbuch/*Vossen* Rdn. 468; *Wedde/Kunz* § 10 EFZG Rdn. 13). Der Zuschlag wird mit dem sonstigen Arbeitsentgelt **fällig** und ist gleichzeitig mit diesem Arbeitsentgelt laufend auszuzahlen.

30 Nicht möglich ist ein **Verzicht** der in Heimarbeit Beschäftigten oder der Gleichgestellten auf den Zuschlag; dabei kommt es – anders als bei anderen Arbeitnehmern (vgl. § 12 Rdn. 17 ff.) – nicht darauf an, ob der Verzicht vor oder nach der Entstehung des Anspruchs erklärt wird (BAG AP Nr. 1 und 2 zu § 25 HAG; *Brecht* § 25 HAG Rdn. 21; *Schmidt/Koberski/Tiemann/Wascher*, HAG, Anh. nach § 19 Rdn. 61; *Vossen*, Entgeltfortzahlung, Rdn. 701).

II. Anspruch auf Zuschlag zum Arbeitsentgelt § 10 EFZG

Im Übrigen unterliegt der Anspruch auf den Zuschlag den besonderen 31
Schutzbestimmungen des HAG, die über § 10 Abs. 5 EFZG entsprechende Anwendung finden.

Der Anspruch auf Zahlung des Zuschlags ist **unabhängig davon, ob der** 32
Berechtigte arbeitsunfähig ist oder in der Vergangenheit war (ErfK/ *Dörner* § 10 EFZG Rdn. 7; *Gola* § 10 EFZG Anm. 3.2). Des weiteren ist ohne Bedeutung, ob der in Heimarbeit Beschäftigte oder Gleichgestellte in der gesetzlichen Krankenversicherung versichert ist; **auch Nichtversicherte haben Anspruch** auf Zahlung des Zuschlags nach § 10 EFZG (vgl. BAG AP Nr. 1 zu § 5 ArbKrankhG; *Vossen,* Entgeltfortzahlung, Rdn. 690).

Der Zuschlag beträgt für Heimarbeiter, für Hausgewerbetreibende ohne 33
fremde Hilfskräfte und die nach § 1 Abs. 2 Buchst. a HAG Gleichgestellten 3,4 vom Hundert und für Hausgewerbetreibende mit nicht mehr als zwei fremden Hilfskräften und die nach § 1 Abs. 2 Buchst. b und c HAG Gleichgestellten 6,4 vom Hundert. Der höhere Zuschlag für die Hausgewerbetreibenden und die ihnen nach § 1 Abs. 2 Buchst. b und c HAG Gleichgestellten rechtfertigt sich dadurch, dass der Zuschlag in diesen Fällen zugleich zur Sicherung der Ansprüche der von ihnen Beschäftigten dient (vgl. § 10 Abs. 1 S. 3 EFZG; *Geyer/Knorr/Krasney* § 10 EFZG Rdn. 14; HzA/*Vossen* Gruppe 2 Rdn. 668).

Berechnungsgrundlage für den Zuschlag ist das Arbeitsentgelt vor Ab- 34
zug der Steuern, des Beitrags zur Bundesagentur für Arbeit und der Sozialversicherungsbeiträge (einschließlich der Beiträge zur Pflegeversicherung) ohne Unkostenzuschlag und ohne die für den Lohnausfall an gesetzlichen Feiertagen, für den Urlaub und für den Arbeitsausfall infolge Krankheit zu leistenden Zahlungen (vgl. § 10 Abs. 1 S. 2 EFZG; ErfK/*Dörner* § 10 EFZG Rdn. 8; *Kaiser/Dunkl/Hold/Kleinsorge* § 10 EFZG Rdn. 31; *Schmidt/Koberski/ Tiemann/Wascher,* HAG, Anh. nach § 19 Rdn. 63 f.).

3. Anspruchsverpflichtete

Der Anspruch auf Zahlung des Zuschlags richtet sich gegen den **Auftrag-** 35
geber oder, falls die Anspruchsberechtigten von einem Zwischenmeister beschäftigt werden, gegen den **Zwischenmeister.**

Auftraggeber ist, wer Heimarbeit vergibt. Auch Hausgewerbetreibende 36
und ihnen Gleichgestellte können Auftraggeber sein, wenn sie ihrerseits Heimarbeiter beschäftigen; sie haben dann eine Doppelfunktion inne (*Geyer/ Knorr/Krasney* § 10 EFZG Rdn. 9; *Vossen,* Entgeltfortzahlung, Rdn. 696).

Der Begriff des **Zwischenmeisters** ist in § 2 Abs. 3 HAG definiert. 37
Zwischenmeister ist danach, wer, ohne Arbeitnehmer zu sein, die ihm von Gewerbetreibenden übertragene Arbeit an Heimarbeiter oder Hausgewerbetreibende weitergibt. Der Zwischenmeister ist ein selbständiger, „kleiner" Unternehmer. Ist die „Mittelsperson" dagegen Arbeitnehmer des Auftraggebers, so ist sie nicht Zwischenmeister im Sinne des § 2 Abs. 3 HAG; sie hat dann als Arbeitnehmer Anspruch auf Entgeltfortzahlung nach den allgemeinen Regeln (vgl. *Kaiser/Dunkl/Hold/Kleinsorge* § 10 EFZG Rdn. 26; *Wedde/ Kunz* § 10 EFZG Rdn. 12).

38 Ist ein Zwischenmeister „zwischengeschaltet", so **richtet sich der Anspruch** auf den Zuschlag grundsätzlich **gegen den Zwischenmeister;** zahlt ein Auftraggeber allerdings an einen Zwischenmeister ein Entgelt, von dem er weiß oder den Umständen nach wissen muss, dass es zur Zahlung der in der Entgeltregelung festgelegten Entgelte an die Beschäftigten nicht ausreicht, oder zahlt er an einen Zwischenmeister, dessen Unzuverlässigkeit er kennt oder kennen muss, so haftet er neben dem Zwischenmeister für diese Entgelte, also gegebenenfalls auch für den Zuschlag (§ 21 Abs. 2 HAG; ausführlich *Schmidt/Koberski/Tiemann/Wascher*, HAG, Anh. nach § 19 Rdn. 57).

III. Ausgleichsanspruch der gleichgestellten Zwischenmeister (§ 10 Abs. 2 EFZG)

39 Zwischenmeister haben entsprechend ihrer Stellung als selbständige Unternehmer grundsätzlich gegen den Auftraggeber keinen Anspruch auf Zahlung eines Zuschusses zu ihren Gunsten; dies gilt auch für Zwischenmeister, die gem. § 1 Abs. 2 Buchst. d HAG den in Heimarbeit Beschäftigten gleichgestellt worden sind (vgl. ErfK/*Dörner* § 10 EFZG Rdn. 10; *Kaiser/Dunkl/Hold/Kleinsorge* § 10 EFZG Rdn. 24; *Müller/Berenz* § 10 EFZG Rdn. 9).

40 Dem Schutzbedürfnis der gem. § 1 Abs. 2 Buchst. d HAG Gleichgestellten trägt das Gesetz jedoch auf andere Weise Rechnung: Zwischenmeister, die den in Heimarbeit Beschäftigten gleichgestellt sind, haben gem. **§ 10 Abs. 2 EFZG** gegen ihren Auftraggeber Anspruch auf **Vergütung der von ihnen** nach § 10 Abs. 1 EFZG **nachweislich zu zahlenden Zuschläge** (*Schmidt/Koberski/Tiemann/Wascher*, HAG, Anh. nach § 19 Rdn. 52 ff.). Der auf Grund seiner wirtschaftlichen Abhängigkeit besonders schutzbedürftige Zwischenmeister erhält damit zwar nicht unmittelbar Leistungen für den Fall seiner krankheitsbedingten Arbeitsunfähigkeit, er wird jedoch auf andere Weise entlastet, wodurch ihm eine entsprechende Vorsorge erleichtert wird (*Vossen*, Entgeltfortzahlung, Rdn. 696).

IV. Überwachung (§ 10 Abs. 3 EFZG)

41 Gemäß § 10 Abs. 3 EFZG sind die nach den Absätzen 1 und 2 in Betracht kommenden Zuschläge **in den Entgeltbelegen gesondert einzutragen.** Dadurch soll erreicht werden, dass die ordnungsgemäße Zahlung der Zuschläge leichter zu überprüfen ist. Entgeltbelege im Sinne des § 10 Abs. 3 EFZG sind primär die in § 9 Abs. 1 HAG vorgesehenen **Entgeltbücher,** die jedem in Heimarbeit Beschäftigten bzw. Gleichgestellten auszuhändigen sind. In diese Entgeltbücher, die bei dem Beschäftigten verbleiben, sind bei jeder Ausgabe und Abnahme von Arbeit nicht nur ihre Art und ihr Umfang sowie die Tage der Ausgabe und die Lieferung einzutragen, sondern auch die Entgelte. Die von den obersten Arbeitsbehörden vorgeschriebenen Muster sehen jeweils eigene Spalten für die Eintragung der Zuschläge, insbesondere auch des Zuschlags nach § 10 EFZG vor.

V. Tarifvertragliche Regelungsmöglichkeiten § 10 EFZG

Soweit mit Genehmigung der Obersten Arbeitsbehörde des Landes oder 42
der von ihr bestimmten Stelle anstelle von Entgeltbüchern **Entgelt- oder
Arbeitszettel** mit den zu einer ordnungsgemäßen Sammlung geeigneten
Heften ausgegeben werden, sehen diese Entgeltzettel ebenfalls eine gesonderte Eintragung der Zuschläge nach § 10 EFZG vor.

Soweit die Zuschläge unter Verletzung des § 10 Abs. 3 EFZG nicht ge- 43
sondert in den Entgeltbeleg eingetragen werden, trifft **den Auftraggeber
bzw. den Zwischenmeister** die **Darlegungs- und Beweislast** dafür, dass
die Zuschläge tatsächlich gezahlt worden sind (BAG AP Nr. 1 zu § 20 HAG;
AP Nr. 1 zu § 1 HAG; ErfK/*Dörner* § 10 EFZG Rdn. 12; *Geyer/Knorr/
Krasney* § 10 EFZG Rdn. 15; HzA/*Vossen* Gruppe 2 Rdn. 669; *Wedde/Kunz*
§ 10 EFZG Rdn. 20).

V. Tarifvertragliche Regelungsmöglichkeiten (§ 10 Abs. 4 EFZG)

§ 10 Abs. 4 S. 1 EFZG sieht vor, dass für Heimarbeiter im Sinne des 44
§ 1 Abs. 1 Buchst. a HAG durch Tarifvertrag bestimmt werden kann, dass sie
statt der in § 1 Abs. 1 S. 2 Nr. 1 HAG bezeichneten Leistungen die den Arbeitnehmern im Falle ihrer Arbeitsunfähigkeit nach diesem Gesetz zustehenden Leistungen erhalten. Die darin liegende Möglichkeit, den § 10 EFZG
abzubedingen, ist jedoch in vielfacher Hinsicht beschränkt.

Die Öffnungsklausel gilt zunächst ausschließlich für **Heimarbeiter,** nicht 45
dagegen für Hausgewerbetreibende; die Formulierung des § 10 Abs. 4 EFZG
erlaubt keine andere Interpretation (vgl. *Vossen,* Entgeltfortzahlung, Rdn. 703;
Wedde/Kunz § 10 EFZG Rdn. 22).

Die Abweichung von § 10 EFZG kann grundsätzlich nur durch einen 46
Tarifvertrag erfolgen, wobei als Tarifverträge im Sinne des § 10 Abs. 4
EFZG allerdings entsprechend § 17 HAG auch schriftliche Vereinbarungen
zwischen den Gewerkschaften und den Auftraggebern oder deren Vereinigungen gelten (vgl. *Brecht* § 10 EFZG Rdn. 14; *Wedde/Kunz* § 10 Rdn. 23).

Eine abweichende Vereinbarung in einer **Betriebsvereinbarung** oder in 47
einem **Einzelarbeitsvertrag** ist dagegen nicht möglich (vgl. ErfK/*Dörner*
§ 10 EFZG Rdn. 16; *Kaiser/Dunkl/Hold/Kleinsorge* § 10 EFZG Rdn. 36;
Vossen, Entgeltfortzahlung, Rdn. 704).

Inhaltlich sind einem Tarifvertrag insoweit Grenzen gesetzt, als lediglich 48
vereinbart werden kann, dass Heimarbeiter statt des Zuschlags nach § 10
Abs. 1 S. 2 EFZG Anspruch auf die Leistungen nach den §§ 3 ff. EFZG
haben; eine negative Abweichung von den allgemeinen Vorschriften ist nicht
möglich. Mit Rücksicht auf die Schwierigkeiten bei der Berechnung des
fortzuzahlenden Arbeitsentgelts nach § 4 EFZG werden die Vertragsschließenden zwar regelmäßig von der Möglichkeit des § 4 Abs. 4 EFZG Gebrauch machen und einen Bezugszeitraum vereinbaren (vgl. dazu § 4 EFZG
Rdn. 171 ff.; zur Notwendigkeit einer entsprechenden Regelung vgl. auch
Brecht § 10 EFZG Rdn. 14), auch hinsichtlich einer abweichenden Vereinbarung über die Höhe des fortzuzahlenden Entgelts setzt § 10 EFZG jedoch
enge Grenzen: Auch wenn von der Möglichkeit der Tariföffnungsklausel
Gebrauch gemacht wird, sind die Vertragsschließenden gem. § 10 Abs. 4 S. 2

EFZG § 11   Feiertagsbezahlung der in Heimarbeit Beschäftigten

EFZG gezwungen, bei der Bemessung des Anspruchs auf Arbeitsentgelt den Unkostenzuschlag außer Betracht zu lassen.

49   Wird von der Tariföffnungsklausel Gebrauch gemacht, so gilt dieser Tarifvertrag grundsätzlich nur für **tarifgebundene Heimarbeiter**. Für nicht tarifgebundene Heimarbeiter gilt der Tarifvertrag nur dann, wenn er für allgemeinverbindlich erklärt worden ist. Durch eine Betriebsvereinbarung kann ein Tarifvertrag, der die Entgeltfortzahlung für Heimarbeiter nach den §§ 3 ff. EFZG vorsieht, nicht auf die nichtorganisierten Heimarbeiter ausgedehnt werden; auch eine entsprechende Vereinbarung in einem Einzelarbeitsvertrag kommt nicht in Betracht (vgl. ErfK/*Dörner* § 10 EFZG Rdn. 17; *Gola* § 10 EFZG Anm. 7; *Kaiser/Dunkl/Hold/Kleinsorge* § 10 EFZG Rdn. 37; Kasseler Handbuch/*Vossen* Rdn. 474; a. A. bezüglich einzelvertraglicher Vereinbarungen GK-EFZR/*Steckhan* § 8 LFZG Rdn. 44).

VI. Entsprechend anwendbare Vorschriften des HAG (§ 10 Abs. 5 EFZG)

50   § 10 Abs. 5 S. 1 EFZG erklärt im wesentlichen die **Schutzvorschriften des Siebten und Achten Abschnitts des HAG** über den Entgeltschutz auf die Zuschläge nach § 10 Abs. 1 und 2 EFZG für entsprechend anwendbar. Hiervon betroffen sind die Entgeltprüfung durch die Oberste Arbeitsbehörde des Landes (§ 23 HAG), die Aufforderung zur Zahlung der Minderbeträge durch die Oberste Arbeitsbehörde des Landes oder die von ihr bestimmte Stelle (§ 24 HAG), die Möglichkeit der Länder, den Anspruch auf Nachzahlung des Minderbetrages an den Berechtigten im eigenen Namen gerichtlich geltend zu machen (§ 25 HAG), der Pfändungsschutz (§ 27 HAG) und die Auskunfts- und Aufklärungspflichten über Entgelte (§ 28 HAG).

51   Soweit Zwischenmeister eingeschaltet sind, findet darüber hinaus wie bereits ausgeführt **§ 21 Abs. 2 HAG** Anwendung (vgl. oben Rdn. 38), wonach ein Auftraggeber neben dem Zwischenmeister für Entgelte einschließlich des Zuschlags haftet, wenn er an den Zwischenmeister ein Entgelt zahlt, von dem er weiß oder den Umständen nach wissen muss, dass es zur Zahlung der in der Entgeltregelung festgelegten Entgelte an die Beschäftigten nicht ausreicht oder wenn er Entgelte an einen Zwischenmeister zahlt, dessen Unzuverlässigkeit er kennt oder kennen muss.

52   Auf die Ansprüche der fremden Hilfskräfte von Hausgewerbetreibenden und ihnen Gleichgestellten findet schließlich gem. § 10 Abs. 5 S. 2 EFZG der besondere Entgeltschutz für fremde Hilfskräfte nach **§ 26 HAG** entsprechende Anwendung.

§ 11 Feiertagsbezahlung der in Heimarbeit Beschäftigten

(1) **Die in Heimarbeit Beschäftigten (§ 1 Abs. 1 des Heimarbeitsgesetzes) haben gegen den Auftraggeber oder Zwischenmeister Anspruch auf Feiertagsbezahlung nach Maßgabe der Absätze 2 bis 5.** Den gleichen

Anspruch haben die in § 1 Abs. 2 Buchstabe a bis d des Heimarbeitsgesetzes bezeichneten Personen, wenn sie hinsichtlich der Feiertagsbezahlung gleichgestellt werden; die Vorschriften des § 1 Abs. 3 Satz 3 und Abs. 4 und 5 des Heimarbeitsgesetzes finden Anwendung. Eine Gleichstellung, die sich auf die Entgeltregelung erstreckt, gilt auch für die Feiertagsbezahlung, wenn diese nicht ausdrücklich von der Gleichstellung ausgenommen ist.

(2) Das Feiertagsgeld beträgt für jeden Feiertag im Sinne des § 2 Abs. 1 0,72 vom Hundert des in einem Zeitraum von sechs Monaten ausgezahlten reinen Arbeitsentgelts ohne Unkostenzuschläge. Bei der Berechnung des Feiertagsgeldes ist für die Feiertage, die in den Zeitraum vom 1. Mai bis 31. Oktober fallen, der vorhergehende Zeitraum vom 1. November bis 30. April und für die Feiertage, die in den Zeitraum vom 1. November bis 30. April fallen, der vorhergehende Zeitraum vom 1. Mai bis 31. Oktober zugrunde zu legen. Der Anspruch auf Feiertagsgeld ist unabhängig davon, ob im laufenden Halbjahreszeitraum noch eine Beschäftigung in Heimarbeit für den Auftraggeber stattfindet.

(3) Das Feiertagsgeld ist jeweils bei der Entgeltzahlung vor dem Feiertag zu zahlen. Ist die Beschäftigung vor dem Feiertag unterbrochen worden, so ist das Feiertagsgeld spätestens drei Tage vor dem Feiertag auszuzahlen. Besteht bei der Einstellung der Ausgabe von Heimarbeit zwischen den Beteiligten Einvernehmen, das Heimarbeitsverhältnis nicht wieder fortzusetzen, so ist dem Berechtigten bei der letzten Entgeltzahlung das Feiertagsgeld für die noch übrigen Feiertage des laufenden sowie für die Feiertage des folgenden Halbjahreszeitraumes zu zahlen. Das Feiertagsgeld ist jeweils bei der Auszahlung in die Entgeltbelege (§ 9 des Heimarbeitsgesetzes) einzutragen.

(4) Übersteigt das Feiertagsgeld, das der nach Absatz 1 anspruchsberechtigte Hausgewerbetreibende oder im Lohnauftrag arbeitende Gewerbetreibende (Anspruchsberechtigte) für einen Feiertag auf Grund des § 2 seinen fremden Hilfskräften (§ 2 Abs. 6 des Heimarbeitsgesetzes) gezahlt hat, den Betrag, den er auf Grund der Absätze 2 und 3 für diesen Feiertag erhalten hat, so haben ihm auf Verlangen seine Auftraggeber oder Zwischenmeister den Mehrbetrag anteilig zu erstatten. Ist der Anspruchsberechtigte gleichzeitig Zwischenmeister, so bleibt hierbei das für die Heimarbeiter oder Hausgewerbetreibenden empfangene und weiter gezahlte Feiertagsgeld außer Ansatz. Nimmt ein Anspruchsberechtigter eine Erstattung nach Satz 1 in Anspruch, so können ihm bei Einstellung der Ausgabe von Heimarbeit die erstatteten Beträge auf das Feiertagsgeld angerechnet werden, das ihm auf Grund des Absatzes 2 und des Absatzes 3 Satz 3 für die dann noch übrigen Feiertage des laufenden sowie für die Feiertage des folgenden Halbjahreszeitraumes zu zahlen ist.

(5) Das Feiertagsgeld gilt als Entgelt im Sinne der Vorschriften des Heimarbeitsgesetzes über Mithaftung des Auftraggebers (§ 21 Abs. 2), über Entgeltschutz (§§ 23 bis 27) und über Auskunftspflicht über Entgelte (§ 28); hierbei finden die §§ 24 bis 26 des Heimarbeitsgesetzes Anwendung, wenn ein Feiertagsgeld gezahlt ist, das niedriger ist als das in diesem Gesetz festgesetzte.

EFZG § 11 Feiertagsbezahlung der in Heimarbeit Beschäftigten

Übersicht

	Rdn.
I. Allgemeines	1
II. Anspruchsberechtigte und Anspruchsverpflichtete (§ 11 Abs. 1 EFZG)	10
1. Anspruchsberechtigter Personenkreis	11
a) In Heimarbeit Beschäftigte	12
aa) Heimarbeiter	13
bb) Hausgewerbetreibende	16
b) Gleichgestellte	18
c) Nicht anspruchsberechtigte Personen	22
2. Anspruchsverpflichtete	27
III. Anspruch auf Feiertagsgeld (§ 11 Abs. 2 EFZG)	31
1. Anspruchsvoraussetzungen	32
2. Anspruchsumfang	40
IV. Zeitpunkt der Fälligkeit des Feiertagsgeldes (§ 11 Abs. 3 EFZG)	47
V. Sonderregelungen für Hausgewerbetreibende und im Lohnauftrag arbeitende Gewerbetreibende (§ 11 Abs. 4 EFZG)	53
VI. Entsprechend anwendbare Vorschriften des Heimarbeitsgesetzes (§ 11 Abs. 5 EFZG)	58

I. Allgemeines

1 § 11 EFZG regelt die Feiertagsbezahlung der in Heimarbeit Beschäftigten in der Weise, dass an die **Stelle der Feiertagsentlohnung** das sog. **Feiertagsgeld tritt;** damit wird den Besonderheiten der Heimarbeit Rechnung getragen, die – ebenso wie bei der Entgeltfortzahlung im Krankheitsfall – eine Anwendung der für Arbeitnehmer geltenden Vorschriften teilweise unmöglich machen.

2 § 11 **Abs. 1** EFZG nennt die Anspruchsberechtigten und die Anspruchsverpflichteten (vgl. Rdn. 10 ff.), während § 11 **Abs. 2** EFZG den Anspruchsumfang festlegt (vgl. Rdn. 31 ff.). Ergänzt werden diese Regelungen durch die Bestimmung des Zeitpunktes der Zahlung des Feiertagsgeldes (§ 11 **Abs. 3** EFZG; dazu Rdn. 47 ff.), Sonderregelungen für Hausgewerbetreibende und im Lohnauftrag arbeitende Gewerbetreibende (§ 11 **Abs. 4** EFZG; vgl. dazu Rdn. 53 ff.) und ergänzende Bestimmungen über die Anwendbarkeit von Vorschriften des Heimarbeitsgesetzes auf das Feiertagsgeld (vgl. § 11 **Abs. 5** EFZG; dazu Rdn. 58 f.).

3 **Vorläufer** des § 11 EFZG war § 2 des Gesetzes zur Regelung der Lohnzahlung an Feiertagen vom 2. August 1951 (BGBl. I S. 479; zu den Vorläufern dieser Regelung vgl. *Färber/Klischan,* FeiertagsLG, Rdn. 174) i. d. F. vom 18. Dezember 1975 (BGBl. I S. 3091; zur Entwicklungsgeschichte der Regelungen des Feiertagslohngesetzes insgesamt vgl. *Färber/Klischan,* FeiertagsLG, Rdn. 23 ff.; MünchArbR/*Boewer* § 81 Rdn. 1 ff.).

4 In dem im Jahre 1993 von den Fraktionen der CDU/CSU und der FDP zunächst vorgelegten Entwurf eines Entgeltfortzahlungsgesetzes war eine dem heutigen § 11 EFZG vergleichbare Regelung über die Feiertagsbezahlung der in Heimarbeit Beschäftigten noch nicht enthalten (vgl. BT-Drucks. 12/

I. Allgemeines § 11 EFZG

5263). Dies war darauf zurückzuführen, dass man die Arbeitgeberaufwendungen für die Pflegeversicherung ursprünglich durch die Einführung von Karenztagen und nicht durch Modifikationen des Rechts der Entgeltzahlung an Feiertagen bzw. des Feiertagsrechts kompensieren wollte (vgl. Einleitung A Rdn. 65 ff.).

Eine „Verbindung" des Entgeltfortzahlungsrechts und des Rechts der Entgeltzahlung an Feiertagen sah dann erstmals die Beschlussempfehlung des Ausschusses für Arbeit und Sozialordnung vom 29. September 1993 vor: Da für „normale" Arbeitnehmer anstelle der zunächst geplanten Einführung von Karenztagen vorgesehen war, die Entgeltzahlung an zehn bundeseinheitlichen Feiertagen um 20% abzusenken, sofern diese nicht bereit waren, sich zwei Urlaubstage anrechnen zu lassen, musste naturgemäß auch für die in Heimarbeit Beschäftigten eine entsprechende Regelung geschaffen werden. Dies geschah durch die Einfügung des § 11 EFZG, der im wesentlichen dem bisherigen § 2 FeiertagsLG entsprach, jedoch in seinem Absatz 2 Satz 2 eine Absenkung des Feiertagsgeldes für die in § 2 EFZG des Entwurfs genannten Feiertage vorsah (BT-Drucks. 12/5798, S. 12). 5

Die skizzierte Gesetzesfassung wurde zwar am 1. Oktober 1993 vom Bundestag verabschiedet, der Bundesrat rief jedoch den Vermittlungsausschuss an (vgl. BT-Drucks. 12/5906). 6

Der Vermittlungsausschuss modifizierte die vorstehend skizzierte Fassung des § 11 EFZG dann inhaltlich dahingehend, dass man – parallel zur vorgesehenen Regelung für „normale" Arbeitnehmer – eine schrittweise Herabsetzung des Feiertagsgeldes vorsah. Formal wurde vorgeschlagen, § 11 Abs. 2 S. 2 EFZG in der Fassung der Beschlussempfehlung des Ausschusses für Arbeit und Sozialordnung (BT-Drucks. 12/5798) zu streichen und einen § 11a EFZG einzufügen, der zu einer schrittweisen Absenkung des Feiertagsgeldes ab 1. April 1994 und ab 1. Juli 1996 geführt hätte (vgl. BT-Drucks. 12/6425). § 11 EFZG hatte damit – d. h. durch die Streichung des Absatz 2 Satz 2 i. d. F. der Beschlussempfehlung des Ausschusses für Arbeit und Sozialordnung – bereits seine heutige Fassung erhalten. 7

Das Entgeltfortzahlungsgesetz wurde zwar am 10. Dezember 1993 in der vom Vermittlungsausschuss vorgeschlagenen Fassung erneut vom Bundestag verabschiedet, der Einspruch des Bundesrates gem. Art. 77 Abs. 3 GG (BT-Drucks. 12/6473) führte jedoch aufgrund eines entsprechenden Beschlusses der Bundesregierung zu einem erneuten Vermittlungsverfahren. Da in diesem Verfahren beschlossen wurde, auf die Absenkung der Entgeltzahlung an Feiertagen und des Feiertagsgeldes zu verzichten und statt dessen einen Feiertag zu streichen, war in der Beschlussempfehlung des Vermittlungsausschusses § 11a EFZG nicht mehr enthalten; § 11 EFZG blieb unverändert (BT-Drucks. 12/7323, S. 10 ff.). 8

Das Arbeitsrechtliche Beschäftigungsförderungsgesetz vom 25. September 1996 und das „Korrekturgesetz" vom 19. Dezember 1998 haben § 11 EFZG ebenfalls unverändert gelassen. 9

II. Anspruchsberechtigte und Anspruchsverpflichtete (§ 11 Abs. 1 EFZG)

10   § 11 Abs. 1 EFZG bestimmt zunächst den Anwendungsbereich der Vorschrift, indem die Anspruchsberechtigten (vgl. Rdn. 11 ff.) und die Anspruchsverpflichteten (vgl. Rdn. 27 ff.) umschrieben werden.

1. Anspruchsberechtigter Personenkreis

11   Der anspruchsberechtigte Personenkreis umfasst gem. § 11 Abs. 1 EFZG in Heimarbeit Beschäftigte im Sinne des § 1 Abs. 1 HAG sowie die ihnen nach § 1 Abs. 2 Buchst. a bis d HAG hinsichtlich der Feiertagsbezahlung Gleichgestellten.

a) In Heimarbeit Beschäftigte

12   In Heimarbeit Beschäftigte sind gem. § 1 Abs. 1 HAG die Heimarbeiter und die Hausgewerbetreibenden. Beide Begriffe werden in § 2 HAG – anders als in § 12 SGB IV – definiert.

aa) Heimarbeiter

13   **Heimarbeiter** ist gem. § 2 Abs. 1 HAG, wer in selbstgewählter Arbeitsstätte, d. h. in seiner eigenen Wohnung oder in einer selbstgewählten Betriebsstätte, allein oder mit seinen Familienangehörigen im Auftrag von Gewerbetreibenden oder Zwischenmeistern erwerbsmäßig arbeitet, jedoch die Verwertung der Arbeitsergebnisse dem unmittelbar oder mittelbar auftraggebenden Gewerbetreibenden überlässt; beschafft der Heimarbeiter die Roh- und Hilfsstoffe selbst, so wird hierdurch seine Eigenschaft als Heimarbeiter nicht beeinträchtigt. Auf die Dauer oder den Umfang der Tätigkeit oder die Höhe der erzielten Einkünfte kommt es nicht an, auch eine geringfügige Tätigkeit kann Heimarbeit sein, sofern sie auf eine gewisse Dauer angelegt ist und zum Lebensunterhalt beitragen soll (vgl. BSG BB 1970, 1399; GK-EFZR/*Steckhan* § 8 LFZG Rdn. 10).

14   Der entscheidende **Unterschied zum Arbeitnehmer** besteht beim Heimarbeiter darin, dass er sich seine Arbeitsstätte selbst wählt und nicht im Betrieb des Arbeitgebers tätig wird. Daraus ergibt sich für den Heimarbeiter die persönliche Selbständigkeit, denn so ist gewährleistet, dass er nicht den Weisungen und der Kontrolle des Arbeitgebers unterliegt und seine Arbeitsleistung und Arbeitszeit frei einteilen kann (*Otten*, S. 27).

15   Vom **Gewerbetreibenden/Unternehmer** ist der Heimarbeiter dadurch **abgegrenzt,** dass er nicht das Risiko seiner Tätigkeit trägt; das kaufmännische Risiko der Verwertung des Arbeitsergebnisses trifft beim Heimarbeiter den Auftraggeber.

bb) Hausgewerbetreibende

16   **Hausgewerbetreibender** ist gem. § 2 Abs. 2 HAG, wer in eigener Arbeitsstätte, d. h. in seiner eigenen Wohnung oder in einer selbstgewählten Betriebsstätte, mit nicht mehr als zwei fremden Hilfskräften oder Heimar-

II. Anspruchsberechtigte und Anspruchsverpflichtete § 11 EFZG

beitern im Auftrag von Gewerbetreibenden oder Zwischenmeistern Waren herstellt, bearbeitet oder verpackt, wobei er selbst wesentlich am Stück mitarbeitet, jedoch die Verwertung der Arbeitsergebnisse dem unmittelbar oder mittelbar auftraggebenden Gewerbetreibenden überlässt; beschafft der Hausgewerbetreibende die Roh- oder Hilfsstoffe selbst oder arbeitet er vorübergehend selbst für den Absatzmarkt, so wird hierdurch seine Eigenschaft als Hausgewerbetreibender nicht beeinträchtigt.

Diese sich nur unwesentlich vom Begriff des Heimarbeiters unterscheidende Definition beschränkt den Schutz des Heimarbeitsgesetzes auf solche Gewerbetreibende, die (neben den übrigen Voraussetzungen) Waren herstellen, bearbeiten oder verpacken. Eine Folge dieser Beschränkung ist, dass Angestelltentätigkeiten nicht vom Begriff des Hausgewerbetreibenden erfasst werden können (vgl. ausführlich *Küfner-Schmitt*, S. 71 ff.). 17

b) Gleichgestellte

Zum anspruchsberechtigten Personenkreis gem. § 10 EFZG gehören neben den in Heimarbeit Beschäftigten die ihnen nach § 1 Abs. 2 Buchst. a bis d HAG **Gleichgestellten**. 18

Nach § 1 Abs. 2 Buchst. a HAG sind gleichstellungsfähige Personen die heimarbeiterähnlichen Personen, die nicht gewerblich tätig sind oder deren Auftraggeber nicht Gewerbetreibender oder Zwischenmeister ist. Des weiteren gehören zum gleichstellungsfähigen Personenkreis gem. § 1 Abs. 2 Buchst. b HAG Hausgewerbetreibende, die mit mehr als zwei fremden Hilfskräften arbeiten. Gem. § 1 Abs. 2 Buchst. c HAG sind außerdem auch andere im Lohnauftrag arbeitende Gewerbetreibende gleichstellungsfähig, wenn sie eine ähnliche Stellung wie Hausgewerbetreibende einnehmen. 19

Schließlich sind gleichstellungsfähig nach § 1 Abs. 2 Buchst. d HAG auch Zwischenmeister, d. h. Personen, die ohne Arbeitnehmer zu sein, die ihnen von Gewerbetreibenden übertragene Arbeit an Heimarbeiter oder Hausgewerbetreibende weitergeben (ausführlich zum gleichstellungsfähigen Personenkreis *Schmidt/Koberski/Tiemann/Wascher*, HAG, § 1 Rdn. 8 ff.). Durch die Einbeziehung der nach § 1 Abs. 2 Buchst. d HAG gleichgestellten Zwischenmeister ist der Kreis der nach § 11 Abs. 1 EFZG anspruchsberechtigten Personen größer als der Kreis der Berechtigten im Sinne des § 10 EFZG. 20

Zu den Voraussetzungen und den Folgen einer Gleichstellungsentscheidung vgl. § 10 EFZG Rdn. 18 ff. 21

c) Nicht anspruchsberechtigte Personen

Aus den vorstehenden Begriffsbestimmungen für Heimarbeiter, Hausgewerbetreibende und ihnen gleichgestellte Personen ergibt sich zugleich, dass einige Personen, die man umgangssprachlich möglicherweise als Heimarbeiter ansprechen würde, nicht zum anspruchsberechtigten Personenkreis im Sinne des § 11 EFZG gehören. 22

Nicht anspruchsberechtigt sind sog. **Außenarbeitnehmer.** Dabei handelt es sich nicht um in Heimarbeit Beschäftigte, sondern um persönlich von ihrem Arbeitgeber abhängige Personen, die sich von Betriebsarbeitern oder Betriebsangestellten im wesentlichen dadurch unterscheiden, dass sie (räum- 23 lich) außerhalb des Betriebes tätig sind. Sie sind jedoch den Weisungen ihres Arbeitgebers unterworfen; ihre persönliche Freiheit bei der Gestaltung ihrer Arbeit ist weitgehend eingeschränkt. Als Arbeitnehmer haben sie Anspruch auf Feiertagsentlohnung nach § 2 EFZG.

24 Nicht anspruchsberechtigt sind weiterhin **Familienangehörige** eines in Heimarbeit Beschäftigten oder Gleichgestellten. Sie stehen in der Regel weder in einem (eigenen) Heimarbeitsverhältnis noch in einem Arbeitsverhältnis. Sie verlieren allerdings ihre Eigenschaft als Familienangehörige und werden zu Anspruchsberechtigten, wenn sie als selbständige Heimarbeiter tätig werden oder wenn sie von einem Hausgewerbetreibenden als fremde Hilfskraft beschäftigt werden; sie erlangen dann eigene Ansprüche nach § 11 oder nach § 2 EFZG (zum Begriff des Familienangehörigen vgl. den durch Gesetz vom 23. Dezember 2003, BGBl. I S. 2848, neu gefassten § 2 Abs. 5 HAG).

25 Nicht unter § 11 EFZG fallen auch **fremde Hilfskräfte.** Dies sind gem. § 2 Abs. 6 HAG Personen, die als Arbeitnehmer eines Hausgewerbetreibenden oder eines nach § 1 Abs. 2 Buchst. b und c HAG Gleichgestellten in deren Arbeitsstätte beschäftigt sind (*Färber/Klischan*, FeiertagsLG, Rdn. 178). Ihre Ansprüche auf Feiertagsentlohnung regeln sich nach § 2 EFZG (*Schmidt/Koberski/Tiemann/Wascher*, HAG, Anh. nach § 19 Rdn. 72).

26 Nicht anspruchsberechtigt sind schließlich auch **Gleichgestellte,** deren Gleichstellung sich nicht auf die Feiertagsentlohnung bezieht. Hierbei handelt es sich aber um Ausnahmefälle, denn gem. § 11 Abs. 1 S. 3 EFZG erstreckt sich eine Gleichstellung bezüglich der Entgeltregelungen grundsätzlich auch auf die Feiertagsbezahlung, d. h. die Anspruchsberechtigung bezüglich der Feiertagsentlohnung entfällt nur dann, wenn diese ausdrücklich von der Gleichstellung ausgenommen ist.

2. Anspruchsverpflichtete

27 Der Anspruch auf Zahlung des Feiertagsgeldes richtet sich gegen den Auftraggeber oder, falls die Anspruchsberechtigten von einem Zwischenmeister beschäftigt werden, gegen den Zwischenmeister.

28 **Auftraggeber** ist, wer Heimarbeit vergibt. Hausgewerbetreibende und ihnen Gleichgestellte können ebenfalls Auftraggeber sein, wenn sie ihrerseits fremde Arbeitskräfte beschäftigen; sie haben dann eine Doppelstellung inne.

29 **Zwischenmeister** ist gem. § 2 Abs. 3 HAG, wer, ohne Arbeitnehmer zu sein, die ihm von Gewerbetreibenden übertragene Arbeit an Heimarbeiter oder Hausgewerbetreibende weitergibt. Der Zwischenmeister ist damit ein selbständiger „kleiner" Unternehmer.

30 Da Zwischenmeister gem. § 1 Abs. 2 Buchst. d HAG den in Heimarbeit Beschäftigten gleichgestellt werden können (vgl. oben Rdn. 18), können sie hinsichtlich der Feiertagsentlohnung ebenfalls eine Doppelrolle einnehmen: Als Gleichgestellte gehören sie unter Umständen zu den anspruchsberechtigten Personen und sind dennoch gleichzeitig Anspruchsverpflichtete (vgl. *Färber/Klischan*, FeiertagsLG, Rdn. 182).

III. Anspruch auf Feiertagsgeld (§ 11 Abs. 2 EFZG)

§ 11 Abs. 2 EFZG regelt die Höhe des Feiertagsgeldes; ob daneben 31
auch die Anspruchsvoraussetzungen geregelt werden, ist umstritten.

1. Anspruchsvoraussetzungen

Nach Auffassung des BAG (AP Nr. 34 zu § 1 FeiertagsLG) und der über- 32
wiegenden Auffassung im Schrifttum (vgl. *Gola* § 11 EFZG Anm. 2; Kasseler
Handbuch/*Vossen* Rdn. 608; MünchArbR/*Boewer* § 81 Rdn. 20; *Schaub,*
Arbeitsrechts-Handbuch, § 104 I 1; *Staudinger/Richardi* § 611 Rdn. 700; *Vossen,* Entgeltfortzahlung, Rdn. 855) ergibt sich aus **§ 11 (Abs. 2) EFZG** lediglich die **Höhe des Feiertagsgeldes,** während wegen der **Anspruchsvoraussetzungen** auf **§ 2 EFZG** zurückzugreifen ist.

Die Gegenauffassung (vgl. *Kaiser/Dunkl/Hold/Kleinsorge* § 11 EFZG 33
Rdn. 12 Fn. 7; *Schmidt/Koberski/Tiemann/Wascher,* HAG, Anh. nach § 19
Rdn. 79 ff.; *Wedde/Kunz* § 11 EFZG Rdn. 8) sieht dagegen in § 11 EFZG
eine völlig eigenständige Spezialregelung, die die Anspruchsvoraussetzungen
und die Anspruchshöhe für das Feiertagsgeld regelt.

Von Bedeutung sind die unterschiedlichen Ansätze primär für den Fall, 34
dass ein Sonntag und ein gesetzlicher Feiertag zusammenfallen und der
Heimarbeiter Tätigkeiten verrichtet, die er **an einem Sonntag nicht ausüben darf,** wobei letzteres für fast alle in Heimarbeit verrichteten Tätigkeiten gelten dürfte.

Sieht man mit der h. M. die eigentliche Anspruchsgrundlage in § 2 EFZG, 35
so besteht unter den skizzierten Voraussetzungen kein Anspruch auf Feiertagsgeld, denn § 2 EFZG setzt voraus, dass der Feiertag die **alleinige** Ursache für den Arbeitsausfall darstellt; beim Zusammentreffen eines gesetzlichen
Feiertages mit einem Sonntag bildet letzterer aber eine weitere Ursache für
den Arbeitsausfall.

Nach der Gegenauffassung ist ein Anspruch auf Feiertagsgeld dagegen zu 36
bejahen, denn § 11 EFZG erwähnt nur das Vorliegen eines Feiertages als
„Anspruchsvoraussetzung".

Der letztgenannten Auffassung ist natürlich zuzugestehen, dass viele 37
Heimarbeiter Sonn- und Feiertage zur Arbeit mit benutzen und sich daher
kaum feststellen lässt, ob infolge des Feiertages Arbeit ausgefallen ist. Darauf
kann es aber schon deshalb nicht ankommen, weil auch Heimarbeiter (die
im Übrigen über ihre Arbeitszeit frei verfügen können) sich an die gesetzlichen Vorschriften über das Verbot der Sonntagsarbeit halten müssen. Solange das Gegenteil nicht bewiesen ist, muss man unter diesen Voraussetzungen davon ausgehen, dass Heimarbeiter an Sonn- und Feiertagen nicht
arbeiten.

Lässt man die vermeintlichen Beweisprobleme demgemäß außer Betracht, 38
so bleibt als entscheidender Gesichtspunkt, dass **Heimarbeiter** bezüglich der
Feiertagsentlohnung im Ergebnis **nicht anders behandelt werden sollen
als andere Arbeitnehmer;** sie sollen nicht schlechter gestellt werden, aber
auch nicht besser. Würde man der Mindermeinung folgen und alle in den

EFZG § 11 Feiertagsbezahlung der in Heimarbeit Beschäftigten

Berechnungszeitraum fallenden Feiertage berücksichtigen, ohne deren Ursächlichkeit für den Entgeltausfall zu prüfen, würden Heimarbeiter aber gegenüber normalen Arbeitnehmern bevorzugt, denn sie würden rechnerisch besser gestellt als Betriebsarbeiter (vgl. BAG AP Nr. 34 zu § 1 FeiertagsLG; *Vossen*, Entgeltfortzahlung, Rdn. 855). Dieses Ergebnis vermeidet man dadurch, dass man entsprechend der h. M. auch bei Heimarbeitern bezüglich der Anspruchsvoraussetzungen für das Feiertagsgeld auf § 2 EFZG zurückgreift und in § 11 EFZG nur eine Sonderregelung zur Berechnung der Anspruchshöhe etc. sieht.

39 Der Anspruch auf Feiertagsgeld setzt demgemäß voraus die Zugehörigkeit zum anspruchsberechtigten Personenkreis (vgl. oben Rdn. 11 ff.), einen Arbeitsausfall wegen eines gesetzlichen Feiertages und eine **monokausale** Verknüpfung zwischen dem Arbeitsausfall und dem gesetzlichen Feiertag (zu den Anspruchsvoraussetzungen ausführlich § 2 EFZG Rdn. 24 ff.).

2. Anspruchsumfang

40 Der Anspruchsumfang ist nach § 11 Abs. 2 EFZG abhängig vom **durchschnittlichen Entgelt, das der Heimarbeiter im Berechnungszeitraum erhalten hat.**

41 Gem. § 11 Abs. 2 S. 1 EFZG beträgt das Feiertagsgeld für jeden gesetzlichen Feiertag im Sinne des § 2 EFZG **0,72 vom Hundert des in einem Zeitraum von sechs Monaten ausgezahlten reinen Arbeitsentgelts ohne Unkostenzuschläge** wie z. B. die Unkostenzuschläge für die Beschaffung der zur Auftragserledigung erforderlichen Rohstoffe. Sozialversicherungsbeiträge des Heimarbeiters und die von ihm zu entrichtenden Steuern sind dagegen Bestandteil des reinen Arbeitsentgelts und müssen bei der Berechnung des Feiertagsgeldes mit berücksichtigt werden (vgl. *Geyer/Knorr/Krasny* § 11 EFZG Rdn. 14 f.; *Schmidt/Koberski/Tiemann/Wascher*, HAG, Anh. nach § 19 Rdn. 82; *Vossen*, Entgeltfortzahlung, Rdn. 859; *Wedde/Kunz* § 11 EFZG Rdn. 6).

42 Durch den relativ langen Bezugszeitraum von sechs Monaten soll der Tatsache Rechnung getragen werden, dass Heimarbeiter nicht nach Zeitabschnitten vergütet werden und ihre Vergütung infolge der unterschiedlichen Arbeitszuweisungen starken Schwankungen unterliegen kann; § 11 Abs. 2 S. 1 EFZG soll sicherstellen, dass möglichst genau der Durchschnitt dessen ermittelt wird, was der in Heimarbeit Beschäftigte regelmäßig verdient.

43 Der Multiplikationsfaktor von 0,72% ist so bemessen, dass sich bei unterstellten ca. 139 Arbeitstagen in sechs Monaten das Arbeitsentgelt für einen Arbeitstag ergibt.

44 Der **Berechnungszeitraum** wird durch § 11 Abs. 2 S. 2 EFZG in der Weise festgelegt, dass für gesetzliche Feiertage, die in den Zeitraum vom 1. Mai bis 31. Oktober fallen, der vorausgegangene Zeitabschnitt vom 1. November bis zum 30. April zugrunde zu legen ist und für Feiertage, die in die Zeit vom 1. November bis zum 30. April fallen, der vorhergehende Zeitraum vom 1. Mai bis zum 31. Oktober; es kommt also nicht auf die sechs Monate vor dem in Rede stehenden Feiertag an, sondern der Berechnungszeitraum ist **einheitlich festgelegt jeweils für die Feiertage inner-**

halb eines Rahmens von sechs Monaten. Dies hat den Vorteil, dass die Berechnung des Feiertagsgeldes nur einmal im Halbjahreszeitraum erfolgen muss.

Diese Berechnungsweise benachteiligt Heimarbeiter jedoch am Beginn 45 ihrer Tätigkeit, da sie in dem vorausgegangenen Bezugszeitraum noch kein Arbeitsentgelt erhalten haben und sie somit auch keinen Anspruch auf Feiertagsgeld geltend machen können. Dieser Nachteil wird aber ausgeglichen durch § 11 Abs. 2 S. 3 EFZG, wonach der Anspruch auf Feiertagsgeld davon unabhängig ist, ob im laufenden Halbjahreszeitraum noch eine Beschäftigung in Heimarbeit für den Auftraggeber stattfindet. Feiertagsgeld ist demgemäß **über die letzte Auftragsvergabe hinaus für die Feiertage des laufenden und des folgenden Berechnungszeitraums zu zahlen** (vgl. MünchArbR/*Boewer* § 81 Rdn. 24; *Vossen*, Entgeltfortzahlung, Rdn. 862), so dass der Nachteil am Beginn des Heimarbeitsverhältnisses am Ende kompensiert wird.

Praktische Bedeutung hat § 11 Abs. 2 S. 3 EFZG nur für den Fall, dass 46 zwischen den Beteiligten Einvernehmen darüber erzielt worden ist, dass das Heimarbeitsverhältnis nicht fortgesetzt werden soll; wird nur „zufällig" über einen längeren Zeitraum keine Heimarbeit ausgegeben, so folgt dasselbe Ergebnis bereits aus § 11 Abs. 2 S. 2 EFZG.

IV. Zeitpunkt der Fälligkeit des Feiertagsgeldes (§ 11 Abs. 3 EFZG)

§ 11 Abs. 3 EFZG regelt den Zeitpunkt der Zahlung des Feiertagsgeldes. 47

Soweit das **Heimarbeitsverhältnis** noch **besteht** und **regelmäßig** 48 **Heimarbeit ausgegeben wird,** ist gem. § 11 Abs. 3 S. 1 EFZG das Feiertagsgeld bei der letzten Entgeltzahlung vor dem Feiertag zu zahlen.

Hiervon abweichend regelt § 11 Abs. 3 S. 2 EFZG den Fall, dass das 49 **Heimarbeitsverhältnis** zwar noch **besteht** – die Beteiligten gehen davon aus, dass in Zukunft wieder Heimarbeit ausgegeben wird –, die **Ausgabe von Heimarbeit aber unterbrochen worden ist:** In diesem Fall ist das Feiertagsgeld spätestens drei Tage vor dem Feiertag auszuzahlen. Der Anspruch ist in diesem Fall aber lediglich auf das Feiertagsgeld für den bzw. die unmittelbar bevorstehenden Feiertag(e) gerichtet und nicht auf das Feiertagsgeld für die weiteren Feiertage im laufenden Halbjahreszeitraum.

Ein derartiger Anspruch besteht nur dann, wenn bei der Einstellung der 50 Ausgabe von Heimarbeit zwischen den Beteiligten Einvernehmen darüber besteht, dass das **Heimarbeitsverhältnis nicht fortgesetzt werden soll.** § 11 Abs. 3 S. 3 EFZG sieht für diesen Fall vor, dass dem Berechtigten bei der letzten Entgeltzahlung das Feiertagsgeld für die noch übrigen gesetzlichen Feiertage des laufenden sowie für die Feiertage des folgenden Halbjahreszeitraums zu zahlen ist.

Gehen die Beteiligten bei der (letzten) Entgeltzahlung noch davon aus, 51 dass später wieder Heimarbeit ausgegeben werden soll, das heißt, dass die Ausgabe von Heimarbeit nur unterbrochen wird, und **einigen sie sich** dann **später** darauf, das **Heimarbeitsverhältnis nicht fortzusetzen,** so ist zu

EFZG § 11 Feiertagsbezahlung der in Heimarbeit Beschäftigten

diesem Zeitpunkt das Feiertagsgeld für die noch übrigen gesetzlichen Feiertage des laufenden sowie für die Feiertage des folgenden Halbjahreszeitraums zu zahlen (vgl. ErfK/*Dörner* § 11 EFZG Rdn. 13; *Färber/Klischan*, Feiertags-LG, Rdn. 190; *Schmidt/Koberski/Tiemann/Wascher*, HAG, Anh. nach § 19 Rdn. 84).

52 Das Feiertagsgeld ist gem. § 11 Abs. 3 S. 4 EFZG jeweils bei der Auszahlung in die **Entgeltbelege nach § 9 HAG einzutragen**. Wird dies versäumt, liegt eine Ordnungswidrigkeit nach § 32a HAG vor (*Schmidt/Koberski/Tiemann/Wascher*, HAG, Anh. nach § 19 Rdn. 86).

V. Sonderregelungen für Hausgewerbetreibende und im Lohnauftrag arbeitende Gewerbetreibende (§ 11 Abs. 4 EFZG)

53 § 11 Abs. 4 EFZG enthält Sonderregelungen für Hausgewerbetreibende und im Lohnauftrag arbeitende Gewerbetreibende.

54 Absatz 4 Satz 1 trägt der Tatsache Rechnung, dass dieser Personenkreis eine **Zwitterstellung** einnehmen kann: Sind sie nach § 1 Abs. 2 Buchst. b und c HAG den in Heimarbeit Beschäftigten gleichgestellt worden, so gehören sie einerseits zu den Anspruchsberechtigten im Sinne des § 11 Abs. 1 EFZG und haben einen Feiertagsgeldanspruch auf der Basis der Absätze 2 und 3; andererseits gehören sie aber auch zu den Anspruchsverpflichteten, da sie ihren fremden Hilfskräften Feiertagsentgelt nach § 2 EFZG zu zahlen haben (vgl. oben Rdn. 17, 23).

55 Soweit die Beträge, die der gleichgestellte Hausgewerbetreibende oder im Lohnauftrag arbeitende Gewerbetreibende gem. § 2 EFZG an seine fremden Hilfskräfte zu zahlen hat, jenen Betrag übersteigen, den er seinerseits gem. § 11 EFZG von seinem Auftraggeber verlangen kann, hat sein Auftraggeber oder Zwischenmeister ihm den Differenzbetrag auf Antrag zu erstatten.

56 § 11 Abs. 4 S. 1 EFZG erlangt u. a. dann Bedeutung, wenn der Betroffene in seiner Funktion als Anspruchsberechtigter (noch) keinen Anspruch auf Feiertagsgeld geltend machen kann, weil er seine Tätigkeit erst aufgenommen hat und er daher im nach § 11 Abs. 2 EFZG maßgeblichen Zeitraum noch keinen Entgeltanspruch hat, während er in seiner Funktion als Anspruchsverpflichteter bereits Feiertagsentgelt an seine fremden Hilfskräfte zahlen muss (vgl. *Vossen*, Entgeltfortzahlung, Rdn. 864).

57 Um in diesem Fall zu vermeiden, dass der Betroffene doppelte Leistungen erhält – Ausgleichsansprüche nach § 11 Abs. 4 S. 1 EFZG bei Beginn seiner Tätigkeit und nachgehendes Feiertagsgeld nach § 11 Abs. 2 S. 3 EFZG am Ende seiner Tätigkeit – sieht **§ 11 Abs. 4 S. 3 EFZG** eine **Anrechnungsmöglichkeit** vor: Nimmt ein Anspruchsberechtigter bei Beginn seiner Tätigkeit eine Erstattung nach § 11 Abs. 4 S. 1 EFZG in Anspruch, so können ihm bei der Einstellung der Ausgabe von Heimarbeit die erstatteten Beträge auf das Feiertagsgeld angerechnet werden, das ihm aufgrund des § 11 Abs. 2, Abs. 3 S. 3 EFZG für die dann noch übrigen gesetzlichen Feiertage des laufenden sowie für die Feiertage des folgenden Halbjahreszeitraums zu zahlen wäre.

VI. Entsprechend anwendbare Vorschriften des Heimarbeitsgesetzes (§ 11 Abs. 5 EFZG)

§ 11 Abs. 5 1. Halbs. EFZG legt fest, dass verschiedene Vorschriften des Heimarbeitsgesetzes über das Entgelt auf das Feiertagsgeld Anwendung finden. Hiervon betroffen sind zunächst die Regelungen über die Mithaftung des Auftraggebers, wenn er an einen Zwischenmeister ein Entgelt zahlt, von dem er weiß oder den Umständen nach wissen muss, dass es zur Zahlung der in der Entgeltregelung festgelegten Entgelte an die Beschäftigten nicht ausreicht bzw. wenn er mit einem Zwischenmeister zusammenarbeitet, dessen Unzuverlässigkeit er kennt (§ 21 Abs. 2 HAG). Des weiteren sind von der entsprechenden Anwendbarkeit betroffen die Bestimmungen des siebten Abschnitts des HAG über den Entgeltschutz (Entgeltprüfung, Aufforderung zur Nachzahlung der Minderbeträge, Klagebefugnis der Länder, Entgeltschutz für fremde Hilfskräfte, Pfändungsschutz; §§ 23 bis 27 HAG) und des achten Abschnitts (Auskunfts- und Aufklärungspflicht über Entgelte; § 28 HAG). 58

Gem. § 11 Abs. 5 2. Halbs. EFZG finden insbesondere die §§ 24 bis 26 HAG (auch) dann Anwendung, wenn ein Feiertagsgeld gezahlt wird, das niedriger ist als das im Gesetz festgelegte, d. h. die Länder sind befugt, im eigenen Namen zu klagen, falls der Auftraggeber dem Heimarbeiter nur ein geringeres Feiertagsentgelt zahlt, als sich aus § 11 Abs. 2 EFZG ergibt. Diese Befugnis besteht selbstverständlich auch dann, wenn der Auftraggeber dem Heimarbeiter keinerlei Feiertagsgeld bezahlt (vgl. *Wedde/Kunz* § 11 EFZG Rdn. 28). 59

§ 12 Unabdingbarkeit

Abgesehen von § 4 Abs. 4 kann von den Vorschriften dieses Gesetzes nicht zuungunsten des Arbeitnehmers oder der nach § 10 berechtigten Personen abgewichen werden.

Übersicht

	Rdn.
I. Allgemeines	1
II. Unabdingbarkeit	7
1. Abweichungen vom Entgeltfortzahlungsgesetz	8
2. Abweichungen durch Vereinbarungen	13
a) Allgemeines	13
b) Verzicht auf Ansprüche aus §§ 2, 3 und 8 EFZG	17
aa) Verzicht auf künftige Ansprüche während des Arbeitsverhältnisses	21
bb) Verzicht auf entstandene Ansprüche während des Arbeitsverhältnisses	22
cc) Verzicht auf künftige Ansprüche nach Beendigung des Arbeitsverhältnisses	24
dd) Verzicht auf entstandene Ansprüche nach Beendigung des Arbeitsverhältnisses	26

EFZG § 12   Unabdingbarkeit

Rdn.
c) Verzicht auf den Zuschlag nach § 10 EFZG oder nach § 11 EFZG 27
3. Abweichungen zuungunsten der Anspruchsberechtigten 28
   a) Vergleichsverfahren 29
   b) Einzelfälle 31
4. Rechtsfolgen 39
   a) Einzelvertragliche Abweichungen 40
   b) Kollektivvertragliche Abweichungen 42
   c) Verzichtswirkungen gegenüber Krankenversicherungsträgern . 44

I. Allgemeines

1   § 12 EFZG sieht vor, dass – abgesehen von § 4 Abs. 4 EFZG – von den Vorschriften des Entgeltfortzahlungsgesetzes nicht zuungunsten der Arbeitnehmer oder der nach §§ 10 und 11 EFZG anspruchsberechtigten Heimarbeiter, Hausgewerbetreibenden und Zwischenmeister abgewichen werden kann (vgl. BAG AP Nr. 13 zu § 3 EFZG). Damit wird das Verhältnis zwischen dem Entgeltfortzahlungsgesetz einerseits und den anderen Rechtsquellen des Arbeitsrechts, insbesondere Tarifverträgen, Betriebsvereinbarungen und Einzelarbeitsverträgen andererseits dahingehend geregelt, dass – ähnlich wie im Verhältnis Tarifvertrag/Einzelarbeitsvertrag – ein Günstigkeitsvergleich durchzuführen ist.

2   **Vorläufer** des § 12 EFZG war bezogen auf die Entgeltfortzahlung im Krankheitsfall § 9 des Lohnfortzahlungsgesetzes (zur Geschichte dieser Regelung vgl. *Schmitt,* LFZG, § 9 Rdn. 2ff.) vom 27. Juli 1969 (BGBl. I S. 946), wonach von den Vorschriften der §§ 1 bis 8 LFZG mit Ausnahme des § 2 Abs. 3 LFZG (heute § 4 Abs. 4 EFZG) nicht zuungunsten der Arbeiter oder Heimarbeiter abgewichen werden konnte. Ähnliche Bestimmungen für die verschiedenen Angestelltengruppen enthielten § 133c S. 5 GewO, § 63 Abs. 1 S. 5 HGB und § 616 Abs. 2 BGB, es bestanden jedoch Unterschiede hinsichtlich der Möglichkeit, durch Tarifvertrag von den gesetzlichen Bestimmungen über die Entgeltfortzahlung abzuweichen. Während im Anwendungsbereich des Lohnfortzahlungsgesetzes die Möglichkeit bestand, abweichende tarifvertragliche Regelungen hinsichtlich der Höhe des fortzuzahlenden Arbeitsentgelts zu treffen, eröffnete § 616 Abs. 2 S. 2 BGB die Möglichkeit, die Dauer des Entgeltfortzahlungszeitraums durch Tarifvertrag zu verkürzen. Im Anwendungsbereich von § 133c GewO und § 63 HGB bestand dagegen keinerlei Möglichkeit, tarifvertragliche Abweichungen zuungunsten der Betroffenen zu vereinbaren.

3   Gewisse Unklarheiten bestanden schließlich hinsichtlich der Abweichungsmöglichkeiten in den neuen Bundesländern, da § 115b Abs. 3 AGB zwar eine dem § 2 Abs. 3 LFZG entsprechende Regelung enthielt, eine Parallelvorschrift zu § 9 LFZG jedoch fehlte. Trotz dieser „Gesetzeslücke" bestand im Schrifttum jedoch Einigkeit darüber, dass aus dem Fehlen einer dem § 9 LFZG entsprechenden Regelung nicht gefolgert werden könne, dass von den in den §§ 115a bis e AGB enthaltenen Voraussetzungen über den in § 115b Abs. 3 AGB enthaltenen Rahmen hinaus auch zuungunsten

II. Unabdingbarkeit § 12 EFZG

der Arbeitnehmer abgewichen werden konnte (so GK-EFZR/*Birk,* Anhang zu § 9 LFZG Rdn. 66; *Marburger,* RdA 1991, 153, 156; *Schmatz/Fischwasser/ Geyer/Knorr,* Anhang zu § 9 LFZG Rdn. 39; *Schmitt,* Lohnfortzahlung in den neuen Bundesländern, Rdn. 231 ff.). Die damit bestehenden Ungleichbehandlungen bzw. Unklarheiten waren einer der Gründe dafür, dass eine gesetzliche Neuregelung notwendig wurde.

Bezüglich der Entgeltzahlung an Feiertagen existierte keine Regelung, 4 die man als „Vorläufer" des § 12 EFZG ansehen könnte, es bestand jedoch Einigkeit darüber, dass von den Bestimmungen des Feiertagslohngesetzes weder einzelvertraglich noch kollektivvertraglich abgewichen werden konnte (vgl. BAG AP Nr. 36 zu § 1 FeiertagsLG; MünchArbR/*Boewer* § 81 Rdn. 25).

Der im Jahre 1993 von den Fraktionen der CDU/CSU und der FDP vor- 5 gelegte Entwurf eines Entgeltfortzahlungsgesetzes (BT-Drucks. 12/5263) sah in seinem § 11 eine Regelung vor, die – sieht man von der Bezeichnung der in Bezug genommenen Paragraphen und dem Terminus Arbeitnehmer anstelle von Arbeiter ab – wörtlich § 9 LFZG entsprach. Im Rahmen der Beratungen im Ausschuss für Arbeit und Sozialordnung änderte sich lediglich die Nummerierung: Durch die Einfügung der Vorschrift über die Feiertagsbezahlung der in Heimarbeit Beschäftigten (heute § 11 EFZG) wurde aus § 11 des Fraktionsentwurfs der heutige § 12 EFZG.

Das Arbeitsrechtliche Beschäftigungsförderungsgesetz vom 25. September 6 1996 und das „Korrekturgesetz" vom 19. Dezember 1998 haben § 12 EFZG ebenfalls unverändert gelassen.

II. Unabdingbarkeit

§ 12 EFZG verhindert Abweichungen von den Bestimmungen des Ent- 7 geltfortzahlungsgesetzes (vgl. Rdn. 8 ff.), soweit diese sich zuungunsten der Anspruchsberechtigten auswirken (vgl. Rdn. 28 ff.). Das Verbot gilt – abgesehen von Tarifverträgen zu § 4 Abs. 4 EFZG – grundsätzlich für alle Arten von Vereinbarungen. Verstöße gegen § 12 EFZG führen im allgemeinen zur (Teil-)Nichtigkeit der abweichenden Vereinbarungen (vgl. Rdn. 39 ff.).

1. Abweichungen vom Entgeltfortzahlungsgesetz

§ 12 EFZG **verbietet** Abweichungen von den Vorschriften des Entgelt- 8 fortzahlungsgesetzes; die §§ 1 bis 9 EFZG können **inhaltlich** nicht zuungunsten der Arbeitnehmer, die §§ 10 und 11 EFZG können nicht zuungunsten der Heimarbeiter, Hausgewerbetreibenden und Zwischenmeister modifiziert werden. Keine Abweichungen stellen hingegen tarifvertragliche Ausschlussfristen dar, die lediglich die Geltendmachung, nicht aber den Inhalt des Anspruchs berühren (vgl. BAG AP Nr. 13 zu § 3 EFZG).

Nicht verboten sind dagegen **Abweichungen von anderen Entgelt-** 9 **fortzahlungsbestimmungen,** d.h. insbesondere von § 616 BGB. Ist der Arbeitnehmer infolge Krankheit an der Arbeitsleistung gehindert, ohne arbeitsunfähig zu sein, wie etwa bei einem Arztbesuch während der Arbeitszeit, oder bleibt er der Arbeit fern, um sich um erkrankte Familienangehörige zu kümmern, so ist der Arbeitgeber nicht aufgrund des Entgeltfortzahlungsgesetzes, sondern allenfalls gem. § 616 BGB zur Entgeltfortzahlung verpflichtet (vgl. Teil E I). Dieser Anspruch kann jedoch ohne gegen § 12 EFZG zu verstoßen durch Tarifvertrag oder Einzelarbeitsvertrag eingeschränkt oder ganz ausgeschlossen werden (vgl. ErfK/*Dörner* § 12 EFZG Rdn. 5; *Gola* § 12 EFZG Anm. 2.1; *Wedde/Kunz* § 12 EFZG Rdn. 2).

10 Des weiteren gilt das Abweichungsverbot des § 12 EFZG nicht für tarifvertragliche Vereinbarungen im Sinne des § 4 Abs. 4 EFZG. Aufgrund dieser Regelung können die Tarifvertragsparteien zunächst die **Berechnungsmethode** ändern, d. h. anstelle des Entgeltausfallprinzips kann z. B. das Referenzprinzip eingeführt werden.

11 Des weiteren sind Vereinbarungen bezüglich der Berechnung der maßgeblichen **Arbeitszeit** möglich; in Betracht kommen insbesondere Regelungen hinsichtlich der (zusätzlichen) Berücksichtigung von Überstunden. Zu den Änderungen im Zusammenhang mit der Berechnung der maßgeblichen Arbeitszeit kann man in einem weiteren Sinne schließlich auch abweichende tarifliche Bestimmungen hinsichtlich der Berücksichtigung von Zeiten der Kurzarbeit rechnen.

12 Schließlich kann unter Geltung des § 4 Abs. 4 EFZG – anders als nach früherem Recht – auch vereinbart werden, dass einzelne **Entgeltbestandteile** wie z. B. Nachtarbeitszuschläge bei der Berechnung des fortzuzahlenden Arbeitsentgelts **außer Betracht bleiben** (ausführlich § 4 EFZG Rdn. 171 ff. m. w. N.).

2. Abweichungen durch Vereinbarungen

a) Allgemeines

13 § 12 EFZG verbietet jede Abweichung von den Vorschriften des Entgeltfortzahlungsgesetzes mit Ausnahme des § 4 Abs. 4 EFZG. Durch dieses Verbot werden grundsätzlich **alle Arten von Vereinbarungen** erfasst.

14 Hierzu gehören zunächst **kollektivrechtliche Vereinbarungen** in Form von Tarifverträgen und – soweit sie nicht schon durch § 77 Abs. 3 BetrVG ausgeschlossen sind – Betriebsvereinbarungen (ErfK/*Dörner* § 12 EFZG Rdn. 8; ausführlich GK-EFZR/*Birk* § 9 LFZG Rdn. 7) sowie Vereinbarungen zwischen dem Arbeitgeber und dem Sprecherausschuss für leitende Angestellte.

15 Des weiteren gilt die Sperre des § 12 EFZG für die bindenden **Festsetzungen der Heimarbeitsausschüsse** gem. § 19 HAG über Entgelte und sonstige Vertragsbedingungen für in Heimarbeit Beschäftigte und Gleichgestellte; die von den Heimarbeitsausschüssen festgesetzten Vertragsbedingungen dürfen nicht zuungunsten der Heimarbeiter, Hausgewerbetreibenden und Zwischenmeister von den §§ 10, 11 EFZG abweichen (vgl. *Geyer/Knorr/Krasney* § 12 EFZG Rdn. 5; Kasseler Handbuch/*Vossen* Rdn. 406 f.).

16 Schließlich verbietet § 12 EFZG auch ungünstige Vereinbarungen in den **Einzelverträgen** zwischen Arbeitnehmern und Arbeitgebern bzw. zwischen Heimarbeitern und Gleichgestellten und Auftraggebern (ErfK/*Dörner* § 12 EFZG Rdn. 8). Das Verbot einzelvertraglicher Abweichungen erfährt aller-

II. Unabdingbarkeit   § 12 EFZG

dings gewisse Modifikationen im Hinblick auf den **Verzicht** auf Ansprüche aus den §§ 2, 3 und 8 EFZG (Kasseler Handbuch/*Vossen* Rdn. 408).

b) Verzicht auf Ansprüche aus §§ 2, 3 und 8 EFZG

Besondere Schwierigkeiten hat lange Zeit die Frage bereitet, ob bzw. unter welchen Voraussetzungen ein Arbeitnehmer auf Ansprüche aus den §§ 2, 3 und 8 EFZG (bzw. den „Vorläufern" §§ 1, 6 LFZG) **verzichten** kann (vgl. dazu u. a. *Feichtinger,* DB 1983, 1202, 1204; *Marburger,* BB 1982, 2055; *Schmalz,* BKK 1981, 173; *Schulte-Mimberg,* DOK 1980, 57). 17

Rechtstechnisch kann es sich bei einem derartigen Verzicht um einen **Erlassvertrag** im Sinne des § 397 Abs. 1 BGB, um ein **negatives Schuldanerkenntnis** im Sinne des § 397 Abs. 2 BGB oder um einen **Vergleich** im Sinne des § 779 BGB handeln. Durch den Erlassvertrag erlässt der Gläubiger dem Schuldner eine bestehende Schuld; eine besondere Form ist nicht vorgeschrieben, d. h. der Erlassvertrag kann sowohl schriftlich als auch mündlich geschlossen werden. Gleichfalls formfrei ist das negative Schuldanerkenntnis, bei dem der Gläubiger durch Vertrag mit dem Schuldner anerkennt, dass das Schuldverhältnis nicht besteht, er also keine Forderungen gegen den Schuldner hat. Ein Vergleich liegt schließlich dann vor, wenn die Parteien über das Bestehen von Ansprüchen gestritten haben und der Streit im Wege gegenseitigen Nachgebens bereinigt worden ist. 18

Welche dieser Konstruktionen einschlägig ist, kann nur im Einzelfall entschieden werden und hat letztlich keinen Einfluss auf die Vereinbarkeit der Vereinbarung mit § 12 EFZG (vgl. *Geyer/Knorr/Krasney* § 12 EFZG Rdn. 12 f.; *Schmalz,* DOK 1981, 173). 19

Bezieht sich eine entsprechende Vereinbarung auf Ansprüche des Arbeitnehmers aus den §§ 2, 3 und 8 EFZG, so stellt sich die Frage, ob in der Vereinbarung eine (unzulässige) Abweichung von den Vorschriften des Entgeltfortzahlungsgesetzes zu Lasten des Arbeitnehmers zu sehen ist. Zur Beantwortung dieser Frage ist **in zweifacher Hinsicht zu differenzieren:** Man muss zum einen danach unterscheiden, ob **das Arbeitsverhältnis noch besteht oder bereits beendet worden** ist und man muss zu anderen berücksichtigen, ob der **Anspruch,** auf den verzichtet wird, zum Zeitpunkt des Verzichts **bereits entstanden ist oder noch nicht.** 20

aa) Verzicht auf künftige Ansprüche während des Arbeitsverhältnisses

Unstreitig nicht mit § 12 EFZG zu vereinbaren ist ein Verzicht, der **während** eines bestehenden Arbeitsverhältnisses erklärt wird und der sich auf künftige, **noch nicht entstandene Entgeltfortzahlungsansprüche** bezieht. Würde man derartige Vereinbarungen zulassen, so könnte der Arbeitgeber auf diesem Wege die Entstehung von Ansprüchen nach dem Entgeltfortzahlungsgesetz verhindern. Gerade dies will § 12 EFZG aber verhindern; es soll sichergestellt werden, dass der Arbeitnehmer sich durch Vereinbarungen mit dem Arbeitgeber nicht seiner Ansprüche aus § 3 EFZG begibt (BAG AP Nr. 1 und 11 zu § 6 LFZG; AP Nr. 1 zu § 9 LFZG; *Brecht* § 12 EFZG Rdn. 6; *Geyer/Knorr/Krasney* § 12 EFZG Rdn. 17; *Gola* § 12 EFZG 21

EFZG § 12 — Unabdingbarkeit

Anm. 3.2.1; *Helml* § 12 EFZG Rdn. 12; *Kaiser/Dunkl/Hold/Kleinsorge* § 12 EFZG Rdn. 18; *Staudinger/Oetker* § 616 Rdn. 483 ff.; *Wedde/Kunz* § 12 EFZG Rdn. 18).

bb) Verzicht auf entstandene Ansprüche während des Arbeitsverhältnisses

22 Fraglich ist dagegen, ob § 12 EFZG auch dann eingreift, wenn **während** eines bestehenden Arbeitsverhältnisses auf bereits **entstandene** (rückständige) **Entgeltfortzahlungsansprüche** verzichtet wird. Das BAG hat dazu in einer Entscheidung aus dem Jahre 1979 die Auffassung vertreten, ein derartiger Verzicht stehe im Widerspruch zu § 9 LFZG (heute § 12 EFZG), denn während des Bestehens des Arbeitsverhältnisses sei von einer fortdauernden Abhängigkeit des Arbeitnehmers von seinem Arbeitgeber auszugehen, der gerade die Unabdingbarkeit gesetzlicher Ansprüche entgegenwirken solle (BAG AP Nr. 10 zu § 6 LFZG; ähnlich *Wedde/Kunz* § 12 EFZG Rdn. 21).

23 Dem ist jedoch zu Recht entgegengehalten worden, dass die Rechtsprechung des BAG und die in der Entscheidung betonte Abhängigkeit zu einer nicht zu rechtfertigenden Unterscheidung zwischen allgemeinen Entgeltansprüchen, bei denen ein nachträglicher Verzicht jederzeit möglich ist, und Entgeltfortzahlungsansprüchen, bei denen ein vergleichbarer Verzicht nicht möglich sein soll, führt (kritisch u. a. *Geyer/Knorr/Krasney* § 12 EFZG Rdn. 20; *Helml* § 12 EFZG Rdn. 18; *Kaiser/Dunkl/Hold/Kleinsorge* § 12 EFZG Rdn. 25; *Vossen*, Entgeltfortzahlung, Rdn. 613).

cc) Verzicht auf künftige Ansprüche nach Beendigung des Arbeitsverhältnisses

24 Nicht zulässig ist es dagegen im Anwendungsbereich des § 12 EFZG, bei bzw. **nach** der Beendigung des Arbeitsverhältnisses auf **noch nicht entstandene Entgeltfortzahlungsansprüche** zu verzichten. Bei derartigen Ansprüchen kann es sich nur um Ansprüche aus § 8 EFZG handeln. Da diese Ansprüche wie sonstige Entgelt- bzw. Entgeltfortzahlungsansprüche zu behandeln sind, entstehen sie grundsätzlich erst zu dem Zeitpunkt, zu dem ohne die Beendigung des Arbeitsverhältnisses und die krankheitsbedingte Arbeitsunfähigkeit das Entgelt zu zahlen gewesen wäre. Ein Verzicht zum Zeitpunkt der Beendigung des Arbeitsverhältnisses ist unter diesen Voraussetzungen grundsätzlich nicht möglich.

25 Zu beachten ist allerdings, dass die Parteien den Fälligkeitstermin durch das Verlangen nach und die Erteilung einer Schlussrechnung vor den normalen Entgeltzahlungstermin auf die Beendigung des Arbeitsverhältnisses verlegen können. Geschieht dies, so handelt es sich bei einem anschließend erklärten Verzicht um den zulässigen Verzicht auf einen bereits entstandenen Entgeltfortzahlungsanspruch (BAG AP Nr. 11 zu § 6 LFZG; *Geyer/Knorr/Krasney* § 12 EFZG Rdn. 22).

dd) Verzicht auf entstandene Ansprüche nach Beendigung des Arbeitsverhältnisses

26 Zulässig ist schließlich ein Verzicht, der **nach** Beendigung des Arbeitsverhältnisses erklärt wird und sich auf bereits **entstandene** (rückständige) Ent-

II. Unabdingbarkeit § 12 EFZG

geltfortzahlungsansprüche bezieht (BAG AP Nr. 12 zu § 9 LFZG; AP Nr. 2 zu § 9 LFZG; *Feichtinger*, DB 1983, 1202, 1204; *Geyer/Knorr/Krasney* § 12 EFZG Rdn. 21 ff.; HzA/*Vossen* Gruppe 2 Rdn. 568; *Kaiser/Dunkl/Hold/Kleinsorge* § 12 EFZG Rdn. 23; *Vossen*, Entgeltfortzahlung, Rdn. 616; a. A. *Wedde/Kunz* § 12 EFZG Rdn. 23 f.).

c) Verzicht auf den Zuschlag nach § 10 EFZG oder nach § 11 EFZG

Während auf bereits entstandene, rückständige Entgeltfortzahlungsansprüche in den vorstehend skizzierten Grenzen verzichtet werden kann, ist ein **Verzicht auf den Zuschlag nach § 10 EFZG bzw. § 11 EFZG generell unzulässig.** Das BAG hat dazu mehrfach entschieden, dass in Heimarbeit Beschäftigte und ihnen Gleichgestellte auf die ihnen zustehenden Zuschläge auch dann nicht verzichten können, wenn das Heimarbeitsverhältnis aufgelöst worden ist und es sich um bereits entstandene und fällige Ansprüche handelt (BAG AP Nr. 2 zu § 25 HAG; *Kaiser/Dunkl/Hold/Kleinsorge* § 12 EFZG Rdn. 30; *Schmidt/Koberski/Tiemann/Wascher*, HAG, Anh. nach § 19 Rdn. 61; vgl. auch § 10 EFZG Rdn. 30 m. w. N.). Eine Ausnahme gilt lediglich für den Verzicht durch einen von der obersten Arbeitsbehörde des Landes oder der von ihr bestimmten Stelle gebilligten Vergleich (§ 19 Abs. 3 S. 3 HAG; ausführlich *Geyer/Knorr/Krasney* § 12 EFZG Rdn. 26 f.). 27

3. Abweichungen zuungunsten der Anspruchsberechtigten

§ 12 EFZG verbietet nicht jede Modifikation des Entgeltfortzahlungsgesetzes (mit Ausnahme des § 4 Abs. 4 EFZG), sondern nur Abweichungen **zuungunsten** der Anspruchsberechtigten (GK-EFZR/*Birk* § 9 LFZG Rdn. 6). Damit ergibt sich die Frage, wie der Vergleich zwischen der gesetzlichen Regelung und der vertraglichen Vereinbarung durchzuführen ist und wann im Einzelfall eine ungünstige Abweichung zu bejahen ist. 28

a) Vergleichsverfahren

Die Frage nach dem anzuwendenden Vergleichsverfahren stellt sich primär immer dann, wenn gleichzeitig in mehreren Punkten von der gesetzlichen Regelung abgewichen wird. 29

Beispiel 1: Der Arbeitgeber verzichtet auf die Erfüllung von Anzeige- und Nachweispflichten nach § 5 Abs. 1 EFZG, gleichzeitig wird der Entgeltfortzahlungsanspruch für die ersten drei Tage der Arbeitsunfähigkeit ausgeschlossen.

Beispiel 2: Der Entgeltfortzahlungsanspruch für die ersten drei Tage wird ausgeschlossen, im Gegenzug wird der Entgeltfortzahlungszeitraum auf zwölf Wochen ausgedehnt (zur Einführung von Karenztagen durch Vertrag ausführlich *Oetker*, SGb 1984, 194).

Beispiel 3: Der Entgeltfortzahlungsanspruch wird auf 12 Wochen ausgedehnt, gleichzeitig wird jedoch vereinbart, dass von Anfang an nur 90% des Arbeitsentgelts fortzuzahlen sind.

Stellt man in derartigen Fällen einen **Gesamtvergleich** bzw. einen Normgruppenvergleich an, so lässt sich jedenfalls in den beiden letztgenann- 30 ten Beispielen durchaus die Auffassung vertreten, die vertragliche Regelung sei für den Arbeitnehmer insgesamt günstiger. Diese Betrachtungsweise stünde aber nach ganz herrschender Meinung im Widerspruch zu § 12 EFZG, der **jede** Abweichung zuungunsten der Anspruchsberechtigten verbietet; es ist daher stets ein **Einzelvergleich** durchzuführen (vgl. u. a. *Brecht* § 12 EFZG Rdn. 2; ErfK/*Dörner* § 12 EFZG Rdn. 15; *Helml* § 12 EFZG Rdn. 3; HzA/*Vossen* Rdn. 555; *Kaiser/Dunkl/Hold/Kleinsorge* § 12 EFZG Rdn. 6; *Marienhagen/Künzl* § 12 EFZG Rdn. 15; *Müller/Berenz* § 12 EFZG Rdn. 4; *Vossen,* Entgeltfortzahlung, Rdn. 607; *Wedde/Kunz* § 12 EFZG Rdn. 12; zur rechtlichen Behandlung von Vereinbarungen, die teilweise zuungunsten des Anspruchsberechtigten vom Entgeltfortzahlungsgesetz abweichen, vgl. Rdn. 31 ff.).

b) Einzelfälle

31 **Unzulässig,** weil es sich um Abweichungen zuungunsten der Anspruchsberechtigten handelt, sind z. B. Regelungen, nach denen der Entgeltfortzahlungsanspruch von der Durchführung einer **weiteren ärztlichen Untersuchung** und der Vorlage einer weiteren Arbeitsunfähigkeitsbescheinigung abhängig gemacht wird (BAG AP Nr. 3 zu § 3 LFZG; ErfK/*Dörner* § 12 EFZG Rdn. 16; *Wedde/Kunz* § 12 EFZG Rdn. 12). In diesem Zusammenhang sind auch Vereinbarungen zu sehen, die die Erfüllung des Entgeltfortzahlungsanspruchs davon abhängig machen, dass ein bestimmter, vom Arbeitgeber benannter Arzt die Arbeitsunfähigkeit bescheinigt; auch derartige Vereinbarungen verstoßen gegen § 12 EFZG (vgl. *Gola* § 12 EFZG Anm. 4.1).

32 Des weiteren liegt eine unzulässige Abweichung von den Bestimmungen des Entgeltfortzahlungsgesetzes vor, wenn nicht die formellen, sondern die materiellen Anspruchsvoraussetzungen verschärft werden, z. B. indem die Entgeltfortzahlung von einer bestimmten **Mindestdauer der Betriebszugehörigkeit** abhängig gemacht wird (ErfK/*Dörner* § 12 EFZG Rdn. 16; *Wedde/Kunz* § 12 EFZG Rdn. 13).

33 Als unzulässig hat das BAG auch eine betriebliche Regelung zur flexiblen Arbeitszeit angesehen, nach der die sich in der Phase der verkürzten Arbeitszeit ergebende Zeitschuld nur durch **tatsächliche Arbeitsleistung,** nicht aber bei krankheitsbedingter Arbeitsunfähigkeit in der Phase der verlängerten Arbeitszeit ausgeglichen wird (AP Nr. 57 zu § 4 EFZG).

34 Unzulässig sind schließlich auch Regelungen, die den Entgeltanspruch dadurch entwerten bzw. beseitigen, dass die krankheitsbedingt **ausgefallene Arbeitszeit nachgeholt** werden muss oder mit bestehenden Zeitguthaben verrechnet wird (vgl. BAG AP Nr. 55 zu § 4 EFZG; *Wedde/Kunz* § 12 EFZG Rdn. 13).

35 **Zulässig** sind dagegen alle Regelungen, die sich **zugunsten der Anspruchsberechtigten** auswirken. Dabei kann es sich sowohl um vertragliche Bestimmungen handeln, die sich auf die Anspruchsvoraussetzungen auswirken – der Arbeitgeber verzichtet z. B. unter bestimmten Voraussetzungen auf die Vorlage einer ärztlichen Arbeitsunfähigkeitsbescheinigung oder verlangt diese erst zu einem späteren Zeitpunkt (vgl. BAG AP Nr. 63 zu § 1 LFZG)

II. Unabdingbarkeit § 12 EFZG

oder er verzichtet bezüglich der Feiertagsentlohnung auf den Anspruchsausschluss nach § 2 Abs. 3 EFZG (MünchArbR/*Boewer* § 81 Rdn. 25; a.A. *Färber/Klischan*, FeiertagsLG, Rdn. 36) bzw. bezüglich der Entgeltfortzahlung im Krankheitsfall auf die Erfüllung der Wartefrist nach § 3 Abs. 3 EFZG (*Vossen*, NZA 1998, 354, 356) – als auch um Vereinbarungen, die den Anspruchsinhalt betreffen – der Arbeitgeber verpflichtet sich z.B., für mehr als sechs Wochen bzw. bei Fortsetzungserkrankungen über die gesetzlichen Regelungen hinaus Entgeltfortzahlung zu leisten (vgl. *Geyer/Knorr/Krasney* § 12 EFZG Rdn. 10; *Staudinger/Oetker* § 616 Rdn. 457; *Wedde/Kunz* § 12 EFZG Rdn. 9).

Diese Überlegungen gelten auch für den Fall, dass das nach § 2 Abs. 1 EFZG nach dem Entgeltausfallprinzip berechnete **Feiertagsentgelt** durch einen **pauschalen Entgeltzuschlag** ersetzt wird: Eine derartige Vereinbarung ist als günstigere Regelung zulässig, wenn sie von vornherein als solche erkennbar ist und eindeutig geeignet ist, den gesetzlichen Anspruch zu erfüllen (vgl. BAG AP Nr. 31 zu § 1 FeiertagsLG; MünchArbR/*Boewer* § 81 Rdn. 25). 36

Für das **Feiertagsgeld für in Heimarbeit Beschäftigte** gelten diese Überlegungen entsprechend (vgl. LAG Hamm Urt. v. 17. 7. 1991 – 9 Sa 149/91; *Kaiser/Dunkl/Hold/Kleinsorge* § 12 EFZG Rdn. 30 ff.; *Vossen*, Entgeltfortzahlung, Rdn. 868 ff.; zur entsprechenden betrieblichen Praxis *Färber/Klischan*, FeiertagsLG, Rdn. 188). 37

Kein Verstoß gegen § 12 EFZG ist auch darin zu sehen, dass Entgeltfortzahlungsansprüche kraft einer tariflichen **Ausschlussfrist** nach Ablauf bestimmter Fristen erlöschen (BAG NZA 2002, 746). 38

4. Rechtsfolgen

Die Rechtsfolgen unzulässiger Vereinbarungen sind nicht zuletzt davon abhängig, ob die abweichende Regelung sich in einem Kollektivvertrag oder in einem Einzelarbeitsvertrag findet. Ein Sonderproblem bilden daneben die Auswirkungen einer Verzichtserklärung auf die Träger der Krankenversicherung. 39

a) Einzelvertragliche Abweichungen

Bei einer Beantwortung der Frage, welche Rechtsfolgen ein Verstoß gegen § 12 EFZG in einem Einzelvertrag hat, ist von **§ 134 BGB** auszugehen, wonach Rechtsgeschäfte, die gegen ein gesetzliches Verbot verstoßen, grundsätzlich nichtig sind. Enthält eine einzelvertragliche Vereinbarung **ausschließlich eine oder mehrere ungünstige Modifikationen** der Regelungen des Entgeltfortzahlungsgesetzes, so ist die Vereinbarung folglich **nichtig** (vgl. *Wedde/Kunz* § 12 EFZG Rdn. 12). 40

Enthält die einzelvertragliche Vereinbarung dagegen neben der gegen § 12 EFZG verstoßenden Regelung auch andere, zulässige Klauseln, so gilt grundsätzlich **§ 139 BGB**, d. h. das ganze Rechtsgeschäft wäre nichtig, sofern nicht ausnahmsweise anzunehmen ist, dass es auch ohne den nichtigen Teil vorgenommen sein würde. Dieses Ergebnis stünde aber im Widerspruch zum Sinn und Zweck des § 12 EFZG, der den Arbeitnehmer schüt- 41 zen will; wie auch sonst bei Verstößen gegen arbeitsrechtliche Schutzvorschriften ist daher § 139 BGB nicht bzw. mit der Modifikation anzuwenden, dass im Regelfall der Vertrag als voll wirksam angesehen und lediglich **die nichtige Klausel durch die entsprechende gesetzliche Regelung ersetzt wird** (ähnlich ErfK/*Dörner* § 12 EFZG Rdn. 17; *Geyer/Knorr/Krasney* § 12 EFZG Rdn. 8f.; *Helml* § 12 EFZG Rdn. 4; a. A. HzA *Vossen* Rdn. 556; *Kaiser/Dunkl/Hold/Kleinsorge* § 12 EFZG Rdn. 7; *Vossen,* Entgeltfortzahlung, Rdn. 608).

b) Kollektivvertragliche Abweichungen

42 Auch bei kollektivvertraglichen Abweichungen ist hinsichtlich der Rechtsfolgen unzulässiger Vereinbarungen von § 134 BGB auszugehen. Enthält die kollektivvertragliche Vereinbarung **ausschließlich Regelungen, die nicht mit § 12 EFZG zu vereinbaren sind,** so ist sie gem. § 134 BGB **nichtig** (*Helml* § 12 EFZG Rdn. 9).

43 Erweisen sich dagegen nur **einzelne Bestimmungen** einer kollektivvertraglichen Vereinbarung wegen eines Verstoßes gegen § 12 EFZG als **unwirksam,** so kommt bei Kollektivverträgen eine uneingeschränkte Anwendung des § 139 BGB erst recht nicht in Betracht. Auch in diesem Fall ist vielmehr – ähnlich wie bei gesetzlichen Regelungen – eine Gesamtnichtigkeit allenfalls ausnahmsweise dann anzunehmen, wenn sich aus der Gesamtregelung ergibt, dass die wirksamen Bestimmungen für sich alleine betrachtet keine selbständige Bedeutung haben. Im Regelfall gelten dagegen – ebenso wie bei teilweise unwirksamen einzelvertraglichen Bestimmungen – die Vorschriften des Entgeltfortzahlungsgesetzes (vgl. ErfK/*Dörner* § 12 EFZG Rdn. 18; *Geyer/Knorr/Krasney* § 12 EFZG Rdn. 9; *Kaiser/Dunkl/Hold/Kleinsorge* § 12 EFZG Rdn. 8; *Vossen,* Entgeltfortzahlung, Rdn. 609).

c) Verzichtswirkungen gegenüber Krankenversicherungsträgern

44 Ein besonderes Problem innerhalb der Rechtsfolgen bilden Verhaltensweisen des Arbeitnehmers, die sich zu Lasten der Krankenversicherungsträger auswirken (können).

45 **Akzeptiert** der Arbeitnehmer eine **Kündigung** des Arbeitgebers, so hat der Krankenversicherungsträger dies grundsätzlich hinzunehmen; er kann nicht geltend machen, dass der Arbeitnehmer erfolgreich gegen die Kündigung hätte vorgehen können. Etwas anderes gilt nur dann, wenn die Kündigung unwirksam ist; dies kann der Krankenversicherungsträger unabhängig vom primär betroffenen Arbeitnehmer geltend machen (vgl. BAG AP Nr. 7 zu §§ 14, 19 LFZG; *Feichtinger,* DB 1983, 1202; *Heither,* ZIP 1984, 403, 408 f.).

46 Sofern der Arbeitnehmer wirksam auf **bestehende Ansprüche verzichtet** hat – während des Arbeitsverhältnisses auf bereits entstandene Ansprüche aus § 3 EFZG bzw. nach der Beendigung des Arbeitsverhältnisses auf bereits entstandene Ansprüche aus § 8 EFZG – kommt es im wesentlichen darauf an, ob der Krankenversicherungsträger bereits Leistungen erbracht hat und der Arbeitgeber hiervon Kenntnis hatte.

Übergangsvorschrift **§ 13 EFZG**

§ 115 Abs. 1 SGB X sieht insoweit vor, dass Ansprüche des Arbeitnehmers auf den Sozialleistungsträger übergehen, soweit der Arbeitgeber den Anspruch auf Arbeitsentgelt nicht erfüllt und deshalb ein Sozialleistungsträger Leistungen erbracht hat. Daraus folgt zunächst, dass ein Verzicht gegenüber dem Krankenversicherungsträger Wirkung entfaltet, wenn der Verzicht wirksam erklärt wird, bevor der Krankenversicherungsträger Leistungen erbracht hat. 47

Soweit der Krankenversicherungsträger bereits Leistungen erbracht hat, kommt es gem. §§ 412, 407 BGB darauf an, ob der Arbeitgeber Kenntnis von dem Forderungsübergang – d.h. in diesem Zusammenhang: von der Leistung des Krankenversicherungsträgers – hatte. Der Krankenversicherungsträger muss den im Übrigen wirksamen Verzicht **nur dann nicht** gegen sich gelten lassen, wenn der Arbeitgeber bei Abschluss des Verzichtsvertrages Kenntnis von den Leistungen des Krankenversicherungsträgers hatte (zur Problematik vgl. u. a. *Brecht* § 12 EFZG Rdn. 11; *Feichtinger*, DB 1983, 1202, 1206; *Geyer/Knorr/Krasney* § 12 EFZG Rdn. 28 ff.; *Heither*, ZIP 1984, 403, 409; *Helml* § 12 EFZG Rdn. 22; *Kaiser/Dunkl/Hold/Kleinsorge* § 12 EFZG Rdn. 32 ff.; Kasseler Handbuch/*Vossen* Rdn. 422 f.). 48

§ 13 Übergangsvorschrift

Ist der Arbeitnehmer von einem Tag nach dem 9. Dezember 1998 bis zum 1. Januar 1999 oder darüber hinaus durch Arbeitsunfähigkeit infolge Krankheit oder infolge einer Maßnahme der medizinischen Vorsorge oder Rehabilitation an seiner Arbeitsleistung verhindert, sind für diesen Zeitraum die seit dem 1. Januar 1999 geltenden Vorschriften maßgebend, es sei denn, daß diese für den Arbeitnehmer ungünstiger sind.

Übersicht

	Rdn.
I. Allgemeines	1
II. Anwendbarkeit der vor dem 1. Januar 1999 geltenden Regelungen	4

I. Allgemeines

§ 13 EFZG regelt die **Anwendbarkeit des Entgeltfortzahlungsgesetzes** auf jene Arbeitnehmer, die zwischen der ersten Lesung des Gesetzes und seinem Inkrafttreten bzw. bei Inkrafttreten des Gesetzes infolge Krankheit an ihrer Arbeitsleistung verhindert waren. 1

Die aktuelle Fassung des § 13 EFZG geht zurück auf den **Gesetzentwurf** der Fraktionen von SPD und BÜNDNIS 90/DIE GRÜNEN vom **17. November 1998** (BT-Drucks. 14/45) zu einem „Gesetz zu Korrekturen in der Sozialversicherung und zur Sicherung der Arbeitnehmerrechte". Dieser Entwurf sah bereits vor, § 13 EFZG so zu fassen, dass die Neuregelungen auch auf solche Arbeitnehmer Anwendung finden, die am Tag des Gesetzesbeschlusses arbeitsunfähig sind oder die danach arbeitsunfähig werden und 2 deren Arbeitsunfähigkeit bis zum Tag des Inkrafttreten des Gesetzes oder darüber hinaus andauert.

3   Im Rahmen des weiteren Gesetzgebungsverfahrens (vgl. dazu Einleitung A Rdn. 105 ff.) blieb § 13 EFZG unverändert, sodass die Regelung am 1. Januar 1999 in der Fassung des ursprünglichen Gesetzentwurfs in Kraft treten konnte.

II. Anwendbarkeit der vor dem 1. Januar 1999 geltenden Regelungen

4   Mit der Frage nach der weiteren Anwendbarkeit der vor dem 1. Januar 1999 geltenden Regelungen werden zwei Problemkreise angesprochen: Zum einen die Frage, inwieweit Arbeitnehmer, die bis zu diesem Zeitpunkt Leistungen nach dem Entgeltfortzahlungsgesetz erhielten, von den Änderungen durch das Korrekturgesetz betroffen sind bzw. waren und zum anderen die Frage, inwieweit Tarifverträge, die die Entgeltfortzahlung im Krankheitsfall berühren, über den 31. Dezember 1998 Geltung beanspruchen können.

5   Beide Fragestellungen haben jedoch durch Zeitablauf viel von ihrer praktischen Bedeutung verloren, so dass darauf verzichtet wird, sie an dieser Stelle näher zu erörtern; bei Bedarf kann insoweit auf die 4. Auflage dieses Werkes zurückgegriffen werden.

C. Vergütungsfortzahlung im Krankheitsfall für Auszubildende

I. Einleitung

Während bezüglich der **Vergütungszahlung für Feiertage** an Auszubil- 1
dende uneingeschränkt die auch für „normale" Arbeitnehmer geltende
Regelung des § 2 EFZG Anwendung findet, bestehen hinsichtlich der Vergütungsfortzahlung im Krankheitsfall von jeher Sonderregelungen.
 Diese **Sonderregelungen gehen zurück auf § 76 HGB i. d. F. vom** 2
10. Mai 1897 (RGBl. S. 219) sowie eine Anordnung des Generalbevollmächtigten für den Arbeitseinsatz vom 25. Februar 1943 (RABl. Teil I
S. 1664). Während § 76 HGB vorsah, dass die für Handlungsgehilfen geltende Entgeltfortzahlungsregelung des § 63 HGB auch auf Handlungslehrlinge
Anwendung fand, gewährte die Anordnung vom 25. Februar 1943 allen Lehrlingen und Anlernlingen bei einer durch Krankheit verursachten Arbeitsunfähigkeit einen Anspruch auf Weitergewährung der Erziehungsbeihilfe bis
zur Dauer von sechs Wochen bzw. – wenn die Krankheit auf einem Betriebsunfall beruhte – bis zur Dauer von 12 Wochen. Unter der Geltung
dieser Regelungen hatten ausweislich des Berichts des Ausschusses für Arbeit
zum Berufs(aus)bildungsgesetz unabhängig von tariflichen Regelungen bereits etwa 96 vom Hundert der Auszubildenden gegen den Ausbildenden
einen Anspruch auf Fortzahlung der Ausbildungsvergütung im Krankheitsfall
(BT-Drucks. V/4260, S. 10). Diese Vorläufer des § 12 BBiG wurden aufgehoben durch § 106 GewO (a. F.).
 Durch die **Schaffung des § 12 BBiG im Jahre 1969** (BGBl. I S. 1112) 3
wurde der Anspruch der Auszubildenden auf Fortzahlung der Ausbildungsvergütung im Krankheitsfall ohne wesentliche sachliche Änderungen auf eine
neue, einheitliche Basis gestellt. Durch § 12 Abs. 1 Nr. 2 Buchst. b BBiG,
den Vorläufer des aktuellen § 12 Abs. 1 S. 2 BBiG, wollte man allen Auszubildenden einen Anspruch auf Fortzahlung der Ausbildungsvergütung für
den Fall einräumen, dass sie infolge einer unverschuldeten Krankheit nicht
an der Berufsausbildung teilnehmen konnten. Durch die ergänzende Regelung des Buchst. c (heute: Buchst. b)) wollte man den Auszubildenden auch
in anderen Fällen einer unverschuldeten Verhinderung einen Anspruch auf
Fortzahlung der Vergütung gewähren. Dabei hatte man sich zwar an § 616
(Abs. 1) BGB orientiert, man hatte den Anspruch nach dem Berufsbildungsgesetz jedoch im Gegensatz zu § 616 (Abs. 1) BGB bewusst unabdingbar
gemacht (vgl. BT-Drucks. V/4260, S. 10).
 Soweit § 12 BBiG keine Regelung enthielt, **waren über § 3 Abs. 2** 4
BBiG die für den Arbeitsvertrag geltenden Rechtsvorschriften und
Rechtsgrundsätze anzuwenden. Dies hatte zur Folge, dass für Auszubil-

dende in einem Arbeiterberuf ergänzend die Bestimmungen des LFZG, für Auszubildende in einem Angestelltenberuf dagegen die – teilweise allerdings ebenfalls lückenhaften – unterschiedlichen Vorschriften für Angestellte und für Auszubildende in den neuen Bundesländern die Regelungen des AGB galten. Durch die Verweisung auf diese unterschiedlichen Rechtsvorschriften ergaben sich innerhalb der Auszubildenden in den alten Bundesländern zwangsläufig Ungleichbehandlungen, die kaum zu rechtfertigen waren.

5   Bis zum In-Kraft-Treten des Entgeltfortzahlungsgesetzes wurde § 12 BBiG modifiziert durch das Strafrechtsreform-Ergänzungsgesetz vom 28. August 1975 (BGBl. I S. 2289). Ebenso wie in die vergleichbaren Entgeltfortzahlungsbestimmungen für Arbeitnehmer wurde auch § 12 BBiG ergänzt mit der Folge, dass auch bei nicht rechtswidrigen Sterilisationen und nicht rechtswidrigen Schwangerschaftsabbrüchen die Vergütung fortzuzahlen war.

6   Die **heutige Fassung** des § 12 BBiG geht zurück auf das **Entgeltfortzahlungsgesetz vom 26. Mai 1994** (BGBl. I S. 1014). Unterschiede zwischen verschiedenen Gruppen von Auszubildenden bestehen nunmehr nicht mehr, da § 12 Abs. 1 S. 2 BBiG für alle vom Berufsbildungsgesetz erfassten Auszubildenden auf das Entgeltfortzahlungsgesetz verweist. Unterschiede gegenüber „normalen" Arbeitnehmern bestehen nur noch insoweit, als **bei der Anwendung und Auslegung des Entgeltfortzahlungsgesetzes auf die Besonderheiten von Berufsausbildungsverhältnissen Rücksicht zu nehmen ist.**

7   Das **Arbeitsrechtliche Beschäftigungsförderungsgesetz** vom 25. September 1996 hat die für die Entgeltfortzahlung relevanten Regelungen des Berufsbildungsgesetzes unverändert gelassen; mittelbar wirkten sich die Änderungen des Entgeltfortzahlungsgesetzes wegen der in § 12 Abs. 1 S. 2 BBiG enthaltenen Verweisung jedoch auf die Entgeltfortzahlungsansprüche der Auszubildenden aus; Entsprechendes gilt für die Änderungen des Entgeltfortzahlungsgesetzes durch das **„Korrekturgesetz"** vom 19. Dezember 1998.

8   **Ergänzt** wird die Entgeltfortzahlung nach § 12 Abs. 1 S. 2 BBiG (weiterhin) durch die § 616 BGB entsprechende Regelung des **§ 12 Abs. 1 S. 1 Nr. 2 b BBiG,** die die Entgeltfortzahlung für den Fall regelt, dass der Auszubildende der Ausbildung aus sonstigen, in seiner Person liegenden Gründen fernbleibt. Abgesehen von Verhinderungsfällen wie Familienfeiern oder der Erfüllung öffentlicher Pflichten, die hier nicht von Interesse sind, da keine Beziehung zur Vergütungsfortzahlung im Krankheitsfall besteht, betrifft die ergänzende Bestimmung des § 12 Abs. 1 S. 1 Nr. 2b BBiG insbesondere die Ausbildungsverhinderung durch die Pflege erkrankter Angehöriger.

9   **Ergänzt** werden die Ansprüche der Auszubildenden auf Fortzahlung der Ausbildungsvergütung schließlich auch durch den praktisch nicht allzu bedeutsamen Anspruch auf **Krankenfürsorge gem. §§ 30 ff. JArbSchG** (Teil E II 3).

II. Gesetzestext

Berufsbildungsgesetz

Vom 14. August 1969 (BGBl. I S. 1112)
zuletzt geändert durch Gesetz vom 24. Dezember 2003 (BGBl. I S. 2954)

(Auszug)

Erster Teil. Allgemeine Vorschriften

§ 1 Berufsbildung

(1) Berufsbildung im Sinne dieses Gesetzes sind die Berufsausbildungsvorbereitung, die Berufsausbildung, die berufliche Fortbildung und die berufliche Umschulung.

(1 a) Die Berufsausbildungsvorbereitung dient dem Ziel, an eine Berufsausbildung in einem anerkannten Ausbildungsberuf oder eine gleichwertige Berufsausbildung heranzuführen.

(2) Die Berufsausbildung hat eine breit angelegte berufliche Grundbildung und die für die Ausübung einer qualifizierten beruflichen Tätigkeit notwendigen fachlichen Fertigkeiten und Kenntnisse in einem geordneten Ausbildungsgang zu vermitteln. Sie hat ferner den Erwerb der erforderlichen Berufserfahrungen zu ermöglichen.

(3) Die berufliche Fortbildung soll es ermöglichen, die beruflichen Kenntnisse und Fertigkeiten zu erhalten, zu erweitern, der technischen Entwicklung anzupassen oder beruflich aufzusteigen.

(4) Die berufliche Umschulung soll zu einer anderen beruflichen Tätigkeit befähigen.

(5) Berufsbildung wird durchgeführt in Betrieben der Wirtschaft, in vergleichbaren Einrichtungen außerhalb der Wirtschaft, insbesondere des öffentlichen Dienstes, der Angehörigen freier Berufe und in Haushalten (betriebliche Berufsbildung) sowie in berufsbildenden Schulen und sonstigen Berufsbildungseinrichtungen außerhalb der schulischen und betrieblichen Berufsbildung.

§ 2 Geltungsbereich

(1) Dieses Gesetz gilt für die Berufsbildung, soweit sie nicht in berufsbildenden Schulen durchgeführt wird, die den Schulgesetzen der Länder unterstehen.

(2) Dieses Gesetz gilt nicht für
1. die Berufsbildung in einem öffentlich-rechtlichen Dienstverhältnis,
2. die Berufsbildung auf Kauffahrteischiffen, die nach dem Flaggenrechtsgesetz vom 8. Februar 1951 (Bundesgesetzbl. I S. 79) die Bundesflagge füh-

ren, soweit es sich nicht um Schiffe der kleinen Hochseefischerei oder der Küstenfischerei handelt.

§§ 3–11 (nicht abgedruckt)

§ 12 Fortzahlung der Vergütung

(1) Dem Auszubildenden ist die Vergütung auch zu zahlen
1. für die Zeit der Freistellung (§ 7),
2. bis zur Dauer von sechs Wochen, wenn er
   a) sich für die Berufsausbildung bereithält, diese aber ausfällt, oder
   b) aus einem sonstigen, in seiner Person liegenden Grund unverschuldet verhindert ist, seine Pflichten aus dem Berufsausbildungsverhältnis zu erfüllen.

Wenn der Auszubildende infolge einer unverschuldeten Krankheit, einer Maßnahme der medizinischen Vorsorge oder Rehabilitation, einer Sterilisation oder eines Abbruchs der Schwangerschaft durch einen Arzt an der Berufsausbildung nicht teilnehmen kann, findet das Entgeltfortzahlungsgesetz Anwendung.

(2) Kann der Auszubildende während der Zeit, für welche die Vergütung fortzuzahlen ist, aus berechtigtem Grund Sachleistungen nicht abnehmen, so sind diese nach den Sachbezugswerten (§ 10 Abs. 2) abzugelten.

§§ 13–17 (nicht abgedruckt)

§ 18 Unabdingbarkeit

Eine Vereinbarung, die zuungunsten des Auszubildenden von den Vorschriften dieses Teils des Gesetzes abweicht, ist nichtig.

§§ 18a–18b (nicht abgedruckt)

§ 19 Andere Vertragsverhältnisse

Soweit nicht ein Arbeitsverhältnis vereinbart ist, gelten für Personen, die eingestellt werden, um berufliche Kenntnisse, Fertigkeiten oder Erfahrungen zu erwerben, ohne dass es sich um eine Berufsausbildung im Sinne dieses Gesetzes handelt, die §§ 3 bis 18 mit der Maßgabe, dass die gesetzliche Probezeit abgekürzt, auf die Vertragsniederschrift verzichtet und bei vorzeitiger Lösung des Vertragsverhältnisses nach Ablauf der Probezeit abweichend von § 16 Abs. 1 Satz 1 Schadensersatz nicht verlangt werden kann.

§§ 20–113 (nicht abgedruckt)

Fortzahlung der Vergütung § 12 BBiG

III. Kommentar

Berufsbildungsgesetz

§ 12 Fortzahlung der Vergütung

(1) Dem Auszubildenden ist die Vergütung auch zu zahlen
1. für die Zeit der Freistellung (§ 7),
2. bis zur Dauer von sechs Wochen, wenn er
   a) sich für die Berufsausbildung bereithält, diese aber ausfällt, oder
   b) aus einem sonstigen, in seiner Person liegenden Grund unverschuldet verhindert ist, seine Pflichten aus dem Berufsausbildungsverhältnis zu erfüllen.

Wenn der Auszubildende infolge einer unverschuldeten Krankheit, einer Maßnahme der medizinischen Vorsorge oder Rehabilitation, einer Sterilisation oder eines Abbruchs der Schwangerschaft durch einen Arzt an der Berufsausbildung nicht teilnehmen kann, findet das Entgeltfortzahlungsgesetz Anwendung.

(2) Kann der Auszubildende während der Zeit, für welche die Vergütung fortzuzahlen ist, aus berechtigtem Grund Sachleistungen nicht abnehmen, so sind diese nach den Sachbezugswerten (§ 10 Abs. 2) abzugelten.

Übersicht

	Rdn.
I. Allgemeines	1
II. Anspruch auf Vergütung bei Ausbildungsunfähigkeit wegen Krankheit etc. (§ 12 Abs. 1 S. 2 BBiG)	4
1. Anspruchsberechtigter Personenkreis	6
2. Ausbildungsunfähigkeit wegen Krankheit etc.	12
a) Verhinderungsfälle	13
aa) Krankheit	14
bb) Maßnahmen der medizinischen Vorsorge oder Rehabilitation	22
cc) Sterilisation	31
dd) Schwangerschaftsabbruch	33
b) Ausbildungsunfähigkeit	35
c) Kausalität	37
3. Verschulden	38
4. Anspruch auf Vergütung	45
5. Beginn, Dauer und Ende des Vergütungsfortzahlungszeitraums	56
a) Beginn	57
aa) Tag der Erkrankung	59
bb) Ruhen des Ausbildungsverhältnisses	63
cc) Verhinderung zwischen Vertragsschluss und Ausbildungsbeginn sowie während der Wartezeit	65
b) Dauer	67
aa) Vergütungsfortzahlung bei fortgesetzter Krankheit	69
(1) Fortgesetzte Krankheit (Begriff)	70
(2) Bedeutung des Sechs-Monats-Zeitraums	71
(3) Bedeutung des Zwölf-Monats-Zeitraums	76
(4) Verschiedene Ausbildungsverhältnisse	77

BBiG § 12 Fortzahlung der Vergütung

Rdn.
- bb) Vergütungsfortzahlung bei anderen Erkrankungen 78
- cc) Beweislast 81
- c) Ende 82
- 6. Sonstige anwendbare Regelungen des Entgeltfortzahlungsgesetzes 87
  - a) Mitteilungs- und Nachweispflichten 88
  - b) Forderungsübergang bei Dritthaftung 90
  - c) Leistungsverweigerungsrechte des Ausbilders 93
- III. Anspruch auf Vergütung bei Ausbildungsverhinderung aus persönlichen Gründen (§ 12 Abs. 1 S. 1 Nr. 2 b BBiG) 94
  - 1. Allgemeines 94
  - 2. In der Person liegende Gründe 97
    - a) Arztbesuche 100
    - b) Pflege erkrankter Angehöriger 103
  - 3. Verschulden 111

I. Allgemeines

1 § 12 BBiG erhält dem Auszubildenden seinen Anspruch auf die Vergütung in vier Fällen, nämlich erstens für die Zeit der Freistellung, zweitens für den Fall, dass der Auszubildende sich für die Berufsausbildung bereit hält, diese aber ausfällt, **drittens** für den Fall der Ausbildungsverhinderung in Folge eines sonstigen, in der Person des Auszubildenden liegenden Grundes und **viertens** für die Ausbildungsverhinderung in Folge einer unverschuldeten Krankheit, einer Maßnahme der medizinischen Vorsorge oder Rehabilitation, einer Sterilisation oder eines Abbruchs einer Schwangerschaft durch einen Arzt.

2 Die folgende Kommentierung beschränkt sich auf die beiden letztgenannten Alternativen, da die beiden erstgenannten unter dem Blickwinkel der Entgeltfortzahlung im Krankheitsfall ohne Bedeutung sind. Außerdem wird – abweichend von der vom Berufsbildungsgesetz gewählten Reihenfolge der Verhinderungsfälle – zunächst die Vergütungsfortzahlung im Krankheitsfall erörtert, da diese von ungleich größerer Bedeutung ist als die Fortzahlung der Ausbildungsvergütung bei einer Verhinderung aus sonstigen persönlichen Gründen.

3 Wegen der geschichtlichen Entwicklung des § 12 BBiG sowie der Vergütungsfortzahlung für Auszubildende insgesamt vgl. Einleitung Rdn. 2 ff.

II. Anspruch auf Vergütung bei Ausbildungsunfähigkeit wegen Krankheit etc. (§ 12 Abs. 1 S. 2 BBiG)

4 Der Anspruch auf Vergütungsfortzahlung bei Ausbildungsunfähigkeit nach § **12 Abs. 1 S. 2 BBiG setzt voraus,** dass der Betroffene zum anspruchsberechtigten Personenkreis gehört (vgl. Rdn. 6 ff.), dass er wegen einer Krankheit, einer Vorsorge- oder Rehabilitationsmaßnahme, einer Sterilisation oder eines Schwangerschaftsabbruchs (vgl. Rdn. 12 ff.) ausbildungsunfähig (vgl. Rdn. 35 f.) ist, wobei die Krankheit die einzige Ursache für die Ausbildungs-

II. Anspruch auf Vergütung bei Ausbildungsunfähigkeit § 12 BBiG

unfähigkeit sein muss (vgl. Rdn. 37) und dass dem Betroffenen kein Verschuldensvorwurf zu machen ist (vgl. Rdn. 38 ff.).

Sind diese Voraussetzungen erfüllt, so finden gem. § 12 Abs. 1 S. 2 BBiG 5
die **Regelungen des Entgeltfortzahlungsgesetzes Anwendung;** von dieser Verweisung betroffen sind insbesondere die Anspruchshöhe (vgl. Rdn. 45 ff.) und die Anspruchsdauer (vgl. Rdn. 56 ff.), aber auch die Mitteilungs- und Nachweispflichten sowie das Problem eines Übergangs von Ansprüchen gegen Dritte auf den Ausbilder, der Vergütungsfortzahlung leistet (vgl. Rdn. 87 ff.).

1. Anspruchsberechtigter Personenkreis

Ein Anspruch aus § 12 Abs. 1 S. 2 BBiG erfordert zunächst, dass der An- 6
spruchsteller zum anspruchsberechtigten Personenkreis gehört, d. h. er muss in den **Anwendungsbereich des Berufsbildungsgesetzes** fallen.

Dies setzt grundsätzlich voraus, dass ein **Berufsausbildungsverhältnis** im 7
Sinne der §§ 3 ff. BBiG besteht; auf die Wirksamkeit des Vertragsverhältnisses kommt es dabei allerdings nicht an (vgl. GK-EFZR/*Birk*/*Veit* § 12 BBiG Rdn. 33). **Berufsausbildung** im Sinne dieser Regelungen liegt vor, wenn in einem anerkannten Ausbildungsberuf eine Ausbildung nach Maßgabe einer Ausbildungsordnung nach § 25 BBiG erfolgt.

Darüber hinaus gilt § 12 BBiG für Personen, die nicht in einem Arbeits- 8
verhältnis stehen und die eingestellt worden sind, um berufliche Kenntnisse, Fertigkeiten oder Erfahrungen zu erwerben, ohne dass eine Berufsausbildung im Sinne des Berufsbildungsgesetzes vorliegt (§ 19 BBiG).

Als **andere Ausbildung,** in der berufliche Kenntnisse, Fertigkeiten oder 9
Erfahrungen vermittelt werden, ist insbesondere die Ausbildung von Praktikanten und Volontären anzusehen (BAG AP Nr. 3 zu § 3 BAT). Als **Praktikant** gilt dabei, wer sich, ohne eine systematische Berufsausbildung zu absolvieren, einer bestimmten betrieblichen Tätigkeit und Ausbildung im Rahmen einer Gesamtausbildung unterzieht, weil er diese z. B. für die Zulassung zum Studium oder zu einer Prüfung nachweisen muss (BAG AP Nr. 2 zu § 21 KSchG; vgl. auch *Knopp*/*Kraegeloh,* BBiG, § 19 Rdn. 3; teilweise a. A. GK-EFZR/*Birk*/*Veit* § 12 BBiG Rdn. 178 m. w. N.). **Volontäre** sind solche Personen, die ohne als Lehrling oder Anlernling angenommen worden zu sein, unentgeltlich im Dienste eines anderen mit kaufmännischen Arbeiten beschäftigt werden (vgl. § 82a HGB; zum Ganzen *Knopp*/*Kraegeloh,* BBiG, § 19 Rdn. 2, 3).

Ohne Bedeutung ist die Staatsangehörigkeit des Betroffenen. **Ausländi-** 10
sche Auszubildende, die in der Bundesrepublik Deutschland von einem inländischen Arbeitgeber ausgebildet werden, haben ebenfalls Anspruch auf Fortzahlung der Vergütung nach § 12 Abs. 1 S. 2 BBiG.

Keine Ansprüche nach § 12 Abs. 1 S. 2 BBiG haben dagegen Perso- 11
nen, deren Berufsausbildung in einem öffentlich-rechtlichen Dienstverhältnis oder auf einem Kauffahrteischiff erfolgt. Für diese Personengruppen gelten spezielle beamtenrechtliche Regelungen bzw. die §§ 48 ff. SeemG; das Berufsbildungsgesetz findet gem. § 2 Abs. 2 BBiG insgesamt keine Anwendung.

2. Ausbildungsunfähigkeit wegen Krankheit etc.

12 Neben der Zugehörigkeit zum anspruchsberechtigten Personenkreis setzt der Anspruch auf Fortzahlung der Ausbildungsvergütung gem. § 12 Abs. 1 S. 2 BBiG voraus, dass einer der dort genannten Verhinderungsfälle vorliegt und dass dieser Verhinderungsfall die alleinige Ursache (zur Kausalität vgl. Rdn. 37) für die Ausbildungsverhinderung (vgl. Rdn. 35 f.) ist.

a) Verhinderungsfälle

13 Als Verhinderungsfälle kommen gem. § 12 Abs. 1 S. 2 BBiG in Betracht Krankheiten, medizinische Maßnahmen zur Vorsorge oder Rehabilitation, Sterilisationen und Schwangerschaftsabbrüche.

aa) Krankheit

14 Der Begriff der **Krankheit** wird im BBiG ebenso wenig definiert wie in den übrigen Bestimmungen über die Entgeltfortzahlung im Krankheitsfall. Im Schrifttum findet sich häufig die Feststellung, der arbeitsrechtliche Krankheitsbegriff entspreche dem sozialversicherungsrechtlichen, so dass unter einer Krankheit ein regelwidriger Körper- oder Geisteszustand zu verstehen sei, der Behandlungsbedürftigkeit und/oder Arbeitsunfähigkeit zur Folge habe (vgl. u. a. *Erman/Hanau, 9. Aufl.,* § 616 Rdn. 22; Herkert, BBiG, § 12 Rdn. 12). Unter dem Blickwinkel der Entgeltfortzahlung dürfte es allerdings zweckmäßiger sein, Krankheit nur als regelwidrigen Körper- oder Geisteszustand zu definieren (vgl. ausführlich § 3 EFZG Rdn. 40 ff.).

15 Als **Krankheit** kommt **jeder regelwidrige Körper- oder Geisteszustand** in Betracht (ebenso GK-EFZR/*Birk/Veit* § 12 BBiG Rdn. 52). Die Ursache der Krankheit ist ohne Bedeutung; insbesondere ist nicht erforderlich, dass die Krankheit in einem Zusammenhang mit der Berufsausbildung steht (vgl. BAG AP Nr. 45 zu § 1 ArbKrankhG). Die Krankheit kann auf Ansteckung oder Veranlagung, auf einen missglückten Selbstmordversuch, auf einen Arbeitsunfall oder eine Berufskrankheit, auf einen Sportunfall oder einen Straßenverkehrsunfall zurückgehen. Auch Trunk- oder Drogensucht ist als Krankheit anzusehen (BAG AP Nr. 40 zu § 1 LFZG).

16 **Keine Krankheit** ist dagegen eine normale Schwangerschaft (BAG AP Nr. 1 zu § 13 MuSchG); etwas anderes kann gelten, wenn während der Schwangerschaft krankhafte Beschwerden auftreten.

17 Fraglich erscheint, ob man eine Krankheit im Sinne des § 12 Abs. 1 S. 2 BBiG bejahen sollte, wenn die Verhinderung darauf beruht, dass ein notwendiges **technisches Hilfsmittel oder Körperersatzstück repariert** werden muss, wenn der Auszubildende sich einer **Heilbehandlung unterzieht,** ohne die er an der Ausbildung hätte teilnehmen können oder wenn ein **angeborenes Leiden operativ behandelt werden muss.**

18 Im Anwendungsbereich des EFZG wird in diesen Fällen eine Krankheit bzw. eine krankheitsbedingte Leistungsverhinderung angenommen (vgl. BAG AP Nr. 4, 12 und 62 zu § 1 LFZG; ausführlich § 3 EFZG Rdn. 53 ff.), im Anwendungsbereich des Berufsbildungsgesetzes sollte man diese Fälle wohl eher unter **§ 12 Abs. 1 S. 1 Nr. 2 b BBiG** subsumieren. Im Ergebnis

II. Anspruch auf Vergütung bei Ausbildungsunfähigkeit   § 12 BBiG

ändert sich für Auszubildende hierdurch nichts, da auch der Anspruch aus § 12 Abs. 1 S. 1 Nr. 2b BBiG für die Dauer von bis zu sechs Wochen besteht und unabdingbar ist, es wird jedoch eine überflüssige Überdehnung des Gesetzeswortlauts vermieden (ebenso GK-EFZR/*Birk/Veit* § 12 BBiG Rdn. 53; a. A. *Natzel*, Berufsbildungsrecht, Anm. XI 3b bb).

Gleiches gilt auch für den Fall, dass der Auszubildende nicht an der Ausbildung teilnehmen kann bzw. teilnimmt, weil aufgrund einer ärztlichen **Fehldiagnose** irrtümlich von einer krankheitsbedingten Ausbildungsverhinderung ausgegangen wird. 19

Kein Entgeltfortzahlungsanspruch – weder nach Satz 2 noch nach Satz 1 Nr. 2b – besteht dagegen, wenn die Verhinderung auf einer Schönheitsoperation beruht. 20

Ob ein Anspruch auf Vergütungsfortzahlung besteht, wenn die Verhinderung darauf beruht, dass eine **künstliche Befruchtung** durchgeführt wird, ist in Anlehnung an § 27a SGB V zu entscheiden (vgl. ausführlich § 3 EFZG Rdn. 74 ff.; zur Behandlung von **Organspendern** § 3 EFZG Rdn. 71 ff.). 21

bb) Maßnahmen der medizinischen Vorsorge oder Rehabilitation

Als zweiten Verhinderungsfall neben der Krankheit nennt § 12 Abs. 1 S. 2 BBiG „**Maßnahmen der medizinischen Vorsorge oder Rehabilitation**". 22

Der Begriff des **Medizinischen** bezieht sich dabei – wie sich aus der Begründung zum Gesetzentwurf ergibt (vgl. BT-Drucks. 12/5263, S. 15) – sowohl auf Vorsorgemaßnahmen als auch auf Rehabilitationsmaßnahmen, d.h. es muss sich um **medizinische Vorsorgemaßnahmen** oder **medizinische Rehabilitationsmaßnahmen** handeln. **Nicht** unter § 12 Abs. 1 S. 2 BBiG fallen dagegen Maßnahmen der **beruflichen Rehabilitation**. 23

Bei den von § 12 Abs. 1 S. 2 BBiG erfassten **medizinischen Vorsorgemaßnahmen** handelt es sich um Maßnahmen zur Abwendung einer bestimmten Erkrankung, die zwar noch nicht zum Ausbruch gekommen ist, aber in naher Zukunft droht. Sie sollen der Verhütung einer Erkrankung dienen bzw. ihrer Verschlimmerung vorbeugen und damit letztlich eine Beeinträchtigung der Erwerbsfähigkeit verhindern (so zur Vorbeugungskur BAG AP Nr. 2 und 4 zu § 7 LFZG). 24

Medizinische Rehabilitationsmaßnahmen dienen dazu, eine bestimmte Erkrankung endgültig auszuheilen, die Gesundheit wieder herzustellen bzw. den Organismus nach überstandener Krankheit zu kräftigen (vgl. BAG AP Nr. 2 zu § 7 LFZG). Ob bei Alkoholentziehungskuren als medizinische Rehabilitationsmaßnahmen ein Anspruch auf Fortzahlung der Vergütung gegen den Ausbilder besteht, hängt im Wesentlichen davon ab, ob man dem Betroffenen einen Verschuldensvorwurf machen kann (vgl. GK-EFZR/*Steckhan* § 7 LFZG Rdn. 31; zum Verschulden Rdn. 38 ff.). 25

Die Abgrenzung zwischen medizinischen Vorsorgemaßnahmen und medizinischen Rehabilitationsmaßnahmen kann im Einzelfall schwierig sein; aus der Sicht des Rechts der Entgeltfortzahlung ist die Abgrenzung auch nicht erforderlich. Entscheidend ist, dass **die Maßnahme in einem unmittelbaren Zusammenhang mit einem konkreten krankhaften Gesund-** 26 heitszustand steht (BAG AP Nr. 2 zu § 7 LFZG Rdn. 18f.; *Kaiser/Dunkl/ Hold/Kleinsorge* § 9 EFZG Rdn. 14).

27 **Keine** medizinischen Vorsorge- oder Rehabilitationsmaßnahmen sind sog. **Erholungskuren,** die ohne akuten Krankheitsanlaß nur der bloßen Verbesserung des Allgemeinbefindens dienen bzw. die in einem urlaubsmäßigen Zuschnitt verbracht werden können.

28 Für die Abgrenzung ist ohne Bedeutung, wie die Maßnahme bezeichnet wird; entscheidend ist allein, ob sie als **gezielte therapeutische Maßnahme** in bezug auf ein konkretes Krankheitsgeschehen anzusehen ist (vgl. BAG AP Nr. 2 zu § 7 LFZG). Bei dieser Abgrenzung ist nicht zuletzt zu berücksichtigen, ob eine sachgerechte medizinische Betreuung und ein ausreichender Einfluss auf die Lebensführung des Auszubildenden gewährleistet ist.

29 Des weiteren muss die Vorsorge- oder Rehabilitationsmaßnahme **medizinisch notwendig** sein; auch dies steht jedoch im Regelfall fest, wenn die Maßnahme von einem öffentlich-rechtlichen Sozialleistungsträger bewilligt worden ist.

30 Nicht (mehr) erforderlich ist – ebenso wie im Anwendungsbereich des § 9 EFZG – dass es sich um eine **stationäre** Maßnahme handelt (ausführlich § 9 EFZG Rdn. 28).

cc) Sterilisation

31 Als weiterer Verhinderungsfall nennt § 12 Abs. 1 S. 2 BBiG die **Sterilisation,** d.h. die Ausschließung der Zeugungs- oder Empfängnisfähigkeit durch Unterbrechung des Samenstrangs bzw. des Eileiters.

32 Auch wenn sich dies nicht unmittelbar aus § 12 Abs. 1 BBiG ergibt, muss es sich um eine **nicht rechtswidrige** Sterilisation handeln; dies folgt aus der Verweisung auf das Entgeltfortzahlungsrecht, dass in § 3 Abs. 2 EFZG nur nicht rechtswidrige Sterilisationen der krankheitsbedingten Arbeitsunfähigkeit gleichstellt. Bezüglich der Nichtrechtswidrigkeit einer Sterilisation gelten demgemäß die Ausführungen zu § 3 Abs. 2 EFZG (vgl. § 3 EFZG Rdn. 274f.).

dd) Schwangerschaftsabbruch

33 Letzter in § 12 Abs. 1 S. 2 BBiG angesprochener Verhinderungsfall ist schließlich der **Schwangerschaftsabbruch,** d.h. die Entfernung und Abtötung der Leibesfrucht bei einer intakten Schwangerschaft.

34 Um als Verhinderungsfall im Sinne des § 12 Abs. 1 S. 2 BBiG in Betracht zu kommen, muss es sich um einen **nicht rechtswidrigen Schwangerschaftsabbruch** oder um einen **Schwangerschaftsabbruch nach Beratung** handeln (*Wedde/Kunz* § 12 BBiG Rdn. 8); dies ergibt sich – ähnlich wie bei Sterilisationen – zwar nicht unmittelbar aus dem Wortlaut des § 12 Abs. 1 S. 2 BBiG, wohl aber aus der Verweisung auf das Entgeltfortzahlungsrecht, das in § 3 Abs. 2 EFZG nur nicht rechtswidrige Schwangerschaftsabbrüche und Schwangerschaftsabbrüche nach Beratung in die Entgeltfortzahlung einbezieht. Wegen der näheren Einzelheiten kann auf die Erläuterungen zu § 3 Abs. 2 EFZG zurückgegriffen werden (vgl. § 3 EFZG Rdn. 274ff., 296ff.).

II. Anspruch auf Vergütung bei Ausbildungsunfähigkeit § 12 BBiG

b) Ausbildungsunfähigkeit

Um den Anspruch auf Fortzahlung der Vergütung auszulösen, muss der 35
Verhinderungsfall den Auszubildenden **daran hindern, an der Berufsausbildung teilzunehmen.** Dies ist insbesondere dann zu bejahen, wenn der Betroffene objektiv nicht oder nur auf die Gefahr hin an der Ausbildung teilnehmen kann, dass sich sein Gesundheitszustand verschlechtert (vgl. BAG AP Nr. 23 zu § 63 HGB).

Ob krankheitsbedingte Ausbildungsfähigkeit vorliegt, ist stets anhand des 36
konkreten Einzelfalls zu beurteilen. Die Krankheit muss dazu führen, dass der Auszubildende gerade jene Tätigkeiten nicht mehr verrichten kann, zu denen er nach **seinem** Ausbildungsvertrag verpflichtet ist. Daraus folgt, dass einerseits z.B. ein Krankheitsbefund, der den Betroffenen nicht daran hindert, seine Pflichten zu erfüllen, im Hinblick auf einen Anspruch aus § 12 Abs. 1 S. 2 BBiG nicht relevant ist, während andererseits Ausbildungsunfähigkeit auch dann vorliegt, wenn der Betroffene eine andere Tätigkeit, zu der er aber nicht verpflichtet ist, ausüben könnte (vgl. GK-EFZR/*Birk/Veit* § 12 BBiG Rdn. 54ff.; *Herkert*, BBiG, § 12 Rdn. 12 a).

c) Kausalität

Neben der Ausbildungsunfähigkeit und dem Vorliegen eines der genann- 37
ten Verhinderungsfälle setzt der Anspruch aus § 12 Abs. 1 S. 2 BBiG voraus, dass die Krankheit etc. die **alleinige** Ursache der Verhinderung ist (GK-EFZR/*Birk/Veit* § 12 BBiG Rdn. 60ff.; *Schaub*, Arbeitsrechts-Handbuch, § 98 II 4). Es besteht daher grundsätzlich kein Anspruch, wenn der Betroffene sonst aus anderen Gründen nicht an der Ausbildung teilgenommen und keine Vergütung erhalten hätte. Von Bedeutung ist das Erfordernis der kausalen Verknüpfung insbesondere für Erkrankungen während eines (Sonder)-Urlaubs, an Feiertagen usw. (ausführlich § 3 EFZG Rdn. 78ff.).

3. Verschulden

Der Anspruch des Auszubildenden auf die Vergütung setzt weiter voraus, 38
dass er **ohne sein Verschulden** verhindert ist, an der Berufsausbildung teilzunehmen. Dies gilt für alle Verhinderungsfälle in gleicher Weise.

Obwohl der Begriff des Verschuldens in § 12 BBiG ebenso wenig defi- 39
niert wird wie in § 3 EFZG, dürfte Einigkeit darüber bestehen, dass der Begriff des Verschuldens gleich zu verstehen ist (vgl. BAG AP Nr. 62 zu § 616 BGB; *Knopp/Kraegeloh*, BBiG, § 12 Rdn. 7; *Wedde/Kunz* § 12 BBiG Rdn. 2) und das Verschulden im Sinne dieser Bestimmungen einen **gröblichen Verstoß gegen das von einem verständigen Menschen im eigenen Interesse zu erwartende Verhalten** voraussetzt (BAG AP Nr. 28 zu § 63 HGB; AP Nr. 8, 25, 26 zu § 1 LFZG; GK-EFZR/*Birk/Veit* § 12 BBiG Rdn. 65; *Herkert*, BBiG, § 12 Rdn. 12b; *Wollenschläger*, Ausbildungsverhältnis, § 12 Rdn. 4; a.A. *Schieckel/Oestreicher*, BBiG, § 12 Anm. 3).

Gröbliches Verschulden gegen das von einem verständigen Menschen im 40
eigenen Interesse zu erwartende Verhalten setzt ähnlich wie § 254 Abs. 1 BGB ein **Verschulden des Auszubildenden gegen sich selbst** voraus

(BAG AP Nr. 46 zu § 1 LFZG). Da es sich um einen gröblichen Verstoß handeln muss, genügt leichte Fahrlässigkeit nicht; es muss sich um ein **besonders leichtfertiges, grob fahrlässiges oder vorsätzliches Verhalten** handeln (*Erman/Belling* § 616 Rdn. 39). Ob ein entsprechendes Verhalten vorliegt, ist unter Abwägung aller Umstände des Einzelfalles zu entscheiden (BAG AP Nr. 44, 52 zu § 1 LFZG), wozu auch das Alter des Betroffenen gehört (ähnlich GK-EFZR/*Birk/Veit* § 12 BBiG Rdn. 65; *Herkert*, BBiG, § 12 Rdn. 12b).

41 Das schuldhafte Verhalten muss für die eingetretene Verhinderung **kausal** gewesen sein (BAG AP Nr. 46 zu § 1 LFZG). Das Nichtanlegen des Sicherheitsgurtes führt z.B. nur dann zum Verlust des Anspruchs auf die Vergütung, wenn die erlittenen Verletzungen auf das Nichtanlegen des Gurtes zurückzuführen sind (BAG AP Nr. 46 zu § 1 LFZG = SAE 1983, 94 mit Anm. *Lorenz*). Ein schuldhaftes Verhalten während einer bereits bestehenden Verhinderung ist dementsprechend nur dann relevant, wenn es zu einer Verlängerung der Verhinderung führt (BAG AP Nr. 5 zu § 1 KSchG 1969 Krankheit).

42 Grundsätzlich ist nur **eigenes Verschulden** und nicht das Verschulden Dritter von Bedeutung. Trifft den Auszubildenden der Vorwurf eigenen Verschuldens im Sinne des § 12 BBiG, entlastet ihn ein Mitverschulden Dritter in aller Regel nicht (BAG AP Nr. 8 zu § 1 LFZG). Beruht die Verhinderung dagegen nicht auf eigenem Verschulden, besteht der Anspruch auch dann, wenn einen Dritten ein (Mit-)Verschulden trifft. Der Ausbildende kann dem Anspruch des Auszubildenden nicht entgegenhalten, er könne anderweitig Schadensersatzansprüche geltend machen.

43 Im Streitfall muss der **Ausbilder beweisen,** dass der Auszubildende besonders leichtfertig, grob fahrlässig oder vorsätzlich gehandelt hat (BAG AP Nr. 9 zu § 1 LFZG). Es kann allerdings zu einer Beweislastumkehr kommen, wenn der erste Anschein für ein grobes Verschulden des Auszubildenden spricht. Zu denken ist insoweit z.B. an Unfälle in Folge Trunkenheit (LAG Saarland AP Nr. 37 zu § 1 LFZG) oder die Beteiligung an Schlägereien (LAG Düsseldorf DB 1978, 215). In derartigen Fällen hat der Auszubildende zu beweisen, dass die Verhinderung ausnahmsweise nicht verschuldet ist.

44 Zum Verschulden hat sich eine kaum noch zu übersehende Rechtsprechung entwickelt, in deren Mittelpunkt Entscheidungen zum Verschulden bei Arbeitsunfällen, Sportunfällen und Verkehrsunfällen stehen. Eine ausführliche **Zusammenstellung von Einzelfällen** findet sich bei § 3 EFZG Rdn. 93 ff. (vgl. auch GK-EFZR/*Birk/Veit* § 12 BBiG Rdn. 67 ff.; *Herkert*, BBiG, § 12 Rdn. 12b; *Knopp/Kraegeloh*, BBiG, § 12 Rdn. 7). Speziell zum Verschulden bei Sterilisationen und Schwangerschaftsabbrüchen vgl. § 3 EFZG Rdn. 274 ff.

4. Anspruch auf Vergütung

45 § 12 Abs. 1 S. 2 BBiG i.V.m. den §§ 3, 4 EFZG **erhielt** dem Auszubildenden **bis zum Inkrafttreten des Arbeitsrechtlichen Beschäftigungsförderungsgesetzes** am 1. Oktober 1996 den „Anspruch auf die Vergütung". Es handelte sich also bei dem Anspruch um nichts anderes als

II. Anspruch auf Vergütung bei Ausbildungsunfähigkeit § 12 BBiG

um den aufrecht erhaltenen Anspruch auf die Ausbildungsvergütung (vgl. BAG AP Nr. 1, 12 zu § 6 LFZG; AP nr. 53 zu § 4 TVG Ausschlussfristen; GK-EFZR/*Birk/Veit* § 12 BBiG Rdn. 102; *Schmatz/Fischwasser/Geyer/Knorr* § 1 LFZG Rdn. 2).

Demgemäß fanden auf den Ausbildungsvergütungsfortzahlungsanspruch 46 grundsätzlich dieselben Regelungen Anwendung, die auch für den Vergütungsanspruch galten (vgl. *Doetsch/Schnabel/Paulsdorff* § 1 LFZG Rdn. 24; *Kehrmann/Pelikan* § 1 LFZG Rdn. 73). Dies galt u. a. für die **Fälligkeit** der Vergütung (vgl. § 11 BBiG) und den **Erfüllungsort**, für die **Pfändbarkeit**, für die **Abtretbarkeit** und die **Verjährung** des Anspruchs (GK-EFZR/*Birk/Veit* § 12 BBiG Rdn. 103), für die Anwendbarkeit tarifvertraglicher **Ausschlussfristen,** für das Schicksal des Anspruchs im **Konkurs** und für die Zuständigkeit der **Arbeitsgerichte.**

Seit dem Inkrafttreten des Arbeitsrechtlichen Beschäftigungsförderungs- 47 gesetzes beinhaltet § 3 EFZG einen **eigenständigen Anspruch** auf Entgeltfortzahlung bei krankheitsbedingter Arbeitsunfähigkeit. Die angesprochenen „allgemeinen Regeln" finden dennoch weiterhin Anwendung (vgl. ausführlich § 3 EFZG Rdn. 209 ff.).

Die Bemessungsgrundlage für den Anspruch auf Fortzahlung der Ver- 48 gütung ergibt sich aus dem sog. **modifizierten Entgeltausfallprinzip** (vgl. MüKo/*Schaub* § 616 Rdn. 107) des § 4 EFZG, dass gem. § 12 Abs. 1 S. 2 BBiG auch auf Auszubildende bzw. die Ausbildungsvergütung und ihre Fortzahlung im Krankheitsfall Anwendung findet. **Entgeltausfallprinzip** bedeutet dabei, dass der Auszubildende fiktiv so gestellt werden soll, als wäre die Verhinderung nicht eingetreten; **modifiziert** wird das Entgeltausfallprinzip u. a. insoweit, als auf die „regelmäßige" Ausbildungszeit abgestellt wird.

Dem Auszubildenden ist danach grundsätzlich die Vergütung fortzuzahlen, 49 die er für seine **individuelle** Ausbildungs- und Arbeitszeit erhalten hätte. Diese kann durchaus von der betriebsüblichen Ausbildungs- oder Arbeitszeit abweichen.

Nicht (mehr) zu berücksichtigen ist dagegen seit der Änderung des § 4 50 Abs. 1a S. 1 EFZG durch das „Korrekturgesetz" vom 19. Dezember 1998 Entgelt, das in der Vergangenheit für **Überstunden** geleistet worden ist (zur Vergütung zusätzlicher Beschäftigungszeiten vgl. § 10 Abs. 3 BBiG).

Aus dem Entgeltausfallprinzip ergibt sich außerdem, dass die individuelle 51 Ausbildungszeit zu berücksichtigen ist, die durch die Verhinderung **tatsächlich** ausgefallen ist; daraus folgt, dass Veränderungen der Verhältnisse während der Verhinderung von ihrem Eintritt an zu berücksichtigen sind.

Fortzuzahlen ist dem Auszubildenden die **Ausbildungsvergütung** d. h. 52 sein **Bruttoverdienst.** Dazu gehören neben der Grundvergütung u. a. laufend bezahlte Sozialzulagen, wie z. B. Ortszulagen, laufend bezahlte Zuverlässigkeitsprämien, vermögenswirksame Leistungen des Ausbildenden und dessen Anteile zur Sozialversicherung (vgl. ausführlich § 4 EFZG Rdn. 62 ff.). Fortzuzahlen sind auch Zulagen für bestimmte Gruppen von Auszubildenden, wie z. B. Auszubildende für kaufmännische Berufe mit bereits abgelegter Reifeprüfung (vgl. GK-EFZR/*Birk/Veit* § 12 BBiG Rdn. 120).

Soweit der Auszubildende Anspruch auf **Sachleistungen** hat (freie Kost 53 und/oder Wohnung), besteht grundsätzlich auch dieser Anspruch fort. Kann der Auszubildende während der Zeit, für welche Vergütungsfortzahlung im Krankheitsfall zu gewähren ist, aus berechtigtem Grund Sachleistungen nicht abnehmen, so sind diese nach den Sachbezugswerten des § 10 Abs. 2 BBiG abzugelten (§ 12 Abs. 2 BBiG; ausführlich GK-EFZR/*Birk/Veit* § 12 BBiG Rdn. 138; *Herkert,* BBiG, § 12 Rdn. 19); damit wird letztlich auf die auf der Basis des § 17 Abs. 1 S. 1 Nr. 3 SGB IV erlassene Sachbezugsverordnung verwiesen (*Herkert,* BBiG, § 12 Rdn. 19).

54 Nach der Änderung des Entgeltfortzahlungsrechts durch das Pflege-Versicherungsgesetz ist es auch möglich, hinsichtlich der Höhe der fortzuzahlenden Ausbildungsvergütung durch **Tarifvertrag zu Ungunsten der Auszubildenden von den gesetzlichen Regelungen abzuweichen.** Wenn § 12 Abs. 1 S. 2 BBiG das Entgeltfortzahlungsgesetz für anwendbar erklärt, so bedeutet dies, dass auch § 4 Abs. 4 EFZG auf Ausbildungsverhältnisse Anwendung findet. § 18 BBiG, der Vereinbarung für nichtig erklärt, die zu Ungunsten des Auszubildenden von den Vorschriften des Gesetzes abweichen, steht dem nicht entgegen, da § 4 Abs. 4 EFZG über § 12 Abs. 1 S. 2 BBiG gewissermaßen als „Teil des Berufsbildungsgesetzes" anzusehen ist, so dass keine Abweichung vom Berufsbildungsgesetz vorliegt.

55 § 12 Abs. 1 S. 2 BBiG i. V. m. **§ 4a EFZG** ermöglicht es dem Ausbildenden, bei Bestehen entsprechender vertraglicher Abreden eine **Kürzung von Sondervergütungen** vorzunehmen (vgl. ausführlich die Kommentierung zu § 4a EFZG).

5. Beginn, Dauer und Ende des Vergütungsfortzahlungszeitraums

56 Der Anspruch auf Fortzahlung der Vergütung besteht gem. § 12 Abs. 1 S. 2 BBiG i. V. m. § 3 Abs. 1 EFZG **bis zur Dauer von sechs Wochen,** wenn der Auszubildende infolge Krankheit oder eines anderen Verhinderungsfalls nicht an der Ausbildung teilnehmen kann. Speziell bei lang andauernden Erkrankungen stellt sich damit die Frage nach dem genauen Beginn des Vergütungsfortzahlungszeitraums, nach der Berechnung der Dauer des Vergütungsfortzahlungszeitraums und nach seinem Ende. Grundsätzlich gelten für diese Berechnungen die §§ 187 ff. BGB, insbesondere § 187 Abs. 1 und § 188 Abs. 2 BGB, wonach aus Gründen der Vereinfachung die Fristen nur nach vollen Tagen berechnet werden (vgl. MüKo/*Schaub* § 616 Rdn. 83).

a) Beginn

57 Der Anspruch des Auszubildenden auf Fortzahlung der Vergütung entsteht mit dem Eintreten des Verhinderungsfalls. Etwas anderes gilt nur für Auszubildende, die die **Wartezeit** gem. § 12 Abs. 1 S. 2 BBiG i. V. m. § 3 Abs. 3 EFZG noch nicht erfüllt haben (vgl. ausführlich § 3 EFZG Rdn. 304 ff.).

58 Probleme kann der Beginn des Fortzahlungszeitraums in erster Linie hinsichtlich der Behandlung des ersten Tages einer Erkrankung, bei Auftreten einer Verhinderung während des Ruhens des Ausbildungsverhältnisses sowie bei Eintreten einer Verhinderung zwischen dem Abschluss des Ausbildungsvertrages und dem vereinbarten Ausbildungsbeginn aufwerfen.

aa) Tag der Erkrankung

Tritt die Erkrankung **während** der Arbeitszeit auf, wird der angebrochene 59
Tag bei der Berechnung der Sechs-Wochen-Frist nicht mitgerechnet; die
Frist beginnt gem. § 187 Abs. 1 BGB erst am nächsten Tag zu laufen (GK-
EFZR/*Birk/Veit* § 12 BBiG Rdn. 75; *Herkert*, BBiG, § 12 Rdn. 15). Für
den verbleibenden Teil des Tages der Erkrankung ist dem Auszubildenden
die volle Ausbildungsvergütung zu zahlen (vgl. BAG AP Nr. 1 zu § 1 LFZG;
AP Nr. 27 zu § 133c GewO; AP Nr. 27 zu § 63 HGB).

Dasselbe gilt, wenn der Auszubildende **nach** der Arbeitszeit erkrankt. Er 60
hat in diesem Fall für den laufenden Tag einen Vergütungsanspruch und für
weitere sechs Wochen einen Vergütungsfortzahlungsanspruch.

Anders beurteilt wird dagegen im allgemeinen der Fall, dass die Erkran- 61
kung **vor** der täglichen Arbeitszeit auftritt. Unter diesen Voraussetzungen
geht man allgemein davon aus, dass bereits der Tag der Erkrankung bei der
Berechnung der Sechs-Wochen-Frist mitzählt (vgl. BAG AP Nr. 6 zu § 1
LFZG; AP Nr. 27 zu § 133c GewO; *Kaiser/Dunkl/Hold/Kleinsorge* § 3
EFZG Rdn. 135; *Schlegelberger*, HGB, § 63 Rdn. 6; MüKo/*Schaub* § 616
Rdn. 84; ausführlich § 3 EFZG Rdn. 169ff.).

Die vorstehenden Überlegungen gelten im Prinzip auch für die übrigen in 62
§ 12 Abs. 1 S. 2 BBiG genannten Verhinderungsfälle, für diese Verhinderungsfälle haben sie jedoch keine praktische Bedeutung, da z.B. kaum vorstellbar ist, dass ein Auszubildender zunächst für einen Teil des Tages ausgebildet wird und sich dann in der zweiten Tageshälfte einer Sterilisation
unterzieht oder Ähnliches.

bb) Ruhen des Ausbildungsverhältnisses

Zu einer wesentlich bedeutsameren Verschiebung des Beginns des Ver- 63
gütungsfortzahlungszeitraums kann es kommen, wenn das Ausbildungsverhältnis zum Zeitpunkt des Eintritts des Verhinderungsfalls ruht, d.h. wenn
die beiderseitigen Hauptpflichten suspendiert sind. Es kommt jedoch nur zu
einer **Verschiebung** des Vergütungsfortzahlungszeitraums; endet das Ruhen
des Ausbildungsverhältnisses, so läuft von diesem Zeitpunkt an die normale
Sechs-Wochen-Frist.

Ein Ruhen eines Arbeitsverhältnisses ist u.a. angenommen worden für die 64
Zeit des Grundwehrdienstes oder einer Wehrübung (BAG AP Nr. 27 zu
§ 63 HGB), für die Zeit der Schutzfristen nach § 3 Abs. 2 und § 6 Abs. 1
MuSchG (BAG AP Nr. 20 zu § 63 HGB) sowie für die Zeit eines unbezahlten Sonderurlaubs, der nicht Erholungszwecken dient (BAG AP Nr. 15
zu § 1 LFZG), während man ein Ruhen verneint hat für Arbeitskampfmaß-
nahmen (BAG AP Nr. 29 zu § 1 LFZG) sowie bei unbezahltem Arbeitsausfall zwischen Weihnachten und Neujahr (BAG AP Nr. 13 zu § 1 LFZG;
ausführlich und mit weiteren Beispielen § 3 EFZG Rdn. 175ff.; speziell zum
Streikrecht von Auszubildenden ausführlich GK-EFZR/*Birk/Veit* § 12 BBiG
Rdn. 44ff.). Die jeweiligen Überlegungen müssen auch für Ausbildungsverhältnisse gelten.

cc) Verhinderungen zwischen Vertragsschluss und Ausbildungsbeginn sowie während der Wartezeit

65 Tritt die Verhinderung zwischen Vertragsschluss und vereinbartem Ausbildungsbeginn ein – der (künftige) Auszubildende erkrankt, ihm wird überraschend eine medizinische Vorsorgemaßnahme bewilligt usw. – oder erkrankt der Auszubildende während der Wartezeit gem. § 12 Abs. 1 S. 2 BBiG i.V.m. § 3 Abs. 3 EFZG, steht dies einem Anspruch auf Fortzahlung der Vergütung nicht generell entgegen.

66 Die Sechs-Wochen-Frist beginnt in diesem Fall nicht mit der Erkrankung vor Ausbildungsbeginn (vgl. dazu BAG AP Nr. 45 zu § 63 HGB; GK-EFZR/*Birk/Veit* § 12 BBiG Rdn. 51; *Herkert*, BBiG, § 12 Rdn. 15) bzw. mit der Erkrankung während der Wartezeit zu laufen, sondern mit dem Tag nach dem Ablauf der Wartezeit, d.h. es kommt nur zu einer **„Verschiebung"** des Zeitraums der Fortzahlung der Ausbildungsvergütung (ausführlich § 3 EFZG Rdn. 186f., 192ff.).

b) Dauer

67 Entgeltfortzahlung nach § 12 Abs. 1 S. 2 BBiG i.V.m. dem EFZG wird höchstens für die Dauer von **sechs Wochen** (= 42 Tage) gewährt. Dabei werden auch jene Tage mitgezählt, an denen nicht gearbeitet wird, ohne dass das Ausbildungsverhältnis ruht (vgl. zum Ruhen oben Rdn. 63f.; ausführlich § 3 EFZG Rdn. 175ff.).

68 Ein besonders Problem stellen in diesem Zusammenhang **wiederholte** Ausbildungsverhinderungen dar, die (möglicherweise) auf eine fortgesetzte (chronische) Erkrankung zurückgehen. § 12 Abs. 1 BBiG liegt – ebenso wie § 3 EFZG – die gesetzliche Wertung zu Grunde, dass der Ausbildende wegen **einer** Krankheit für maximal sechs Wochen zur Fortzahlung der Vergütung verpflichtet sein soll. Wird der Auszubildende durch die Krankheit für mehr als sechs Wochen von der Teilnahme an der Berufsausbildung abgehalten, so ist der Ausbildende trotzdem nur für sechs Wochen zur Fortzahlung der Vergütung verpflichtet; erkrankt der Auszubildende dagegen mehrfach an unterschiedlichen Leiden, ist der Ausbildende zur wiederholten Vergütungsfortzahlung für jeweils bis zu sechs Wochen verpflichtet. Dementsprechend ist bei wiederholter Verhinderung danach zu differenzieren, ob es sich um eine fortgesetzte oder um mehrere verschiedene Erkrankungen handelt.

aa) Vergütungsfortzahlung bei fortgesetzter Krankheit

69 Erkrankt der Auszubildende wiederholt an derselben, fortgesetzten Krankheit, so ist der Ausbildende gem. § 12 Abs. 1 S. 2 BBiG i.V.m. § 3 EFZG nur für **insgesamt** sechs Wochen zur Vergütungsfortzahlung verpflichtet; ein neuer Anspruch entsteht allerdings dann, wenn der Auszubildende zwischen zwei Erkrankungsphasen mindestens sechs Monate nicht infolge derselben Krankheit arbeitsunfähig war bzw. nach Ablauf von 12 Monaten nach Beginn der ersten Krankheitsperiode.

(1) Fortgesetzte Krankheit (Begriff)

70 Ob dieselbe, fortgesetzte Krankheit vorliegt, ist in Anlehnung an die im Krankenversicherungsrecht entwickelten Grundsätze zu beurteilen (vgl.

II. Anspruch auf Vergütung bei Ausbildungsunfähigkeit   § 12 BBiG

MüKo/*Schaub* § 616 Rdn. 98). Um dieselbe Erkrankung handelt es sich, wenn die wiederholten Erkrankungen auf demselben Grundleiden beruhen bzw. wenn sie auf dieselbe chronische Veranlagung des Patienten zurückzuführen sind (BAG AP Nr. 42 zu § 63 HGB). Beispiele zur fortgesetzten Krankheit finden sich bei § 3 EFZG Rdn. 221 ff.

(2) Bedeutung des Sechs-Monats-Zeitraums

Liegt eine fortgesetzte Erkrankung vor, so kann der Auszubildende grundsätzlich für alle Erkrankungsphasen zusammen insgesamt nur einen Vergütungsfortzahlungsanspruch für die Dauer von sechs Wochen geltend machen (*Herkert*, BBiG, § 12 Rdn. 14). 71

Beispiel: Der Auszubildende erkrankt an derselben Krankheit im Januar für drei Wochen, im März für zwei Wochen und im Mai wiederum für drei Wochen.

Der Auszubildende kann für die Krankheitsperioden im Januar und im März sowie für die erste Woche der „Mai-Erkrankung" Fortzahlung der Vergütung verlangen, während für die zweite und dritte Woche der „Mai-Erkrankung" kein Anspruch gegen den Ausbildenden besteht, weil der Sechs-Wochen-Zeitraum ausgeschöpft ist. 72

Entgegen dieser Grundregel kann der Auszubildende jedoch gem. § 12 Abs. 1 S. 2 BBiG i.V.m. § 3 Abs. 1 S. 2 EFZG auch wegen derselben Krankheit erneut einen Vergütungsanspruch geltend machen, wenn zwischen dem Ende der ersten Ausbildungsverhinderung und der erneuten Verhinderung ein Zeitraum von sechs Monaten liegt. 73

Die zwischenzeitliche Ausbildungsunfähigkeit wegen einer anderen, unabhängigen Erkrankung unterbricht den Fristablauf nicht (vgl. BAG AP Nr. 50 zu § 1 LFZG). 74

Ausführlich zur Bedeutung des Sechs-Monats-Zeitraums und zu seiner Berechnung § 3 EFZG Rdn. 229 ff. 75

(3) Bedeutung des Zwölf-Monats-Zeitraums

Gem. § 12 Abs. 1 S. 2 BBiG i.V.m. § 3 Abs. 1 S. 2 EFZG erlangt ein Auszubildender 12 Monate nach dem Beginn der ersten Krankheitsperiode bei fortgesetzten Erkrankungen einen neuen Anspruch auf Ausbildungsvergütungsfortzahlung für die Dauer von bis zu sechs Wochen (ausführlich § 3 EFZG Rdn. 245 ff.). 76

(4) Verschiedene Ausbildungsverhältnisse

Die Beschränkung des Anspruchs aus § 12 Abs. 1 S. 2 BBiG i.V.m. § 3 EFZG auf insgesamt sechs Wochen bei fortgesetzten Krankheiten gilt grundsätzlich nur innerhalb desselben Ausbildungsverhältnisses, nicht dagegen, wenn **verschiedene** Ausbildungsverhältnisse von den Perioden der Ausbildungsverhinderung betroffen sind. Der Auszubildende erwirbt einen neuen Anspruch, wenn ein Wechsel des Ausbildenden eingetreten ist. 77

bb) Vergütungsfortzahlung bei anderen Erkrankungen

Ist die wiederholte Ausbildungsverhinderung nicht auf eine fortgesetzte Krankheit, sondern auf eine **andere** Erkrankung zurückzuführen, so besteht grundsätzlich jeweils ein neuer Anspruch auf Vergütungsfortzahlung für die 78

Dauer von bis zu sechs Wochen, sofern die Erkrankung nicht noch während der bestehenden (ersten) Ausbildungsverhinderung auftritt (vgl. GK-EFZR/ *Birk/Veit* § 12 BBiG Rdn. 101).

79 Eine andere Erkrankung liegt im Gegensatz zu einer fortgesetzten Krankheit vor, wenn die Krankheit eine andere Ursache hat und nicht auf demselben Grundleiden beruht (BAG AP Nr. 61 zu § 1 LFZG; AP Nr. 42 zu § 63 HGB; ausführlich § 3 EFZG Rdn. 262 ff.).

80 Das Auftreten einer anderen Erkrankung löst grundsätzlich einen neuen Anspruch aus, sofern die Krankheiten sich nicht **überlappen;** ein gewisser „Mindestabstand" zwischen den Erkrankungen ist dagegen nicht erforderlich. Es kommt nicht darauf an, dass der Auszubildende zwischen den Erkrankungen gearbeitet hat; ein neuer Anspruch besteht bereits dann, wenn der Auszubildende auf dem Weg vom Arzt, der ihn gesund geschrieben hat, oder am nächsten Morgen vor dem Wiederantritt der Ausbildung erneut ausbildungsunfähig wird (BAG AP Nr. 3 zu § 63 HGB; ausführlich § 3 EFZG Rdn. 263 ff.).

cc) Beweislast

81 Die Darlegungs- und Beweislast für das Vorliegen einer fortgesetzten Krankheit trägt grundsätzlich der Auszubildende, dem allerdings Beweiserleichterungen in Form des Anscheinsbeweises zugute kommen können (vgl. BAG AP Nr. 42 zu § 63 HGB; *Lepke,* DB 1983, 447; MüKo/*Schaub,* § 616 Rdn. 95; ausführlich § 3 EFZG Rdn. 269 ff.).

c) Ende

82 Der Anspruch auf Fortzahlung der Ausbildungsvergütung endet naturgemäß, wenn der Auszubildende **nicht mehr verhindert ist** (zur vorzeitigen Genesung vgl. § 3 EFZG Rdn. 200 ff.).

83 Des weiteren endet die Vergütungsfortzahlung nach § 12 Abs. 1 S. 2 BBiG i.V.m. § 3 EFZG mit dem **Ablauf der Sechs-Wochen-Frist.** Für die Berechnung des Fristendes gilt § 188 Abs. 2 BGB, d.h. die Fortzahlung der Vergütung endet mit dem Tag der sechsten Woche, der durch seine Benennung dem Tag entspricht, an dem die krankheitsbedingte Verhinderung eingetreten ist. Erkrankt der Auszubildende z.B. an einem Dienstag während der Arbeitszeit oder danach, so erhält er für den Dienstag Ausbildungsvergütung; der Fortzahlungszeitraum beginnt am Mittwoch und endet nach sechs Wochen am Dienstag.

84 Der Anspruch auf Fortzahlung der Ausbildungsvergütung endet weiterhin, **wenn** das **Ausbildungsverhältnis endet** (*Herkert,* BBiG, § 12 Rdn. 15a). Dies gilt auch dann, wenn die Sechs-Wochen-Frist noch nicht abgelaufen ist (GK-EFZR/*Birk/Veit* § 12 BBiG Rdn. 78).

85 Das Ausbildungsverhältnis endet im Normalfall gem. § 14 Abs. 1 BBiG mit dem **Ablauf der Ausbildungszeit.** Legt der Auszubildende vor Ablauf der Ausbildungszeit erfolgreich die Abschlussprüfung ab, so endet das Ausbildungsverhältnis bereits mit dem Bestehen der Abschlussprüfung (vgl. § 14 Abs. 2 BBiG; zum Begriff des Bestehens der Abschlussprüfung BAG AP Nr. 6 zu § 14 BBiG = SAE 1995, 11 mit Anm. *Natzel).* Liegt die Abschlussprüfung dagegen nach dem Ablauf der vorgesehenen Ausbildungszeit, so

II. Anspruch auf Vergütung bei Ausbildungsunfähigkeit § 12 BBiG

führt dies nicht automatisch zu einer Verlängerung der Ausbildungszeit; wird der (bisherige) Auszubildende bis zur Abschlußprüfung weiterbeschäftigt, so wird man vielmehr im Regelfall davon ausgehen müssen, daß ein Arbeitsverhältnis begründet worden ist (vgl. *Grobe,* BB 1988, 1385) mit der weiteren Folge, daß für die Entgeltfortzahlung im Krankheitsfall nunmehr das Entgeltfortzahlungsgesetz unmittelbar gilt (ähnlich GK-EFZR/*Birk*/*Veit* § 12 BBiG Rdn. 81 f.).

Über das Ende des Ausbildungsverhältnisses hinaus bis zum Ablauf 86 der Sechs-Wochen-Frist besteht der Anspruch allerdings dann, wenn der Ausbildende das Ausbildungsverhältnis wegen der Erkrankung des Auszubildenden gekündigt hat oder wenn der Auszubildende das Ausbildungsverhältnis aus einem vom Ausbildenden zu vertretenden Grund kündigt, der den Auszubildenden zur Kündigung aus wichtigem Grund ohne Einhaltung der Kündigungsfrist berechtigt (§ 12 Abs. 1 S. 2 BBiG i. V. m. § 8 EFZG; ausführlich die Kommentierung zu § 8 EFZG Rdn. 56 ff.).

6. Sonstige anwendbare Regelungen des Entgeltfortzahlungsgesetzes

Gem. § 12 Abs. 1 S. 2 BBiG findet auf den Vergütungsfortzahlungsan- 87 spruch des Auszubildenden das Entgeltfortzahlungsgesetz Anwendung. Bedeutung hat diese Bezugnahme auf das Entgeltfortzahlungsgesetz – abgesehen von den bereits angesprochenen Fragen im Zusammenhang mit der Höhe des Anspruchs und seinen zeitlichen Grenzen – insbesondere für die Mitteilungs- und Nachweispflichten bei Ausbildungsverhinderung sowie für den Forderungsübergang auf den Ausbilder bei Dritthaftung.

a) Mitteilungs- und Nachweispflichten

Tritt die Ausbildungsverhinderung im **Inland** ein, so ist der Auszubilden- 88 de gem. § 12 Abs. 1 S. 2 BBiG i. V. m. **§ 5 Abs. 1 S. 1 EFZG** zunächst verpflichtet, den Ausbilder unverzüglich über die Tatsache der Ausbildungsunfähigkeit und deren voraussichtliche Dauer zu unterrichten (ausführlich § 5 EFZG Rdn. 15 ff.). Dauert die Ausbildungsunfähigkeit länger als drei Kalendertage, so ist der Auszubildende gem. § 12 Abs. 1 S. 2 BBiG i. V. m. **§ 5 Abs. 1 S. 2 EFZG** verpflichtet, spätestens am darauffolgenden Arbeitstag (des Betriebes) eine Arbeitsunfähigkeitsbescheinigung vorzulegen. Hinsichtlich der Berechnung des Zeitpunkts der Vorlage sowie der Möglichkeiten des Ausbilders, bereits zu einem früheren Zeitpunkt die Vorlage einer Arbeitsunfähigkeitsbescheinigung zu verlangen, kann auf die Kommentierung zu § 5 EFZG zurückgegriffen werden (vgl. § 5 EFZG Rdn. 37 ff.).

Entsprechende Anwendung finden auch die Regelungen des **§ 5 Abs. 2** 89 **EFZG** bezüglich der **Mitteilungs- und Nachweispflichten bei Erkrankungen im Ausland,** d. h. der Auszubildende ist – wenn keine andere Vereinbarung getroffen worden ist – ebenfalls verpflichtet, den Ausbilder auf dessen Kosten auf die schnellstmögliche Weise von der Ausbildungsverhinderung, deren voraussichtlicher Dauer und **seinem gegenwärtigen Aufenthaltsort** zu unterrichten (vgl. § 5 EFZG Rdn. 128 ff.).

BBiG § 12 Fortzahlung der Vergütung

b) Forderungsübergang bei Dritthaftung

90 Gem. § 12 Abs. 1 S. 2 BBiG ebenfalls auf Ausbildungsverhältnisse anzuwenden ist auch § 6 EFZG.

91 Dies bedeutet zunächst, dass – soweit der Auszubildende auf Grund gesetzlicher Vorschriften von einem Dritten Schadensersatz wegen der Ausbildungsunfähigkeit verlangen kann – diese Ansprüche gem. § 6 **Abs. 1** EFZG auf den Ausbilder übergehen, soweit dieser dem Auszubildenden die Ausbildungsvergütung fortzahlen muss und er darauf zu entrichtende Sozialversicherungsbeiträge etc. abgeführt hat. Hinsichtlich der Frage, welche Forderungen erfasst werden und wer als Dritter im Sinne des § 6 Abs. 1 EFZG anzusehen ist, gelten die Ausführungen zu § 6 EFZG entsprechend (vgl. § 6 EFZG Rdn. 12ff.).

92 Dies gilt auch für die aus § 12 Abs. 1 S. 2 BBiG i.V.m. § 6 **Abs. 2** EFZG resultierende Verpflichtung des Auszubildenden, dem Ausbilder unverzüglich alle zur Geltendmachung des (übergehenden bzw. übergegangenen) Schadensersatzanspruchs erforderlichen Angaben zu machen (ausführlich dazu § 6 EFZG Rdn. 57).

c) Leistungsverweigerungsrechte des Ausbilders

93 Entsprechende Anwendung findet gem. § 12 Abs. 1 S. 2 BBiG schließlich auch **§ 7 EFZG**, d.h. der Ausbilder kann die Fortzahlung der Vergütung (vorläufig) verweigern, wenn der Auszubildende seinen Nachweispflichten gem. § 12 Abs. 1 S. 2 BBiG i.V.m. § 5 EFZG nicht nachkommt, und er kann die Fortzahlung der Vergütung (endgültig) verweigern, wenn der Auszubildende den Anspruchsübergang auf den Ausbilder bei Dritthaftung gem. § 12 Abs. 1 S. 2 BBiG i.V.m. § 6 EFZG verhindert. Auch insoweit kann auf die Erläuterungen zu § 7 EFZG zurückgegriffen werden; gewisse Modifikationen kommen allenfalls insofern in Betracht, als die Leistungsverweigerungsrechte gem. § 7 Abs. 2 EFZG Verschulden des Arbeitnehmers bzw. des Auszubildenden voraussetzen und bei Jugendlichen im Einzelfall hinsichtlich des Verschuldens eine etwas großzügigere Betrachtungsweise geboten sein kann.

III. Anspruch auf Vergütung bei Ausbildungsverhinderung aus persönlichen Gründen (§ 12 Abs. 1 S. 1 Nr. 2b BBiG)

1. Allgemeines

94 Neben § 12 Abs. 1 S. 2 BBiG kann für die Vergütungsfortzahlung im Zusammenhang mit Krankheitsfällen § 12 Abs. 1 S. 1 Nr. 2b BBiG Bedeutung erlangen, wonach ein Anspruch auf Fortzahlung der Vergütung auch dann besteht, wenn der Auszubildende aus einem sonstigen, in seiner Person liegenden Grund unverschuldet verhindert ist, seine Pflichten aus dem Berufsausbildungsverhältnis zu erfüllen. Die Regelung ist der für Arbeitnehmer geltenden Bestimmung des § 616 BGB vergleichbar, im Gegensatz zu § 616 BGB handelt es sich jedoch um **zwingendes Recht**. Außerdem fehlt eine

III. Anspruch auf Vergütung bei Ausbildungsverhinderung § 12 BBiG

Beschränkung der Anspruchsdauer auf eine „verhältnismäßig nicht erhebliche Zeit"; statt dessen gilt auch für Ansprüche nach § 12 Abs. 1 Nr. 2b BBiG die Sechs-Wochen-Frist.

Hinsichtlich des **anspruchsberechtigten Personenkreises** kann auf die 95 Ausführungen zu § 12 Abs. 1 S. 2 BBiG zurückgegriffen werden (vgl. Rdn. 5 ff.). Dies gilt grundsätzlich auch für die **Anspruchsdauer**, da § 12 Abs. 1 S. 1 Nr. 2b BBiG ebenfalls den Anspruch auf Vergütungszahlung für bis zu sechs Wochen erhält (vgl. oben Rdn. 49 ff.; zur Anspruchsdauer bei Pflege erkrankter Angehöriger s. unten Rdn. 91 ff.).

Keine Unterschiede bestehen schließlich auch hinsichtlich der **Anspruchs-** 96 **höhe.** § 12 Abs. 1 S. 1 Nr. 2b BBiG erhält dem Auszubildenden ebenso wie § 12 Abs. 1 S. 2 BBiG den **Anspruch auf Zahlung der Ausbildungsvergütung**, d. h. der Auszubildende hat auch bei einer Ausbildungsverhinderung aus persönlichen Gründen Anspruch auf uneingeschränkte Fortzahlung seiner Ausbildungsvergütung.

2. In der Person liegende Gründe

Durch einen in seiner Person liegenden Grund wird der Auszubildende 97 dann an der Ausbildung gehindert, wenn **subjektive, persönliche** Leistungshindernisse auftreten; im Gegensatz dazu stehen **objektive** Leistungshindernisse, d. h. solche, die nicht auf einen einzelnen Auszubildenden bzw. Arbeitnehmer beschränkt sind, sondern in der Regel einen größeren Personenkreis betreffen (vgl. BAG AP Nr. 58 zu § 616 BGB; *Herkert,* BBiG, § 12 Rdn. 16; *Schaub,* Arbeitsrechts-Handbuch, § 97 II 1).

Als persönliche Leistungshindernisse werden zunächst angesehen beson- 98 dere **Familienereignisse** wie die eigene Hochzeit, die Niederkunft der Ehefrau und das Begräbnis naher Angehöriger. Eine ausführlichere Übersicht über derartige, nicht im Zusammenhang mit der Entgeltfortzahlung im Krankheitsfall stehende Leistungshindernisse findet sich in Teil E I Rdn. 8 f.

Als „krankheitsbezogene Leistungshindernisse" sind dagegen in Betracht 99 zu ziehen die **Reparatur von technischen Hilfsmitteln und Körperersatzstücken** (vgl. oben Rdn. 17 f.), **Arztbesuche** bei bestehender Arbeitsfähigkeit (vgl. GK-EFZR/*Birk*/*Veit* § 12 BBiG Rdn. 12; *Knopp*/*Kraegeloh,* BBiG, § 12 Rdn. 10) und die Pflege erkrankter Familienangehöriger (vgl. GK-EFZR/*Birk*/*Veit* § 12 BBiG Rdn. 14; *Herkert,* BBiG, § 12 Rdn. 1 b).

a) Arztbesuche

Ein Anspruch aus § 12 Abs. 1 S. 1 Nr. 2b BBiG im Zusammenhang mit 100 einem Arztbesuch während der Arbeitszeit setzt zunächst voraus, dass jener Zustand, der den Arztbesuch veranlasst, sich **nicht als krankheitsbedingte Arbeits- bzw. Ausbildungsunfähigkeit** darstellt, denn sofern Arbeits- bzw. Ausbildungsunfähigkeit vorliegt, besteht ein (vorgehender) Anspruch aus § 12 Abs. 1 S. 2 BBiG i. V. m. § 3 Abs. 1 EFZG.

Weiterhin setzt ein Anspruch aus § 12 Abs. 1 S. 1 Nr. 2b BBiG im Zu- 101 sammenhang mit einem Arztbesuch voraus, dass die **medizinische Notwendigkeit** für einen Arztbesuch besteht (vgl. *Brill,* NZA 1984, 281, 282 m. w. N.). Eine entsprechende Notwendigkeit ist unter Umständen auch zu bejahen, wenn der Auszubildende sich der Behandlung durch einen Dritten unterziehen will, die von einem Arzt verordnet worden ist (Massagen, Bäder etc.; vgl. BAG AP Nr. 22 § 1 TVG Tarifverträge – Metallindustrie).

102 Neben der medizinischen Notwendigkeit setzt ein Anspruch aus § 12 Abs. 1 S. 1 Nr. 2b BBiG schließlich voraus, dass der Arztbesuch **nur während der Arbeitszeit erfolgen kann.** Hält der Arzt außerhalb der Arbeitszeit Sprechstunden ab und sprechen keine medizinischen Notwendigkeiten für einen sofortigen Arztbesuch, ist der Auszubildende gehalten, den Arzt außerhalb der Arbeitszeit aufzusuchen (vgl. *Staudinger/Oetker* § 616 Rdn. 55). Der Auszubildende ist allerdings nicht gezwungen, sich bei der Wahl des Arztes primär an dessen Sprechzeiten zu orientieren; das Recht der freien Arztwahl hat Vorrang vor der Rücksichtnahme auf die Interessen des Ausbilders (vgl. BAG AP Nr. 22 zu § 1 TVG Tarifverträge – Metallindustrie; *Brill,* NZA 1984, 281, 283; GK-EFZR/*Birk* § 1 LFZG Rdn. 34; vgl. auch *Freigang,* KrV 1984, 230).

b) Pflege erkrankter Angehöriger

103 Als Ausbildungsverhinderung aus persönlichen Gründen kommt auch die Pflege erkrankter Angehöriger in Betracht (GK-EFZR/*Birk/Veit* § 12 BBiG Rdn. 14; *Herkert,* BBiG, § 12 Rdn. 1b).

104 Anerkannt worden ist ein entsprechender Anspruch in Anlehnung an die alte Fassung des § 45 SGB V in der Vergangenheit primär für den Fall, dass ein Arbeitnehmer der Arbeit fern bleibt, um ein im Haushalt lebendes, erkranktes Kind zu pflegen, das das achte Lebensjahr noch nicht vollendet hat (zur Änderung des § 45 SGB V ab 1. Januar 1992 und zur Bedeutung der Vorschrift für die Entgeltfortzahlung bei Pflege erkrankter Angehöriger ausführlich Teil E I Rdn. 11 ff.); eine persönliche Verhinderung kann jedoch auch dann zu bejahen sein, wenn z.B. die Eltern der Pflege bedürfen (vgl. *Staudinger/Oetker* § 616 Rdn. 56).

105 Voraussetzung für die Anerkennung eines Anspruchs aus § 12 Abs. 1 S. 1 Nr. 2b BBiG ist allerdings im allgemeinen, dass der Angehörige **plötzlich und unvorhergesehen** erkrankt; vorhersehbare Erkrankungen verpflichten den Auszubildenden normalerweise, sich rechtzeitig um eine Pflegeperson zu bemühen (vgl. BAG AP Nr. 50 zu § 616 BGB). Darüber hinaus ist der Anspruch davon abhängig, dass die Pflege des Angehörigen nicht auf andere Weise oder durch andere Personen erfolgen kann. Dabei ist allerdings zu berücksichtigen, dass gerade bei Kleinkindern häufig nur die Eltern als Pflegepersonen in Betracht kommen, so dass man dem Anspruch aus § 12 Abs. 1 S. 1 Nr. 2b BBiG nicht entgegenhalten kann, eine andere Person sei zur Pflege bereit (vgl. BAG AP Nr. 48 zu § 616 BGB).

106 Soweit nur die Eltern als Pflegepersonen in Betracht kommen und sich beide in Ausbildung befinden oder berufstätig sind, können sie darüber **entscheiden, wer von ihnen die Pflege des Kindes übernimmt** (vgl. BAG AP Nr. 50 zu § 616 BGB); sie müssen dabei allerdings, wenn sie bei demselben Ausbilder bzw. Arbeitgeber beschäftigt sind, auch auf dessen Belange angemessen Rücksicht nehmen (vgl. GK-EFZR/*Birk* § 1 LFZG Rdn. 40;

III. Anspruch auf Vergütung bei Ausbildungsverhinderung § 12 BBiG

MüKo/*Schaub* § 616 Rdn. 17; zur Pflege erkrankter Angehöriger vgl. u. a. *Brill,* ZfS 1980, 221; *Sabel,* WzS 1981, 225).
Besondere Probleme bereitet die Fortzahlung der Ausbildungsvergütung bei Pflege erkrankter Angehöriger bezüglich der Bestimmung des **Zeitraums,** für den der Ausbilder zur Fortzahlung der Vergütung verpflichtet ist. **107**

Auch wenn § 12 Abs. 1 S. 1 Nr. 2b BBiG – im Gegensatz zu § 616 BGB, der von einer „nicht erheblichen Zeit" spricht – eine Vergütungsfortzahlung für die Dauer von bis zu sechs Wochen vorsieht, so kann dies doch **nicht** bedeuten, dass z. B. bei der Pflege eines Kindes oder der Eltern grundsätzlich ein Anspruch auf Vergütungsfortzahlung bis zur Dauer von **sechs Wochen** besteht. Zu berücksichtigen ist nämlich, dass es in der Regel möglich sein wird, die Pflegeleistungen nach einigen Tagen auf andere Weise sicherzustellen oder durch andere Personen erbringen zu lassen mit der weiteren Folge, dass der Verhinderungsgrund entfällt. **108**

Eine andere Betrachtungsweise würde nicht nur den Ausbilder unangemessen belasten, sondern es käme auch zu sachlich nicht gerechtfertigten Ungleichbehandlungen zwischen verschiedenen Pflegepersonen: Eine Mutter, die sich noch in der Ausbildung befindet, könnte im Hinblick auf die Pflege ihres Kindes Fortzahlung der Ausbildungsvergütung für bis zu sechs Wochen verlangen, während eine (gleichaltrige) Mutter, die bereits in einem Arbeitsverhältnis steht, bei im übrigen identischen Voraussetzungen nur einen Anspruch auf Fortzahlung des Arbeitsentgelts gem. § 616 BGB für etwa (zur genauen Bestimmung des Entgeltfortzahlungszeitraums im Rahmen des § 616 BGB vgl. Teil E I Rdn. 20) fünf Tage geltend machen könnte. Diese Ungleichbehandlung ließe sich nicht durch die Besonderheiten eines Ausbildungsverhältnisses rechtfertigen. **109**

Das Problem kann aber – obwohl dies unter dem Gesichtspunkt der Gleichbehandlung vielleicht wünschenswert wäre – auch nicht in der Weise gelöst werden, dass man die „Zeitgrenze", die zu § 616 BGB entwickelt worden ist, auf § 12 Abs. 1 S. 1 Nr. 2b BBiG überträgt, denn das Berufsbildungsgesetz spricht gerade nicht von einer Verhinderung für eine „nicht erhebliche Zeit". Abzustellen ist vielmehr darauf, ab wann die Pflege auf andere Weise sichergestellt werden kann, mit der weiteren Folge, dass der in der Person des Auszubildenden liegende Grund entfällt. Bemüht der Auszubildende sich nicht, die Pflege anderweitig sicherzustellen, kann man ihm unter Umständen auch einen Verschuldensvorwurf machen (vgl. Rdn. 38 ff., 108). Die „Zeitgrenzen" des § 616 BGB können in diesem Zusammenhang allenfalls mit äußerster Vorsicht als Anhaltspunkte herangezogen werden. **110**

3. Verschulden

Weitere Voraussetzung eines Vergütungsfortzahlungsanspruchs aus § 12 Abs. 1 S. 1 Nr. 2b BBiG ist schließlich, dass der Auszubildende die Ausbildungsverhinderung nicht verschuldet hat. Unter Verschulden ist dabei ebenso wie bei § 12 Abs. 1 S. 2 BBiG (vgl. oben Rdn. 38 ff.) bzw. § 3 Abs. 1 EFZG (vgl. § 3 EFZG Rdn. 110 ff.) ein gröblicher Verstoß gegen das von einem verständigen Menschen im eigenen Interesse zu erwartende Verhalten zu verstehen. **111**

§ 18 Unabdingbarkeit

Eine Vereinbarung, die zuungunsten des Auszubildenden von den Vorschriften dieses Teils des Gesetzes abweicht, ist nichtig.

1   Zum Schutze der Auszubildenden legt § 18 BBiG fest, dass Vereinbarungen, die zuungunsten des Auszubildenden von den §§ 3 ff. BBiG abweichen, nichtig sind. Damit wird das Verhältnis zwischen den Vorschriften des BBiG und anderen Rechtsquellen des Arbeitsrechts, insbesondere Tarifverträgen und Einzelarbeitsverträgen, dahingehend geregelt, dass – ähnlich wie im Verhältnis zwischen Tarifvertrag und Einzelarbeitsvertrag – ein **Günstigkeitsvergleich** durchzuführen ist.

2   § 18 BBiG verbietet negative Abweichungen von den §§ 3 ff. BBiG und damit nicht zuletzt ein Abweichen von der Entgeltfortzahlungsbestimmung des § 12 BBiG. Der Schutz des § 12 BBiG geht damit weiter als der Schutz, den die unter dem Blickwinkel der Entgeltfortzahlung vergleichbare Bestimmung des § 12 EFZG bietet, denn während im Anwendungsbereich des Entgeltfortzahlungsgesetzes eine Abweichung von § 616 BGB möglich bleibt, macht § 18 BBiG auch die mit § 616 BGB vergleichbare Bestimmung des § 12 Abs. 1 S. 1 Nr. 2b BBiG zum zwingenden Recht.

3   § 18 BBiG erfasst **alle Arten von Vereinbarungen**; kollektivrechtliche Vereinbarungen in Form von **Tarifverträgen** oder **Betriebsvereinbarungen** sind ebenso ausgeschlossen wie Vereinbarungen in **Einzelarbeitsverträgen** (*Herkert*, BBiG, § 18 Rdn. 2).

4   Fraglich ist, ob bzw. unter welchen Voraussetzungen der Auszubildende auf Ansprüche aus § 12 BBiG **verzichten** kann. Geht man von der herrschenden Meinung zu § 12 EFZG aus, ist ein Verzicht wirksam, wenn auf bereits **entstandene** Ansprüche verzichtet wird; ein Verzicht auf noch nicht entstandene, künftige Ansprüche ist dagegen nichtig (ausführlich § 12 EFZG Rdn. 17 ff.).

5   § 18 BBiG verbietet jede Modifikation der §§ 3 ff. BBiG, die sich **zu Ungunsten** der Betroffenen auswirkt. Soweit eine Vereinbarung in mehreren Punkten von der gesetzlichen Regelung abweicht, ist nicht etwa ein Gesamtvergleich, sondern ein **Einzelvergleich** durchzuführen. Wird z. B. der Vergütungsfortzahlungszeitraum auf 12 Wochen ausgedehnt, gleichzeitig aber vereinbart, dass von Anfang an nur 75 vom Hundert der vertragsmäßigen Leistungen fortgezahlt werden, so kann man diese Vereinbarung insgesamt als günstiger ansehen. § 18 BBiG verbietet jedoch **jede** Abweichung zuungunsten der Auszubildenden. Der dementsprechend durchzuführende Einzelvergleich führt dazu, dass die Vereinbarung (teilweise) gegen § 18 BBiG verstößt (ähnlich *Herkert*, BBiG, § 18 Rdn. 4; ausführlich § 12 EFZG Rdn. 28 ff. mit Einzelfällen).

6   Die **Rechtsfolgen** von Vereinbarungen, die im Widerspruch zu § 18 BBiG stehen, sind nicht zuletzt davon abhängig, ob die unzulässige Abrede der einzige Inhalt der zu beurteilenden Vereinbarung ist oder ob sie Teil einer umfassenderen Vereinbarung ist. Der Grundsatz, dass die Vereinbarung nichtig ist, kann dann uneingeschränkt Platz greifen, wenn die unzuläs-

Andere Vertragsverhältnisse § 19 BBiG

sige Abrede der einzige Inhalt der Vereinbarung ist. Beinhaltet die Vereinbarung dagegen neben der unzulässigen Abrede weitere, zulässige Klauseln, so bleibt der Vertrag insgesamt im Zweifel wirksam, und es wird lediglich die unwirksame Klausel durch die entsprechende gesetzliche Regelung ersetzt (ähnlich *Herkert*, BBiG, § 18 Rdn. 7; ausführlich § 12 EFZG Rdn. 13 ff. mit ergänzenden Hinweisen auf die Wirkungen eines Verzichts im Verhältnis zu den Krankenkassen).

§ 19 Andere Vertragsverhältnisse

Soweit nicht ein Arbeitsverhältnis vereinbart ist, gelten für Personen, die eingestellt werden, um berufliche Kenntnisse, Fertigkeiten oder Erfahrungen zu erwerben, ohne daß es sich um eine Berufsausbildung im Sinne dieses Gesetzes handelt, die §§ 3 bis 18 mit der Maßgabe, daß die gesetzliche Probezeit abgekürzt, auf die Vertragsniederschrift verzichtet und bei vorzeitiger Lösung des Vertragsverhältnisses nach Ablauf der Probezeit abweichend von § 16 Abs. 1 Satz 1 Schadensersatz nicht verlangt werden kann.

§ 19 BBiG erweitert – soweit die Regelung aus der Sicht des Rechts der 1 Entgeltfortzahlung im Krankheitsfall von Interesse ist – den **Anwendungsbereich des § 12 BBiG**. § 12 Abs. 1 S. 1 Nr. 2 b und S. 2 BBiG gilt danach auch für Personen, die nicht in einem Arbeitsverhältnis stehen und die eingestellt worden sind, um berufliche Kenntnisse, Fertigkeiten oder Erfahrungen zu erwerben, ohne dass eine Berufsausbildung im Sinne des Berufsbildungsgesetzes vorliegt.

Als **andere Ausbildungen** in diesem Sinne sind insbesondere die Ausbil- 2 dungen von Praktikanten und Volontären anzusehen (BAG AP Nr. 3 zu § 3 BAT).

Als **Praktikant** gilt dabei, wer sich, ohne eine systematische Berufsausbil- 3 dung zu absolvieren, einer bestimmten betrieblichen Tätigkeit und Ausbildung im Rahmen einer Gesamtausbildung unterzieht, weil er diese z. B. für die Zulassung zum Studium oder zu einer Prüfung nachweisen muss (BAG AP Nr. 2 zu § 21 KSchG).

Volontäre sind solche Personen, die ohne als Lehrling oder Anlernling 4 angenommen worden zu sein, unentgeltlich im Dienst eines anderen mit kaufmännischen Arbeiten beschäftigt werden (vgl. § 82 a HGB; *Knopp/ Kraegeloh*, Berufsbildungsgesetz, § 19 Rdn. 2, 3; zur Anwendbarkeit des § 12 BBiG auf Praktikanten und Volontäre *Basedau*, NZA 1988, 420; GK-EFZR/ *Birk/Veit* § 12 BBiG Rdn. 7; *Natzel*, DB 1980, 2273).

D. Ausgleich der Arbeitgeberaufwendungen (§§ 10 ff. LFZG)

I. Einleitung

Die Verpflichtung des Arbeitgebers zur Entgeltfortzahlung im Krankheitsfall und bei medizinischen Vorsorge- und Rehabilitationsmaßnahmen gem. §§ 3 und 9 EFZG, die Verpflichtung zur Zahlung des Zuschusses zum Mutterschaftsgeld gem. § 14 Abs. 1 MuSchG und die Pflicht zur Entgeltfortzahlung bei Beschäftigungsverboten gem. § 11 MuSchG stellen für die Arbeitgeber erhebliche finanzielle Belastungen dar. Besonders betroffen sind hiervon kleinere Betriebe, da sie einerseits häufig besonders lohnintensiv arbeiten und andererseits die auf sie zukommenden Belastungen durch die verschiedenen Formen der Entgeltfortzahlung schwieriger zu kalkulieren sind. Um dieser Problematik Rechnung zu tragen, hat der Gesetzgeber – ursprünglich im Zweiten Abschnitt des Lohnfortzahlungsgesetzes vom 27. Juli 1969 (BGBl. I S. 2477) – ein auch als „Lohnausfallversicherung" bezeichnetes (vgl. z. B. *Figge,* DB 1985, 2560; *Nolte,* KrV 1985, 176) Ausgleichsverfahren vorgesehen (zur Entstehungsgeschichte vgl. ausführlich die Kommentierung zu den §§ 10 ff. LFZG).

Bei der Schaffung des Entgeltfortzahlungsgesetzes hat man darauf verzichtet, die Regelungen des Zweiten Abschnitts des Lohnfortzahlungsgesetzes in das neue Entgeltfortzahlungsgesetz zu integrieren, und sich statt dessen darauf beschränkt, die §§ 1 bis 9 des Lohnfortzahlungsgesetzes aufzuheben (so schon Art. 8 des Entwurfs der Fraktionen der CDU/CSU und der FDP, BT-Drucks. 12/5263; ebenso die Gesetzesvorschläge des Ausschusses für Arbeit und Sozialordnung, BT-Drucks. 12/5798, und des Vermittlungsausschusses, BT-Drucks. 12/6425 und 12/7323, dort Art. 42). Die Vorschriften über den Ausgleich der Arbeitgeberaufwendungen nach dem Lohnfortzahlungsgesetz gelten daher fort. Dies hat zur Folge, dass trotz der im Recht der Entgeltfortzahlung im Krankheitsfall vollzogenen Gleichstellung zwischen Arbeitern und Angestellten die Aufwendungen der Arbeitgeber für die Entgeltfortzahlung an Angestellte im Krankheitsfall im Rahmen des Ausgleichsverfahrens nicht berücksichtigt werden (ebenso HzA/*Vossen* Gruppe 2 Rdn. 675; *Schliemann,* AuR 1994, 317, 319).

Die fortgeltenden Regelungen der §§ 10 ff. des Lohnfortzahlungsgesetzes sehen im wesentlichen vor, dass Arbeitgebern, die i. d. R. nicht mehr als 20 Arbeitnehmer beschäftigen, 80 vom Hundert ihrer Aufwendungen für die Entgeltfortzahlung im Krankheitsfall, für den Zuschuss zum Mutterschaftsgeld nach § 14 Abs. 1 MuSchG, für die Entgeltfortzahlung nach § 11 MuSchG und für die darauf entfallenden und von ihnen zu tragenden Beiträge zur Kranken- und Rentenversicherung erstattet werden. Zuständige Ausgleichsstellen sind die Ortskrankenkassen, die Innungskrankenkassen, die Bundesknappschaft und die See-Krankenkasse.

4 Der Finanzierung der Erstattungen dienen zwei spezielle Umlagen, durch die die Mittel zur Durchführung des Ausgleichs der Arbeitgeberaufwendungen von den am Ausgleich beteiligten Arbeitgebern aufgebracht werden (§ 14 LFZG).

5 Mit Zustimmung des Bundesministeriums für Gesundheit und Soziale Sicherung können die Arbeitgeber für die Betriebe einzelner Wirtschaftszweige darüber hinaus freiwillige Ausgleichsverfahren einführen und hierfür die notwendigen Einrichtungen schaffen (§ 19 LFZG); damit können insbesondere auch größere Betriebe in ein Ausgleichsverfahren einbezogen werden.

6 Seit dem Inkrafttreten des Entgeltfortzahlungsgesetzes und damit dem Außerkrafttreten der §§ 1–9 LFZG haben sich verschiedene Änderungen ergeben:

7 Bis zum In-Kraft-Treten des Arbeitsrechtlichen Beschäftigungsförderungsgesetzes kam es insofern zu einer Änderung, als durch das „Zweite Gesetz zur Änderung des Arbeitsförderungsgesetzes im Bereich des Baugewerbes" vom 15. Dezember 1995 (BGBl. I S. 1809) in § 14 Abs. 2 S. 3 LFZG (auch) das Wintergeld in Bezug genommen wurde.

8 Das „Gesetz zur Änderung des Mutterschutzrechts" vom 20. Dezember 1996 (BGBl. I S. 2110) führte zu Änderungen in § 10 Abs. 1 LFZG und § 16 Abs. 2 LFZG, während durch das Neunte Buch Sozialgesetzbuch vom 19. Juni 2001 (BGBl. I S. 1046) § 10 Abs. 2 LFZG redaktionell angepasst wurde.

9 Das „Zweite Gesetz für moderne Dienstleistungen am Arbeitsmarkt" vom 23. Dezember 2002 (BGBl. I S. 4621) führte dann zur Einfügung von § 10 Abs. 3 S. 3 LFZG und marginale Änderungen ergaben sich schließlich durch die „Achte Zuständigkeitsanpassungs-Verordnung" vom 25. November 2003 (BGBl. I S. 2304), durch die die Bezeichnung des zuständigen Ministeriums in § 19 LFZG angepasst wurde und das Dritte Gesetz für moderne Dienstleistungen am Arbeitsmarkt vom 23. Dezember 2003 (BGBl. I S. 2848).

II. Gesetzestext

Gesetz über die Fortzahlung des Arbeitsentgelts im Krankheitsfalle (Lohnfortzahlungsgesetz)

Vom 27. Juli 1969 (BGBl. I S. 946)
Zuletzt geändert durch Gesetz vom 23. Dezember 2003 (BGBl. I S. 2848)

Erster Abschnitt. Entgeltfortzahlung im Krankheitsfalle

§§ 1–9 *(aufgehoben)*

Zweiter Abschnitt. Ausgleich der Arbeitgeberaufwendungen

§ 10 Erstattungsanspruch

(1) Die Ortskrankenkassen, die Innungskrankenkassen, die Bundesknappschaft und die See-Krankenkasse erstatten den Arbeitgebern, die in der Regel ausschließlich der zu ihrer Berufsausbildung Beschäftigten nicht mehr als zwanzig Arbeitnehmer beschäftigen, achtzig vom Hundert
1. des für den in § 1 Abs. 1 und 2 und den in § 7 Abs. 1 bezeichneten Zeitraum an Arbeiter fortgezahlten Arbeitsentgelts und der nach § 12 Abs. 1 Nr. 2 Buchstabe b des Berufsbildungsgesetzes an Auszubildende fortgezahlten Vergütung,
2. des vom Arbeitgeber nach § 14 Abs. 1 des Mutterschutzgesetzes gezahlten Zuschusses zum Mutterschaftsgeld,
3. des vom Arbeitgeber nach § 11 des Mutterschutzgesetzes bei Beschäftigungsverboten gezahlten Arbeitsentgelts,
4. der auf die Arbeitsentgelte und Vergütungen nach den Nummern 1 und 3 entfallenden von den Arbeitgebern zu tragenden Beiträge zur Bundesagentur für Arbeit und Arbeitgeberanteile an Beiträgen zur gesetzlichen Kranken- und Rentenversicherung;

in den Fällen der Nummern 2 und 3 und der Nummer 4 in Verbindung mit Nummer 3 werden die Aufwendungen der Arbeitgeber abweichend vom ersten Halbsatz voll erstattet. Am Ausgleich der Arbeitgeberaufwendungen nehmen auch die Arbeitgeber teil, die nur Auszubildende beschäftigen.

(2) Die Krankenkasse hat jeweils zum Beginn eines Kalenderjahres festzustellen, welche Arbeitgeber für die Dauer dieses Kalenderjahres an dem Ausgleich der Arbeitgeberaufwendungen teilnehmen. Ein Arbeitgeber beschäftigt in der Regel nicht mehr als zwanzig Arbeitnehmer, wenn er in dem letzten Kalenderjahr, das demjenigen, für das die Feststellung nach Satz 1 zu treffen ist, vorausgegangen ist, für einen Zeitraum von mindestens acht Kalendermonaten nicht mehr als zwanzig Arbeitnehmer beschäftigt hat. Hat ein Betrieb nicht während des ganzen nach Satz 2 maßgebenden Kalenderjahres bestanden, so nimmt der Arbeitgeber am Ausgleich der Arbeitgeberaufwen-

dungen teil, wenn er während des Zeitraumes des Bestehens des Betriebes in der überwiegenden Zahl der Kalendermonate nicht mehr als zwanzig Arbeitnehmer beschäftigt hat. Wird ein Betrieb im Laufe des Kalenderjahres errichtet, für das die Feststellung nach Satz 1 getroffen ist, so nimmt der Arbeitgeber am Ausgleich der Arbeitgeberaufwendungen teil, wenn nach der Art des Betriebes anzunehmen ist, daß die Zahl der beschäftigten Arbeitnehmer während der überwiegenden Kalendermonate dieses Kalenderjahres zwanzig nicht überschreiten wird. Bei der Errechnung der Gesamtzahl der beschäftigten Arbeitnehmer bleiben Arbeitnehmer in einem Arbeitsverhältnis, in dem die regelmäßige Arbeitszeit wöchentlich zehn Stunden oder monatlich fünfundvierzig Stunden nicht übersteigt, sowie Schwerbehinderte im Sinne des Neunten Buches Sozialgesetzbuch außer Ansatz. Arbeitnehmer, die wöchentlich regelmäßig nicht mehr als zwanzig Stunden zu leisten haben, werden mit 0,5 und diejenigen, die nicht mehr als dreißig Stunden zu leisten haben mit 0,75 angesetzt.

(3) Die zu gewährenden Beträge werden dem Arbeitgeber von der Krankenkasse ausgezahlt, bei dem die Arbeiter, die Auszubildenden oder die nach § 11 oder § 14 Abs. 1 des Mutterschutzgesetzes anspruchsberechtigten Frauen versichert sind oder versichert wären, wenn sie versicherungspflichtig wären oder wenn sie nicht nach § 183 Abs. 1 Satz 1 des Fünften Buches Sozialgesetzbuch die Mitgliedschaft bei einer Ersatzkasse gewählt hätten. Für geringfügig Beschäftigte nach dem Vierten Buch Sozialgesetzbuch ist zuständige Krankenkasse die Bundesknappschaft.

(4) Die Erstattung ist zu gewähren, sobald der Arbeitgeber Arbeitsentgelt nach § 1 Abs. 1 und 2 oder § 7 Abs. 1 an den Arbeiter, Vergütung nach § 12 Abs. 1 Nr. 2 Buchstabe b des Berufsbildungsgesetzes an den Auszubildenden, Arbeitsentgelt nach § 11 des Mutterschutzgesetzes oder Zuschuß zum Mutterschaftsgeld nach § 14 Abs. 1 des Mutterschutzgesetzes an die Frau gezahlt hat.

(5) Der Arbeitgeber hat der nach Absatz 3 zuständigen Krankenkasse die für die Durchführung des Ausgleichs erforderlichen Angaben zu machen.

§ 11 Versagung und Rückforderung der Erstattung

(1) Die Erstattung kann im Einzelfall versagt werden, solange der Arbeitgeber die nach § 10 Abs. 5 erforderlichen Angaben nicht oder nicht vollständig macht.

(2) Die Krankenkasse hat Erstattungsbeträge vom Arbeitgeber insbesondere zurückzufordern, soweit der Arbeitgeber

1. schuldhaft falsche oder unvollständige Angaben gemacht hat oder
2. Erstattungsbeträge gefordert hat, obwohl er wußte oder wissen mußte, daß ein Anspruch nach § 1 oder § 7 dieses Gesetzes, § 12 Abs. 1 Nr. 2 Buchstabe b des Berufsbildungsgesetzes, § 11 oder § 14 Abs. 1 des Mutterschutzgesetzes nicht besteht.

Der Arbeitgeber kann sich nicht darauf berufen, daß er durch die zu Unrecht gezahlten Beträge nicht mehr bereichert sei. Von der Rückforderung kann

II. Gesetzestext   §§ 12–14 LFZG

abgesehen werden, wenn der zu Unrecht gezahlte Betrag gering ist und der entstehende Verwaltungsaufwand unverhältnismäßig groß sein würde.

§ 12 Abtretung

Ist auf den Arbeitgeber ein Anspruch auf Schadenersatz nach § 4 übergegangen, so ist die Krankenkasse zur Erstattung nur verpflichtet, wenn der Arbeitgeber den auf ihn übergegangenen Anspruch bis zur anteiligen Höhe des Erstattungsbetrages an die Krankenkasse abtritt.

§ 13 Verjährung und Aufrechnung

(1) Der Erstattungsanspruch verjährt in vier Jahren nach Ablauf des Kalenderjahres, in dem er entstanden ist.

(2) Gegen Erstattungsansprüche dürfen nur aufgerechnet werden Ansprüche auf

1. Zahlung geschuldeter Umlagebeträge, der Beiträge zur gesetzlichen Krankenversicherung und solcher Beiträge, die *der Träger der gesetzlichen Krankenversicherung** für andere Träger der Sozialversicherung und die Bundesagentur für Arbeit einzuziehen hat,
2. Rückzahlung von Vorschüssen,
3. Rückzahlung von zu Unrecht gezahlten Erstattungsbeträgen,
4. Erstattung von Verfahrenskosten,
5. Zahlung von Ordnungsstrafen oder Zwangsgeld,
6. Herausgabe einer von einem Dritten an den Berechtigten bewirkten Leistung, die der Krankenkasse gegenüber wirksam ist.

* Müsste jetzt heißen: „die Krankenkasse" (vgl. Art. 54 GRG v. 20. 12. 1988, BGBl. I S. 2477).

§ 14 Aufbringung der Mittel

(1) Die Mittel zur Durchführung des Ausgleichs der Arbeitgeberaufwendungen werden durch eine Umlage von den am Ausgleich beteiligten Arbeitgebern aufgebracht.

(2) In den Fällen des § 10 Abs. 1 Nr. 1 sind die Umlagebeträge in Vomhundertsätzen des Entgelts (Umlagesatz) festzusetzen, nach dem die Beiträge zu den gesetzlichen Rentenversicherungen für die im Betrieb beschäftigten Arbeiter und Auszubildenden bemessen werden oder bei Versicherungspflicht in den gesetzlichen Rentenversicherungen zu bemessen wären. In den Fällen des § 10 Abs. 1 Nr. 2 und 3 sind die Umlagebeträge auch nach dem Entgelt festzusetzen, nach dem die Beiträge zu den gesetzlichen Rentenversicherungen für die im Betrieb beschäftigten Angestellten und Auszubildenden bemessen werden oder bei Versicherungspflicht in der gesetzlichen Rentenversicherung zu bemessen wären. Für die Zeit des Bezugs von Kurzarbeitergeld, Schlechtwettergeld oder Winterausfallgeld bemessen sich die Umlagebeträge nach dem tatsächlich erzielten Arbeitsentgelt bis zur Beitragsbemessungsgrenze in den gesetzlichen Rentenversicherungen. Von Entgelten der unter § 1 Abs. 3 Nr. 1 und 2 fallenden Arbeiter sind Umlagebeträge nicht zu erheben.

§ 15 Verwaltung der Mittel

Die Krankenkasse verwaltet die Mittel für den Ausgleich der Arbeitgeberaufwendungen als Sondervermögen. Die Mittel dürfen nur für die gesetzlich vorgeschriebenen oder zugelassenen Zwecke verwendet werden.

§ 16 Satzung

(1) Die Satzung der Krankenkasse muß bestimmen über
1. Höhe der Umlagesätze,
2. Bildung von Betriebsmitteln,
3. Aufstellung des Haushaltes,
4. Prüfung und Abnahme des Rechnungsabschlusses.

(2) Die Satzung kann
1. die Höhe der Erstattung nach § 10 Abs. 1 Satz 1 Nr. 1 und Nr. 4 in Verbindung mit Nr. 1 beschränken,
1 a. eine pauschale Erstattung des von den Arbeitgebern zu tragenden Teils des Gesamtsozialversicherungsbeitrags für das nach § 11 des Mutterschutzgesetzes gezahlte Arbeitsentgelt vorsehen,
2. die Zahlung von Vorschüssen vorsehen,
3. die Festsetzung der Umlagebeträge nach dem für die Berechnung der Beiträge zur gesetzlichen Rentenversicherung geltenden Grundlohn zulassen,
4. die in § 10 Abs. 1 genannte Zahl von zwanzig Arbeitnehmern bis auf dreißig heraufsetzen.

(3) Die Betriebsmittel dürfen den Betrag der voraussichtlichen Ausgaben für drei Monate nicht übersteigen.

(4) In Angelegenheiten dieses Abschnitts wirken in den Organen der Selbstverwaltung nur die Vertreter der Arbeitgeber mit.

§ 17 Anwendung sozialversicherungsrechtlicher Vorschriften

Die für die gesetzliche Krankenversicherung geltenden Vorschriften finden entsprechende Anwendung, soweit dieses Gesetz nichts anderes bestimmt.

§ 18 Ausnahmevorschriften

Die Vorschriften dieses Abschnitts sind nicht anzuwenden auf
1. den Bund, die Länder, die Gemeinden und Gemeindeverbände sowie sonstige Körperschaften, Anstalten und Stiftungen des öffentlichen Rechts sowie die Vereinigungen, Einrichtungen und Unternehmungen, die hinsichtlich der für die Arbeiter des Bundes, der Länder oder der Gemeinden geltenden Tarifverträge tarifgebunden sind, und die Verbände von Gemeinden, Gemeindeverbänden und kommunalen Unternehmen einschließlich deren Spitzenverbände,
2. Dienststellen und diesen gleichgestellte Einrichtungen der in der Bundesrepublik stationierten ausländischen Truppen und der dort auf Grund des Nordatlantikpaktes errichteten internationalen militärischen Hauptquartiere,

II. Gesetzestext   **§§ 19, 20 LFZG**

3. Hausgewerbetreibende (§ 1 Abs. 1 Buchstabe b des Heimarbeitsgesetzes) sowie die in § 1 Abs. 2 Buchstaben b und c des Heimarbeitsgesetzes bezeichneten Personen, wenn sie hinsichtlich der Entgeltregelung gleichgestellt sind,
4. die Spitzenverbände der freien Wohlfahrtspflege (Arbeiterwohlfahrt-Hauptausschuß, Central-Ausschuß für die Innere Mission und Hilfswerk der Evangelischen Kirche in Deutschland, Deutscher Caritasverband, Deutscher Paritätischer Wohlfahrtsverband, Deutsches Rotes Kreuz und Zentralwohlfahrtsstelle der Juden in Deutschland) einschließlich ihrer Untergliederungen, Einrichtungen und Anstalten,
5. die nach § 2 Abs. 1 Nr. 3 des Gesetzes über die Krankenversicherung der Landwirte versicherten mitarbeitenden Familienangehörigen eines landwirtschaftlichen Unternehmers.

§ 19 Freiwilliges Ausgleichsverfahren

(1) Für Betriebe eines Wirtschaftszweiges können Arbeitgeber Einrichtungen zum Ausgleich der Arbeitgeberaufwendungen errichten, an denen auch Arbeitgeber teilnehmen, die die Voraussetzungen des § 10 Abs. 1 und 2 nicht erfüllen. Die Errichtung und die Regelung des Ausgleichsverfahrens bedürfen der Genehmigung des Bundesministeriums für Gesundheit und Soziale Sicherung.

(2) Auf Arbeitgeber, deren Aufwendungen durch eine Einrichtung nach Absatz 1 ausgeglichen werden, finden die Vorschriften dieses Abschnittes keine Anwendung.

(3) Körperschaften, Personenvereinigungen und Vermögensmassen im Sinne des § 1 Abs. 1 des Körperschaftsteuergesetzes, die als Einrichtung der in Absatz 1 bezeichneten Art durch das Bundesministerium für Gesundheit und Soziale Sicherung genehmigt sind, sind von der Körperschaftsteuer, Gewerbesteuer und Vermögensteuer befreit.

§ 20 Berlin-Klausel. (gegenstandslos)

III. Kommentar

Lohnfortzahlungsgesetz

§ 10 Erstattungsanspruch

(1) Die Ortskrankenkassen, die Innungskrankenkassen, die Bundesknappschaft und die See-Krankenkasse erstatten den Arbeitgebern, die in der Regel ausschließlich der zu ihrer Berufsausbildung Beschäftigten nicht mehr als zwanzig Arbeitnehmer beschäftigen, achtzig vom Hundert

1. des für den in § 1 Abs. 1 und 2 und den in § 7 Abs. 1 bezeichneten Zeitraum an Arbeiter fortgezahlten Arbeitsentgelts und der nach § 12 Abs. 1 Nr. 2 Buchstabe b des Berufsbildungsgesetzes an Auszubildende fortgezahlten Vergütung,
2. des vom Arbeitgeber nach § 14 Abs. 1 des Mutterschutzgesetzes gezahlten Zuschusses zum Mutterschaftsgeld,
3. des vom Arbeitgeber nach § 11 des Mutterschutzgesetzes bei Beschäftigungsverboten gezahlten Arbeitsentgelts,
4. der auf die Arbeitsentgelte und Vergütungen nach den Nummern 1 und 3 entfallenden von den Arbeitgebern zu tragenden Beiträge zur Bundesagentur für Arbeit und Arbeitgeberanteile an Beiträgen zur gesetzlichen Kranken- und Rentenversicherung;

in den Fällen der Nummern 2 und 3 und der Nummer 4 in Verbindung mit Nummer 3 werden die Aufwendungen der Arbeitgeber abweichend vom ersten Halbsatz voll erstattet. Am Ausgleich der Arbeitgeberaufwendungen nehmen auch die Arbeitgeber teil, die nur Auszubildende beschäftigen.

(2) Die Krankenkasse hat jeweils zum Beginn eines Kalenderjahres festzustellen, welche Arbeitgeber für die Dauer dieses Kalenderjahres an dem Ausgleich der Arbeitgeberaufwendungen teilnehmen. Ein Arbeitgeber beschäftigt in der Regel nicht mehr als zwanzig Arbeitnehmer, wenn er in dem letzten Kalenderjahr, das demjenigen, für das die Feststellung nach Satz 1 zu treffen ist, voraufgegangen ist, für einen Zeitraum von mindestens acht Kalendermonaten nicht mehr als zwanzig Arbeitnehmer beschäftigt hat. Hat ein Betrieb nicht während des ganzen nach Satz 2 maßgebenden Kalenderjahres bestanden, so nimmt der Arbeitgeber am Ausgleich der Arbeitgeberaufwendungen teil, wenn er während des Zeitraumes des Bestehens des Betriebes in der überwiegenden Zahl der Kalendermonate nicht mehr als zwanzig Arbeitnehmer beschäftigt hat. Wird ein Betrieb im Laufe des Kalenderjahres errichtet, für das die Feststellung nach Satz 1 getroffen ist, so nimmt der Arbeitgeber am Ausgleich der Arbeitgeberaufwendungen teil, wenn nach der Art des Betriebes anzunehmen ist, daß die Zahl der beschäftigten Arbeitnehmer während der überwiegenden Kalendermonate dieses Kalenderjahres zwanzig nicht überschreiten wird. Bei der Errechnung der Gesamtzahl der beschäftigten Arbeitnehmer bleiben Arbeitnehmer in einem Arbeitsverhältnis, in dem die regelmäßige Arbeitszeit wöchentlich zehn Stun-

I. Allgemeines § 10 LFZG

den oder monatlich fünfundvierzig Stunden nicht übersteigt, sowie Schwerbehinderte im Sinne des Neunten Buches Sozialgesetzbuch außer Ansatz. Arbeitnehmer, die wöchentlich regelmäßig nicht mehr als zwanzig Stunden zu leisten haben, werden mit 0,5 und diejenigen, die nicht mehr als dreißig Stunden zu leisten haben mit 0,75 angesetzt.

(3) Die zu gewährenden Beträge werden dem Arbeitgeber von der Krankenkasse ausgezahlt, bei dem die Arbeiter, die Auszubildenden oder die nach § 11 oder § 14 Abs. 1 des Mutterschutzgesetzes anspruchsberechtigten Frauen versichert sind oder versichert wären, wenn sie versicherungspflichtig wären oder wenn sie nicht nach § 183 Abs. 1 Satz 1 des Fünften Buches Sozialgesetzbuch die Mitgliedschaft bei einer Ersatzkasse gewählt hätten. Für geringfügig Beschäftigte nach dem Vierten Buch Sozialgesetzbuch ist zuständige Krankenkasse die Bundesknappschaft.

(4) Die Erstattung ist zu gewähren, sobald der Arbeitgeber Arbeitsentgelt nach § 1 Abs. 1 und 2 oder § 7 Abs. 1 an den Arbeiter, Vergütung nach § 12 Abs. 1 Nr. 2 Buchstabe b des Berufsbildungsgesetzes an den Auszubildenden, Arbeitsentgelt nach § 11 des Mutterschutzgesetzes oder Zuschuß zum Mutterschaftsgeld nach § 14 Abs. 1 des Mutterschutzgesetzes an die Frau gezahlt hat.

(5) Der Arbeitgeber hat der nach Absatz 3 zuständigen Krankenkasse die für die Durchführung des Ausgleichs erforderlichen Angaben zu machen.

Übersicht

	Rdn.
I. Allgemeines	1
II. Umfang des Erstattungsanspruchs (§ 10 Abs. 1 LFZG)	9
1. Fortzuzahlendes Arbeitsentgelt und fortzuzahlende Ausbildungsvergütung (§ 10 Abs. 1 Nr. 1 LFZG)	10
2. Zuschuss zum Mutterschaftsgeld (§ 10 Abs. 1 Nr. 2 LFZG)	13
3. Fortzuzahlendes Arbeitsentgelt (§ 10 Abs. 1 Nr. 3 LFZG)	17
4. Sozialversicherungsbeiträge (§ 10 Abs. 1 Nr. 4 LFZG)	21
5. Nicht erstattungsfähige Aufwendungen	24
III. Beteiligte Arbeitgeber (§ 10 Abs. 1 und 2 LFZG)	27
1. Arbeitgeber	28
2. Beschäftigung von 20 Arbeitnehmern	30
3. Beurteilungszeitraum	38
4. Feststellungsverfahren	42
IV. Zuständige Ausgleichsstelle (§ 10 Abs. 3 LFZG)	44
V. Fälligkeit (§ 10 Abs. 4 LFZG)	51
VI. Auskunftspflicht (§ 10 Abs. 5 LFZG)	53

I. Allgemeines

Als frühen „**Vorläufer**" des § 10 LFZG (und der übrigen Vorschriften) **1** des (früheren) Zweiten Abschnitts des Lohnfortzahlungsgesetzes kann man die entsprechenden Regelungen im „Entwurf eines Gesetzes zur Gleichstellung aller Arbeitnehmer im Krankheitsfall" vom 28. September 1955 (BT-

Drucks. 1704, 2. Wahlperiode) ansehen (vgl. Einleitung A Rdn. 36). Im „Gesetz zur Verbesserung der wirtschaftlichen Sicherung der Arbeiter im Krankheitsfall" vom 26. Juni 1957 (BGBl. I S. 649), das hinsichtlich der Entgeltfortzahlung im Krankheitsfall von der sog. „gespaltenen Lösung" ausging, fanden sich dagegen keine entsprechenden Regelungen.

2 § 10 LFZG gehört zu den wenigen Vorschriften des Lohnfortzahlungsgesetzes, die im Gesetzgebungsverfahren kontrovers diskutiert worden sind.

3 Der Gesetzentwurf der Fraktion der SPD (BT-Drucks. V/3893) ging von folgender Konzeption aus: In das Ausgleichsverfahren werden – mit Ausnahme des öffentlichen Dienstes – alle Arbeitgeber einbezogen; die Erstattung umfasst das fortgezahlte Bruttoarbeitsentgelt einschließlich der Arbeitgeberanteile zu den Sozialversicherungsbeiträgen; die Mittel zur Durchführung des Ausgleichs werden durch eine Umlage der Arbeitgeber aufgebracht, wobei für Betriebe mit bis zu 20 Arbeitnehmern der Umlagesatz gestaffelt bis zu 20 vom Hundert ermäßigt wird.

4 Demgegenüber sah der Entwurf der CDU/CSU-Fraktion Folgendes vor: Am Ausgleich nehmen nur Arbeitgeber mit in der Regel nicht mehr als 20 Arbeitnehmern teil; die Höhe der Erstattung wird auf 80 vom Hundert des fortgezahlten Bruttoarbeitsentgelts und der darauf entfallenden Arbeitgeberanteile zur Sozialversicherung begrenzt; die Mittel zur Durchführung des Ausgleichs werden durch eine Umlage der am Ausgleichsverfahren beteiligten Arbeitgeber sowie – für eine Übergangszeit von 1969 bis 1972 – durch eine Übergangshilfe des Bundes aufgebracht.

5 Bei einer Anhörung von Sachverständigen gaben die Betroffenen einem Ausgleich nur für Kleinbetriebe den Vorzug. Der Ausschuss für Arbeit empfahl daraufhin in Übereinstimmung mit dem Ausschuss für Sozialpolitik eine Regelung, die sich inhaltlich eng an den Entwurf der CDU/CSU-Fraktion anlehnte (vgl. BT-Drucks. zu V/4285, S. 3); die Änderungen gegenüber dem in BT-Drucks. V/3895 enthaltenen Gesetzentwurf dienten im Wesentlichen der Klarstellung.

6 § 10 LFZG hat **seit seinem In-Kraft-Treten zahlreiche Änderungen erfahren.** Nach kleineren Änderungen durch das Gesetz über die Krankenversicherung der Landwirte vom 10. August 1972 (BGBl. I S. 1433, betr. Absatz 1) und das Strafrechtsreform-Ergänzungsgesetz vom 28. August 1975 (BGBl. I S. 2289, betr. Absätze 1 und 4) wurde die Regelung durch das Beschäftigungsförderungsgesetz 1985 (BGBl. I S. 710) weitgehend neu gefasst. Dabei wurden unter anderem die Fortzahlung der Vergütung an Auszubildende nach § 12 Abs. 1 Nr. 2 Buchstabe b BBiG (heute: § 12 Abs. 1 S. 2 BBiG), der vom Arbeitgeber nach § 14 Abs. 1 des MuSchG zu zahlende Zuschuss zum Mutterschaftsgeld sowie das vom Arbeitgeber nach § 11 MuSchG bei Beschäftigungsverboten zu zahlende Arbeitsentgelt und die hierauf entfallenden von den Arbeitgebern zu tragenden Beiträge zur Sozialversicherung in das Ausgleichsverfahren einbezogen. Außerdem wurden dem § 10 Abs. 2 LFZG die Sätze 5 und 6 angefügt (vgl. dazu *Figge,* DB 1985, 2560; *Hungenberg,* BlStSozArbR 1985, 244; *Marburger,* BB 1986, 2410; *Nolte,* KrV 1985, 176).

7 Weitere Änderungen erfolgten durch Art. 54 des Gesundheits-Reformgesetzes vom 20. Dezember 1988 (BGBl. I S. 2477), durch Art. 2 des „Gesetz zur Änderung des Mutterschutzrechts" vom 20. Dezember 1996 (BGBl. I

II. Umfang des Erstattungsanspruchs (§ 10 Abs. 1 LFZG) **§ 10 LFZG**

S. 2110), durch das der zweite Halbsatz von § 10 Abs. 1 S. 1 LFZG angefügt wurde und durch Art. 37 des Neunten Buches Sozialgesetzbuch vom 17. Juni 2001 (BGBl. I S. 1046), dass eine redaktionelle Änderung mit sich brachte. Die heutige Fassung des § 10 LFZG beruht auf dem Zweiten Gesetz für **8** moderne Dienstleistungen am Arbeitsmarkt vom 23. Dezember 2002 (BGBl. I S. 4621), dass zur Einfügung von § 10 Abs. 3 **S. 3** LFZG führte.

II. Umfang des Erstattungsanspruchs (§ 10 Abs. 1 LFZG)

Gemäß § 10 Abs. 1 S. 1 1. Halbsatz LFZG erhalten Arbeitgeber, die in der **9** Regel nicht mehr als 20 Arbeitnehmer beschäftigen (vgl. Rdn. 27 ff.), 80 vom Hundert ihrer Aufwendungen für die Fortzahlung des Arbeitsentgelts nach den §§ 3, 9 EFZG sowie für die Fortzahlung der Ausbildungsvergütung nach § 12 Abs. 1 S. 2 BBiG i.V.m. dem Entgeltfortzahlungsgesetz, für den Zuschuss zum Mutterschaftsgeld nach § 14 Abs. 1 MuSchG, für die Entgeltfortzahlung bei Beschäftigungsverboten nach § 11 MuSchG sowie für bestimmte darauf entfallende und von den Arbeitgebern zu tragende Beiträge zur Sozialversicherung erstattet. Darüber hinaus werden in den Fällen der Nummern 2 und 3 und der Nummer 4 i.V.m. Nummer 3 seit der Änderung des § 10 LFZG durch das „Gesetz zur Änderung des Mutterschutzrechts" vom 20. Dezember 1996 (BGBl. I S. 2110) die Aufwendungen der Arbeitgeber voll erstattet. Erstattet werden damit folgende Aufwendungen:

1. Fortzuzahlendes Arbeitsentgelt und fortzuzahlende Ausbildungsvergütung (§ 10 Abs. 1 Nr. 1 LFZG)

Zu den in Höhe von 80 vom Hundert erstattungsfähigen Aufwendungen **10** gehört gem. § 10 Abs. 1 **Nr. 1** LFZG zunächst das gem. § 3 sowie § 9 EFZG an Arbeiter **fortgezahlte Arbeitsentgelt** sowie die gem. § 12 Abs. 1 S. 2 BBiG i.V.m. dem Entgeltfortzahlungsgesetz an Auszubildende **fortgezahlte Ausbildungsvergütung**. Ohne Rechtsgrund bzw. aus anderen Gründen (z.B. § 616 BGB) fortgezahltes Entgelt ist nicht erstattungsfähig (*Geyer/Knorr/Krasney* § 10 LFZG Rdn. 26; *Kaiser/Dunkl/Hold/Kleinsorge* § 10 LFZG Rdn. 33).

Zu Grunde zu legen ist die **Brutto**vergütung, so dass auch die Arbeit- **11** nehmeranteile zur Sozialversicherung, die Lohn- und Kirchensteuer sowie vermögenswirksame Leistungen zu berücksichtigen sind (*Kaiser/Dunkl/Hold/Kleinsorge* § 10 LFZG Rdn. 39). Für Sachbezüge ergibt sich der Wert aus § 17 SGB IV i.V.m. der jeweils geltenden Sachbezugsverordnung (*Geyer/Knorr/Krasney* § 10 LFZG Rdn. 35; HzA/*Vossen* Gruppe 2 Rdn. 689; Kasseler Handbuch/*Vossen* Rdn. 489). Keine berücksichtigungsfähige Vergütung sind dagegen einmalige Zahlungen, die nur zufällig während des Entgeltfortzahlungszeitraums fällig werden.

Eine **Begrenzung** der erstattungsfähigen Aufwendungen – etwa durch **12** die Beitragsbemessungsgrenzen oder den Regellohn – **besteht nicht,** soweit die Satzung der Krankenkasse eine solche nicht vorgesehen hat (vgl. § 16 Abs. 2 Nr. 1 LFZG).

2. Zuschuss zum Mutterschaftsgeld (§ 10 Abs. 1 Nr. 2 LFZG)

13   Zu den erstattungsfähigen Arbeitgeberaufwendungen gehört gem. § 10 Abs. 1 **Nr. 2** LFZG weiterhin der **Arbeitgeberzuschuss zum Mutterschaftsgeld.**

14   Gem. **§ 200 Abs. 1, Abs. 2 S. 1 bis 4 und Abs. 3 RVO** erhalten Arbeitnehmerinnen, die Mitglieder der gesetzlichen Krankenversicherung sind, wenn sie vom Beginn des 10. bis zum Ende des 4. Monats vor der Entbindung mindestens 12 Wochen Mitglieder waren oder in einem Arbeitsverhältnis standen, während der Schutzfristen nach § 3 Abs. 2 und § 6 Abs. 1 MuSchG, also für sechs Wochen vor und acht bzw. bei Mehrlings- und Frühgeburten 12 Wochen nach der Entbindung Mutterschaftsgeld als Leistung der gesetzlichen Krankenversicherung.

15   Das Mutterschaftsgeld, das sich im übrigen am um die gesetzlichen Abzüge verminderten durchschnittlichen kalendertäglichen Arbeitsentgelt orientiert, ist jedoch auf 13 € je Kalendertag limitiert. Um die damit entstehende „Versorgungslücke" zu schließen, ist gem. § 14 Abs. 1 MuSchG der Arbeitgeber verpflichtet, der Arbeitnehmerin einen **Zuschuss** in Höhe des Unterschiedsbetrages zwischen 13 € und dem um die gesetzlichen Abzüge verminderten durchschnittlichen kalendertäglichen Arbeitsentgelt zu zahlen.

16   Die dadurch entstehenden **Aufwendungen** des Arbeitgebers sind gem. § 10 Abs. 1 **Nr. 2** LFZG **erstattungsfähig.** Dabei kommt es nicht darauf an, ob die Arbeitnehmerin, die den Zuschuss erhält, Arbeiterin oder Angestellte ist (*Geyer/Knorr/Krasney* § 10 LFZG Rdn. 29; *Hungenberg,* BlStSozArbR 1985, 244, 245).

3. Fortzuzahlendes Arbeitsentgelt (§ 10 Abs. 1 Nr. 3 LFZG)

17   § 10 Abs. 1 **Nr. 3** LFZG sieht eine Erstattung jener Arbeitgeberaufwendungen vor, die durch die Zahlung von Arbeitsentgelt auf der Basis **des § 11 MuSchG** entstehen.

18   Abgesehen von den generellen Beschäftigungsverboten sechs Wochen vor und acht bzw. 12 Wochen nach der Entbindung (§ 3 Abs. 2, § 6 Abs. 1 MuSchG) sieht das MuSchG eine Vielzahl weiterer Beschäftigungsverbote vor: Gem. **§ 3 Abs. 1 MuSchG** dürfen werdende Mütter nicht beschäftigt werden, soweit nach ärztlichem Zeugnis Leben oder Gesundheit von Mutter und/oder Kind bei Fortdauer der Beschäftigung gefährdet sind, gem. **§ 4 MuSchG** dürfen werdende Mütter u. a. nicht mit schweren körperlichen Arbeiten und nicht mit Arbeiten beschäftigt werden, bei denen sie schädlichen Einwirkungen von gesundheitsgefährdenden Stoffen oder Strahlen, von Staub, Gasen oder Dämpfen, von Hitze, Kälte oder Nässe, von Erschütterungen oder Lärm ausgesetzt sind, gem. **§ 6 Abs. 2 MuSchG** dürfen Frauen, die in den ersten Monaten nach der Entbindung (und dem Ablauf der Schutzfrist nach § 6 Abs. 1 MuSchG) nach ärztlichem Zeugnis nicht voll leistungsfähig sind, nicht zu einer ihre Leistungsfähigkeit übersteigenden Arbeit herangezogen werden, gem. **§ 6 Abs. 3 MuSchG** dürfen stillende Mütter nicht mit schweren körperlichen und ähnlichen Tätigkeiten beschäftigt werden und gem. **§ 8 MuSchG** dürfen werdende und stillende Mütter schließ-

II. Umfang des Erstattungsanspruchs (§ 10 Abs. 1 LFZG)

lich nur mit Einschränkungen mit Mehrarbeit, Nacht- und Sonntagsarbeit beschäftigt werden.

Während dieser Beschäftigungsverbote ist der Arbeitgeber gem. § 11 MuSchG verpflichtet, der betroffenen Arbeitnehmerin den in der Vergangenheit erzielten **Durchschnittsverdienst** fortzuzahlen. Die dadurch entstehenden Aufwendungen des Arbeitgebers sind gem. § 10 Abs. 1 Nr. 3 LFZG erstattungsfähig. Dabei kommt es nicht darauf an, ob die Arbeitnehmerin, die den Zuschuss erhält, Arbeiterin, Angestellte oder Auszubildende ist. 19

Ein Erstattungsanspruch des Arbeitgebers nach § 10 Abs. 1 Nr. 3 LFZG setzt stets voraus, dass der Arbeitnehmerin das Arbeitsentgelt auf Grund des § 11 MuSchG und damit **wegen des Beschäftigungsverbots** weitergezahlt worden ist; ist die Arbeitnehmerin infolge Schwangerschaft arbeitsunfähig krank, besteht ein Entgeltfortzahlungsanspruch nach allgemeinen Vorschriften, der einen Anspruch auf Mutterschutzlohn nach § 11 MuSchG ausschließt (BSG BB 1991, 1642; *Geyer/Knorr/Krasney* § 10 LFZG Rdn. 28; Kasseler Handbuch/*Vossen* Rdn. 492). 20

4. Sozialversicherungsbeiträge (§ 10 Abs. 1 Nr. 4 LFZG)

§ 10 Abs. 1 Nr. 4 LFZG sieht schließlich vor, dass die auf die Arbeitsentgelte und Vergütungen nach den Nummern 1 und 3 entfallenden von den Arbeitgebern zu tragenden **Beiträge zur Bundesagentur für Arbeit** und **Arbeitgeberanteile an Beiträgen zur gesetzlichen Kranken- und Rentenversicherung** zu den erstattungsfähigen Arbeitgeberaufwendungen gehören. Soweit der Arbeitgeber verpflichtet ist, die Sozialversicherungsbeiträge alleine zu tragen (vgl. § 346 Abs. 2 Nr. 1 SGB III, § 249 Abs. 2 Nr. 1 SGB V, § 168 Abs. 1 Nr. 1 SGB VI), erstreckt sich der Erstattungsanspruch auf den Gesamtbeitrag. 21

Nicht erstattungsfähig sind dagegen **Beiträge zur gesetzlichen Unfallversicherung** sowie vom Arbeitgeber übernommene **Beiträge zu Einrichtungen der Altersversorgung außerhalb der gesetzlichen Rentenversicherung** (vgl. *Geyer/Knorr/Krasney* § 10 LFZG Rdn. 39; *Hungenberg*, BlStSozArbR 1985, 244, 246; Kasseler Handbuch/*Vossen* Rdn. 495). 22

Nicht erstattungsfähig sind schließlich auch die Arbeitgeberbeiträge zur **Pflegeversicherung** (*Geyer/Knorr/Krasney* § 10 LFZG Rdn. 39), da der Gesetzgeber auf eine entsprechende Änderung des § 10 Abs. 1 Nr. 4 LFZG verzichtet hat. Dies ist insofern konsequent, als die entsprechenden Arbeiberaufwendungen nach der Gesamtkonzeption des Pflege-Versicherungsgesetzes auf andere Weise kompensiert werden sollen. 23

5. Nicht erstattungsfähige Aufwendungen

Nicht erstattungsfähig sind neben den bereits angesprochenen einmaligen Leistungen, die nur zufällig in den Entgeltfortzahlungszeitraum fallen (vgl. Rdn. 11) und den Beiträgen zur Unfallversicherung und zur Pflegeversicherung (vgl. Rdn. 22 f.), insbesondere Aufwendungen für die **Entgeltfortzahlung an Angestellte,** da der Gesetzgeber Arbeiter und Angestellte zwar hinsichtlich der Entgeltfortzahlung nach dem Entgeltfortzahlungsgesetz 24 gleichgestellt, er aber darauf verzichtet hat, die Aufwendungen für die Entgeltfortzahlung an Angestellte in das Ausgleichsverfahren nach den §§ 10ff. LFZG einzubeziehen (zur Verfassungsmäßigkeit der Regelung vergleiche einerseits LSG Niedersachsen NZS 1997, 522 – verfassungsmäßig – und andererseits *Canaris*, RdA 1997, 267 – verfassungswidrig –).

25 Des weiteren sind **nicht erstattungsfähig** Aufwendungen für die Entgeltfortzahlung an Arbeiter und Auszubildende **über sechs Wochen hinaus** sowie sonstige Zahlungen, die nicht auf dem Entgeltfortzahlungsgesetz, sondern auf darüber hinausgehenden tariflichen oder einzelvertraglichen Regelungen beruhen und Aufwendungen für die auf den Krankenlohn entfallenden Steuern, die vom Arbeitgeber zu tragen sind (vgl. *Figge*, DB 1985, 2560; *Nolte*, KrV 1985, 176, 178).

26 **Nicht erstattungsfähig** sind schließlich auch Aufwendungen, die einem Arbeitgeber nach **§ 616 BGB** durch den Arztbesuch eines nicht arbeitsunfähigen Arbeitnehmers während der Arbeitszeit entstehen (SG Marburg Urt. v. 9. März 1993 – S-6/Kr-496/92). Gleiches gilt für andere Fälle der Entgeltfortzahlung nach § 616 BGB, wie z.B. die Pflege eines erkrankten Kindes.

III. Beteiligte Arbeitgeber (§ 10 Abs. 1 und 2 LFZG)

27 Am Ausgleichsverfahren beteiligt sind – sofern die Satzung der Krankenkasse die Zahl nicht heraufgesetzt hat (vgl. § 16 Abs. 2 Nr. 4 LFZG) – Arbeitgeber (vgl. Rdn. 28f.), die in der Regel nicht mehr als 20 Arbeitnehmer (vgl. Rdn. 30ff.) beschäftigen (§ 10 Abs. 1 LFZG). § 10 Abs. 2 S. 3 und 4 LFZG enthalten Sonderregelungen für Betriebe, die nicht während des ganzen Kalenderjahres bestehen bzw. bestanden haben (vgl. Rdn. 38ff.). Ob ein Arbeitgeber am Ausgleich der Arbeitgeberaufwendungen teilnimmt, wird von der zuständigen Krankenkasse festgestellt (vgl. Rdn. 42f.).

1. Arbeitgeber

28 Als **Arbeitgeber** ist nach allgemeinen arbeitsrechtlichen Grundsätzen derjenige anzusehen, der mindestens einen Arbeitnehmer beschäftigt. Auf die Rechtsform des Arbeitgebers kommt es nicht an; Arbeitgeber kann sowohl eine natürliche als auch eine juristische Person des Privatrechts sein (*Schaub*, Arbeitsrechts-Handbuch, § 17). Juristische Personen des öffentlichen Rechts können zwar grundsätzlich ebenfalls Arbeitgeber sein, sie nehmen jedoch im Hinblick auf die Ausnahmevorschrift des § 18 LFZG nicht am Ausgleichsverfahren teil.

29 Soweit der abstrakte Arbeitgeber, d.h. der Partner des Arbeitsvertrages, dem der Anspruch auf die Arbeitsleistung zusteht, und der konkrete Arbeitgeber, d.h. derjenige, dem die Weisungsbefugnis zusteht, nicht identisch sind, kommt es im Rahmen des § 10 LFZG darauf an, wer Partner des Arbeitsvertrages und damit zur Entgeltfortzahlung etc. verpflichtet ist (ebenso *Geyer/Knorr/Krasney* § 10 LFZG Rdn. 4).

III. Beteiligte Arbeitgeber (§ 10 Abs. 1 und 2 LFZG) § 10 LFZG

2. Beschäftigung von 20 Arbeitnehmern

Voraussetzung für die Beteiligung am Ausgleichsverfahren ist grundsätz- 30
lich, dass der Arbeitgeber in der Regel **nicht mehr als 20 Arbeitnehmer**
beschäftigt. Als **Arbeitnehmer** ist dabei entsprechend der allgemeinen Begriffsbestimmung jeder anzusehen, der auf Grund eines privatrechtlichen Arbeitsvertrages Arbeit im Dienste eines Dritten leistet (ausführlich zum Begriff des Arbeitnehmers § 1 EFZG Rdn. 12 ff.). Ob der betreffende Arbeiter oder Angestellter ist, ist für die Anwendbarkeit des § 10 LFZG ohne Bedeutung; beide Arbeitnehmergruppen werden zusammen gerechnet (HzA/*Vossen* Gruppe 2 Rdn. 679).

Nicht mitgerechnet werden gem. § 10 Abs. 1 S. 1 LFZG **zu ihrer** 31
Berufsausbildung Beschäftigte, d. h. Auszubildende, Anlernlinge, Volontäre und Praktikanten (ausführlich zu diesen Begriffen § 1 EFZG Rdn. 38 ff.).

Des weiteren werden – obwohl es sich um Arbeitnehmer handelt – nicht 32
berücksichtigt **geringfügig beschäftigte Arbeitnehmer** in einem Arbeitsverhältnis, in dem die regelmäßige Arbeitszeit wöchentlich zehn Stunden oder monatlich fünfundvierzig Stunden nicht übersteigt sowie **Schwerbehinderte** im Sinne des SGB IX (§ 10 Abs. 2 S. 5 LFZG). Als Schwerbehinderte sind dabei auch die den Schwerbehinderten Gleichgestellten anzusehen.

Außer Ansatz bleiben weiterhin **Wehr- und Zivildienstleistende;** diese 33
Personengruppe steht zwar in einem Beschäftigungsverhältnis, dieses Beschäftigungsverhältnis ruht jedoch, d. h. sie werden nicht beschäftigt im Sinne des § 10 Abs. 1 LFZG (*Brecht* § 10 LFZG Rdn. 9; *Geyer/Knorr/Krasney* § 10 LFZG Rdn. 7). Gleiches gilt für andere **längerfristig ruhende Arbeitsverhältnisse** und für die **Bezieher von Vorruhestandsleistungen** (*Marburger,* BB 1986, 2410, 2411).

In Ermangelung eines Beschäftigungsverhältnisses nicht zu berücksichtigen 34
sind **Heimarbeiter und Hausgewerbetreibende** (*Figge,* DB 1985, 2560, 2561; *Hungenberg,* BlStSozArbR 1985, 244, 245) sowie **Leiharbeitnehmer** im Betrieb des Entleihers (*Kaiser/Dunkl/Hold/Kleinsorge* § 10 LFZG Rdn. 7).

Ob mithelfende **Familienangehörige** zu berücksichtigen sind, lässt sich 35
nur im Einzelfall entscheiden. Sie bleiben außer Ansatz, wenn sie auf Grund familienrechtlicher Beziehungen tätig werden; sie sind dagegen mitzuzählen, wenn sie wie andere Arbeitnehmer in einem (echten) Arbeitsverhältnis stehen. Indizien hierfür können nicht zuletzt die sozialversicherungsrechtliche und die steuerliche Behandlung liefern. Entsprechendes gilt für Personen, die **Gesellschafter** sind; es kommt darauf an, ob sie auf Grund gesellschaftlicher Verpflichtungen oder auf Grund eines Arbeitsverhältnisses tätig werden (*Kaiser/Dunkl/Hold/Kleinsorge* § 10 LFZG Rdn. 7; ausführlicher § 1 EFZG Rdn. 14, 23 f.).

Für Arbeitnehmer, die einerseits mehr als 10 Stunden wöchentlich oder 36
45 Stunden monatlich, andererseits aber nicht vollzeitig beschäftigt werden, trifft § 10 Abs. 2 S. 6 LFZG eine Sonderregelung: **Teilzeitarbeitnehmer,** die wöchentlich regelmäßig nicht mehr als 20 Stunden Arbeit zu leisten haben, werden mit 0,5, Teilzeitarbeitnehmer, die nicht mehr als 30 Stunden Arbeit zu leisten haben, werden mit 0,75 angesetzt. Schwankt die Arbeitszeit von Woche zu Woche, so ist auf die Durchschnittsbeschäftigung in den

letzten 12 Monaten vor dem Beginn des jeweiligen Ausgleichsjahres abzustellen (HzA/*Vossen* Gruppe 2 Rdn. 680; *Marburger,* DB 1986, 2410, 2411).

37 Hat ein Arbeitgeber **mehrere unselbstständige Betriebe,** so sind die Beschäftigten dieser Betriebe zusammen zu zählen; Hauptbetrieb, Nebenbetriebe und Zweigbetriebe zählen als ein Betrieb. Keine Addition findet dagegen statt, wenn es sich um mehrere juristisch selbstständige Betriebe eines Unternehmens handelt (HzA/*Vossen* Gruppe 2 Rdn. 679 *Schneider,* BB 1985, 2114, 2115).

3. Beurteilungszeitraum

38 Gem. § 10 Abs. 2 S. 1 LFZG hat die Krankenkasse jeweils zu Beginn eines Kalenderjahres festzustellen, welche Arbeitgeber für die Dauer dieses Kalenderjahres an dem Ausgleich der Arbeitgeberaufwendungen teilnehmen. Maßgeblicher Beurteilungszeitraum ist dabei das **vorausgegangene** Jahr: Ein Arbeitgeber nimmt dann am Ausgleich der Arbeitgeberaufwendungen teil, wenn er in dem letzten Kalenderjahr, das demjenigen, für das die Feststellung zu treffen ist, vorausgegangen ist, für einen Zeitraum von mindestens acht Kalendermonaten nicht mehr als 20 Arbeitnehmer beschäftigt hat (§ 10 Abs. 2 S. 2 LFZG). Bei den angesprochenen acht Monaten muss es sich nicht um zusammenhängende, wohl aber um volle Kalendermonate handeln (Kasseler Handbuch/*Vossen* Rdn. 484; *Wälkermann,* S. 11; *Worzalla/ Süllwald* § 10 LFZG Rdn. 20; a. A. *Geyer/Knorr/Krasney* § 10 LFZG Rdn. 14: zusammenhängender Zeitraum).

39 Das skizzierte Verfahren führt notwendigerweise dann zu Schwierigkeiten, wenn ein Betrieb während des vorausgegangenen Jahres gegründet worden ist oder wenn er erst während des Jahres, für das die Feststellungen getroffen worden sind, gegründet wird. Für diese Betriebe beinhaltet § 10 Abs. 2 S. 3 und 4 LFZG Sonderregelungen.

40 **§ 10 Abs. 2 S. 3 LFZG** regelt den Fall, dass der Betrieb während des vorausgegangenen, normalerweise als Beurteilungszeitraum dienenden Jahres gegründet worden ist. Die Zahl der beschäftigten Arbeitnehmer ist unter diesen Voraussetzungen bekannt, es besteht lediglich das Problem, dass die auf acht von 12 Kalendermonaten abstellende Regelung des § 10 Abs. 2 S. 2 LFZG nicht passt. § 10 Abs. 2 S. 3 LFZG trägt den bestehenden Besonderheiten dadurch Rechnung, dass der Arbeitgeber dann in den Ausgleich der Arbeitgeberaufwendungen einbezogen wird, wenn er während des Zeitraums des Bestehens des Betriebes in der überwiegenden Zahl der Kalendermonate nicht mehr als 20 Arbeitnehmer beschäftigt hat.

41 **§ 10 Abs. 2 S. 4 LFZG** betrifft Betriebe, die zum „normalen" Feststellungszeitpunkt im Januar noch nicht existieren, sondern erst im Laufe des Jahres gegründet werden. In diesem Fall ist die Zahl der beschäftigten Arbeitnehmer noch nicht bekannt; es bedarf einer Prognose. § 10 Abs. 2 S. 4 LFZG sieht dafür vor, dass der Arbeitgeber dann am Ausgleich der Arbeitgeberaufwendungen teilnimmt, wenn nach der Art des Betriebes anzunehmen ist, dass die Zahl der beschäftigten Arbeitnehmer während der überwiegenden Kalendermonate dieses Kalenderjahres 20 nicht überschreiten wird. Zu berücksichtigen sind dabei unter anderem die Art der Tätigkeit bzw. die

IV. Zuständige Ausgleichsstelle (§ 10 Abs. 3 LFZG) § **10 LFZG**

Branche des Betriebes, der Umfang der Betriebseinrichtungen und die Zahl der Beschäftigten zum Zeitpunkt der Errichtung. Des weiteren sind die Besonderheiten der Anlaufzeit sowie die Wachstumsmöglichkeiten mit in die Betrachtung einzubeziehen (*Geyer/Knorr/Krasney* § 10 LFZG Rdn. 18).

4. Feststellungsverfahren

Wenn § 10 Abs. 2 S. 1 LFZG vorsieht, dass die Krankenkasse jeweils zu Beginn eines Kalenderjahres feststellt, welche Arbeitgeber für die Dauer des Kalenderjahres an dem Ausgleich der Arbeitgeberaufwendungen teilnehmen, so liegt dem die Überlegung zu Grunde, dass sowohl für die Träger des Ausgleichs als auch für die beteiligten Betriebe für die Dauer eines Kalenderjahres klare Verhältnisse geschaffen und die Kalkulation beeinträchtigende Veränderungen vermieden werden sollen (vgl. Bericht des Ausschusses für Arbeit, BT-Drucks. V/4285). 42

Die Feststellungsbescheide der Krankenkassen sind Verwaltungsakte. Ihnen kommt jedoch keine konstitutive, sondern lediglich deklaratorische Bedeutung zu. Dies ergibt sich nach Auffassung des BSG aus dem der gesamten Sozialversicherung zugrundeliegenden Prinzip der Zwangsmitgliedschaft, wonach die Teilnahme des Arbeitgebers am Ausgleichsverfahren nur vom Vorliegen der gesetzlichen Voraussetzungen abhängig sein könne (BSG USK 80266; ebenso u. a. *Geyer/Knorr/Krasney* § 10 LFZG Rdn. 11; Kasseler Handbuch/*Vossen* Rdn. 483; *Marburger*, BB 1986, 2410, 2412). 43

IV. Zuständige Ausgleichsstelle (§ 10 Abs. 3 LFZG)

Die Durchführung des Ausgleichsverfahrens obliegt gem. § 10 Abs. 1 S. 1 LFZG den **Orts-** und **Innungskrankenkassen,** der **Bundesknappschaft** und der **See-Krankenkasse.** Nicht an der Durchführung des Ausgleichsverfahrens beteiligt sind also die Betriebskrankenkassen, die landwirtschaftlichen Krankenkassen und die Ersatzkassen. 44

Dass die **Betriebskrankenkassen** nicht einbezogen worden sind, erklärt sich daraus, dass die Errichtung von Betriebskrankenkassen grundsätzlich nur für Betriebe mit mindestens 450 Versicherungspflichtigen möglich ist (vgl. § 147 Abs. 1 SGB V), also für Betriebe, die nicht als Ausgleichsberechtigte in Betracht kommen. 45

Die **landwirtschaftlichen Krankenkassen** sind ausgenommen, weil gem. § 18 Nr. 5 LFZG die Vorschriften über den Ausgleich der Arbeitgeberaufwendungen keine Anwendung finden auf die nach § 2 Abs. 1 Nr. 3 KVLG versicherten mitarbeitenden Familienangehörigen des Arbeitnehmers (*Geyer/Knorr/Krasney* § 10 LFZG Rdn. 1). 46

Die **Ersatzkassen** schließlich sind – trotz entsprechender Bemühungen im Gesetzgebungsverfahren (vgl. *Marburger,* BB 1986, 2410) – deshalb nicht an der Durchführung des Ausgleichsverfahrens beteiligt worden, weil in ihren Selbstverwaltungsgremien keine Arbeitgeber beteiligt sind, es sich aber bei dem Aufwendungsausgleich gem. §§ 10 ff. LFZG ausschließlich um eine Arbeitgeberangelegenheit handelt (*Geyer/Knorr/Krasney* § 10 LFZG Rdn. 49; *Schneider,* BB 1985, 2114, 2115). 47

48 **Welche Krankenkasse** im Einzelfall für die Erstattung der Arbeitgeberaufwendungen zuständig ist, bestimmt sich gem. § 10 Abs. 3 LFZG primär danach, bei welcher Krankenkasse die Arbeiter, die Auszubildenden oder die nach § 11 oder § 14 Abs. 1 MuSchG anspruchsberechtigten Arbeitnehmerinnen versichert sind; diese Krankenkasse erstattet dem Arbeitgeber seine Aufwendungen. Für geringfügig Beschäftigte ist nach Satz 3 die Zuständigkeit der Bundesknappschaft bestimmt.

49 Soweit ein versicherungspflichtiger Arbeitnehmer in **mehreren Arbeitsverhältnissen** steht, richtet sich die Zuständigkeit gem. § 178 SGB V nach der überwiegenden Beschäftigung, im Zweifel danach, welches Beschäftigungsverhältnis zuerst begründet wurde. Ergibt sich aus § 178 SGB V die Zuständigkeit einer (nicht am Ausgleichsverfahren beteiligten) Betriebskrankenkasse, ist diejenige Krankenkasse zuständig, die ohne Berücksichtigung des § 178 SGB V die gesetzliche Krankenversicherung durchzuführen hätte (vgl. *Geyer/Knorr/Krasney* § 10 LFZG Rdn. 52).

50 Soweit ein Anspruchsberechtigter nicht Mitglied einer Orts- oder Innungskrankenkasse bzw. der Bundesknappschaft oder der See-Krankenkasse ist, ist die Krankenkasse zuständig, bei der der Anspruchsberechtigte versichert wäre, wenn er versicherungspflichtig wäre oder wenn er nicht nach § 183 Abs. 1 S. 1 SGB V die Mitgliedschaft bei einer Ersatzkasse gewählt hätte.

V. Fälligkeit (§ 10 Abs. 4 LFZG)

51 Die Erstattung ist noch nicht fällig mit der Entstehung des Entgeltfortzahlungsanspruchs, sondern erst dann, wenn der Arbeitgeber Arbeitsentgelt nach § 3 bzw. § 9 EFZG an den Arbeiter, Ausbildungsvergütung nach § 12 Abs. 1 S. 2 BBiG i. V. m. dem Entgeltfortzahlungsgesetz an den Auszubildenden, Zuschuss zum Mutterschaftsgeld nach § 14 Abs. 1 MuSchG an die Arbeitnehmerin oder Arbeitsentgelt nach § 11 MuSchG an die Arbeitnehmerin gezahlt hat (§ 10 Abs. 4 LFZG).

52 Andererseits tritt die Fälligkeit nicht erst nach vollständiger Abwicklung des Erstattungsfalles oder gar erst mit Ablauf des Kalenderjahres ein, sondern unmittelbar nach jeder Zahlung durch den Arbeitgeber. Fällig ist der Erstattungsanspruch auch dann, wenn der Arbeitgeber vertragsgemäß Abschlagszahlungen geleistet hat (*Geyer/Knorr/Krasney* § 10 LFZG Rdn. 46; *Kaiser/Dunkl/Hold/Kleinsorge* § 10 LFZG Rdn. 44). Darüber hinaus sind in den Satzungen häufig auch Vorschüsse vorgesehen (vgl. § 16 Abs. 2 Nr. 2 LFZG; Kasseler Handbuch/*Vossen* Rdn. 496 f.).

VI. Auskunftspflicht (§ 10 Abs. 5 LFZG)

53 Gem. § 10 Abs. 5 LFZG hat der Arbeitgeber der zuständigen Ausgleichsstelle (vgl. Rdn. 44 ff.) die für die Durchführung des Ausgleichs erforderlichen Angaben zu machen. Als erforderlich sind dabei Informationen anzusehen, die für die Feststellung der Teilnahme am Ausgleichsverfahren gem.

Versagung und Rückforderung der Erstattung **§ 11 LFZG**

§ 10 Abs. 2 LFZG, die Erhebung der Umlage gem. § 14 LFZG und die Berechnung der Erstattungsleistungen im Einzelfall benötigt werden.

Zur Feststellung der **Teilnahme am Ausgleichsverfahren gem. § 10** 54
Abs. 2 LFZG benötigt die Krankenkasse primär Angaben über die Zahl der Beschäftigten und ihre wöchentliche Arbeitszeit. Bei der Errichtung von Betrieben sind darüber hinaus Angaben zu machen, die es der Krankenkasse ermöglichen, die zu erwartende Betriebsgröße sachgerecht zu schätzen.

Die **Erhebung der Umlage gem. § 14 LFZG** setzt im Wesentlichen 55
jene Informationen voraus, die der Arbeitgeber auch für die Abführung der Beiträge zur gesetzlichen Rentenversicherung zu erheben hat. Zu berücksichtigen ist allerdings, dass im Hinblick auf das Ausgleichsverfahren entsprechende Informationen auch bezüglich jener Arbeitnehmer erforderlich sind, die nicht in der gesetzlichen Rentenversicherung versichert sind.

Für die **Berechnung der Erstattungsleistungen im Einzelfall** benötigt 56
die zuständige Krankenkasse schließlich Angaben über die Personen, an die Leistungen erbracht worden sind, über den Grund der Entgeltfortzahlung und über den Zeitraum der Entgeltfortzahlung und ihre Höhe (*Geyer/Knorr/Krasney* § 10 LFZG Rdn. 54 ff.).

§ 11 Versagung und Rückforderung der Erstattung

(1) **Die Erstattung kann im Einzelfall versagt werden, solange der Arbeitgeber die nach § 10 Abs. 5 erforderlichen Angaben nicht oder nicht vollständig macht.**

(2) **Die Krankenkasse hat Erstattungsbeträge vom Arbeitgeber insbesondere zurückzufordern, soweit der Arbeitgeber**
1. **schuldhaft falsche oder unvollständige Angaben gemacht hat oder**
2. **Erstattungsbeträge gefordert hat, obwohl er wußte oder wissen mußte, daß ein Anspruch nach § 1 oder § 7 dieses Gesetzes, § 12 Abs. 1 Nr. 2 Buchstabe b des Berufsbildungsgesetzes, § 11 oder § 14 Abs. 1 des Mutterschutzgesetzes nicht besteht.**

Der Arbeitgeber kann sich nicht darauf berufen, daß er durch die zu Unrecht gezahlten Beträge nicht mehr bereichert sei. Von der Rückforderung kann abgesehen werden, wenn der zu Unrecht gezahlte Betrag gering ist und der entstehende Verwaltungsaufwand unverhältnismäßig groß sein würde.

Übersicht

	Rdn.
I. Allgemeines	1
II. Versagung der Erstattung (§ 11 Abs. 1 LFZG)	6
III. Rückforderung der Erstattung (§ 11 Abs. 2 LFZG)	11
1. Rückforderung gem. § 11 Abs. 2 S. 1 Nr. 1 LFZG	13
2. Rückforderung gem. § 11 Abs. 2 S. 1 Nr. 2 LFZG	16
3. Wegfall der Bereicherung (§ 11 Abs. 2 S. 2 LFZG)	19
4. Verzicht auf die Rückforderung (§ 11 Abs. 2 S. 3 LFZG)	20

LFZG § 11 Versagung und Rückforderung der Erstattung

I. Allgemeines

1 § 11 LFZG regelt, unter welchen Voraussetzungen die zuständige Krankenkasse die Erstattung der Arbeitgeberaufwendungen versagen bzw. bereits gezahlte Erstattungsbeträge vom Arbeitgeber zurückfordern kann.
2 Die Vorschrift geht zurück auf die ursprüngliche Fassung des Lohnfortzahlungsgesetzes vom 27. Juli 1969 (BGBl. I S. 946).
3 Im Gesetzgebungsverfahren bestand über die Regelung des § 11 LFZG Einigkeit. Die Vorschrift war wortgleich in den Gesetzentwürfen der Fraktion der SPD (BT-Drucks. V/3893) und der Fraktion der CDU/CSU (BT-Drucks. V/3895) enthalten (jeweils § 10). Der Ausschuss für Arbeit änderte die Gesetzentwürfe lediglich insoweit, als in Absatz 2 Satz 1 das Wort „insbesondere" eingefügt wurde. Damit wollte man klarstellen, dass neben den zwingend vorgeschriebenen Fällen der Rückforderung die Rückforderung in anderen Fällen nicht ausgeschlossen sein sollte (vgl. BT-Drucks. zu V/4285, S. 4).
4 Ihre heutige Fassung erhielt die Vorschrift im wesentlichen durch das BeschFG 1985 vom 26. April 1985 (BGBl. I S. 710). Da die Fortzahlung der Vergütung für Auszubildende, das vom Arbeitgeber bei Beschäftigungsverboten zu zahlende Arbeitsentgelt nach § 11 MuSchG und der nach § 14 Abs. 1 MuSchG zu zahlende Zuschuss zum Mutterschaftsgeld in das Ausgleichsverfahren einbezogen wurde, wurde auch § 11 Abs. 2 S. 1 Nr. 2 LFZG entsprechend ergänzt.
5 Seit diesem Zeitpunkt erfolgten nur noch marginale redaktionelle Änderungen der Vorschrift: Durch das Gesundheits-Reformgesetz vom 20. Dezember 1988 (BGBl. I S. 2477) wurde anstelle der Formulierung „der Träger der Krankenversicherung" in Absatz 2 die Worte „die Krankenkasse" eingefügt; schließlich wurde das letzte Wort der Regelung von „wird" in „würde" geändert.

II. Versagung der Erstattung (§ 11 Abs. 1 LFZG)

6 § 11 Abs. 1 LFZG nennt zwei Fälle, in denen die Krankenkasse die **Erstattung der Arbeitgeberaufwendungen im Einzelfall versagen** kann. Dabei handelt es sich – auch wenn im Gegensatz zu § 11 Abs. 2 LFZG eine Formulierung wie „insbesondere" fehlt – **nicht um eine abschließende Regelung.** Weitere Gründe für eine Versagung der Erstattung können z. B. der Übergang eines Schadensersatzanspruchs auf einen Dritten (§ 12 LFZG) oder die Verjährung des Erstattungsanspruchs (§ 13 Abs. 1 LFZG) sein.
7 Die Versagung der Erstattung gem. § 11 Abs. 1 LFZG kann **nicht auf Dauer** erfolgen, sondern nur solange, wie der Arbeitgeber die nach § 10 Abs. 5 LFZG erforderlichen Angaben nicht oder nicht vollständig macht. Sobald der Arbeitgeber die Information der Krankenkasse nachholt bzw. seine Angaben vervollständigt, hat die Erstattung in der sich aus § 10 Abs. 1 LFZG ergebenden Höhe zu erfolgen (*Kaiser/Dunkl/Hold/Kleinsorge* § 11

III. Rückforderung der Erstattung (§ 11 Abs. 2 LFZG) **§ 11 LFZG**

LFZG Rdn. 5; Kasseler Handbuch/*Vossen* Rdn. 499 f.; *Worzalla/Süllwald* § 11 LFZG Rdn. 5).

Die Versagung kann **nur für den Einzelfall,** nicht dagegen generell erfolgen. Im Übrigen ist der Umfang der Versagungsmöglichkeit davon abhängig, welche Angaben des Arbeitgebers fehlen; eine Versagung kommt nur in Betracht, soweit gerade die fehlenden bzw. unvollständigen Angaben eine ordnungsgemäße Erstattung nicht zulassen. 8

Beispiel: Der Arbeitgeber macht Erstattungsansprüche im Hinblick auf Entgeltfortzahlungen an die Arbeiter A und B geltend; der Arbeitgeber hat es unterlassen, die Krankenkasse über die Zahl der im Betrieb Beschäftigten zu unterrichten.

Die Erstattung kann unter diesen Voraussetzungen in beiden Fällen versagt werden; hat der Arbeitgeber es dagegen lediglich versäumt, Angaben über die Dauer der Entgeltfortzahlung im Fall A zu machen, so rechtfertigt dieses Unterlassen es nicht, im Fall B die Erstattung zu versagen. 9

Die Versagung steht im **pflichtgemäßen Ermessen** der Krankenkasse („kann ... versagt werden"; vgl. *Brecht* § 11 LFZG Rdn. 1; *Kaiser/Dunkl/ Hold/Kleinsorge* § 11 LFZG Rdn. 4). Insbesondere in Fällen, in denen die fehlenden Angaben von geringer Bedeutung sind, kann die Krankenkasse also auf die Versagung der Erstattung verzichten (*Geyer/Knorr/Krasney* § 11 LFZG Rdn. 2). 10

III. Rückforderung der Erstattung (§ 11 Abs. 2 LFZG)

§ 11 **Abs. 2 LFZG regelt die Rückforderung von erstatteten Arbeitgeberaufwendungen.** Auch diese Regelung ist, wie sich aus der Formulierung „insbesondere" ergibt, nicht abschließend (*Geyer/Knorr/Krasney* § 11 LFZG Rdn. 4; *Kaiser/Dunkl/Hold/Kleinsorge* § 11 LFZG Rdn. 16). 11

Anders als im Anwendungsbereich des § 11 Abs. 1 LFZG steht der Krankenkasse hinsichtlich der Rückforderung gem. § 11 Abs. 2 LFZG allerdings **kein Ermessen** zu; soweit die Voraussetzungen für eine Rückforderung erfüllt sind, **muss** diese erfolgen (*Kaiser/Dunkl/Hold/Kleinsorge* § 11 LFZG Rdn. 13). 12

1. Rückforderung gem. § 11 Abs. 2 S. 1 Nr. 1 LFZG

Gem. § 11 Abs. 2 S. 1 **Nr. 1** LFZG muss eine Rückforderung erfolgen, wenn der Arbeitgeber **schuldhaft falsche oder unvollständige Angaben** gemacht hat. Praktisch relevant wird die Rückforderung gem. § 11 Abs. 2 S. 1 Nr. 1 LFZG im allgemeinen nur dann, wenn der Arbeitgeber falsche Angaben gemacht hat; bei unvollständigen Angaben wird es in der Regel nicht zu einer Erstattung kommen, sondern die Krankenkasse wird von der Möglichkeit einer Versagung gem. § 11 Abs. 1 LFZG Gebrauch machen. 13

Um **falsche Angaben** handelt es sich dann, wenn sie nicht den objektiven Tatsachen entsprechen. Außerdem muss es sich um falsche Angaben handeln, die für die Erstattung von Bedeutung sind; sofern auch auf der Grundlage der richtigen Angaben ein Erstattungsanspruch des Arbeitgebers bestanden hätte, besteht keine Rückforderungsmöglichkeit gem. § 11 Abs. 2 14

LFZG § 11 Versagung und Rückforderung der Erstattung

S. 1 Nr. 1 LFZG (*Brecht* § 11 LFZG Rdn. 2; *Kaiser/Dunkl/Hold/Kleinsorge* § 11 LFZG Rdn. 9).

15   Da § 11 Abs. 2 LFZG keine abweichende Begriffsbestimmung enthält, ist entsprechend den allgemeinen Grundsätzen davon auszugehen, dass **unter Verschulden Vorsatz und Fahrlässigkeit zu verstehen** ist (vgl. § 276 Abs. 1 BGB), wobei auch leichte Fahrlässigkeit genügt (*Geyer/Knorr/Krasney* § 11 LFZG Rdn. 6; *Worzalla/Süllwald* § 11 LFZG Rdn. 7). Über § 278 BGB muss der Arbeitgeber sich auch das Verschulden jener Personen zurechnen lassen, deren er sich zur Erfüllung seiner Meldepflichten bedient.

2. Rückforderung gem. § 11 Abs. 2 S. 1 Nr. 2 LFZG

16   Gem. § 11 Abs. 2 S. 1 **Nr.** 2 LFZG muss eine Rückforderung erfolgen, wenn der Arbeitgeber Erstattungsbeträge gefordert (und erhalten) hat, obwohl er wusste, dass **keine Entgeltfortzahlungsansprüche der Arbeitnehmer bestanden.** Damit soll verhindert werden, dass ein Arbeitgeber auf Kosten der übrigen am Ausgleich beteiligten Arbeitgeber Leistungen an seine Arbeitnehmer erbringt, zu denen er nicht verpflichtet ist (*Kaiser/Dunkl/ Hold/Kleinsorge* § 11 LFZG Rdn. 10).

17   Voraussetzung für die Rückforderung ist, dass der Arbeitgeber **vorsätzlich oder fahrlässig** gehandelt hat. Die Kenntnis bzw. Unkenntnis des Arbeitgebers hinsichtlich der Arbeitnehmeransprüche kann sich entweder auf die anspruchsbegründenden Tatsachen oder auf das Nichtbestehen des Anspruchs beziehen.

Beispiel: Weiß der Arbeitgeber nicht, dass es sich um eine selbstverschuldete Krankheit handelt, so bezieht sich seine Unkenntnis auf die anspruchsbegründenden Tatsachen; glaubt er irrtümlich, trotz des Selbstverschuldens zur Entgeltfortzahlung verpflichtet zu sein, bezieht seine Unkenntnis sich auf das Nichtbestehen des Anspruchs auf Entgeltfortzahlung.

18   Dass im letztgenannten Fall eine Rückforderung zu erfolgen hat, unterliegt angesichts des Gesetzeswortlauts keinem Zweifel. Aber auch im erstgenannten Fall ist – sofern den Arbeitgeber ein Fahrlässigkeitsvorwurf trifft – ein Rückforderungsanspruch zu bejahen, denn es ist nicht sachgerecht, den bestehenden Interessenkonflikt zu Lasten der übrigen am Ausgleichsverfahren beteiligten Arbeitgeber zu lösen. Interessengerecht erscheint es vielmehr, vom Arbeitgeber gem. § 11 Abs. 2 S. 1 Nr. 2 LFZG die Rückzahlung zu verlangen und es dem Arbeitgeber zu überlassen, ob er seinerseits einen Anspruch gegen den Arbeitnehmer geltend macht.

3. Wegfall der Bereicherung (§ 11 Abs. 2 S. 2 LFZG)

19   Gem. § 11 Abs. 2 S. 2 LFZG kann der Arbeitgeber gegenüber dem Rückforderungsanspruch nicht einwenden, er sei nicht mehr bereichert (§ 818 Abs. 3 BGB); dem liegt die Überlegung zu Grunde, dass der Arbeitgeber die zurückgeforderten Leistungen in schuldhafter Weise erlangt hat (*Kaiser/ Dunkl/Hold/Kleinsorge* § 11 LFZG Rdn. 15).

4. Verzicht auf die Rückforderung (§ 11 Abs. 2 S. 3 LFZG)

Gem. § 11 Abs. 2 S. 3 LFZG kann von der Rückforderung abgesehen werden, wenn der zu Unrecht gezahlte Betrag gering ist und der entstehende Verwaltungsaufwand unverhältnismäßig groß sein würde. 20

Beide Voraussetzungen – geringer Betrag einerseits und großer Verwaltungsaufwand andererseits – **müssen kumulativ vorliegen** (*Geyer/Knorr/Krasney* § 11 LFZG Rdn. 11; *Worzalla/Süllwald* § 11 LFZG Rdn. 11). Schon aus diesem Grund wird ein Verzicht auf die Rückforderung nur relativ selten in Betracht kommen, denn die Krankenkasse hat gem. § 13 Abs. 2 Nr. 3 LFZG die Möglichkeit, gegenüber (künftigen) Erstattungsansprüchen mit den Ansprüchen auf Rückzahlung von zu Unrecht gezahlten Erstattungsbeträgen aufzurechnen und eine Aufrechnung wird im Allgemeinen keinen unverhältnismäßig großen Verwaltungsaufwand auslösen. Ein Rückforderungsverzicht ist daher in erster Linie in Fällen in Erwägung zu ziehen, in denen der Arbeitgeber nicht mehr am Ausgleichsverfahren teilnimmt (*Kaiser/Dunkl/Hold/Kleinsorge* § 11 LFZG Rdn. 14). 21

In derartigen Fällen ist bei der Beurteilung der Frage, ob der entstehende Verwaltungsaufwand unverhältnismäßig groß sein würde, neben der Höhe des zu Unrecht gezahlten Betrages unter anderem zu berücksichtigen, wie die **Erfolgsaussichten eines Rechtsstreits** und die **Aussichten für eine sich gegebenenfalls anschließende Vollstreckung** sind (*Geyer/Knorr/Krasney* § 11 LFZG Rdn. 11). 22

Selbst wenn ein im Verhältnis zu dem zu Unrecht gezahlten Betrag relativ großer Verwaltungsaufwand zu befürchten ist, bedeutet dies nicht, dass die Krankenkasse auf die Rückforderung verzichten **muss**; ihr steht vielmehr insoweit ein Ermessensspielraum zu („kann abgesehen werden"). Bei der Ausübung dieses Ermessens ist u. a. zu berücksichtigen, welcher Art der Verschuldensvorwurf ist, der dem Arbeitgeber zu machen ist. Während bei vorsätzlich falschen Angaben bzw. vorsätzlich rechtsgrundlosen Zahlungen ein Verzicht wohl nicht in Betracht kommt, ist speziell bei leicht fahrlässigem Verhalten eine großzügigere Betrachtungsweise angezeigt. 23

§ 12 Abtretung

Ist auf den Arbeitgeber ein Anspruch auf Schadenersatz nach § 4 übergegangen, so ist die Krankenkasse zur Erstattung nur verpflichtet, wenn der Arbeitgeber den auf ihn übergegangenen Anspruch bis zur anteiligen Höhe des Erstattungsbetrages an die Krankenkasse abtritt.

Übersicht

	Rdn.
I. Allgemeines	1
II. Abtretung durch den Arbeitgeber	7
III. Leistungsverweigerungsrecht der Krankenkasse	12

LFZG § 12　　　　　　　　　　　　　　　　　　　　Abtretung

I. Allgemeines

1 § 12 LFZG dient ähnlich wie § 6 EFZG dazu, in jenen Fällen, in denen ein Dritter die Arbeitsunfähigkeit verschuldet hat, eine sachgerechte Risikoverteilung herbeizuführen.

2 Soweit ein Drittschädiger die Arbeitsunfähigkeit des Arbeiters verursacht hat und er dem Betroffenen zum Schadensersatz verpflichtet ist, geht der Schadensersatzanspruch gem. § 6 EFZG (zunächst) insoweit auf den Arbeitgeber über, als dieser nach den §§ 3 und 9 EFZG Arbeitsentgelt fortgezahlt und darauf entfallende von den Arbeitgebern zu tragende Beiträge zur Bundesagentur für Arbeit, Arbeitgeberanteile an Beiträgen zur Sozialversicherung und zur Pflegeversicherung sowie zu Einrichtungen der zusätzlichen Alters- und Hinterbliebenenversorgung abgeführt hat. Der Schaden, der dem Arbeitgeber durch die Entgeltfortzahlung entsteht, wird insoweit ausgeglichen.

3 Erhielte nun der Arbeitgeber zusätzlich Erstattungsleistungen nach § 10 LFZG, so käme es möglicherweise zu einer Doppelentschädigung des Arbeitgebers, die nicht sachgerecht wäre. Ebenso wenig sachgerecht wäre es jedoch, in Fällen der skizzierten Art den Anspruchsübergang gem. § 6 EFZG auszuschließen und den Arbeitgeber auf die Erstattungsleistungen zu verweisen, denn damit würde der für den Schaden Verantwortliche entlastet.

4 § 12 LFZG löst den Interessenkonflikt in der Weise, dass der Arbeitgeber nur dann Erstattungsleistungen erhält, wenn er den (zunächst) gem. § 6 EFZG auf ihn übergegangenen Anspruch bis zu anteiligen Höhe des Erstattungsbetrages an den zuständigen Träger der gesetzlichen Krankenversicherung abtritt.

5 § 12 LFZG geht zurück auf die ursprüngliche Fassung des Lohnfortzahlungsgesetzes vom 27. Juli 1969 (BGBl. I S. 946). Im Gesetzgebungsverfahren bestand über die Regelung des § 12 LFZG Einigkeit. Die Vorschrift war wortgleich in den Gesetzentwürfen der Fraktion der SPD (BT-Drucks. V/3893) und der Fraktion der CDU/CSU (BT-Drucks. V/3895) enthalten (jeweils § 11) und erfuhr auch keine Änderungen durch den Ausschuss für Arbeit (vgl. BT-Drucks. zu V/4285, S. 4).

6 Die Regelung ist seit dem In-Kraft-Treten des Lohnfortzahlungsgesetzes nahezu unverändert geblieben; lediglich die Worte „die Krankenkasse" sind durch das Gesundheits-Reformgesetz vom 20. Dezember 1988 (BGBl. I S. 2477) an die Stelle der Formulierung „der Träger der Krankenversicherung" getreten.

II. Abtretung durch den Arbeitgeber

7 Gemäß § 12 LFZG ist die Krankenkasse nur dann zur Gewährung von Erstattungsleistungen verpflichtet, wenn der Arbeitgeber die Schadensersatzansprüche, die gem. § 6 EFZG auf ihn übergegangen sind, bis zur anteiligen Höhe des Erstattungsanspruchs an die Krankenkasse abtritt. § 12 LFZG sieht also – anders als § 6 EFZG – keinen gesetzlichen, sondern einen **rechtsge-**

schäftlichen **Forderungsübergang** vor, auf den die §§ 398 ff. BGB Anwendung finden.

Abzutreten sind nur solche **Ansprüche, die gem.** § **6 EFZG auf den** 8
Arbeitgeber übergegangen sind; nicht abzutreten sind demgemäß Ansprüche, die der Arbeiter dem Arbeitgeber rechtsgeschäftlich abgetreten hat, z. B. im Hinblick auf Leistungen des Arbeitgebers, die über die Ansprüche nach dem Entgeltfortzahlungsgesetz hinausgehen (*Geyer/Knorr/Krasney* § 12 LFZG Rdn. 5; *Kaiser/Dunkl/Hold/Kleinsorge* § 12 LFZG Rdn. 5; Kasseler Handbuch/*Vossen* Rdn. 504).

Die gem. § 6 EFZG übergegangenen Ansprüche sind nicht in voller Höhe, 9
sondern nur **bis zur anteiligen Höhe des Erstattungsbetrages** abzutreten. Daraus folgt zunächst, dass der Arbeitgeber maximal 80 vom Hundert des Schadensersatzanspruches abzutreten hat, da er gem. § 10 LFZG nur 80 vom Hundert seiner Aufwendungen erstattet erhält. Soweit die Satzung der Krankenkasse eine geringere Erstattung vorsieht (vgl. § 16 Abs. 2 Nr. 1 LFZG), verringert sich dementsprechend auch die Höhe des abzutretenden Teils des Schadensersatzanspruchs (*Geyer/Knorr/Krasney* § 12 LFZG Rdn. 5; *Kaiser/Dunkl/Hold/Kleinsorge* § 12 LFZG Rdn. 7).

Soweit die Schadensersatzpflicht des Schädigers und damit auch der gem. 10
§ 6 EFZG auf den Arbeitgeber übergegangene Schadensersatzanspruch nicht den vollen Entgeltfortzahlungsanspruch abdeckt – z. B. weil die Schadensersatzpflicht durch Gesetz der Höhe nach beschränkt ist oder weil den Arbeiter ein Mitverschulden trifft (vgl. ausführlich § 6 EFZG Rdn. 66 ff.) – sind 80 vom Hundert des tatsächlich gem. § 6 EFZG übergegangenen, **reduzierten Anspruchs abzutreten** (HzA/*Vossen* Gruppe 2 Rdn. 704; *Kaiser/Dunkl/Hold/Kleinsorge* § 12 LFZG Rdn. 8; Kasseler Handbuch/*Vossen* Rdn. 502 f.).

Der Anspruch geht nach allgemeinen Regeln mit allen **Neben- und** 11
Vorzugsrechten auf die Krankenkasse über; **Einwendungen** des Schuldners bleiben erhalten; **Leistungen an den bisherigen Gläubiger** muss der neue Gläubiger gegen sich gelten lassen, es sei denn, dass der Schuldner die Abtretung bei der Leistung kannte (§§ 401, 404, 407 BGB; *Becher* § 12 LFZG Rdn. 3; *Kehrmann/Pelikan* § 12 LFZG Rdn. 4). Daraus folgt unter anderem, dass auch die Krankenkasse daran gehindert ist, die auf sie übergehenden Schadensersatzansprüche zum Nachteil des Arbeiters geltend zu machen (§ 6 Abs. 3 EFZG). Zahlt der Schädiger nach der Abtretung an die Krankenkasse an den Arbeitgeber, so ist diese Leistung der Krankenkasse gegenüber wirksam, es sei denn, der Schädiger hätte ausnahmsweise Kenntnis von der Abtretung gehabt.

III. Leistungsverweigerungsrecht der Krankenkasse

Bis zur Abtretung durch den Arbeitgeber hat die Krankenkasse ein **Leis-** 12
tungsverweigerungsrecht.

Das Leistungsverweigerungsrecht besteht allerdings nur, wenn der Scha- 13
densersatzanspruch, der abgetreten werden soll, und der Erstattungsanspruch, der geltend gemacht wird, sich **auf denselben Arbeiter beziehen.**

14 Verlangt der Arbeitgeber z. B. Erstattungsleistungen im Hinblick auf die Entgeltfortzahlung an den Arbeiter A, so kann die Krankenkasse die Leistungen nicht mit der Begründung verweigern, der Arbeitgeber habe Schadensersatzansprüche, die im Hinblick auf die Schädigung des Arbeiters B auf ihn übergegangen seien, noch nicht an die Krankenkasse abgetreten.

15 Das Leistungsverweigerungsrecht besteht grundsätzlich nur **zeitlich begrenzt,** bis der Arbeitgeber den Schadensersatzanspruch an die Krankenkasse abtritt.

16 Das vorübergehende Leistungsverweigerungsrecht kann jedoch zu einem endgültigen Leistungsverweigerungsrecht werden, wenn der Arbeitgeber nicht mehr dazu in der Lage ist, den Schadensersatzanspruch abzutreten. Dies ist insbesondere dann der Fall, wenn der Anspruch durch Erfüllung erloschen ist oder wenn der Arbeitgeber bereits anderweitig über den Anspruch verfügt hat (*Kaiser/Dunkl/Hold/Kleinsorge* § 12 LFZG Rdn. 4).

§ 13 Verjährung und Aufrechnung

(1) **Der Erstattungsanspruch verjährt in vier Jahren nach Ablauf des Kalenderjahres, in dem er entstanden ist.**

(2) **Gegen Erstattungsansprüche dürfen nur aufgerechnet werden Ansprüche auf**

1. **Zahlung geschuldeter Umlagebeträge, der Beiträge zur gesetzlichen Krankenversicherung und solcher Beiträge, die** *der Träger der gesetzlichen Krankenversicherung** **für andere Träger der Sozialversicherung und die Bundesagentur für Arbeit einzuziehen hat,**
2. **Rückzahlung von Vorschüssen,**
3. **Rückzahlung von zu Unrecht gezahlten Erstattungsbeträgen,**
4. **Erstattung von Verfahrenskosten,**
5. **Zahlung von Ordnungsstrafen oder Zwangsgeld,**
6. **Herausgabe einer von einem Dritten an den Berechtigten bewirkten Leistung, die der Krankenkasse gegenüber wirksam ist.**

* Müsste jetzt heißen: „die Krankenkasse" (vgl. Art. 54 GRG v. 20. 12. 1988, BGBl. I S. 2477).

Übersicht

	Rdn.
I. Allgemeines	1
II. Verjährung (§ 13 Abs. 1 LFZG)	4
III. Aufrechnung (§ 13 Abs. 2 LFZG)	6

I. Allgemeines

1 § 13 LFZG enthält Regelungen über die **Verjährung von Erstattungsansprüchen** und die **Aufrechnung gegen solche Ansprüche,** die die allgemeinen Vorschriften über die Verjährung und die Aufrechnung teilweise modifizieren.

III. Aufrechnung (§ 13 Abs. 2 LFZG) **§ 13 LFZG**

Die Regelung geht zurück auf die ursprüngliche Fassung des Lohnfort- 2
zahlungsgesetzes vom 27. Juni 1969 (BGBl. I S. 946). Im Gesetzgebungsverfahren bestand über die Regelung des § 13 LFZG Einigkeit. Die Vorschrift war wortgleich in den Gesetzentwürfen der Fraktion der SPD (BT-Drucks. V/3893) und der Fraktion der CDU/CSU (BT-Drucks. V/3895) enthalten (jeweils § 12). Der Ausschuss für Arbeit nahm lediglich eine geringfügige redaktionelle Änderung vor, um der zwischenzeitlich erfolgten Verabschiedung des Arbeitsförderungsgesetzes Rechnung zu tragen.

Die Regelung ist seit der damaligen Zeit weitgehend unverändert geblie- 3
ben; durch das Gesetz über die Verwaltung der Mittel der Träger der Krankenversicherung (KVMG) vom 15. Dezember 1979 (BGBl. I S. 2241) wurde lediglich die Verjährungsfrist in Absatz 1 von zwei auf vier Jahre verlängert. Durch das Gesundheits-Reformgesetz vom 20. Dezember 1988 (BGBl. I S. 2477) wurden in Absatz 2 Nr. 6 die Worte „dem Träger der gesetzlichen Krankenversicherung" durch die Formulierung „der Krankenkasse" ersetzt.

II. Verjährung (§ 13 Abs. 1 LFZG)

Gemäß § 13 Abs. 1 LFZG verjährt der Erstattungsanspruch in vier Jahren 4
nach Ablauf des Kalenderjahres, in dem er entstanden ist. Die Entstehung des Anspruchs regelt sich nach § 10 Abs. 4 LFZG, wonach die Erstattung zu gewähren ist, sobald der Arbeitgeber Arbeitsentgelt nach § 3 oder § 9 Abs. 1 EFZG, Ausbildungsvergütung nach § 12 Abs. 1 S. 2 BBiG i. V. m. dem Entgeltfortzahlungsgesetz, Arbeitsentgelt nach § 11 MuSchG oder Zuschuss zum Mutterschaftsgeld nach § 14 Abs. 1 MuSchG gezahlt hat (ausführlicher § 10 LFZG Rdn. 9 ff.).

Beispiel: Erkrankt ein Arbeiter im Dezember 2004, so kommt es entscheidend darauf an, ob der Arbeitgeber noch im Dezember 2004 Entgeltfortzahlung leistet. Werden die Leistungen noch im Dezember 2004 erbracht, entsteht der Erstattungsanspruch im Dezember 2004 und verjährt am 31. Dezember 2008; werden die Leistungen dagegen erst im Januar 2005 erbracht, so entsteht der Erstattungsanspruch im Jahre 2005 und verjährt am 31. Dezember 2009.

Im Übrigen gelten hinsichtlich der Verjährung die allgemeinen Regeln 5
des BGB. Ist die Verjährung eingetreten, so ist die Krankenkasse danach berechtigt, die Leistung zu verweigern (§ 214 Abs. 1 BGB); es ist jedoch auch möglich, den Erstattungsanspruch trotz eingetretener Verjährung zu erfüllen. Ist ein verjährter Anspruch erfüllt worden, so ist die Rückforderung ausgeschlossen, und zwar auch dann, wenn die Leistung in Unkenntnis der Verjährung bewirkt worden ist (§ 214 Abs. 2 BGB).

III. Aufrechnung (§ 13 Abs. 2 LFZG)

§ 13 Abs. 2 LFZG beschränkt die Aufrechnungsmöglichkeiten der Kran- 6
kenkassen.

Gem. § 387 BGB setzt eine Aufrechnung (nur) voraus, dass zwei Personen 7
einander Leistungen schulden, die ihrem Gegenstand nach gleichartig sind und

dass der Aufrechnende die ihm gebührende Leistung fordern und die ihm obliegende Leistung bewirken kann. Für eine **Aufrechnung durch den Arbeitgeber** gelten diese Grundsätze uneingeschränkt. Für eine **Aufrechnung durch die Krankenkasse** wird dagegen die Regelung des BGB insoweit modifiziert, als die Krankenkasse nicht mit einem beliebigen (Geld-)Anspruch aufrechnen kann, sondern nur mit den in § 13 Abs. 2 Nr. 1 bis 6 LFZG abschließend genannten Ansprüchen (vgl. *Wedde/Kunz* § 13 LFZG Rdn. 3f.).

8 Im Übrigen gelten auch für eine Aufrechnung durch die Krankenkasse die Bestimmungen des BGB (HzA/*Vossen* Gruppe 2 Rdn. 707). Die Aufrechnung hat daher z.B. durch eine Erklärung gegenüber dem anderen Teil zu erfolgen (§ 388 S. 1 BGB) und hat zur Folge, dass die Forderungen, soweit sie sich decken, als in dem Zeitpunkt erloschen gelten, in welchem sie zur Aufrechnung geeignet einander gegenübergetreten sind (§ 389 BGB).

§ 14 Aufbringung der Mittel

(1) **Die Mittel zur Durchführung des Ausgleichs der Arbeitgeberaufwendungen werden durch eine Umlage von den am Ausgleich beteiligten Arbeitgebern aufgebracht.**

(2) **In den Fällen des § 10 Abs. 1 Nr. 1 sind die Umlagebeträge in Vomhundertsätzen des Entgelts (Umlagesatz) festzusetzen, nach dem die Beiträge zu den gesetzlichen Rentenversicherungen für die im Betrieb beschäftigten Arbeiter und Auszubildenden bemessen werden oder bei Versicherungspflicht in den gesetzlichen Rentenversicherungen zu bemessen wären. In den Fällen des § 10 Abs. 1 Nr. 2 und 3 sind die Umlagebeträge auch nach dem Entgelt festzusetzen, nach dem die Beiträge zu den gesetzlichen Rentenversicherungen für die im Betrieb beschäftigten Angestellten und Auszubildenden bemessen werden oder bei Versicherungspflicht in der gesetzlichen Rentenversicherung zu bemessen wären. Für die Zeit des Bezugs von Kurzarbeitergeld, Schlechtwettergeld oder Winterausfallgeld bemessen sich die Umlagebeträge nach dem tatsächlich erzielten Arbeitsentgelt bis zur Beitragsbemessungsgrenze in den gesetzlichen Rentenversicherungen. Von Entgelten der unter § 1 Abs. 3 Nr. 1 und 2 fallenden Arbeiter sind Umlagebeträge nicht zu erheben.**

Übersicht

	Rdn.
I. Allgemeines	1
II. Aufbringung der Mittel (§ 14 Abs. 1 LFZG)	10
III. Berechnung der Umlagebeträge (§ 14 Abs. 2 LFZG)	11
1. Umlagebeträge in den Fällen des § 10 Abs. 1 Nr. 1 LFZG (§ 14 Abs. 2 S. 1 LFZG)	12
2. Umlagebeträge in den Fällen des § 10 Abs. 1 Nr. 2 und 3 LFZG (§ 14 Abs. 2 S. 2 LFZG)	17
3. Berücksichtigung von Kurzarbeitergeld, Schlechtwettergeld oder Winterausfallgeld (§ 14 Abs. 2 S. 3 LFZG)	25
4. Ausnahmen (§ 14 Abs. 2 S. 4 LFZG)	28
IV. Anhang: Verordnung über die Bestimmung des Arbeitsentgelts in der Sozialversicherung (Arbeitsentgeltverordnung – ArEV) – Auszug	30

I. Allgemeines

§ 14 LFZG regelt die **Aufbringung der Mittel für die Ausgleichsleistungen** gem. § 10 LFZG. 1
Diese erfolgt gem. § 14 **Abs. 1** LFZG durch eine Umlage, wobei zweifelhaft ist, ob man rechtstechnisch tatsächlich von einer Umlage sprechen sollte oder von einem Beitrag (so BSG AP Nr. 1 zu § 10 LFZG; vgl. auch *Geyer/Knorr/Krasney* § 14 LFZG Rdn. 1). 2
§ 14 **Abs. 2** LFZG regelt sodann die Frage, wie die Umlagebeträge zu bemessen sind. Dabei wird deutlich, dass man besser von zwei Umlagen sprechen sollte, nämlich der Umlage für die Fälle des § 10 Abs. 1 Nr. 1 LFZG und die Umlage für die Fälle des § 10 Abs. 1 Nr. 2 und 3 LFZG, denn die Krankenkassen haben nicht nur unterschiedliche Umlagesätze festzusetzen, sondern es sind auch teilweise andere Arbeitgeber betroffen. 3
§ 14 LFZG geht zurück auf die ursprüngliche Fassung des Lohnfortzahlungsgesetzes vom 27. Juli 1969 (BGBl. I S. 946). 4
Die Gesetzentwürfe der Fraktion der SPD (BT-Drucks. V/3893) und der Fraktion der CDU/CSU (BT-Drucks. V/3895) wichen insoweit voneinander ab, als nach dem SPD-Entwurf der Umlagesatz für Betriebe mit bis zu 20 Arbeitnehmern gestaffelt bis zu 20 vom Hundert ermäßigt werden sollte (vgl. § 13 Abs. 3 des SPD-Entwurfs). Da der Ausschuss für Arbeit nach einer Anhörung von Sachverständigen einem Ausgleich nur für Kleinbetriebe den Vorzug gab, entsprach die spätere Gesetzesfassung im wesentlichen dem Gesetzentwurf der Fraktion der CDU/CSU (dort § 13). 5
§ 14 LFZG hat seit seinem Inkrafttreten einige Änderungen erfahren. 6
Durch das Strafrechtsreform-Ergänzungsgesetz vom 28. August 1975 (BGBl. I S. 2289) wurde der heutige Absatz 2 Satz 4 geändert. Der gegenwärtig geltende Absatz 2 Satz 3 wurde eingefügt durch das Gesetz über die Verwaltung der Mittel der Träger der Krankenversicherung (KVMG) vom 15. Dezember 1979 (BGBl. I S. 2241). Damit wurde einer Entscheidung des Bundesverfassungsgerichts Rechnung getragen, das die frühere Regelung, wonach sich die Umlagebeträge im Falle der Kurzarbeit nicht ermäßigten, für mit Art. 3 Abs. 1 GG unvereinbar erklärt hatte (BVerfGE 48, 227). 7
Eine weitere Änderung erfolgte durch das Beschäftigungsförderungsgesetz 1985 (BGBl. I S. 710): Durch die Änderung des Absatz 2 Satz 1 sowie die Einfügung des Absatz 2 Satz 2 trug man der Tatsache Rechnung, dass weitere Arbeitgeberaufwendungen in das Umlageverfahren einbezogen wurden. 8
Seine heutige Fassung erhielt § 14 LFZG durch das Zweite Gesetz zur Änderung des Arbeitsförderungsgesetzes im Bereich des Baugewerbes vom 15. Dezember 1995 (BGBl. I S. 1809). § 14 Abs. 2 S. 3 LFZG wurde dahingehend geändert, dass die Worte „Kurzarbeitergeld oder Schlechtwettergeld" durch die Worte „Kurzarbeitergeld, Schlechtwettergeld oder Winterausfallgeld" ersetzt wurden. 9

II. Aufbringung der Mittel (§ 14 Abs. 1 LFZG)

10   Die Mittel zur Durchführung des Ausgleichs der Arbeitgeberaufwendungen werden gem. § 14 Abs. 1 LFZG durch eine **Umlage der am Ausgleichsverfahren beteiligten Arbeitgeber** aufgebracht. Welche Arbeitgeber dies sind, bestimmt sich nach § 10 Abs. 1 und 2 LFZG (vgl. § 10 LFZG Rdn. 23 ff.). Durch die Umlage müssen die Mittel für das gesamte Ausgleichsverfahren aufgebracht werden, d. h. nicht nur die Mittel für die eigentlichen Erstattungsleistungen, sondern auch die Mittel für den zur Durchführung des Ausgleichsverfahrens erforderlichen Verwaltungsaufwand. Hierzu zählen insbesondere Personal- und Sachkosten einschließlich etwaiger Verfahrenskosten (*Geyer/Knorr/Krasney* § 14 LFZG Rdn. 2; *Kaiser/Dunkl/Hold/Kleinsorge* § 14 LFZG Rdn. 2).

III. Berechnung der Umlagebeträge (§ 14 Abs. 2 LFZG)

11   Hinsichtlich der **Berechnung der Umlagebeträge** ist zu differenzieren zwischen den Fällen des § 10 Abs. 1 Nr. 1 LFZG (§ 14 Abs. 2 S. 1 LFZG) und den Fällen des § 10 Abs. 1 Nr. 2 und 3 LFZG (§ 14 Abs. 2 S. 2 LFZG). § 14 Abs. 2 S. 3 und 4 LFZG enthält Detailregelungen hinsichtlich der Berechnung der Umlagebeträge, die sowohl für die Fälle des § 10 Abs. 1 Nr. 1 LFZG als auch für die Fälle des § 10 Abs. 1 Nr. 2 und 3 LFZG gelten.

1. Umlagebeträge in den Fällen des § 10 Abs. 1 Nr. 1 LFZG (§ 14 Abs. 2 S. 1 LFZG)

12   Gem. § 14 Abs. 2 **S. 1** LFZG sind in den Fällen des § 10 Abs. 1 Nr. 1 LFZG die Umlagebeträge in Vomhundertsätzen des Entgelts festzusetzen, nach dem die Beiträge zur gesetzlichen Rentenversicherung für die im Betrieb beschäftigten Arbeiter und Auszubildenden bemessen werden oder bei Versicherungspflicht in der gesetzlichen Rentenversicherung zu bemessen wären.

13   Der Bemessung der Umlage nach § 14 Abs. 2 S. 1 LFZG sind also zugrunde zu legen
   – das Entgelt der **Arbeiter** und
   – die Vergütung **aller Auszubildenden.**

14   Es kommt nicht darauf an, ob der Auszubildende für einen Arbeiter- oder für einen Angestelltenberuf ausgebildet wird (BSG AP Nr. 1 zu § 10 LFZG); dies erklärt sich daraus, dass der Arbeitgeber gem. § 10 Abs. 1 Nr. 1 LFZG Ausgleichsleistungen wegen der an Auszubildende fortgezahlten Vergütung ebenfalls ohne Rücksicht darauf erhält, für welchen Beruf der Auszubildende ausgebildet wird (*Hungenberg*, BlStSozArbR 1985, 244, 246).

15   **Nicht** berücksichtigt wird dagegen das **Gehalt der Angestellten,** da die Arbeitgeber im Hinblick auf die Entgeltfortzahlung an Angestellte keine Ausgleichsleistungen erhalten. Arbeitgeber, die ausschließlich Angestellte beschäftigen, werden also nicht zur Umlage nach § 14 Abs. 2 S. 1 LFZG herangezogen.

III. Berechnung der Umlagebeträge (§ 14 Abs. 2 LFZG) § 14 LFZG

Die Umlage ist grundsätzlich nach den Arbeitsentgelten zu berechnen, 16
nach denen die Beiträge zu den gesetzlichen Rentenversicherungen für die
im Betrieb beschäftigten Arbeiter und Auszubildenden zu berechnen sind.
Nicht Versicherungspflichtige werden so behandelt, als ob sie versicherungspflichtig wären, d. h. es ist das Arbeitsentgelt maßgebend, das für die Rentenversicherungspflicht heranzuziehen wäre, wenn Versicherungspflicht bestünde. Hinsichtlich des **Entgeltbegriffs** gelten dabei die allgemeinen sozialversicherungsrechtlichen Vorschriften, d. h. es ist von der Entgeltdefinition des § 14 SGB IV auszugehen. Ergänzend ist die auf der Grundlage des § 17 SGB IV erlassene „Verordnung über die Bestimmung des Arbeitsentgelts in der Sozialversicherung (Arbeitsentgeltverordnung-ArEV)" heranzuziehen (vgl. *Geyer/Knorr/Krasney* § 14 LFZG Rdn. 4; HzA/*Vossen* Gruppe 2 Rdn. 719; Kasseler Handbuch/*Vossen* Rdn. 519).

2. Umlagebeträge in den Fällen des § 10 Abs. 1 Nr. 2 und 3 LFZG (§ 14 Abs. 2 S. 2 LFZG)

In den Fällen des § 10 Abs. 1 Nr. 2 und 3 LFZG sind gem. § 14 Abs. 2 17
S. 2 LFZG die Umlagebeträge auch nach dem Entgelt festzusetzen, nach dem die Beiträge zu den gesetzlichen Rentenversicherungen für die im Betrieb beschäftigten Angestellten und Auszubildenden bemessen werden oder bei Versicherungspflicht in der gesetzlichen Rentenversicherung zu bemessen wären.

Bei der Bemessung der Umlage nach § 14 Abs. 2 S. 2 LFZG sind also 18
zugrunde zu legen:
– der Lohn der Arbeiter,
– das Gehalt der Angestellten und
– die Vergütung der Auszubildenden.

Durch die Einbeziehung der Angestelltengehälter wird der Tatsache 19
Rechnung getragen, dass der Arbeitgeber auch dann Ausgleichsleistungen nach § 10 LFZG in Anspruch nehmen kann, wenn er zugunsten angestellter Arbeitnehmerinnen nach § 14 Abs. 1 MuSchG einen Zuschuss zum Mutterschaftsgeld bezahlt bzw. das Arbeitsentgelt während eines Beschäftigungsverbots nach § 11 MuSchG fortzahlt.

Die Umlagepflicht nach § 14 Abs. 2 S. 2 LFZG erfasst demgemäß auch 20
Betriebe, die ausschließlich Angestellte beschäftigen. Dies gilt auch für solche Betriebe, die ausschließlich männliche Angestellte beschäftigen und demgemäss nicht in den Genuss von Erstattungsleistungen kommen können (BSG AP Nr. 1 zu § 10 LFZG; *Figge*, BB 1986, 2410, 2413; *Geyer/Knorr/Krasney* § 14 LFZG Rdn. 22; *Hungenberg*, BlStSozArbR 1985, 244, 246f; *Kaiser/Dunkl/Hold/Kleinsorge* § 14 LFZG Rdn. 14).

Dass auch solche Betriebe erfasst werden, die keine Arbeitnehmerinnen 21
beschäftigen, steht **mit dem Grundgesetz im Einklang;** es liegt weder ein Verstoß gegen das Grundrecht der Handlungsfreiheit aus Art. 2 Abs. 1 GG noch gegen den Gleichheitssatz vor.

Mit dem Grundrecht der **Handlungsfreiheit** ist es vereinbar, Arbeitgeber 22
aufgrund eines Gesetzes zu einer Ausgleichsgemeinschaft zusammenzuschließen, denn die Verteilung der mit der Mutterschaft für die Arbeitgeber ver-

bundenen Risiken stellt einen sachlichen Grund dafür dar, dass die Arbeitgeber von Kleinbetrieben zwangsweise in eine Solidargemeinschaft einbezogen werden.

23 Die **Gleichbehandlung von Ungleichen** – Betriebe, die Arbeitnehmerinnen beschäftigen werden ebenso behandelt wie Betriebe, die keine Arbeitnehmerinnen beschäftigen – rechtfertigt sich dadurch, dass der Gesetzgeber Einstellungshemmnisse speziell für junge Frauen beseitigen wollte (BT-Drucks. 10/2102, S. 14; BSG AP Nr. 1 zu § 10 LFZG).

24 Hinsichtlich des Begriffs des Entgelts im Sinne des § 14 Abs. 2 S. 2 LFZG gelten die Ausführungen zu § 14 Abs. 2 S. 1 LFZG entsprechend (vgl. Rdn. 13).

3. Berücksichtigung von Kurzarbeitergeld, Schlechtwettergeld oder Winterausfallgeld (§ 14 Abs. 2 S. 3 LFZG)

25 Gem. § 14 Abs. 2 S. 3 LFZG bemessen sich die Umlagebeträge für die Zeit des Bezugs von Kurzarbeitergeld, Schlechtwettergeld oder Winterausfallgeld nach dem tatsächlich erzielten Arbeitsentgelt bis zur Beitragsbemessungsgrenze in der gesetzlichen Rentenversicherung. Diese Regelung geht zurück auf das Gesetz über die Verwaltung der Mittel der Träger der Krankenversicherung (KVMG) vom 15. Dezember 1979 (BGBl. I S. 2241); sie ersetzte seinerzeit die vom Bundesverfassungsgericht für mit Art. 3 Abs. 1 GG unvereinbar erklärte frühere Regelung, wonach sich die Umlagebeträge im Falle der Kurzarbeit nicht ermäßigten, sondern der fiktive Lohn zugrunde gelegt wurde (BVerfGE 48, 227).

26 Neben dem Kurzarbeitergeld wurde im Hinblick auf die vergleichbare Situation bei der Neuregelung auch das seinerzeit vorgesehene Schlechtwettergeld berücksichtigt (vgl. BT-Drucks. 8/3126, S. 15; *Geyer/Knorr/Krasney* § 14 LFZG Rdn. 10). Die Berücksichtigung des Winterausfallgeldes geht zurück auf das Zweite Gesetz zur Änderung des Arbeitsförderungsgesetzes im Bereich des Baugewerbes vom 15. Dezember 1995 (BGBl. I S. 1809).

27 Gem. § 14 Abs. 2 S. 3 LFZG sind für Zeiten des Bezuges von Kurzarbeitergeld, Schlechtwettergeld oder Winterausfallgeld die Umlagebeträge nach dem **tatsächlich erzielten Arbeitsentgelt** zu bemessen, soweit dieses nicht – was nicht allzu häufig der Fall sein dürfte – die Beitragsbemessungsgrenze in den gesetzlichen Rentenversicherungen übersteigt. Fällt die Arbeit im Bemessungszeitraum ganz aus und wird daher kein Arbeitsentgelt gezahlt (Kurzarbeit mit null Stunden), sind auch keine Umlagebeträge zu entrichten.

4. Ausnahmen (§ 14 Abs. 2 S. 4 LFZG)

28 § 14 Abs. 2 S. 4 LFZG modifizierte die allgemeinen Regeln für die Berechnung der Umlagebeträge dahingehend, dass von den Entgelten der unter § 1 Abs. 3 Nr. 1 und 2 LFZG fallenden Arbeiter keine Umlagebeträge zu erheben sind.

29 Da § 3 EFZG keinen Anspruchsausschluss für kurzfristig oder geringfügig beschäftigte Arbeiter mehr vorsieht, ist die Regelung des § 14 Abs. 2 S. 4 LFZG gegenstandslos geworden (ebenso u.a. *Geyer/Knorr/Krasney* § 14 LFZG Rdn. 15; *Müller/Berenz* § 14 LFZG Rdn. 13).

IV. Anhang

Verordnung über die Bestimmung des Arbeitsentgelts in der Sozialversicherung (Arbeitsentgeltverordnung – ArEV)

I. d. F. der Bekanntmachung vom 18. Dezember 1984 (BGBl. I S. 1642, 1644)
Zuletzt geändert durch Gesetz vom 5. Juli 2004 (BGBl. I S. 1427)

– Auszug –

§ 1

Einmalige Einnahmen, laufende Zulagen, Zuschläge, Zuschüsse sowie ähnliche Einnahmen, die zusätzlich zu Löhnen oder Gehältern gewährt werden, sind nicht dem Arbeitsentgelt zuzurechnen, soweit sie lohnsteuerfrei sind und sich aus § 3 nichts Abweichendes ergibt.

§ 2

(1) Dem Arbeitsentgelt sind nicht zuzurechnen
1. sonstige Bezüge nach § 40 Abs. 1 Satz 1 Nr. 1 des Einkommensteuergesetzes, die nicht einmalig gezahltes Arbeitsentgelt nach § 23a des Vierten Buches Sozialgesetzbuch sind,
2. Einnahmen nach § 40 Abs. 2 des Einkommensteuergesetzes,
3. Beiträge und Zuwendungen nach § 40b des Einkommensteuergesetzes, die zusätzlich zu Löhnen oder Gehältern gewährt werden, soweit Satz 2 nichts Abweichendes bestimmt,

soweit der Arbeitgeber die Lohnsteuer mit einem Pauschsteuersatz erheben kann und er die Lohnsteuer nicht nach den Vorschriften der §§ 39b, 39c oder 39d des Einkommensteuergesetzes erhebt. Die in Satz 1 Nr. 3 genannten Beiträge und Zuwendungen sind bis zur Höhe von 2,5 vom Hundert des für ihre Bemessung maßgebenden Entgelts dem Arbeitsentgelt zuzurechnen, wenn die Versorgungsregelung mindestens bis zum 31. Dezember 2000 – vor der Anwendung etwaiger Nettobegrenzungsregelungen – eine allgemein erreichbare Gesamtversorgung von mindestens 75 vom Hundert des gesamtversorgungsfähigen Entgelts und nach Eintritt des Versorgungsfalles eine Anpassung nach Maßgabe der Entwicklung der Arbeitsentgelte im Bereich der entsprechenden Versorgungsregelung oder gesetzlicher Versorgungsbezüge vorgesehen hat; die dem Arbeitsentgelt zuzurechnenden Beiträge und Zuwendungen vermindern sich um monatlich 13,30 Euro.

(2) Dem Arbeitsentgelt sind ferner nicht zuzurechnen
1. Beträge nach § 10 des Entgeltfortzahlungsgesetzes,
2. Zuschüsse zum Mutterschaftsgeld nach § 14 des Mutterschutzgesetzes,
3. in den Fällen des § 6 Abs. 3 der Sachbezugsverordnung der vom Arbeitgeber insoweit übernommene Teil des Gesamtsozialversicherungsbeitrags,
4. Zuschüsse des Arbeitgebers zum Kurzarbeitergeld, soweit sie zusammen mit dem Kurzarbeitergeld 80 vom Hundert des Unterschiedsbetrages

zwischen dem Sollentgelt und dem Istentgelt nach § 179 des Dritten Buches Sozialgesetzbuch nicht übersteigen,

5. steuerfreie Zuwendungen an Pensionskassen, Pensionsfonds oder Direktversicherungen nach § 3 Nr. 63 Satz 1 und 2 des Einkommensteuergesetzes im Kalenderjahr bis zur Höhe von insgesamt 4 vom Hundert der Beitragsbemessungsgrenze in der Rentenversicherung der Arbeiter und Angestellten; für darin enthaltene Beträge aus einer Entgeltumwandlung (§ 1 Abs. 2 des Betriebsrentengesetzes) besteht Beitragsfreiheit bis zum 31. Dezember 2008,

6. Leistungen eines Arbeitgebers oder einer Unterstützungskasse an einen Pensionsfonds zur Übernahme bestehender Versorgungsverpflichtungen oder Versorgungsanwartschaften durch den Pensionsfonds, soweit diese nach § 3 Nr. 66 des Einkommensteuergesetzes steuerfrei sind,

7. Sanierungsgelder der Arbeitgeber zur Deckung eines finanziellen Fehlbetrages an die Einrichtungen, für die Absatz 1 Satz 2 gilt,

8. steuerlich nicht belastete Zuwendungen des Beschäftigten zugunsten von durch Naturkatastrophen im Inland Geschädigten aus Arbeitsentgelt einschließlich Wertguthaben.

§ 15 Verwaltung der Mittel

Die Krankenkasse verwaltet die Mittel für den Ausgleich der Arbeitgeberaufwendungen als Sondervermögen. Die Mittel dürfen nur für die gesetzlich vorgeschriebenen oder zugelassenen Zwecke verwendet werden.

Übersicht

	Rdn.
I. Allgemeines	1
II. Verwaltung der Mittel als Sondervermögen (§ 15 S. 1 LFZG)	5
III. Verwendung der Mittel (§ 15 S. 2 LFZG)	8

I. Allgemeines

1 § 15 LFZG regelt die **Verwaltung der Mittel** für den Ausgleich der Arbeitgeberaufwendungen.

2 Die Vorschrift geht zurück auf die ursprüngliche Fassung des Lohnfortzahlungsgesetzes vom 27. Juli 1969 (BGBl. I S. 946).

3 Im Gesetzgebungsverfahren bestand über die Regelung des § 15 LFZG Einigkeit. Die Vorschrift war wortgleich in den Gesetzentwürfen der Fraktion der SPD (BT-Drucks. V/3893) und der Fraktion der CDU/CSU (BT-Drucks. V/3895) enthalten (jeweils § 14) und erfuhr auch keine Änderung durch den Ausschuss für Arbeit (BT-Drucks. V/4285, S. 4).

4 Die Regelung ist seit dem Inkrafttreten des Lohnfortzahlungsgesetzes weitgehend unverändert geblieben; durch das Gesundheits-Reformgesetz vom 20. Dezember 1988 (BGBl. I S. 2477) wurde lediglich die einleitende Formulierung „die Träger der gesetzlichen Krankenversicherung" durch die Worte „die Krankenkasse" ersetzt.

Satzung **§ 16 LFZG**

II. Verwaltung der Mittel als Sondervermögen (§ 15 S. 1 LFZG)

Die Erstattung der Arbeitgeberaufwendungen gem. §§ 10 ff. LFZG gehört 5 nicht zu den typischen Aufgaben der Krankenkassen und sie wird anders als die normalen Krankenversicherungsleistungen auch nicht durch Beiträge der Versicherten und ihrer Arbeitgeber, sondern durch eine Umlage der am Ausgleichsverfahren beteiligten Arbeitgeber finanziert. Dieser besonderen Situation trägt § 15 S. 1 LFZG dadurch Rechnung, dass er die Krankenkassen verpflichtet, die Mittel für den Ausgleich der Arbeitgeberaufwendungen als Sondervermögen zu verwalten.

Zu den Mitteln für den Ausgleich der Arbeitgeberaufwendungen gehören 6 alle Forderungen und Verpflichtungen, die sich aus den §§ 10 ff. LFZG ergeben sowie alle Vermögensbestände. Soweit aus etwaigem Vermögen Nutzungen gezogen werden, gehören auch die Nutzungen zum Sondervermögen (*Geyer/Knorr/Krasney* § 15 LFZG Rdn. 1; *Kaiser/Dunkl/Hold/Kleinsorge* § 15 LFZG Rdn. 2; *Worzalla/Süllwald* § 15 LFZG Rdn. 1).

Das Sondervermögen ist getrennt zu verwalten. Dies setzt zumindest voraus, 7 dass die Mittel des Sondervermögens getrennt verbucht werden und über sie getrennt Rechnung gelegt wird (vgl. *Geyer/Knorr/Krasney* § 15 LFZG Rdn. 1; *Kaiser/Dunkl/Hold/Kleinsorge* § 15 LFZG Rdn. 3).

III. Verwendung der Mittel (§ 15 S. 2 LFZG)

§ 15 S. 2 LFZG, der inhaltlich mit § 30 Abs. 1 SGB IV vergleichbar ist, 8 bestimmt, dass die Mittel des Sondervermögens nur für die gesetzlich vorgeschriebenen oder zugelassenen Zwecke verwendet werden dürfen.

Zu diesen Zwecken gehört naturgemäß in erster Linie die Gewährung 9 von Ausgleichsleistungen. Des weiteren kommen in Betracht die Bildung von Betriebsmitteln (§ 16 Abs. 1 Nr. 2 LFZG), die Zahlung von in der Satzung vorgesehenen Vorschüssen (§ 16 Abs. 2 Nr. 2 LFZG) und die Aufwendungen für die personellen und sachlichen Verwaltungskosten einschließlich der Aufwendungen für die Führung von Rechtsstreitigkeiten (vgl. *Geyer/ Knorr/Krasney* § 15 LFZG Rdn. 2 f.; *Kaiser/Dunkl/Hold/Kleinsorge* § 15 LFZG Rdn. 4).

§ 16 Satzung

(1) **Die Satzung der Krankenkasse muß bestimmen über**
1. **Höhe der Umlagesätze,**
2. **Bildung von Betriebsmitteln,**
3. **Aufstellung des Haushaltes,**
4. **Prüfung und Abnahme des Rechnungsabschlusses.**
(2) **Die Satzung kann**
1. die Höhe der Erstattung nach § 10 Abs. 1 Satz 1 Nr. 1 und Nr. 4 in Verbindung mit Nr. 1 beschränken,

LFZG § 16 Satzung

1 a. eine pauschale Erstattung des von den Arbeitgebern zu tragenden Teils des Gesamtsozialversicherungsbeitrags für das nach § 11 des Mutterschutzgesetzes gezahlte Arbeitsentgelt vorsehen,
2. die Zahlung von Vorschüssen vorsehen,
3. die Festsetzung der Umlagebeträge nach dem für die Berechnung der Beiträge zur gesetzlichen Rentenversicherung geltenden Grundlohn zulassen,
4. die in § 10 Abs. 1 genannte Zahl von zwanzig Arbeitnehmern bis auf dreißig heraufsetzen.

(3) Die Betriebsmittel dürfen den Betrag der voraussichtlichen Ausgaben für drei Monate nicht übersteigen.

(4) In Angelegenheiten dieses Abschnitts wirken in den Organen der Selbstverwaltung nur die Vertreter der Arbeitgeber mit.

Übersicht

	Rdn.
I. Allgemeines	1
II. Notwendiger Satzungsinhalt (§ 16 Abs. 1 LFZG)	7
III. Fakultativer Satzungsinhalt (§ 16 Abs. 2 LFZG)	14
IV. Betriebsmittel (§ 16 Abs. 3 LFZG)	21
V. Selbstverwaltung (§ 16 Abs. 4 LFZG)	22

I. Allgemeines

1 § 16 Abs. 1 LFZG verpflichtet die Krankenkasse, in ihre Satzung bestimmte Regelungen über die Erstattung der Arbeitgeberaufwendungen nach den §§ 10 ff. LFZG aufzunehmen. Nicht erforderlich ist der Erlass einer besonderen Satzung, die nur die in § 16 LFZG angesprochenen Fragen regelt; die Vorschriften können in der allgemeinen Satzung der Krankenkasse enthalten sein (*Geyer/Knorr/Krasney* § 16 LFZG Rdn. 1). § 16 Abs. 2 LFZG nennt ergänzend weitere Materien, die fakultativ in der Satzung der Krankenkasse geregelt werden können. § 16 Abs. 3 LFZG limitiert die Bildung von Betriebsmitteln; § 16 Abs. 4 LFZG regelt schließlich das Selbstverwaltungsverfahren in den Angelegenheiten des (Zweiten Abschnitts des) LFZG.

2 § 16 LFZG geht zurück auf die ursprüngliche Fassung des Lohnfortzahlungsgesetzes vom 27. Juli 1969 (BGBl. I S. 946).

3 Die Vorschrift hat im Laufe des Gesetzgebungsverfahrens einige Änderungen erfahren. Im Gegensatz zur späteren Fassung des Gesetzes war sowohl im Gesetzentwurf der Fraktion der SPD (BT-Drucks. V/3893) als auch im Entwurf der CDU/CSU-Fraktion (BT-Drucks. V/3895) (jeweils § 15) die Bildung einer Rücklage vorgesehen; beide Gesetzentwürfe unterschieden sich insoweit, als in Absatz 4 des SPD-Entwurfs vorgesehen war, dass für bestimmte Beschlüsse eine Zweidrittelmehrheit erforderlich sein sollte.

4 Der Ausschuss für Arbeit gelangte in seinen Beratungen zu dem Ergebnis, die Bildung einer Rücklage für das Sondervermögen für den Ausgleich der Arbeitgeberaufwendungen sei nicht erforderlich, weil die Ansammlung einer Liquiditätsreserve in Form von Betriebsmitteln ausreichend sei. Neu einge-

II. Notwendiger Satzungsinhalt (§ 16 Abs. 1 LFZG)   **§ 16 LFZG**

fügt wurde außerdem Absatz 2 Nr. 3. Damit war eine Verwaltungsvereinfachung bezweckt; den Trägern der gesetzlichen Krankenversicherung sollte die Möglichkeit eröffnet werden, bei Betrieben, für die sie die Beiträge zur gesetzlichen Rentenversicherung nach Lohnstufen oder Mitgliederkassen erheben, auch die Umlagebeträge nach den gleichen Grundsätzen zu erheben (vgl. BT-Drucks. zu V/4285, S. 4).
Eine Änderung des § 16 LFZG erfolgte zunächst durch das BeschFG 1985 **5** (BGBl. I S. 710), durch das § 16 Abs. 2 Nr. 4 LFZG angefügt wurde. Das Gesundheits-Reformgesetz vom 20. Dezember 1988 ersetzte sodann die Worte „des Trägers der gesetzlichen Krankenversicherung" durch die Formulierung „der Krankenkasse".
Die heutige Fassung des § 16 LFZG beruht auf Art. 2 des „Gesetz zur Än- **6** derung des Mutterschutzrechts" vom 20. Dezember 1996 (BGBl. I S. 2110), der § 16 Abs. 2 LFZG in zweifacher Hinsicht änderte: In Nummer 1 wurde die Angabe „Satz 1 Nr. 1 und Nr. 4 in Verbindung mit Nr. 1" eingefügt und es wurde Nummer 1a neu eingefügt.

II. Notwendiger Satzungsinhalt (§ 16 Abs. 1 LFZG)

§ 16 Abs. 1 LFZG zählt abschließend jene Fragen auf, die **zwingend** in **7** der Satzung der Krankenkasse geregelt werden müssen.
Zum notwendigen Regelungsinhalt der Satzung gehört gem. § 16 Abs. 1 **8** Nr. 1 LFZG zunächst **die Höhe der Umlagesätze.**
Unter **Umlagesätzen** sind dabei nach der Legaldefinition in § 14 Abs. 2 **9** LFZG Vomhundertsätze des Entgelts zu verstehen, nach dem die Beiträge zu den gesetzlichen Rentenversicherungen für die im Betrieb Beschäftigten bemessen werden oder bei Versicherungspflicht in den gesetzlichen Rentenversicherungen zu bemessen wären.
Die **Höhe** der Umlagesätze richtet sich nach dem Mittelbedarf, der durch **10** das Erstattungsverfahren nach den §§ 10 ff. LFZG entsteht; die Höhe ist so festzusetzen, dass die Umlagebeträge zusammen mit den sonstigen Einnahmen ausreichen, um die notwendigen Aufwendungen für den Ausgleich der Arbeitgeberaufwendungen und die sonstigen zulässigen Ausgaben (Bildung von Betriebsmitteln, Zahlung von Vorschüssen, Verwaltungskosten) zu bestreiten. Die Höhe der Umlagesätze ist für alle Arbeitgeber ohne Rücksicht auf die Größe des Betriebes oder das Erstattungsrisiko einheitlich festzusetzen (*Geyer/Knorr/Krasney* § 16 LFZG Rdn. 7; *Worzalla/Süllwald* § 16 Rdn. 3; a. A. *Kaiser/Dunkl/Hold/Kleinsorge* § 16 LFZG Rdn. 3).
Des weiteren gehört zum notwendigen Satzungsinhalt gem. § 16 Abs. 1 **11** Nr. 2 LFZG die **Bildung von Betriebsmitteln.** Unter **Betriebsmitteln** sind kurzfristig verfügbare Mittel zur Bestreitung der laufenden Ausgaben sowie zum Ausgleich von Einnahme- und Ausgabeschwankungen zu verstehen (vgl. § 81 SGB IV). Die Satzung hat ihre **Ansammlung** und ihre **Höhe** zu regeln, wobei die Höhe durch § 16 Abs. 3 LFZG limitiert ist. Im übrigen gilt für die Anlegung und Verwaltung der Betriebsmittel § 80 SGB IV, wonach die Betriebsmittel so anzulegen und zu verwalten sind, dass ein Verlust ausgeschlossen erscheint, ein angemessener Ertrag erzielt wird

und eine ausreichende Liquidität gewährleistet ist (ausführlich *Geyer/Knorr/ Krasney* § 16 LFZG Rdn. 8 ff.).

12 Der dritte Punkt innerhalb des notwendigen Satzungsinhalts ist gem. § 16 Abs. 1 Nr. 3 LFZG die **Aufstellung des Haushalts**. Aus dem Haushalt müssen sich alle im Haushaltsjahr zu erwartenden Einnahmen ergeben. Für das Haushaltswesen gelten im übrigen über § 17 LFZG die §§ 67 ff. SGB IV sowie die Verordnung über das Haushaltswesen in der Sozialversicherung.

13 Schließlich muss die Satzung gem. § 16 Abs. 1 Nr. 4 LFZG Bestimmungen über die **Prüfung und die Abnahme des Rechnungsabschlusses** enthalten. Der Rechnungsabschluss dient dazu, einen genauen Überblick über die Finanzlage des Sondervermögens zu gewinnen und die Tätigkeit der Verwaltung in finanzieller Hinsicht zu überprüfen. Die näheren Einzelheiten über den Rechnungsabschluss ergeben sich aus den über § 17 LFZG geltenden Vorgaben des § 77 SGB IV sowie der Verordnung über das Haushaltswesen in der Sozialversicherung. Der Spielraum, der den Krankenkassen unter Berücksichtigung dieser Vorschriften noch für satzungsmäßige Regelungen bleibt, ist verhältnismäßig gering; er beschränkt sich auf Details des Prüfungsverfahrens und des Abnahmeverfahrens.

III. Fakultativer Satzungsinhalt (§ 16 Abs. 2 LFZG)

14 Während § 16 Abs. 1 LFZG den notwendigen Satzungsinhalt umschreibt, nennt **§ 16 Abs. 2 LFZG** jene Themenbereiche, die in der Satzung geregelt werden **können**, jedoch nicht geregelt werden müssen.

15 Zum fakultativen Satzungsinhalt gehört zunächst die Möglichkeit, die **Höhe der Erstattung zu beschränken**. **§ 16 Abs. 2 Nr. 1 LFZG** knüpft insoweit an § 10 Abs. 1 LFZG an, wonach 80 vom Hundert der Arbeitgeberaufwendungen erstattet werden. Durch die Satzung kann dieser **Prozentsatz verringert** oder die **Leistungshöhe** in anderer Weise **limitiert** werden. Dies kann z. B. dadurch geschehen, dass die auf das Arbeitsentgelt entfallenden Arbeitgeberbeiträge zur Kranken-, Renten- und/oder Arbeitslosenversicherung von der Erstattung ausgeschlossen werden.

16 Eine **Veränderung der Leistungsvoraussetzungen** – die im Ergebnis ebenfalls zu einer Verringerung der Erstattungsleistungen führen könnte – ist dagegen ebenso wenig zulässig wie ein völliger Ausschluss der Erstattung durch eine Reduzierung des Vomhundertsatzes auf null oder eine Erhöhung des Vomhundertsatzes bzw. eine andere Form der Leistungsausweitung (vgl. *Brecht* § 16 LFZG Rdn. 5; *Geyer/Knorr/Krasney* § 16 LFZG Rdn. 15; *Marburger*, BlStSozArbR 1986, 2410, 2412 f).

17 Neu eingefügt worden ist durch das „Gesetz zur Änderung des Mutterschutzrechts" vom 20. Dezember 1996 (BGBl. I S. 2110) **§ 16 Abs. 2 Nr. 1a LFZG**. Der Gesetzgeber hat damit die Möglichkeit eröffnet, Satzungsregelungen zu schaffen, die eine pauschale Erstattung des von den Arbeitgebern zu tragenden Teils des Gesamtsozialversicherungsbeitrags für das nach § 11 MuSchG gezahlte Arbeitsentgelt vorsehen.

18 Des weiteren gehört zum fakultativen Satzungsinhalt gem. **§ 16 Abs. 2 Nr. 2 LFZG** die Schaffung von Regelungen, wonach **Vorschüsse** gezahlt

IV. Betriebsmittel (§ 16 Abs. 3 LFZG) § 16 LFZG

werden. Unter Vorschüssen sind dabei Vorauszahlungen auf zu erwartende Erstattungsleistungen zu verstehen. Hinsichtlich der Ausgestaltung derartiger satzungsmäßiger Bestimmungen besteht ein relativ großer Gestaltungsspielraum. Die Satzung kann Vorschusszahlungen generell vorsehen, sie kann die Vorschusszahlungen aber auch auf bestimmte Fallkonstellationen beschränken, in denen der Arbeitgeber als besonders schutzbedürftig erscheint. Zu denken ist insoweit z. B. an eine Beschränkung auf Arbeitgeber mit einer (besonders) geringen Anzahl von Beschäftigten oder auf Arbeitgeber, die gleichzeitig für einen bestimmten Prozentsatz ihrer Beschäftigten Entgeltfortzahlung zu leisten haben (vgl. *Geyer/Knorr/Krasney* § 16 LFZG Rdn. 17). Sind Vorschüsse zu Unrecht geleistet worden, eröffnet § 13 Abs. 2 Nr. 2 LFZG die Möglichkeit der Aufrechnung (vgl. § 13 LFZG Rdn. 6 ff.).

§ 16 Abs. 2 Nr. 3 LFZG, wonach die Satzung die Festsetzung der Um- 19 lagebeträge nach dem für die Berechnung der Beiträge zur gesetzlichen Rentenversicherung geltenden Grundlohn zulassen kann, ist durch die Rechtsentwicklung überholt (ebenso *Brecht* § 16 LFZG Rdn. 12; *Geyer/Knorr/ Krasney* § 16 LFZG Rdn. 19). Die Vorschrift war im Zusammenhang mit jenen Bestimmungen der gesetzlichen Rentenversicherung zu sehen, die unter bestimmten Voraussetzungen eine Beitragsberechnung nach Lohnstufen bzw. nach dem Grundlohn vorsahen; um unnötige (Doppel-)Berechnungen zu vermeiden, eröffnete § 16 Abs. 2 Nr. 3 LFZG die Möglichkeit, auch im Anwendungsbereich der §§ 10 ff. LFZG am Grundlohn als Berechnungsgrundlage anzuknüpfen. Die Alternative, Beiträge nach dem Grundlohn zu berechnen, besteht jedoch in den gesetzlichen Rentenversicherungen seit dem 1. Januar 1989 nicht mehr.

§ 16 Abs. 2 Nr. 4 LFZG ermöglicht schließlich eine Ausdehnung des 20 Ausgleichsverfahrens in der Weise, dass alle Betriebe, die ausschließlich der zu ihrer Berufsausbildung Beschäftigten nicht mehr als 30 Arbeitnehmer beschäftigen, am Ausgleichsverfahren teilnehmen. Eine weitere Erhöhung ist – ebenso wie eine Verringerung der maßgeblichen Beschäftigtenzahl unter 20 – nicht zulässig.

IV. Betriebsmittel (§ 16 Abs. 3 LFZG)

§ 16 Abs. 3 LFZG legt fest, dass die Betriebsmittel die voraussichtlichen 21 Ausgaben für drei Monate nicht übersteigen dürfen. Diese Regelung ist zunächst für die Ausgestaltung der Satzungsbestimmungen gem. § 16 Abs. 1 Nr. 2 LFZG von Bedeutung. Des weiteren ist aus § 16 Abs. 3 LFZG – ebenso wie aus der Entstehungsgeschichte der Vorschrift (vgl. Rdn. 3) – zu entnehmen, dass die Bildung sonstiger Rücklagen unzulässig ist (vgl. *Geyer/ Knorr/Krasney* § 16 LFZG Rdn. 9). Schließlich ergibt sich aus § 16 Abs. 3 LFZG, dass die Krankenkasse zu einer Änderung der Regelungen über die Umlagesätze verpflichtet ist, wenn die Betriebsmittel die in § 16 Abs. 3 LFZG genannte Grenze übersteigen.

V. Selbstverwaltung (§ 16 Abs. 4 LFZG)

22 § 16 Abs. 4 LFZG, wonach in Angelegenheiten des (Zweiten Abschnitts des) LFZG in den Organen der Selbstverwaltung nur die Vertreter der Arbeitgeber mitwirken, modifiziert die allgemeinen Regeln der §§ 29 ff. SGB IV, die im übrigen über § 17 LFZG Anwendung finden.

23 Nach den allgemeinen Vorschriften sind die Organe der Selbstverwaltungskörperschaften, d. h. den Vorstand und die Vertreterversammlung (vgl. § 31 Abs. 1 SGB IV), grundsätzlich paritätisch mit gewählten Vertretern der Versicherten und der Arbeitgeber besetzt. Abweichende Regelungen bestehen – soweit sie hier von Interesse sind – für die Bundesknappschaft, deren Organe zu ²/₃ aus Versichertenvertretern und nur zu ¹/₃ aus Vertretern der Arbeitgeber bestehen (§ 44 Abs. 1 SGB IV).

24 Diese allgemeinen Bestimmungen werden durch § 16 Abs. 4 LFZG dahingehend modifiziert, dass die Vertreter der Versicherten von der Mitwirkung im Vorstand und in der Vertreterversammlung ausgeschlossen sind, soweit diese sich mit Angelegenheiten aus dem Bereich der §§ 10 ff. LFZG beschäftigen. Damit wird der Tatsache Rechnung getragen, dass das Erstattungsverfahren sowohl was den Kreis der Begünstigten angeht als auch hinsichtlich der Leistungspflichten ausschließlich die Arbeitgeber betrifft.

25 § 16 Abs. 4 LFZG hat zur Folge, dass die Vertreter der Versicherten an der Beratung und Beschlussfassung in Angelegenheiten des Ausgleichsverfahrens nicht teilnehmen dürfen (*Geyer/Knorr/Krasney* § 16 LFZG Rdn. 23). Ist der Vorsitzende des Vorstandes oder der Vertreterversammlung ein Vertreter der Versicherten, wird in Angelegenheiten des Ausgleichsverfahrens sein Stellvertreter als Vorsitzender tätig (*Kaiser/Dunkl/Hold/Kleinsorge* § 16 LFZG Rdn. 14).

§ 17 Anwendung sozialversicherungsrechtlicher Vorschriften

Die für die gesetzliche Krankenversicherung geltenden Vorschriften finden entsprechende Anwendung, soweit dieses Gesetz nichts anderes bestimmt.

Übersicht

	Rdn.
I. Allgemeines	1
II. Anwendbare Vorschriften	5

I. Allgemeines

1 § 17 LFZG erklärt auf das Ausgleichsverfahren die Vorschriften für die gesetzliche Krankenversicherung für anwendbar, soweit das Lohnfortzahlungsgesetz keine speziellere Regelung enthält.

2 § 17 LFZG geht zurück auf die ursprüngliche Fassung des Lohnfortzahlungsgesetzes vom 27. Juni 1969 (BGBl. I S. 946).

II. Anwendbare Vorschriften **§ 17 LFZG**

Im Gesetzgebungsverfahren bestand über die Regelung des § 17 LFZG 3
Einigkeit. Die Vorschrift war wortgleich in den Gesetzentwürfen der Fraktion der SPD (BT-Drucks. V/3893, dort § 17) und der Fraktion der CDU/CSU (BT-Drucks. V/3895, dort § 16) enthalten und erfuhr auch keine Änderung durch den Ausschuss für Arbeit (BT-Drucks. zu V/4285, S. 4).
Die Regelung ist seit dem In-Kraft-Treten des Lohnfortzahlungsgesetzes 4
unverändert geblieben.

II. Anwendbare Vorschriften

Gemäß § 17 LFZG finden die für die Krankenversicherung geltenden 5
Vorschriften auf das Erstattungsverfahren Anwendung, soweit das LFZG
nichts anderes bestimmt.
Für die Krankenversicherung gelten grundsätzlich im wesentlichen der 6
Allgemeine Teil des Sozialgesetzbuchs (SGB I), die Gemeinsamen Vorschriften für die Sozialversicherung (SGB IV), das SGB V und die Vorschriften
über das Verwaltungsverfahren, den Schutz der Sozialdaten und die Zusammenarbeit der Leistungsträger und ihre Beziehungen zu Dritten (SGB X).
Die praktische Bedeutung der Verweisung auf diese Vielzahl von Vor- 7
schriften ist jedoch wesentlich geringer, als dies zunächst den Anschein hat,
da viele Bestimmungen insbesondere des SGB V thematisch nicht einschlägig
sind und zahlreiche andere Regelungen durch speziellere Vorschriften des
Lohnfortzahlungsgesetzes verdrängt werden.
Aus dem **SGB I** kommen neben den allgemeinen Vorschriften der §§ 11 8
bis 17 SGB I im wesentlichen die Grundsätze des Leistungsrechts (§§ 38 ff.
SGB I) als anwendbare Regelungen in Betracht. Dabei ist jedoch zu beachten, dass wichtige Problemfelder wie zum Beispiel Zahlung von Vorschüssen, Verjährung, Fälligkeit und Aufrechnung durch das Lohnfortzahlungsgesetz eine speziellere Regelung gefunden haben. Die Bestimmungen über die
Mitwirkungspflichten des Leistungsberechtigten (§§ 60 ff. SGB I) mag man
zwar vom Grundsatz her für anwendbar halten (vgl. *Geyer/Knorr/Krasney*
§ 17 LFZG Rdn. 2), zumindest hinsichtlich der „Sanktionen" enthält das
Lohnfortzahlungsgesetz jedoch in Gestalt des § 11 LFZG eine Sonderregelung.
Große Bedeutung kommt dagegen dem **SGB IV** zu; dies gilt insbeson- 9
dere für die Begriffsbestimmungen (z. B. Arbeitsentgelt, § 14 SGB IV), die
durch § 16 Abs. 4 LFZG modifizierten Vorschriften über die Selbstverwaltung und für die Regelungen über das Haushalts- und Rechnungswesen sowie das Vermögen.
Aus dem **SGB V** kommen für eine entsprechende Anwendung im Rah- 10
men des Erstattungsverfahrens nur wenige Regelungen in Betracht. Zu
denken ist insoweit etwa an die Regelungen über die Satzung (§§ 194 ff.
SGB V) oder über die Verwendung von Daten (§§ 284 ff. SGB V). Bestimmungen wie § 146 SGB V (Verfahren zur Vereinigung von Ortskrankenkassen) oder § 164 SGB V (Auflösung von Innungskrankenkassen) sind zwar
anwendbar (*Geyer/Knorr/Krasney* § 17 LFZG Rdn. 2), die praktische Relevanz dieser Verweisungen erscheint jedoch sehr gering.

LFZG § 18   Ausnahmevorschriften

11   Hinsichtlich des **SGB X** kommt es in der Regel nicht zu einer Verdrängung durch speziellere Vorschriften des LFZG. Bedeutsam ist nicht zuletzt die Verweisung auf die Bestimmungen über den Schutz der Sozialdaten.

§ 18 Ausnahmevorschriften

Die Vorschriften dieses Abschnitts sind nicht anzuwenden auf
1. **den Bund, die Länder, die Gemeinden und Gemeindeverbände sowie sonstige Körperschaften, Anstalten und Stiftungen des öffentlichen Rechts sowie die Vereinigungen, Einrichtungen und Unternehmungen, die hinsichtlich der für die Arbeiter des Bundes, der Länder oder der Gemeinden geltenden Tarifverträge tarifgebunden sind, und die Verbände von Gemeinden, Gemeindeverbänden und kommunalen Unternehmen einschließlich deren Spitzenverbände,**
2. **Dienststellen und diesen gleichgestellte Einrichtungen der in der Bundesrepublik stationierten ausländischen Truppen und der dort auf Grund des Nordatlantikpaktes errichteten internationalen militärischen Hauptquartiere,**
3. **Hausgewerbetreibende (§ 1 Abs. 1 Buchstabe b des Heimarbeitsgesetzes) sowie die in § 1 Abs. 2 Buchstaben b und c des Heimarbeitsgesetzes bezeichneten Personen, wenn sie hinsichtlich der Entgeltregelung gleichgestellt sind,**
4. **die Spitzenverbände der freien Wohlfahrtspflege (Arbeiterwohlfahrt-Hauptausschuß, Central-Ausschuß für die Innere Mission und Hilfswerk der Evangelischen Kirche in Deutschland, Deutscher Caritasverband, Deutscher Paritätischer Wohlfahrtsverband, Deutsches Rotes Kreuz und Zentralwohlfahrtsstelle der Juden in Deutschland) einschließlich ihrer Untergliederungen, Einrichtungen und Anstalten,**
5. **die nach § 2 Abs. 1 Nr. 3 des Gesetzes über die Krankenversicherung der Landwirte versicherten mitarbeitenden Familienangehörigen eines landwirtschaftlichen Unternehmers.**

Übersicht

	Rdn.
I. Allgemeines	1
II. Ausnahmen gem. § 18 LFZG	5

I. Allgemeines

1   § 18 LFZG nimmt eine Reihe von Betrieben bzw. Personen aus dem Anwendungsbereich des Lohnfortzahlungsgesetzes aus.

2   Die Regelung geht zurück auf die ursprüngliche Fassung des Lohnfortzahlungsgesetzes vom 26. Juni 1969 (BGBl. I S. 649).

3   Im Gesetzgebungsverfahren bestand über die Regelung des § 18 LFZG grundsätzlich Einigkeit. Die Gesetzentwürfe der Fraktion der SPD (BT-Drucks. V/3893) und der Fraktion der CDU/CSU (BT-Drucks. V/3895, dort § 18) unterschieden sich lediglich in der Formulierung der Nr. 1; im

II. Ausnahmen gem. § 18 LFZG § 18 LFZG

CDU/CSU-Entwurf fehlte der Hinweis auf „die Vereinigungen, Einrichtungen und Unternehmungen, die hinsichtlich der für die Arbeiter des Bundes, der Länder und der Gemeinden geltenden Tarifverträge tarifgebunden sind, und die Verbände von Gemeinden, Gemeindeverbänden und kommunalen Unternehmen einschließlich deren Spitzenverbände". Der Ausschuss für Arbeit übernahm die präzisere Formulierung des SPD-Entwurfs (vgl. BT-Drucks. zu V/4285, S. 4).
Ihre heutige Fassung erhielt die Vorschrift durch das Gesetz über die 4 Krankenversicherung der Landwirte (KVLG) vom 10. August 1972 (BGBl. I S. 1433), durch das die Nr. 5 angefügt wurde.

II. Ausnahmen gem. § 18 LFZG

§ 18 LFZG nennt **abschließend** verschiedene Gruppen von Betrieben 5 bzw. Personen, auf die die Vorschriften (des Zweiten Abschnitts) des LFZG keine Anwendung finden.
Nicht in den Anwendungsbereich der §§ 10 ff. LFZG fallen gem. § 18 6 **Nr. 1 LFZG** zunächst unter anderem der Bund, die Länder, die Gemeinden und Gemeindeverbände sowie sonstige öffentliche Arbeitgeber. Der Sinn dieser Ausnahme ist darin zu sehen, dass für die in § 18 Nr. 1 LFZG genannten Arbeitgeber kein Bedürfnis für einen Ausgleich der Arbeitgeberaufwendungen besteht; für die betroffenen Arbeitgeber stellt die Entgeltfortzahlung kein wirtschaftliches Risiko dar, weil sie in der Regel keine auf Gewinnerzielung gerichteten Unternehmen betreiben (*Geyer/Knorr/Krasney* § 18 LFZG Rdn. 1).
Die praktische Bedeutung der Regelung ist relativ gering, da die in § 18 7 Nr. 1 LFZG angesprochenen Arbeitgeber typischerweise mehr als 20 Arbeitnehmer beschäftigen und damit ohnehin nicht in den Anwendungsbereich der §§ 10 ff. LFZG fallen. Bedeutung hat die Ausnahmeregelung jedoch z. B. für kleinere Gemeinden.
Für die in **§ 18 Nr. 2 LFZG** genannten Dienststellen und die diesen 8 gleichgestellten Einrichtungen der in der Bundesrepublik stationierten ausländischen Truppen und der dort auf Grund des Nordatlantikpaktes errichteten internationalen militärischen Hauptquartiere gelten ähnliche Überlegungen. Der Sinn der Ausnahmeregelung ist darin zu sehen, dass die angesprochenen Arbeitgeber kein Bedürfnis nach einem Ausgleich der Arbeitgeberaufwendungen haben; die praktische Bedeutung der Ausnahme ist im Hinblick auf die normalerweise festzustellenden Beschäftigtenzahlen gering.
Ebenfalls nicht in den Anwendungsbereich der §§ 10 ff. LFZG fallen gem. 9 **§ 18 Nr. 3 LFZG** Hausgewerbetreibende sowie die in § 1 Abs. 2 Buchstabe b und c HAG bezeichneten Personen (zum betroffenen Personenkreis vgl. § 10 EFZG Rdn. 10 ff.), wenn sie hinsichtlich der Entgeltregelung gleichgestellt sind. Diese Personen erhalten gem. § 10 Abs. 1 S. 2 Nr. 2 EFZG einen höheren Zuschlag zum Arbeitsentgelt, wobei dieser Zuschlag gem. § 10 Abs. 1 S. 3 EFZG zugleich zur Sicherung der Ansprüche der von ihnen Beschäftigten dient (ausführlicher § 10 EFZG Rdn. 35 ff.). Damit besteht be-

reits eine spezielle Regelung zur Abmilderung des Entgeltfortzahlungsrisikos, so dass eine Beteiligung am allgemeinen Ausgleichsverfahren nach den §§ 10ff. LFZG nicht erforderlich ist (*Kaiser/Dunkl/Hold/Kleinsorge* § 18 LFZG Rdn. 5).

10 Für den Ausschluss der in § 18 Nr. 4 LFZG genannten Spitzenverbände der freien Wohlfahrtspflege einschließlich ihrer Untergliederungen, Einrichtungen und Anstalten gelten wiederum ähnliche Überlegungen wie sie § 18 Nr. 1 und 2 LFZG zugrunde liegen. Die Wohlfahrtsorganisationen haben kein Bedürfnis nach einem Ausgleich der Arbeitgeberaufwendungen für die Entgeltfortzahlung; die Entgeltfortzahlung stellt für sie kein wirtschaftliches Risiko dar, weil sie keine auf Gewinnerzielung gerichteten Unternehmen betreiben. Die Aufzählung der betroffenen Verbände ist abschließend (*Geyer/Knorr/Krasney* § 18 LFZG Rdn. 7; *Kaiser/Dunkl/Hold/Kleinsorge* § 18 LFZG Rdn. 6).

11 Eine letzte Ausnahme (**§ 18 Nr. 5 LFZG**) gilt schließlich hinsichtlich der nach § 2 Abs. 1 Nr. 3 KVLG 1989 versicherten mitarbeitenden Familienangehörigen eines landwirtschaftlichen Unternehmers. Bedeutsam ist diese Ausnahme nur im Hinblick auf solche mitarbeitenden Familienangehörigen, die als (echte) Arbeitnehmer tätig sind, da das Entgeltfortzahlungsgesetz sonst ohnehin keine Anwendung findet. Jene Familienangehörigen, die als Arbeitnehmer beschäftigt werden, haben zwar Entgeltfortzahlungsansprüche nach den §§ 3, 9 EFZG, der Gesetzgeber geht aber davon aus, dass es zur Abmilderung untragbarer wirtschaftlicher Risiken in den genannten Fällen nicht des Ausgleichsverfahrens nach den §§ 10ff. LFZG bedarf.

§ 19 Freiwilliges Ausgleichsverfahren

(1) **Für Betriebe eines Wirtschaftszweiges können Arbeitgeber Einrichtungen zum Ausgleich der Arbeitgeberaufwendungen errichten, an denen auch Arbeitgeber teilnehmen, die die Voraussetzungen des § 10 Abs. 1 und 2 nicht erfüllen. Die Errichtung und die Regelung des Ausgleichsverfahrens bedürfen der Genehmigung des Bundesministeriums für Gesundheit und Soziale Sicherung.**

(2) **Auf Arbeitgeber, deren Aufwendungen durch eine Einrichtung nach Absatz 1 ausgeglichen werden, finden die Vorschriften dieses Abschnittes keine Anwendung.**

(3) **Körperschaften, Personenvereinigungen und Vermögensmassen im Sinne des § 1 Abs. 1 des Körperschaftsteuergesetzes, die als Einrichtung der in Absatz 1 bezeichneten Art durch das Bundesministerium für Gesundheit und Soziale Sicherung genehmigt sind, sind von der Körperschaftsteuer, Gewerbesteuer und Vermögensteuer befreit.**

Übersicht

	Rdn.
I. Allgemeines	1
II. Freiwilliges Ausgleichsverfahren (§ 19 Abs. 1 LFZG)	6
1. Voraussetzungen (§ 19 Abs. 1 S. 1 LFZG)	7
2. Genehmigung (§ 19 Abs. 1 S. 2 LFZG)	11

I. Allgemeines	**§ 19 LFZG**

	Rdn.
III. Auswirkungen des freiwilligen Ausgleichs (§ 19 Abs. 2 LFZG)	13
IV. Steuerbefreiung (§ 19 Abs. 3 LFZG)	14

I. Allgemeines

Die §§ 10ff. LFZG sehen einen Ausgleich der Arbeitgeberaufwendungen 1 nur für Betriebe vor, die in der Regel nicht mehr als 20 – bzw. bei einer entsprechenden satzungsmäßigen Regelung nicht mehr als 30 – Arbeitnehmer beschäftigen. In Branchen mit einem typischerweise hohen Krankenstand besteht jedoch unter Umständen auch bei größeren Betrieben ein Interesse an einem vergleichbaren Ausgleichsverfahren.

Dieser Situation trägt § 19 LFZG durch die Möglichkeit eines freiwilligen 2 Ausgleichsverfahrens Rechnung. Die Beteiligung an einem freiwilligen Ausgleichsverfahren hat auch für Betriebe mit weniger als 20 Arbeitnehmern zur Folge, dass sie aus dem gesetzlichen Ausgleichsverfahren ausscheiden (§ 19 Abs. 2 LFZG). Durch die Steuerbefreiung gem. § 19 Abs. 3 LFZG wird erreicht, dass freiwillige Ausgleichseinrichtungen steuerlich nicht ungünstiger behandelt werden.

§ 19 LFZG geht im Wesentlichen zurück auf die ursprüngliche Fassung 3 des Lohnfortzahlungsgesetzes vom 27. Juli 1969 (BGBl. I S. 946).

Im Gegensatz zu fast allen anderen Vorschriften des Lohnfortzahlungsge- 4 setzes war eine entsprechende Regelung weder im Gesetzentwurf der Fraktion der SPD (BT-Drucks. V/3893) noch im Entwurf der CDU/CSU-Fraktion (BT-Drucks. V/3895) enthalten. Das freiwillige Ausgleichsverfahren wurde vom Ausschuss für Arbeit vorgesehen aufgrund einer entsprechenden Anregung von Seiten der Arbeitgeber während der Ausschussberatungen. Durch die ausschließlich seiner freien Entscheidung unterliegende Möglichkeit, dem freiwilligen Ausgleichsverfahren beizutreten, wollte man insbesondere Arbeitgebern mit bis zu 20 Arbeitnehmern eine Alternative zum gesetzlichen Ausgleichsverfahren bieten. Um ungerechtfertigte Benachteiligungen einzelner Arbeitgeber oder Gruppen von Arbeitgebern bei der Regelung des freiwilligen Ausgleichsverfahrens auszuschließen, sah man vor, dass die Errichtung der Einrichtungen und die Regelung des Ausgleichsverfahrens der Genehmigung durch den (damals) Bundesminister für Gesundheit bedürfen. Durch Absatz 3 wollte man erreichen, dass freiwillige Ausgleichseinrichtungen in steuerrechtlicher Hinsicht nicht gegenüber dem gesetzlichen Ausgleichsverfahren benachteiligt sind (vgl. BT-Drucks. V/4285, S. 4 sowie Nachtrag zu Drucksache V/4285).

Die heutige Gesetzesfassung geht zurück auf Art. 171 der Achten Zustän- 5 digkeitsanpassungs-Verordnung vom 25. November 2003 (BGBl. I S. 2304), durch die in Absatz 1 Satz 2 und Absatz 3 jeweils die aktuelle Zuständigkeitsbezeichnung „Bundesministerium für Gesundheit und Soziale Sicherung" eingefügt wurden.

II. Freiwilliges Ausgleichsverfahren (§ 19 Abs. 1 LFZG)

6 § 19 Abs. 1 S. 1 LFZG nennt jene **Voraussetzungen,** die erfüllt sein müssen, damit eine freiwillige Ausgleichseinrichtung gem. § 19 **Abs. 1 S. 2** LFZG **genehmigt** werden kann.

1. Voraussetzungen (§ 19 Abs. 1 S. 1 LFZG)

7 Eine freiwillige Ausgleichseinrichtung im Sinne des § 19 LFZG muss zum **Ausgleich der Arbeitgeberaufwendungen** errichtet werden. Aus der Stellung des § 19 LFZG im Gesetz ergibt sich, dass damit die Aufwendungen im Sinne des § 10 LFZG gemeint sind. Die Einrichtung muss also dazu dienen, die Fortzahlung des Arbeitsentgelts nach den §§ 3 und 9 EFZG, die Fortzahlung der Ausbildungsvergütung nach § 12 Abs. 1 S. 2 BBiG i. V. m. dem Entgeltfortzahlungsgesetz, die Zahlung des Zuschusses zum Mutterschaftsgeld nach § 14 Abs. 1 MuSchG und die Fortzahlung des Arbeitsentgelts bei Beschäftigungsverboten nach § 11 MuSchG auszugleichen. Andere Aufgaben darf sie grundsätzlich nicht wahrnehmen; soweit andere Aufgaben wahrgenommen werden (z. B. ein Ausgleich für die Arbeitgeberaufwendungen für die Entgeltfortzahlung an Angestellte), handelt es sich nicht um freiwillige Einrichtungen im Sinne des § 19 LFZG mit der Folge, dass z. B. keine Steuerbefreiung gem. § 19 Abs. 3 LFZG gewährt wird (vgl. *Kaiser/Dunkl/Hold/Kleinsorge* § 19 LFZG Rdn. 5).

8 Die Einrichtung muss des weiteren für Betriebe **eines Wirtschaftszweiges** errichtet werden. Unter Wirtschaftszweig ist dabei eine Gruppierung von fachlich zusammengehörigen Betriebseinheiten der Wirtschaft zu verstehen. Die Einrichtung muss allerdings nicht für alle Betriebe eines Wirtschaftszweiges errichtet werden; **regionale oder fachliche Gliederungen** sind durchaus möglich. Nicht als Einrichtungen im Sinne des § 19 LFZG errichtet werden können dagegen freiwillige Ausgleichseinrichtungen, die Betriebe mehrerer Wirtschaftszweige erfassen, weil sie nach anderen Kriterien organisiert sind (z. B. Handwerksbetriebe) (vgl. *Geyer/Knorr/Krasney* § 19 LFZG Rdn. 3; *Kaiser/Dunkl/Hold/Kleinsorge* § 19 LFZG Rdn. 10; *Worzalla/Süllwald* § 19 LFZG Rdn. 4).

9 Weitere Voraussetzung für eine Einrichtung im Sinne des § 19 LFZG ist, dass sie sowohl kleinen Betrieben, die die Voraussetzungen des § 10 LFZG erfüllen, als auch größeren Betrieben **offen steht** (Einrichtungen ..., an denen **auch** Arbeitgeber teilnehmen ...). Nicht erforderlich ist, dass tatsächlich beide Gruppen am Ausgleichsverfahren teilnehmen; es genügt, dass diese Möglichkeit besteht. Damit wird der Tatsache Rechnung getragen, dass sowohl der Beitritt als auch der Austritt freiwillig bzw. jederzeit möglich sind (vgl. *Brecht* § 19 LFZG Rdn. 10; *Kaiser/Dunkl/Hold/Kleinsorge* § 19 LFZG Rdn. 12; *Worzalla/Süllwald* § 19 LFZG Rdn. 7).

10 Letzte Voraussetzung für das Vorliegen einer Einrichtung im Sinne des § 19 LFZG ist schließlich, dass die freiwillige Einrichtung **von den Arbeitgebern** beteiligungsfähiger Betriebe **errichtet** worden ist. Die Durchführung eines freiwilligen Ausgleichsverfahrens durch eine gemeinsame Ein-

richtung der Tarifvertragsparteien oder durch ein Versicherungsunternehmen erfüllt nicht die Voraussetzungen des § 19 LFZG, mit der Folge, dass es nicht zu einer „Befreiung" vom gesetzlichen Ausgleichsverfahren gem. § 19 Abs. 2 LFZG oder zur Steuerbefreiung gem. § 19 Abs. 3 LFZG kommt (*Geyer/ Knorr/Krasney* § 19 LFZG Rdn. 4; *Kehrmann/Pelikan* § 19 LFZG Rdn. 1; *Worzalla/Süllwald* § 19 LFZG Rdn. 3).

2. Genehmigung (§ 19 Abs. 1 S. 2 LFZG)

Gem. § 19 Abs. 1 S. 2 LFZG bedürfen die Einrichtungen i. S. d. § 19 Abs. 1 S. 1 LFZG und die Regelung des Ausgleichsverfahrens der Genehmigung des Bundesministeriums für Gesundheit und Soziale Sicherung. Im Genehmigungsverfahren wird überprüft, ob die Voraussetzungen des § 19 Abs. 1 S. 1 LFZG vorliegen. **11**

Die Genehmigung hat zur Folge, dass Arbeitgeber, die sonst am gesetzlichen Ausgleichsverfahren gem. §§ 10 ff. LFZG teilnehmen würden, der freiwilligen Ausgleichseinrichtung beitreten können mit der Wirkung, dass sie vom gesetzlichen Ausgleich befreit sind. Außerdem treten mit der Genehmigung die Steuerbefreiungen gem. § 19 Abs. 3 LFZG in Kraft (*Geyer/ Knorr/Krasney* § 19 LFZG Rdn. 13f.). **12**

III. Auswirkungen des freiwilligen Ausgleichs (§ 19 Abs. 2 LFZG)

Gem. § 19 Abs. 2 LFZG finden auf Arbeitgeber, deren Aufwendungen durch eine freiwillige Ausgleichseinrichtung i. S. d. § 19 Abs. 1 LFZG ausgeglichen werden, die §§ 10 bis 18 LFZG keine Anwendung. Arbeitgeber, die einer genehmigten freiwilligen Ausgleichseinrichtung beitreten, werden gleichzeitig von der Teilnahme am gesetzlichen Ausgleichsverfahren befreit. Tritt ein Arbeitgeber mit in der Regel nicht mehr als 20 Arbeitnehmern aus der freiwilligen Ausgleichseinrichtung wieder aus, nimmt er automatisch wieder am gesetzlichen Ausgleichsverfahren teil. **13**

IV. Steuerbefreiung (§ 19 Abs. 3 LFZG)

Freiwillige Ausgleichseinrichtungen sind gem. § 19 Abs. 3 LFZG von verschiedenen Steuern befreit; dadurch wird erreicht, dass freiwillige Ausgleichseinrichtungen gegenüber dem gesetzlichen Ausgleichsverfahren keine steuerlichen Nachteile haben, die ihre Konkurrenzfähigkeit einschränken würden. **14**

§ 20 Berlin-Klausel

(gegenstandslos)

LFZG § 20 Berlin-Klausel

Das Lohnfortzahlungsgesetz enthält die früher übliche Berlin-Klausel. Mit der Suspendierung der alliierten Vorbehaltsrechte in Bezug auf Berlin ist die Notwendigkeit der Klausel entfallen. Dementsprechend ist die maßgebliche Vorschrift (§ 13 Abs. 1 des Dritten Überleitungsgesetzes) durch § 4 Abs. 1 Nr. 2 des Sechsten Überleitungsgesetzes mit Wirkung vom 3. Oktober 1990 (BGBl. I S. 2106, 2153) aufgehoben worden. Die Regelung des § 20 LFZG ist damit gegenstandslos.

E. Ergänzende Regelungen

Die Vorschriften über die Entgeltfortzahlung im Krankheitsfall werden "ergänzt" durch § 616 BGB einerseits und die §§ 617, 619 BGB, §§ 42 ff. SeemG, § 30 JArbSchG andererseits.

§ 616 BGB stellt insofern eine Ergänzung der Regelungen über die Entgeltfortzahlung im Krankheitsfall dar, als die Vorschrift unter Umständen einen Entgeltfortzahlungsanspruch begründet für Fälle, in denen zwar keine krankheitsbedingte Arbeitsunfähigkeit im Sinne des Entgeltfortzahlungsgesetzes bzw. der vergleichbaren Regelungen im Berufsbildungsgesetz oder im Seemannsgesetz vorliegt, in denen aber doch zumindest eine Krankheit Auslöser für die Leistungen des Arbeitgebers ist; zu denken ist insoweit zum einen an die Pflege erkrankter Angehöriger und zum anderen an Arztbesuche trotz bestehender Arbeitsfähigkeit (vgl. dazu unten I.).

Demgegenüber stellen die §§ 617, 619 BGB, §§ 42 ff. SeemG, § 30 JArbSchG insofern eine Ergänzung der Vorschriften über die Entgeltfortzahlung im Krankheitsfall dar, als sie zwar keine Entgeltfortzahlungsansprüche begründen, aber doch an der Krankheit eines Arbeitnehmers anknüpfen und diesem unter Umständen einen Anspruch auf Krankenfürsorge gegen seinen Arbeitgeber, d.h. nicht zuletzt auf ärztliche Behandlung, einräumen.

Die §§ 617, 619 BGB und § 30 JArbSchG werden daher im Folgenden kommentiert (vgl. dazu unten II.). Auf eine Erläuterung der §§ 42 ff. SeemG wird dagegen verzichtet, da die praktische Bedeutung der Regelungen ebenso wie die der Vorschriften über die Heuerfortzahlung im Krankheitsfall nur noch gering ist; insoweit kann bei Bedarf auf die Vorauflage zurückgegriffen werden.

I. Entgeltfortzahlung gem. § 616 BGB

§ 616 Vorübergehende Verhinderung

Der zur Dienstleistung Verpflichtete wird des Anspruchs auf die Vergütung nicht dadurch verlustig, daß er für eine verhältnismäßig nicht erhebliche Zeit durch einen in seiner Person liegenden Grund ohne sein Verschulden an der Dienstleistung verhindert wird. Er muß sich jedoch den Betrag anrechnen lassen, welcher ihm für die Zeit der Verhinderung aus einer auf Grund gesetzlicher Verpflichtung bestehenden Kranken- oder Unfallversicherung zukommt.

BGB § 616

Ergänzende Regelungen

Übersicht

	Rdn.
I. Allgemeines	1
II. Fortzahlung des Arbeitsentgelts gem. § 616 S. 1 BGB	4
1. Anspruchsberechtigter Personenkreis	5
2. Dienstverhinderung aus persönlichen Gründen	7
a) Allgemeines	7
b) Pflege erkrankter Angehöriger	11
c) Arztbesuche	16
3. Nicht erhebliche Zeit	20
4. Verschulden	26
III. Anrechnung anderer Leistungen gem. § 616 S. 2 BGB	27
IV. Abdingbarkeit	28

I. Allgemeines

1 **§ 616 ergänzt die Regelungen über die Entgeltfortzahlung im Krankheitsfall** gem. § 3 EFZG. Ähnlich wie § 3 EFZG das Leistungsstörungsrecht für den Fall einer krankheitsbedingten Arbeitsunfähigkeit modifiziert (vgl. Einleitung A Rdn. 1ff.), erhält § 616 BGB dem Arbeitnehmer seinen Anspruch auf das Arbeitsentgelt für den Fall, dass er für eine verhältnismäßig nicht erhebliche Zeit durch einen in seiner Person liegenden Grund ohne sein Verschulden die Arbeitsleistung nicht erbringen kann (zur systematischen Stellung des § 616 BGB u. a. *MüKo/Schaub* § 616 Rdn. 1; *RGRK/Matthes* § 616 Rdn. 4; *Soergel/Kraft* § 616 Rdn. 2; *Staudinger/Oetker* § 616 Rdn. 18f.).

2 § 616 BGB in seiner heutigen Form lässt sich **zurückverfolgen auf die ursprüngliche Fassung des BGB vom 18. August 1896** (RGBl. I S. 195; zur Entstehungsgeschichte der Regelung *Moll*, RdA 1980, 142; *Staudinger/Oetker* § 616 Rdn. 1ff.). Die späteren Änderungen bzw. Ergänzungen betrafen die Absätze 2–5, die durch das Entgeltfortzahlungsgesetz vom 26. Mai 1994 (BGBl. I S. 1014) aufgehoben worden sind, so dass auf eine Darstellung der Entwicklung der Norm insoweit verzichtet werden kann.

3 Aus der Sicht der Entgeltfortzahlung im Krankheitsfall ist § 616 BGB insofern von Interesse, als § 616 BGB eingreifen kann bei Arbeitsversäumnis wegen **Pflege erkrankter Angehöriger** (vgl. unten Rdn. 11ff.) und Arbeitsverhinderung durch **Arztbesuche während der Arbeitszeit** (vgl. unten Rdn. 16ff.), also bei Fallkonstellationen, die man als **krankheitsbedingte Arbeitsverhinderungen im weiteren Sinne** bezeichnen könnte. § 616 BGB geht insoweit § 275 Abs. 3 BGB als Sonderregelung vor (*Palandt/Putzo* § 616 Rdn. 3 m. w. N.).

II. Fortzahlung des Arbeitsentgelts gem. § 616 S. 1 BGB

4 Der Anspruch auf Fortzahlung des Arbeitsentgelts gem. § 616 BGB setzt voraus, dass der Betroffene zum **anspruchsberechtigten Personenkreis**

Vorübergehende Verhinderung § 616 BGB

gehört (vgl. Rdn. 5), dass er **aus persönlichen Gründen an der Dienstleistung verhindert ist** (vgl. Rdn. 6 ff.), dass er nur **für eine verhältnismäßig nicht erhebliche Zeit** verhindert ist (vgl. Rdn. 20 ff.) und dass ihn **kein Verschulden** an der Dienstverhinderung trifft (vgl. Rdn. 26).

1. Anspruchsberechtigter Personenkreis

§ 616 BGB gilt grundsätzlich für alle Personen, die aufgrund eines Dienstvertrages im Sinne des § 611 BGB tätig werden, also nicht nur für Arbeitnehmer (zum Arbeitnehmerbegriff vgl. § 1 EFZG Rdn. 12 ff.), sondern auch für freie Mitarbeiter (vgl. *Schaub,* Arbeitsrechts-Handbuch, § 97 I 2) und für arbeitnehmerähnliche Personen (vgl. *Staudinger/Oetker* § 616 Rdn. 30). Auch **GmbH-Geschäftsführer** fallen i. d. R. in den anspruchsberechtigten Personenkreis (vgl. auch § 1 EFZG Rdn. 23). 5

Erfasst werden **alle Arbeitnehmer einschließlich der seemännisch Beschäftigten**. Eine **Ausnahme** bilden lediglich **Auszubildende** im Sinne des Berufsbildungsgesetzes, für die anstelle des § 616 BGB die speziellere Regelung des § 12 Abs. 1 Nr. 2 Buchst. b BBiG gilt (vgl. *Staudinger/Oetker* § 616 Rdn. 25). 6

2. Dienstverhinderung aus persönlichen Gründen

a) Allgemeines

Durch einen in seiner Person liegenden Grund wird der Arbeitnehmer dann an der Dienstleistung verhindert, wenn **subjektive, persönliche** Leistungshindernisse auftreten (BAG AP Nr. 58 zu § 616 BGB; *Schaub,* Arbeitsrechts-Handbuch, § 97 II 1). Im Gegensatz dazu stehen **objektive** Leistungshindernisse, d. h. solche, die nicht auf den einzelnen Arbeitnehmer beschränkt sind, sondern in der Regel einen größeren Personenkreis betreffen; derartige Leistungshindernisse lösen keinen Entgeltfortzahlungsanspruch aus. 7

Als **persönliche Leistungshindernisse** werden u. a. angesehen besondere Familienereignisse wie die eigene Hochzeit (BAG AP Nr. 61 zu § 616 BGB), die Hochzeit der Kinder sowie die goldene Hochzeit der Eltern (BAG AP Nr. 43, 55 zu § 616 BGB), die Niederkunft der Ehefrau (BAG AP Nr. 38 zu § 616 BGB; vgl. aber auch BAG AP Nr. 3 zu § 52 BAT: Niederkunft der Lebensgefährtin) und Begräbnisse von engen bzw. im Haushalt lebenden Angehörigen (MüKo/*Schaub* § 616 Rdn. 15), weiterhin die Ladung zu Gerichten (LAG Hamm BB 1972, 177; MüKo/*Schaub* § 616 Rdn. 15), die Wahrnehmung gewerkschaftlicher Ämter (vgl. BAG AP Nr. 67 zu § 616 BGB) und unschuldig erlittene Untersuchungshaft (vgl. BAG AP Nr. 31 zu § 63 HGB; *Staudinger/Oetker* § 616 Rdn. 66). 8

Als **objektive Leistungshindernisse** werden dagegen u. a. angesehen Schneeverwehungen, Glatteis oder allgemeine Verkehrsstörungen (vgl. LAG Hamm DB 1980, 311; BAG AP Nr. 41 zu § 37 BetrVG 1972; AP Nr. 58 zu § 616 BGB) sowie Smogalarm (*Ehmann,* NJW 1987, 401; *Richardi,* NJW 1987, 1231; weitere Beispiele bei MüKo/*Schaub* § 616 Rdn. 13; *Palandt/Putzo* § 616 Rdn. 8; *Staudinger/Oetker* § 616 Rdn. 76). 9

BGB § 616   Ergänzende Regelungen

10   Nicht als Dienstverhinderungen aus persönlichen Gründen anzusehen sind nach dem In-Kraft-Treten des EFZG auch Schonungszeiten (ausführlich § 9 EFZG Rdn. 103 ff.).

b) Pflege erkrankter Angehöriger

11   Eine Dienstverhinderung aus persönlichen Gründen kann nicht zuletzt dann vorliegen, wenn der Arbeitnehmer der Arbeit fern bleibt, weil er sich der **Pflege erkrankter Angehöriger** widmet.

12   Anerkannt worden ist ein Anspruch aus § 616 BGB in der Rechtsprechung bisher primär für den Fall, dass der Arbeitnehmer der Arbeit fern bleibt, um ein **im Haushalt lebendes erkranktes Kind,** das das 8. Lebensjahr noch nicht vollendet hat, zu beaufsichtigen, zu betreuen oder zu pflegen (vgl. BAG AP Nr. 48, 49 und 51 zu § 616 BGB). Dabei hat man sich bezüglich des Alters des Kindes angelehnt an die bis zum 31. Dezember 1991 geltende Fassung des § 45 SGB V, der für den Krankengeldanspruch eine entsprechende Altersgrenze vorsah. Daraus war jedoch schon unter der Geltung von § 45 SGB V a. F. nicht zu folgern, dass nur die Pflege eines Kleinkindes einen Anspruch aus § 616 BGB auslösen konnte; eine persönliche Dienstverhinderung konnte vielmehr auch dann zu bejahen sein, wenn **ältere Kinder,** der **Ehegatte** oder die **Eltern** des Arbeitnehmers der Pflege bedurften (vgl. GK-EFZR/*Birk* § 1 LFZG Rdn. 43; *Staudinger/Oetker* § 616 Rdn. 56).

13   Dies gilt auch unter der Geltung der ab 1. Januar 1992 anzuwendenden Fassung des § 45 SGB V, wonach ein Anspruch auf Krankengeld in Betracht kommt, wenn Kinder gepflegt werden, die das 12. Lebensjahr noch nicht vollendet haben. Ebenso wenig wie aus § 45 SGB V gefolgert werden kann, dass die Pflege eines Kindes, dass das 12. Lebensjahr noch nicht vollendet hat, stets eine Verhinderung aus persönlichen Gründen darstellt, kann umgekehrt der Schluss gezogen werden, die Pflege älterer Kinder oder anderer naher Angehöriger könne keinen Entgeltfortzahlungsanspruch gem. § 616 BGB auslösen (*Staudinger/Oetker* § 616 Rdn. 56).

14   Voraussetzung für die Anerkennung eines Anspruchs aus § 616 BGB ist jedoch im Allgemeinen, dass der Angehörige **plötzlich und unvorhergesehen erkrankt:** Vorhersehbare Erkrankungen verpflichten den Arbeitnehmer normalerweise, sich rechtzeitig um eine Pflegeperson zu bemühen (BAG AP Nr. 50 zu § 616 BGB). Darüber hinaus ist der Anspruch davon abhängig, dass die Pflege des Angehörigen **nicht auf andere Weise** oder durch andere Personen erfolgen kann. Dabei ist allerdings zu berücksichtigen, dass gerade bei Kleinkindern häufig nur die Eltern als Pflegepersonen in Betracht kommen, so dass man dem Anspruch aus § 616 BGB nicht entgegenhalten kann, eine andere Person sei zur Pflege bereit (BAG AP Nr. 48 zu § 616 BGB).

15   Soweit nur die **Eltern** als Pflegepersonen in Betracht kommen und beide berufstätig sind, können sie darüber **entscheiden, wer von ihnen die Pflege des Kindes übernimmt** (BAG AP Nr. 50 zu § 616 BGB); sie müssen dabei allerdings, wenn sie bei demselben Arbeitgeber beschäftigt sind, auch auf dessen Belange angemessen Rücksicht nehmen (MüKo/*Schaub* § 616

Vorübergehende Verhinderung § 616 BGB

Rdn. 17; zur Pflege erkrankter Angehöriger vgl. u.a. *Brill,* ZfS 1980, 221; *Sabel,* WzS 1981, 225; zur Dauer der Entgeltfortzahlung vgl. Rdn. 20 ff.).

c) Arztbesuche

In den Anwendungsbereich des § 616 BGB können weiterhin Arztbesuche fallen. Voraussetzung hierfür ist einerseits, dass der Zustand des Arbeitnehmers **keine** krankheitsbedingte **Arbeitsunfähigkeit** darstellt – sofern dies der Fall ist, besteht ein vorübergehender Anspruch nach § 3 Abs. 1 EFZG –, und andererseits, dass der Arztbesuch nicht **außerhalb der Arbeitszeit** erfolgen kann – sofern dies möglich ist, bestehen keinerlei Ansprüche auf Fortzahlung des Arbeitsentgelts. 16

Ein Anspruch aus § 616 BGB im Zusammenhang mit einem Arztbesuch setzt zunächst voraus, dass die **medizinische Notwendigkeit** für einen Arztbesuch besteht (vgl. *Brill,* NZA 1984, 281, 282 m.w.N.). Eine entsprechende Notwendigkeit ist unter Umständen auch zu bejahen, wenn der Arbeitnehmer sich einer Vorsorgeuntersuchung unterziehen will (ebenso *Becker,* Lohnfortzahlung im Krankheitsfall, S. 20; a.A. *Brill,* NZA 1984, 281, 282) oder wenn der Arbeitnehmer sich der Behandlung durch einen Dritten unterziehen will, die von einem Arzt verordnet worden ist (Massagen, Bäder etc.; vgl. BAG BB 1984, 1405). 17

Neben der medizinischen Notwendigkeit setzt ein Anspruch aus § 616 BGB voraus, dass der Arztbesuch nur **während der Arbeitszeit** erfolgen kann. Hält der Arzt außerhalb der Arbeitszeit Sprechstunden ab und sprechen keine medizinischen Notwendigkeiten für einen sofortigen Arztbesuch, ist der Arbeitnehmer gehalten, den Arzt außerhalb der Arbeitszeit aufzusuchen (*Staudinger/Oetker* § 616 Rdn. 44). Der Arbeitnehmer ist allerdings nicht gezwungen, sich bei der Wahl des Arztes primär an dessen Sprechzeiten zu orientieren; das Recht der freien Arztwahl hat Vorrang vor der Rücksichtnahme auf die Interessen des Arbeitgebers (BAG BB 1984, 1405; *Brill,* NZA 1984, 281, 283; vgl. auch *Freigang,* KrV 1984, 230). 18

Sucht der Arbeitnehmer während der Arbeitszeit einen Arzt auf, muss er auf Verlangen des Arbeitgebers eine **ärztliche Bescheinigung** vorlegen (*Lepke,* Arbeitsunfähigkeit des Arbeitnehmers, S. 169). Die Einführung eines Formulars, auf dem Arbeitnehmer sich die Notwendigkeit eines Arztbesuchs während der Arbeitszeit vom Arzt bescheinigen lassen sollen, unterliegt als Regelung der betrieblichen Ordnung der **Mitbestimmung des Betriebsrates** nach § 87 Abs. 1 Nr. 1 BetrVG (BAG AP Nr. 27 zu § 87 BetrVG 1972 Ordnung des Betriebes). 19

3. Nicht erhebliche Zeit

Der Anspruch gem. § 616 BGB besteht nur für eine **verhältnismäßig nicht erhebliche Zeit.** 20

Zur Ausfüllung dieses unbestimmten Rechtsbegriffs ist nach h.M. abzustellen auf das **Verhältnis der Verhinderungszeit zur Gesamtdauer des Arbeitsverhältnisses** (vgl. u.a. BAG AP Nr. 22 zu § 616 BGB; *Erman/Belling* § 616 Rdn. 47; *MüKo/Schaub* § 616 Rdn. 23; *Palandt/Putzo* § 616 Rdn. 9; *Wedde/Kunz* § 616 BGB Rdn. 18; kritisch hierzu u.a. Münch- 21

ArbR/*Boewer* § 80 Rdn. 17 ff.; *Staudinger/Oetker* § 616 Rdn. 95). Bei langjährig beschäftigten Arbeitnehmern können dem gemäß auch größere Zeiträume eine nicht erhebliche Zeit sein; im Extremfall hat das BAG sogar eine Dauer von acht Wochen als nicht erheblich angesehen (BAG AP Nr. 47 zu § 616 BGB).

22 Im Zusammenhang mit der **Pflege eines erkrankten (Klein-)Kindes** ist in Anlehnung an die bis zum 31. Dezember 1991 geltende Fassung des § 45 SGB V, die bezüglich des Krankengeldanspruchs eine entsprechende zeitliche Grenze vorsah, ein Zeitraum von fünf Tagen als nicht erheblich angesehen worden (BAG AP Nr. 35 zu § 63 HGB).

23 Diese „Anlehnung" des BAG an die alte Fassung des § 45 SGB V kann aber nicht dazu führen, dass nunmehr die zeitlichen Grenzen des Krankengeldanspruchs gem. § 45 SGB V in der seit dem 1. Januar 1992 geltenden Fassung herangezogen werden, denn das würde bedeuten, dass ein Arbeitnehmer in jedem Kalenderjahr für jedes Kind bis zu 10 Arbeitstagen, alleinerziehende Arbeitnehmer sogar in jedem Kalenderjahr für jedes Kind bis zu 20 Arbeitstagen freizustellen wäre, wobei die krankenversicherungsrechtliche Regelung eine Obergrenze bei 25 Arbeitstagen bzw. 50 Arbeitstagen (für Alleinerziehende) zieht. Derartige Zeiträume kann man aber auch bei großzügiger Betrachtungsweise nicht mehr als unerheblich ansehen (ebenso *Erasmy*, NZA 1992, 922; *Sowka*, RdA 1993, 34; vgl. auch *Marburger*, RdA 1993, 31).

24 Man sollte vielmehr weiterhin an den Zeitraum von **fünf Tagen** anknüpfen, wobei dies jedoch **keinesfalls als starre Grenze** anzusehen ist: Zum einen ist der Arbeitnehmer verpflichtet, sich bereits vor Ablauf von fünf Tagen um eine andere Pflegemöglichkeit zu bemühen, zum anderen sind auch Fälle denkbar, in denen im Hinblick auf die Dauer des Arbeitsverhältnisses ein längerer Zeitraum als nicht erheblich anzusehen ist.

25 Ist der Arbeitnehmer für eine erhebliche Zeit an der Arbeitsleistung verhindert, so verliert er auch den Vergütungsanspruch für die nicht erhebliche Zeit (BAGE GS 8, 314 = AP Nr. 22 zu § 616 BGB; MünchArbR/*Boewer* § 80 Rdn. 19; MüKo/*Schaub* § 616 Rdn. 23; *Staudinger/Oetker* § 616 Rdn. 90 ff.).

4. Verschulden

26 Weitere Voraussetzung des Anspruchs aus § 616 BGB ist schließlich, dass der Arbeitnehmer die Arbeitsverhinderung nicht verschuldet hat. Unter Verschulden ist dabei ebenso wie in § 3 Abs. 1 EFZG ein gröblicher Verstoß gegen das von einem verständigen Menschen im eigenen Interesse zu erwartende Verhalten zu verstehen (ebenso MünchArbR/*Boewer* § 80 Rdn. 16; *Schaub*, Arbeitsrechts-Handbuch § 97 II 2; *Staudinger/Oetker* § 616 Rdn. 81; zum Verschulden ausführlich § 3 EFZG Rdn. 110 ff.).

III. Anrechnung anderer Leistungen gem. § 616 S. 2 BGB

27 Gem. § 616 S. 2 BGB muß der Arbeitnehmer sich auf den Entgeltfortzahlungsanspruch den Betrag anrechnen lassen, welcher ihm für die Zeit der

Vorübergehende Verhinderung § 616 BGB

Verhinderung aus einer auf Grund gesetzlicher Verpflichtung bestehenden Kranken- oder Unfallversicherung zukommt. Praktische Bedeutung hat diese Anrechnungsregelung kaum. Da Kranken- bzw. Verletztengeld in den von § 616 S. 2 BGB erfassten Fällen nicht gewährt wird, bleibt als Leistung der Krankenversicherung wohl nur das Krankengeld bei Erkrankung eines Kindes gem. § 49 Nr. 1 SGB V, soweit und solange der Versicherte beitragspflichtiges Arbeitsentgelt erhält.

IV. Abdingbarkeit

Der Anspruch auf Entgeltfortzahlung gem. **§ 616 BGB ist abdingbar;** 28 dies ergibt sich im Umkehrschluss aus § 619 BGB (vgl. u. a. BAG AP Nr. 8, 30, 43, 55 und 58 zu § 616 BGB; *Erman/Belling* § 616 Rdn. 11; MüKo/ *Schaub* § 616 Rdn. 25; MünchArbR/*Boewer* § 80 Rdn. 8; *Staudinger/Oetker* § 616 Rdn. 141). Die Abbedingung kann sowohl durch den **Einzelarbeitsvertrag** (vgl. BAG AP Nr. 8, 23 und 49 zu § 616 BGB; zweifelnd *Wedde/ Kunz* § 616 BGB Rdn. 5) als auch durch **Tarifvertrag** (vgl. BGB AP Nr. 7, 55, 58 und 83 zu § 616 BGB; *Staudinger/Oetker* § 616 Rdn. 146 m. w. N.) erfolgen. Einschränkungen oder Erweiterungen sind ebenfalls möglich (vgl. u. a. BAG AP Nr. 8, 21, 49, 51 und 64 zu § 616 BGB).

Erhält ein Tarifvertrag detaillierte Regelungen darüber, in welchen Fällen 29 der Verhinderung für welchen Zeitraum das Arbeitsentgelt fortzuzahlen ist, so sind damit Ansprüche aus § 616 BGB in anderen, nicht ausdrücklich erwähnten Fällen im Zweifel nicht ausgeschlossen. Will ein Tarifvertrag für alle sonstigen Fälle, in denen für eine verhältnismäßig nicht erhebliche Zeit eine Arbeitsverhinderung aus persönlichen Gründen besteht, den Anspruch aus § 616 BGB ausschließen, so muss er dies eindeutig zum Ausdruck bringen (BAG AP Nr. 41 zu § 616 BGB; *Wedde/Kunz* § 616 BGB Rdn. 4).

BGB § 617   Ergänzende Regelungen

II. Ansprüche auf Krankenfürsorge

1   Die soziale Absicherung von Arbeitnehmern im Krankheitsfall erfolgt während der ersten sechs Wochen nach Eintritt der Erkrankung normalerweise zweigleisig: Das Krankheitsrisiko im engeren Sinne, d. h. das Risiko der Behandlungsbedürftigkeit, wird dadurch abgedeckt, dass die gesetzliche Krankenversicherung medizinische Leistungen nach dem SGB V oder nach dem KVLG gewährt, während das Risiko des mit einer krankheitsbedingten Arbeitsunfähigkeit verbundenen Einkommensausfalls vom Arbeitgeber getragen wird, der zur Fortzahlung des Arbeitsentgelts verpflichtet ist.

2   Eine Lücke im sozialen Schutz entsteht jedoch nach diesem Modell dann, wenn der Arbeitnehmer keine Leistungen der gesetzlichen Krankenversicherung im Hinblick auf seine Behandlungsbedürftigkeit erhält (und er auch nicht privat krankenversichert ist). Diese Lücke versuchen die Regelungen über die Krankenfürsorge zu schließen, indem sie unter bestimmten Voraussetzungen einem Arbeitnehmer, der keine Krankenversicherungsleistungen erhält, einen Anspruch gegen seinen Arbeitgeber auf Krankenfürsorge, d. h. nicht zuletzt auf ärztliche Behandlung, einräumen.

3   Drei Gruppen von Arbeitnehmern sind im Hinblick auf mögliche Ansprüche auf Krankenfürsorge zu unterscheiden:
   - **Personen,** die in einem dauernden Dienstverhältnis stehen, welches ihre Erwerbstätigkeit vollständig oder hauptsächlich in Anspruch nimmt, und **die der Verpflichtete (Arbeitgeber) in seinen Haushalt aufgenommen hat;** für diesen Personenkreis gelten die §§ 617, 619 BGB (vgl. 1.).
   - **Jugendliche, die der Arbeitgeber in die häusliche Gemeinschaft aufgenommen hat;** auf diese Personengruppe findet § 30 JArbSchG Anwendung (vgl. 2.).
   - **Besatzungsmitglieder und Kapitäne von Kauffahrteischiffen;** für diese Arbeitnehmergruppe gelten die §§ 42ff. SeemG.

4   Die §§ 617, 619 BGB und § 30 JArbSchG werden im Folgenden kommentiert; auf eine Erläuterung der §§ 42 ff. SeemG wird dagegen verzichtet, da die praktische Bedeutung der Regelungen des Seemannsgesetzes insgesamt nur noch gering ist. Insoweit kann bei Bedarf auf die Vorauflage zurückgegriffen werden.

1. Krankenfürsorge gem. §§ 617, 619 BGB

§ 617 Pflicht zur Krankenfürsorge

(1) **Ist bei einem dauernden Dienstverhältnisse, welches die Erwerbstätigkeit des Verpflichteten vollständig oder hauptsächlich in Anspruch nimmt, der Verpflichtete in die häusliche Gemeinschaft aufgenommen, so hat der Dienstberechtigte ihm im Falle der Erkrankung die erforderliche Verpflegung und ärztliche Behandlung bis zur Dauer von sechs Wochen, jedoch nicht über die Beendigung des Dienstverhältnisses hi-**

naus, zu gewähren, sofern nicht die Erkrankung von dem Verpflichteten vorsätzlich oder durch grobe Fahrlässigkeit herbeigeführt worden ist. Die Verpflegung und ärztliche Behandlung kann durch Aufnahme des Verpflichteten in eine Krankenanstalt gewährt werden. Die Kosten können auf die für die Zeit der Erkrankung geschuldete Vergütung angerechnet werden. Wird das Dienstverhältnis wegen der Erkrankung von dem Dienstberechtigten nach § 626 gekündigt, so bleibt die dadurch herbeigeführte Beendigung des Dienstverhältnisses außer Betracht.

(2) Die Verpflichtung des Dienstberechtigten tritt nicht ein, wenn für die Verpflegung und ärztliche Behandlung durch eine Versicherung oder durch eine Einrichtung der öffentlichen Krankenpflege Vorsorge getroffen ist.

Übersicht

	Rdn.
I. Allgemeines	1
II. Anspruch auf Krankenfürsorge (§ 617 Abs. 1 BGB)	4
1. Anspruchsvoraussetzungen	4
a) Anspruchsberechtigter Personenkreis	5
aa) Dauerndes Dienstverhältnis	7
bb) Überwiegende Inanspruchnahme der Erwerbstätigkeit	9
cc) Aufnahme in die häusliche Gemeinschaft	11
b) Erkrankung	13
c) Fehlendes Verschulden	14
2. Anspruchsumfang	16
a) Sachlicher Umfang	16
aa) Verpflegung	17
bb) Ärztliche Betreuung	19
cc) Aufnahme in eine Krankenanstalt (§ 617 Abs. 1 S. 2 BGB)	21
b) Zeitlicher Umfang	22
aa) Allgemeines	23
bb) Außerordentliche Kündigung des Dienstverhältnisses (§ 617 Abs. 1 S. 4 BGB)	28
c) Kosten	31
III. Anspruchsausschluss bei anderweitiger Vorsorge (§ 617 Abs. 2 BGB)	32

I. Allgemeines

§ 617 BGB, der auf die ursprüngliche Fassung des BGB vom 18. August 1896 (RGBl. S. 195) zurückgeht, gewährt Personen, die in einem dauernden Dienstverhältnis stehen, welches ihre Erwerbstätigkeit vollständig oder hauptsächlich in Anspruch nimmt, und die der Verpflichtete in seinen Haushalt aufgenommen hat, unter bestimmten Voraussetzungen einen Anspruch auf Krankenfürsorge. Dieser Anspruch tritt **neben** mögliche Ansprüche auf Fortzahlung des Arbeitsentgelts nach dem Entgeltfortzahlungsgesetz. **1**

Der Anspruch auf Krankenfürsorge kann wegen seiner Bindung an die Person des Betroffenen **weder abgetreten noch gepfändet werden** (*Erman/Schaub* § 617 Rdn. 2; *MüKo/Belling* § 617 Rdn. 3). Eine vertragliche Vereinbarung, die den Anspruch aus § 617 BGB zu Lasten des Berechtigten modifiziert oder ausschließt, ist gem. § 619 BGB unwirksam. **2**

3 Die **speziellen Regelungen** für in den Haushalt des Arbeitgebers aufgenommene Jugendliche in § 30 JArbSchG (sowie für Besatzungsmitglieder und Kapitäne von Kauffahrteischiffen in den §§ 42 ff. SeemG) **gehen § 617 BGB vor** (ausführlich Staudinger/Oetker § 617 Rdn. 9, 12).

II. Anspruch auf Krankenfürsorge (§ 617 Abs. 1 BGB)

1. Anspruchsvoraussetzungen

4 Der Anspruch auf Krankenfürsorge setzt voraus, dass der Betroffene zum **anspruchsberechtigten Personenkreis** gehört, dass eine **Erkrankung** vorliegt und dass ihn **kein Verschulden** am Eintreten der Erkrankung trifft.

a) Anspruchsberechtigter Personenkreis

5 Gem. § 617 Abs. 1 S. 1 BGB kommen als Anspruchsberechtigte in Betracht **alle Dienstverpflichteten,** die in einem dauernden Dienstverhältnis stehen, welches ihre Erwerbstätigkeit vollständig oder hauptsächlich in Anspruch nimmt und die vom Dienstberechtigten in die häusliche Gemeinschaft aufgenommen worden sind. § 617 Abs. 1 S. 1 BGB knüpft damit an das Vorliegen eines Dienstvertrages im Sinne des § 611 BGB an und setzt nicht voraus, dass der Betroffene Arbeitnehmer ist; auch derjenige, der aufgrund eines privatrechtlichen Dienstvertrages tätig wird, ohne persönlich abhängig zu sein, kann also grundsätzlich einen Anspruch auf Krankenfürsorge gem. § 617 BGB erlangen. Die Ausdehnung des anspruchsberechtigten Personenkreises über die Arbeitnehmer hinaus ist jedoch wohl nur von theoretischer Bedeutung, denn es ist schwer vorstellbar, dass ein selbstständiger Dienstverpflichteter in den Haushalt seines Vertragspartners aufgenommen wird (ähnlich Erman/Belling § 617 Rdn. 2).

6 Neben dem Vorliegen eines Dienstvertrages im Sinne des § 611 BGB ist Voraussetzung für die Zugehörigkeit zum anspruchsberechtigten Personenkreis, dass ein **dauerndes** Dienstverhältnis vorliegt, dass dieses die **Erwerbstätigkeit vollständig oder hauptsächlich in Anspruch nimmt** und dass eine Aufnahme in die **häusliche Gemeinschaft** des Vertragspartners erfolgt ist.

aa) Dauerndes Dienstverhältnis

7 Ein dauerndes Dienstverhältnis ist zunächst dann zu bejahen, wenn der **Dienstvertrag auf unbestimmte Zeit geschlossen worden ist** und die Parteien davon ausgehen, dass das Dienstverhältnis längere Zeit bestehen wird. Des weiteren liegt ein dauerndes Dienstverhältnis im Sinne des § 617 BGB dann vor, wenn der Vertrag zwar (wirksam) befristet ist, die **Dauer der Befristung aber einen längeren Zeitraum umfasst.** Schließlich ist von einem dauernden Dienstverhältnis unabhängig von der rechtlichen Konstruktion und den Vorstellungen der Parteien auch dann auszugehen, wenn das Dienstverhältnis **bereits längere Zeit andauert,** z.B. weil ein zunächst auf kurze Zeit geplantes Dienstverhältnis wider Erwarten fortgesetzt worden ist oder weil mehrere kurz befristete Verträge hintereinander geschlossen worden sind (ähnlich MüKo/*Schaub* § 617 Rdn. 7; *Soergel/Kraft* § 617 Rdn. 2).

Für jede dieser Fallkonstellationen stellt sich die Frage, was unter einem **längeren Zeitraum** zu verstehen ist. Sachgerecht erscheint es, insoweit einen Zeitraum von sechs Monaten anzunehmen, da dies auch die zeitliche Grenze für die Anwendbarkeit anderer arbeitsrechtlicher Schutzbestimmungen ist (ähnlich RGRK/*Matthes* § 617 Rdn. 9; a. A. *Staudinger/Oetker* § 617 Rdn. 19).

bb) Überwiegende Inanspruchnahme der Erwerbstätigkeit

Weitere Voraussetzung für die Zugehörigkeit zum anspruchsberechtigten Personenkreis ist, dass das Dienstverhältnis die Erwerbstätigkeit des Betroffenen **vollständig** oder **hauptsächlich** in Anspruch nimmt.

Ob die Erwerbstätigkeit hauptsächlich in Anspruch genommen wird, beurteilt sich ausschließlich nach dem **zeitlichen Umfang** der Tätigkeit und nicht etwa nach dem durch die Tätigkeit erzielten Entgelt oder nach der Intensität der Arbeitsleistung (*Erman/Belling* § 617 Rdn. 5; *Staudinger/Oetker* § 617 Rdn. 22). Eine Erwerbstätigkeit, die den Betroffenen überwiegend bzw. hauptsächlich in Anspruch nimmt, liegt demgemäss dann vor, wenn die Tätigkeit mehr als 50 vom Hundert der durchschnittlichen Arbeitszeit eines Arbeitnehmers ausfüllt; gegenwärtig wird man diese Grenze folglich bei etwa 19 Stunden pro Woche ziehen können (ähnlich MüKo/*Schaub* § 617 Rdn. 8; *Staudinger/Oetker* § 617 Rdn. 23).

cc) Aufnahme in die häusliche Gemeinschaft

Letzte Voraussetzung für die Zugehörigkeit zum anspruchsberechtigten Personenkreis ist schließlich, dass der Verpflichtete (Arbeitgeber) den Betroffenen in die **häusliche Gemeinschaft** aufgenommen hat. Diese Voraussetzung ist unstreitig dann erfüllt, wenn **der Arbeitnehmer im Haus des Arbeitgebers wohnt und dort mindestens eine Hauptmahlzeit einnimmt.**

Umstritten ist dagegen, ob von einer Aufnahme in den Haushalt nur dann gesprochen werden kann, wenn der Arbeitnehmer im Haus des Arbeitgebers lebt (so z. B. *Erman/Belling* § 617 Rdn. 6; *Soergel/Kraft* § 617 Rdn. 5), oder auch dann, wenn der Arbeitnehmer mit anderen Arbeitnehmern zusammen **in einem Betriebswohnheim lebt und dort versorgt wird** (so z. B. MüKo/*Schaub* § 617 Rdn. 9; *Palandt/Putzo* § 617 Rdn. 2; RGRK/*Matthes* § 617 Rdn. 14; ausführlich *Staudinger/Oetker* § 617 Rdn. 27). Auch wenn eine strenge Wortlautinterpretation eher gegen die letztgenannte Auffassung spricht, sollte man ihr im Interesse eines möglichst lückenlosen Schutzes folgen; die Grenze einer möglichen Ausdehnung des Schutzbereichs ist allerdings dann erreicht, wenn der Arbeitnehmer über einen eigenen Haushalt verfügt (ähnlich *Soergel/Kraft* § 617 Rdn. 4; *Staudinger/Oetker* § 617 Rdn. 24).

b) Erkrankung

Unter einer Erkrankung ist – ebenso wie im Recht der Entgeltfortzahlung im Krankheitsfall – ein **regelwidriger Körper- oder Geisteszustand** zu verstehen, wobei es auf dessen Ursache nicht ankommt (ähnlich *Erman/Belling* § 617 Rdn. 7; *Soergel/Kraft* § 617 Rdn. 5; *Staudinger/Oetker* § 617

Rdn. 31). Wegen der näheren Einzelheiten wird auf die Kommentierung zu § 3 EFZG verwiesen (§ 3 EFZG Rdn. 46 ff.).

c) Fehlendes Verschulden

14 Letzte Voraussetzung eines Anspruchs auf Krankenfürsorge gem. § 617 Abs. 1 BGB ist schließlich, dass der Arbeitnehmer die Erkrankung nicht **vorsätzlich oder grob fahrlässig** herbeigeführt hat. Die Formulierung des § 617 Abs. 1 BGB unterscheidet sich damit von derjenigen in § 3 Abs. 1 EFZG, der auf das „Verschulden" des Arbeitnehmers abstellt.

15 Im Ergebnis ist der Verschuldensmaßstab des § 617 BGB jedoch kein anderer als der Verschuldensmaßstab des § 3 Abs. 1 EFZG. Zu § 3 Abs. 1 EFZG war insoweit festzustellen, dass das BAG und die wohl überwiegende Auffassung im Schrifttum Verschulden im Sinne des Entgeltfortzahlungsrechts zwar als „gröblichen Verstoß gegen das von einem verständigen Menschen im eigenen Interesse zu erwartende Verhalten" definieren (u. a. BAG AP Nr. 28 zu § 63 HGB; AP Nr. 8, 25 und 26 zu § 1 LFZG; MüKo/*Schaub* § 616 Rdn. 62), dass aber diejenigen, die Verschulden im Sinne des Entgeltfortzahlungsrechts mit Vorsatz und **grober** Fahrlässigkeit gleichsetzen (u. a. *Erman/Belling* § 616 Rdn. 39; *Hofmann*, SAE 1984, 41; *Künzl*, BB 1989, 66), nicht zu abweichenden Ergebnissen gelangen (vgl. § 3 EFZG Rdn. 110 ff.). Geht man aber hiervon aus, so gilt letztlich im Rahmen des § 617 BGB kein anderer Verschuldensmaßstab als für die Entgeltfortzahlung gem. § 3 EFZG (ähnlich *Erman/Belling* § 617 Rdn. 8; RGRK/*Matthes* § 617 Rdn. 20; *Soergel/Kraft* § 617 Rdn. 5; *Staudinger/Oetker* § 617 Rdn. 35).

2. Anspruchsumfang

a) Sachlicher Umfang

16 Der Anspruch auf Krankenfürsorge gem. § 617 Abs. 1 BGB umfasst in sachlicher Hinsicht primär die erforderliche Verpflegung und ärztliche Behandlung im Haushalt des Arbeitgebers; der Arbeitgeber hat allerdings auch die Möglichkeit, den Anspruch dadurch zu erfüllen, dass er die Aufnahme des Arbeitnehmers in eine Krankenanstalt veranlasst.

aa) Verpflegung

17 Zur erforderlichen Verpflegung im Sinne des Anspruchs auf Krankenfürsorge gehört zunächst naturgemäß die Gewährung von **Nahrung** oder **Kost**. Daneben sind aber nach wohl einhelliger Meinung u. a. auch **Arznei- und Heilmittel** zu gewähren.

18 Ausgangspunkt dieser Interpretation des Begriffs Verpflegung ist die Überlegung, dass § 617 BGB den fehlenden Anspruch des Arbeitnehmers auf Leistungen der gesetzlichen Krankenversicherung ersetzen soll. Unter Verpflegung werden demgemäß neben der Nahrung auch alle Leistungen der gesetzlichen Krankenversicherung (mit Ausnahme der besonders erwähnten ärztlichen Behandlung) verstanden (vgl. u. a. *Erman/Belling* § 617 Rdn. 12; MüKo/*Schaub* § 617 Rdn. 16; RGRK/*Matthes* § 617 Rdn. 25; *Staudinger/Oetker* § 617 Rdn. 44). Im Interesse eines umfassenden sozialen Schutzes des

Pflicht zur Krankenfürsorge § 617 BGB

Arbeitnehmers ist dies sicherlich zu begrüßen; es ist allerdings auch nicht zu verkennen, dass es nach den allgemeinen Auslegungsregeln schwer fällt, z. B. Körperersatzstücke und orthopädische Hilfsmittel (Beispiele bei MüKo/ *Schaub* § 617 Rdn. 16) unter den Begriff „Verpflegung" zu subsumieren (insoweit zweifelnd auch *Staudinger/Oetker* § 617 Rdn. 44).

bb) Ärztliche Betreuung

Die Gewährung der erforderlichen ärztlichen Betreuung setzt grundsätzlich 19 voraus, dass ein **approbierter Arzt** hinzugezogen wird (MüKo/*Schaub* § 617 Rdn. 44; *Staudinger/Oetker* § 617 Rdn. 46). Je nach Art der Erkrankung muß auch ein Facharzt herangezogen werden (*Erman/Belling* § 617 Rdn. 11).

Ein **Auswahlrecht bezüglich des Arztes** steht dem erkrankten Arbeit- 20 nehmer zwar grundsätzlich nicht zu, der Arbeitgeber hat aber nach § 315 BGB auf die berechtigten Interessen des Arbeitnehmers Rücksicht zu nehmen. Dies führt wegen der erforderlichen Vertrauensbeziehung zwischen Arzt und Patient in aller Regel dazu, dass ein Vorschlag des Arbeitnehmers zu berücksichtigen ist, sofern nicht ausnahmsweise gewichtige Interessen des Arbeitgebers – z. B. eine erheblich höhere Vergütung – entgegenstehen (*Staudinger/Oetker* § 617 Rdn. 47).

cc) Aufnahme in eine Krankenanstalt (§ 617 Abs. 1 S. 2 BGB)

Der Arbeitgeber kann den Anspruch auf Krankenfürsorge nicht nur da- 21 durch erfüllen, dass er den erkrankten Arbeitnehmer im Haushalt behält und ihm dort Verpflegung und ärztliche Behandlung gewährt, sondern auch dadurch, dass er die **Aufnahme des Erkrankten in ein geeignetes Krankenhaus veranlasst.** Ist die Aufnahme in ein Krankenhaus geeignet, um die Erkrankung zu behandeln, so wird der Arbeitgeber von seiner Leistungspflicht frei, wenn der Arbeitnehmer sich weigert, die Behandlung in einem Krankenhaus entgegenzunehmen (vgl. MüKo/*Schaub* § 617 Rdn. 18; teilweise abweichend *Staudinger/Oetker* § 617 Rdn. 52).

b) Zeitlicher Umfang

Ein Anspruch auf Krankenfürsorge besteht grundsätzlich für **maximal** 22 **sechs Wochen;** Sonderregelungen gelten für den Fall einer außerordentlichen Kündigung aus Anlass der Erkrankung (vgl. Rdn. 28 ff.).

aa) Allgemeines

Der Anspruch auf Krankenfürsorge besteht gem. § 617 Abs. 1 S. 1 BGB 23 bis zur Dauer von sechs Wochen, jedoch nicht über die Beendigung des Dienstverhältnisses hinaus.

Die Sechs-Wochen-Frist kann in Anlehnung an die zu § 3 EFZG entwi- 24 ckelten Grundsätze berechnet werden (vgl. § 3 EFZG Rdn. 165 ff.).

Die Frist beginnt mit dem Tage, an dem die Erkrankung in einer Weise 25 zu Tage tritt, dass Krankenfürsorge durch den Arbeitgeber gewährt wird oder gewährt werden müsste (MüKo/*Schaub* § 617 Rdn. 21; *Staudinger/Oetker* § 617 Rdn. 56).

Bei der Berechnung der Anspruchsdauer werden jene Tage mitgezählt, an 26 denen nicht gearbeitet wird. Berücksichtigt werden also insbesondere auch

Sonn- und Feiertage. Bei nicht täglicher Arbeitszeit zählen die arbeitsfreien Werktage mit.

27 Der Anspruch endet mit Fortfall der Behandlungsbedürftigkeit (ausführlich *Staudinger/Oetker* § 617 Rdn. 54), mit Ablauf der Sechs-Wochen-Frist bzw. mit der Beendigung des Dienstverhältnisses, sofern die Beendigung nicht auf einer außerordentlichen Kündigung beruht (vgl. Rdn. 28 ff.).

bb) Außerordentliche Kündigung des Dienstverhältnisses (§ 617 Abs. 1 S. 4 BGB)

28 Gem. § 617 Abs. 1 S. 4 BGB besteht der Anspruch auf Krankenfürsorge ausnahmsweise auch über die Beendigung des Dienstverhältnisses hinaus bis zum Ablauf der Sechs-Wochen-Frist, wenn der Arbeitgeber das Dienstverhältnis **aus Anlass der Krankheit gem. § 626 BGB außerordentlich kündigt.** Damit soll verhindert werden, dass der Arbeitgeber sich durch eine (außerordentliche) Kündigung der Erfüllung des Anspruchs auf Krankenfürsorge entzieht.

29 Die Regelung des § 617 Abs. 1 S. 4 BGB ist für die betroffenen Arbeitnehmer deutlich **ungünstiger als die korrespondierende Regelung in § 8 EFZG,** denn § 617 Abs. 1 S. 4 BGB lässt den Anspruch nur fortbestehen, wenn der Arbeitgeber – was nach allgemeinen Regeln ohnehin kaum in Betracht kommt – außerordentlich kündigt, während die Entgeltfortzahlungsbestimmungen dem Arbeitnehmer seinen Anspruch auch dann erhalten, wenn der Arbeitgeber aus Anlass der Erkrankung ordentlich kündigt oder wenn der Arbeitgeber Anlass für eine außerordentliche Kündigung durch den Arbeitnehmer gibt (ausführlich § 8 EFZG).

30 Sachliche Gründe, die diese Unterschiede rechtfertigen könnten, dürften sich kaum finden lassen; es spricht Einiges dafür, dass der Gesetzgeber es lediglich versäumt hat, § 617 BGB an § 8 EFZG anzugleichen. Der Wortlaut des § 617 Abs. 1 S. 4 BGB ist jedoch so eindeutig, dass es kaum möglich erscheint, § 617 BGB im Wege der ergänzenden Gesetzesauslegung an die Entgeltfortzahlungsbestimmungen anzupassen (ebenso *Staudinger/Oetker* § 617 Rdn. 60; a. A. MüKo/*Schaub* § 617 Rdn. 20; RGRK/*Matthes* § 617 Rdn. 31).

c) Kosten

31 Die Kosten der Krankenfürsorge hat der Arbeitgeber zu tragen, § 617 Abs. 1 S. 3 BGB eröffnet ihm jedoch die Möglichkeit, die Kosten auf die für die Zeit der Erkrankung geschuldete Vergütung anzurechnen. Dies gilt jedoch nur für **zusätzliche** Kosten, wie z. B. die Kosten für eine erforderliche ärztliche Behandlung, nicht dagegen für Kosten, die auch ohne die Erkrankung entstanden wären, wie z. B. die Kosten für die auch sonst gewährte Verpflegung im Haushalt des Arbeitgebers (*Staudinger/Oetker* § 617 Rdn. 68).

III. Anspruchsausschluss bei anderweitiger Vorsorge (§ 617 Abs. 2 BGB)

32 Entsprechend der lückenschließenden Funktion des Anspruchs auf Krankenfürsorge (vgl. Einleitung E Rdn. 1 f.; *Staudinger/Oetker* § 617 Rdn. 4) tritt

die Verpflichtung des Arbeitgebers gem. § 617 Abs. 2 BGB nicht ein, wenn dem Arbeitnehmer die erforderliche Verpflegung und ärztliche Behandlung von anderer Seite gewährt wird. Im Vordergrund stehen dabei Leistungen der gesetzlichen Krankenversicherung, anspruchsausschließend wirken aber auch Leistungen eines privaten Krankenversicherungsunternehmens (u.a. *Erman/Belling* § 617 Rdn. 9; *Soergel/Kraft* § 617 Rdn. 6; *Staudinger/Oetker* § 617 Rdn. 39); unerheblich ist dabei, wer die Beiträge gezahlt hat (MüKo/ *Schaub* § 617 Rdn. 12; RGRK/*Matthes* § 617 Rdn. 21).

Damit in keinem Fall eine Lücke im sozialen Schutz des Arbeitnehmers 33 entsteht, greift der Anspruchsausschluss gem. § 617 Abs. 2 BGB allerdings nicht schon dann ein, wenn ein (Sozial-)Versicherungsverhältnis besteht, sondern erst dann, wenn auf Grund dieses Vertragsverhältnisses tatsächlich Leistungen in Anspruch genommen werden können (ähnlich *Staudinger/ Oetker* § 617 Rdn. 40).

§ 619 Unabdingbarkeit der Fürsorgepflichten

Die dem Dienstberechtigten nach den §§ 617, 618 obliegenden Verpflichtungen können nicht im Voraus durch Vertrag aufgehoben oder beschränkt werden.

Zum Schutz der Arbeitnehmer sieht § 619 BGB vor, dass (u.a.) der An- 1 spruch auf Krankenfürsorge nicht im voraus durch Vertrag aufgehoben oder beschränkt werden kann. Damit wird das Verhältnis zwischen § 617 BGB und anderen Rechtsquellen des Arbeitsrechts, insbesondere Tarifverträgen und Einzelarbeitsverträgen, dahingehend geregelt, dass – ähnlich wie im Verhältnis zwischen Tarifvertrag und Einzelarbeitsvertrag – ein Günstigkeitsvergleich durchzuführen ist.

§ 619 BGB erfasst **alle Arten von Verträgen;** kollektivrechtliche Ver- 2 einbarungen in Form von **Tarifverträgen** oder **Betriebsvereinbarungen** sind ebenso betroffen wie **Einzelarbeitsverträge** (MüKo/*Schaub* § 619 Rdn. 1).

Unzulässig sind alle vertraglichen Regelungen, die zuungunsten des Be- 3 rechtigten von § 617 BGB abweichen. Sofern ein Vertrag in mehreren Punkten von § 617 BGB abweicht – es wird z.B. der Anspruchsumfang beschränkt, gleichzeitig aber die Anspruchsdauer verlängert –, ist nicht etwa ein Gesamtvergleich, sondern ein **Einzelvergleich** durchzuführen.

Die **Rechtsfolgen** von Verträgen, die im Widerspruch zu § 619 BGB 4 stehen, sind nicht zuletzt davon abhängig, ob die unzulässige Abrede der einzige Inhalt des zu beurteilenden Vertrages ist oder nur Teil einer umfassenderen Vereinbarung. Ist die unzulässige Abrede der einzige Vertragsbestandteil, ist der Vertrag (insgesamt) nichtig; beinhaltet der Vertrag dagegen weitere, zulässige Klauseln, so bleibt der Vertrag insgesamt im Zweifel wirksam, und es wird lediglich die unzulässige Klausel durch die Regelung des § 617 BGB ersetzt (ebenso MüKo/*Schaub* § 619 Rdn. 8 m.w.N.; ausführlich § 12 EFZG Rdn. 28ff.).

2. Krankenfürsorge gem. § 30 JArbSchG

Gesetz zum Schutze der arbeitenden Jugend (Jugendarbeitsschutzgesetz – JArbSchG)

Vom 12. April 1976 (BGBl. I S. 965)
Zuletzt geändert durch Gesetz vom 27. Dezember 2003
(BGBl. I S. 3007)
(Auszug)

Erster Abschnitt. Allgemeine Vorschriften

§ 1 Geltungsbereich

(1) Dieses Gesetz gilt für die Beschäftigung von Personen, die noch nicht 18 Jahre alt sind,
1. in der Berufsausbildung,
2. als Arbeitnehmer oder Heimarbeiter,
3. mit sonstigen Dienstleistungen, die der Arbeitsleistung von Arbeitnehmern oder Heimarbeitern ähnlich sind,
4. in einem der Berufsausbildung ähnlichen Ausbildungsverhältnis.

(2) Dieses Gesetz gilt nicht
1. für geringfügige Hilfeleistungen, soweit sie gelegentlich
   a) aus Gefälligkeit,
   b) auf Grund familienrechtlicher Vorschriften,
   c) in Einrichtungen der Jugendhilfe,
   d) in Einrichtungen zur Eingliederung Behinderter
   erbracht werden,
2. für die Beschäftigung durch die Personensorgeberechtigten im Familienhaushalt.

§ 2 Kind, Jugendlicher

(1) Kind im Sinne dieses Gesetzes ist, wer noch nicht 15 Jahre alt ist.

(2) Jugendlicher im Sinne dieses Gesetzes ist, wer 15, aber noch nicht 18 Jahre alt ist.

(3) Auf Jugendliche, die der Vollzeitschulpflicht unterliegen, finden die für Kinder geltenden Vorschriften Anwendung.

§ 3 Arbeitgeber

Arbeitgeber im Sinne dieses Gesetzes ist, wer ein Kind oder einen Jugendlichen gemäß § 1 beschäftigt.

§§ 4–29 (nicht abgedruckt)

§ 30 Häusliche Gemeinschaft

(1) Hat der Arbeitgeber einen Jugendlichen in die häusliche Gemeinschaft aufgenommen, so muß er

1. ihm eine Unterkunft zur Verfügung stellen und dafür sorgen, daß sie so beschaffen, ausgestattet und belegt ist und so benutzt wird, daß die Gesundheit des Jugendlichen nicht beeinträchtigt wird, und
2. ihm bei einer Erkrankung, jedoch nicht über die Beendigung der Beschäftigung hinaus, die erforderliche Pflege und ärztliche Behandlung zuteil werden lassen, soweit diese nicht von einem Sozialversicherungsträger geleistet wird.

(2) Die Aufsichtsbehörde kann im Einzelfall anordnen, welchen Anforderungen die Unterkunft (Absatz 1 Nr. 1) und die Pflege bei Erkrankungen (Absatz 1 Nr. 2) genügen müssen.

Übersicht

	Rdn.
I. Allgemeines	1
II. Anspruch auf Krankenfürsorge (§ 30 Abs. 1 Nr. 2 JArbSchG)	3
1. Anspruchsvoraussetzungen	4
2. Anspruchsumfang	9
a) Sachlicher Umfang	9
b) Zeitlicher Umfang	12
c) Anspruchsausschluss bei Leistungen von Seiten eines Sozialversicherungsträgers	14
III. Anordnungen der Aufsichtsbehörde (§ 30 Abs. 2 JArbSchG)	17

I. Allgemeines

§ 30 JArbSchG knüpft an die Regelung des früheren § 42 JArbSchG 1960 an. Vorbild für die Vorschrift des § 30 JArbSchG bzw. des § 42 JArbSchG 1960 waren die §§ 617, 618 Abs. 2 BGB. **1**

§ 30 Abs. 1 Nr. 2 JArbSchG, der den Anspruch des Jugendlichen auf Krankenfürsorge beinhaltet, geht jedoch in verschiedener Hinsicht über § 617 BGB hinaus: § 30 Abs. 1 Nr. 2 JArbSchG setzt im Gegensatz zu § 617 BGB kein längerfristiges Arbeitsverhältnis voraus, ein eventuelles Verschulden des Jugendlichen ist nicht relevant, und eine zeitliche Begrenzung des Anspruchs auf maximal sechs Wochen ist nicht vorgesehen. Außerdem unterliegt die Durchführung der Krankenfürsorge gem. § 30 Abs. 2 JArbSchG der öffentlich-rechtlichen Aufsicht. **2**

II. Anspruch auf Krankenfürsorge (§ 30 Abs. 1 Nr. 2 JArbSchG)

Der Anspruch auf Krankenfürsorge setzt im wesentlichen voraus, dass der erkrankte Jugendliche (zum Begriff des Jugendlichen vgl. § 2 JArbSchG) in die häusliche Gemeinschaft aufgenommen worden ist. Sind diese Vorausset- **3** zungen erfüllt, besteht grundsätzlich ein zeitlich unbeschränkter Anspruch auf Krankenfürsorge.

1. Anspruchsvoraussetzungen

4 Voraussetzung für einen Anspruch auf Krankenfürsorge ist naturgemäß zunächst eine **Erkrankung** des Jugendlichen. Unter Erkrankung ist dabei – ebenso wie im Recht der Entgeltfortzahlung im Krankheitsfall – ein regelwidriger Körper- oder Geisteszustand zu verstehen. Wegen der näheren Einzelheiten wird auf die Kommentierung zu § 3 EFZG verwiesen (vgl. § 3 EFZG Rdn. 46 ff.).

5 Des weiteren muß der erkrankte Jugendliche vom Arbeitgeber **in die häusliche Gemeinschaft aufgenommen worden sein.** Diese Anspruchsvoraussetzung ist insbesondere dann erfüllt, wenn der Jugendliche im Haus des Arbeitgebers wohnt, schläft und dort seine Mahlzeiten einnimmt. Diese Voraussetzungen müssen jedoch nicht zwingend alle gleichzeitig vorliegen, es kommt vielmehr auf den jeweiligen Einzelfall an. Entscheidend ist, dass der Jugendliche seinen Lebensmittelpunkt in der Wohnung seines Arbeitgebers hat (*Molitor/Volmer/Germelmann,* JArbSchG, § 30 Rdn. 6; *Zmarzlik/Anzinger,* JArbSchG, § 30 Rdn. 4).

6 Eine Aufnahme in die häusliche Gemeinschaft ist darüber hinaus aber auch dann zu bejahen, wenn der Jugendliche zusammen mit anderen Jugendlichen oder Arbeitnehmern in einem **zum Betrieb gehörenden Wohnheim** lebt und dort versorgt wird. Auf diese Weise wird ein umfassender Schutz der Jugendlichen sicher gestellt (*Schoden,* JArbSchG, § 30 Rdn. 2; *Molitor/Volmer/Germelmann,* JArbSchG, § 30 Rdn. 7; *Zmarzlik/Anzinger,* JArbSchG, § 30 Rdn. 4; zur vergleichbaren Problematik im Rahmen des § 617 BGB vgl. § 617 Rdn. 11).

7 Im Gegensatz zu den Vorschriften über die Entgeltfortzahlung im Krankheitsfall und der Regelung des § 617 BGB ist in § 30 JArbSchG **nicht vorgesehen, dass der Anspruch bei Verschulden** bzw. bei grober Fahrlässigkeit oder Vorsatz **entfällt.** § 30 JArbSchG weicht insoweit – wie aus der Entstehungsgeschichte zu § 42 JArbSchG 1960 zu entnehmen ist – bewusst von den übrigen Regelungen ab; die vom Bundestag zunächst beschlossene Beschränkung der Krankenfürsorge auf nicht verschuldete Erkrankungen ist im Vermittlungsausschuss wieder gestrichen worden (vgl. BT-Drucks. III/1816 S. 8 und 34; III/1912 S. 4; III/1984; *Zmarzlik/Anzinger,* JArbSchG, § 30 Rdn. 7).

8 Man mag dies zum Anlass nehmen, bei schuldhaft herbeigeführten Erkrankungen zu prüfen, ob die Geltendmachung eines Anspruchs auf Krankenfürsorge nicht gegen Treu und Glauben verstößt (so *Knopp/Krageloh,* JArbSchG, § 30 Anm. 4), speziell bei Jugendlichen sollte man jedoch allenfalls in Extremfällen zu einem Anspruchsausschuss gem. § 242 BGB gelangen.

2. Anspruchsumfang

a) Sachlicher Umfang

9 In sachlicher Hinsicht ist der Anspruch auf Krankenfürsorge auf die Gewährung von Pflege und ärztlicher Behandlung gerichtet.

Unter **ärztlicher Behandlung** ist dabei die Behandlung durch einen 10
approbierten Arzt zu verstehen; je nach der Art der Erkrankung ist auch
ein Facharzt hinzuzuziehen oder die Aufnahme in ein Krankenhaus zu veranlassen.

Unter **Pflege** sind – neben der Gewährung von Verpflegung – im Inte- 11
resse eines umfassenden sozialen Schutzes alle Leistungen zu verstehen, die
bei Bestehen eines Krankenversicherungsverhältnisses von einem Träger der
gesetzlichen Krankenversicherung erbracht werden (ausführlich § 617 BGB
Rdn. 17f.).

b) Zeitlicher Umfang

Im Gegensatz zu § 3 EFZG und § 617 BGB sieht § 30 JArbSchG **keine** 12
zeitliche Beschränkung des Anspruchs auf Krankenfürsorge auf maximal
sechs Wochen vor; der Anspruch besteht vielmehr bis zur Beendigung des
Beschäftigungsverhältnisses.

Darüber hinaus weicht § 30 JArbSchG von den übrigen genannten Be- 13
stimmungen insoweit ab, als die Vorschrift keinen Passus enthält, wonach der
Anspruch bestehen bleibt, wenn der Arbeitgeber das Beschäftigungsverhältnis
aus Anlass der Erkrankung kündigt (vgl. § 8 EFZG; § 617 Abs. 1 S. 4 BGB).
Sachliche Gründe, wieso Jugendliche in diesem Punkt schlechter gestellt sein
sollten, sind jedoch nicht ersichtlich. Man sollte daher ggf. **§ 8 EFZG analog** anwenden mit der Folge, dass der Jugendliche seinen Fürsorgeanspruch
bis zum Ablauf von sechs Wochen behält, wenn der Arbeitgeber vor Ablauf
von sechs Wochen aus Anlass der Erkrankung kündigt oder er den Jugendlichen zu einer Kündigung nötigt.

c) Anspruchsausschluss bei Leistungen von Seiten eines Sozialversicherungsträgers

Die Pflicht des Arbeitgebers zur Gewährung von Krankenfürsorge entfällt, 14
soweit die entsprechenden Leistungen von einem Sozialversicherungsträger gewährt werden.

Als Leistungsträger i.S. dieses Anspruchsausschlusses kommen neben den 15
Trägern der **gesetzlichen Krankenversicherung** insbesondere die **Unfallversicherungsträger** in Betracht. Dagegen kommt es nicht zu einem Anspruchsausschluss, wenn ein privater Leistungsträger, also insbesondere ein
Krankenversicherungsunternehmen, leistungspflichtig ist (ebenso *Gröninger,*
JArbSchG, § 30 Anm. 2b; *Knopp/Krageloh,* JArbSchG, § 30 Anm. 4; *Molitor/
Volmer/Germelmann,* JArbSchG, § 30 Rdn. 13; *Zmarzlik/Anzinger,* JArbSchG,
§ 30 Rdn. 9). Diese Beschränkung ist insofern sachgerecht, als nur die Sozialversicherungsträger die erforderlichen Sachleistungen erbringen, während
die privaten Versicherungsunternehmen lediglich nachträglich die Kosten der
Behandlung etc. übernehmen; die Beschränkung des Krankenfürsorgeanspruchs darf daher grundsätzlich nur dann eingreifen, wenn ein Sozialversicherungsträger Leistungen erbringt.

Der Anspruchsausschluss greift nur ein, **soweit** der Sozialversicherungsträ- 16
ger Leistungen **erbracht hat**. Daraus folgt zunächst, dass der Arbeitgeber zur
Krankenfürsorge verpflichtet bleibt, solange der Sozialversicherungsträger aus

welchen Gründen auch immer noch keine Leistungen erbracht hat. Außerdem bleibt der Anspruch gegen den Arbeitgeber insoweit bestehen, als der Anspruch gegen den Sozialversicherungsträger inhaltlich hinter dem Anspruch auf Krankenfürsorge zurückbleibt.

Beispiel: Gewährt die gesetzliche Krankenversicherung nur ambulante ärztliche Behandlung, bleibt der Arbeitgeber u. a. zur Verpflegung des Jugendlichen verpflichtet.

III. Anordnungen der Aufsichtsbehörde (§ 30 Abs. 2 JArbSchG)

17   Gem. § 30 Abs. 2 JArbSchG kann die Aufsichtsbehörde im Einzelfall (u. a.) anordnen, welchen Anforderungen die Pflege bei Erkrankungen genügen muß. Diese Anordnung stellt einen Verwaltungsakt dar und unterliegt der Nachprüfung durch die Verwaltungsgerichte. Ein Verstoß gegen eine Anordnung gem. § 30 Abs. 2 JArbSchG stellt eine Ordnungswidrigkeit nach § 58 Abs. 1 Nr. 27 JArbSchG dar.

F. Anhang
Gesetzestexte in Auszügen

Übersicht

	Seite
I. Aktuelle Gesetzestexte in Auszügen	401
1. SGB IV – Gemeinsame Vorschriften für die Sozialversicherung	401
2. SGB V – Gesetzliche Krankenversicherung	405
3. SGB VII – Gesetzliche Unfallversicherung	406
4. SGB X – Verwaltungsverfahren	407
II. Entgeltzahlung an Feiertagen und Entgeltfortzahlung im Krankheitsfall bis zum 31. Mai 1994/ §§ 636, 637 RVO	408
1. Berufsbildungsgesetz (§ 12)	408
2. Bürgerliches Gesetzbuch (§ 616)	409
3. Gesetz zur Regelung der Lohnzahlung an Feiertagen	409
4. Gewerbeordnung (§ 133 c)	410
5. Handelsgesetzbuch (§ 63)	411
6. Lohnfortzahlungsgesetz (§§ 1 bis 9)	411
7. Reichsversicherungsordnung (§§ 636, 637)	414

I. Aktuelle Gesetzestexte in Auszügen

1. SGB IV – Gemeinsame Vorschriften für die Sozialversicherung

Vom 23. Dezember 1976 (BGBl. I S. 3845)

Zuletzt geändert durch Gesetz vom 23. Juli 2004 (BGBl. I S. 1842)

§ 30 Eigene und übertragene Aufgaben. (1) Die Versicherungsträger dürfen nur Geschäfte zur Erfüllung ihrer gesetzlich vorgeschriebenen oder zugelassenen Aufgaben führen und ihre Mittel nur für diese Aufgaben sowie die Verwaltungskosten verwenden.

(2) Den Versicherungsträgern dürfen Aufgaben anderer Versicherungsträger und Träger öffentlicher Verwaltung nur auf Grund eines Gesetzes übertragen werden; dadurch entstehende Kosten sind ihnen zu erstatten. Verwaltungsvereinbarungen der Versicherungsträger zur Durchführung ihrer Aufgaben bleiben unberührt.

§ 31 Organe. (1) Bei jedem Versicherungsträger werden als Selbstverwaltungsorgane eine Vertreterversammlung und ein Vorstand gebildet. Jeder Versicherungsträger hat einen Geschäftsführer, der dem Vorstand mit beratender Stimme angehört.

(2) Die Vertreterversammlung, der Vorstand und der Geschäftsführer nehmen im Rahmen ihrer Zuständigkeit die Aufgaben des Versicherungsträgers wahr.

(3) Die vertretungsberechtigten Organe des Versicherungsträgers haben die Eigenschaft einer Behörde. Sie führen das Dienstsiegel des Versicherungsträgers.

(3a) Bei den in § 35a Abs. 1 genannten Krankenkassen wird abweichend von Absatz 1 ein Verwaltungsrat als Selbstverwaltungsorgan sowie ein hauptamtlicher Vorstand gebildet. § 31 Abs. 1 Satz 2 gilt für diese Krankenkassen nicht.

(4) Die Sektionen, die Bezirksverwaltungen und die Landesgeschäftsstellen der Versicherungsträger können Selbstverwaltungsorgane bilden. Die Satzung grenzt die Auf-

Anhang   Gesetzestext

gaben und die Befugnisse dieser Organe gegenüber den Aufgaben und Befugnissen der Organe der Hauptverwaltung ab.

§ 33 Vertreterversammlung, Verwaltungsrat. (1) Die Vertreterversammlung beschließt die Satzung und sonstiges autonomes Recht des Versicherungsträgers sowie in den übrigen durch Gesetz oder sonstiges für den Versicherungsträger maßgebendes Recht vorgesehenen Fällen.

(2) Die Vertreterversammlung vertritt den Versicherungsträger gegenüber dem Vorstand und dessen Mitgliedern. Sie kann in der Satzung oder im Einzelfall bestimmen, daß das Vertretungsrecht gemeinsam durch die Vorsitzenden der Vertreterversammlung ausgeübt wird.

(3) Die Absätze 1 und 2 gelten entsprechend für den Verwaltungsrat nach § 31 Abs. 3a. Soweit das Sozialgesetzbuch Bestimmungen über die Vertreterversammlung oder deren Vorsitzenden trifft, gelten diese für den Verwaltungsrat oder dessen Vorsitzenden. Dem Verwaltungsrat oder dessen Vorsitzenden obliegen auch die Aufgaben des Vorstandes oder dessen Vorsitzenden nach § 37 Abs. 2, § 38 und nach dem Zweiten Titel.

§ 34 Satzung. (1) Jeder Versicherungsträger gibt sich eine Satzung. Sie bedarf der Genehmigung der nach den besonderen Vorschriften für die einzelnen Versicherungszweige zuständigen Behörde.

(2) Die Satzung und sonstiges autonomes Recht sind öffentlich bekanntzumachen. Sie treten, wenn kein anderer Zeitpunkt bestimmt ist, am Tage nach ihrer Bekanntmachung in Kraft. Die Art der Bekanntmachung wird durch die Satzung geregelt.

§ 35 Vorstand. (1) Der Vorstand verwaltet den Versicherungsträger und vertritt ihn gerichtlich und außergerichtlich, soweit Gesetz oder sonstiges für den Versicherungsträger maßgebendes Recht nichts Abweichendes bestimmen. In der Satzung oder im Einzelfall durch den Vorstand kann bestimmt werden, daß auch einzelne Mitglieder des Vorstandes den Versicherungsträger vertreten können.

(2) Der Vorstand erläßt Richtlinien für die Führung der Verwaltungsgeschäfte, soweit diese dem Geschäftsführer obliegen.

§ 67 Aufstellung des Haushaltsplans. (1) Die Versicherungsträger stellen für jedes Kalenderjahr (Haushaltsjahr) einen Haushaltsplan auf, der alle im Haushaltsjahr voraussichtlich zu leistenden Ausgaben und voraussichtlich benötigten Verpflichtungsermächtigungen sowie alle im Haushaltsjahr zu erwartenden Einnahmen enthält.

(2) Im Haushaltsplan sind die Stellen für die Beamten und die dienstordnungsmäßig Angestellten der Versicherungsträger nach Besoldungsgruppen auszubringen; für die übrigen Beschäftigten der Versicherungsträger sind die Haushaltsansätze nach Vergütungs- und Lohngruppen zu erläutern.

§ 68 Bedeutung und Wirkung des Haushaltsplans. (1) Der Haushaltsplan dient der Feststellung der Mittel, die zur Erfüllung der Aufgaben des Versicherungsträgers im Haushaltsjahr voraussichtlich erforderlich sind. Er ist die Grundlage für die Haushalts- und Wirtschaftsführung und stellt sicher, daß insbesondere die gesetzlich vorgeschriebenen Ausgaben rechtzeitig geleistet werden können.

(2) Durch den Haushaltsplan werden Ansprüche oder Verbindlichkeiten weder begründet noch aufgehoben.

§ 69 Ausgleich, Wirtschaftlichkeit und Sparsamkeit, Kosten- und Leistungsrechnung. (1) Der Haushalt ist in Einnahme und Ausgabe auszugleichen.

(2) Bei der Aufstellung und Ausführung des Haushaltsplans hat der Versicherungsträger sicherzustellen, daß er die ihm obliegenden Aufgaben unter Berücksichtigung der Grundsätze der Wirtschaftlichkeit und Sparsamkeit erfüllen kann.

Sozialgesetzbuch – IV. Buch **Anhang**

(3) Für alle finanzwirksamen Maßnahmen sind angemessene Wirtschaftlichkeitsuntersuchungen durchzuführen.

(4) In geeigneten Bereichen ist eine Kosten- und Leistungsrechnung einzuführen.

§ 76 Erhebung der Einnahmen. (1) Einnahmen sind rechtzeitig und vollständig zu erheben.

(2) Der Versicherungsträger darf Ansprüche nur
1. stunden, wenn die sofortige Einziehung mit erheblichen Härten für die Anspruchsgegner verbunden wäre und der Anspruch durch die Stundung nicht gefährdet wird. Die Stundung soll gegen angemessene Verzinsung und in der Regel nur gegen Sicherheitsleistung gewährt werden;
2. niederschlagen, wenn feststeht, daß die Einziehung keinen Erfolg haben wird, oder wenn die Kosten der Einziehung außer Verhältnis zur Höhe des Anspruchs stehen;
3. erlassen, wenn deren Einziehung nach Lage des einzelnen Falles unbillig wäre; unter den gleichen Voraussetzungen können bereits entrichtete Beiträge erstattet oder angerechnet werden.

(3) Für Ansprüche auf den Gesamtsozialversicherungsbeitrag trifft die Entscheidung nach Absatz 2 die zuständige Einzugsstelle. Hat die Einzugsstelle einem Schuldner für länger als zwei Monate Beitragsansprüche gestundet, deren Höhe die Bezugsgröße übersteigt, ist sie verpflichtet, bei der nächsten Monatsabrechnung die zuständigen Träger der Rentenversicherung und die Bundesagentur für Arbeit über die Höhe der auf sie entfallenden Beitragsansprüche und über den Zeitraum, für den die Beitragsansprüche gestundet sind, zu unterrichten. Die Einzugsstelle darf
1. eine weitere Stundung der Beitragsansprüche sowie
2. die Niederschlagung von Beitragsansprüchen, deren Höhe insgesamt die Bezugsgröße übersteigt, und
3. den Erlaß von Beitragsansprüchen, deren Höhe insgesamt den Betrag von einem Sechstel der Bezugsgröße übersteigt,

nur im Einvernehmen mit den beteiligten Trägem der Rentenversicherung und der Bundesagentur für Arbeit vornehmen.

(4) Die Einzugsstelle kann einen Vergleich über rückständige Beitragsansprüche schließen, wenn dies für die Einzugsstelle, die beteiligten Träger der Rentenversicherung und die Bundesagentur für Arbeit wirtschaftlich und zweckmäßig ist. Die Einzugsstelle darf den Vergleich über rückständige Beitragsansprüche, deren Höhe die Bezugsgröße insgesamt übersteigt, nur im Einvernehmen mit den beteiligten Trägern der Rentenversicherung und der Bundesagentur für Arbeit schließen. Der Träger der Unfallversicherung kann einen Vergleich über rückständige Beitragsansprüche schließen, wenn dies wirtschaftlich und zweckmäßig ist. Für die Träger der Rentenversicherung gilt Satz 3, soweit es sich nicht um Ansprüche aus dem Gesamtsozialversicherungsbeitrag handelt.

(5) Die Bundesagentur für Arbeit kann einen Vergleich abschließen, wenn dies wirtschaftlich und zweckmäßig ist.

§ 77 Rechnungsabschluß, Jahresrechnung und Entlastung. (1) Die Versicherungsträger schließen für jedes Kalenderjahr zur Rechnungslegung die Rechnungsbücher ab und stellen auf der Grundlage der Rechnungslegung eine Jahresrechnung auf. Über die Entlastung des Vorstands und des Geschäftsführers wegen der Jahresrechnung beschließt die Vertreterversammlung. Über die Entlastung des Vorstands der Bundesagentur für Arbeit beschließt der Verwaltungsrat.

(2) Bei der Bundesknappschaft sind die Buchführung, die Rechnungslegung und die Rechnungsprüfung für die knappschaftliche Krankenversicherung, knappschaftliche Pflegeversicherung und die knappschaftliche Rentenversicherung getrennt durchzuführen.

§ 80 Verwaltung der Mittel. (1) Die Mittel des Versicherungsträgers sind so anzulegen und zu verwalten, daß ein Verlust ausgeschlossen erscheint, ein angemessener Ertrag erzielt wird und eine ausreichende Liquidität gewährleistet ist.

Anhang
Gesetzestext

(2) Die Mittel der Versicherungsträger sind getrennt von den Mitteln Dritter zu verwalten.

§ 81 Betriebsmittel. Die Versicherungsträger haben nach Maßgabe der besonderen Vorschriften für die einzelnen Versicherungszweige kurzfristig verfügbare Mittel zur Bestreitung ihrer laufenden Ausgaben sowie zum Ausgleich von Einnahme- und Ausgabeschwankungen (Betriebsmittel) bereitzuhalten.

§ 82 Rücklage. Die Versicherungsträger haben nach Maßgabe der besonderen Vorschriften für die einzelnen Versicherungszweige zur Sicherstellung ihrer Leistungsfähigkeit, insbesondere für den Fall, daß Einnahme- und Ausgabeschwankungen durch Einsatz der Betriebsmittel nicht mehr ausgeglichen werden können, eine Rücklage bereitzuhalten.

§ 83 Anlegung der Rücklage. (1) Die Rücklage kann, soweit in den besonderen Vorschriften für die einzelnen Versicherungszweige nichts Abweichendes bestimmt ist und die Anlage den dort geregelten Liquiditätserfordernissen entspricht, nur angelegt werden in
1. Schuldverschreibungen von Ausstellern mit Sitz in einem Mitgliedstaat der Europäischen Gemeinschaften, wenn die Schuldverschreibungen an einer Börse in der Europäischen Gemeinschaft zum amtlichen Handel zugelassen sind oder in einen anderen organisierten Markt in einem Mitgliedstaat der Europäischen Gemeinschaften einbezogen sind, der anerkannt und für das Publikum offen ist und dessen Funktionsweise ordnungsgemäß ist. Wertpapiere gemäß Satz 1, deren Zulassung in den amtlichen Handel an einer Börse in der Europäischen Gemeinschaft oder deren Einbeziehung in einen organisierten Markt in einem Mitgliedstaat der Europäischen Gemeinschaften nach den Ausgabebedingungen zu beantragen ist, dürfen ebenfalls erworben werden, sofern die Zulassung oder Einbeziehung innerhalb eines Jahres nach ihrer Ausgabe erfolgt,
2. Schuldverschreibungen und sonstige Gläubigerrechte verbriefende Wertpapiere von Ausstellern mit Sitz in einem Mitgliedstaat der Europäischen Gemeinschaften, wenn für die Einlösung der Forderung eine öffentlich-rechtliche Gewährleistung besteht oder eine Sicherungseinrichtung der Kreditwirtschaft für die Einlösung der Forderung eintritt oder kraft Gesetzes eine besondere Deckungsmasse besteht,
3. Schuldbuchforderungen gegen öffentlich-rechtliche Stellen aus dem Gebiet der Europäischen Gemeinschaften,
4. Forderungen aus Darlehen und Einlagen gegen
   a) öffentlich-rechtliche Gebiets- oder Personenkörperschaften oder Sondervermögen aus dem Gebiet der Europäischen Gemeinschaften,
   b) Personen und Gesellschaften des privaten Rechts aus dem Gebiet der Europäischen Gemeinschaften, wenn für die Forderungen eine öffentlich-rechtliche Einrichtung die Gewährleistung für Rückzahlung und Verzinsung übernimmt oder wenn bei Kreditinstituten eine Sicherungseinrichtung der Kreditwirtschaft in die Gewährleistung eintritt,
5. Anteilen an Sondervermögen nach dem Gesetz über Kapitalanlagegesellschaften, wenn sichergestellt ist, dass für das Sondervermögen nur Vermögensgegenstände gemäß den Nummern 1 bis 4 dieser Vorschrift erworben werden dürfen,
6. Forderungen, für die eine sichere Hypothek, Grund- oder Rentenschuld an einem Grundstück, Wohnungseigentum oder Erbbaurecht im Bereich der Europäischen Gemeinschaften besteht,
7. Beteiligungen an gemeinnützigen Einrichtungen, soweit die Zweckbestimmung der Mittelhingabe vorwiegend den Aufgaben des Versicherungsträgers dient sowie Darlehen für gemeinnützige Zwecke,
8. Grundstücken und grundstücksgleichen Rechten im Gebiet der Europäischen Gemeinschaften.

(2) Die Anlegung der Rücklage soll grundsätzlich in der im Inland geltenden Währung erfolgen. Der Erwerb von auf die Währung eines anderen Mitgliedsstaates der Europäischen Gemeinschaft lautenden Forderungen ist nur in Verbindung mit einem Kurssicherungsgeschäft zulässig.

Sozialgesetzbuch – V. Buch **Anhang**

(3) Anlagen für soziale Zwecke sollen mit Vorrang berücksichtigt werden.

(4) Den Staaten der Europäischen Gemeinschaften in den Absätzen 1 und 2 stehen die Staaten des Abkommens über den Europäischen Wirtschaftsraum und die Schweiz gleich.

§ 87 Umfang der Aufsicht. (1) Die Versicherungsträger unterliegen staatlicher Aufsicht. Sie erstreckt sich auf die Beachtung von Gesetz und sonstigem Recht, das für die Versicherungsträger maßgebend ist.

(2) Auf den Gebieten der Prävention in der gesetzlichen Unfallversicherung erstreckt sich die Aufsicht auch auf den Umfang und die Zweckmäßigkeit der Maßnahmen.

§ 88 Prüfung und Unterrichtung. (1) Die Aufsichtsbehörde kann die Geschäfts- und Rechnungsführung des Versicherungsträgers prüfen.

(2) Die Versicherungsträger haben der Aufsichtsbehörde oder ihren Beauftragten auf Verlangen alle Unterlagen vorzulegen und alle Auskünfte zu erteilen, die zur Ausübung des Aufsichtsrechts auf Grund pflichtgemäßer Prüfung der Aufsichtsbehörde gefordert werden.

(3) ...

2. SGB V – Gesetzliche Krankenversicherung –

Vom 20. Dezember 1988 (BGBl. I S. 2477)

Zuletzt geändert durch Gesetz vom 30. Juli 2004 (BGBl. I S. 2014)

§ 74 Stufenweise Wiedereingliederung. Können arbeitsunfähige Versicherte nach ärztlicher Feststellung ihre bisherige Tätigkeit teilweise verrichten und können sie durch eine stufenweise Wiederaufnahme ihrer Tätigkeit voraussichtlich besser wieder in das Erwerbsleben eingegliedert werden, soll der Arzt auf der Bescheinigung über die Arbeitsunfähigkeit Art und Umfang der möglichen Tätigkeiten angeben und dabei in geeigneten Fällen die Stellungnahme des Betriebsarztes oder mit Zustimmung der Krankenkasse die Stellungnahme des Medizinischen Dienstes (§ 275) einholen.

§ 194 Satzung der Krankenkassen. (1) Die Satzung muß insbesondere Bestimmungen enthalten über
1. Namen und Sitz der Krankenkasse,
2. Bezirk der Krankenkasse und Kreis der Mitglieder,
3. Art und Umfang der Leistungen, soweit sie nicht durch Gesetz bestimmt sind,
4. Höhe, Fälligkeit und Zahlung der Beiträge,
5. Zahl der Mitglieder der Organe,
6. Rechte und Pflichten der Organe,
7. Art der Beschlußfassung des Verwaltungsrates,
8. Bemessung der Entschädigung für Organmitglieder,
9. jährliche Prüfung der Betriebs- und Rechnungsführung und Abnahme der Jahresrechnung,
10. Zusammensetzung und Sitz der Widerspruchsstelle und
11. Art der Bekanntmachungen.

(1 a) Die Satzung kann eine Bestimmung enthalten, nach der die Krankenkasse den Abschluss privater Zusatzversicherungsverträge zwischen ihren Versicherten und privaten Krankenversicherungsunternehmen vermitteln kann. Gegenstand dieser Verträge können insbesondere die Wahlarztbehandlung im Krankenhaus, der Ein- oder Zweibettzuschlag im Krankenhaus sowie eine Auslandsreisekrankenversicherung sein.

(2) Die Satzung darf keine Bestimmungen enthalten, die den Aufgaben der gesetzlichen Krankenversicherung widersprechen. Sie darf Leistungen nur vorsehen, soweit dieses Buch sie zuläßt.

§ 195 Genehmigung der Satzung. (1) Die Satzung bedarf der Genehmigung der Aufsichtsbehörde.

405

Anhang
Gesetzestext

(2) Ergibt sich nachträglich, daß eine Satzung nicht hätte genehmigt werden dürfen, kann die Aufsichtsbehörde anordnen, daß die Krankenkasse innerhalb einer bestimmten Frist die erforderliche Änderung vornimmt. Kommt die Krankenkasse der Anordnung nicht innerhalb dieser Frist nach, kann die Aufsichtsbehörde die erforderliche Änderung anstelle der Krankenkasse selbst vornehmen.

(3) Absatz 2 gilt entsprechend, wenn die Satzung wegen nachträglich eingetretener Umstände einer Änderung bedarf.

§ 196 Einsichtnahme in die Satzung. (1) Die geltende Satzung kann in den Geschäftsräumen der Krankenkasse während der üblichen Geschäftsstunden eingesehen werden.

(2) Jedes Mitglied erhält unentgeltlich ein Merkblatt über Beginn und Ende der Mitgliedschaft bei Pflichtversicherung und freiwilliger Versicherung, über Beitrittsrechte sowie die von der Krankenkasse zu gewährenden Leistungen und über die Beiträge.

§ 197 Verwaltungsrat. (1) Der Verwaltungsrat hat insbesondere
1. die Satzung und sonstiges autonomes Recht zu beschließen,
1 a. den Vorstand zu überwachen,
1 b. alle Entscheidungen zu treffen, die für die Krankenkasse von grundsätzlicher Bedeutung sind,
2. den Haushaltsplan festzustellen,
3. über die Entlastung des Vorstands und des Geschäftsführers wegen der Jahresrechnung zu beschließen,
4. die Krankenkasse gegenüber dem Vorstand und dessen Mitgliedern zu vertreten,
5. über den Erwerb, die Veräußerung oder die Belastung von Grundstücken sowie über die Errichtung von Gebäuden zu beschließen und
6. über die Auflösung der Krankenkasse oder die freiwillige Vereinigung mit anderen Krankenkassen zu beschließen.

(2) Der Verwaltungsrat kann sämtliche Geschäfts- und Verwaltungsunterlagen einsehen und prüfen.

(3) Der Verwaltungsrat soll zur Erfüllung seiner Aufgaben Fachausschüsse bilden.

3. SGB VII – Gesetzliche Unfallversicherung –
Vom 7. August 1996 (BGBl. I S. 1254)
Zuletzt geändert durch Gesetz vom 30. Juli 2004 (BGBl. I S. 2014)

Sechster Unterabschnitt. Geldleistungen während der Heilbehandlung und der Leistungen zur Teilhabe am Arbeitsleben

§ 45 Voraussetzungen für das Verletztengeld. (1) Verletztengeld wird erbracht, wenn Versicherte
1. infolge des Versicherungsfalls arbeitsunfähig sind oder wegen einer Maßnahme der Heilbehandlung eine ganztägige Erwerbstätigkeit nicht ausüben können und
2. unmittelbar vor Beginn der Arbeitsunfähigkeit oder der Heilbehandlung Anspruch auf Arbeitsentgelt, Arbeitseinkommen, Krankengeld, Verletztengeld, Versorgungskrankengeld, Übergangsgeld, Unterhaltsgeld, Kurzarbeitergeld, Winterausfallgeld, Arbeitslosengeld, *Arbeitslosenhilfe* (ab 1. 1. 2005: nicht nur darlehensweise gewährtes Arbeitslosengeld II oder nicht nur Leistungen für Erstausstattungen für Bekleidung bei Schwangerschaft und Geburt nach dem Zweiten Buch) oder Mutterschaftsgeld hatten.

(2) Verletztengeld wird auch erbracht, wenn
1. Leistungen zur Teilhabe am Arbeitsleben erforderlich sind,
2. diese Maßnahmen sich aus Gründen, die die Versicherten nicht zu vertreten haben, nicht unmittelbar an die Heilbehandlung anschließen,

3. die Versicherten ihre bisherige berufliche Tätigkeit nicht wieder aufnehmen können oder ihnen eine andere zumutbare Tätigkeit nicht vermittelt werden kann oder sie diese aus wichtigem Grund nicht ausüben können und
4. die Voraussetzungen des Absatzes 1 Nr. 2 erfüllt sind.

Das Verletztengeld wird bis zum Beginn der Leistungen zur Teilhabe am Arbeitsleben erbracht. Die Sätze 1 und 2 gelten entsprechend für die Zeit bis zum Beginn und während der Durchführung einer Maßnahme der Berufsfindung und Arbeitserprobung.

(3) Werden in einer Einrichtung Maßnahmen der Heilbehandlung und gleichzeitig Leistungen zur Teilhabe am Arbeitsleben für Versicherte erbracht, erhalten Versicherte Verletztengeld, wenn sie arbeitsunfähig sind oder wegen der Maßnahmen eine ganztägige Erwerbstätigkeit nicht ausüben können und die Voraussetzungen des Absatzes 1 Nr. 2 erfüllt sind.

(4) Im Fall der Beaufsichtigung, Betreuung oder Pflege eines durch einen Versicherungsfall verletzten Kindes gilt § 45 des Fünften Buches entsprechend.

§ 49 Übergangsgeld. Übergangsgeld wird erbracht, wenn Versicherte infolge des Versicherungsfalls Leistungen zur Teilhabe am Arbeitsleben erhalten.

4. SGB X – Verwaltungsverfahren –

§§ 1 bis 85 vom 18. August 1980 (BGBl. I S. 1469, ber. S. 2218)
§§ 86 bis 119 vom 4. November 1982 (BGBl. I S. 1450)
Zuletzt geändert durch Gesetz vom 30. Juli 2004 (BGBl. I S. 1950)

§ 116 Ansprüche gegen Schadenersatzpflichtige. (1) Ein auf anderen gesetzlichen Vorschriften beruhender Anspruch auf Ersatz eines Schadens geht auf den Versicherungsträger oder Träger der Sozialhilfe über, soweit dieser auf Grund des Schadensereignisses Sozialleistungen zu erbringen hat, die der Behebung eines Schadens der gleichen Art dienen und sich auf denselben Zeitraum wie der vom Schädiger zu leistende Schadenersatz beziehen. Dazu gehören auch
1. die Beiträge, die von Sozialleistungen zu zahlen sind, und
2. die Beiträge zur Krankenversicherung, die für die Dauer des Anspruchs auf Krankengeld unbeschadet des § 224 Abs. 1 des Fünften Buches zu zahlen wären.

(2) Ist der Anspruch auf Ersatz des Schadens durch Gesetz der Höhe nach begrenzt, geht er auf den Versicherungsträger oder Träger der Sozialhilfe über, soweit er nicht zum Ausgleich des Schadens des Geschädigten oder seiner Hinterbliebenen erforderlich ist.

(3) Ist der Anspruch auf Ersatz eines Schadens durch ein mitwirkendes Verschulden oder eine mitwirkende Verantwortlichkeit des Geschädigten begrenzt, geht auf den Versicherungsträger oder Träger der Sozialhilfe von dem nach Absatz 1 bei unbegrenzter Haftung übergehenden Ersatzanspruch der Anteil über, welcher dem Vomhundertsatz entspricht, für den der Schädiger ersatzpflichtig ist. Dies gilt auch, wenn der Ersatzanspruch durch Gesetz der Höhe nach begrenzt ist. Der Anspruchsübergang ist ausgeschlossen, soweit der Geschädigte oder seine Hinterbliebenen dadurch hilfebedürftig im Sinne der Vorschriften des *Bundessozialhilfegesetzes* (ab 1. 1. 2005: Zwölften Buches) werden.

(4) Stehen der Durchsetzung der Ansprüche auf Ersatz eines Schadens tatsächliche Hindernisse entgegen, hat die Durchsetzung der Ansprüche des Geschädigten und seiner Hinterbliebenen Vorrang vor den übergegangenen Ansprüchen nach Absatz 1.

(5) Hat ein Versicherungsträger oder Träger der Sozialhilfe auf Grund des Schadensereignisses dem Geschädigten oder Hinterbliebenen keine höheren Sozialleistungen zu erbringen als vor diesem Ereignis, geht in den Fällen des Absatzes 3 Satz 1 und 2 der Schadenersatzanspruch nur insoweit über, als der geschuldete Schadenersatz zur vollen Deckung des Schadens des Geschädigten oder seiner Hinterbliebenen erforderlich ist.

(6) Ein Übergang nach Absatz 1 ist bei nicht vorsätzlichen Schädigungen durch Familienangehörige, die im Zeitpunkt des Schadensereignisses mit dem Geschädigten oder seinen Hinterbliebenen in häuslicher Gemeinschaft leben, ausgeschlossen. Ein

Anhang
Gesetzestext

Ersatzanspruch nach Absatz 1 kann dann nicht geltend gemacht werden, wenn der Schädiger mit dem Geschädigten oder einem Hinterbliebenen nach Eintritt des Schadensereignisses die Ehe geschlossen hat und in häuslicher Gemeinschaft lebt.

(7) Haben der Geschädigte oder seine Hinterbliebenen von dem zum Schadenersatz Verpflichteten auf einen übergegangenen Anspruch mit befreiender Wirkung gegenüber dem Versicherungsträger oder Träger der Sozialhilfe Leistungen erhalten, haben sie insoweit dem Versicherungsträger oder Träger der Sozialhilfe die erbrachten Leistungen zu erstatten. Haben die Leistungen gegenüber dem Versicherungsträger oder Träger der Sozialhilfe keine befreiende Wirkung, haften der zum Schadenersatz Verpflichtete und der Geschädigte oder dessen Hinterbliebene dem Versicherungsträger oder Träger der Sozialhilfe als Gesamtschuldner.

(8) Weist der Versicherungsträger oder Träger der Sozialhilfe nicht höhere Leistungen nach, sind vorbehaltlich der Absätze 2 und 3 je Schadensfall für nicht stationäre ärztliche Behandlung und Versorgung mit Arznei- und Verbandmitteln fünf vom Hundert der monatlichen Bezugsgröße nach § 18 des Vierten Buches zu ersetzen.

(9) Die Vereinbarung einer Pauschalierung der Ersatzansprüche ist zulässig.

(10) Die Bundesagentur für Arbeit gilt als Versicherungsträger im Sinne dieser Vorschrift.

II. Entgeltzahlung an Feiertagen und Entgeltfortzahlung im Krankheitsfall bis zum 31. Mai 1994/§§ 636, 637 RVO

Der folgende Anhang II enthält einige der wesentlichen Bestimmungen über die Entgeltzahlung an Feiertagen und über die Entgeltfortzahlung im Krankheitsfall in der bis zum 31. 5. 1994 geltenden Fassung. Da die Kommentierung des EFZG noch auf Rechtsprechung und teilweise auch auf Schrifttum zu den zwar ähnlichen, aber nicht identischen alten Regelungen verweist, soll dem Benutzer auf diese Weise ermöglicht werden, die Übertragbarkeit der älteren Stellungnahmen auf das aktuelle Recht zu überprüfen. Aus den gleichen Gründen wird der Anhang ergänzt durch die §§ 636, 637 RVO.

Die Entgeltfortzahlungsbestimmungen des AGB-DDR, die ebenfalls bis zum 31. 5. 1994 gültig waren, sind nicht in den Anhang II aufgenommen worden, da hierzu keine höchstrichterliche Rechtsprechung und auch kein Schrifttum vorliegt, auf das bei der Kommentierung des EFZG zurückgegriffen wird.

1. Berufsbildungsgesetz

Vom 14. 8. 1969 (BGBl. I S. 1112) in der Fassung der Änderung vom 27. 7. 1992 (BGBl. I S. 1398); § 12 BBiG a. F. ersetzt durch § 12 BBiG in der Fassung vom 26. 5.1994 (BGBl. I S. 1014).

§ 12 Fortzahlung der Vergütung. (1) Dem Auszubildenden ist die Vergütung auch zu zahlen
1. für die Zeit der Freistellung (§ 7),
2. bis zur Dauer von sechs Wochen, wenn er
   a) sich für die Berufsausbildung bereit hält, diese aber ausfällt,
   b) infolge unverschuldeter Krankheit, infolge einer Sterilisation oder eines Abbruchs der Schwangerschaft durch einen Arzt nicht an der Berufsausbildung teilnehmen kann oder
   c) aus einem sonstigen, in seiner Person liegenden Grund unverschuldet verhindert ist, seine Pflichten aus dem Berufsausbildungsverhältnis zu erfüllen.

Im Falle des Satzes 1 Nr. 2 Buchstabe b gelten nur nicht rechtswidrige Sterilisation und ein nicht rechtswidriger Abbruch der Schwangerschaft durch einen Arzt als unverschuldet.

(2) Kann der Auszubildende während der Zeit, für welche die Vergütung fortzuzahlen ist, aus berechtigtem Grund Sachleistungen nicht abnehmen, so sind diese nach den Sachbezugswerten (§ 10 Abs. 2) abzugelten.

Bürgerliches Gesetzbuch (Anhang II) Anhang

2. Bürgerliches Gesetzbuch

Vom 18. 8. 1896 (RGBl. S. 195) in der Fassung der Änderung vom 7. 10. 1993 (BGBl. I S. 1668); § 616 Abs. 2 und 3 BGB ersetzt durch §§ 3 bis 9, 12 EFZG vom 26. 5. 1994 (BGBl. I S. 1014).

§ 616 [Vorübergehende Verhinderung] (1) Der zur Dienstleistung Verpflichtete wird des Anspruchs auf die Vergütung nicht dadurch verlustig, daß er für eine verhältnismäßig nicht erhebliche Zeit durch einen in seiner Person liegenden Grund ohne sein Verschulden an der Dienstleistung verhindert wird. Er muß sich jedoch den Betrag anrechnen lassen, welcher ihm für die Zeit der Verhinderung aus einer auf Grund gesetzlicher Verpflichtung bestehenden Kranken- oder Unfallversicherung zukommt.

(2) Der Anspruch eines Angestellten auf Vergütung kann für den Krankheitsfall sowie für die Fälle der Sterilisation und des Abbruchs der Schwangerschaft durch einen Arzt nicht durch Vertrag ausgeschlossen oder beschränkt werden. Hierbei gilt als verhältnismäßig nicht erheblich eine Zeit von sechs Wochen, wenn nicht durch Tarifvertrag eine andere Dauer bestimmt ist. Eine nicht rechtswidrige Sterilisation und ein nicht rechtswidriger Abbruch der Schwangerschaft durch eine Arzt gelten als unverschuldete Verhinderung an der Dienstleistung. Der Angestellte behält diesen Anspruch auch dann, wenn der Arbeitgeber das Arbeitsverhältnis aus Anlaß des Krankheitsfalls kündigt. Das gleiche gilt, wenn der Angestellte das Arbeitsverhältnis aus einem vom Arbeitgeber zu vertretenden Grunde kündigt, der den Angestellten zur Kündigung aus wichtigem Grund ohne Einhaltung einer Kündigungsfrist berechtigt. Angestellte im Sinne dieses Absatzes sind Arbeitnehmer, die eine Beschäftigung ausüben, die für die Zuständigkeitsaufteilung unter den Rentenversicherungsträgern nach dem Sechsten Buch Sozialgesetzbuch als Angestelltentätigkeit bezeichnet wird.

(3) Ist der zur Dienstleistung Verpflichtete Arbeiter im Sinne des Lohnfortzahlungsgesetzes, so bestimmen sich seine Ansprüche nur nach dem Lohnfortzahlungsgesetz, wenn er durch Arbeitsunfähigkeit infolge Krankheit, infolge Sterilisation oder Abbruchs der Schwangerschaft durch einen Arzt oder durch eine Kur im Sinne des § 7 des Lohnfortzahlungsgesetzes an der Dienstleistung verhindert ist.

3. Gesetz zur Regelung der Lohnzahlung an Feiertagen

Vom 2. 8. 1951 (BGBl. I S. 479) in der Fassung der Änderung vom 18. 12. 1975 (BGBl. I S. 3091); ersetzt durch §§ 2 und 11 EFZG vom 26. 5. 1994 (BGBl. I S. 1014)

§ 1 Zahlung von Arbeitsentgelt. (1) Für die Arbeitszeit, die infolge eines gesetzlichen Feiertags ausfällt, ist vom Arbeitgeber den Arbeitnehmern der Arbeitsverdienst zu zahlen, den sie ohne den Arbeitsausfall erhalten hätten. Die Arbeitszeit, die an einem gesetzlichen Feiertag gleichzeitig infolge von Kurzarbeit ausfällt und für die an anderen Tagen als an gesetzlichen Feiertagen Kurzarbeitergeld geleistet wird, gilt als infolge eines gesetzlichen Feiertags nach Satz 1 ausgefallen.

(2) Ist der Arbeitgeber zur Fortzahlung des Arbeitsentgelts für einen gesetzlichen Feiertag nach den gesetzlichen Vorschriften über die Entgeltfortzahlung im Krankheitsfalle verpflichtet, so bemißt sich die Höhe des fortzuzahlenden Arbeitsentgelts für diesen Feiertag nach Absatz 1.

(3) Arbeitnehmer, die am letzten Arbeitstag vor oder am ersten Arbeitstag nach Feiertagen unentschuldigt der Arbeit fernbleiben, haben keinen Anspruch auf Bezahlung für diese Feiertage.

§ 2 Anspruch der in Heimarbeit Beschäftigten. (1) Die in Heimarbeit Beschäftigten (§ 1 Abs. 1 des Heimarbeitsgesetzes vom 14. März 1951 – BGBl. I S. 191 –) haben gegen den Auftraggeber oder Zwischenmeister Anspruch auf Feiertagsbezahlung nach Maßgabe der Abs. 2 bis 5. Den gleichen Anspruch haben die in § 1 Abs. 2 Buchst. a bis d des Heimarbeitsgesetzes (HAG) bezeichneten Personen, wenn sie hin-

409

Anhang

Gesetzestext

sichtlich der Feiertagsbezahlung gleichgestellt werden; die Vorschriften des § 1 Abs. 3 Satz 3 und Abs. 4 und 5 HAG finden Anwendung. Eine Gleichstellung, die sich auf die Entgeltregelung erstreckt, gilt auch für die Feiertagsbezahlung, wenn diese nicht ausdrücklich von der Gleichstellung ausgenommen ist.

(2) Das Feiertagsgeld beträgt für jeden Feiertag im Sinne des § 1 Abs. 1 dieses Gesetzes zwei Drittel vom Hundert des in einem Zeitraum von sechs Monaten ausgezahlten reinen Arbeitsentgeltes ohne Unkostenzuschläge. Hierbei ist für die Feiertage, die in den Zeitraum vom 1. Mai bis 31. Oktober fallen, der vorhergehende Zeitraum vom 1. November bis 30. April und für die Feiertage, die in den Zeitraum vom 1. November bis 30. April fallen, der vorhergehende Zeitraum vom 1. Mai bis 31. Oktober zugrunde zu legen. Der Anspruch auf Feiertagsgeld ist unabhängig davon, ob im laufenden Halbjahreszeitraum noch eine Beschäftigung in Heimarbeit für den Auftraggeber stattfindet.

(3) Das Feiertagsgeld ist jeweils bei der Entgeltzahlung vor dem Feiertag zu zahlen. Ist die Beschäftigung vor dem Feiertag unterbrochen worden, so ist das Feiertagsgeld spätestens drei Tage vor dem Feiertag auszuzahlen. Besteht bei der Einstellung der Ausgabe von Heimarbeit zwischen den Beteiligten Einvernehmen, das Heimarbeitsverhältnis nicht wieder fortzusetzen, so ist dem Berechtigten bei der letzten Entgeltzahlung das Feiertagsgeld für die noch übrigen Feiertage des laufenden sowie für die Feiertage des folgenden Halbjahreszeitraumes zu zahlen. Das Feiertagsgeld ist jeweils bei der Auszahlung in die Entgeltbelege (§ 9 HAG) einzutragen.

(4) Übersteigt das Feiertagsgeld, das der nach Absatz 1 anspruchsberechtigte Hausgewerbetreibende oder in Lohnauftrag arbeitende Gewerbetreibende (Anspruchsberechtigte) für einen Feiertag auf Grund des § 1 dieses Gesetzes seinen fremden Hilfskräften (§ 2 Abs. 6 HAG) gezahlt hat, den Betrag, den er auf Grund der Absätze 2 und 3 dieses Paragraphen für diesen Feiertag erhalten hat, so haben ihm auf Verlangen seine Auftraggeber oder Zwischenmeister den Mehrbetrag anteilig zu erstatten. Ist der Anspruchsberechtigte gleichzeitig Zwischenmeister, so bleibt hierbei das für die Heimarbeiter oder Hausgewerbetreibenden empfangene und weitergezahlte Feiertagsgeld außer Ansatz. Nimmt ein Anspruchsberechtigter eine Erstattung nach Satz 1 in Anspruch, so können ihm bei Einstellung der Ausgabe von Heimarbeit die erstatteten Beträge auf das Feiertagsgeld angerechnet werden, das ihm auf Grund des Absatzes 2 und des Absatzes 3 Satz 3 für die dann noch übrigen Feiertage des laufenden sowie für die Feiertage des folgenden Halbjahreszeitraumes zu zahlen ist.

(5) Das Feiertagsgeld gilt als Entgelt im Sinne der Vorschriften des Heimarbeitsgesetzes über Mithaftung des Auftraggebers (§ 21 Abs. 2), über Entgeltschutz (§§ 23 bis 27) und über Auskunftspflicht über Entgelte (§ 28); hierbei finden die §§ 24 bis 26 HAG Anwendung, wenn ein Feiertagsgeld gezahlt ist, das niedriger ist als das in diesem Gesetz festgesetzte.

4. Gewerbeordnung

In der Fassung der Bekanntmachung vom 1. 1. 1987 (BGBl. I S. 425) in der Fassung der Änderung vom 27. 4. 1993 (BGBl. I S. 512); § 133 c GewO ersetzt durch §§ 3 bis 9, 12 EFZG vom 26. 5. 1994 (BGBl. I S. 1014).

§ 133 c Anspruch auf die vertragsmäßigen Leistungen. Von Gewerbeunternehmern beschäftigte technische Angestellte behalten, wenn sie durch unverschuldetes Unglück an der Verrichtung der Dienste verhindert sind, den Anspruch auf die vertragsmäßigen Leistungen des Arbeitgebers bis zur Dauer von sechs Wochen auch dann, wenn das Dienstverhältnis aus Anlaß dieser Verhinderung von dem Arbeitgeber gekündigt worden ist. Das gleiche gilt, wenn dem Angestellte das Arbeitsverhältnis aus einem vom Arbeitgeber zu vertretenden Grunde kündigt, den der Angestellten zur Kündigung aus wichtigem Grund ohne Einhaltung einer Kündigungsfrist berechtigt. Jedoch mindern sich die Ansprüche in diesem Falle um denjenigen Betrag, welcher dem Berechtigten aus einer auf Grund gesetzlicher Verpflichtung bestehenden Krankenversicherung oder Unfallversicherung zukommt. Eine nicht rechtswidrige Sterilisation und ein nicht rechtswidriger Abbruch der Schwangerschaft durch einen Arzt

Handelsgesetzbuch (Anhang II) **Anhang**

gelten als unverschuldete Verhinderung an der Dienstleistung. Der Anspruch kann nicht durch Vertrag ausgeschlossen oder beschränkt werden.

5. Handelsgesetzbuch

Vom 10. 5. 1897 (RGBl. S. 219) in der Fassung der Änderung vom 27. 9. 1993 (BGBl. I S. 1666); § 63 HGB ersetzt durch §§ 3 bis 9, 12 EFZG vom 26. 5. 1994 (BGBl. I S. 1014).

§ 63 [Dienstverhinderung] (1) Wird der Handlungsgehilfe durch unverschuldetes Unglück an der Leistung der Dienste verhindert, so behält er seinen Anspruch auf Gehalt und Unterhalt, jedoch nicht über die Dauer von sechs Wochen hinaus. Eine nicht rechtswidrige Sterilisation und ein nicht rechtswidriger Abbruch der Schwangerschaft durch einen Arzt gelten als unverschuldete Verhinderung an der Dienstleistung. Der Handlungsgehilfe behält diesen Anspruch auch dann, wenn der Arbeitgeber das Dienstverhältnis aus Anlaß dieser Verhinderung kündigt. Das gleiche gilt, wenn der Handlungsgehilfe das Dienstverhältnis aus einem vom Arbeitgeber zu vertretenden Grunde kündigt, der den Handlungsgehilfen zur Kündigung aus wichtigem Grund ohne Einhaltung einer Kündigungsfrist berechtigt. Der Anspruch kann nicht durch Vertrag ausgeschlossen oder beschränkt werden.

(2) Der Handlungsgehilfe ist nicht verpflichtet, sich den Betrag anrechnen zu lassen, der ihm für die Zeit der Verhinderung aus einer Kranken- oder Unfallversicherung zukommt. Eine Vereinbarung, welche dieser Vorschrift zuwiderläuft ist nichtig.

6. Lohnfortzahlungsgesetz

Vom 27. 7. 1969 (BGBl. I S. 946) in der Fassung der Änderung vom 26. 2. 1993 (BGBl. I S. 278); §§ 1 bis 9 LFZG ersetzt durch §§ 3 bis 10, 12 EFZG vom 26. 5. 1994 (BGBl. I S. 1014).

§ 1 Grundsatz der Entgeltfortzahlung. (1) Wird ein Arbeiter nach Beginn der Beschäftigung durch Arbeitsunfähigkeit infolge Krankheit an seiner Arbeitsleistung verhindert, ohne daß ihn ein Verschulden trifft, so verliert er dadurch nicht den Anspruch auf Arbeitsentgelt für die Zeit der Arbeitsunfähigkeit bis zur Dauer von sechs Wochen. Wird der Arbeiter innerhalb von zwölf Monaten infolge derselben Krankheit wiederholt arbeitsunfähig, so verliert er den Anspruch auf Arbeitsentgelt nur für die Dauer von insgesamt sechs Wochen nicht; war der Arbeiter vor der erneuten Arbeitsunfähigkeit jedoch mindestens sechs Monate nicht infolge derselben Krankheit arbeitsunfähig, so verliert er wegen der erneuten Arbeitsunfähigkeit den Anspruch nach Satz 1 für einen weiteren Zeitraum von höchstens sechs Wochen nicht.

(2) Absatz 1 gilt entsprechend, wenn die Arbeitsunfähigkeit infolge Sterilisation oder infolge Abbruchs der Schwangerschaft durch einen Arzt eintritt. Eine nicht rechtswidrige Sterilisation und ein nicht rechtswidriger Abbruch der Schwangerschaft durch einen Arzt gelten als unverschuldete Verhinderung an der Arbeitsleistung.

(3) Absatz 1 und 2 gelten nicht
1. für Arbeiter, deren Arbeitsverhältnis, ohne ein Probearbeitsverhältnis zu sein, für eine bestimmte Zeit, höchstens für vier Wochen, begründet ist. Wird das Arbeitsverhältnis über vier Wochen hinaus fortgesetzt, so gilt Absatz 1 vom Tage der Vereinbarung der Fortsetzung an; vor diesem Zeitpunkt liegende Zeiten der Arbeitsunfähigkeit sind auf die Anspruchsdauer von sechs Wochen anzurechnen;
2. für Arbeiter in einem Arbeitsverhältnis, in dem die regelmäßige Arbeitszeit wöchentlich zehn Stunden oder monatlich fünfundvierzig Stunden nicht übersteigt;
3. für den Zeitraum, für den eine Arbeiterin Anspruch auf Mutterschaftsgeld nach § 200 Abs. 1, Abs. 2 Satz 1 bis 4 und Abs. 3 der Reichsversicherungsordnung oder nach § 13 Abs. 2 des Mutterschutzgesetzes in der Fassung vom 18. April 1968 (Bundesgesetzbl. I S. 315), geändert durch das Einführungsgesetz zum Gesetz über Ordnungswidrigkeiten vom 24. Mai 1968 (Bundesgesetzbl. I S. 503), hat.

Anhang

Gesetzestext

(4) Arbeiter im Sinne dieses Gesetzes sind auch die zu ihrer Berufsausbildung Beschäftigten, soweit sie nicht für den Beruf eines Angestellten (§§ 2 und 3 des Angestelltenversicherungsgesetzes) ausgebildet werden.

(5) Der Erste Abschnitt dieses Gesetzes findet keine Anwendung auf die zu ihrer Berufsausbildung Beschäftigten, denen ein Anspruch auf Fortzahlung ihrer Vergütung im Krankheitsfalle nach dem Berufsbildungsgesetz zusteht.

§ 2 Höhe des fortzuzahlenden Arbeitsentgelts.

(1) Für den in § 1 Abs. 1 bezeichneten Zeitraum ist dem Arbeiter das ihm bei der für ihn maßgebenden regelmäßigen Arbeitszeit zustehende Arbeitsentgelt fortzuzahlen. Ausgenommen sind Auslösungen, Schmutzzulagen und ähnliche Leistungen, soweit der Anspruch auf sie im Falle der Arbeitsfähigkeit davon abhängig ist, ob und in welchem Umfang dem Arbeiter Aufwendungen, die durch diese Leistungen abgegolten werden sollen, tatsächlich entstanden sind, und dem Arbeiter solche Aufwendungen während der Arbeitsunfähigkeit nicht entstehen. Erhält der Arbeiter Akkordlohn oder eine sonstige auf das Ergebnis der Arbeit abgestellte Vergütung, so ist der von dem Arbeiter in der für ihn maßgebenden regelmäßigen Arbeitszeit erzielbare Durchschnittsverdienst fortzuzahlen.

(2) Wird in dem Betrieb verkürzt gearbeitet und würde deshalb das Arbeitsentgelt des Arbeiters im Falle seiner Arbeitsfähigkeit gemindert, so ist die verkürzte Arbeitszeit für ihre Dauer als die für den Arbeiter maßgebende regelmäßige Arbeitszeit im Sinne des Absatzes 1 anzusehen. Dies gilt nicht im Falle des § 1 Abs. 2 des Gesetzes zur Regelung der Lohnzahlung an Feiertagen.

(3) Von den Absätzen 1 und 2 kann durch Tarifvertrag abgewichen werden. Im Geltungsbereich eines solchen Tarifvertrages kann zwischen nicht tarifgebundenen Arbeitgebern und Arbeitern die Anwendung der tarifvertraglichen Regelung über die Fortzahlung des Arbeitsentgelts im Krankheitsfalle vereinbart werden.

§ 3 Anzeige- und Nachweispflichten.

(1) Der Arbeiter ist verpflichtet, dem Arbeitgeber die Arbeitsunfähigkeit und deren voraussichtliche Dauer unverzüglich anzuzeigen und vor Ablauf des dritten Kalendertages nach Beginn der Arbeitsunfähigkeit eine ärztliche Bescheinigung über die Arbeitsunfähigkeit sowie deren voraussichtliche Dauer nachzureichen. Dauert die Arbeitsunfähigkeit länger als in der Bescheinigung angegeben, so ist der Arbeiter verpflichtet, eine neue ärztliche Bescheinigung vorzulegen. Die Bescheinigungen müssen einen Vermerk des behandelnden Arztes darüber enthalten, daß der Krankenkasse unverzüglich eine Bescheinigung über die Arbeitsunfähigkeit mit Angaben über den Befund und die voraussichtliche Dauer der Arbeitsunfähigkeit übersandt wird.

(2) Hält sich der Arbeiter bei Beginn der Arbeitsunfähigkeit außerhalb des Geltungsbereichs dieses Gesetzes auf, so ist er verpflichtet, auch der Krankenkasse, bei der er versichert ist, die Arbeitsunfähigkeit und deren voraussichtliche Dauer unverzüglich anzuzeigen. Dauert die Arbeitsunfähigkeit länger als angezeigt, so ist der Arbeiter verpflichtet, der Krankenkasse die voraussichtliche Fortdauer der Arbeitsunfähigkeit mitzuteilen. Absatz 1 Satz 3 ist nicht anzuwenden. Kehrt ein arbeitsunfähig erkrankter Arbeiter in den Geltungsbereich dieses Gesetzes zurück, so ist er verpflichtet, der Krankenkasse seine Rückkehr unverzüglich anzuzeigen.

§ 4 Forderungsübergang bei Dritthaftung.

(1) Kann der Arbeiter auf Grund gesetzlicher Vorschriften von einem Dritten Schadenersatz wegen des Verdienstausfalles beanspruchen, der ihm durch die Arbeitsunfähigkeit entstanden ist, so geht dieser Anspruch insoweit auf den Arbeitgeber über, als dieser dem Arbeiter nach diesem Gesetz Arbeitsentgelt fortgezahlt und darauf entfallende von den Arbeitgebern zu tragende Beiträge zur Bundesanstalt für Arbeit, Arbeitgeberanteile an Beiträgen zur Sozialversicherung sowie zu Einrichtungen der zusätzlichen Alters- und Hinterbliebenenversorgung abgeführt hat.

(2) Der Arbeiter hat dem Arbeitgeber unverzüglich die zur Geltendmachung des Schadenersatzanspruchs erforderlichen Angaben zu machen.

(3) Der Forderungsübergang nach Absatz 1 kann nicht zum Nachteil des Arbeiters geltend gemacht werden.

Lohnfortzahlungsgesetz (Anhang II) **Anhang**

§ 5 Leistungsverweigerungsrecht des Arbeitgebers. Der Arbeitgeber ist berechtigt, die Fortzahlung des Arbeitsentgelts zu verweigern,
1. solange der Arbeiter die von ihm nach § 3 Abs. 1 vorzulegende ärztliche Bescheinigung über die Arbeitsunfähigkeit nicht vorlegt oder den ihm nach § 3 Abs. 2 oder § 4 Abs. 2 obliegenden Verpflichtungen nicht nachkommt;
2. wenn der Arbeiter den Übergang eines Schadenersatzanspruchs gegen einen Dritten auf den Arbeitgeber (§ 4) verhindert.

Dies gilt nicht, wenn der Arbeiter die Verletzung dieser ihm obliegenden Verpflichtungen nicht zu vertreten hat.

§ 6 Beendigung des Arbeitsverhältnisses. (1) Der Anspruch auf Fortzahlung des Arbeitsentgelts wird nicht dadurch berührt, daß der Arbeitgeber das Arbeitsverhältnis aus Anlaß der Arbeitsunfähigkeit kündigt. Das gleiche gilt, wenn der Arbeiter das Arbeitsverhältnis aus einem vom Arbeitgeber zu vertretenden Grunde kündigt, der den Arbeiter zur Kündigung aus wichtigem Grund ohne Einhaltung einer Kündigungsfrist berechtigt.

(2) Endet das Arbeitsverhältnis vor Ablauf der in § 1 Abs. 1 bezeichneten Zeit nach dem Beginn der Arbeitsunfähigkeit, ohne daß es einer Kündigung bedarf, oder infolge einer Kündigung aus anderen als den in Absatz 1 bezeichneten Gründen, so endet der Anspruch mit dem Ende des Arbeitsverhältnisses.

§ 7 Kuren. (1) Hat ein Träger der Sozialversicherung, eine Verwaltungsbehörde der Kriegsopferversorgung oder ein sonstiger Sozialleistungsträger eine Vorbeugungs-, Heil- oder Genesungskur bewilligt, so gelten die Vorschriften der §§ 1, 2 und 4 bis 6 entsprechend für den Zeitraum, für den der Träger oder die Verwaltungsbehörde die vollen Kosten einer solchen Kur übernimmt, höchstens jedoch bis zur Dauer von sechs Wochen. Eine solche Kur steht im Sinne des § 1 Abs. 1 Satz 1 einer Arbeitsunfähigkeit gleich.

(2) Der Arbeiter ist verpflichtet, dem Arbeitgeber unverzüglich eine Bescheinigung über die Bewilligung der Kur vorzulegen und den Zeitpunkt des Kurantritts mitzuteilen. Die Bescheinigung über die Bewilligung muß Angaben über die voraussichtliche Dauer der Kur sowie darüber enthalten, ob die Kosten der Kur voll übernommen werden. Dauert die Kur länger als in der Bescheinigung angegeben, so ist der Arbeiter verpflichtet, dem Arbeitgeber unverzüglich eine weitere entsprechende Bescheinigung vorzulegen.

(3) Im übrigen besteht ein Anspruch auf Fortzahlung des Arbeitsentgelts während der Dauer einer Kur nicht.

(4) Für den Zeitraum einer an eine Kur anschließenden ärztlich verordneten Schonungszeit besteht ein Anspruch auf Fortzahlung des Arbeitsentgelts nur, soweit der Arbeiter während dieses Zeitraums arbeitsunfähig ist. Der Arbeiter ist in jedem Falle verpflichtet, dem Arbeitgeber die Verordnung einer Schonungszeit und deren Dauer unverzüglich anzuzeigen; § 3 gilt sinngemäß.

§ 8 Wirtschaftliche Sicherung für den Krankheitsfall im Bereich der Heimarbeit. (1) In Heimarbeit Beschäftigte (§ 1 Abs. 1 des Heimarbeitsgesetzes vom 14. März 1951, Bundesgesetzbl. I S. 191) und ihnen nach § 1 Abs. 2 Buchstaben a bis c des Heimarbeitsgesetzes Gleichgestellte haben gegen ihren Auftraggeber oder, falls sie von einem Zwischenmeister beschäftigt werden, gegen diesen Anspruch auf Zahlung eines Zuschlags zum Arbeitsentgelt. Der Zuschlag beträgt
1. für Heimarbeiter, für Hausgewerbetreibende ohne fremde Hilfskräfte und die nach § 1 Abs. 2 Buchstabe a des Heimarbeitsgesetzes Gleichgestellten 3,4 vom Hundert,
2. für Hausgewerbetreibende mit nicht mehr als zwei fremden Hilfskräften und die nach § 1 Abs. 2 Buchstaben b und c des Heimarbeitsgesetzes Gleichgestellten 4,8 vom Hundert

des Arbeitsentgelts vor Abzug der Steuern, des Beitrags zur Bundesanstalt für Arbeit und der Sozialversicherungsbeiträge ohne Unkostenzuschlag und ohne die für den Lohnausfall an gesetzlichen Feiertagen, den Urlaub und den Arbeitsausfall infolge Krankheit zu leistenden Zahlungen. Der Zuschlag für die unter Nummer 2 aufge-

Anhang
Gesetzestext

führten Personen dient zugleich zur Sicherung der Ansprüche der von ihnen Beschäftigten.

(2) Zwischenmeister, die den in Heimarbeit Beschäftigten nach § 1 Abs. 2 Buchstabe d des Heimarbeitsgesetzes gleichgestellt sind, haben gegen ihren Auftraggeber Anspruch auf Vergütung der von ihnen nach Absatz 1 nachweislich zu zahlenden Zuschläge.

(3) Die nach den Absätzen 1 und 2 in Betracht kommenden Zuschläge sind gesondert in den Entgeltbeleg einzutragen.

(4) Für Heimarbeiter (§ 1 Abs. 1 Buchstabe a des Heimarbeitsgesetzes) kann durch Tarifvertrag bestimmt werden, daß sie statt der in Absatz 1 Satz 2 Nummer 1 bezeichneten Leistungen die den Arbeitern im Falle ihrer Arbeitsunfähigkeit nach diesem Gesetz zustehenden Leistungen erhalten. Bei der Bemessung des Anspruchs auf Arbeitsentgelt bleibt der Unkostenzuschlag außer Betracht.

(5) Auf die in den Absätzen 1 und 2 vorgesehenen Zuschläge sind die §§ 23 bis 25, 27 und 28, auf die in Absatz 1 dem Zwischenmeister gegenüber vorgesehenen Zuschläge außerdem § 21 Abs. 2 des Heimarbeitsgesetzes entsprechend anzuwenden. Auf die Ansprüche der fremden Hilfskräfte der in Absatz 1 unter Nummer 2 genannten Personen auf Entgeltfortzahlung im Krankheitsfall ist § 26 des Heimarbeitsgesetzes entsprechend anzuwenden.

§ 9 Unabdingbarkeit. Abgesehen von § 2 Abs. 3 kann von den Vorschriften dieses Abschnitts nicht zuungunsten der Arbeiter oder der nach § 8 berechtigten Personen abgewichen werden.

7. Reichsversicherungsordnung

In der Fassung der Bekanntmachung vom 15. 12. 1924

§ 636 [Beschränkung der Schadensersatzpflicht des Unternehmers] (1) Der Unternehmer ist den in seinem Unternehmen tätigen Versicherten, deren Angehörigen und Hinterbliebenen, auch wenn sie keinen Anspruch auf Rente haben, nach anderen gesetzlichen Vorschriften zum Ersatz des Personenschadens, den ein Arbeitsunfall verursacht hat, nur dann verpflichtet, wenn er den Arbeitsunfall vorsätzlich herbeigeführt hat oder wenn der Arbeitsunfall bei der Teilnahme am allgemeinen Verkehr eingetreten ist. Der Schadensersatzanspruch des Versicherten, seiner Angehörigen und seiner Hinterbliebenen vermindert sich jedoch um die Leistungen, die sie nach Gesetz oder Satzung infolge des Arbeitsunfalls von Trägern der Sozialversicherung erhalten.

(2) Das gleiche gilt für Ersatzansprüche Versicherter, die Beschäftigte eines weiteren Unternehmers sind, sowie deren Angehörigen und Hinterbliebenen gegen diesen Unternehmer.

(3) Die Absätze 1 und 2 gelten in den Fällen des § 555a entsprechend.

§ 637 [Beschränkung der Schadensersatzpflicht in anderen Fällen] (1) § 636 gilt bei Arbeitsunfällen entsprechend für die Ersatzansprüche eines Versicherten, dessen Angehörigen und Hinterbliebenen gegen einen in demselben Betrieb tätigen Betriebsangehörigen, wenn dieser den Arbeitsunfall durch eine betriebliche Tätigkeit verursacht.

(2) § 636 gilt bei Arbeitsunfällen in Unternehmen der Feuerwehren ferner entsprechend für Ersatzansprüche Versicherter, deren Angehörigen und Hinterbliebenen gegen Feuerwehrvereine und ihre Vorstände, die Mitglieder von Pflicht- und freiwilligen Feuerwehren, die beigezogenen Löschpflichtigen, die freiwillig beim Feuerwehrdienst helfenden Personen sowie gegen alle beim Tätigwerden der Feuerwehr mit Befehlsgewalt ausgestatteten Personen.

(3) Bei Arbeitsunfällen in sonstigen Unternehmen zur Hilfe bei Unglücksfällen einschließlich des zivilen Bevölkerungsschutzes gilt Absatz 2 entsprechend.

(4) § 636 gilt bei Arbeitsunfällen in den in § 539 Abs. 1 Nr. 14 genannten Unternehmen ferner entsprechend für Ersatzansprüche eines Kindes oder eines Lernenden, deren Angehörigen und Hinterbliebenen gegen den Unternehmer sowie in Verbindung mit Absatz 1 für Ersatzansprüche dieser Versicherten untereinander. Satz 1 gilt entsprechend in den Fällen des § 539 Abs. 1 Nr. 18.

Stichwortverzeichnis

Fundstellenangaben ohne weitere Zusätze verweisen auf die Paragraphen des Entgeltfortzahlungsgesetzes und die Randnummer der zugehörigen Kommentierung; diese Fundstellenangaben sind außerdem hervorgehoben durch Fettdruck.
Beispiel: § **3, 109** = § 3 EFZG Rdn. 109

Soweit auf Fundstellen außerhalb der Kommentierung des Entgeltfortzahlungsgesetzes verwiesen wird, bezeichnet die Fundstellenangabe zunächst den entsprechenden Teil der Kommentierung, sodann den einschlägigen Paragraphen und schließlich die Randnummer.
Beispiel: C III § 12 BBiG, 75 = Vergütungsfortzahlung im Krankheitsfall für Auszubildende, § 12 BBiG Rdn. 75

Abfindungsvergleich § **7, 43**; § **7, 55**
Abschlussprüfung C III § 12 BBiG, 85
Abtretung § **3, 214**; § **6, 57**; § **6, 52**; D III § 12 LFZG, 7
Abweichende Vereinbarungen § **12, 7**
Akkordlohn § **4, 144**
Alkoholismus § **3, 141**
Allgemeiner Verkehr § **6, 34**
Alterskassen § **9, 35**
Amtspflichtverletzungen § **6, 15**
Anfechtung § **8, 62**
Angestellte
– Begriff § **1, 27**
– Einzelfälle § **1, 34**
Anlasskündigung § **8, 23**
Ansprüche wegen Vertragsverletzungen § **6, 18**
Anspruchsausschluss § **2, 126**
Anspruchsberechtigter Personenkreis
– Entgeltfortzahlung im Krankheitsfall § **3, 27**
– Vorübergehende Verhinderung E I § 616 BGB, 5
Anspruchsübergang auf den Arbeitgeber
– Arbeitsentgelt § **6, 38**
– Beiträge zur Bundesanstalt für Arbeit § **6, 44**
– Pflegeversicherungsbeiträge § **6, 47**
– Pflichten der Arbeitnehmer § **6, 57**
– Sozialversicherungsbeiträge § **6, 44**
– Umfang § **6, 37**
– Zeitpunkt § **6, 53**
– Zusätzliche Versorgungseinrichtungen § **6, 48**
Ansteckungsgefahr § **3, 57**
Antrittsgebühr § **4, 72**
Anwaltskosten § **6, 51**
Anwesenheitsprämie § **4, 75**
Anzeigepflichten A 70

Arbeiter
– Begriff § **1, 27**
– Einzelfälle § **1, 35**
Arbeitgeber D III § 10 LFZG, 28
Arbeitgeberanteile § **2, 87**; § **4, 77**
Arbeitgeberbeiträge § **4, 78**
Arbeitgeberwechsel § **3, 194**; § **3, 255**
Arbeitgeberzuschuss zum Mutterschaftsgeld D III § 10 LFZG, 13
Arbeitnehmer § **1, 12**
Arbeitnehmerähnliche Personen § **1, 17**; E I § 616 BGB, 5
Arbeitsantritt § **3, 186**
Arbeitsausfall § **2, 34**
Arbeitsbeschaffungsmaßnahmen § **1, 22**
Arbeitsentgelt
– Begriff § **2, 83**; § **4, 62**
– Einzelfälle § **4, 71**
Arbeitsentgeltverordnung D III § 14 LFZG, 29
Arbeitserlaubnis § **3, 93**
Arbeitsgesetzbuch A 53
Arbeitskämpfe
– Entgeltfortzahlung im Krankheitsfall § **3, 82**; § **3, 181**
– Feiertagsentgelt § **2, 37**
Arbeitskollegen § **6, 29**
Arbeitsplatzteilung, Feiertagsentgelt § **2, 73**
Arbeitsrechtliche Lösung A 74
Arbeitsrechtliches Beschäftigungsförderungsgesetz A 6; A 87; § **4, 17**; § **9, 14**
Arbeitsunfähigkeit
– Begriff § **3, 53**
– Erneute § **3, 250**
– Fortdauer § **5, 122**
Arbeitsunfähigkeitsbescheinigung
– Beweiswert § **5, 100**; § **5, 151**
– Form § **5, 92**

417

Stichwortverzeichnis

- Inhalt § 5, 84
- Kosten § 5, 97
- Zeitpunkt der Vorlage § 5, 42
Arbeitsunfälle § 3, 122
Arbeitsverhältnisse, befristete § 8, 60
Arbeitszeit § 4, 30
Arbeitszettel § 10, 42
Arzneimittel E II § 617 BGB, 17
Arztbesuche § 3, 56; C III § 12 BBiG, 100; E I § 616 BGB, 16
Ärztliche Behandlung E II § JArbSchG, 10; E II § 617 BGB, 19
Ärztliche Verordnung § 9, 87
Aufbauprämie § 4 a, 18
Aufhebungsverträge § 8, 19; § 8, 59
Aufnahme in eine Krankenanstalt E II § 617 BGB, 21
Aufrechnung D III § 13 LFZG, 6
Aufstellung des Haushalts D III § 16 LFZG, 12
Auftraggeber § 10, 36; § 11, 28
Ausbildungsunfähigkeit C III § 12 BBiG, 12; C III § 12 BBiG, 35
Ausbildungszeit C III § 12 BBiG, 85
Ausgleichsanspruch § 10, 39
Ausgleichsstelle D III § 10 LFZG, 44
Ausgleichstage § 2, 47; § 3, 193
Ausgleichsverfahren
- Abtretung D III § 12 LFZG, 7
- Aufrechnung D III § 13 LFZG, 6
- Auskunftspflicht D III § 10 LFZG, 53
- Beteiligte Arbeitgeber D III § 10 LFZG, 27
- Betriebsgröße D III § 10 LFZG, 30
- Erstattungsanspruch D III § 10 LFZG, 9
- Feststellungsverfahren D III § 10 LFZG, 42
- Fortzuzahlende Ausbildungsvergütung D III § 10 LFZG, 10
- Fortzuzahlendes Arbeitsentgelt D III § 10 LFZG, 10
- Freiwilliges D III § 19 LFZG, 6
- Geringfügig Beschäftigte D III § 10 LFZG, 30
- Kurzarbeitergeld D III § 14 LFZG, 25
- Schlechtwettergeld D III § 14 LFZG, 25
- Schwerbehinderte D III § 10 LFZG, 32
- Sozialversicherungsbeiträge D III § 10 LFZG, 21
- Umfang des Erstattungsanspruchs D III § 10 LFZG, 9
- Verjährung D III § 13 LFZG, 4
- Wehrdienstleistende D III § 10 LFZG, 33
- Zivildienstleistende D III § 10 LFZG, 33

- Zuschuss zum Mutterschaftsgeld D III § 10 LFZG, 13
Aushilfsarbeitsverhältnis § 1, 20
Ausländische Arbeitnehmer § 1, 25; § 2, 30; § 3, 34
Ausländische Auszubildende C III § 12 BBiG, 10
Auslösungen § 2, 88; § 4, 134
Ausschlussfristen § 3, 216
Auszubildende § 1, 38; § 2, 22; § 3, 35; E I 616 BGB, 6
- Ablauf der Ausbildungszeit C III § 12 BBiG, 82
- Andere Vertragsverhältnisse C III § 19 BBiG, 1
- Anspruchsberechtigter Personenkreis C III § 12 BBiG, 6
- Ausbildungsunfähigkeit C III § 12 BBiG, 12; C III § 12 BBiG, 35
- Forderungsübergang bei Dritthaftung C III § 12 BBiG, 90
- Krankheit C III § 12 BBiG, 14
- Leistungsverweigerungsrechte C III § 12 BBiG, 93
- Medizinische Rehabilitationsmaßnahme C III § 12 BBiG, 22
- Medizinische Vorsorgemaßnahme C III § 12 BBiG, 22
- Mitteilungs- und Nachweispflichten C III § 12 BBiG, 88
- Ruhen des Ausbildungsverhältnisses C III § 12 BBiG, 63
- Schwangerschaftsabbruch C III § 12 BBiG, 33
- Unabdingbarkeit C III § 18 BBiG, 1
- Vergütungsanspruch C III § 12 BBiG, 45
- Vergütungsfortzahlungszeitraum C III § 12 BBiG, 56
- Verhinderungsfälle C III § 12 BBiG, 13
- Verschulden C III § 12 BBiG, 38
- Wiederholte Ausbildungsverhinderung C III § 12 BBiG, 68
Außenarbeitnehmer § 10, 24; § 11, 23
Außerordentliche Kündigung § 5, 170; § 5, 178

Bahnversicherungsanstalt § 9, 35
Beamte § 1, 13
Bedienungsgelder § 4, 81
Bedingung § 8, 61
Beendigung des Arbeitsverhältnisses § 8, 59
Befriedigungsvorrecht § 6, 83
Befristete Arbeitsverhältnisse § 1, 20; § 2, 16; § 3, 31; § 8, 60
Beginn der Entgeltfortzahlung § 3, 166
Begriffsbestimmungen § 1, 12
Behandlungsbedürftigkeit § 3, 42

Stichwortverzeichnis

Berechnung des fortzuzahlenden Arbeitsentgelts § 4, 26
Bergmännisch Beschäftigte A 30
Berufsausbildung C III § 12 BBiG, 7
Berufsausbildungsverhältnis C III § 12 BBiG, 7
Berufsbildungsgesetz A 49; C III § 12 BBiG, 6
Berufsgenossenschaften § 9, 37
Beschäftigungsverbote § 3, 57; § 3, 90; § 8, 31
Betriebskrankenkasse § 9, 36
Betriebsmittel D III § 15 LFZG, 9; D III § 16 LFZG, 11; D III § 16 LFZG, 21
Betriebsübergang § 3, 198
Beweislast, Fortsetzungserkrankungen § 3, 269
Bewilligungsbescheid § 9, 87
– Mindestinhalt § 9, 89
– Zeitpunkt der Vorlage § 9, 96
Bildungsurlaub § 3, 105
Bundesberggesetz A 51
Bundesknappschaft § 9, 35
Bundesversicherungsanstalt für Angestellte § 9, 35

Chronische Krankheiten § 3, 221

Dauer der Entgeltfortzahlung § 3, 165
Dauerndes Dienstverhältnis, Krankenfürsorge E II § 617 BGB, 7
Deputate § 4, 97
Dienstantritt A 61; § 3, 186
Dienstverhinderung aus persönlichen Gründen E I § 616 BGB, 7
Dienstvertrag E I § 616 BGB, 5
Dreischichtbetrieb, Feiertagsentgelt § 2, 80
Drogensucht § 3, 47; § 3, 141

Ehegatten § 6, 26
Eignungsübung § 3, 178
Einheit des Verhinderungsfalles § 3, 240; § 3, 263
Eintagesarbeitsverhältnisse § 2, 19
Einzelakkord § 4, 145; § 4, 151
Einzelvergleich § 12, 29
Einzelvertragliche Abweichungen § 4, 182; § 12, 40
Elternzeit § 3, 183
Ende der Entgeltfortzahlung § 3, 199
Entgeltausfallprinzip § 4, 28
Entgeltbelege § 10, 41
Entgeltbücher § 10, 41
Entgeltfortzahlung im Krankheitsfall
– Anspruchsberechtigter Personenkreis § 3, 27
– Anwendbare Regelungen A 121, 125
– Arbeitskämpfe § 3, 82
– Feiertagsentgelt § 4, 159

– Freischichten § 3, 97; § 4, 36
– Geschichte A 19
– Höhe des Anspruchs § 4, 26
– Kausalität § 3, 78
– Kurzarbeit § 3, 98; § 4, 161
– Schuldnerverzug § 3, 101
– Streik § 3, 82
– Urlaub § 3, 102
– Verschulden § 3, 110
– Witterungsbedingter Arbeitsausfall § 3, 109
Entgeltfortzahlungsgesetz
– Anwendungsbereich § 1, 1
– Begriffsbestimmungen § 1, 10
– Entstehungsgeschichte A 65
– Regelungsgegenstand § 1, 6
Entgeltfortzahlungszeitraum § 3, 165
Entgeltzahlung an Feiertagen
– Anspruchsberechtigter Personenkreis § 2, 12
– Anwendbare Regelungen A 121
– Geschichte A 10; § 2, 4
Entgeltzuschlag § 12, 36
Entziehungskuren § 9, 22
Erfüllungsort § 3, 209
Erhebliche Zeit E I § 616 BGB, 20
Erholungskuren § 9, 26
Erholungsurlaub § 2, 53; § 3, 102
Erlassvertrag § 12, 18
Ersatzkassen § 9, 36
Erschlichene Arbeitsunfähigkeitsbescheinigung § 5, 176
Erschwerniszulagen § 2, 89; § 4, 85
Erwerbsunfähigkeit § 3, 69; § 8, 30
Erziehungsurlaub § 3, 183

Fälligkeit § 3, 212
Familienangehörige § 1, 14; § 6, 23; § 10, 25; D III § 10 LFZG, 34
Familienzulagen § 2, 91; § 4, 86
Fehldiagnose § 3, 58
Fehlende Arbeitserlaubnis § 3, 93
Fehlende Arbeitsunfähigkeitsbescheinigung § 5, 173
Fehlzeiten § 4, 59
Feiertage
– Ausländische § 2, 31
– Begriff § 2, 25
– Entgeltfortzahlung im Krankheitsfall § 3, 192
Feiertagsentgelt
– Arbeitsausfall § 2, 34
– Arbeitskämpfe § 2, 37
– Arbeitsplatzteilung § 2, 73
– Dreischichtbetrieb § 2, 80
– Entgeltfortzahlung im Krankheitsfall § 4, 159
– Freischichtenmodell § 2, 47
– Kausalität § 2, 35
– Krankheit § 2, 49

Stichwortverzeichnis

- Kurzarbeit § 2, 51; § 2, 118
- Streik § 2, 37
- Teilzeitarbeitsverhältnisse § 2, 73
- Urlaub § 2, 53
- Witterungsbedingter Arbeitsausfall § 2, 59
Feiertagsgeld
- Anspruchsumfang § 11, 40
- Anspruchsvoraussetzungen § 11, 31
- Anwendbare Vorschriften des HAG § 11, 58
- Berechnungszeitraum § 11, 44
- Fälligkeit § 11, 57
Feiertagsgesetze § 2, 2
Feiertagszuschläge § 4, 87
Fernauslösung § 4, 134
Fernbleiben, unentschuldigtes § 2, 144
Folgebescheinigung § 5, 122; § 9, 97
Fortdauer der Arbeitsunfähigkeit § 5, 122
Fortsetzungserkrankungen § 3, 220; § 5, 30; § 9, 49
- Begriff § 3, 221
- Beweislast § 3, 269
Freie Mitarbeiter E I § 616 BGB, 5
Freischichten
- Entgeltfortzahlung im Krankheitsfall § 3, 97; § 4, 36
- Feiertagsentgelt § 2, 47; § 2, 69
Freiwilliges Ausgleichsverfahren D III § 19 LFZG, 6
Fremde Hilfskräfte § 10, 26; § 11, 27

Gefährdungshaftung § 6, 16
Gefahrenzulagen § 2, 92; § 4, 88
Gekündigte Arbeitsverhältnisse § 2, 14; § 3, 29
Geldakkord § 4, 114
Gemeindeunfallversicherungsverbände § 9, 37
Genesungskur § 9, 19
Geringfügig Beschäftigte § 2, 19
Gesamtrechtsnachfolge § 3, 198
Gesamtvergleich § 12, 30
Gesetzliche Feiertage § 2, 25
Gespaltene Lösung A 40; § 10, 1
Gesundheitsförderndes Verhalten § 3, 127
Gewerbeordnung A 23
Gleichgestellte § 2, 23; § 3, 37; § 10, 18; § 11, 18
GmbH-Geschäftsführer § 1, 29
Grundwehrdienst § 3, 178
Gruppenakkord § 4, 145; § 4, 149

Handelsgesetzbuch A 25
Hausgewerbetreibende § 2, 23; § 3, 37; § 10, 16; § 11, 16; § 11, 53; D III § 18 LFZG, 9
Haushaltswesen D III § 16 LFZG, 12

Häusliche Gemeinschaft § 6, 28; E II § 30 JArbSchG, 5; E II § 617 BGB, 11
Heilmittel E II § 617 BGB, 17
Heilungskur § 9, 10
Heimarbeiter § 2, 23; § 3, 37; § 10, 13; § 11, 13
In Heimarbeit Beschäftigte § 10, 11; § 11, 10
Infektionskrankheiten § 3, 124
Inkassoprämien § 2, 94; § 4, 90
Innerbetrieblicher Verkehr § 6, 35
Innungskrankenkassen § 9, 36
Insolvenz § 3, 217

Job-sharing § 4, 48

Kantinenessen § 4, 67
Kapovaz § 2, 77; § 4, 40
Karenztage A 40; A 71
Kausalität
- Entgeltfortzahlung im Krankheitsfall § 3, 78
- Feiertagsentgelt § 2, 35
Kinderzulagen § 2, 95; § 4, 91
Kleinstgratifikationen § 4 a, 19
Kollektivvertragliche Abweichungen § 12, 42
Kongruenz § 6, 75
Konkurs § 3, 217
Körperersatzstücke § 3, 54
Korrekturgesetz A 99; § 4, 121; § 13, 4
Krankenfürsorge
- Anspruchsausschluss bei anderweitiger Vorsorge E II § 617 BGB, 32
- Anspruchsberechtigter Personenkreis E II § 617 BGB, 5
- Anspruchsumfang E II § 30 JArbSchG, 9; E II § 617 BGB, 16
- Anspruchsvoraussetzungen E II § 30 JArbSchG, 4; E II § 617 BGB, 4
- Dauerndes Dienstverhältnis E II § 617 BGB, 7
- Häusliche Gemeinschaft E II § 617 BGB, 11
- Kündigung des Dienstverhältnisses E II § 617 BGB, 26
- Unabdingbarkeit E II § 617 BGB, 2
- Verschulden E II § 30 JArbSchG, 7; E II § 617 BGB, 14
Krankengeldzuschuss A 40
Krankenversicherungsträger § 9, 36
Krankheit
- Begriff § 3, 40
- Einzelfälle § 3, 46
- Feiertagsentgelt § 2, 49
Kündigung
- Aus Anlass der Arbeitsunfähigkeit § 8, 23

420

Stichwortverzeichnis

- Betriebsbedingte K. § 8, 32
- Beweislast § 8, 43; § 8, 53
- Fristlose K. § 8, 50
- Wichtiger Grund § 8, 48
- Wirksame K. § 8, 13
Künstliche Befruchtung § 3, 74
Kuren § 9, 10
Kurzarbeit
- Entgeltfortzahlung im Krankheitsfall § 3, 98; § 3, 184; § 4, 161
- Feiertagsentgelt § 2, 51; § 2, 118
Kurzarbeitergeld, Ausgleichsverfahren D III § 14 LFZG, 25
Kürzung von Sondervergütungen
- Aufbauprämien § 4 a, 18
- Begriff § 4 a, 14
- Kleinstgratifikationen § 4 a, 19
- Kürzungsvereinbarung § 4 a, 21
- Obergrenze § 4 a, 28
- Umfang § 4 a, 23

Landesversicherungsanstalten § 9, 35
Landwirtschaftliche Krankenkassen § 9, 36
Leiharbeitnehmer § 6, 33
Leistungen mit Aufwendungsersatzcharakter § 2, 88; § 4, 131
Leistungsentgelt § 4, 119; § 4, 143
Leistungsstörungsrecht, Systematik A 1
Leistungsverweigerungsrecht
- Beweislast § 7, 58
- Endgültiges § 7, 39; § 9, 62
- Mitteilungspflichten § 7, 19
- Nachweispflichten § 7, 10
- Umfang § 7, 28; § 7, 48
- Verschulden § 7, 51
- Voraussetzungen § 7, 9; § 7, 41
- Vorläufiges § 7, 9; § 9, 61
Leistungsverweigerungsrechte des Ausbilders C III § 12 BBiG, 93
Leistungszulagen § 2, 98; § 4, 92
Lohnfortzahlungsgesetz, Geschichte A 42

Mankogelder § 4, 93
Medizinische Rehabilitationsmaßnahmen § 9, 22; C III § 12 BBiG, 22
Medizinische Vorsorgemaßnahmen § 9, 21; C III § 12 BBiG, 21
Medizinischer Dienst § 5, 179
Mehrarbeitszuschläge § 4, 94;
Mietbeihilfen § 2, 99; § 4, 95
Missbrauch der Entgeltfortzahlung A 69; § 3, 152
Mitarbeitende Familienangehörige § 1, 14; D III § 18 LFZG, 11
Mitteilungspflichten
- Adressat § 5, 34
- Anwendungsbereich § 5, 9
- Auszubildende C III § 12 BBiG, 88
- Erkrankungen im Ausland § 5, 130

- Feiertagsentgelt § 2, 149
- Form § 5, 33
- Inhalt § 5, 26
- Kosten § 5, 138
- Rehabilitationsmaßnahmen § 9, 83
- Rückkehr in das Inland § 5, 145
- Verletzung § 5, 167
- Zeitpunkt § 5, 17
Mitverschulden § 3, 116; § 6, 67; § 6, 81
Modifiziertes Entgeltausfallprinzip § 4, 28
Mutterschaftsgeld D III § 10 LFZG, 13

Nacharbeitszeiten § 4, 60
Nachtarbeitszuschläge § 2, 100; § 4, 96
Nachweispflichten
- Anwendungsbereich § 5, 9
- Auslandserkrankungen § 5, 128
- Auszubildende C III § 12 BBiG, 88
- Leistungsverweigerungsrecht § 7, 7
- Rehabilitationsmaßnahmen § 9, 83
- Verletzung § 5, 172
Nahauslösung § 4, 134
Naturalleistungen § 2, 101; § 4, 97
Nebentätigkeiten § 3, 130
Negatives Schuldanerkenntnis § 12, 18
Neue Bundesländer A 53
Notdienstpauschalen § 4, 99

Öffentliche Arbeitgeber D III § 18 LFZG, 6
Ordensschwester § 1, 15
Ordentliche Kündigung § 5, 174; § 5, 178
Organspender § 3, 71
Ortskrankenkassen § 9, 36
Ortszuschläge § 2, 102; § 4, 100

Persönliche Leistungshindernisse E I § 616 BGB, 7
Pfändung § 3, 214
Pflege erkrankter Angehöriger C III § 12 BBiG, 103; E I § 616 BGB, 11
Pflege E II § 30 JArbSchG, 11
Pflegekinder § 6, 26
Praktikanten § 1, 39; C III § 12 BBiG, 9
Probearbeitsverhältnis § 1, 20
Prophylaktische Kur § 9, 10
Provisionen § 2, 103; § 4, 101; § 4, 147
Pünktlichkeitsprämien § 2, 104; § 4, 103

Quotenvorrecht § 6, 81

Rahmenfrist § 3, 185
Rechnungsabschluss D III § 16 LFZG, 13
Rechtsnatur des Entgeltfortzahlungsanspruchs § 3, 209

421

Stichwortverzeichnis

Rechtsweg § 3, 218
Referenzprinzip § 4, 28
Regelmäßige Arbeitszeit § 4, 30
Rehabilitationseinrichtung § 9, 29
Rehabilitationsmaßnahmen
– Begriff § 9, 20
– Folgebescheinigung § 9, 97
– Mitteilungspflichten § 9, 84
– Nachweispflichten § 9, 87
Reisekostenvergütungen § 2, 105; § 4, 136
Rentenversicherungsträger § 9, 35
Rollierendes System § 2, 47; § 2, 72; § 4, 39
Rückforderung der Erstattung D III § 11 LFZG, 11
Ruhen des Arbeitsverhältnisses § 3, 99; § 3, 175

Sachbezüge § 4, 97
Sachliche Kongruenz § 6, 76
Saisonarbeit § 4, 34
Satzungsinhalt D III § 16 LFZG, 7
Schadensersatzansprüche § 5, 168; § 5, 177; § 6, 22; § 9, 101
Schichtarbeit § 4, 57
Schlägereien § 3, 132
Schlechtwettergeld D III § 14 LFZG, 25
Schmerzensgeldansprüche § 6, 20
Schmutzzulagen § 2, 107; § 4, 107; § 4, 131
Schonungszeiten § 9, 103
Schuldanerkenntnis § 12, 18
Schuldnerverzug, Entgeltfortzahlung im Krankheitsfall § 3, 101
Schwangerschaft, Fortgesetzte Erkrankung § 3, 225
Schwangerschaftsabbruch
– Auszubildende C III § 12 BBiG, 33
– Begriff § 3, 296
– Rechtmäßigkeit § 3, 298
– Verfassungsrechtliche Gesichtspunkte § 3, 275
– Verschulden § 3, 289
Seekasse § 9, 35
Seemannsordnung A 29
Selbstmordversuch § 3, 135
Selbstverwaltung D III § 16 LFZG, 22
Sonderschichten § 4, 32
Sonderurlaub § 3, 103; § 3, 180
Sondervergütungen, Kürzung von
– Aufbauprämien § 4 a, 18
– Begriff § 4 a, 14
– Kleinstgratifikationen § 4 a, 19
– Kürzungsvereinbarung § 4 a, 21
– Obergrenze § 4 a, 28
– Umfang § 4 a, 23
Sondervermögen D III § 15 LFZG, 5
Sonntagszuschläge § 4, 108
Sozialhilfeträger § 9, 40

Sozialleistungsträger § 9, 39
Sozialversicherungsausweis § 7, 29
Sozialversicherungsbeiträge § 2, 85; § 4, 77
Sozialzulagen § 2, 108; § 4, 109
Spielprämien § 4, 110
Sportverletzungen § 3, 137
Staatsangehörigkeit § 1, 26
Stationäre Maßnahmen § 9, 28
Sterilisationen
– Auszubildende C III § 12 BBiG, 31
– Begriff § 3, 294
– Entgeltfortzahlung im Krankheitsfall § 3, 274
– Rechtmäßigkeit § 3, 295
– Rehabilitationsmaßnahmen § 9, 54
Störung der Geschäftsgrundlage § 8, 61
Streik
– Entgeltfortzahlung im Krankheitsfall § 3, 82; § 3, 181
– Feiertagsentgelt § 2, 37
Stufenweise Wiedereingliederung § 3, 64
Suchterkrankungen § 3, 141

Tantiemen § 4, 147
Tariföffnungsklausel § 4, 172; § 9, 56; § 10, 44
Teilarbeitsunfähigkeit § 3, 60
Teilzeitbeschäftigte § 1, 21; § 2, 21; § 2, 73; § 5, 51; D III § 10 LFZG, 36
Trennungsentschädigungen § 4, 140
Trinkgelder § 4, 111
Trunksucht § 3, 47

Übergangsfähige Schadensersatzansprüche § 6, 13
Überstunden
– Entgeltfortzahlung im Krankheitsfall § 4, 119
– Feiertagsentgelt § 2, 66
Überstundenzuschläge § 2, 110; § 4, 120
Überwachung § 10, 41
Umlagebeträge D III § 14 LFZG, 11
Umlagesätze D III § 16 LFZG, 8
Unabdingbarkeit § 12, 7
Unbezahlte Fehlzeiten § 4, 59
Unentschuldigtes Fernbleiben § 2, 125; § 2, 144
Unerlaubte Handlungen § 6, 14
Unfallversicherung, Private § 9, 78
Unfallversicherungsträger § 9, 37
Unfruchtbarkeit § 3, 74
Unkostenzuschlag § 10, 34
Unmöglichkeit A 3
Urlaub
– Entgeltfortzahlung im Krankheitsfall § 3, 102
– Feiertagsentgelt § 2, 53

Stichwortverzeichnis

Vergleich § 12, 18
Verhältnismäßig nicht erhebliche Zeit
  E I § 616 BGB, 20
Verhinderungsfälle C III § 12 BBiG, 13
Verjährung § 3, 215; D III § 13
  LFZG, 4
Verkehrsunfälle § 3, 147
Vermögenswirksame Leistungen § 4,
  115
Versagung der Erstattung D III § 11
  LFZG, 6
Verschiedene Arbeitsverhältnisse § 3,
  255
Verschulden
– Auszubildende C III § 12 BBiG, 38
– Begriff § 3, 111
– Einzelfälle § 3, 121
– Entgeltfortzahlung im Krankheitsfall
  § 3, 110
– Erkrankung § 3, 124
– Gesundheitsförderndes Verhalten § 3,
  127
– Krankenfürsorge E II § 617 BGB, 16
– Nebentätigkeiten § 3, 130
– Schlägereien § 3, 132
– Selbstmordversuche § 3, 135
– Sportverletzungen § 3, 137
– Suchterkrankungen § 3, 141
– Verkehrsunfälle § 3, 147
Verschwägerte § 6, 26
Vertragliche Vereinbarungen § 4, 171
Vertrauensärztlicher Dienst § 5, 179
Verwaltungsbehörden der Kriegsopfer-
  versorgung § 9, 38
Verwaltungskosten D III § 15 LFZG, 9
Verwandte § 6, 26
Verweisungstätigkeit § 3, 62
Verzicht § 12, 17
– auf entstandene Ansprüche § 12, 22;
  § 12, 26
– auf künftige Ansprüche § 12, 21;
  § 12, 24
Volontäre § 1, 39; C III § 12 BBiG, 9
Vorarbeitszeiten § 4, 60
Vorerkrankungen § 3, 236
Vorschüsse D III § 16 LFZG, 18
Vorsorgeeinrichtung § 9, 29
Vorsorgekur § 9, 17

Vorsorgemaßnahmen § 9, 19
Vorübergehende Verhinderung
– Abdingbarkeit E I § 616 BGB, 28
– Anrechnung anderer Leistungen E I
  § 616 BGB, 27
– Anspruchsberechtigter Personenkreis
  E I § 616 BGB, 5
– Arztbesuche E I § 616 BGB, 16
– Persönliche Gründe E I § 616 BGB, 8
– Pflege erkrankter Angehöriger E I
  § 616 BGB, 11
– Verschulden E I § 616 BGB, 26

Wartezeit § 3, 189; § 3, 304
Wechsel des Arbeitgebers § 3, 196; § 3,
  225
Wegeentschädigungen § 4, 141
Wegfall der Bereicherung D III § 11
  LFZG, 19
Wegfall der Geschäftsgrundlage § 8, 61
Wehrdienstleistende § 1, 13; D III § 10
  LFZG, 33
Wehrübung § 3, 178
Weihnachtsgratifikationen § 4, 118
Werkstudenten § 1, 40; § 2, 22
Wiedereingliederung § 1, 25; § 3, 64
Wiederholte Arbeitsunfähigkeit § 3,
  219
Wiederholte Erkrankungen § 3, 221
Witterungsbedingter Arbeitsausfall
– Entgeltfortzahlung im Krankheitsfall
  § 3, 108
– Feiertagsentgelt § 2, 59
Wohlfahrtsverbände § 9, 41; § 9, 80;
  D III § 18 LFZG, 10

Zeitakkord § 4, 144
Zeitentgelt § 4, 144
Zeitliche Kongruenz § 6, 77
Zivildienstleistende § 1, 13; D III § 10
  LFZG, 33
Zusatzversicherung § 9, 75
Zuschuss zum Mutterschaftsgeld D III
  § 10 LFZG, 13
Zweckerreichung § 8, 61
Zweifel an der Arbeitsunfähigkeit § 5,
  100
Zwischenmeister § 10, 35; § 11, 29